宁海年鉴

（2017）

宁海县地方志编纂委员会　编

方志出版社
Publishing House of Local Records

图书在版编目（CIP）数据

宁海年鉴. 2017 / 宁海县地方志编纂委员会编. —
北京：方志出版社，2017. 11
ISBN 978-7-5144-2749-3

Ⅰ. ①宁… Ⅱ. ①宁… Ⅲ. ①宁海县—2017—年鉴
Ⅳ. ①Z525. 54

中国版本图书馆 CIP 数据核字（2017）第 296464 号

宁海年鉴（2017）

编　　者：宁海县地方志编纂委员会
责任编辑：罗　滔

出 版 人：冀祥德
出 版 者：方志出版社
地址　北京市朝阳区潘家园东里 9 号（国家方志馆 4 层）
邮编　100021
网址　http：//www. fzph. org
发　　行：方志出版社图书经销中心
电话（010）67110500
经　　销：各地新华书店
印　　刷：福州龙杰印刷有限公司

开　　本：889×1194　　1/16
印　　张：28.125
字　　数：923 千字
版　　次：2017 年 11 月第 1 版　　2017 年 11 月第 1 次印刷
印　　数：001 ~ 300 册

ISBN　978-7-5144-2749-3　　定价：200. 00 元

宁海县地方志编纂委员会

主　　任： 林　坚

副 主 任： 李贵军　范建军

成员单位： 县委办公室　县政府办公室　县委组织部
县委宣传部　县委统战部　县委政法委
县人武部队　县农办　县发改局
县经信局　县教育局　县民政局
县财政局　县国土资源局　县环保局
县住建（规划）局　县交通局　县农林局
县商务局　县文广新闻出版局　县统计局
县档案局　人民银行县支行　跃龙街道
桃源街道　梅林街道　桥头胡街道

县地方志编纂委员会下设办公室，与县委党史研究室合署办公，胡志汉任办公室副主任。

《宁海年鉴》编辑部

主　编： 娄筱庆

副主编： 胡志汉

编　辑： 刘学海　王泽泉

编辑说明

一、《宁海年鉴》力求如实记载县域自然、政治、经济、文化、社会等方面情况，以资各级党政机关、研究机构和社会各界人士及中外投资者了解、研究宁海之用。

二、《宁海年鉴》以马克思列宁主义、毛泽东思想、邓小平理论、“三个代表”重要思想、科学发展观和习近平新时代中国特色社会主义思想为指导，坚持辩证唯物主义和历史唯物主义的立场、观点和方法，努力把握时代脉搏，突出地方特色，立足于当前，服务于发展，借鉴前人、谋划未来，真实、全面、准确地反映年度宁海的自然风貌和经济社会发展状况。

三、《宁海年鉴》体例采用分类编辑法，设置类目、分目、条目三个基本层次，除特载等类目采用综合性文章外，主体均用条目体。编排目次循年鉴的一般风格，并视实际情况确定。

四、《宁海年鉴（2017》所载内容由宁海县各有关部门、单位指定专人负责撰写，经供稿单位审核后，由《宁海年鉴》编辑部定稿刊印。全书注重图、表、文并茂，力求体现时代特点，突出地方特色。收录范围以宁海行政区划为界，起讫时间为2016年1月1日至12月31日，个别条目适当上延。

五、《宁海年鉴》采录的数据，均由宁海县统计局和各有关部门提供。因数据统计来源、统计方法或使用角度不同，不同部门提供的数据或有出入。同一项目或名称的数据如有不一致的，以统计部门正式公布的法定数据为准。

12月26—29日,县第十四次党代会在宁海国际会展中心举行。图为开幕式主席台

12月29日,新当选的十四届县委常委合影

1 月 26—29 日，县十七届人大五次会议在宁海国际会展中心宁海厅举行

1 月 25—28 日，县政协九届五次会议在宁海国际会展中心宁海厅举行

5月19日，浙江省庆祝中国旅游日主会场、第十四届徐霞客开游节开幕暨“为中国加分”浙江省文明旅游公益行动启动仪式在宁海西门广场隆重举行

5月18日，汉晋六朝古砖捐赠仪式在前童童衍方艺术馆举行

6 月 30 日，宁海县举行庆祝中国共产党成立 95 周年大会

10 月 25 日，宁海县举行庆祝浙江省第二十个环卫工人节表彰大会

6 月 18 日，2016“华鼎杯”全国青年男子拳击锦标赛宁海中学体育馆开幕

11 月 20 日，“以跑为媒”宁波市美丽乡村奥运会·迷你马拉松暨 2016 第四届宁海(深甽)温泉山地马拉松赛开跑

9月28日，宁海县第九届运动会在县体育中心开幕

9月1日，回浦小学、望海学校等一批现代化新校园投入使用，宁海县教育布局得到进一步优化

11 月 7 日,"天天演"文化惠民演出

11 月 21 日,县第十三届"宁海之秋"群众文化艺术节开幕

12 月 19 日,《宁海丛书》首发式暨出版座谈会在全国政协礼堂举行。

3 月 18 日,第九届宁海东山桃花节在胡陈乡拉开帷幕

9 月 25 日，宁海县首届桂花文化节开幕式暨首届“桂花仙子”颁奖典礼在大佳何镇葛家村桂园九宫广场举行

5 月 16 日，中国葛洪文化宁海县纪念馆开馆仪式在岔路镇湖头村举行

6月29日，展示军企文体艺术喜迎建党95周年

6月28日，全国纺织工业先进集体、劳动模范和先进工作者表彰大会在北京人民大会堂隆重召开，宁海王燕玲获全国纺织行业劳模

9 月 28 日，宁海县迄今规模最大的商业综合体——西子国际购物中心开业

5 月 9 日，宁海慈吉之星奔驰 4S 店开业

4 月 14 日,茶院乡茶院村进行无人机农药喷洒作业

4 月 12 日,宁波双林集团宁海鑫城汽车配件有限公司车间机器换人出效益

8 月，宁海县客运中心迁建工程竣工

6 月，宁海县第一医院住院楼(医疗中心)扩建工程主体结顶并通过中间验收

风力发电助推绿色经济。图为一市风场

美丽的宁海湾

喜看城区新变化

昔日垃圾填埋场变身美丽生态公园

天明湖公园一期工程

华山村安置小区

宁海县规划局　浙江省测
地图审核号：浙 S(20
本图基础地理底图资料由浙江省测绘与地

宁海县地图

绘资料档案馆　联合编制
7)64号　内部用图
理信息局提供　本图界线不作划界依据

目 录

专 稿

在中国共产党宁海县第十四次代表大会上的报告 …… 001
政府工作报告 …… 009

专 记

全力推进宁海跨越发展　奋力冲刺全省第一方阵
——宁海在中共浙江省委十三届九次全会上的表态发言 …… 018
宁海“国家生态县”建设历程及展望 …… 020
“宁海36条”入选“2015年度中国社区治理十大创新成果” …… 024
宁海客运站的风雨历程 …… 026
宁海县2016年度内资市场主体运行分析 …… 029

宁海概貌

综　述 …… 033
自然人文环境 …… 033
地　域 …… 033
水　文 …… 033
矿藏及其他自然资源 …… 034
气　候 …… 034
政区、人口 …… 035
2016年宁海县国民经济和社会发展综述 …… 040
国民经济主要指标 …… 040
农业和农村 …… 041
工业、建筑业和供电业 …… 042
固定资产投资和房地产 …… 042
国内贸易、对外经济、旅游和会展 …… 042
交通和邮电 …… 043
金融和保险 …… 043
科技、教育和人才 …… 044
文化、卫生和体育 …… 044
城市建设和环境保护 …… 045
人口、人民生活和社会保障 …… 046
2016年宁海县党政机关、群众团体与乡镇、街道负责人名录 …… 047
中国共产党宁海县委员会 …… 047
宁海县人民代表大会常务委员会 …… 047
宁海县人民政府 …… 047
中国人民政治协商会议宁海县委员会 …… 047
宁海县直属单位党政负责人 …… 047
乡镇、街道党政负责人 …… 049

2016年大事记

1月 …… 050
2月 …… 051
3月 …… 052
4月 …… 053
5月 …… 054
6月 …… 056
7月 …… 057
8月 …… 058
9月 …… 059
10月 …… 060
11月 …… 061
12月 …… 062

中国共产党宁海县委员会

综　述 …… 064
县委重要会议 …… 065
中国共产党宁海县第十四次代表大会 …… 065
县委十三届九次全体(扩大)会议 …… 066
县委十三届十次全体(扩大)会议 …… 067
县委十三届十一次全体会议 …… 068
县委十三届十二次全体会议 …… 069
全县领导干部会议 …… 069
全县农村工作暨"环境整治巩固年"活动动员会 …… 070
全县工业经济暨招商引资工作会议 …… 071
全县旅游发展大会 …… 072
组织工作 …… 072
概　况 …… 072
党员干部思想作风纪律建设 …… 072
"三有四好"干部队伍建设 …… 073
基层党建 …… 073
人才创新创业 …… 073
宣传工作 …… 073
概　况 …… 073
思想理论建设 …… 073
舆论宣传 …… 073
文化发展 …… 074
宁海县成为宁波市首个"中华诗词之乡" …… 074
120 册《宁海丛书》在北京首发 …… 074
宁海县全方位构建理论学习新体系 …… 075
宁海县出台全省首个农村文化礼堂五年规划 …… 075
2016 年度宁海县外宣用稿统计 …… 075
精神文明建设 …… 113
概　况 …… 113
擦亮"宁海品牌"营造文明新风 …… 114
打造"桃花源里"文明示范线 …… 114
统一战线工作 …… 114
概　况 …… 114
党外代表人士队伍建设 …… 114
引资引智和浙商回归工作 …… 114
民族宗教事务管理 …… 115
统战基层基础 …… 115
召开党外知识分子联谊会二届一次理事大会 …… 115
举行"中国华东实木家具总部基地"授牌仪式 …… 115
召开工商联换届选举大会 …… 116
举办台湾文创专家进企业活动 …… 116
成立宁海中学海外校友联谊会 …… 116
举行 2016 年长三角木球公开赛暨第十三届宁波市木球锦标赛 …… 116
政策研究 …… 116
概　况 …… 116
提升综合素质 …… 116
突出调查研究 …… 116
提高文稿质量 …… 117
机关党建 …… 117
概　况 …… 117
思想建设 …… 117
组织建设 …… 117
作风建设 …… 118
自身建设 …… 118
机构编制管理 …… 119
概　况 …… 119
政府职能转变和机构改革 …… 119
机构编制管理 …… 119
党校工作 …… 120
概　况 …… 120
干部教育培训 …… 120
教学科研 …… 121
教职工队伍建设 …… 121
硬件设施水平迈上新台阶 …… 121
老干部工作 …… 121
概　况 …… 121
两项制度建设 …… 121
发挥作用 …… 122
生活待遇 …… 122
阵地建设 …… 123
自身建设 …… 123
党史地方志工作 …… 123
概　况 …… 123
党史一卷终审 …… 123
党史二卷编写 …… 123
全面启动党史三卷编纂 …… 123
二轮修志 …… 124
完成《宁波市志・宁海卷》编纂 …… 124
年鉴编撰 …… 124
史志资政 …… 124

史志宣传 …………………………………… 124
基层史志事业 ………………………………… 124
红色文化 …………………………………… 125
革命遗址保护利用 ………………………… 125

宁海县人民代表大会常务委员会

概　述 ………………………………………… 126
县人民代表大会及人大常委会会议 ……………… 126
宁海县第十七届人民代表大会第五次会议 ……………………………………………… 126
县十七届人大常委会第三十九次会议 ……… 127
县十七届人大常委会第四十次会议 ………… 128
县十七届人大常委会第四十一次会议 ……… 128
县十七届人大常委会第四十二次会议 ……… 128
县十七届人大常委会第四十三次会议 ……… 128
县十七届人大常委会第四十四次会议 ……… 129
县十七届人大常委会第四十五次会议 ……… 129
县十七届人大常委会第四十六次会议 ……… 129
县十七届人大常委会第四十七次会议 ……… 130
县十七届人大常委会第四十八次会议 ……… 130
县十七届人大常委会第四十九次会议 ……… 130
县十七届人大常委会第五十次会议 ………… 131
县十七届人大常委会第五十一次会议 ……… 132
县十七届人大常委会第五十二次会议 ……… 132
人大监督 ……………………………………… 132
经济财政运行监督 ………………………… 132
重大民生事项监督 ………………………… 132
生态建设和城乡统筹监督 ………………… 133
司执法工作和基层法治建设监督 ………… 133
人大代表工作 ………………………………… 133
代表票决制 ………………………………… 133
代表主题实践活动 ………………………… 133
代表依法履职 ……………………………… 133
代表建议议案办理情况 …………………… 134

宁海县人民政府

综　述 ………………………………………… 135
县政府常务会议 ……………………………… 137
第 52 次常务会议 ………………………… 137
第 54 次常务会议 ………………………… 137
第 55 次常务会议 ………………………… 138
第 56 次常务会议 ………………………… 138
第 57 次常务会议 ………………………… 139
第 58 次常务会议 ………………………… 139
第 59 次常务会议 ………………………… 140
第 60 次常务会议 ………………………… 141
第 61 次常务会议 ………………………… 141
第 63 次常务会议 ………………………… 143
第 65 次常务会议 ………………………… 143
第 66 次常务会议 ………………………… 144
第 67 次常务会议 ………………………… 145
第 68 次常务会议 ………………………… 145
第 69 次常务会议 ………………………… 146
第 70 次常务会议 ………………………… 147
第 71 次常务会议 ………………………… 148
第 73 次常务会议 ………………………… 148
第 75 次常务会议 ………………………… 149
信访工作 ……………………………………… 150
概　况 ……………………………………… 150
完善信访工作领导责任制 ………………… 150
做好重点时段信访 ………………………… 150
各级领导接访下访约访 …………………… 150
《浙江省信访条例》宣传月活动 …………… 150
化解信访积案 ……………………………… 150
行政审批管理 ………………………………… 150
概　况 ……………………………………… 150
深化行政审批制度改革 …………………… 151
优化投资项目审批流程 …………………… 151
创新审批服务方式方法 …………………… 152
打通审批服务“最后一米” ………………… 152
进一步规范公共资源交易管理 …………… 153
完善行政审批平台建设 …………………… 154
获得各种荣誉 ……………………………… 155
外事工作 ……………………………………… 155
概　况 ……………………………………… 155
主要出访 …………………………………… 155
礼宾接待 …………………………………… 156
友好城市 …………………………………… 156
千校结好 …………………………………… 156
流动人口管理 ………………………………… 156
概　况 ……………………………………… 156
流动人口管理监督精细化 ………………… 156
流动人口服务保障均等化 ………………… 156
新老市民融合建设组织化 ………………… 157

流动人口权益维护公平化 …… 157
会展节庆 …… 157
概　况 …… 157
2016 中国(宁海)国际机床和模具技术博览会 …… 157
中国(宁海)文具产业博览会 …… 157
举办第十四届徐霞客开游节 …… 157
徐霞客游线申世遗 …… 158
乡镇节庆活动 …… 158

中国人民政治协商会议宁海县委员会

综　述 …… 160
政治协商 …… 160
全会协商 …… 160
专题协商 …… 160
对口协商 …… 161
民主监督 …… 161
专项集体监督 …… 161
提案办理监督 …… 161
委员视察监督 …… 161
参政议政 …… 161
紧扣中心深入调研 …… 161
突出重点议政建言 …… 161
注重反映社情民意 …… 162
联谊工作 …… 162
联络联谊 …… 162
服务基层 …… 162
机关建设 …… 162
廉政教育 …… 162
宣传工作 …… 162
机关服务 …… 162
提案办理 …… 162
一号提案 …… 162

纪检·监察

综　述 …… 164
强化政治监督 …… 164
推动“两个责任” …… 164
推动党风建设 …… 164
强化纪律审查 …… 164
强化标本兼治 …… 164
强化监督管理 …… 165

社会团体

宁海县工商业联合会 …… 166
概　况 …… 166
换届工作 …… 166
宣传教育活动 …… 167
服务会员企业 …… 167
调研与参政议政 …… 167
商会党建 …… 168
自身建设 …… 168
宁海县总工会 …… 168
概　况 …… 168
“工匠精神”引领职工创业创新高潮 …… 168
情系职工,普惠服务 …… 169
健全机制,履职能力明显提升 …… 169
夯实基础,基层工会活力明显增强 …… 170
共青团宁海县委员会 …… 171
概　况 …… 171
强化引领,增强青少年向心力 …… 171
夯实基础,增强共青团存在感 …… 171
主动作为,提升服务党政贡献率 …… 172
扎实服务,提升团员青年满意度 …… 172
宁海县妇女联合会 …… 172
概　况 …… 172
双学双比、巾帼建功活动 …… 172
家庭文明建设 …… 173
妇女儿童维权 …… 173
组织建设 …… 173
宁海县科学技术协会 …… 174
组织建设 …… 174
服务经济发展 …… 174
大型活动 …… 174
科普工作 …… 175
平台建设 …… 175
学术交流 …… 175
宁海县文学艺术界联合会 …… 175
概　况 …… 175
文艺队伍 …… 175
文艺创作 …… 176
文艺活动 …… 176

法治·军事

政法委及综治 …… 177
概　况 …… 177
维护社会大局稳定 …… 177
推进平安建设工作 …… 178
推进综合治理工作 …… 178
推进执法监督 …… 178
推进政法队伍建设 …… 179
法制政府建设 …… 179
概　况 …… 179
强化责任,加强组织机构建设 …… 179
全面提高行政决策水平 …… 179
规范性文件管理 …… 179
深化执法监督力度 …… 180
强化行政复议和行政应诉 …… 180
公　安 …… 180
概　况 …… 180
维护社会大局稳定 …… 180
护航经济社会发展 …… 181
推进基础信息化建设 …… 182
推进警务实战化建设 …… 183
推进执法规范化建设 …… 184
推进队伍正规化建设 …… 185
案例举要 …… 186
检　察 …… 188
概　况 …… 188
刑事检察 …… 188
惩防职务犯罪 …… 188
诉讼监督 …… 189
社会治安综合治理 …… 189
检察公信力建设 …… 190
检察队伍建设 …… 191
法　院 …… 191
概　况 …… 191
打击犯罪与保障人权并重 …… 192
协调化解和裁判示范共用 …… 192
司法监督与引导支持同举 …… 192
常规手段与信息技术齐下 …… 192
司法保障重大项目推进 …… 193
稳步推进涉企案件审理 …… 193
积极参与社会管理创新 …… 193
加大司法惠民力度 …… 193
加强信访化解工作 …… 193
推进司法公开建设 …… 194
稳妥推进司法改革 …… 194
深入开展机制创新 …… 194
切实加强审判管理 …… 194
强化思想政治教育 …… 195
提高干警业务水平 …… 195
推进党风廉政建设 …… 195
加强基础设施建设 …… 195
自觉接受社会各界监督 …… 196
司法行政 …… 196
概　况 …… 196
特殊人群管理 …… 196
法律服务 …… 197
人民调解 …… 197
普法宣传 …… 198
司法所规范化建设 …… 198
所获荣誉 …… 199
人民武装 …… 201
概　况 …… 201
完成宁波市征兵办赋予兵役登记试点任务 …… 202
民兵除冰扫雪保畅通行动 …… 202
召开民兵整组和“红旗党支部”建设现场观摩会 …… 202
民兵分队教练员集训 …… 203
单秀华到县人武部检查指导工作 …… 203
退伍军人专场招聘会 …… 203
民兵应急连集训 …… 203
专武干部集训 …… 203
重要目标协防对抗演训 …… 203
民兵抗洪抢险分队集训 …… 203
征兵宣传进校园 …… 204
推开信息化征兵体检工作 …… 204
周志斌到县人武部检查指导工作 …… 204
开展“军歌嘹亮宁海人”——“十佳优秀退伍军人”评选活动 …… 204
集中民兵上党课及“两学一做”内容考核 …… 204
组织民兵连长轮训 …… 204
张晓林到县人武部检查指导工作 …… 204
全县党管武装工作暨国防动员委员会全体会议 …… 205

农业·农村

农林牧业 …… 206
概　况 …… 206
粮食生产 …… 206
农业“两区”建设 …… 206
农业龙头企业 …… 206
专业合作社 …… 206
培育主导特色产业 …… 207
深化涉农资金整合 …… 207
农村产权制度建设 …… 207
现代农业建设 …… 207
农业科技支撑体系建设 …… 208
农业安全保障 …… 208
资源保护 …… 208
新农村建设 …… 209
概　况 …… 209
科学谋划“十三五”工作思路 …… 209
全域开展美丽乡村建设 …… 209
全力推进农村环境整治 …… 210
全面完成农村生活污水治理任务 …… 210
全面推动精准扶贫 …… 211
海洋渔业 …… 211
概　况 …… 211
强势推进“一打三整治” …… 211
稳步推进现代渔业建设 …… 212
创建“平安渔业示范县” …… 212
扎实推进海域管理与海洋环保 …… 213
水　利 …… 214
概　况 …… 214
防汛防旱 …… 215
水利工程建设 …… 215
水环境整治 …… 216
水政水资源管理 …… 216
水利管理改革 …… 217
农业机械 …… 217
概　况 …… 217
狠抓强农惠农政策，积极推广应用农机新技术新机具 …… 217
严抓农机化管理，不断提升农机社会化服务能力 …… 218
力抓源头管理，稳步推进平安农机建设 …… 218
巧抓农机培训，着力提升从业人员素质 …… 219
县双盘三山围垦工程 …… 219
工程概况 …… 219
年度完成情况 …… 219
工程质量 …… 220
安全生产 …… 220

工业·园区

工　业 …… 221
概　况 …… 221
智能制造 …… 222
绿色发展 …… 222
企业培育 …… 222
企业服务 …… 222
降本减负 …… 223
信息经济 …… 223
电力工业 …… 225
概　况 …… 225
安全生产 …… 225
电网发展 …… 225
供电服务 …… 225
经营管理 …… 225
依法治企 …… 225
“三个建设” …… 226
宁海经济开发区(宁波南部滨海新区) …… 226
概　况 …… 226
特色小镇建设 …… 226
项目建设 …… 227
产业招商 …… 227
要素保障创新 …… 227
精准管理服务 …… 228
组织保障 …… 228
科技园区 …… 228
概　况 …… 228
打造智慧产业高地 …… 228
加快产城融合发展 …… 229
完善创新创业基地 …… 229
强化工业有效投资 …… 229
做好发展保障 …… 230
物流园区 …… 230
概　况 …… 230
加强 4S 集聚区建设 …… 230
加强物流平台建设 …… 230

加强电商产业发展 …… 231
加强商贸产业发展 …… 231
加强基础设施配套 …… 231
招商引资 …… 231
宁波生物产业园 …… 231
概　况 …… 231
规划引领 …… 231
项目建设 …… 231
招商引才 …… 231
产业服务 …… 232

经济贸易

商贸服务 …… 237
概　况 …… 237
服务业提升发展 …… 237
提升居民消费水平 …… 237
培育外经贸发展 …… 238
构建商务惠民保障体系 …… 238
加强机关自身建设 …… 238
供销合作 …… 239
概　况 …… 239
助力两美宁海建设 …… 239
农合联构建工作 …… 239
提升服务功能和水平 …… 240
联动拓宽农产品销售渠道 …… 240
规范管理补短板 …… 241
国资经营 …… 242
概　况 …… 242
资产整合重组 …… 242
市场运营管理 …… 242
国有资产经营 …… 242
现代服务产业 …… 242
绿色能源普及 …… 242
安全综治工作 …… 242
招商引资 …… 242
概　况 …… 242
2016 宁海(杭州)投资环境推介会 …… 243
2016 宁海国际投资洽谈会 …… 243
宁海文化综合体项目 …… 243
首届宁波生物产业发展论坛 …… 243
招商活动 …… 243
招商荣誉 …… 245
烟草专卖 …… 245
概　况 …… 245
品牌培育与网络建设 …… 245
市场秩序整顿规范 …… 245
内部基础管理 …… 245
企业文化及队伍建设 …… 246
盐业专营 …… 246
概　况 …… 246
盐业运销 …… 246
盐政管理 …… 246

交通·邮电

交　通 …… 247
概　况 …… 247
投资建设 …… 247
安全管理 …… 247
运政航政稽查 …… 247
公共服务 …… 248
高速公路 …… 248
概　况 …… 248
征迁政策处理 …… 248
项目年度投资 …… 249
主要事件 …… 249
邮　政 …… 249
概　况 …… 249
金融业务 …… 249
包裹快递业务 …… 250
电商分销业务 …… 250
集邮业务 …… 250
函件业务 …… 251
报刊业务 …… 251
财务管理 …… 251
职工管理 …… 251
电　信 …… 252
概　况 …… 252
敢于争先,全渠道发力促发展 …… 252
网运前移,全力保障重大项目推进 …… 252
强化市场化推进,承包激励成效初显 …… 252
以人为本竭诚服务,三个“五必”彰显关爱 …… 253
技术比武争相惊艳,以赛促推业务发展 …… 253
移动通信 …… 253
概　况 …… 253

加强通信网络建设 …… 253
提升创新品质服务 …… 253
贯彻落实国家提速降费要求 …… 254
推动智慧城市建设 …… 254
落实信息消费惠民工程 …… 254
承担企业社会责任 …… 254
宁海县与宁波移动签署战略合作协议 …… 254
联　通 …… 254
概　况 …… 254
以智慧+战略实施为契机,全力开拓行业业务 …… 255
深入推进营销体制改革,激发基层责任单元活力 …… 255
聚焦匠心服务、实现存量保收增收 …… 255
智慧沃家和光改营销为突破,实现固网业务稳步提升 …… 255
运用信息化手段开展廉政文化建设 …… 255

财税·金融

财　政 …… 256
概　况 …… 256
组织财政收入 …… 256
支持经济民生事业发展 …… 256
推进财政改革 …… 256
提升财政监管水平 …… 257
加强干部队伍建设 …… 257
地方税务 …… 257
概　况 …… 257
税收法治 …… 257
落实税费优惠政策 …… 257
征收管理 …… 258
纳税服务 …… 258
税务稽查 …… 258
队伍建设 …… 258
国家税务 …… 258
概　况 …… 258
政策落实 …… 258
依法治税 …… 258
征管工作 …… 259
纳税服务 …… 259
主要事件 …… 259
金　融 …… 260
概　况 …… 260
人民银行宁海县支行 …… 261
宁波银监局宁海监管办事处 …… 262
中国工商银行宁海县支行 …… 263
中国农业银行宁海县支行 …… 267
中国银行宁海县支行 …… 268
中国建设银行宁海县支行 …… 269
中国农业发展银行宁海县支行 …… 271
宁海农村商业银行 …… 272
中国人民财产保险股份有限公司宁海支公司 …… 272
人寿保险股份有限公司宁海县支公司 …… 273

经济管理

发展改革与物价管理 …… 274
概　况 …… 274
综合经济 …… 274
课题研究与规划编制 …… 274
产业转型升级 …… 274
重大项目建设 …… 275
重点领域改革 …… 275
物价调控 …… 275
通用机场工程项目立项 …… 276
宁海县一沼气发电工程上网电价获省物价局核准 …… 276
与宁波机场与物流发展集团签订战略合作框架协议 …… 276
打造全国最大新能源示范基地 …… 276
打造总部经济集聚区 …… 276
工程价款分段结算模式 …… 276
西店镇、黄坛镇入选 2016 全国综合实力千强镇 …… 277
市场监督管理 …… 277
概　况 …… 277
工商行政管理 …… 278
食品药品监督管理 …… 279
质量技术监督 …… 280
安全生产监督管理 …… 282
概　况 …… 282
安全生产责任体系建设 …… 282
健全隐患排查治理体系 …… 282
事故防控体系建设 …… 283

安全文化建设 …… 283
提升安全生产治理能力 …… 284
开展宁海县标本兼治遏制重特大事故试点工作 …… 284
国资管理 …… 284
概　况 …… 284
整合重组 …… 285
完善现代企业制度 …… 285
加强监管,夯实国资基础 …… 285
队伍建设 …… 286
统　计 …… 286
概　况 …… 286
常规工作 …… 286
统计服务 …… 286
依法统计 …… 286
农业普查 …… 287
队伍建设 …… 287
国家统计局宁海调查队 …… 288
概　况 …… 288
统计调查基层基础工作 …… 288
抓牢数据质量生命线 …… 289
优质服务提质增效 …… 289
夯实统计调查基础 …… 290
审　计 …… 291
概　况 …… 291
提升审计监督绩效 …… 292
压实审计整改责任 …… 292
推进审计队伍建设 …… 292
稳增长政策跟踪审计 …… 293
财政预算执行审计 …… 293
领导干部经济责任审计 …… 293
政府投资项目审计 …… 293
专项审计 …… 293
农村集体经济审计 …… 294
审计队伍建设 …… 294
出入境检验检疫 …… 294
概　况 …… 294
强化宏观管理 …… 294
严守安全底线 …… 295
服务转型升级 …… 295
夯实发展基础 …… 296
“同线同标同质”工程 …… 296
中国电子检验检疫(e-CIQ)主干系统运行 …… 296
成功创建全国首个出口文具质量安全示范区 …… 296
首个生态原产地保护的食品落户宁海 …… 297
海外维权纳入总局首批试点 …… 297
实验室建设 …… 297
原产地签证突破7亿美元 …… 297

城乡建设和管理

城乡规划 …… 298
概　况 …… 298
规划编制 …… 298
规划管理 …… 298
规划监察 …… 299
基础测绘 …… 299
队伍建设 …… 299
城镇建设 …… 299
概　况 …… 299
重点项目建设 …… 299
房地产业和住房保障事业 …… 299
建筑业稳步增长 …… 300
城乡统筹 …… 300
房屋征收 …… 300
概　况 …… 300
政策制度 …… 300
征收拆迁 …… 300
拆迁安置 …… 301
年度特色工作 …… 301
公共建设管理 …… 301
概　况 …… 301
项目管理 …… 301
投资控制 …… 302
队伍建设 …… 302
城市管理 …… 303
概　况 …… 303
做好机构改革,加快推进综合执法 …… 303
做好“三改一拆”,全力创建无违建县 …… 303
开展环境整治,全面提升城市环境 …… 304
开展美丽县城创建,全面做好市政管理 …… 304
创新监督管理,全面提升管理水平 …… 305
开展队伍建设,有效促进执法规范 …… 305
全县“三改一拆”行动暨“无违建”创建工作会议 …… 306

水务管理 …… 307
概　况 …… 307
基础设施建设 …… 307
国土资源管理 …… 307
概　况 …… 307
规划管控 …… 308
耕地保护 …… 309
执法监察 …… 309
矿政管理 …… 310
中心工作 …… 311
夯实基础 …… 311

环保·旅游

环境保护 …… 313
概　况 …… 313
生态文明建设 …… 313
“五水共治”行动 …… 314
污染减排 …… 314
维护公共权益 …… 314
环保能力建设 …… 315
旅　游 …… 316
概　况 …… 316
全域旅游构筑新格局 …… 316
项目开发实现新突破 …… 316
乡村旅游取得新发展 …… 316
宣传营销迈出新步伐 …… 316
行业素质跨入新台阶 …… 316
名胜古迹 …… 317

科学·教育·文化·体育·卫生

科学技术 …… 319
概　况 …… 319
优化科技创新环境 …… 319
强化创新主体培育 …… 319
加速推进科技成果转化 …… 320
深化知识产权强县战略 …… 320
加快科技兴农步伐 …… 320
教　育 …… 321
概　况 …… 321
持续深化职业教育课程改革 …… 322
成功承办 2016 年宁波市中学生田径运动会 …… 322
广泛深入开展“小手拉大手,安全共相守”主题活动 …… 322
县幼儿体育囊括全省前四 …… 322
创新加强新聘教师见习期管理工作 …… 322
教育教学成果再获丰收 …… 322
全面完成《宁海县教育发展“十三五”规划》编制工作 …… 323
宁海县成立职业技术联合学院 …… 323
基础教育课程改革全面积极推进 …… 323
望海学校等一批现代化学校建成投用 …… 323
宁海中学举办建校九十周年校庆活动 …… 323
教育交流步伐全面加快 …… 324
全面推进“美丽校园”创建工程 …… 324
全面实行中小学校法律顾问制度 …… 324
大力推进教育民生实事工程 …… 324
宁海中学、正学中学创建省特色示范高中 …… 324
海上“摆渡人”张翎飞老师先进事迹感动社会 …… 324
打造成人教育品牌服务地方经济发展 …… 325
教育宣传平台进一步拓宽 …… 325
学前教育公益普惠发展全面提升 …… 325
文　化 …… 325
概　况 …… 325
宁海县设立全省首支县级文化产业发展基金 …… 328
《泥金彩漆传承　小葫芦大天地》入选省非遗传承教学基地优秀案例 …… 328
宁海县推出“民间好讲师”活态传承非遗项目 …… 329
宁海县力洋镇海头村创建浙江省文化示范村 …… 329
宁海县“十四夜”传统元宵节活动圆满结束 …… 329
宁海县获评全省文化市场综合执法先进单位 …… 329
第一届宁海湾(强蛟)湾区旅游文化节开幕 …… 329
宁海古戏台保护规划通过国家文物局审批 …… 329
宁海县许家山入选《最美古村落》 …… 330
首届葛洪文化节开幕 …… 330

宁海县第十二届未成年人读书节开幕 ……… 330
许家山石头博物馆正式开馆 …………………… 330
宁海县3个中国传统村落喜获中央财政
900万元支持 ………………………………… 331
宁海县启动“天天演”文化惠民演出 ………… 331
宁海县举行庆祝建党95周年文艺会演 …… 331
宁海海洋生物博物馆成功入选“中国十大
最美湿地场馆” …………………………… 331
宁海举办2016“宁海之夏”戏曲纳凉晚会
启动仪式 …………………………………… 331
宁海县第五届戏剧节隆重上演 ……………… 331
宁海“文化执法二维码”上岗 ………………… 332
宁海县成全国首个“中国古村落文化遗产
研究基地” ………………………………… 332
宁海县文化综合体项目入选财政部PPP
示范项目 …………………………………… 332
一市镇箬岙村入选第四批中国传统村落 …… 332
第十三届“宁海之秋”群众文化艺术节开幕
…………………………………………… 332
《宁海平调口述史》出版 ……………………… 332
宁海县首部大型乡邦文献丛书《宁海丛书》
在京首发 …………………………………… 332
体 育 ………………………………………… 333
概 况 ………………………………………… 333
立足谋篇布局 ………………………………… 333
构建服务体系 ………………………………… 333
发展竞技体育 ………………………………… 334
加快项目引进 ………………………………… 334
2016全国体育宣传工作会议 ………………… 335
宁海县第九届运动会 ………………………… 335
“一战成王”全国钓鱼巡回赛 ………………… 335
中国运动休闲大会2016年度峰会 ………… 335
卫生计生 ……………………………………… 336
概 况 ………………………………………… 336
抓项目建设,推进服务体系健全 …………… 336
抓内涵建设,推进服务能力提升 …………… 336
抓机制建设,推进医改不断深化 …………… 336
抓公共服务,推进健康水平再提升 ………… 337
抓服务管理,推进计划生育工作转型 ……… 337
抓宣传教育,推进行业形象再提振 ………… 337
抓基层党建,推进主体责任落实 …………… 338

新闻传媒·档案

《今日宁海》 ………………………………… 339
概 况 ………………………………………… 339
新闻宣传 ……………………………………… 339
报业经营 ……………………………………… 340
队伍建设 ……………………………………… 340
广播电视 ……………………………………… 341
概 况 ………………………………………… 341
主题宣传 ……………………………………… 341
事业投入建设 ………………………………… 341
经营收入 ……………………………………… 341
安全保障 ……………………………………… 342
队伍建设 ……………………………………… 342
档案工作 ……………………………………… 342
概 况 ………………………………………… 342
档案安全保障 ………………………………… 342
档案信息化建 ………………………………… 343
档案基础业务建设 …………………………… 343
档案文化建设 ………………………………… 343
档案依法监管能力 …………………………… 343
档案干部队伍建设 …………………………… 343

社会事务

人事与社会保障 ……………………………… 344
概 况 ………………………………………… 344
就业工作 ……………………………………… 344
人才工作 ……………………………………… 344
社保工作 ……………………………………… 345
劳动关系 ……………………………………… 346
自身建设 ……………………………………… 346
民 政 ………………………………………… 346
概 况 ………………………………………… 346
基层政权建设 ………………………………… 346
民间组织管理 ………………………………… 347
双拥优抚安置 ………………………………… 347
殡葬管理 ……………………………………… 347
婚姻、收养登记 ……………………………… 347
社会救助 ……………………………………… 347
地名管理 ……………………………………… 348
福利企业 ……………………………………… 348

移民安置 …… 348
福利彩票销售工作 …… 348
社会综合福利院 …… 348
老龄工作 …… 348
城乡社区服务 …… 348
宁波市养老养生产业高端论坛 …… 348
县金中康乐养老中心开业 …… 349
宁波市庆祝全国第四个老年节　暨长寿文化活动周在宁海县启动 …… 349
住房公积金管理 …… 350
概　况 …… 350
住房公积金贷款发放与提取 …… 350
新系统上线 …… 350
政策调整 …… 350
调　研 …… 350
关心下一代工作 …… 350
概　况 …… 350
学用结合 …… 351
思想道德教育 …… 351
基层关工委品牌建设 …… 351
参与社会治理 …… 352
自身建设 …… 352
残疾人工作 …… 353
概　况 …… 353
康复服务 …… 353
就业教育 …… 354
新政出台 …… 354
证件管理 …… 354
残疾人基本服务动态更新调查 …… 354
文体事业 …… 354
慈善工作 …… 354
概　况 …… 354
慈善一日捐 …… 355
《中华人民共和国慈善法》宣传 …… 355
先进典型示范 …… 356
基层基础管理 …… 356

乡镇街道

长街镇 …… 357
概　况 …… 357
经济建设 …… 357
村镇建设 …… 357
社会事业 …… 358
一方名人 …… 358
胡陈乡 …… 358
概　况 …… 358
农业经济 …… 358
工业经济 …… 358
旅游文化 …… 359
村镇建设 …… 359
社会事业 …… 359
一方名人 …… 359
胡陈乡获评 2016 中国生态魅力乡 …… 360
胡陈乡获评 2016 中国最美村镇特色奖 …… 360
胡陈东山桃园成功创建为国家 AAA 级景区 …… 360
胡陈乡建成宁波市首个标准化滑翔基地 …… 360
胡陈乡入选宁波市首批“乡村全域旅游示范区” …… 361
胡陈乡获评“浙江省休闲农业与乡村旅游示范乡镇” …… 361
顺利完成县二轮土地承包确权颁证试点外业测绘工作 …… 361
力洋镇 …… 364
概　况 …… 364
经济建设 …… 364
村镇建设 …… 364
社会事业和民生改善工作 …… 364
政府效能建设 …… 365
茶院乡 …… 365
概　况 …… 365
农业经济 …… 365
工业经济 …… 365
新农村建设 …… 365
旅游经济 …… 366
重大项目建设 …… 366
社会事业 …… 366
一市镇 …… 367
概　况 …… 367
经济建设 …… 367
镇村建设 …… 367
社会事业 …… 367
一方名村 …… 368
越溪乡 …… 369
概　况 …… 369
经济发展 …… 369

村镇建设 …… 370
社会事业 …… 370
首届宁波(越溪)“沧海桑田”节 …… 371
宁海(越溪)第九届跳鱼节 …… 371
桑洲镇 …… 372
概　况 …… 372
经济平稳增长 …… 372
新农村建设 …… 372
社会各项事业 …… 373
创新社会治理 …… 373
提升执政能力 …… 373
岔路镇 …… 373
概　况 …… 373
农业经济 …… 374
工业经济 …… 374
村镇建设 …… 374
重大项目 …… 375
社会事业 …… 376
前童镇 …… 377
概　况 …… 377
工业经济 …… 377
现代农业 …… 377
旅游产业 …… 377
村镇建设 …… 377
社会事业 …… 378
黄坛镇 …… 379
概　况 …… 379
工业经济 …… 379
农业经济 …… 379
城乡发展 …… 380
民生事业 …… 380
大佳何镇 …… 380
概　况 …… 380
工业发展 …… 380
招商引资 …… 381
项目投资 …… 381
农业发展 …… 381
村镇建设 …… 381
生态旅游 …… 382
保障社会 …… 382
宁海县首届桂花文化节 …… 382
强蛟镇 …… 383
概　况 …… 383
农业经济 …… 384
工业经济 …… 384
海岛旅游 …… 384
镇村建设 …… 384
各项事业发展 …… 385
西店镇 …… 389
概　况 …… 389
工业经济 …… 389
农业经济 …… 389
三产经济 …… 389
村镇建设 …… 390
社会事业 …… 390
中国 西店—中德国际健康养老特色小镇项目 …… 391
深甽镇 …… 392
概　况 …… 392
特色小镇建设 …… 393
经济转型升级 …… 393
美丽乡村建设 …… 393
社会事业发展 …… 393
政府自身建设 …… 394
跃龙街道 …… 394
概　况 …… 394
经济运行 …… 395
重点工作 …… 395
社会事业 …… 395
夯实基层基础 …… 396
桃源街道 …… 396
概　况 …… 396
重点工程 …… 396
经济发展 …… 397
改善街道环境 …… 397
民生工程 …… 397
一方名村——下桥村 …… 397
一方名人——潘天寿 …… 397
梅林街道 …… 399
概　况 …… 399
产业结构升级 …… 399
重大项目 …… 400
改善城乡面貌 …… 400
乡村旅游 …… 400
首届宁海(梅林)长寿文化节 …… 400
桥头胡街道 …… 401
概　况 …… 401
经济发展 …… 401

城乡建设 …… 401
生态建设 …… 401
民生服务 …… 402
基层党建 …… 402

附 录

企业名录 …… 404
2016 年度宁海县工业纳税十强企业 …… 404
2016 年度工业产值百亿级强企 …… 404
2016 年度宁海县县长质量企业 …… 404
2016 年度宁海县进出口五强企业 …… 404
2016 年度宁海县“服务业明星企业”奖企业 …… 404
2016 年度县级农业龙头企业奖企业 …… 404
重要文件目录 …… 405

索 引 …… 408

坚定追赶跨越　加快美丽崛起
为早日跻身全国强县第一方阵而努力奋斗

——在中国共产党宁海县第十四次代表大会上的报告

（2016年12月27日）

中共宁海县委书记　杨　勇

今年是中国共产党诞辰95周年，习近平总书记号召全党不忘初心、继续前进，为实现“两个一百年”奋斗目标、实现中华民族伟大复兴的中国梦而不懈奋斗。在这个实干成就梦想的时代，宁海正干出强劲有力的奋进之势，朝着新的追求新的目标砥砺前行。今天，中国共产党宁海县第十四次代表大会隆重开幕了！此时此刻，为党和人民的梦想而奋斗，我们倍感自豪；为宁海更加美好的明天而拼搏，我们充满自信！下面，我代表中国共产党宁海县第十三届委员会向大会作报告，请予审议。

这次大会的主要任务是：回顾总结县第十三次党代会以来的工作，研究部署今后五年的奋斗目标和主要任务，选举产生中共宁海县第十四届委员会和中共宁海县第十四届纪律检查委员会，动员全县各级党组织和广大党员干部群众，坚定追赶跨越，加快美丽崛起，为早日跻身全国强县第一方阵而努力奋斗。

一、过去五年积极作为、奋勇争先，奠定了早日跻身全国强县第一方阵的扎实基础

县第十三次党代会以来的五年，是宁海发展史上很不平凡的五年，也是取得重大进步的五年。县委团结带领全县人民，开拓进取、真抓实干，围绕建设“两美”宁海，加快追赶跨越，较好地完成了县第十三次党代会确定的目标任务，实现了“十三五”良好开局，发展呈现出速度快、变化大、面貌新、环境好、前景美的良好态势。

五年来，我们咬定转型升级不动摇，经济质效显著提升。主动适应和引领新常态，坚定有力地打好转型升级组合拳，主要经济指标增速跃居省市前列，预计今年实现地区生产总值460亿元，财政总收入80亿元；固定资产投资超过300亿元，增速连续47个月全市前三。产业结构持续优化，三次产业比重调整为9.7∶50.3∶40，规上工业总产值达到650亿元，进入全省第二方阵前列，新增4个百亿产业、2个百亿强镇，百亿企业零突破；加快发展现代服务业，建成新世纪城市客厅、物流园区、汽贸集聚区等功能区块，金融生态全市最优；扎实推进现代农业、现代渔业园区建设，特色农业、品牌农业稳步提升。我们加快动能转换，宁波南部滨海新区升格为市级大平台，千人计划产业园等一批创新平台打造成型，谋划启动了“369”特色小镇创建，智能汽车小镇成为全省十大示范小镇；大力发展战略性新兴产业，产值增速全市第一，新能源汽车、软通动力、颐高数码等大好高项目相继落户；科技创新能力不断增强，科技进步综合评价跃居全省前十。

五年来，我们狠抓环境整治不

松动，城乡面貌显著改善。积极传承和放大生态优势，结合“拆、治、归”等重大行动部署，全域治理、全面提升、全景打造、全民共建，大力开展“六治三清”攻坚战，建设美丽城乡。我们夯实“治”这个基础，投入40亿元将总长200公里的五大溪流全流域整治基本到位，久拖不决的“三车”问题得到根本治理，农村生活垃圾分类成为省市试点，生态环境质量公众满意度连续多年居全市首位。我们抓好“建”这个关键，以美丽县城试点引领城市建设，城市建成区达到36.4平方公里，常住人口城镇化率超过60%；抢抓棚改政策机遇，完成旧城、城中村改造近100万平方米，是上一个五年的近3倍；景观式改造高速出入口和桃源路、兴海路、人民路等城市主干道，客运枢纽投入使用，城市环线基本建成，多条隧道相继贯通，城市通达水平和集聚辐射能力进一步增强。以“十个一”工程为主要载体推进镇区建设；以精品线、精品村打造为重点加快新农村建设提档升级，连续五年获得省先进，获评中国历史文化名村、传统村落全市最多。我们突出“转”这个核心，推动美丽环境转化为美丽经济，乡村旅游蓬勃发展，年接待游客近1200万人次，成为首批国家全域旅游示范区创建单位。

五年来，我们深化改革开放不停步，发展活力显著增强。坚持把改革作为赢得发展先机的关键一招，统筹谋划，重点突破。我们从政府自身改起，抓好“四张清单一张网”建设，编制政府职能转移清单和购买服务清单，推出全省首份事业单位公共服务清单，开通运行全国首个县级“政务云”，改革综合执法、房屋征收和旅游开发体制，涉农资金整合成为2016年度中国改革十大案例。着眼激发市场活力，战略性重组五大国企集团，企业效益提升近10倍，大胆创新投融资体制，率先运用PPP、产业基金等新模式，国有资产证券化开全国县域先河，农合联“三位一体”等“三农”改革相继实施。我们积极扩大开放，加速推进大交通体系建设，对外交通明显改善，海关办事处成功获批；大力实施引资、引才、引企工程，累计引进浙商回归资金126亿元，实际利用外资5.7亿美元。

五年来，我们聚焦民生福祉不懈怠，社会事业显著进步。始终把民之所想作为政之所向，全面实施“八大优享”工程，全力打造“四感”城市，累计投入民生资金近200亿元，占财政支出的72.6%，预计今年城乡居民人均可支配收入将分别达到48090元和26630元，收入比从1.93∶1缩小到1.8∶1。我们注重兜底线、保基本，创新“丰收养老贷”惠及2.4万被征地农民，失海渔民全部纳入养老保障范围，90岁以上老人全部纳入健康管理，高龄老人基本生活津贴全省最高，“六位一体”住房保障体系解决住房困难1500户，人均年收入低于6000元的家庭全面消除。注重强服务、促均衡，广泛开展“送文化、种文化、建文化”活动，丰富群众文化供给，提炼打造“人意山光、自在宁海”城市主题形象，大力弘扬“大气、正气、硬气、和气”的宁海精神，十里红妆、前童元宵行会入选国家非物质文化遗产。投资近40亿元相继建成技工学校、一职高等75个教育项目和妇保院、中医院等6个卫生项目，创新全面托管、深度合作的办医办学模式。注重抓治理、促和谐，深入推进平安宁海、法治宁海建设，不断完善社会治安防控体系，加大违法信访依法处置力度，妥善解决一批涉稳敏感事件，圆满完成G20峰会等重大维稳安保任务，实现省平安县11连冠。

五年来，我们坚持从严治党不忘责，政治生态显著优化。县委切实担起党建这个主业主责，把严的要求贯穿于管党治党的全过程，做到管党有方、治党有力、建党有效。我们深入学习贯彻习近平总书记系列重要讲话精神，高质量开展群众路线、“三严三实”“两学一做”等党内集中教育，切实增强政治定力和党性修养。“上、下、管、育、爱”强化干部队伍建设，健全领导班子、领导干部考核评价体系，加快培养一批“狮子型”干部。高度重视党管人才工作，实施人才新政20条，引进国千省千人才12名，全县人才总量新增5.3万。牢固树立大抓基层导向，抓实选派“第一书记”驻村工作，大力推进软弱落后村整顿转化，加大基层运转经费和村干部报酬保障力度，创新构建“四位一体”基层治理体系。我们严格落实“两个责任”和中央“八项规定”，支持纪检监察机关转职能、转方式、转作风，深入开展作风建设群众满意工程、“五治理一提升”专项行动，以钉钉子精神整治“四风”，以“零容忍”态度惩治腐败，严肃查处了一批违纪违法案件。县委充分发挥统揽全局、协调各方的领导核心作用，支持人大及其常委会依法履行职责，支持建设有限有为有效廉洁的法治政府，支持政协开展政治协商、民主监督、参政议政，统筹抓好统战、群团、党管武装等工作，我们充分依靠群众、发动群众，汇聚起万众一心谋发展、齐心协力干事业的磅礴力量。

同志们，成绩来之不易，奋斗饱含艰辛。这五年，最令人振奋的是我们拼出了“宁海速度”，无论是主要指标增速还是目标管理考核，均跃居全市前列，是争先进位态势最好的时期之一。最难能可贵的是我们创造了“宁海经验”，村级权力清单36条、涉农资金整合、党群同心圆等好经验好做法，在全国都具有典型示范意义。最值得欣慰的是我们成就了“宁海梦想”，茶山抽水蓄能电站、西店新城围填海、双盘三山涂围垦等谋划多年的重大项目成功获批。最引以为豪的是树起了“宁海品牌”，获得全市首个国家生态县，全市唯一的国家可持续发展实验区、国家卫生县城“三连冠”，以及中国美丽乡村建设示范县、全国文化先进县等一个个国字号荣誉。最值得弘扬的是我们上下同欲、一致同功，干出了成效、干出了氛围、干出了精气神。五年发展取得的成绩，是在上级党委坚强领导下，全县各级党组织、广大党员干部群众团结奋进、努力拼搏的结果，是社会各界人士、各人民团体风雨同舟、和衷共济的结果，这离不开历届县委打下的坚实基础，离不开老领导、老同志的关心支持。在此，我谨代表中共宁海县委，向所有为宁海改革发展稳定做出贡献的同志们、朋友们，表示衷心的感谢并致以崇高的敬意！

在收获丰硕成果的同时，我们更得到了宝贵经验和启示。一是唯有一心向党、不忘初心，才能继续前行。我们之所以拥有强大的向心力、凝聚力，攻坚克难，无往不胜，就是因为始终坚持团结各方，把全县上下的意志、智慧、力量凝聚到共同的目标上来。我们要时刻怀着一颗对党对人民对事业的赤诚之心，用党性保证团结，用团结开创未来。二是唯有坚定信心、保持定力，才能加快发展。面对新常态新挑战，我们在方向上不摇摆、在战略上不折腾，坚定不移打好转型升级组合拳，既直面问题补齐短板，又放大优势拉高长板，为追赶跨越持续加码加力。三是唯有抓大谋远、奋勇争先，才能赢得主动。宁海发展既要立足宁海又要跳出宁海，实践证明，我们完全有条件有能力，做到全市争进位、全省创一流、全国树品牌，关键是要着眼大局、打开格局，顺应大势、抓好大事，以赶在今天赢在明天。四是唯有敢于担当、狠抓落实，才能干出成效。我们强调干部要干字当头，把抓落实作为生命线来对待，以实干造就了宁海发展的大好局面。今后我们也必须始终把干事创业扛在肩上，做到用心谋事、专心干事、一心成事。

肯定成绩还需看到问题和不足，越是发展好的时候越要保持清醒头脑。应该认识到：与全国强县第一方阵相比，我们无论在经济总量还是质量上都有不小差距，有些方面差距甚至还在拉大，快速增长的基础也并不稳固，产业层次总体不高，转型升级任重道远；发展动能转换还不够快，创新引领作用还不明显，通过改革推进发展、服务民生的力度仍需加大；旧城、城中村改造任务繁重，镇区建设相对滞后，历史欠账较多，一些集镇环境既不如城也不如村，乡镇实力财力普遍不强，村级集体经济十分薄弱；我县生态建设虽然走在前列，但仍然存在一些不足之处，环境治理基础设施建设、基础性工作亟需加强，生态优势转化需要再作努力；公共服务和公共安全领域存在薄弱环节，教育、医疗等民生工作还有不少短板，社会治理水平需要进一步提升；基层党组织战斗堡垒作用发挥不够，一些党员干部的政治意识、纪律意识、担当意识、争先意识有待加强，“庸懒散浮拖”等现象仍一定程度存在，对照打造宁海铁军的要求还有不小差距，全面从严治党需要深入推进。对此，我们必须增强忧患意识，采取有效举措予以解决。

二、勇立潮头、勇挑重担、勇争一流，谱写早日跻身全国强县第一方阵的崭新篇章

要做好今后五年工作，我们必须清醒认识和准确把握发展面临的外部环境和内在条件。当前我国经济发展新常态的特征更加明显，新一轮科技革命和产业变革与加快转变经济发展方式形成交汇，国家发展战略和政策在区域形成叠加，可以说我们面临着比以往更多更为复杂的机遇和挑战。从我县自身情况看，既要解决如何快速发展的问题，又要解决发展基础薄弱的问题，追赶跨越如同滚石上山，我们肩负着比以往更为艰巨的任务与使命。在风起云涌的区域竞合中，我们唯有负重前行、勇于作为，才能不辜负党和人民的重托，才能赢得宁海应有的发展地位。

今后五年全县工作的总体要求是：紧密团结在以习近平同志为核心的党中央周围，高举中国特色社会主义伟大旗帜，以邓小平理论、“三个代表”重要思想、科学发展观为指导，深入贯彻习近平总书记系列重要讲话精神，积极践行“五大发展理念”，认真落实省委市委决策部署，以勇立潮头、勇挑重担、勇争一流的使命担当，大力实施“五优并进”战略举措，着力建设生态名城、打造两湾明珠，加快追赶跨越，实现美丽崛起，高水平全面建成小康社会，力争早日跻身全国强县第一方阵。

面对新征程新使命，既要一张蓝图绘到底，又要翻篇归零再出发。

早日跻身全国强县第一方阵是我们的战略目标。当前的宁海，正挺立在宁波南部区域发展的潮头上，正奔跑在持续追赶跨越的跑道上，正站在奋力冲刺全国强县第一方阵的起点上。今年总书记对浙江提出了“秉持浙江精神，干在实处、走在前列、勇立潮头”的新要求，宁波明确提出要早日挺进全国大城市第一方队。在新的历史方位下，我们需要一个凝聚和鼓舞人心的目标来引领。早日跻身全国强县第一方阵，既是省市对宁海的期盼和要求，也体现了全县人民的愿望和意志，我们有信心有决心也有能力再攀高峰、力争上游。

追赶跨越是我们的战略使命。过去的成绩是追赶跨越的结果，而今迈步从头越也必然由追赶跨越来完成。今后五年，我县主要经济社会发展指标增速要高于省市平均水平，城乡居民人均可支配收入增速高于经济增速，人均地区生产总值突破10万元；财政总收入突破100亿元，力争达到120亿元，规上工业总产值突破1000亿元，固定资产投资累计突破2000亿元，改革发展各项工作争先创优，大踏步向全国强县第一方阵迈进。

美丽崛起是我们的战略路径。追赶跨越既要拼速度，更要求质量，美丽崛起是路径与效果的相统一，就是要深化“两美”宁海建设，照着“绿水青山就是金山银山”的路子走下去，发挥好我县的特色和优势，这既是一条腾飞之路、跨越之路、崛起之路，更是一条转型升级之路、品质内涵之路、绿色发展之路。

生态名城、两湾明珠是我们的战略定位。只有定位更准确更明确，发展方向才会更清晰更坚定。建设生态名城就是要推进更高标准更高要求的生态文明建设，创建国家生态文明建设示范县，全面提升绿色竞争力和影响力；打造两湾明珠就是要积极推进“双核联动、两湾并进”，大力发展湾区经济，建设宁波南部中心城市，实现率先领先发展。

“五优并进”是我们的战略举措。就是要创新优先、产业优化、环境优美、城乡优质、民生优享，这是贯彻“五大发展理念”的“宁海行动”，是引领发展转型升级、让群众过上更好生活的“宁海样本”。要按照现代化、高新化、绿色化、均衡化、品质化方向，协同实施“五优并进”举措，着力激发增长动力、增强经济实力、彰显生态魅力、提升惠民能力。

勇立潮头、勇挑重担、勇争一流是我们的战略要求。事业兴衰，关键在人。今后五年发展的目标任务乃大势所趋、民心所盼，这是我们最应干、能够干、必须干好的事情。全县各级党组织、广大党员干部要以舍我其谁的担当精神，以过硬的作风作为，展示决胜全面小康、早日跻身全国强县第一方阵的过硬成果。

三、实施“五优并进”举措，力争取得早日跻身全国强县第一方阵的明显成效

“五优并进”是我们今后五年要打赢的主攻仗、主动仗，全县上下必须明确重点任务，抓住关键环节，集中力量资源，在五个方面求大突破、见大成效，打开发展新天地，开创发展新局面。

（一）紧扣“创新优先”，全力激活追赶跨越新引擎。创新是早日跻身全国强县第一方阵的动能所在。要把发展的基点放在创新上，加快建设创新型经济强县，着力推进以科技创新为核心的全面创新，依靠创新抢占先机、增创优势。一是建设科技创新“主阵地”。依托滨海新区、开发区和各类创新载体，推动区域内创新组织的集成联动，加快创新平台建设，打造人才高地、创新高地、产业高地。高水平谋划打造城东科创大走廊，近期重点建好“一园、一谷、一院、一中心”，加快集聚创新要素。抓好“369”特色小镇建设，实施一批核心项目，争取更多进入省市创建名单。鼓励创业、创新、创投、创客“四创联动”，积极培育各类众创空间和科技企业孵化器。二是培育科技创新“主力军”。启动实施创新企业培育计划，利用5年时间实现全县科技活动经费投入、科技活动人员、高新技术产业产值、高新技术企业和科技型中小企业“五大倍增”。引导企业建立和用好研究院、研发中心、工程技术中心和产学研合作联盟，实现规上企业技术创新活动和机构“两个全覆盖”。创新驱动本质上是人才驱动。要深入实施海外高层次人才引进“5111”工程和“百千万”人才工程，努力培育百名优秀企业家、千名掌握核心技术的研发人才、万名具有工匠精神的高技能人才。提高教育服务发展水平，特别是在培养实用技能人才方面形成优势和品牌。三是打通科技创新“主渠道”。积极推进产业政策、政府服务供给改革，把扶持企业的重点向创新倾斜，做到该有的优惠政策都得有，束缚创新及成果转化的体制机制坚决破。要深化投融资体制改革，强化金融保险创新，促进产业基金、民间资本、风险资金与科技创新紧密结合，资本与“智本”高效对接。建立容错

纠错机制，大力营造鼓励改革、包容创新、允许试错的良好氛围。

（二）紧扣“产业优化”，全力推进转型升级新突破。产业是早日跻身全国强县第一方阵的关键所在。要紧跟前沿、紧贴实际，加快构建产业层级更高、结构更优、效益更好的现代产业体系。一是推进制造业智能化。坚持工业强县战略，把实体经济放在突出位置，主动承接宁波“中国制造2025”试点，以智能经济为主攻方向，打造绿色智造全国高地，推动规模以上工业迈进全省第一方阵。深入实施“三百”引领工程，打造一批百亿产业、百亿企业、百亿强镇，集中力量把汽车、生物医药、新能源、模具、文具打造成五大百亿产业，力争把汽车及零部件培育成五百亿级产业，加快在通用航空、“大智移云”等领域形成新的增长点。大力推动园区整合提升、做优做强，宁波南部滨海新区要以“双核”之一的站位，加快提级提速提规模，奋力创建省级产业集聚区，力争产值“一年上百亿、三年翻一番、五年翻两番”；进一步推动科技园区腾笼换鸟、功能提升，科学谋划建设宁西生态产业园。二是推进服务业现代化。围绕发展提速、比重提高、层次提升，实施服务业升级行动，推动生产性服务业向专业化、集聚化、个性化发展，生活性服务业向便利化、精细化、品质化提升。增量扩容生产性服务业，重点发展现代物流、金融保险等产业，加快发展互联网平台经济，积极培育一批新兴产业和业态。提升优化生活性服务业，商贸、旅游等产业要做实内涵、做响品牌，打造区域性商贸中心和物流节点、长三角生态休闲旅游度假目的地和宁波南部生产性服务业产业基地。三是推进农业高效化。发展农业我县有良好的基础和条件，要突出优势、深化改革、聚力提升。要创新农业产业园区工作体制，专门机构专业管理，做精做强现代农业、渔业园区。全方位构建现代农业产业体系，强主体、强服务、强投入，加快实现标准化建设、设施化生产、品牌化打造，促进主导产业提升、特色产业扩面、多元复合经营、产业融合发展。树立质量第一意识，开展多领域质量提升行动，创建全国质量强市示范城市。

（三）紧扣“环境优美”，全力打造生态建设新标杆。生态是早日跻身全国强县第一方阵的优势所在。要始终坚持举生态旗、打生态牌、走生态路，全面加强和提升生态建设水平。一是以更大的力度治理环境。要坚持问题导向，紧盯影响环境的突出问题，自我加压、铁拳出击。全力打好污水剿灭战，实施治水百亿工程，重点突破截污纳管，领先实现污水全收集、管网全覆盖、排水全许可，建成污水零直排区，明年全部消除劣Ⅴ类水质断面，启动Ⅴ类水整治。深化“六治三清”，开展大气、土壤等污染治理专项行动，打好拆违攻坚战，确保提前建成无违建县。二是以更大的手笔打造风景。结合“四边三化”“两路两侧”行动，深化大森林、大景区建设，推进全域景观化打造。启动实施“三年造绿添彩大行动”，开展多树种、多色彩、多层次和块状、带状、线状景观造林，大规模开展沿路、沿溪、沿村、沿海造林，推进拆墙建绿、拆违增绿。要把山水林田湖作为一个生命共同体，统筹实施生态保护和修复工程，统一开展景观规划设计和建设，创建国家森林城市、人居环境奖城市。三是以更大的视野发展美丽经济。深入创建国家全域旅游示范区，全面谋划旅游空间布局，全方位融入旅游元素，全力助推大景区建设。依托我县产业和生态优势，培育发展大健康、大环保等产业，打造华东养生基地、运动休闲名城和新能源产业基地。积极推进全社会节能减排，大力发展循环经济，强化企业、园区低碳循环改造，完善再生资源回收体系，全面节约高效利用资源能源。四是以更大的自觉健全生态环保制度体系。完善“一盘棋”的责任落实机制，加快实施以绿色发展为导向的“生态报表”制度，实行生态环境建设“党政同责、一岗双责、终身追责”。完善“一张网”的执法监管机制，对各类违法行为坚持零容忍，切实解决群众身边的突出环境问题，决不允许把污染成本转嫁给社会。完善“一条心”的全民参与机制，全社会都要强化尊重自然、顺应自然、保护自然的观念，大力推进生产生活方式绿色化转型，生态创建要人人都可参与、都有共鸣、都能获益，努力走向生态文明建设新阶段。

（四）紧扣“城乡优质”，全力构建城乡发展新格局。美丽城乡是早日跻身全国强县第一方阵的支撑所在。要以人为核心、以完善功能为重点，全面提升城乡建设发展水平，打造精而美、强而美、特而美的美丽城乡升级版。一是推进规划提升。完善县域总体规划，适时调整行政区划，推动“东拓南融西进北联中优”战略实施，着力抓好两湾区域规划，尽快形成“双核联动、两湾并进”的发展格局。牢固树立“精明增长”“百年规划”理念，推进“多规合一”，明确各地“成长坐标”，优化城乡形态、经济业态、功能状态、文化神态、自然生态，管控好城乡空间、建筑形体，切实做到先规划后建设、不规划不建设。二是推进风貌提升。以美丽县城创建、小城镇环境综合整治、品质农村建设三个三年行动计划为抓手，深入推进三级联创联建。城区要抓好棚户区、老旧小区和城中村改造，加快城市有机更新，修复提档山水人文，展现“山融水润、古今辉映、天人合一”的城市魅力；镇区要集中力量打好环境综合整治攻坚战，下大决心、花大力气彻底改观脏乱差现象；村庄要深入实施“安居宜居美居”工程，全面加强农村规划、建设、管理工作，全面开展治乱促协调、改旧亮特色、提质建体系。三是推进功能提升。城区要凸显服务功能、宜居功能、文化功能，提升层级、档次，加快城市中心区建设和梅桥片区对接联动，启动溪南片区开发，建成城隍庙、十里红妆小镇等一批历史文化街区，抓好智慧城市、海绵城市建设。以“美镇美街”创建为载体，推动集镇从点上向块上提升转变。四是推进交通提升。坚持把重点放在大交通体系建设上，实施公路交通“三百”工程，对外交通要加快向区域互通互联转变，打通一批连接周边地区的国道、省道工程，积极谋划推进宁波至宁海轨道交通、沈海高速西改线，争取将宁波第二外环拓展到宁海区域，建成投用通航机场；对内交通要加快向绿色便民转变，深入实施治堵保畅行动，打通一批瓶颈路、断头路，全面配套停车场、充电桩。五是推进机制提升。关键是真正建立起统筹城乡的体制机制，不仅在政策制度、公共服务、基础设施等方面，而且要在工作机制上加强统筹和创新。进一步理顺开发区与乡镇之间的管理体制，既利于工作又充分调动两方面积极性。

（五）紧扣“民生优享”，全力共建幸福美好新生活。让人民群众过上好日子是早日跻身全国强县第一方阵的归宿所在。要坚持以人民为中心的发展思想，强化民生导向，实现政府有形之手、市场无形之手、群众勤劳之手同向发力，共同创造全县人民美好生活。一是提高民生服务标准。人民群众对教育的主要期待在于公平和优质，要高标准推进教育现代化、均衡化，高水平发展15年基础教育，健全城乡一体的义务教育发展机制，加快发展学前教育、职业教育。没有全民健康就没有全面小康，要把人民健康摆在优先发展地位，推进健康宁海建设，健全现代医疗卫生体系，完善基本医疗卫生制度，加强以全科医生为重点的基层卫生队伍建设，提高省市县联动、县乡村一体的医疗服务发展水平。推动全民健身与全民健康深度融合，倡导健康生活方式。落实全民参保计划，健全城乡统筹和区域转接机制，努力建设更加公平更可持续的社会保障制度，完善养老、住房等保障体系。坚持计划生育基本国策，促进人口均衡发展。坚持输血、造血、活血相结合，深入实施“百千万”富民工程，促进创业就业增收致富，实现村级集体经济持续较快增长，重点扶持区域和低收入人群生产生活明显改善。二是树起城乡文明标识。大力弘扬社会主义核心价值观和宁海精神，注重增强文明创建的认同感、参与度，明年要入围全国文明城市创建提名城市。构建现代公共文化服务体系，推进更多文化资源向农村倾斜、向社会开放，农村文化礼堂、聊天长廊均衡覆盖。提升文化产业发展水平，加强文化人才队伍建设，谋划实施一批重大文化项目，强化非物质文化的挖掘保护利用，建设传统节庆标志地和非物质文化展示中心。三是打造社会治理标杆。巩固深化我县社会治理创新成果，完善扁平化指挥、网格化管理、信息化保障、协同化处置的社会治理体系和“三网合一”的社会治安防控体系，提升“四位一体”基层治理体系，进一步构建形成在全国具有典范意义的社会治理样板。实行阳光信访、法治信访、责任信访，引导群众理性合法表达利益诉求。建立健全网络舆情监测预警和快速反应机制，正确引导网上舆论，注重讲好宁海故事、传播宁海声音、维护宁海形象。严格落实安全生产责任，以生命至上的担当保障人民群众生命财产安全。

同志们，改革是推动发展的强大动力，在新时期新常态下，我们尤其需要用改革的理念、方法释放发展活力。要坚持以问题导向和效果导向引领各项改革，以快和实的要求加快改革落地，在实施“五优并进”举措中最大限度地彰显改革成效，再造我县新的竞争优势和发展优势。

四、加强和改进党的建设，为早日跻身全国强县第一方阵提供根本保证

实现今后五年奋斗目标，必须把各级党组织建设得更加坚强有力，使广大党员干部的积极性得到充分发挥。要认真贯彻落实全面从严治党各项要求，着力打造一支“三勇”铁军，更好地担负起早日跻身全国强县第一方阵的重任。

（一）聚焦向心力抓好思想政治建设。思想政治建设是建党、强党、兴党的生命线，必须紧紧抓住抓好这个根本，以坚定的理想信念固本培元、引领方向。要铸就忠诚坚定的政治品格。严格遵守政治纪律和政治规矩，不断增强“四个意识”，坚决维护以习近平同志为核

心的党中央权威，始终在思想行动上与党中央、省市县委保持高度一致。加强理论武装工作，深化学习型党组织建设，统筹发挥党校和各类学习平台作用，不断增强“四个自信”，做到以信念、人格、实干立身。牢记“两个务必”，践行党的群众路线，始终与人民群众站在一起、干在一块。要开展严肃规范的政治生活。认真执行新形势下党内政治生活若干准则，突出组织生活这个经常性手段、批评与自我批评这个有力武器，严格执行民主集中制，让党内生活真正成为加强党性锻炼、提高党性修养的大熔炉。规范和纯洁党内同志交往，着力形成清清爽爽的同志关系、规规矩矩的上下级关系。要维护团结奋斗的政治局面。加强县委自身建设，突出把方向、管大局、做决策、保落实，完善县委全会、县委常委会等工作机制。落实依法治国方略，加强对人大、政府、政协和法院、检察院的领导，健全沟通协调机制，推动各司其职、各尽其责。坚持大抓党建抓大党建，贯彻落实意识形态工作责任制，加强和改进对工会、共青团、妇联等群团组织的领导，健全党管武装制度，构建大统战工作格局，最大限度地发挥党外人士的积极作用，凝心聚力为推动宁海发展提供广泛支持。

（二）聚焦执行力抓好干部队伍建设。打造宁海铁军，是事业兴旺发达的关键所在。要鲜明导向选好干部。牢牢把握新时期好干部标准，树立重德行、重能力、重实绩、重基层、重发展、重公论的“六重”用人导向，既严把选人用人标准和环节，又不唯学历、不唯资历、不唯身份；要坚持对德的考核，又加强对绩的考评，切实做到不让老实人吃亏、不让年轻人埋没、不让贤者能人无位、不让在基层默默奉献的人失落、不让投机钻营的人得利、不让违纪违法的人逃脱。要在一线锤炼培育干部。切实加强干部梯队建设，采取定岗压担、多岗轮换、上派下挂等方式促进干部成长成才，统筹安排优秀干部到项目一线、招商一线、服务一线练本领、赛业绩，组织实施新一轮干部教育培训，激发铁军精神大比拼。要全面覆盖管好干部。坚持把主要精力放在对干部的平时了解和考察中，做到融入日常、抓在平常、严在经常。要把换届中“凡提四必”的做法制度化、长效化，真正实现由事后查处向选任全过程监督，由岗位监督向生活圈、社交圈监督，由任期监督向任前任后全程监督的转变。

（三）聚焦战斗力抓好基层组织建设。基层是党的执政之基、力量之源，必须牢固树立大抓基层的鲜明导向，推动基层组织建设全面进步、全面过硬。要让基层组织强起来。以“一个支部就是一个坚强战斗堡垒”的标准，强化基层党组织政治属性和服务功能，深入开展“整乡推进、整县提升”，推进点线建精、整片建强，确保两年内全部清零“两星”以下软弱落后党组织，五年内“五星”党组织达到60%以上。联动加强农村社区和“两新”组织标准化建设，整体提高基层党组织的牵引力和影响力。切实抓好基层基础保障，将更多的政策、资源、力量向基层倾斜，让基层党建活动扎根基层、扎根群众。要让基层党员队伍立起来。以“一名党员就是一面旗帜”的标准，大力实施村干部队伍“群雁”工程，进一步发挥好“第一书记”带动作用，结合村级组织换届，选优配强村班子。开展村社党组织书记星级化管理，实施发展党员精英计划，深化党员“三亮一创”工程，争取把每一名基层党员干部都培养成信念坚定、保持本色、充满活力的“锋领细胞”。要让基层党建品牌亮起来。以“一项工作就是一个品牌”的标准，紧贴实际、创新实践，打造更多的宁海党建新样板。突出红色党建引领绿色发展，发挥好基层党组织引领作用和党员干部示范作用，使“党建+”加上更多领域、加出更大成效，走出一条特色党建引领之路。

（四）聚焦免疫力抓好党风廉洁建设。风清则气正，气正则心齐，心齐则事成。必须保持节奏不变、力度不减，推动党风政风持续向好、新风正气全面树立。要把纪律规矩挺在前面。坚持纪严于法、纪在法前，堵住腐败滋生的源头。坚决落实“两个责任”，严格执行廉洁自律准则、纪律处分条例和问责条例，突出“一案双查”“失责必问、问责必严”，确保管党治党责任刚性落实。正确把握运用监督执纪“四种形态”，突出抓早抓小、防微杜渐，用纪律管住大多数。要把作风建设变为常态。坚持真管真严、敢管敢严、长管长严，深化整治，形成常态，推动形成清白家风、清纯民风、清廉政风。坚持以群众满意为标准，深化机关效能建设，严格实行首问负责制、公开承诺制、无偿帮办制、限时办结制，下大力气解决“庸懒散浮拖”以及推诿扯皮等突出问题，着力构建“亲”“清”政商关系。要把惩治腐败推向纵深。以“眼里不揉沙子”的较真精神反腐败，坚决查处违纪违法案件，坚决向发生在群众身边的不正之风和腐败开刀。按照中央统一部署，把同级反腐资源力量整合起来，建立集中统一、权威高效的监察委员会，实现对行使公权力的公职人员监察全面覆盖。深化腐败问题多发领域和环节改革，进一步扎紧制度笼子，用好巡察利剑，强化廉政教育，构建不敢腐、不能腐、不想腐的有效机制。

同志们！历史长河奔流不息，时代发展春潮涌动。我们这一代人把接力棒拿在手里，就意味着把责任和使命扛在了肩上。我们的事业从来不是个人的事业，它根植于宁海的土地，根植于宁海广大党员干部群众。在宁海这片热土上，正是靠着广大党员干部的苦干实干带头干，靠着人民群众的聪明智慧和辛勤劳动，靠着全社会积极性主动性的充分发挥，走过了一段段光辉历程。在新的征途上，我们要传承好弘扬好这些优良传统，永不满足、永不懈怠，奋发进取、勇攀高峰，以富有时代气息的宁海精神凝聚宁海力量，以更加理性务实的宁海行动书写宁海篇章，在追赶跨越、美丽崛起的实践中创造宁海新的辉煌！

让我们更加紧密地团结在以习近平同志为核心的党中央周围，在省委、市委的坚强领导下，加快建设生态名城，打造两湾明珠，高水平全面建成小康社会，为早日跻身全国强县第一方阵而努力奋斗！

政府工作报告

——在宁海县第十八届人民代表大会第一次会议上

（2017年2月16日）

宁海县代县长　林　坚

一、过去五年工作回顾

本届政府的五年，是宁海发展史上极不平凡的五年，也是宁海在攻坚克难中砥砺奋进的五年。面对错综复杂的宏观环境、经济下行的直接挑战、繁重艰巨的发展任务，我们全面贯彻党的十八大和十八届三中、四中、五中、六中全会精神，在县委的坚强领导下，团结依靠全县人民，主动适应新常态，积极落实新举措，持续推进“三个年”活动，较好地完成了县十七届人大一次会议提出的目标任务，顺利实现“十三五”规划良好开局，在建设“两美”宁海、推动跨越发展上取得了重大成就。

过去五年是争先进位态势最好的五年。我们积极作为、奋勇争先，创造了一系列宁海速度、宁海经验、宁海品牌。2016年实现地区生产总值465.4亿元，五年年均增长7.8%，增速高于全市平均。财政总收入连跨60、70、80亿元台阶，一般公共预算收入达到48.8亿元，同比增长17.1%。全年固定资产投资311.6亿元，增长16.5%，增速位居全市榜首；五年年均增长20.9%，增速连续48个月位列全市前三。工业经济跻身全省第二方阵上游位次，科技进步综合排名从全省中游跃居前十，生态环境质量公众满意度稳居全市首位，“双底线”管理指标绿灯数位居全市前列，目标管理考核从全市末位跃升至第3位，宁波南部区域“排头兵”地位进一步凸显。特别是办成了将宁波南部滨海新区升格为市级战略大平台，以及获批抽水蓄能电站、西店新城围填海、三山涂围垦等大事要事；打响了县乡两级政府实事工程人大代表票决制、村级权力清单36条、涉农资金整合改革等一批具有全国全省影响力的首创品牌；创成了全市首个国家生态县、全市唯一国家可持续发展实验区，获得了国家卫生县城“三连冠”、中国美丽乡村建设示范县、全国文化先进县等诸多国字号荣誉。

过去五年是转型升级明显加快的五年。我们深入实施创新驱动战略，加快发展新技术、新产业、新业态、新模式，三次产业比重由10.6：56.1：33.3优化到9.4：50.1：40.5。大力推进“三百”引领、“四换三名”工程，累计工业投资326.6亿元，年均增长17.7%，拥有百亿产业4个、百亿强镇2个，百亿企业实现零突破，新获中国汽车零部件制造基地、华东实木家具总部基地，被列为“浙江制造”试点县。战略性新兴产业增加值增速位居全市前列，新能源汽车、生命健康、通用航空等产业从无到有，总投资超20亿元的城市微行纯电动车项目顺利落户并快速推进，宁波生物产业创新中心一期建成投用，通用机场开工建设。大力推进服务业提升发展，增加值年均增长10.9%，高于GDP增速3.1个百分点，2016年社会消费品零售总额190.3亿元，年均增长14.4%。物流商贸集聚发展，综合型汽贸城、电商产业园效益明显，西子国际、现代家居广场引领消费作用显现。休闲旅游迅猛发展，度假养生、乡村旅游、民宿经济加速兴起，新增AAA级以上景区4个、省级旅游度假区1个，民宿床位达到5000张，获评全国休闲农业与乡村旅游示范县，成为首批国家全域旅游示范区创建单位。现代金融不断壮大，新增各类金融机构12家，累计达到83家，人民币贷款余额从445.8亿元跃升至700亿元，金融生态全市领先。会展节庆、总部经济、邻里中心等新兴业态加速涌现。大力发展现代农业，三门湾现代农、渔业园区建设扎实推进，望海茶、长街蛏子通过国家地理标志认证，“春优927”水稻亩产破浙江省纪录，建成省级现代农业园区7个、粮食功能区4000公顷。科技创新能力显著提升，R&D经费支出占GDP比重从1.8%提高到2.6%，设立院士、博士后工作站11家，国家高新技术企业达到100家，国家级众创空间和企业技术中心实现零突破，创成省知识产权示范县。大力推进海外高层次人才“5111”

工程，实施人才新政20条，成立高层次人才联谊会，成功申报“国千”人才2人，培育引进“省千”以上人才12人、市级以上创新团队28个。

过去五年是发展后劲不断增强的五年。我们坚持狠抓项目、大抓平台、深抓改革，区域发展基础更加厚实。咬定项目攻坚不松劲。接连开展重大项目建设、推进、攻坚、提升年活动，创新推出专员督查、公务人员促签和打击抢栽抢种等战术招数，以“清零拔钉”百日攻坚、两月一次集中开工的强大攻势，推进总投资1600亿元的417个重大项目，累计固定资产投资超千亿元，达到1139亿元，是前五年的2.4倍。始终把招商引资作为“一号工程”，创新招商机制，统筹内外资引进和浙商回归、返乡创业，累计利用外资5.2亿美元、内资188亿元，均比前五年翻一番。加快平台提升不止步。累计投入250亿元，推进园区平台提级提速提规模，招商主战场、投资主阵地作用显现。宁波南部滨海新区体制优化、框架拉开，宁东新城加速崛起，宁波模具产业园、新能源汽车产业园加快建设，近百家企业先后落户或建成投产。科技园区整合提升，精品文具、中瑞、中欧等专业园、国别园建成投用，生物产业园纳入宁波千人计划产业园，汽车零部件产业园获评省级特色品牌园区。实施特色小镇“369”培育计划，入选市级以上特色小镇4个，智能汽车小镇入选省级十大示范特色小镇，森林温泉成为全省首批特色小镇文化建设示范点。坚持深化改革不畏难。做到从政府自身改起，整合市场监管、卫生计生职能，优化房屋征收、旅游开发和综合执法体制，完成乡镇（街道）行政体制调整。战略性重组五大国企集团，国企数量从99家减少至33家，效益大幅提升。从供给侧改起，大胆创新投融资机制，在省市率先运用PPP、产业基金等新模式，城投资产证券化开全国县域先河，争取棚改融资授信150亿元，奇精机械成为首家主板上市企业，上市、挂牌企业达到7家。加大商品住宅去库存力度，去化周期降至7.4个月，低于全市平均。坚持以开放促改革，外贸自营出口逆势增长，海关办事处终于成功获批。

过去五年是城乡面貌显著变化的五年。我们深入实施“东崛起、北跨越、西统筹、中提升”区域协调发展战略，城镇化率从56%提高到61%。中心城区加速蝶变。累计投入350亿元资金，加大城市建新改旧力度，打造全市唯一的省美丽县城试点县。城市功能区块建设和节点改造步伐加快，新世纪现代商务区成为“城市客厅”，金融中心、科创中心、环球中心和会展中心投入使用，天明湖建成蓄水，“一环五纵十横”城区路网全面构筑，新建改建城市道路39条、公园广场6座。抢抓棚改政策机遇，以竞争性征迁、货币化安置，快速推进旧城区和城中村改造，累计实施项目65个、完成拆迁157万平方米，拆迁面积是前五年的3倍多。城镇乡村特色彰显。城镇化建设“十个一”工程扎实推进，涌现出一批产业强镇、旅游名镇、治水美镇、运动小镇，西店、岔路、深甽入选全国重点镇。致力打造美丽乡村升级版，谋划布局“一横一纵+X”精品线，启动建设精品村20个，获评省美丽乡村示范乡镇2个、特色精品村5个，中国历史文化名村、传统村落全市最多，许家山、东山桃园率先创成AAA级景区，胡陈乡入选全市首批乡村全域旅游示范区。完成村社股改和县乡两级“农合联”组建。城乡设施一体推进。投入68.7亿元，加快构建“一环八射三纵七连”大交通体系，花山、削壁岭、马鞍岭等隧道建成通车，沈海高速复线三门湾大桥、象西线全国首条风景道加快建设，综合客运枢纽投入使用，城乡客运实现一体化。供气供电设施加速覆盖，新增管道燃气用户2.2万户，新建扩建110千伏以上输变电工程7座，投用汽车充电桩482个，信息通讯迈入4G时代。

过去五年是生态环境持续提升的五年。我们坚定举生态旗、打生态牌、走生态路，打好生态建设组合拳。坚决筑牢生态基础。编制实施环境功能区划、生态文明建设规划，投入170亿元推进生态文明建设十大行动，建成生态重点工程50个，创成省级森林城市、省示范文明县城、国家水土保持生态文明县。重拳整治城乡环境。投入近百亿元资金治“五水”，新建污水处理厂7座、污水管网454.9公里，农村生活污水治理行政村覆盖率93.7%，完成重污染行业和畜禽养殖场整治，创成省“清三河”达标县，有望夺得“大禹鼎”。统筹推进防洪水、排涝水、保供水、抓节水，下洋涂围垦工程荣膺国家“大禹杯”优质奖，毛屿港综合治理、西林水库扩容工程加快实施，五大溪流全流域整治基本完成，除险加固水库山塘587座，15.4万农村人口喝上放心水。坚决打好三改一拆攻坚战，统筹抓好“两路两侧”“四边三化”和海上“一打三整治”，综合治理民间信仰活动场所，获评省无违建创建先进县。深入实施大气污染防治计划，全面淘汰黄标车，整治关停落后产能企业82家，淘汰高污染燃料锅炉194台，禁燃区面积扩大到18平方公里。狠下决心开展“三车”整治，取得明显成效。推行绿波带、单行线、公交专用道，投放清洁公交车106辆、公共租赁电动汽车1061辆，新增停车位20000个，打通断头路5条，有效缓解行车停车难。启动小城镇环境综合整治，综合执法向街道、中心镇延伸覆盖，示范路街建设扎实开展，垃圾分类处置积极推行。大力推进绿色发展。建立生态报表制度，实施排污权有偿使用、交易和租赁机制，节能减排任务超额完成。循环经济发展引领省市，被列为首批国家循环经济示范县创建单位，获评省级生态循环农业示范县。清洁能源加快开发利用，茶山和一市风电场并网发电，抽水蓄能电站配套工程开工建设。

过去五年是群众获得实惠更多的五年。我们坚持民生投入只增不减、标准只升不降，着力推进“八大优享”工程，新增财力70%以上均用于改善民生，69件实事项目全部兑现。促进就业创业富民。加快重点扶持区域提升发展，实施“百千万”富民工程，发挥失业保险、技能培训和各类孵化器促进就业作用，运行智慧就业系统，新增创业实体2.7万个、带动就业10.9万人，成为全省首批“电子商务进万村”试点县、全国新型职业农民培育工程示范县，城乡居民收入比缩小到1.8：1，家庭人均年收入6000元以下贫困现象全面消除。提高保障水平利民。社会保险扩面提质，城乡居民医疗保险实现一体化，“丰收养老贷”让失土农民获得更高标准养老待遇，养老、医疗保险参保人数分别达到43万人和61.5万人，最低工资标准、企业退休人员基本养老金、城乡基础养老金标准分别提高31.9%、35%和80%。养老服务体系不断完善，每千名老人拥有养老床位40张，百岁老人人口占比全市最高，高龄老人基本生活津贴达到全省最高水平。大幅提高困难残疾人生活补贴，解决住房困难2453户。优化公共服务惠民。投入30.1亿元新建迁建学校15所、医院9家，教育医疗硬件设施全面改善。落实奖教惠师、农村特岗教师津贴等激励政策，实行阳光招生，探索城乡托管办学，创新组建职业技术联合学院，创成全国义务教育发展基本均衡县。深入推进医药卫生体制改革，优质医疗资源上联下沉，县级公立医院全部与大院名院合作办医，建成市级以上医学重点学科3个、卫生乡镇（街道）12个和村（社）卫生服务室（站）113个，契约式家庭医生重点人群签约率32.3%，创成省卫生强县和国家级妇幼健康优质服务示范县、慢性病综合防控示范区。稳妥实施全面两孩政策，摘掉了出生人口性别比省重点治理县的“帽子”。文化发展成绩显著，出版《宁海丛书》，建成“非遗”文化产业园和118家文化礼堂，基层文化阵地实现全覆盖，前童元宵行会入选国家非遗名录，被授予中华诗词之乡和中国实木家具工匠之乡，首个中国古村落文化遗产研究基地花落宁海，牵头倡议的霞客游线“申世遗”成为全国共识。建成全省县级规模最大的现代化档案馆。体育事业蓬勃发展，国家登山健身步道品牌效应、富民效应凸显，主办承办越野、骑行等国际国内赛事活动30个，中国运动休闲大会永久性会址落户宁海，荣获中国十佳运动休闲城市、国家体育产业基地称号。我县运动员陈懿勇夺里约残奥会冠军。创新社会治理安民。构建形成“四位一体”基层治理体系。村（社）主职干部基本报酬提高60%以上。健全立体化社会治安防控体系，完善应急联动、矛盾化解和流动人口服务管理机制，信访量比五年前下降13.4%，刑事发案率年均下降8.5%。圆满完成G20峰会等重大维稳安保任务。严格落实安全生产责任制，全方位开展标本兼治遏制重特大事故试点，获评省级食品安全示范县和全国地质灾害防治高标准“十有县”。

过去五年是政府自身建设全面加强的五年。我们扎实开展党的群众路线教育实践活动、“三严三实”专题教育、“两学一做”学习教育，深入推进“三有一廉”法治政府建设。致力打造有限政府。深入抓好“四张清单一张网”，实现县乡两级权责清单全覆盖，推出全省首份公共服务清单，开通全国首个县级“政务云”，运行五级联动政务服务网，网上办理突破10万件。自觉接受各方监督，积极向人大报告和向政协通报重大事项，认真办好人大代表建议和政协提案。致力打造有为政府。常态化开展“进企业、强服务、破难题”专项行动，在全市率先制定降本减负35条，累计减免税费23.1亿元，为企业提供担保和应急周转资金155亿元，分别为前五年的1.8倍和3.3倍。编制政府职能转移清单和购买服务目录，政府购买服务走在省市前列。致力打造有效政府。规范行政机关合同管理，严格行政决策程序，完善议事规则，落实县政府常务会议学法制度。认真整改巡视、督查、审计反馈的问题，推动政府运作规范化、科学化、制度化。大幅提高审批效率，实施项目代办、联审联办，开展五证合一、不动产统一登记，审批事项100%进驻行政服务中心，工业类投资项目审批从150天压缩到94天。致力打造廉洁政府。严格执行中央“八项规定”，加强行政监察和审计监督，党政机关办公用房全面清理，“三公”经费大幅下降。深化效能建设，开展机关作风满意工程、“五治理一提升”专项行动，“四风”顽症有效遏制。压实党风廉政建设主体责任，严厉问责行政不作为，严肃查处违法违纪案件，着力营造风清气正、干事创业的政治生态。

各位代表，五年的砥砺奋进，不仅为未来发展奠定了更加坚实的基础，也积累了十分宝贵的经验。我们深深体会到：只有始终保持实业为要、项目为纲的战略定力，才能不断适应新常态、跑出加速度、实现争进位！只有始终保持不走寻常路、敢闯深水区的改革魄力，才能不断打破束缚发展的瓶颈、打开加快发展的通道！只有始终保持勇于担当、善于攻坚的坚强执行力，才能不断战胜困难、破除艰险、赢得主动！只有始终保持政民同向、政企同行的强大合力，才能不断形成生动活跃的发展局面、推动宁海各项事业取得更加卓著的业绩！

各位代表，五年的砥砺奋进，所取得的一切成就，得益于县委的坚强领导，离不开人大、政协的监督支持，凝聚着历届政府的不懈努力，归功于全县人民的团结拼搏和辛勤付出。在此，我谨代表县人民政府，向全县人民，向人大代表、政协委员，向离退休老同志，向民主党派、工商联和社会各界人士，向驻宁部队、武警官兵，向所有关心、支持和参与宁海发展的海内外朋友们，致以崇高的敬意和诚挚的感谢！

各位代表，这五年，我们的工作也有一些不足。特别是对照引领新常态、跻身新方阵的要求，我县经济总量仍然不大，产业层次总体不高，发展质效尚需提升，“大好高”项目仍旧缺乏，生态优势转化也不够快，转型升级和改革创新力度亟需加大。对照人民群众过上美好生活的期盼，基本公共服务供给仍然不足，社会治理方面还有不少短板；旧城区和城中村改造任务十分艰巨，镇村经济实力普遍薄弱，治水拆违仍需深处发力，城乡品质提升和环境综合治理还有很多工作要做。对照建设法治政府的责任，一些单位和干部法治能力、担当意识和服务水平还有欠缺，一些领域消极腐败现象仍有发生，自身建设还需常抓严抓。对此，我们将高度重视，采取切实有效措施，认真加以解决。

二、今后五年目标任务

今后五年，是宁海高水平全面建成小康社会的决胜期，也是坚定追赶跨越、加快美丽崛起的关键期。这一时期，既充满挑战，又富含机遇。全球新科技变革与产业革命孕育兴起，我国经济由降转稳的基础更加巩固，长三角迈向世界级城市群，浙江站上新的历史方位，宁波确立新的坐标定位，特别是宁波港口经济圈、大都市圈的加快构筑，将对宁海形成历史性叠加利好。经过持续多年的努力，我县正挺立在宁波南部发展的潮头上，特别是三门湾大开发构建的产业新平台，交通大建设造就的区位新优势，项目大投入释放的发展新动能，为宁海新一轮发展积蓄了巨大能量。同时，宏观环境的复杂性、不确定性、不稳定性因素增多，新旧动能转换、资源约束趋紧、利益格局调整等压力集中显露，对宁海发展带来直接性、潜在性、滞后性的较重承压。我们必须坚定发展信心、增强忧患意识，准确把握大局、积极增创优势，顺势而为、因势利导，不断开拓宁海发展新境界。

根据县第十四次党代会作出的部署，新一届政府工作的指导思想和奋斗目标是：高举中国特色社会主义伟大旗帜，全面贯彻党的十八大和十八届三中、四中、五中、六中全会精神，深入学习贯彻习近平总书记系列重要讲话精神，自觉践行“五大发展理念”，认真落实省市战略部署和县委“五优并进”战略举措，聚焦转型升级、聚力改革创新、聚集重大项目，加快追赶跨越、美丽崛起，着力建设生态名城、打造两湾明珠，高水平全面建成小康社会，力争早日跻身全国强县第一方阵。争取到 2021 年实现“两个高于、四个突破”：主要经济指标增速高于省市平均，城乡居民收入增长高于经济增速；地区生产总值突破 700 亿元，财政总收入突破 100 亿元，力争达到 120 亿元，规上工业总产值突破 1000 亿元，固定资产投资累计突破 2000 亿元。

为实现以上目标，在工作中要把握好以下五方面要求：

一是坚持把追赶跨越作为最大使命。我们将以大开放引领大跨越，进一步拓宽视野、拉高标杆，进一步融入都市圈、接轨长三角，实现全市争进位、全省创一流、全国树品牌。以大平台支撑大跨越，致力于“双核联动、两湾并进”，致力于高点定位、高端突破、高效开发，推动宁波南部滨海新区创建省级产业集聚区，加快形成北有杭州湾、南有三门湾的发展格局。以大项目推进大跨越，坚持大抓项目、抓大项目，坚持招新选优、招大引强，不断催生大企业、造就大产业、推动大发展。

二是坚持把改革创新作为核心引擎。我们将用改革的办法破解难题，突出问题导向、效能导向，发力供给侧，瞄准关键点，全力抓改革落地、争改革试点、做改革示范，构建更具活力的体制机制。用创新的思维加快转型，大力营造鼓励创新、宽容失败、允许试错的浓厚氛围，推进创业、创新、创投、创客“四创联动”，充分发挥人才第一撬动力、科技第一生产力、金融第一支撑力作用，牢牢把握加快发展主动权。

三是坚持把美丽崛起作为必由之路。我们将确立生态名城新定位，加大“建”的力度，健全“护”的机制，夯实“美”的根基，创成国家级森林城市和国家生态文明建设示范县。推进绿色经济新发展，坚定打好三改一拆、五水共治、浙商回归等转型升级系列组合拳，推动工业经济迈进全省第一方阵，打造全域旅游、循环经济全国示范和绿色智造全国高地。争当美丽城乡新典范，加快“东拓南融西进北联中优”，推进规划、风貌、功能、交通、机制“五大提升”，建设美丽县城、美丽集镇、美丽乡村，切实增强“人意山光、自在宁海”感染力。

四是坚持把民生福祉作为根本追求。我们将坚持富民为先，深入实施“百千万”富民工程，进一步拓宽增收渠道，让城乡居民有更多工资性、经营性和财产性收入。坚持惠民为要，深入实施“八大优享”工程，进一步扩面增量提质，加快建设健康宁海、高标准现代化教育强县、体育名城和文化强县。坚持和谐为基，进一步创新基层治理体系，深化平安法治建设，弘扬新时期宁海精神，共建共享最具成就感、幸福感、安全感、自豪感城市。

五是坚持把敬业担当作为重要保证。我们将按照打造勇立潮头、勇挑重担、勇争一流宁海铁军的要求，切实扛起人民赋予的职责，潜心谋事、埋头干事、努力成事，绝不畏难、绝不推诿、绝不懈怠。突出狠抓落实的导向，强化工作责任化、项目化、清单化，强化落小落细、督查督办、问责问效，确保各项决策部署不折不扣地执行到位。增强严守法纪的自觉，把纪律和规矩挺在前面，把政府工作纳入法治轨道，努力以干部清正、政府清廉赢得人心赢得发展。

三、2017 年工作安排

2017 年是新一届政府的开局之年，也是实施“十三五”规划的重要一年，做好今年工作意义重大。我们将坚持稳中求进工作总基调，以提高发展质量和效益为中心，以推进供给侧结构性改革为主线，以狠抓实体经济为着力点，全面做好稳增长、促改革、调结构、惠民生等各项工作，促进经济平稳健康发展和社会和谐稳定，以优异成绩迎接党的十九大胜利召开。

综合考虑发展趋势和目标导向，建议今年全县经济社会发展的主要预期目标为：地区生产总值增长 7.5%以上，一般公共预算收入增长 7.8%，固定资产投资增长 13%，社会消费品零售总额增长 10%，城乡居民收入增长高于经济增速。节能减排完成省市下达的目标任务。

实现今年发展目标，我们将突出抓好以下七方面工作：

（一）在精准发力中保持经济平稳增长。一是优结构扩投资。把招商引资作为扩大有效投资的最佳路径，进一步解放思想、优化政策，以虎口夺食的姿态，大力开展招大引强攻坚行动。进一步配强招商力量、改进招商方式，紧盯高端产业和产业高端，紧密对接央企强企，紧扣产业链和资本链，强化专业招商、精准招商、上门招商，力争更多的大好高新项目落户宁海，力争引进内外资均增长 20%以上。大力开展重大项目攻坚突破行动，把产业投资、重大基础设施投资和吸引社会投资作为主攻方向，把谋划项目、政策处理、关键环节报批等前期做得更实更细，加大专员督查、专项督查力度，以首季就开展“清零拔钉、清障提速”专项攻坚的强劲态势，确保总投资超 900 亿元、年度投资 210 亿元的 212 个重点工程顺利实施，其中新开工项目 115 个。创新投融资机制，推行股权合作、资产证券化等新模式，加快国企集团市场化转型，设立文化、旅游、生物医药等一批产业基金，抢抓机遇推进一批 PPP 项目，进一步提高社会投资占比。二是优服务强实体。把服务实体经济摆在更加突出位置，以帮助企业解决困难问题、提振企业和企业家信心为重点，大力开展精准服务企业专项行动，建立专门组织，整合各类资源，优化产业政策，加强政策宣讲和指导帮办，提高政策导向性和服务实效性。尤其是加大要素保障、金融创新、降本减负力度，完善担保体系，抢抓保险创新试点项目，中小微企业贷款增速高于全县贷款增速；强化土地节约集约利用，大力处置批而未供和闲置低效土地，工业企业厂区范围内放开容积率和绿地率限制。三是优模式促消费。以创成首批国家全域旅游示范区为目标，投资 25 亿元建设前童历史文化街区、温泉乡根小镇等 30 个旅游项目，建成裸心泉、兰博基尼等度假中心项目 5 个、乡村旅游示范点 10 个，启动创建森林温泉国家级旅游度假区和 AAAAA 级景区。以打造区域性商贸中心为目标，提升服务供给品质和集聚辐射能力，推动各类商业综合体错位发展、特色发展，大力引进新品牌、新机构、新模式，推广建设邻里中心、特色街区，投运人民路地下商业街，开工建设湖西特色商业街区。积极培育文化、养老、健康等消费热点，推进中德国际、富艺长泓等养老养生项目，以体系化、产业化、市场化为导向，创新办好第十五届徐霞客开游节。

（二）在创新驱动中加快产业转型升级。一是大力发展新经济。坚持工业立县、工业兴县、工业强县不动摇，与时俱进推进智能制造，落实“中国制造2025”宁海方案，构建“3+3+X”产业体系。提升改造传统产业，加大“四换三名”力度，支持企业推行智能生产、开发智能产品、加强智能管理，打造一批智能车间、智能工厂，重点抓好65个千万元以上技改项目，完成工业投资85亿元。壮大战略性新兴产业，发挥好宁波生物产业创新中心孵化作用，新建续建宁波临床前研究中心、抗蛇毒血清等8个新兴项目，推动航空装备级钛合金制造产业化。发挥生产性服务业链接绿色智造的关键作用，打造宁波南部生产性服务业产业基地。培育发展以云计算、“互联网+”为代表的信息经济，建成运营颐高双创园、软通动力宁波产业总部基地，开工建设得力电商产业园等项目。着眼于建设区域性物流节点，重点发展供应链物流、智慧物流、冷链物流，提升汽车、家居、机械等专业市场辐射力。优化出口退税、跨境贸易、信用保险等外贸服务，筹建海关办事处，谋划设立公共型保税监管仓，外贸自营进出口增长3%。二是着力培育创新体。深化“抓大壮小扶微”工程，加快小升规、规转股、股上市，培育一批行业龙头企业、单打明星和隐形冠军，新增挂牌上市企业5家。实施“百千万”人才工程，强化柔性引才、引育并重，发放优才卡3000张以上，新增市级以上创新团队5个、高层次高技能人才5500名。加大现代企业家培育力度，关心爱护和支持企业家成长，打造一支具有全球化视野、充满竞争创新活力和社会责任感的企业家队伍。实施科技创新“五大倍增”计划，R&D经费支出占GDP比重提升到2.8%，新增高新技术企业20家，市级以上企业技术中心、研发中心、研究院10家，高新技术产业产值保持两位数增长。深化标准引领、品牌培育和专利示范，启动创建全国质量强市示范城市。三是聚力构筑大平台。按照工业产值“一年上百亿、三年翻一番、五年翻两番”的目标要求，加快宁波南部滨海新区机制提升、项目提速、产业提效，年产30万台的新能源汽车整车下线，宁波生物产业园产业化基地和新区创客平台开工建设。加快通用机场和航空应急体系建设，打造国家通用航空产业综合示范区。推动科技园区腾笼换鸟、转型提升，高水平谋划城东科创大走廊，着力建设蓝色慧谷，建成投用标准厂房22万平方米；做大做强宁海湾循环经济和休闲旅游产业链，深入谋划宁西生态产业的发展路径和举措。抓好“369”特色小镇建设，全年投资近百亿元培育县级以上特色小镇7个，争取4个列入省市名单。

（三）在统筹协调中推进美丽城乡建设。一是建设美丽县城。以把全省试点做成全国示范的站位，推动新城市中心区快出形象，加快建设总部经济集聚区，高标准建设现代居住区，高端化打造商务休闲区，景区化塑造环湖风光，开工建设潘天寿艺术中心、城市阳台、天明公园二期等一批基础性、功能性项目。提速改造旧城区和城中村，计划投入102亿元，推进城隍庙周边、西门、水角凌等19个新建续建棚改项目，杨家、下洋吴、梅林等11个城中村改造项目，全年征迁115万平方米。综合性提升城市“四大门户”，实施十里红妆博物馆周边区块提升工程，建成洋溪滨水广场。加速构建城市大环线，全面提升兴海北路，启动改造兴海南路，建成跃龙山大桥和飞凤山隧道，开工甬临线杨梅岭至堤树岭改线工程，推动南环线加快建设、西环线全线通车。深化治堵保畅行动，打通一批瓶颈路、断头路，新建改建兴宁北路、天明东路等城市道路15条，新增停车位2600个、充电桩600个。二是建设美丽集镇。以美镇美街、一镇一品为导向，统筹资源力量综合整治小城镇环境，抓实“一加强三整治”，补上集镇建设滞后短板，根治环境秩序脏乱差积弊，争取三年实现美丽集镇全覆盖，其中6个乡镇（街道）三年整治任务一年完成。深化城镇化“十个一”建设，重点抓好19个年度投资13.1亿元的安置小区、便民服务、环境提升和综合开发项目。三是建设美丽乡村。以全域治理、全面提升、全景打造为方向，进一步加大涉农资金整合力度，深化安居宜居美居工程，全面加快精品村、精品线建设，创建合格村50个、示范村5个，创成省美丽乡村示范县。深化农业供给侧改革，致力于增加绿色优质农产品供给，全力抓品牌、强主体、治环境，加快提品质、扩规模、拓市场，建设一批现代农业综合体项目。致力于构建农业全产业链，加强农业科技创新和“互联网+农业”，推动三门湾现代农、渔业园区高品质招商、高标准建设，推进特色农产品和传统经典美食产业化。致力于发展壮大村级集体经济，深化农村产权交易和户籍制度改革，建成“农合联”区域性服务中心，完成土地承包经营权确权登记颁证。

（四）在加大投入中完善城乡基础设施。一是完善大交通网。全年投入20亿元推进交通“三百”工程，全线推进G228快速通道建设，开工建设西店至桃源段和旗门港大桥，建成南门至下陈段，加快建设象西线、三门湾大桥及接线工程，拓宽改造高速宁海南出口，发挥好综合客运枢纽内接外联作用。谋划推进宁波至宁海城际快速交通、沈海高速宁海城区段西改线和象山港第二通道。二是完善水利水务网。实施百亿水利建设工程，开工建设城区和东部沿海防洪排涝工程，推进三山涂促淤、围垦和西店新城围填海工程，深化清溪水库前期，启动新一轮农田水利设施改造和小流域治理。抓好海绵城市建设。新铺设供水管网150公里，完成一户一表6000户。三是完善能源保障网。实施电网提升三年行动计划，推动智能化、无杆化改造，升级配电网，新建续建110千伏以上输变电工程3座。加快清洁能源开发利用，开工建设总投资80亿元的抽水蓄能电站，推进宁东新城等分布式光伏发电项目建设，投用CNG加气站，新发展管道燃气用户3000户。四是完善数据信息网。深入推进智慧城市建设，进一步打通数据壁垒，推动信息技术在政务、医疗、交通、旅游和城市管理等领域广泛应用。开展千兆网络进家庭试点，扩大免费WiFi覆盖范围，让更多市民享受信息化红利。

（五）在建治并举中厚植生态文明优势。一是坚定护好绿水青山。深入实施生态文明建设规划，深化生态报表制度，扎实推进54项总投资700亿元的生态重点工程建设，加大环境监管、执法和追究力度，守住生态红线。深入推进“两路两侧”“四边三化”整治，开展以平原绿化、美化彩化等为重点的造绿添彩大行动，加快建设森林宁海。强化节能减排和资源综合利用，创成国家循环经济示范县。二是坚决抓好环境整治。严格落实河长制，打好污水剿灭战，加快雨污分流和截污纳管，建设城乡污水管网75公里，投运临港、宁东污水处理厂，实施农村生活污水治理提升工程，建设一批污水零直排区，消除劣V类水质断面，启动V类水整治，完成100万立方米河湖库塘清淤任务。开展大气、土壤污染治理专项行动，推行畜禽养殖生态化，迁建中心屠宰场。狠抓治危拆违，深入推进存量违建分类处置和拆后土地利用，以零容忍的态度管控新增违建，加大对违法改变房屋用途行为的打击力度，完成城乡危旧住宅房屋治理改造任务，创成省基本无违建县。健全脏乱差治理长效机制，配强综合执法力量，强力整治马路市场、乱搭乱建等陋习顽疾，巩固“三车”整治成果，推进垃圾分类处置行政村全覆盖，实现环境保洁城乡管理一体化。三是坚持做好共建文章。加强基层绿色创建，建成市级以上绿色单位7家，6个乡镇（街道）达到国家生态文明建设示范乡镇标准。加强精神文明建设，深化移风易俗，提升全民素质，推行垃圾不落地、礼让斑马线，争取全国文明城市创建提名。开展全民节能行动，倡导绿色低碳风尚。

（六）在回应民需中提升民生幸福指数。一是构建更加完善的就业保障体系。加大创业就业资源整合力度，增强政策针对性、培训实效性和供需对接的精准度，推动更加充分更高质量的就业创业。推进全民参保计划，加强社会保险精细化管理，养老、医疗保险参保率分别提高到88%和95%。大力发展养老事业，推进养老机构公建民营、民办公助、连锁经营，推进公办养老机构医养结合全覆盖，推进老年教育进基层和关爱长寿老人计划，打造中国长寿之乡。完善社会救助制度，支持慈善和残疾人事业。加大住房保障力度，提升居住品质和物业水平，统筹拆迁安置和房地产去库存，促进房地产市场平稳健康发展。加强国防动员和双拥优抚工作，推动军民融合深度发展。二是提供更加优质的公共服务产品。提升教育内涵，推进学前教育公益普惠、义务教育优质均衡、普通高中特色多样发展，增强职业教育与产业发展契合度，构建拔尖人才、优秀工匠层出不穷的现代教育体系。实施学前教育提升工程和新一轮标准化学校建设，改扩建城西小学、职教中心，迁建辛岭小学，建成大湖小学，开工建设国际幼儿园项目。打造健康宁海，深化县级公立医院改革和“双下沉、两提升”，构建三级联动、专科联建、区域联片的医联体，开工建设妇幼保健院保健楼，投用第一医院住院楼、新中医院、梅桥医院、公共卫生中心和区域医疗云平台，乡镇卫生院“六门诊二中心”星级化创建率达到30%，新创成市级以上卫生乡镇4个。深化计生服务管理改革，提高出生人口素质。推进文化惠民，丰富公共文化服务，加强传统文化保护和文艺精品创作，提升地方特色文化品牌影响力，新建文化礼堂20家，办好潘天寿120周年诞辰纪念活动。大力发展休闲运动，建设胡陈户外运动基地、许家山露营公园等一批体育产业项目，办好中国运动休闲大会等一批品牌赛事活动，推动全民健身和体育产业发展互动融合。三是巩固更加和谐的平安稳定局面。提升“四位一体”基层治理体系，抓实网格化管理、组团式服务，推进乡镇（街道）综治工作、市场监管、综合执法、便民服务“四个平台”建设，完成第十一届村级换届选举。提升社区和流动人口管理服务水平。健全多元化矛盾纠纷预防化解机制，优化公共法律服务，及时妥善处置网络舆情，依法规范信访秩序，把群众利益诉求纳入制度化、规范化、法治化轨道。完善立体化社会治安防控体系，加强应急预案动态管理和实战演练，健全防灾减灾救灾体系，严厉打击非法阻碍重点工程建设、逃废债、走私等各类违法犯罪行为。严格落实安全生产责任制，深化安全隐患大排查大整治，标本兼治遏制重特大事故发生，强化食品药品监管，健全促进放心消费机制，创成省级食品安全县，誓夺“平安金鼎”，实现省平安县13连冠。

（七）在狠抓落实中加强政府自身建设。一是坚持为民执政。这是政府一切工作的初心所在，我们将坚决落实以人民为中心的发展思想，想群众之所想、急群众之所急、解群众之所困，全力以赴办好人大代表票决项目等民生实事。大力倡导实干至上的工作导向，推行一线工作法，强化实干论英雄，做到工作务实、措施扎实、政令落实，以真干苦干加巧干，干出一个好的开局。始终树立勤政为民的良好形象，夙兴夜寐、激情工作，集中更多时间和精力下基层、办实事、推项目，以干部的辛勤付出换取人民群众更多的获得感。二是坚持依法行政。这是政府一切工作的基本准绳，我们将切实强化法治意识，完善依法行政制度体系，做到法无授权不可为、政无规矩不可为、权无监督不可为。增强法治思维，科学民主决策，依法行使权力，严格执法程序，加大政务公开力度；自觉接受人大依法监督、政协民主监督和司法监督，主动接受社会监督和舆论监督。提升法治能力，规范各项行政行为，善于用法治方式解决复杂问题和利益冲突。三是坚持高效施政。这是政府一切工作的内在要求，我们将进一步深化“放管服”改革，以“最多跑一次”的要求，深入推进“四张清单一张网”建设，运行“12345”政务咨询服务热线，做强浙江政务服务网宁海平台，创新行政审批方式，提升中介服务水平，实现在线咨询、网上办理、证照快递送达。进一步弘扬“钉钉子”精神，以不达目的绝不收兵的决心，撸起袖子加油干、甩开膀子加快干，下大力气在项目、招商、改革和环境整治等领域取得更大成效。四是坚持从严治政。这是政府一切工作的立身之本，我们将始终把纪律和规矩挺在前面，认真执行从严治党各项准则、条例，严格落实党风廉政建设主体责任，牢牢把握正确的政治方向。切实把权力关进制度笼子，规范政府采购、工程招投标和政府投资行为，强化国有资产、公共资金和公共资源监管，加强行政监察和审计监督。坚决把“八项规定”执行到位，严格“三公”经费管理，严治“庸懒散浮拖”，提升干部精气神，切实防止和杜绝扯皮推诿、吃拿卡要、本位主义，以干部的良好作风带动形成清淳民风、清廉政风。

各位代表，追赶跨越任重道远，美丽崛起催人奋进。让我们更加紧密地团结在以习近平同志为核心的党中央周围，在中共宁海县委的坚强领导下，紧紧依靠全县人民，翻篇归零再出发，改革创新破难题，务实担当干事业，为高水平全面建成小康社会，加快建设生态名城、打造两湾明珠，早日跻身全国强县第一方阵而努力奋斗！

县十八届人大一次会议政府工作报告名词解释

1. “双底线”管理：即市委市政府对各区县（市）的地区生产总值、规上工业增加值、规下工业增加值、一般公共预算收入、固定资产投资、外贸自营出口、财政八项支出、限上批发业商品销售额、城镇居民人均可支配收入、农村居民人均可支配收入等10个主要经济指标增长率，以全市平均水平和市里下达指标（其中GDP、城乡居民收入由各地人代会自定）为“双底线”进行考核，即当增幅低于底线时，亮红灯；当增幅与底线持平时，亮黄灯；当增幅高于底线时，亮绿灯。

2. 海外高层次人才“5111”工程：即从2013年开始，利用5年时间，争取引进国家、省“千人计划”人才10名，市“3315计划”人才10名，海外高层次创业创新人才100名。

3. 特色小镇“369”培育计划：即在“十三五”期间打造3个省级、6个市级、9个县级特色小镇。

4. “一横一纵+X”精品线：即串联“一横”（指沿新盛宁线、象西线）、“一纵”（指沿甬临线及甬临复线）特色村庄、景区景点、产业园区等打造美丽乡村风景线，并在此基础上，各乡镇（街道）结合区域产业基础和资源特色，打造若干条支线。

5. 三车：即残疾车、电动三轮自行车、人力三轮车。

6. “八大优享”工程：即优教、优医、优创、优养、优居、优治和文化优雅、实事优办工程。

7. “百千万”富民工程：即民宿经济、来料加工、精准帮扶、农村电商“百村千户万人”富民工程。

8. “四位一体”基层治理体系：即我县探索形成的以“聊天长廊”“百姓事马上办”乡镇（街道）一站通、“村务权力清单36条”“走村不漏户、群众考干部”为主要载体，集社情民意发现、群众诉求办理、权力监督约束和干部作风保障等机制于一体的基层治理体系。

9. 四张清单一张网：即省政府致力转变政府职能，推出的政府权力清单、责任清单、企业投资负面清单、财政专项资金管理清单和浙江政务服务网。

10. “五治理一提升”专项行动：即治庸治懒治散治浮治拖、提升工作执行力专项行动。

11. 五优并进：即县第十四次党代会上提出的创新优先、产业优化、环境优美、城乡优质和民生优享战略举措。

12. 双核联动、两湾并进：“双核”即宁海中心城区、宁波南部滨海新区先行区，“两湾”即三门湾、宁海湾。

13. “3+3+X”产业体系：即以高端化、智慧化、融合化为导向，重点发展汽车及零部件、模具、文具三大特色优势产业，生物医药、新材料、新能源等三大新兴产业，科技与信息服务、工业设计与创意、现代物流、现代商务、金融服务等生产性服务业。

14. “百千万”人才工程：即“十三五”期间，我县计划培育百名具有全球视野和创新意识的优秀企业家，千名掌握核心技术、引领创新发展的研发人才，万名具有工匠精神的高技能人才。

15. 科技创新“五大倍增”计划：即到2020年，全县科技活动经费投入、高新技术产业产值、科技活动人员、高新技术企业和科技型中小企业总数在“十二五”期末数上实现倍增。

16. 一加强三整治：即小城镇环境综合整治中加强规划设计引领、整治环境卫生、整治城镇秩序、整治乡容镇貌。

17. 交通“三百”工程：即“十三五”期间，计划交通投资100亿元，新建高等级公路100公里，公路密度达到100公里/百平方公里。

18. 双下沉、两提升：即优质医疗资源下沉和医务人员下基层，提升医疗卫生机构服务能力和群众就医满意度。

19. “12345”政务咨询服务热线：即整合除“110”“119”“120”等紧急类热线以外的非紧急类政务服务热线，实现一个号码对外、一个部门接收、一条龙监管。

全力推进宁海跨越发展　奋力冲刺全省第一方阵

——宁海在中共浙江省委十三届九次全会上的表态发言

（2016年4月19日）

中共宁海县委书记　褚银良

今年以来，我们按照中央和省委部署，把补短板作为贯彻落实五大发展理念、谋划推进“十三五”发展的重要之举，深入学习、广泛发动、认真查补，决心以补齐短板增创新优势，全力推进宁海跨越发展，奋力冲刺全省第一方阵。

一、深入学习、深刻领会

今年初，夏书记在县（市、区）委书记工作交流会上向全省发出了补短板的号召，我们第一时间深入学习习近平总书记和夏书记关于补短板的重要讲话精神，深刻领会补短板的重大理论和实践意义。这让我们深刻认识到，进入高水平全面建成小康社会的新阶段，必须把补短板作为推动全局的发力点，明白“越是短板，越具有后发优势”的哲理、“在短板上发力，能起‘四两拨千斤’效果”的原理，找短板找的是发展快车道，补短板补的是发展新动能。我们切身体会到，当前补短板的突破口是狠抓各项工作落实，省委一系列决策部署特别是转型升级组合拳的一招一式，都是补短板的科学良方，实践证明，只要我们领悟深刻、执行坚决、落实到位，就会取得非常明显的成效。我们还深刻认识到，补短板需要放宽眼界、拉高标杆，既要补齐还要拉长，作为宁海来讲，就是以“全市争进位、全省创一流、全国树品牌、全球找定位”的目标追求，勇当跨越发展急先锋，打造经济生态好、自然生态好、社会生态好、政治生态好的四好生态示范区。

二、直面问题、找准短板

补短板的关键是找准短板。我们一是广泛发动深入找，党委、政府、人大、政协齐上阵，全面发动群众一起找，不避短、不讳短，集思广益、群策群力。二是明确目标精准找，高点站位、标杆定位、底线卡位，把最关键的短板、亟需补好的短板找准、找实、找精。经过上一阶段的集中查找，共梳理出8个方面32个短板。对这些短板，我们作了较为深入地分析，加深了认识，明确了努力方向。这其中，既有劣势之短也有优势之短。比如说，在吸引和集聚创新要素方面，县一级是劣势，企业创新能力不足、高素质人才缺乏等是短板；良好的生态环境是我们的优势，但影响环境质量的突出问题还没有彻底解决，“绿富美”的生态综合效应没有得到充分体现，该长不长、能长不长也是短。既有历史欠账之短也有未来引领之短。宁海要用全市1/20的经济总量，供养全市1/10的人口，建设1/5的土地，公共服务无论是数量还是质量都面临快速提升的压力，中低收入农户增收任务艰巨。作为县一级，发展会更多地受制于交通设施建设，交通先行势在必行。尽管近年宁海交通投入力度空前，但依然存在总量不足、标准不高、网络不畅以及城市交通拥堵等问题。既有产业结构之短也有政府供给之短。宁海的经济发展较多地依赖内源式增长，传统产业转型升级动力不足，尤其需要通过搭建重大产业平台、引进重大产业项目来带活发展要素。政府在职能转变、财政金融政策等方面还有诸多不适应。为此，我们既坚定不移、齐心协力打好浙商回归、“四换三名”等转型升级组合拳，也将加强服务供给和政策供给，在整合涉农资金的基础上，调整优化二、三产业扶持政策，突出扶优扶强，优化资源配置，加快淘汰落后产能，宁可舍弃一点GDP，也要换来绿色发展新空间。

三、紧扣发展、补齐短板

这次省委全会以后，我们将迅速组织学习传达，以全会精神为指引，进一步动员全县上下，直面短板抓发展，快准勇狠补短板，主要经济指标增速快于全省全市，各项工作争先进位，确保提前两年实现“四翻番”。

一是补发展支撑之短。狠抓有效投资，让重大项目发挥关键支撑作用。“十三五”期间计划推进重大项目400多个，固定资产投资1800亿元，在“十二五”翻一番的基础上再翻一番。以重大平台集聚项目，作为今后宁海发展两核之一的宁波南部滨海新区，未来三年总投资将达到200亿元，智能汽车小镇依托年产30万台的新能源汽车、全球第二大独立自动变速箱制造商DSI、索菱科技、波士顿电池等项目，将打造一个500亿能级的新产业，投资250亿元的通航小镇、投资100亿元的新能源小镇也已启动建设。以虎口夺食、猛虎扑食的锐气攻坚项目，全面开展专员督查、竞争性拆迁和清零拔钉专项行动，2.3万余名公务人员公开承诺，聚力推进“十大百亿”工程。以市场化手段撬动项目，紧盯引浙商、招央企、选外资，用好总规模20亿元的战略性新兴产业基金、科技创新基金、上市引导基金，以政府投入带动和激活社会投资，今年社会投资占比预计提高10个百分点。

二是补发展动力之短。以凤凰涅槃的决心，下好创新驱动先手棋。快速提升创新平台汇聚创新要素，推进“千人计划”产业园、宁海智谷、科创中心等六大平台建设，加快建设20个以上的省市县三级创客空间。加大力度引才引智，突出以项目带人才、以创业引人才，到2020年，引进和培养各类高层次人才1000人，国千省千人才达到40名，实施科技人才、管理人才、草根创业、基层治理四个小千人计划，科技进步综合排名力争进入全省前5名。加快培育创新主体，鼓励企业通过兼并重组获取创新资源，大力发展战略性新兴产业，推动产业高端化、智能化发展，通过新兴产业的培育壮大和传统产业的转型升级，集中打造汽车、生物医药、新能源、模具、文具等五大百亿产业，到2020年规上工业产值超千亿。

三是补发展空间之短。重点是推进大交通建设，支撑起发展新空间。以“三百工程”对接省“万亿综合交通工程”，上下同欲打一场交通设施建设的大会战，确保“十三五”投资不少于100亿元，新改建高等级公路不少于100公里，公路密度不低于100公里每百平方公里。加快从织密县域交通向区域互联互通转变，实施和储备3个高速项目，谋划推进宁波至宁海城际铁路建设，争取纳入宁波第二高速外环，打通连接周边县市的12条国道、省道，建成投用通航机场。积极导入绿色交通理念，建设总投资26亿元的全国首条风景道象西线，到年底全县城乡建成充电桩1400个，投放电动租赁车1100辆。着眼于治理交通拥堵、方便群众出行，加强交通精细管理，实现铁路与公交、城乡客运站点无缝对接，以PPP模式新开发地下空间5处30万平方米。

四是补发展环境之短。保护环境，没有最好只有更好。我们将紧紧咬定绝不把违法建筑、污泥浊水、脏乱差的环境带入全面小康的大目标，把治水拆违坚决进行到底。启动实施治水百亿工程，三年完成河库清淤200万立方米，农村生活污水处理和垃圾分类两年实现全覆盖。“三改一拆”当前重点难点任务是啃下倒逼企业搬迁和集体住房违建的硬骨头，今年完成“三改”110万平方米、“一拆”130万平方米。夏书记强调，打转型升级组合拳最高境界是走上“绿水青山就是金山银山”的路子。宁海这方好山好水既要保护好，更要经营好，我们的做法是全域治理、全面提升、全景打造、全民共建、全体共享，建设美丽城乡升级版，创建全域旅游示范县。投入400亿元实施美丽县城三年行动计划，争取把全省试点做成全国示范；开展“2+5”乡村旅游景区建设，同时打造南山花屿、葛洪养生、许家山石头记等9个县级特色小镇（村），实施民宿经济、精准扶贫、来料加工、农村电商等4个“百村千户万人”富民工程，大力发展山谷经济、湾区经济，为群众增收提供更多渠道，让大众创业、万众创新在农村广阔天地星火燎原。

我们将甩开膀子拼命干，不用扬鞭自奋蹄，坚决落实好省委全会精神，绝不做宁波的短板、浙江的短板，争取为全省全市做出更多更大贡献。

宁海“国家生态县”建设历程及展望

2016 年 1 月 22 日，环保部发布 2016 年第 6 号公告，授予全国 22 个市、县（市、区）“国家生态市、县（市、区）”称号，宁海名列其中，标志着宁海县成功创建国家生态县，成为宁波市首个国家生态县。

改革开放以来，宁海经济和社会各项事业快速发展，1999 年实现了小康县目标。对于如何在新的平台上实现更快更好的发展，是当时县委、县政府面临的一个重要战略选择。关于发展路径：一种意见主张，等经济发展了再保护环境，但是经济排行榜的位置让宁海等不起也慢不得；另一种意见主张，宁可放慢经济发展步伐也要保护环境。宁海选择了第三条路，既要金山银山，又要青山绿水。当时的县委、县政府在综合分析县资源特点、经济发展现状后，毅然决定走生态型经济发展之路，全力打造绿色宁海。1999 年，宁海县委、县政府派人到国家环保总局，主动申请要求成为全国生态建设示范区。同年 12 月，宁海被国家环保总局批准为全国第四批生态示范区建设试点县，生态县建设之路正式起步。

县委、县政府把生态建设列入重点工作，确定了一批生态建设重点项目，通过每年召开全县环保工作会议，把生态建设任务下达给有关部门和乡镇。2003 年 10 月，宁海顺利通过全国生态示范区验收，成为宁波市首个国家级生态示范区，并荣获全国水土保持生态环境建设示范县称号，同时 GDP 突破 100 亿元，首次跻身全国经济基本竞争力百强县之列，排名第 82 位，初步实现“双赢”的目标。2004 年宁海首次进入全国综合实力百强县行列。在验收会上，来自北京的专家说道，生态比宁海更好的地方还有很多，但是像宁海这样能把生态与经济调和，取得双赢的，在全国都有特殊的示范意义。

全国生态示范区的成功创建，使县委、县政府更加坚定地认识到，生态是宁海的最大特色，是优势所在，潜力所在。2004 年，县委、县政府成立了以县委书记为组长的生态县建设工作领导小组。6 月，生态县建设领导小组扩大会议召开，提出了到 2012 年建成国家生态县的目标，生态县建设工作全面启动。紧接着，《宁海生态县建设规划》通过市环保局组织的专家评审，于 2004 年 12 月 29 日县十五届人大常委会第十八次会议审议通过。围绕“构建五大体系、立足六大要素、突出七个重点”的工作要求，县委、县政府加快推进生态县创建工作。2006 年 12 月，县委十一届六次全体扩大会议首次提出推进经济社会又好又快发展。2007 年初召开的县第十二次党代会提出了“五个好”的目标，强调建设和谐新宁海中“生态是魂”，要全力推进生产生活生态联动，力争山山水水都有好环境。

2007 年 3 月，《宁海县生态环境功能区规划》通过市环保局组织的专家评审，2008 年 4 月 3 日经县政府第十四次常务会议讨论后，正式批复实施。此后，生态县建设进入一个新的阶段。县委、县政府把生态创建工作摆上更加重要的位置，全面加大创建工作力度。2008 年上半年，面对国际金融危机影响，制定了工业创业创新“四十条”，实施“工业创业创新翻番工程”，推动六大特色产业加速调整转型，加快培育新能源、新材料等六大新兴产业，推动经济发展方式转变。随着生态建设的深入开展，生态优势不断放大。2008 年 12 月，宁海通过省级生态县现场考核验收。2009 年 3 月，被省人民政府命名为省级生态县，初步实现了区域经济社会环境的协调发展。

2009 年 9 月 7 日，全县创建国家生态县动员大会召开，县委、县政府出台《关于加强生态文明建设加快推进国家生态县创建的意见》，宁海进入生态县建设全面攻坚阶段。不断深化生态生产力理念，加快培育生态经济。成立了发展循环经济工作领导小组，编制了《宁海县循环经济发展规划》，以“2133”工程为抓手，加快发展循环经济，宁海被列为省循环经济发展试点县。在工业发展中，宁海湾循环经济试点区依托国华宁海电厂，成功引进总投资达 230 亿元的 36 个“补链”项目，构建完善循环产业链，资源利用率达到 90% 以上，被列为省循环经济发展重点项目之一。通过土地流转加快产业基地建设，大力建设浙江东海岸农业循环经济示范区，初步形成“种养饲加”一体的以企业为点、产业为块、区域为面的“三级循环农业体系”，被誉为“现代农业”的宁海模本。加快培育生态休闲旅游业，开发浙东大峡谷、伍山石窟、森林温泉度假村、野鹤湫等旅游景点，建成100公里的国家登山健身步道，全国山地户外运动基地落户宁海。

生态经济良好的发展态势让全县人民充满了希冀，绿色GDP的概念愈发深入人心。进一步加大生态工程建设，狠抓环境综合治理，有效改善生产生活环境，为国家生态县创建保驾护航更是被提上了重要议事日程。宁海投资5个多亿建成130公里的新标准海堤，构建了坚固的海防长城。建成白溪、西溪水库和宁东、临港、西店水厂等一批水源供水工程，完成力洋水库加固扩容和车岙港水库的清淤。建成白峤岭垃圾填埋场和渗滤液处理工程，建成运行城北污水处理厂一、二期工程，基本建成茶院、胡陈等6个乡镇污水处理站。加大重点区域环境整治力度，深化凫溪造纸行业、黄坛铸钢行业、电镀城等环境专项治理。特别是黄坛铸钢产业的整治，4家企业被强制关闭，3家完成升级改造，9家企业搬迁，对7家做出关闭决定，形成了良好的社会效应。“十一五”期间，全县依法取缔、关停企业189家，对企业罚款441家次，否决不符合环保要求的项目达到651个，涉及投资额9.4亿元。投资3亿开展以五大溪流为重点的小流域治理和颜公河的整治，防洪标准由20年一遇提高到50年一遇，荣获全国小流域治理先进县称号。开展声势浩大的坟墓专项整治行动，通过持续地巩固治理成果，全县累计清理坟墓20.96万穴，建设生态墓区535处，彻底消除了“青山白化”现象。投入1300万元开展畜禽养殖污染治理，完成禁养区搬迁152户，拆除各类建筑物10.9万平方米。扎实推进“两化”工作，成片连线推进农村环境整治，建立了“村收集、镇周转、县处置”的三级环境保洁网，农村环境面貌明显改善。

环境质量的改善增强了宁海人民追求生态文明的动力，宁海以建设生态型宜居宜业现代化中等城市为目标，以全面推进生态基层创建为载体，进一步深化生态文明理念，各类生态创建活动不断深入开展。宁海围绕建设“山中有城、城中有山、山连着水、城靠着海”生态型宜居宜业现代化中等城市的目标，深入实施“三改三联三突破”城市发展战略，更是按照“城市建设投入50亿元，城市拆迁50万平方米”的工作要求，加大旧城旧村改造力度，加快打造城市六大功能区块，不断凸显生态城市特色，掀起了新一轮生态城市建设高潮。进一步强化“显山、露水、见秀”的城市规划设计和建设理念，通过开展生态城市、卫生城市、文明城市、旅游城市等联创活动，不断提升城市建设品位，先后荣获国家卫生县城和省级文明县城称号，2009年8月，被评为“浙江省十大生态旅游名城”。建成城市中心区生态公益林333多公顷，成为城市中心的绿肺，积极打造“天然氧吧”。相继建成徐霞客大道、桃源北路、兴宁北路、兴海路等城市绿色通道和柔石公园、徐霞客公园等8大休闲去处。全面开展生态基层创建，紧紧围绕创建目标，抓住重点，突破难点，打造亮点，创造特色，取得了显著成效。

良好的生态环境已经成为宁海县的一块金字招牌，生态理念已经被广泛地接受，各项生态文明建设工作不断推进，取得了阶段性成效。2009年11月，宁海建成全市首个国家可持续发展实验区。五年新增城市绿化面积12.8万平方米。2010年8月，在第十届全国县域经济基本竞争力百强县（市）评比中，宁海名列第63位，7年提升19位次。2010年8月11日，在乡村休闲旅游县域一体化调研座谈会时提出，充分放大宁海县的生态优势，把全县区域作为一个大景区，进行整体规划建设、宣传营销，以国家登山健身步道建设为主线，将沿线的生态资源、民俗文化、景点景区、产业基地、农家乐等休闲旅游健身资源有机串联起来，形成一个在长三角具有较大影响力的县域大景区，加速乡村旅游健身县域一体化发展，把宁海建成为全国生态旅游健身先行区。

2010年12月21日，中共宁海县委十二届十一次全体（扩大）会议审议通过《中共宁海县委关于加快推进生态文明建设的决定》。2011年7月，宁海县委、县政府印发实施《宁海县生态文明建设五年行动计划》。2011年，成功申请“5·19”为“中国旅游日”，打响了“天下旅游，宁海开游”的品牌，扩大了宁海的对外知名度，有力推进了生态休闲旅游业发展。同时，启动了“森林宁海”建设五年行动计划，把创建“浙江省森林城市”作为宁海打造宜居城市、提高生活品质、提升城市品位的重要抓手，并依托丰富的林业资源和优良的生态环境，大力推进生态文明建设。2012年顺利通过生态县技术评估，2013年8月，国家生态县创建顺利通过国家环保部组织的考核验收。2014年7月，县委十三届六次全体（扩大）会议审议通过《中共宁海县委关于建设“两美”宁海实现跨越发展的决定》，提出创建“国家生态文明建设示范县”的目标。

“十二五”期间是宁海县加快生态建设的重要时期，也是国家生态县创建的关键阶段。县委、县政府牢牢把握生态建设优先战略，不断加大投入，推出一系列扎实有效的工作举措，累计投入142亿元推进生态县建设十大行动，建成生态重点工程50个，全县生态经济日益壮大，生态环境日趋改善，生态文化大力弘扬，群众对环境质量的参与度、满意度和信心度大大提高，全社会重视资源节约和环境保护的氛围全面形成。经济综合实力显著增强，经济发展方式优化升级，经济实力不断跃升。“十二五”期间，地区生产总值连跨300亿元、400亿元，达到434.1亿元，人均生产总值突破1万美元，达到11113美元；财政总收入突破70亿元，年均保持两位数增长，牢牢巩固宁波南部区域“排头兵”地位。生态环境质量加速提升，始终把维护区域环境安全和改善环境质量作为工作重中之重来抓，坚决推进区域性、行业性污染整治，积极开展“五水共治”、城乡环境大整治等系列生态环保专项行动。宁海县全年环境质量保持稳定，空气质量优良率达88.4%，市控以上断面水环境优良率达87.5%，为宁波市水环境最好地区，饮用水源地达标率100%，推动环境趋向优质化，经济趋向生态化，生态趋向经济化。城乡魅力愈加彰显，“十二五”期间森林覆盖率提升到63%，成功创建省级森林城市，并成为全市唯一省美丽县城建设试点县。生态基层创建活动全面开展，累计获得省级绿色单位28家，市级绿色单位82家，并有17个乡镇街道获得国家级生态乡镇（街道）命名。绿色环保意识深入人心，突出生态宣传引导，充分利用报刊、广播、电视、微信公众号等新老媒体，大力宣传生态建设工作中涌现的典型和好的经验，形成广泛的影响力。在2015年全省生态环境质量公众满意度调查中，宁海县继续位列全市首位。

2016年正式成为宁波市首个国家生态县。十多年来，宁海县始终坚持“生态立县、环境优先”发展战略，突出创建目标，构建完善完备的生态保障体系；突出经济转型升级，着力构建循环高效的生态产业体系；突出环境保护治理，着力构建洁净靓丽的生态环境体系；突出城乡统筹发展，着力构建优美舒适的生态人居体系；突出文明水平提升，着力构建共建共享的生态文化体系，一步一个脚印地推进生态县创建。生态县考核指标分为经济发展、生态环境保护、社会进步三大类，包含22项建设指标。经过努力，宁海县所有指标全部达标，特别是森林覆盖率、大气（水）环境质量、公众对生态环境质量的满意度等方面均远远高于考核要求，处于全市领先地位。

2016年，宁海县持续加大生态建设力度，生态环境改善明显，境内白溪、大溪、凫溪、中堡溪等主要河流水质保持优良，全县森林覆盖率达63%，空气监测优良率达88.47%，素有“天然氧吧”之美誉，“国家生态县”正式命名之后，审时度势，自加压力，提出早日建成“国家生态文明建设示范县”的战略目标。2016年12月，《宁海县生态文明建设规划（2016—2020年）》通过人大审议。

宁海县将通过优化国土空间开发格局，加快建设生态环境、生态经济、生态人居、生态文化、生态制度等五大体系，推动区域“山、水、海、城”的和谐共处，以转变发展方式为主线，推动生态环境与经济协调发展，变绿水青山为金山银山，以深化改革为抓手，把宁海建设成宁波南部中心城市、浙江湾区经济发展先行区、国家全域旅游示范县、国家绿色发展示范区和国家生态文明建设示范区，推进以“海净、天蓝、地绿，人和、业兴、境宁”为体现，以“生态美、生产美、生活美，好空气、好风气、好福气”为内涵的“两美”宁海建设，形成沿海县域生态文明建设的典型模式。

近期目标（2016—2018年），即全面建设阶段。在此阶段，生态文明建设将全面部署建设，生态文明建设纵深推进并取得标志性成果；按照人口资源环境相均衡、经济社会生态相统一的要求，优化县域空间布局，实施主体功能区战略，强化县域空间管制，依法划定生态红线；通过“二区八园”主平台的建设，加快传统产业转型升级，有效培育战略性新兴产业，大力发展高新技术产业和现代服务业，生态经济成为经济增长新亮点；持续提升区域生态环境质量，水、大气、土壤等质量持续好转；城乡人居环境全面优化，人均公共绿化面积达到全国领先水平；积极推行绿色生活和强化生态文明宣传，不断完善生态文明建设的体制机制，基本形成政府主导、全民参与的生态文明建设氛围，社会文明程度全面提高，民生保障和公共服务水平不断加强，比较完善的生态制度体系形成。达到国家生态文明建设试点示范区标准要求，创建成为国家生态文明建设示范县。

远期目标（2019—2020年），即深化拓展阶段。通过深化生态经济、生态环境、生态文化、生态人居、生态制度等五大体系建设，将宁海县建设成为生态文化繁荣发展，生态文明观念牢固树立的地区；同时区域产业结构和产业布局与资源环境协调，产业全面生态转型，节约能源资源和保护生态环境的产业结构、增长方式、消费模式全面形成；环境质量明显提高，自然生态环境安全秀美；区域基本公共服务基本均等，人居环境明显提高，民生得到明显改善，生态制度全面完备，成为独具特色的国家级生态文明示范县。

宁海县生态文明建设规划的总体思路主要概括为“12355”：围绕“1”个核心，即依托“山水相依、陆海相连”的地域特色，推进“尊重自然，顺应自然，保护自然”为核心的生态文明建设；协调“2”种关系，即协调好生态环境保护与社会经济发展之间的关系，协调好现在发展需求与未来发展需求之间的关系；打造“3”层空间，即宁海湾丨三门湾临海经济带、中部丨东部平原高端生产—宜居生活带、西部丨东北部山区生态保育带；构建“5”大体系，即发展生态经济体系、创建生态环境体系、建设生态人居体系、培育生态文化体系和构建生态制度体系；实现“5”个目标，即通过5~6年努力，将宁海建设成生态型宜居宜业现代化滨海城市、浙江省蓝色海洋经济展示窗口、长江经济带上“生态明珠”、国家集中集约集聚发展先行区、国家生态文明建设示范区。

未来几年，将依托宁海“陆海相连、山水相依”的区域特征，综合辖区内山脉、海湾、溪流等重要生态板块的分布特点，探索构建“两湾两山，三廊一网，五楔多点”的生态安全格局，实现生态全速推进、全域提升、全民共享。

两湾：指三门湾和宁海湾。三门湾地处宁海、三门、象山三县交界处，是白溪、大溪、中堡溪、清溪汇流入海区域，具有丰富的海湾水系肌理和滩涂资源。宁海湾位于象山港尾部，是凫溪、颜公河汇流入海区域，有较为丰富的海岛和滩涂资源。通过努力，形成具有联通海陆和保护海洋资源、海洋生物多样性等功能的地区湾域。

两山：指位于县域东部和西部的山脉。东部山脉系指处于象山港和三门湾之间的盖苍山脉，涵盖桃花溪森林公园、茶山云豹自然保护小区和车岙港水库等水源涵养区。西部山脉指位于岔路、黄坛和深甽境内山区，涵盖双峰山、南溪森林公园和白溪、西溪水库等水源涵养区。建成具有维持生态本底、防御海洋灾害、保护生物多样性和涵养水源等功能的山脉。

三廊：探索打造包括城中、城南和城北等在内的生态廊道，建设具有串联生态孤岛、保障野生动物迁徙、缓解城镇建设强度等功能的城市生态廊道。

一网：指水系生态网。水系生态网包括水库、溪流、海港及其沿岸生态堤岸和绿化带，是连接陆与海的重要生态通道和协调山与水的生态缓冲带。

五楔：指城区周边山脉向城区延伸构成的楔形绿地，包括跃龙山、华山、乌石山、段空山和红岩山，建成具有生态调节、生态连接、生态观赏、休闲游憩等功能的地区绿地。

多点：指散布于县城建成区或各乡镇镇区生态环境较好且相对独立的公园和孤山，如城区柔石公园、正学公园、一休公园及岔路塘山、前童塔山、力洋大山后、长街山头等，力争打造成具有休闲游憩、生态调节等功能的生态点。

未来几年，宁海县还将从生态经济、生态环境、生态人居、生态文化及生态制度等五大体系建设需求出发，强化生态工业示范园区建设工程、循环经济试点建设工程等55项重点项目，预计总投资近741.86亿元，其中近期投资213.45亿元、远期投资528.41亿元，全面推进“国家生态文明建设示范县”建设。

湿地——胡陈港

“宁海36条”入选“2015年度中国社区治理十大创新成果”

2016年6月24日，民政部在京召开“2015年度中国社区治理十大创新成果”发布会，宁海村级权力清单“36条”入选，为宁波市唯一获此殊荣项目。县委书记褚银良代表宁海县作为全国5家获奖发言单位之一在发布会上介绍“宁海36条”的做法和经验。

2014年初，宁海县纪委将各条口涉及村级权力的条文进行整理，浓缩成简单易懂的36条“权力清单”，对村级重大事项决策、项目招投标管理、集体资产资源处置及村级财务管理等19项村级公共权力事项进行了固化，并对村民宅基地审批、计划生育审核、困难补助申请、土地征用款分配及村民需要村干部出具证明或加盖印章等17项便民服务权力事项进行了明确。3月，宁海县427个村的上万名农村干部和村民领到了一本小册子：《宁海县村级权力清单三十六条》，以漫画形式阐述了包括村级招投标、宅基地审批、低保户申请等在内的涉及农村重大决策和民生问题的流程。小册子的制作方，宁海县纪委方面表示，流程均来自现有涉农法规政策，其意在规范农村干部的“小微权力”，帮助村民更好地实施自治。

村务工作权力清单36条这一创新工作在5个乡镇成功试点，然后在全县范围推广实施。权力清单36条在全县推广实施以后，促使农村干部用权更加规范，基层群众办事更加便捷，村务监督方向更加明晰，农村干群关系更加和谐，成效明显。宁海县反映村干部问题的新信访量下降了八成以上，多位村干部表示，虽然因为程序更为透明而民主协商的过程增多，但因不再碍着人情办事，工作更为轻松，干群矛盾缓解。11月14日，县委书记褚银良主持召开村务工作权力清单36条理论座谈会上指出，要进一步加强研究、探索，不断深化、完善农村小微权力清单制度，努力建成农村基层治理样本，使之成为国家在基层治理的模板。

把农村基层权力关进制度的笼子，按照“路标规则”更好地服务基层群众，探索出了农村法治建设和基层管理的新路径。这一做法，引起了社会各界的高度关注。中国人民大学、中国社会科学院等组织专题调研组实地开展课题研究。《人民日报》、中央电视台、《求是》、《中国纪检监察报》、《浙江日报》、《今日浙江》、浙江卫视新闻联播、《新京报》、《解放日报》、人民网、央视网等均进行了深度报道。“12·4”国家宪法日暨全国法制宣传日到来之际，浙江省宁海县村务工作权力清单“36条”创新做法被央视新闻连续报道。12月3日晚上中央电视台新闻联播《整改进行时》栏目播出《浙江：村级权力清单　挡住“小官巨腐”》，对宁海县探索规范农村小微权力运行的做法及成效给予了充分肯定。3日中午，中央电视台新闻频道《新闻直播间》栏目以《关注村级权力清单：小村官大权力存滋生腐败隐患》、《关注村级权力清单：36条“紧箍咒”清晰权力边界》为题，对宁海县探索实施村务工作权力清单“36条”的创新做法进行了深度报道。

中国社会科学院农村社会问题研究中心秘书长李人庆认为：浙江宁海县村级权力36条权力清单改革试验正是在国家治理现代化转型、政府职能转变、反腐制度化建设这一宏观背景下，在群众路线和依法治国依法行政的政策指导方针下展开的一个地方乡村治理改革与治理现代化的探索与尝试。它是履行执政为民、权为民所用和依法治国的村级样本。通过36条权力清单消解了权力寻租的制度空间，清除了腐败的制度性土壤，有效地改变了基层治理的政治生态和传统人治的政治文化，对于解决中国乡村基层民主实践过程中存在的问题，对于建构和探索新型的具有中国特色的村级民主治理模式，具有典范性的意义和价值。

“宁海36条”实施以来，纠正不规范村务行为500余件次，挽回集体经济损失1200万元，2014年全县农村干部廉洁自律方面的初信初访同比下降84%，2015年同比再降63%。宁海已通过村民代表会议决议的办法将“36条”写入全县427个村（社）的《村民自治章程》和《村规民约》。同时，配套出台了规范小微权力运行、农村干部违纪责任追究、农村集体“三资”管理、涉农资金整合等一揽子制度，构建了比较完整有效的农村基层治理制度体系。

此后，省委、市委多次到宁海调研指导，并把“36条”写入浙江省委全会报告和决议；中组部将其编进《浙江省党建工作20条经验》供全国学习；此外“36条”还获得了2015年度全国民政政策理论研究一等奖，成为中国政府基层治理创新典型案例和模板。

为发现、总结和推广各地社区治理创新的实践经验，民政部组织了“2015年度中国社区治理十大创新成果”遴选推介活动。全国共有29个省（区、市）和新疆兵团推荐了90项创新经验。在自主申报、省级推荐的基础上，经材料初审、匿名评审、联席评审、社会公示等环节，确定了“2015年度中国社区治理十大创新成果”及提名成果。《宁海县村级权力清单36条》实施以来，实际效果明显，2014年全县农村干部廉洁自律方面的初信初访同比下降84%，2015年再下降63%，受到了各级专家和社会各界的一致肯定，成功当选。

宁海客运站的风雨历程

2016年9月30日，宁海综合客运枢纽开始试运营，这标志着宁海县客运进入了一个新时代。回顾宁海客运站81年来的变迁，它承载了很多市民的记忆，也生动呈现了一个城市日新月异的发展面貌。

宁海汽车客运总站其前身为宁海县汽车站，始建于民国24年（1935年）。原址坐落在老城区小北门城墙西，有站屋3间，车库4间，计140平方米。1958年改建。对于老车站，很多人已记忆模糊。从黑白照片中可以看到当时的车站很简陋，说是车站，其实只有几间车棚，售票条件也非常艰苦。据介绍，由于汽油供应不足，宁海解放前后时期，公交车还是烧着煤炭一路跑。

1975年，汽车客运总站向北移500米，于甬临线与兴宁路交叉处西南建造新站，俗称“新车站”。车站占地面积6231平方米，建筑面积2215平方米，其中，站房面积720平方米。改革开放后，宁海县经济社会进入快速发展阶段，人流、物流相对频繁，也带动了客运事业的发展。1987年年底，该车站日始发客车79班次，日过往停靠客车3班次，年客运量112.53万人次，周转量4532.89万人千米。

1990年12月，宁海客运中心建成并投入使用。车站位于人民路232号（桃源路与人民路交叉处东南），总占地面积3267.50平方米，建筑面积1815平方米。1991年，下辖冠庄、岔路、桑洲、双峰4个自设站，麻山、横坑2个代办站和

9月20日，宁海综合客运枢纽始发公交与北片城乡公交试运营

1935年至1975年间使用的宁海汽车站

1975年至1990年间使用的宁海“新车站”

黄坛水库、留五扇、中央山、桑洲岭顶、白溪、殿前、兆岸、上金、塘孔、高塘、西溪、梁皇和黄坛13个停靠站。1991年冬，车站日始发客车38班次，其中，宁波23班次，义乌、路桥2班次，县内13班次，共计日发旅客1400多人次。

随着改革的深入，“新车站”也无法满足交通运输业的发展需求，该站又北移1000米，择址于兴宁中路129号，新建宁海县汽车客运总站（以下简称“总站”）。总站用地2.65公顷，总占地面积2.6万平方米，总建筑面积4489.77平方米。站前广场平台上伫立着一座不锈钢少女雕塑，象征着“宁海人民欢迎您”，站后停车场总面积1.81万平方米，可停放大型客车100辆。站房设计新颖，设施齐全，具有运输、商业、餐饮、住宿、娱乐等综合服务功能。

1995年至2016年间使用的“宁海客运总站”

1995年3月，总站正式投入营运，主要承担宁海至福州、石狮、上海、江苏、杭州、宁波、金华、台州、温州等省市际长途运输以及县内北部乡镇的旅客运输。1995年，宁海县汽车客运总站建成后，国营和集体运输企业合并成立宁海县公路运输总公司，总公司将客运中心的全部车辆集中到客运总站营运，客运中心改为东南线路7个乡镇100多辆社会客运车辆在城关的公用型车站。2001年，客运中心停止运作。2010年，日进场客车147辆，日发280班次。最长线路为宁海至山东石岛，全程1700千米。全年客运量190万人次，周转量37374.16万人千米。

2009年，铁路宁海站通车，宁海人终于可以在家门口坐上动车。2011年年底，就在火车站前，新汽车客运站动工建设，旨在打造由宁海火车站、火车站站前广场、汽车客运站、汽车客运站站前广场等组成的综合客运枢纽。一路北迁，汽车站从小到大、从南至北，见证了交通事业的大发展，也见证着一个城市的发展脉搏。近年来，新城市中心区加快建设，曾经阡陌纵横的农村变成了极具现代气息的商业中心。按照城市总规划的要求，至2020年，宁海县主城区将建设成为45万人口的现代化中等城市。宁海综合客运枢纽也将肩负起自身使命，为市民出行带来便利，为城市发展注入活力。

2016年宁海综合客运枢纽

宁海综合客运枢纽是宁波市域南部地区最大的综合客运枢纽，占地面积142137平方米，总投资达6亿元，总建筑面积48555平方米。其中汽车客运站概算总投资为3.05亿元，建筑等级为一级站，总建筑面积30649平方米，设计年平均日旅客发送量为15000人次，由站前广场、站房、停车区、车辆检修站等 4 个功能区块组成。站房呈南北竖向布局，汽车站站前广场和火车站站前广场互相对应，通过西环线地下通道相连。综合客运枢纽的占地面积、设计日均旅客发送量分别是总站的 5.4 倍、2.1 倍，其停车设施、社会服务功能、接驳能力、智能化程度等各方面均远超总站，是一个多功能、现代化的综合枢纽。

宁海县综合客运枢纽是宁海县唯一的兼有铁路运输、公路长途运输、短途运输、公交客运、货物运输等，设施配套完善、装备先进、中转方便、管理科学、信息灵通，且具有运输组织管理、中转换乘、通信信息和辅助服务的综合性现代化客运枢纽，对树立和落实科学发展观，实现宁海县“南改、北联、中突破”城市发展战略具有重要意义。宁海综合客运枢纽的建成，有利于更好更合理地调整城市功能布局和产业集聚，拉开城市发展框架，提升城市形象，有利于建设和完善宁海公路主枢纽，优化运输体系，提高社会综合效益，满足日益增加的旅客运输发展要求，促进我县经济社会全面健康快速发展。将有效引导交通资源合理配置，促进资源节约型和环境友好型社会建设。

宁海县 2016 年度内资市场主体运行分析

一、基本情况

（一）新设情况

2016 年全县共新设内资企业 2240 户，注册资本（金）1048844 万元，同比增加 15.94% 和减少 15.81%。其中新设私营企业 2133 户，注册资本（金）871871 万元，分别比去年同期增加 16.75% 和减少 23.65%。新设个体工商户 5188 户，资金数额 72730 万元，分别比去年同期增加 12.34% 和 3.39%。新设农民专业合作社 56 户，出资总额 7131 万元，分别比去年同期减少 34.88% 和 60.06%。新设外资企业 31 户，投资总额 47788 万美元，注册资本 20551 万美元，同比增长 72.2%，48.1% 和 26.3%。

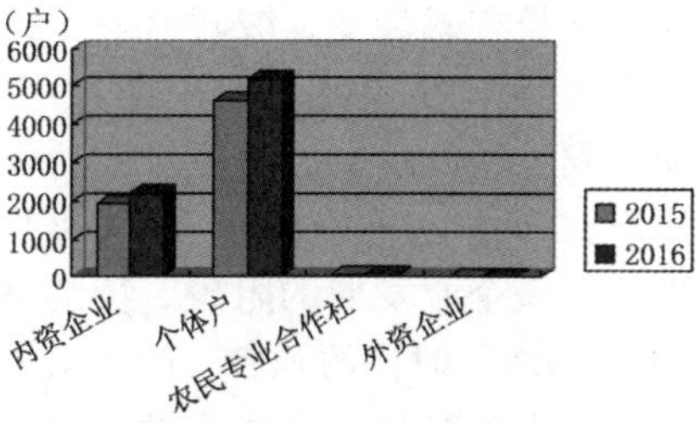

图 1　全县新设经济主体数量情况图

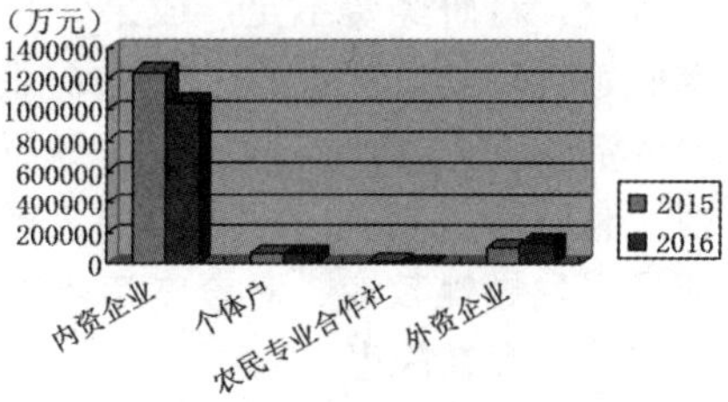

图 2　全县新设经济主体资金情况图

（二）注（吊）销情况

2016 年度共注销内资企业 698 户，同比增加 39.88%，其中私营企业 569 户，同比增加 20.81%，注销个体工商户 2397 户，同比增加 114.21%，注销农民专业合作社 12 户，同比增加 20%。注销外资企业 4 户，同比增加 33.3%。

企业自 2015 年 6 月 1 日实行简易注销后宁海县截至目前共办理 323 件，个体户自 2015 年 11 月 15 日开始实行简易注销后宁海县截至目前共办理 2310 件。市场主体退出机制更为灵活，这也进一步激发了大众创业、万众创新的热情。

此项改革，一方面对于经营者来说，办理注销流程更为便捷，节省了来窗口的次数，办结时限迅速缩短，得到经营户的广泛好评，另一方面简易注销改革的启动，对监管部门清退“僵尸户”有了政策支持，对登记部门来说，释放了大量名称资源，在册数据更能直观反映全县的经济现状，对于盘活资源，促进经济健康稳步发展具有积极的推动作用。

（三）累计登记情况

截至 2016 年 12 月底，全县共有内资企业 14922 户，注册资本（金）6399414 万元，同比增长 12.26% 和 25.87%，其中私营企业 13958 户，注册资本（金）4609929 万元，分别比 2015 年同期增加 13.45% 和 28.26%。个体工商户 36431 户，资金数额 356703 万元，分别比 2015 年同期增加 8.04% 和 16.63%。农民专业合作社 1641 户，出资总额 201490 万元，分别比 2015 年同期增加 2.76% 和 4.13%。外资企业 395 户，投资总额 310973 万美元，注册资本 165342 万美元，其中外方 121963 万美元，分别比 2015 年同期增加 7.63%、24.7%、25.2% 和 19.9%。

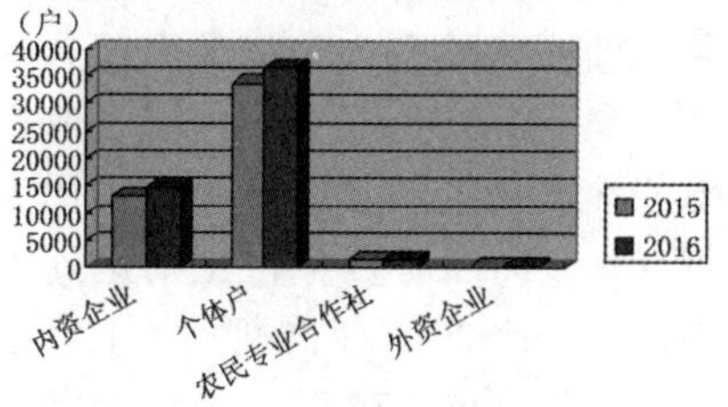

图 3　全县经济主体累计数量情况图

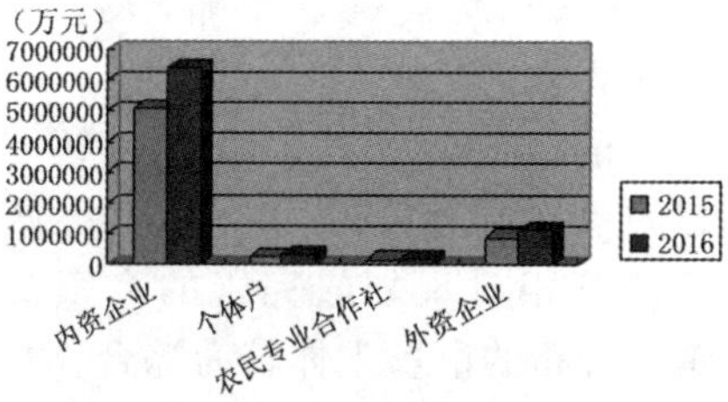

图 4　全县经济主体累计资金情况图

二、基本特点及分析

（一）改革红利持续释放，准入条件宽松便捷

商事登记制度改革两年多以来，“五证合一、一照一码”、个体工商户两证整合、简易注销登记改革、“前置登记改后置审批”等一系列改革，市场主体准入环境愈加宽松，退出市场愈加便捷，改革红利持续释放，2016 年全县共新设市场主体 7515 户，同比增加 12.9%，累计实有市场主体 53389 户，同比增长 9.0%，共注销市场主体 3111 户，同比增加 90.7%。

（二）市场单体差异明显，资本分配愈加集中

2016 年度新增外资企业户均注册资本为 1868 万美元，折合人民币

12948万美元，内资企业户均注册资本为478万元，外资企业的户均资本为内资企业的27倍，而2015年为6.8倍。内外资规模差距愈加明显。个体工商户的户均注册资本为14万元，农民专业合作社的户均注册资本为127万元，不同类型的市场主体间，户均资本差异明显。

从全县经济主体累计资金情况可以直观地看到，宁海县大部分的资金集中在内资企业，内资企业户数在全县内资市场主体中的占比为28.0%，而注册资金占比则达到了78.9%，比2015年同期，又上升了0.7个百分点，市场主体间的资本分配愈加集中。

（三）政策规划引领市场，集群发展彰显优势

全县市场主体在不同的乡镇街道间呈差异化发展，四大街道、西店镇等相对规划较完善的乡镇街道，分布的市场主体较为综合，龙头型制造业主体和新兴产业主体也多聚集在这些乡镇街道，而桑洲、岔路、胡陈等偏远乡镇的市场主体，则以农产品、种植业、传统型批零贸易为主，新兴产业分布较少，经营方式也以小规模、家庭小作坊式的经营为主。

新开的西子国际商圈及泰悦城商圈吸引了大量“三产”外资进驻，以餐饮行业和服装批发零售业为主，如国际知名连锁餐饮行业星巴克、必胜客、味千拉面、麦当劳、DQ等，成为外资登记的最大亮点，2016年新登记的外资市场主体，一反往年以制造业为主的特点，第三产业显著升温，新登记户数为23户，占总数比达到了74.2%，行业覆盖多个三产领域。

（四）多个行业绽放热点，市场主体活力不断

随着餐饮和食品流通二证合一的推进，通过无照整治、创建餐饮示范街、放管结合下放审批权限、开展审批提速等多方面举措，2016年县餐饮行业发展良好，全年新增市场主体809家，同比增长率为85.6%。

随着县电子商务园区的建立以及为了支持农村电子商务而发布的《关于加快宁海县农村电子商务发展的若干意见》，全县电子商务行业掀起新的投资热潮，全年共新增电子商务经营业态247户，同比增长率达到了133%。通过规范农村网络商品交易及有关服务行为，保护消费者和经营者的合法权益，推进行业信用建设；通过召集电子商务园区商户召开座谈会并签订告知书，及时了解掌握并跟踪园区商户的经营状况，并积极探索食品安全电子监管追溯体系和信息化建设，通过在园区内建立消费联络站，积极探索新的监管方式。

三、宁海县市场主体发展存在的问题

（一）结构性矛盾突出

近年来，宁海县整体经济结构不断优化，经济发展正加快向第三产业主导的形态转变。然而，在产业结构表现出显著改善的同时，结构性矛盾依然突出。一方面，第三产业的提升潜力仍然十分大。目前，县第三产业的市场主体数量占总数的比例为64.8%，第三产业的市场主体注册资本占总数的比例为55.8%，与发达地区相比仍有较大差距，另一方面，全县工业体系中传统工业较多，新兴产业的增长难以弥补传统工业的萎靡，内部结构矛盾十分明显。

（二）部分产业受地方扶持政策影响明显

近年来因政府对于旅游业、民宿业、电子商务行业、养老行业等的大力支持，这些行业呈现阶段性的爆发增长，如2015年宁海出台养老行业扶持政策，该行业市场主体迅速增长，而到了2016年则有所回调，而2016年民宿行业得到关注，开放了一系列扶持政策，岔路镇、深甽镇等旅游集聚地的民宿行业呈明显增幅趋势，但监管部门发展，这些经营主体中部分存在盲目跟风现象，是否能够长期健康发展，仍有待观察。

（三）外资控股比例显著下降

2016年新设的11户外资企业（不含分支机构）中，外方出资占比为总注册资本的57.8%，而2015年这个比例为89.0%，2016年外资控股比例有明显下降的原因，一是国际经济形式的不稳定，让外资进入国内市场的态度有多迟疑，二是地方外资扶持改变，外资企业所享受的地方优惠政策大不如前。

（四）小微企业存在的问题

小微企业在全县市场主体中占有重要一席，这些市场主体对促进经济增长方式转变、缓解就业压力具有重要作用，但因其自身实力欠缺，发展基础薄弱，融资难题、知识产权问题、诚信建设问题等仍是限制小微企业发展的阻碍。特别是“互联网+”时代的开启，产业结构发生了根本变化，有些小微企业未能及时改变经营模式，加之技术工人短缺、科研经费不足、成果转化率低等，后续发展艰难。部分企业因融资难互担互保或产品配套等原因，利益休戚相关，一损俱损，极容易引发蝴蝶效应，对资本市场产生波动，存在隐患。

（五）农业经济存在较大发展空间

自家庭农场这个新兴的市场主体出现以后，县农民专业合作社发展数量一直持续走低，每年新登记

户数和进入的投资额逐年减少，全县的农业经济存在的问题有：一是农业经营主体自身素质较低。随着城市化的加快推进，大量优质劳动力转向城市和二、三产业，留在农业领域的大都是妇女和老年人，农业主体从业者自身的素质能力低、开拓创新意识差。二是农业市场主体生产产品单一、科技含量不高，难以在剧烈的市场竞争中取胜。农民专业合作社虽已有1641家，位居全市第一，但管理不规范、规模不大、带动力有限的占多数，因此农民进入市场的组织化程度还不高，参与市场竞争的能力并不强。三是缺少大型农产品加工及承销主体。农民（农场主）主要是自销农产品，或者卖给上门收购的小商小贩等，农产品深加工相对滞后，还没有能力拉长产业链，走加工增值的长远发展道路。

（六）个体工商户发展问题有待进一步解决

一是发展质量不高。由于个体户还沿袭旧的经营模式，大多数是家庭经营，管理方式落后，生产经营面窄、产品的档次低、品种单调、技术、设备落后，很难适应当前市场经济发展形势的要求。二是结构矛盾突出。宁海县个体户从事的行业，主要集中在第三产业的批发零售业、餐饮业等方面，投资工业方面也多数集中在传统的小作坊式生产，并且以劳动密集型、低技术的行业为主，经营领域不宽，产品技术含量不高，经营形式较为传统。三是经营规模偏小。有大批无场地、无雇工、低投入的底端个体经营户，起点较低，实力弱，资金技术缺乏，融资难，行业优势不明显，信用等级偏低，抵御市场风险能力较弱，容易被市场淘汰。

四、对全县市场主体发展的建议

（一）围绕供给侧改革的方向，不断优化产业结构

在产业结构上，使经济发展更多依靠服务业和战略新兴产业带动，大力发展循环经济和绿色产业；推进新型工业化、新型城镇化、农业现代化与建设生态文明紧密结合起来，促进经济转型发展、升级发展。将发展重点放在第三产业结构的改善，出台的产业政策要准确定位结构性改革方向，不断拓展服务领域，不断扩大金融保险、计算机服务、物流配送等现代服务业的比重，不断探索社会化养老、休闲旅游、社区服务等新型服务业的发展方向。提高供给效率，降低供给成本，并依靠“大众创业、万众创新”刺激新供给、创造新需求。

（二）打好市场主体转型升级组合拳

一要以小微企业为突破口和着力点，紧紧围绕小微企业成长计划，建立科学的小微企业培育体系。小微企业是经济的动力所在、根基所在，宁海县以小微企业为主体的经济形态，决定了小微企业的成长计划是转型升级组合拳中的重要一招，针对小微企业培育存在多头扶持、分散乏力的问题。应从强化产业引导、拓宽融资渠道等入手，全面强化各职能部门在新兴产业和现代服务业领域的市场主体培育职能，加快培育品牌化、专业化、规范化的小微市场主体，帮扶小微企业存续发展，提升整体存活率和竞争力。二要继续挖掘市场潜力，持续推动具有影响力和发展力的市场主体提档升级，培育一批典型性的转型企业，利用典型性转型企业的辐射性影响，激发全县市场主体转型升级的需求，从而带动全县经济迸发新的活力。三要结合宁海县“七山二水一分田”的地理现状，进一步促进农业经济转型升级。以发展现代农业为主线，推进技术强农，用现代科技武装农业，提高农业生产经营效率，把单一的以农产品生产为主向生产、生活、生态功能并重转变。要加强支持和引导，使农业走上低碳发展之路，依托县绿色特质和农村特色地域文化，积极促进现代农业经济中一、二、三产业的融合和循环，拓展农业发展空间，加快发展休闲观光农业、生态旅游农业，做好农旅结合的文章，使农业成为我县独树一帜的能发家、保稳定、可休闲、促和谐的新型产业。

（三）“互联网+”形势下寻求新的着力点

重点从农村电子商务出发，要充分认识“宽进严管”对供给侧结构性改革的重要意义。推动供给侧结构改革，核心是要充分发挥市场机制的决定性作用。落实“宽进严管”，就是改革扭曲市场机制的政策和制度安排，把该放的放到底，把该管的管到位，以更有效的制度供给，来激发经济发展的内生动力。

（四）合理利用闲置土地，化解用地矛盾

在加强擅自改变用地性质行为整治力度的同时，在发展理念上坚持抓大顾小，抓规范促就业，重民生促稳定，要视市场主体的行业特点、社会需求和发展环境等实际情况，在不影响环境、不影响总体规划，并且有利于便民利民、就业和稳定的情况下，允许一些工业闲置用房通过一定措施用于经营“三产”行业。同时，要从产业结构调整和商业网点布局的合理配套出

发，解决规划滞后于经济发展、相关配套不合理的问题，从调整规划和制定临时过渡措施两方面着手，促进用地问题的解决。

五、以推进商事登记制度改革为抓手、多措并举助力地方经济发展

（一）全面实施各项改革，大力推进大众创业、万众创新。一是召开政策说明会，打通政策落地的最后一公里。联合经信局、国税局、地税局、县招商中心、县审管办等职能部门，召集了各乡镇（街道）、各工业园区、市民代表、近180家企业代表等共计240人，对商事登记制度改革以来的各部门的各项政策变化予以集中说明，并积极开展讨论活动，集中解答会上企业、市民代表提出的各种问题，进一步释放政策红利，助企强筋健骨。二是强化部门协同，加强事中事后监管。通过召开“双告知”工作推进会，加强部门间的协同合作，实现了部门间信息互联互通，形成强有力的事中事后监管链条，强化部门监管职责，完善市场监管体系，进一步推动商事登记制度改革，激发经济发展活力。三是简政放权，服务地方经济发展。率先成立宁波南部滨海新区创业创新服务站，下放登记权限，为宁波南部滨海新区打造量身定制的服务，并将在下一步继续下放权限，逐渐实现同城通办。

（二）营造宽松和谐的发展环境，提振企业创业信心。一是实行直接核准制，行政审批效能大幅提升。精简审批流程，对事由清晰、办理手续简单、能即时完成审查的登记事项，可实行直接核准制，审批效率大大提升，大部分的登记事项办结从原先的5个工作日提高到了1~2个工作日，平均提速率达85%以上。甚至部分简单的登记事项，可实现当场受理、即时办结。二是全面落实“宽进严管”，把该放的放到底，把该管的管到位，以更有效的制度供给，激发经济发展的内生动力。三是政银合作服务实体经济。与农行宁海支行开展注册登记合作业务，出台《实施方案》明确试点区域、合作范围、工作职责及分工，并建立联络员制度，与银行点点对接，保证办照流程顺畅，从而实现群众、政府、银行三方共赢。四是启动“走千家企业、服务助成长”活动，联动乡镇街道、基层监管所，以及餐饮协会、文具协会等行业团体，通过组团式上门、综合式体检、立体性排查，摸清县内企业发展现状，全程提供政策咨询、品牌创建、企业融资、标准提升等专项服务，努力当好小微企业成长服务的“店小二”，全力助推企业健康成长。

（美元汇率：按照2016年12月31日当日的6.937）

宁海概貌

综　述

宁海地处浙东中部沿海，位于三门湾与象山港之间，为宁波市辖县，县域国土面积1843.26平方公里。宁海于西晋太康元年（280年）立县，至今已经有1700多年历史，曾涌现出方孝孺、胡三省、潘天寿、柔石等历史名人。这里是“中国旅游日”发祥地，境内生态良好，风景秀丽，森林覆盖率达62.58%。拥有浙东大峡谷，宁海森林温泉，中国历史文化名镇——前童古镇，国家矿山公园——伍山海滨石窟，中国历史文化名村许家山村、龙宫村等风景名胜，清潭、西岙、力洋、东岙、梅枝田、箬岙村6个村入选国家传统村落，以及全国首创的国家级登山健身步道。

近年来，宁海经济社会持续快速健康发展，是宁波市首个国家级生态示范区、国家可持续发展实验区、国家卫生县城和全国唯一的“中国古戏台文化之乡”和“婚嫁文化之乡”。先后荣获国家园林县城、中国首批旅游文化示范地、中国生态旅游百强县、全国文化先进县、国家生态县、国家体育产业基地、中国美丽乡村建设示范县、全国新型职业农民培育工程示范县等称号，入围全国县域经济发展潜力百强县、全国电商百佳县、成为中国十佳运动休闲城市。成功创建省文明县城、省教育强县、省科技强县、省旅游经济强县、省生态旅游名城、省级生态县、省卫生强县、省扶残助残爱心城市、省级生态循环农业示范县、省首批农村电商就业创业试点县、全省知识产权示范县、全省农产品质量安全监管示范县和浙江传统戏剧之乡等等。特别是经过十年的努力，成功申请设立“5·19”中国旅游日，宁海对外知名度和影响力得到极大提升。2016年，在宁波市率先建立产业基金和启动PPP模式，及早谋划建设“369”省市县三级特色小镇，智能汽车小镇成为省十大示范小镇，文化综合体PPP被列为全省唯一的文化类全国示范项目，宁波模具产业园成为全市首个国家产业集群区域品牌建设试点，海关办事处成功获批，入选“浙江制造”品牌培育试点县。小微权力清单36条入选中国社区治理十大创新成果，党群同心圆入选全国百佳志愿服务项目。开放的宁海正按照宁波市副中心城市规划的定位要求，坚定追赶跨越，加快美丽崛起，为早日跻身全国强县第一方阵而努力奋斗。

自然人文环境

【地域】　地处北纬29°05′36″~29°31′29″，东经121°09′26″~121°48′57″，地处中国大陆海岸线中段，长江三角洲南翼，浙江省东部沿海，象山港和三门湾之间，宁波市南部，东接象山县，东南临三门湾，南与台州市三门县接壤，西南与台州市天台县、西北与绍兴市新昌县相邻，北连奉化市，东北濒象山港。辖区东西最大距离64.1千米，南北最大距离44.15千米，全县国土总面积1843.26平方千米，其中陆域1563.8平方千米，占84.85%；水域面积279.2平方千米，占15.15%。距杭州211千米，宁波65千米（均为径距）。

县域地势西北高东南低，枕山临海，属沿海低山丘陵地区。西部和西南山岭连绵，属于天台山脉中段，自华顶山、括苍山分别从西北、西南蜿蜒入境。最高峰蟹背尖海拔954米。东部以低丘和冲积平原为主。主要山脉有天台山、四明山。

【水文】　境内河道属白溪、中堡溪、凫溪、清溪等四大流域，其中白溪流域面积627平方千米；中堡溪流域面积198平方千米；凫溪流域面积188平方千米；清溪流域面积164平方千米。主要河道有一级河白溪、中堡溪、凫溪、清溪、茶院溪、颜公河等14条，总长288.5千米；二级河大溪、大松溪、混水溪等21条，总长237.7千米；三级河道盈坑、龙眼溪、里岙溪等7条，总长61.1千米。河流总长度607.4千米，河网密度0.34千米/平方千米，径流总量16.4亿立方米，年排涝量3.3亿立方米，年最大排涝量4.6亿立方米。境内最大河流为白溪，从天台县华顶山北麓流经境内黄坛镇、岔路镇、前童镇、跃龙街道，从白峤港入海，长66.5千米，流域面积627平方千米，年均流量21.9立方米/秒，主要支流有清水溪、浑水溪、大溪等。海岸线全长166.48千米，有港湾6处、岛屿44个、礁55个，海域面积244.4平方千米，东南沿海滩涂广阔，平原地区河港纵横。

【矿藏及其他自然资源】 境内已探明地下矿藏共36种，以非金属为主。其中地热资源，已经开发的有宁海森林温泉，矿区面积0.59平方千米。探明的单井可采量为950立方米/日，控制的单井可采量为1212立方米/日，年开采量21.03万立方米。井口水温43.5~47℃，地热水无色、无味、无嗅、透明，氟含量为8.6~13.0毫克/升，达到矿水命名标准，并含有锶、锂微量元素等物质。水资源总量约17.3亿立方米，水力蕴藏量达10.6万千瓦，总库容为4.30亿立方米。境内野生动植物资源丰富。有森林植物1000余种，有1202棵古树名木，28处古树群582棵，其中南方红豆杉等属国家一级保护；栖息着陆生野生动物300余种；沿海有海涂面积近1.33万公顷，海域主要有鱼类87种；甲壳类52种，以虾、蟹为主。

【气候】 县境属中纬度亚热带季风湿润气候区。春、秋短，夏、冬长。常年以东南风为主，温暖湿润，四季分明，日照充足，雨水充沛。年平均气温17.1℃，极端最高气温40.8℃，极端最低气温-7.1℃。年均日照1584.4小时，年降水量1697.9毫米，无霜期230天。旱、涝、台风、冰雹、冰冻等灾害性天气时有出现，前三者危害最多。

2016年宁海气候概况。2016年年平均气温18.2℃，较常年同期偏高1.3℃；年降水总量2117.5毫米，比常年平均偏多23%；年光照总时数1604.1小时，比常年平均偏少3%。2016年主要气象灾害有低温雨雪冰冻、倒春寒、台风和强对流天气（包括梅汛期、强雷电和短时强降水过程）等。全年共经历1次严重雨雪冰冻天气、1次倒春寒、10余次强对流天气过程和5个台风影响，无长时间严重高温、干旱影响，总体来说2016年气候条件基本正常。

基本气象要素综述。2016年年平均气温18.2℃，比常年平均偏高1.3℃，属显著偏高。上半年平均气温比常年偏高0.9℃，属偏高；下半年气温比常年偏高1.7℃，属异常偏高。冬季平均气温7.6℃，比常年偏高1.1℃，属显著偏高；春季平均气温16.5℃，比常年平均偏高1.2℃，属显著偏高；夏季平均气温27.6℃，比常年平均偏高0.9℃，属偏高；秋季平均气温20.5℃，比常年平均偏高1.7℃，属异常偏高。

全年降水总量2117.5毫米，比常年平均偏多23%，属正常。上半年降水总量1047.4毫米，比常年偏多36%，属偏多；下半年降水总量1070.1毫米，比常年偏多13%，属正常。冬季降水总量33.9毫米，比常年偏多74%，属显著偏多；春季降水总量541.7毫米，比常年偏多37%，属偏多；夏季降水总量666.0毫米，比常年偏多13%，属正常；秋季降水总量695.9毫米，比常年偏多90%，属异常偏多。

全年光照总时数1604.1小时，比常年平均偏少3%，属与常年持平。上半年光照总时数727.3小时，比常年偏多4%，与常年持平；下半年光照时数876.8小时，比常年偏少8%，属正常。冬季光照总时数334.5小时，比常年偏少1%，与常年持平；春季光照总时数352.6小时，比常年平均偏少7%，属正常；夏季光照总时数321.7小时，比常年偏多23%，属正常；秋季光照总时数267.9小时，比常年偏少37%，属偏少。

特殊气象要素。初终日：终霜日2月25日，初霜日12月16日，无霜期294天；初雪日，未出现；终雪日，3月10日，积雪2月1日；结冰初日未出现，结冰终日2月17日。

最长连续日数：最长连续降水日数13天，降水总量160.8毫米，出现在8月1—13日；最长连续无降水日数11天，分别出现在2月24日至3月5日、8月21—31日；最长连续结冰日数3天，出现在1月15—17日；最长连续霜日数3天，出现在2月7—9日、2月16—18日。

最大量：一日最大降水128.2毫米，出现在9月16日。

最高最低：年极端最高气温38.0℃，出现在7月28日；年极端最低气温-6.3℃，出现在1月25日。

各季气候初日：入冬初日2015

年12月4日；入春初日3月4日；入夏初日5月22日；入秋初日10月28日。

各季天数：冬季91天，春季79天，夏季159天，秋季56天。

主要气候事件及其影响。极寒天气：1月中旬初，较强冷空气自北向南横扫全国，出现极寒天气。1月21—26日，出现历史罕见低温雨雪冰冻天气，21—23日，茶山和西部山区普降暴雪，积雪深度：望海岗40厘米、杨染28厘米、百鸟岩25厘米、茶山20厘米。23日下午天气转晴，气温迅速下降，全县出现严重冰冻。过程极端最低气温出现在25日清晨，全县平原地区最低气温普遍在-6~-9℃，其中城区-6.3℃，山区普遍在-10℃以下：望海岗-13.9℃、百鸟岩-12.4℃、茶山-12.2℃；全县平原与东部地区最大风力普遍达到8级以上，最大风力出现在大壳岛25.0米/秒；26日白天起，风力趋弱，气温逐渐回升。

强冷空气：3月8日日平均气温13.8℃，最高气温16.8℃。受强冷空气的影响，9日日平均气温陡降到7.0℃，10日日平均气温4.2℃，11日最低气温0.0℃。24小时降温幅度6.8℃，48小时降温幅度9.6℃。高山地区雨夹雪和雪出现。

梅汛期：6月13日入梅，比常年偏早2天；7月1日出梅，比常年偏早8天，梅期20天，比常年偏少6天；梅雨量255.6毫米，较常年偏少13%。县中南部普遍200~300毫米，北部300~350毫米。

台风：今年第14号台风“莫兰蒂”于9月15日凌晨3时05分以强台风级别在福建省厦门市登陆，之后经江西、安徽和江苏入海。该县主要影响时段为14日白天到16日上午，普降暴雨到大暴雨，部分地区特大暴雨。14日8时至16日9时，全县面雨量226.5毫米，其中400毫米以上站点1个，300毫米以上站点9个，200毫米以上站点31个，最大出现在西店岭口437.4毫米，中西部普遍270~320毫米，东部普遍90~140毫米。

9月15日，桥头胡铜岭王村遭受强风袭击

铜岭王村“9·15”灾害天气：2016年9月15日下午约3时40分多点，突然天空乌黑聚集，风雨交加（当时受莫兰蒂台风影响，当地大到暴雨）。实地考察，根据房受损情况和树木折断情况，大风自村东向西行，到村尾向西北行。村民反映，大风持续时间约2分钟，强度相当大，门窗被风推开。从树木受损分析，风迹，从村头到村西北地带约有2000米。

冬雷：12月21日冬至打雷。

【政区、人口】 春秋战国时，县境隶越国。楚灭越后隶楚。秦王政二十五年（公元前222年）置会稽郡，下设鄞县，县境北部为鄞县境，属会稽郡；南部属闽中郡。西汉始元二年（公元前85年），置回浦县，属会稽郡。县境分属鄞、回浦县。东汉建武初年，改回浦为章安，则为鄞、章安2县所属。三国吴太元二年（252年），分章安县置临海县。三国吴太平二年（257年）析会稽郡置临海郡，县境为鄞、临海两县地，分属会稽、临海郡。

西晋太康元年（280年）置宁海县，治设白峤，隶临海郡。宁海始立县。

隋开皇九年（589年）废，并入临海县。先后属处州、括州、永嘉郡。唐武德四年（621年），于临海县置海州。并析临海复建宁海县，治设海游，属海州。次年改海州为台州，宁海属台州。武德七年又并入章安县，武周永昌元年（689年）复建，治迁广度里，仍隶台州。

唐神龙二年（706年）以县东地域辽阔，析置象山县。唐天宝元年（742年）台州改置临海郡，乾元元年（758年）复为台州，宁海均隶之。五代时，宁海为吴越国地。北宋太平兴国三年（978年），吴越王纳土归宋，宁海为宋地，仍属台州。

元至元十四年（1277年）隶台州路。明洪武元年（1368年）隶台州府，清袭明制，宁海归属如旧。

民国初，撤销府级建制，1912年直隶浙江省。1914年隶会稽道。

1927年废道，直隶浙江省第五特区。1933年改隶浙江省第四特区。1934年隶临海行政督察区。1936年临海行政督察区改为浙江省第七行政督察区。1940年划海游等17乡镇归新置的三门县。1943年，改属第六行政督察区。1948年，又相继改属第五、第六行政督察区。

1949年宁海解放后隶台州专区，逐步废除保甲制，设5个区、29个乡镇。1950年设7个区，1个县属镇，63个乡镇。1951年实现小乡制，分设为103个乡。1952年10月隶宁波专区。1956年合并为37个乡。1957年9月复隶台州专区。1958年10月撤宁海，并入象山县，县治设力洋，后移原宁海城关，设9个区、1个镇、52个公社。1959年1月改隶宁波专区。1961年10月恢复宁海县建制，仍隶宁波专区。1963年共设6个区、1个县属镇、50个公社。

1970年改隶宁波地区。1983年改变“政社合一”，改公社为乡；7月改隶宁波市，至今无变动。1992年，全县进行撤区扩镇并乡，辖14个镇、5个乡。1996年12月大佳何撤乡建镇。2001年2月撤销原城关镇、梅林镇、桥头胡镇三镇建制，合并设立新城关镇，年末辖13个镇、4个乡。2003年10月撤城关镇，建跃龙、桃源、梅林、桥头胡街道，辖4个街道、12个镇、4个乡。2004年9月撤销明港镇、双峰乡建制，分别并入长街镇、力洋镇和黄坛镇，年末共辖4个街道、11个镇、3个乡。

2016年年末辖跃龙、桃源、梅林、桥头胡4个街道，长街、力洋、一市、前童、桑洲、黄坛、强蛟、西店、深甽、岔路、大佳何11个镇，胡陈、茶院、越溪3个乡，共18个乡级政区。

2016年年末全县总户数232489户，户籍总人口629987人。全年出生人口6613人，出生率为10.52‰，死亡人口3819人，死亡率为6.07‰，人口自然增长率为4.44‰。有汉族、苗族、土家族、布依族、侗族、彝族、回族等33个民族；超过200人的有苗族、土家族、布依族、侗族、彝族、回族等7个少数民族。

表1　　2016年年末宁海县各社区、村一览表

乡镇、街道	社区居民委员会	行政村	自然村
跃龙街道	15	27	90
桃源街道	10	15	28
梅林街道	2	23	56
桥头胡街道	1	18	39
长街镇	1	42	162
胡陈乡	1	18	74
力洋镇	2	18	79
茶院乡	—	14	56
一市镇	1	21	69
越溪乡	—	15	67
桑洲镇	1	23	83
岔路镇	1	21	109
前童镇	1	17	46
黄坛镇	—	30	90
大佳何镇	1	9	26
强蛟镇	2	8	14
西店镇	1	22	53
深甽镇	1	22	91
合计	41	363	1232

跃龙街道：辖五丰、车河、北星、东海、县前、塔山、杏树、松竹、滨溪、怡惠、园丁、兴圃、杜鹃、东观、银河等15个社区；辖有范家、罗家、溪南许、溪南刘、前洋、岭头、凌塘、项家、草湖、屠岙、水车、元峰、望府、白岩山、双水、枧头、赵溪、白龙潭洋、云台、莘村、坦坑、汪家、前张、白峤、岙里、雪坡、大桥李等27个行政村；自然村有跃龙、辛王、木杓丘、坑里、塘尾巴、三角地、外洋、大屋、格水、里罗坑、上田、下田、下家山、白龙潭、下洋、留坑、岙里王、岙里洋、岭脚吴、相见岭、百亩洋、范家、岭头、项家、草湖、凌塘、乌头山、岩头下、蒲岙、井山、金家山、港头、上园、下园、黄泥田、中央坑、欢喜岭头、鹿颈岗、枫楂岭头、白岩山、溪南刘、溪南许、严林、前洋、麻车、罗家、屠岙胡、徐家岙、屠岙蔡、双水、暗岩、潘家坑、石岩沃、枧头、下洋朱、赵家山、石舌章、下陈、马婆园、象鼻头、下坑、余家、中央村、双溪、赵郎场、上干溪、任家岙、下干溪、上白桥、下白桥、白桥岭、雪坡、谢家、大岭头、应家庄、上园山、岙里、大路李、草坦头、马铺、上枫槎、下枫槎、岭脚岙里、上岙、大桥李、辛岭、黄土岭、前张、汪家、坦坑等90个。

桃源街道：辖华庭、浦西、兴海、冠庄、湖西、阳光、金桥、泉水、湖东、山水等10个社区；辖有下桥、石家岙、溪旁徐、唐安李、竹口、竹溪、竹东、应家山、李和洋、大屋、杏蒋、塘溪、瓦窑头、横金、下洋顾等15个行政村；自然村有桃源、后丁、何家、李家、杏如田、横金、塘溪、塘头、邬家、大溪、唐安李、李和洋、大屋、杏蒋、竹东、竹溪、凤凰山、竹口、下桥、溪旁徐、石家岙、瓦窑头、横金山、申头、应家山、下洋顾、上洋头、溪边等28个。

梅林街道：辖振兴、花园2个社区；辖有九顷洋、应家、九都王、新庄、梅园、半洋、胜建、梅林、大路周、梅林陈、岙胡、仇家、伍富、杨梅岭、梅北、凤潭、方前、梅湖、河洪、五松、兰丁、刘三、吉利等23个行政村；自然村有梅林、上应、下应、前园、上陈、槐路、裴家、九顷、仙姬陈、三军庄、新村、下柘洋、何家、汪家、皂浦、上陈家、下陈家、仇家、杏树、塔山头、仕西、赤山、东岙、石埠、后岸、格水王、陈岙、大墙后、外丁、下河、洪桥、洪家塔、山下刘、上洋头、桐树岙、兰田、丁家岙、芭蕉岙、南山、岙胡、五松、油坑、方前、凤潭、九都王、半洋、胜建、梅林陈、平岙口、杨梅岭、大路周、白墙、江厂陈、曹家、南陈、池家山等56个。

桥头胡街道：辖中兴1个社区；辖有桥头胡、西吕、东吕、汶溪周、龙储、双林、岙马、建设、涨家溪、潘家岙、店前王、铜岭、五联、屠家、陆家、丁家、林家、叶兴等18个行政村；自然村有桥头胡、浦岭、金牛山、涨家溪、后浦龙、下家湾、东园、屠家、墙宅、墙里、店前王、林家、丁家、叶兴、陆家、铁界吴、西吕、汶溪周、东吕、竹保陈、前家、麦岭、岙口、大岙马、外山头、麻车、储家、龙潭、铜岭徐、史家、铜岭王、里蔡、铜岭祝、铜岭头、烟厂、贵人坛、磨盘、荔枝湾、潘家岙等39个。

长街镇：辖环河1个居委会；辖有车岙、西岙、城塘、洋湖、山前、长街、石桥头、塘里、大祝、大湖、浦东、南塘、新城、湘田山、龙山、宁东、五福、连浦、总浦塘、伍山、下湾塘、月兰、长胜、下塘、向阳、上塘、李家庄、岳井、隔洋塘、新塘、对岙洞、岳墩、青珠、新五星、文围、新南、山头、双家、大青、东港、平原、港中等42个行政村；自然村有山前、上山前、张家岙、山前团、长街、九江、屋基园、东陈、张价、新塘缺、洋家塘、深水港、渡头、下蔡、庙树塘、车岙港、合宁、合利、孙家、下角头、东关塘、斗门头、岙墩、山下、安山、上塘、小水埠、南山塘、干校、外塘、向阳、塘岸头、松岙、山角塘、伍家屿、洋岭、新城、上岗山、尖岙、湘岙、回林、下岙塘、小山、田坑、三岔、五岔、天打岩、石塘、埂下、枫林、娘娘宫、上港、下张、下港、金家、三村、上陡门、上洋墩、瓦屋、新屋、双甲陡门、大渔冯、庄吴、翁家、上吴、下吴、港下、港头、丁家、平原、外塘、里塘、丹屿背、过水程、王家、下塊、双岔、主山、大青、葛藤棚、朱家塘、隔岭、上山亭、大青墩、下湾塘、上塊、下角、上塊潭、洋加田、上公和、下公和、茅洋塘、板桥墩、茅洋潭、团结、永宁、董家、杨家、百亩头、梅家、桥头山下、南关、黄珠山、高家、施家、下厂、板桥、流水湾、庙头下、连浦、中下塘、下塘、河里、沥头、横洞、岳井、王家、横山头、隔港、张家、陈芝岙、山头、田湾、下湾塘、李家庄、绊田头、峧湾、下长山、南面塘、兰头、石桥头、前港、后港、下山、洋湖、塘里、月兰、西外塘、南下塘、下塘、对岙洞、团屿、上新塘、下新塘、小龙头、隔洋塘、山横、长山、大祝、上墩、大湖、东洋、下祝、龙山、青珠、青中、北山、后塔、文围、车岙、西岙、徐家溪等

162个。

胡陈乡：辖双溪1个社区；辖有沙地下、国叶、张韩、岙里王、大赖、岔路、永和、长山主、中堡溪、西翁、胡东、胡陈、滕达、东丰、长平、联胜、梅山、车家等18个行政村；自然村有胡东新村、东张、西张、东下田、胡陈、塘头韩、吴家岙、上郑、寺后山、中间岙、外山、下郑、上宅、下宅、大路头、长山主、上刘、西洋张、大赖、东屋、上洋殿、夏奇岙、东林庙、坞石坑、翰嘉岙、岭根陈、翔凤头、响岩、长坑、横山、屿根、平林、外庄、里庄、马岙岭脚、水竹坑、山洋、步二、里南坑、外南坑、横山里、沙地下、和尚坑、上韩、田青山、王家坪、国叶、溪边、岙坑、方后、洪家、唐家、中堡溪、东山、中堡、车家、八石湾、田岙、半山、前山、梅山、马回头、庙下、塘里饼、东头溪、岙里王、毛仙、张韩、吴岙、岔路、东胡、西翁、王士下、岭下谢等74个。

力洋镇：辖明港1个社区、辖中心1个居委会；辖有岭峧、路下施、盖仓、海屿、海头、海楼渔、田交朱、大塘、力洋、力洋孔、东园、古渡、文正、跳头、凤凰山、小青、前横、平岩等18个行政村；自然村有明港、力洋、力洋庵、凤山庵、山横、渡头、山后、山后塘角、塊头、林屿、墩头、下山张、新桥头、庄前、山厂、船湾、大山后、米桶背、乌龟坑、上彭、岩头、谢家、下渡头、储家市、山头张、王家、叶家、山头朱、前横、塘厂、峧下、右洞港、白鼻头、千步泥塘、跳头、童家、坭山平、小潭塘、平岩、上蓬厂、老山北、新山北、平岩头、石碾、外山、港下杨、大塘、下跳山、东屿、忙塘、西屿、岭峧、东吴、西吴、吴家洋、石门、高洋地、路下施、里坑、西仓王、西仓董、前宅、东洋、范宅、下沙滩、石埠岙、田交朱、田交王、上庄、峧门、下湾、斗门头、燕楼山、海头、海屿、海楼渔、西山脚、小青、力洋孔等79个。

茶院乡：辖有茶院、柘浦王、下徐、后坑李、许民、杜岙、铜岭脚、道士桥、毛屿、升龙、塘厂、东南溪、庙岭、东腾等14个行政村；自然村有道士桥、双官、邵家庄、杜岙、铜岭脚、项连山、竹家岙、岙里赵、岙里周、油树坑、岭头、后富祁、上洋、坑里、鸡笼山、龙口、塘湾、荔枝坑、龙尾巴、寺前王、柘浦街、下徐、后店里、平窑、陈家山、宝岩寺、岚峰、塘孔、下家山、茶院、雅鹰岩、茶树下、大坑、落塘、泥树崀、郑公头、紫山头、坑口、民户田、许家山、小庵、亦长坪、许家、苔芳、路湾、礁嘴、燕楼、东南溪、坡下、后坑李、半山、山脚、下沿盘、毛屿、塘厂、庙岭等56个。

一市镇：辖茂林1个居委会；辖有白岐、前岙、兰头、新山、山下、曹家、一市、牛台、箬岙、上陈、外岙、里岙、岭头、山上方、武岙、新祥、东岙、西刘、山皇岙、下洋陈、新跳头等21个行政村；自然村有一市、东村、官塘周、里朱、周家岙、祥里徐、寺前、孙家、上箬岙、娄家、横路山、外朱、法洪坑、祥里林、新岭脚、岭根屠、马殿、武岙黄、武岙李、东山、董家、小河塘、上张、行者山、跳头吕、下吕、白塔桥、西山王、西潘、东岙、储家、街下、下洋陈、新岭金、山头骡、中央郑、黄旗山、蒋公洞、西刘、下岙、杜公染、山皇岙、白岐、后岙、下山头、塘厂、大井、双盘、箬岙、前岙、兰头、老麻园、新山、新塘、跳山、山下、船埠头、沙滩、乌岩头、高增、前方山、曹家、上陈、牛台、外岙、里岙、山上方、路田坪、新岭头等69个。

越溪乡：辖有盘屿、越溪、山头应、下湾、兴农、信千山、田岙、白茇、双盘、下田、梅枝田、七市、南庄、大陈、大林等15个行政村；自然村有亭枫、竹园头、王某山、大山、纱帽禄、上盘、下盘屿、梅岙、上梅岙、越溪、清潭、白湾、上林、官长、官山、灰场、山上应、山下应、大脉山、信干、信张、道士塘、小宋、大宋、外庄、上田、筲箕湾、钟山、小梅枝、隔坑、下田、下岙芦、田岙、陡门头、岭脚下、李家岙、岐山、东白茇、西湾、北腊、北拉头、西南茇、南湾、箬屿、七市、大竹园、西坑、峧头、岭坑、小林、岭头坑、箬岙蒋、外塘、坎头王、王干山、南庄、上塘厂、慈周、下对、上对、大林、青屿山、青山脚、墩头竺、大陈、下湾、淡水塘等67个。

桑洲镇：辖镇区1个居委会；辖有木坑、上叶、坑口、里山、长田头、外岗、三星、六合、麻岙、塘山、新桥、慕湖山、桑洲、桑梅、田洋芦、下洋周、竹山头、南岭、屿东、平园、团结、下章、里山季等23个行政村；自然村有毛平、外山周、花地塔、大竹园、前塘孔、上屋斗、犁头山、上堂、老屋基、白石坑、下洋周、上洋、沙地、桑园、梅家、田孔周、桑州、桑州岭顶、上山陈、中央溪、陈家岙、外雪山、里雪山、黄罗洋、夏家、南山、田下、燕窝、六峰、南山章、上山、石桥、石枧、里下王、里岙庄、龙潭、后岙、新屋、坟庵、麻家、桥头王、西峰、木坑、木坑头、上叶、下路、辽车、里山、木加坑、高坑、下高坑、冷水孔、西安、南坑、叶家山、江家、下横、外山郑、桃坑、大岗头、石岭坑、山后翁、方山、塘孔、慕胡山、田洋卢、麻车杨、长田头、外岗、雪坑、新庄、竹山头、坑口、后沙、大陈、格岸、里山季、珍山、大红树、下章、外洋、平园、罗家园等83个。

岔路镇：辖兴中1个居委会；辖有兆岸、上金、渡东、前后娄、干坑、岔路、梅花、柴家、湖头、下畈、白溪、天河、山洋、大岩、上屋基、泉峰、吕家、高塘、顶峰、冠峰、上李坑等21个行政村；自然村有上金、西山下、渡头、东山、桐洲、后山葛、后柴、岔路街、上畈、隔潭、花堂、上胡、田良王、杨家桥、叶家山、西塘吴、后良王、柴家、大水路、前桥、东湾、牛路坑、下畈、大松溪、四鼓湾、寺后山、青头山、澜湾、后寺、山洋、祖师墓、沙田、峧头、大坦、蟠龙、十八罗、大石、东间、学士坪坑、岩头罗、大荒地、山头地、六田岗、岭头、下洋、上屋基、大湾、东山头、大暮、塘孔、外柴、后塘、外庄、黄泥塘、旁山、西跳、吕家、岭头陈、稍场、大路下、山头程、官山、茶园头、汤平头、吊鸡湾、横家下、袍丘、尖山、兰田庵、大平头、冷饭坑、王家坑、东王、前后娄、高坦、老高坦、中高坦、新高坦、大娄、江家、殿前、白溪、湃滩、里王、长溪滩、天打岩、纸厂基、枝树湾、叶岙、夏孔、高塘、西山、白岭根、湖头、前王、下畈、干坑、兆岸、上李坑、中央里、横路庵、下坑、百丈丘、叶家坑、下大岙、下辽、上畚斗、大坪、箬帽岩等109个。

前童镇：辖前童1个居委会；辖有柘湖杨、桥头杨、上溪、大郑、小汀、梁皇、岭南、栅下、官地严家、双桥、塔山、联合、鹿山、鹿分、竹林、妙宏、板岭陈等17个行政村；自然村有柘湖杨、大田头、罗家岙、下朱、山朱胡、沈坑岙、大郑、梁皇、路下、西山里、里辽、外辽、磨石仓、平溪、赤岩、岭南、东溪、响亭山、前童、洋加山、上山、东洋、妙山、宏湖、板昌、上下营、外洋、墩头陈、岭根、下叶、大溪王、上葛头、竹林、严家、陶家、潘家岙、官地、祈家、栅下、小汀、上店、东山、桥头杨、南岙、吴坑岙、岙胡坑等46个。

黄坛镇：辖五兴、松坛、斑竹园、黄坛、兴坛、后王、杨家、永联、大塘山、峰山、大木、联溪、新华、穆坡、大洋山、里岙、张家山、明珠、金家岙、弘杨、盈坑、榧坑、中央山、上辽岗、里塘、逐步、张辽、里天河、王家染、澄深等30个行政村。自然村有后塘、塘下、魏家、沙栋、杨家、西庄、平安山、杨树堂、荸荠田、大岩湾、里白水、外白水、寺后山、岭丰、沙坛、黄坛街、黄坛、上盈坑、鳗蛇湾、下盈坑、红岩、里畈、大爿地、横坑、黄泥田、下山头、留五扇、应家坑、石辽、蒋家、塘家、金家岙、前山、旭山、木坑胡、华湖、下张、外王、梨岙、坑头、桥头、溪边、山头王、上屋、下屋、灵山、桃树坑、里岙、上林、下林、法洪坑、横山后、璜山、榧坑、榧东、里塘、里坑、后辽、澄深、长丘、长岭头、庙头、田下尾、蒋家坑、杨染、里大陈、清水染、上辽岗、岗头、王家染、岗下、花树坪、张辽、塘家坑、逐步、上塘、大洋山、后黄、上张、麻车、大畈洋、木坑郑、大塘山、斑竹园、溪头陈、溪边、上场头、后溪林、下畈溪、中央山等90个。

大佳何镇：辖佳何1个居委会；辖有石门、葛家、团联、涨坑、民主、溪下王、大佳何、和平、滨海等9个行政村。自然村有大佳何、林家山、马家、后洋、应家、上葛村、下葛村、沈家、南阳、胡家、万家村、伍家、和平寺、桥坑、外郑、赖家、岙潘、外袁、里袁、冯家、陈戴、吴家、井栏、涨坑、毛洋、溪下王
等26个。

强蛟镇：辖峡山1个社区、辖新兴1个居委会；辖有下渔、薛上岙、临港、上蒲、下蒲、加爵科、胜龙、王石岙等8个行政村；自然村有峡山、加爵科、后舟、下洋、山脚、薛岙、骆家坑、蒋家、伫岩、王石岙、上蒲、下洋下、胜龙、苏家岙等14个。

西店镇：辖镇中1个居委会；辖有崔家、王家、团墺、尤家、石孔、西店、樟树、滨海、凫溪、吴山、前金、集义、紫江、吉山、铁江、海洋、望海、岭口、香石、溪头、香联、洪家等22个行政村；自然村有樟树、尤家、张家庄、邵家、皂坑、竺家、团墺、石孔头、西店、郑家、海格山、江瑶、海张、茅洋、海口、蔡家、前金、桥棚、白岩、周戴、新董、东周、新詹、老詹、凫溪、沙地、璜溪口、诗房、礼村、横路葛、下葛、下田畈、后溪、张岙、石家、塘下、田畈中央、蒋家、岭口、牌门舒、便岸头、捣臼岙、龙头颈、藕荷坑、王家、洪家、集义堡、义门、大路、崔家、山下戴、溪头、后陈等53个。

深甽镇：辖凤山1个居委会；辖有马岙、大洋、龙宫、岭下、三坑、三省、上湖、双坑、白岩、大里、清潭、孔横山、溪滨、赤岙、柘坑戴、柘坑张、长洋、南溪、深

畈、大蔡、岭徐、夏樟等 22 个行政村；自然村有马岙、亩坑岗、门前园、金狮坪、白头岩、桐岭头、茶坑、里茶坑、外八石、山后、深湾、坦头须、大洋、冠山、田畈、峰连岗、独旦、大段、榨园坑、野猪坑、旧路坑、自古堂、蒋家山、龙宫、九石湾、竹家、木瓜湾、山皇岭、俞山、中湖、岩头里、大庄、老屋、深畈、留基、雪谭、里沙地、蒋家庄、独山、下独山、赵畈、来虎岩、枫树湾、大里、下金、姜家、俞家、陈家、清潭、下宅畈、上陈张、上张庄、孔家、上横山、下横山、溪滨、瓦窑畈、金岙、赤岙、陈家坑、上坑、夏家岙、大蔡、赵山、梁坑、高畈、东山、曹坑、李家山、十石头、上湖、河西、上湖庙、岭下、里家坑、桶坑、平坑、白岩、黄四鸟、双坑、乌糯坑、南溪、外张、夏樟、马车地、岭徐、长洋、柘坑戴、蔡家山、柘坑张、望海岗等 91 个。

2016 年宁海县国民经济和社会发展综述

【国民经济主要指标】 2016 年实现生产总值 465.36 亿元，比上年增长 6.9%，其中，第一产业增加值 43.93 亿元，增长 2.2%；第二产业增加值 233.16 亿元，增长 6.2%；第三产业增加值 188.27 亿元，增长 8.9%。三次产业结构 9.4：50.1：40.5，第三产业增加值比重比上年提高 1.8 个百分点，人均生产总值 73997 元，按年平均汇率（1 美元 = 6.6423 元人民币）折算为 11140 美元，增长 6.6%。

2016 年共新增市场主体 7513 户，其中内资企业 2240 户，个体工商户 5188 户，农民专业合作社 56 户，外资企业 29 户。总数累计达到 53379 户，其中内资企业 14922 户，注册资本（金）639.94 亿元，个体工商户 36431 户，资金数额 35.67 亿元，农民专业合作社 1641 户，出资总额 20.14 亿元，外资企业 385 户，注册资本 12.00 亿美元。2016 年共转型升级个体工商户 155 户，完成目标考核任务的 103.3%，其中升级为公司 93 户，占比达到 60%。累计办理个转企 1306 户，其中转型为公司制企业 290 户，占比 22.2%。

表 2　　2016 年宁海县生产总值分行业情况一览表

指标名称	本年实绩（亿元）	同比增长（%）
生产总值	465.36	6.9
农林牧渔业	44.14	2.3
工业	203.32	6.5
建筑业	30.26	3.9
交通运输、仓储和邮政业	22.00	4.3
批发零售业	43.35	8.9
住宿和餐饮业	9.58	8.8
金融业	14.11	-2.9
房地产业	14.90	8.9
其他服务业	83.70	12.6
营利性服务业	30.94	17.4
非营利性服务业	52.76	9.8

说明：本表数据执行国家统计局 2012 年制定的《三次产业划分规定》

2016 年完成财政总收入 80.04 亿元，比上年增长 9.3%，其中：中央级财政收入 31.25 亿元，下降 1.0%；一般公共财政预算收入 48.79 亿元，增长 17.1%。在地方财政分成收入中，增值税、企业所得税和个人所得税分别增长84.8%、10.1%和0.9%，营业税下降42.2%。2016年一般公共财政预算支出67.76亿元，增长12.4%，其中教育支出13.55亿元，增长6.5%，科学技术支出1.88亿元，增长23.4%，社会保障和就业支出8.38亿元，增长3.0%，医疗卫生支出6.97亿元，增长17.3%，城乡社区事务支出3.72亿元，增长95.6%。

2016年全县居民消费价格指数（CPI）同比上涨2.0%，八大类商品和服务项目价格同比均有不同程度的上涨，其中，食品烟酒类上涨4.4%，衣着类上涨1.5%，居住类上涨0.7%，生活用品及服务类上涨0.5%，交通和通信类上涨0.7%。教育文化和娱乐类上涨1.7%，医疗保健类上涨0.8%，其他用品和服务上涨2.4%。

【农业和农村】 2016年实现农林牧渔业总产值59.60亿元，按可比价计算，比上年增长1.0%，其中，农业产值18.09亿元，增长3.2%；林业产值2.01亿元，增长2.0%；牧业产值6.76亿元，下降14.7%；渔业产值32.39亿元，增长3.5%；农林牧渔服务业产值0.35亿元，增长11.1%。种植业生产形势稳定，据粮食监测调查，2016年完成全县农作物播种面积27753.33公顷，其中粮食作物面积18406.67公顷，产量10.70万吨，粮食产量增长0.7%。全县生猪存栏量和出栏量分别为8.36万头和14.76万头，分别下降17.5%、23.8%。家禽存栏113.96万羽，增长17.3%；出栏211.87万只，下降20.7%，禽肉总产量0.19万吨，下降26.9%。渔业生产稳定，2016年水产品总产量15.75万吨，增长1.8%，其中：海水产品产量15.20万吨，增长1.7%；淡水产品产量0.55万吨，增长3.8%。

农业供给侧改革有序推进。围绕市场需求变化，深入推进粮食生产及其功能区建设，完成县级粮食生产功能区标准化建设面积1200公顷，投入建设资金2000万元；“甬优”系列杂交种子推广面积6200公顷，水稻单产创历史新高。持续推进“森林宁海”建设，新增平原绿化面积144公顷、森林抚育266.67公顷，创建县级森林城镇7个、市级森林城镇3个、省级森林城镇2个。进一步优化农业区域布局，三门湾现代农业园区投资建设任务基本完成，桑洲入选首批省级特色农业强镇创建名单，创建柑橘全产业链1条（省级柑橘全产业链），“望海茶”获国家地理标志证明商标认证。积极推进适度规模经营，新增县级规范性合作社17家、县级示范性合作社2家、省示范1家、国家级示范7家；新增市级以上农业龙头企业2家、国家级林业龙头企业1家。加快农业金融创新，发挥“土林地”银行等金融创新平台作用，深化银企担保业务合作，开展茶叶气象指数政策性农业保险试点工作，建立风险共担机制。深化涉农资金整合改革步伐，立项包括农业基础设施、社会化服务、科技创新、产业化经营等四类农业产业化项目325个，整合资金0.62亿元。推进农村集体产权制度改革，开展土地确权行政村数100%、测绘乡镇数100%、承包方调查数（户）100%，完成实测承包地面积83.0%，完成全县外业测绘工作量81.3%。打造现代生态循环农业升级版，创建省级示范主体5家，建立农药废弃包装物回收点100个，回收农药废弃包装物15吨，完成测土配方26666.67公顷，推广商品有机肥2.1万吨，减少化肥使用量260吨和农药使用量21.6吨，秸秆综合利用率90%以上。实施畜牧业转型升级工程，整治畜禽养殖场（户）17家、生态化治理规模水禽场36家，建设病死动物收集点7个，全年累计无害化处理病死猪43242头。全面提升农产品质量和食品安全水平，加强“三品”认证及监管，新增无公害产地15家、无公害农产品14个、绿色食品5家，完成复查换证49个，目前无公害农产品产地79个、无公害农产品72个、绿色食品12个、有机食品5个，种植业“三品”认证面积共计2.7万公顷，占比60.8%。

2016年该县水利工程完成投资14.06亿元，其中重点水利工程建设完成投资8.49亿元，完成年度投资计划8.2亿元的104%，年度总投资完成额在全市及全省均名列前茅。“五水共治”完成投资10.69亿元，完成省下达投资目标5亿元的214%。列入市“治水强基”计划的项目完成投资6.16亿元，完成年度4.36亿元投资计划的141%。

新农村建设稳步前行。按照“聚优势、补短板，做强农业、做美农村、富裕农民”要求，大力实施美丽乡村建设三年行动计划，努力打造美丽乡村升级版。2016年，启动实施“两美”宁海精品村20个，新通过验收中心村2个，市县级特色村11个，全面小康村12个，村庄整治提升村18个，完成精品线大佳何溪下王—林家山段验收工作。农村基础设施和村庄环境明显改善，2016年共投入创建资金1.8亿元，拆迁危旧房8万平方米，新增绿化4.6万平方米，硬化道路25万平方米，整治溪坑河道27公里，新建各类广场、活动场所、办公设施52处。全县启动65个村的农村生活污水治理项目，基本完成建设，受益农户数2.8万户，总投资达2.5亿元。完成农村住房改造建设2517户，改造面积38.6万平方米。

【工业、建筑业和供电业】 2016年，全县工业生产呈现稳中有进的发展态势。实现增加值203.32亿元，比上年增长6.5%，其中规模以上工业实现增加值161.48亿元，增长6.0%。实现工业总产值884.62亿元，增长5.6%，其中规模以上工业实现产值665.26亿元，增长5.4%。

规模以上工业生产稳定。实现销售产值639.65亿元，增长6.0%，其中，内销484.65亿元，增长7.0%；出口交货值155.00亿元，增长3.0%，出口增速低于内销4.0个百分点。实现新产品产值231.84亿元，增长9.2%，快于规模以上工业产值增速3.8个百分点，新产品产值率达34.9%，比上年提高1.2个百分点。实现战略性新兴产业增加值15.53亿元，增长13.0%。综合实力50强企业实现工业总产值323.13亿元，增长13.3%。规模以上六大特色行业完成工业总产值456.95亿元，增长10.9%。规模以上工业实现主营业务收入623.82亿元，增长7.1%；实现利税总额80.69亿元，下降3.5%，利润总额52.84亿元，下降5.1%。

建筑业发展增量提质。2016年建筑业实现总产值175.11亿元，增长17.2%，其中省外产值48.54亿元，增长22.1%；建筑业税收总额4.9亿元，增长30.0%，占地方税收比例达18.5%。继续做好建筑业发展扶持政策兑现工作，给12家建筑业企业奖励137.7万元。扎实推进新型建筑工业化项目，老客运总站地块项目完成主体施工，智能汽车小镇特色商业街项目开工建设。建筑市场和质量安全监管逐步规范，进一步加强建设工程招投标管理，完善政府投资工程预选承包商管理办法；深入开展安全生产大排查大整治专项行动，有效遏制重特大质量安全事故。加强建设用砂和新墙材管理，及时返退墙改资金3195万元。

供用电量增长较快。2016年供电量30.00亿千瓦时，比上年增长14.5%。全社会用电量30.07亿千瓦时，增长14.4%，其中：第一产业用电量0.42亿千瓦时，增长18.4%；工业用电量20.38亿千瓦时，增长12.0%；建筑业用电量0.58亿千瓦时，增长27.5%；第三产业用电量3.02亿千瓦时，增长21.8%；城乡居民用电量5.66亿千瓦时，增长18.0%。

【固定资产投资和房地产】 2016年完成固定资产投资311.59亿元，增长16.5%，增速居全宁波市第一，其中基础设施投资127.50亿元，增长31.5%，工业投资85.36亿元，增长9.6%。投资结构优化，重点投向第三产业，实现第三产业投资217.61亿元，增长19.8%，占固定资产投资的69.8%。工业企业技改投入58.76亿元，得力文具成功申报2016年度市级自动化（智能化）成套装备改造试点专项；宇升模业、光明橡塑、如意股份、齐心科技等4家企业的新产品被评为2016年度市级重点新产品，斗士油压、宇升模业、建欣模具、双林模具、考比锐特、佳比佳等6家企业的新产品被评为2016年度市装备制造业重点领域首台（套）产品。

重大项目进展良好。在“重大项目推进年”“清零拔钉”等工作机制推动下，重大项目建设不断抢关夺隘，一批“老大难”项目被攻克，全年举办集中开工仪式6批次，107个新建项目中87个开工，开工率达82%，重点实事工程完成投资184.5亿元，增长11.7%，其中，重点工程完成投资165.6亿元，实事工程完成投资18.9亿元。10个人大代表票决实事工程全部开工，共完成投资7.9亿元，占年度计划的122.8%。宁波南部滨海新区基础设施框架全面拉开，全年完成固定资产投资30.6亿元，毛屿港综合治理工程、市政基础设施二期等一大批重大项目相继建成或正在加快推进，产业集聚能力不断提高，新区规上企业达61家，模具产业园签约入园企业突破百家，并成为全市首个国家产业集群区域品牌建设试点，微行纯电动车、DSI自动变速箱等重大新能源汽车类项目在建，奇亿金属等五个总投资22亿元的项目签约。科技园区开放能级稳步提升，集聚国内外企业数百家，中瑞、中欧、中乌三大创业园建成投用。物流园区功能加速完善，全市首个智慧物流枢纽站项目签约，物流大楼、奥迪4S店等项目顺利推进。

房地产投资有所回落。2016年完成投资额59.46亿元，同比下降5.6%；商品房施工面积433.16万平方米，下降3.1%；竣工面积35.4万平方米，下降43.8%；商品房销售面积60.84万平方米，增长30.2%。

【国内贸易、对外经济、旅游和会展】 消费市场平稳增长。2016年全县完成商品销售总额436.00亿元，增长16.5%，住宿餐饮业营业额35.46亿元，增长16.2%。全年完成社会消费品零售总额190.27

亿元，增长12.2%。电子商务发展迅速，实现网络零售额41.36亿元，宁海县获评浙江省首批产业集群跨境电商发展试点，新建（提升）电子商务服务点98个。进一步推进宁海县电商产业园集聚发展，目前入驻企业41家，交易额突破6亿元。

对外贸易持续稳定。2016年实现外贸进出口总额25.02亿美元，下降0.1%，分别高于全国和全市6.7和5.0个百分点。其中出口23.04亿美元，增长0.1%，进口1.97亿美元，下降2.6%。机电、高新技术产品为该县主要出口产品，其中：机电产品实现出口16.48亿美元，增长0.6%，占全县出口总额的71.5%；高新技术产品出口3.25亿美元，增长32.9%，占全县出口总额的14.1%。贸易方式不断优化，一般贸易出口21.62亿美元，增长0.9%，占全县出口总额的93.8%，比重较2015年同期进一步提高。

招商引资活动稳步开展，2016年，全县共新批外资企业18个，增资项目6个，减资项目1个，合同外资2.73亿美元，增长17.72%，引进县外内资66.2亿元，增长32.4%，实到外资9100万美元。

旅游业加速转型发展。围绕旅游全域化发展目标，以“国家全域旅游示范区”创建为着力点，抢抓机遇、补齐短板，各项工作强势推进，产业发展呈现出安全有序的良好态势，并获评浙江省旅游发展十佳县。2016年，建立出台乡村旅游联席会议制度、“1+3+N”旅游综合执法机制；出台《关于加快推进乡村旅游发展的若干意见》《关于进一步促进农家乐（民宿）规范发展的指导意见》等政策办法，有效激发了旅游经济发展潜力。编制出台《宁海县旅游业发展“十三五”规划》《宁海县乡村旅游提升规划》，启动编制《宁海县全域旅游发展总体规划》。全力推进六善温泉度假中心等25个旅游项目，完成投资19.7亿元。签约12个项目，总投资额达46亿元。做大做强乡村旅游，建成桑洲南与舍、南山居、前童上木堂、前童铁事等20余家特色民宿客栈，全年新增民宿床位1000余张。成功策划举办中国旅游日大讲堂——全域旅游战略的逻辑与落实、“为中国加分”浙江省文明旅游公益行动启动仪式、开游节旅行商大会暨霞客游线节点城市精品线路发布、惠民旅游等开游节系列旅游活动，并在《中国旅游报》、《浙江日报》、腾讯等30余家国内知名媒体刊出，进一步彰显了城市旅游品牌形象，收到了极大的宣传引客效应。全年共接待游客1188.2万人次，同比增长11.7%，其中入境旅游人数7.8万人次，增长10.5%；旅游经济总收入131.1亿元，增长12.1%，实现了“十三五”良好开局，为“示范区”建设打下了扎实基础。

会展市场繁荣。全年共举办15个展会，参展企业数达1100家。参展的标准展位3200个，展览面积8.6万平方米，参展期间的人流23万人次，成交额达4.8亿元。通过搭建高端会展平台继续推动产业可持续发展，继续办好文具产业博览会、模具博览会等传统产业类展会，展会参加企业数量、参展规模、布展格局和成交数量等展会效果和效益得到极大的提升。

【交通和邮电】 2016年围绕构筑现代交通强县“八大体系”工作要求，加快实施“一环八射三纵七连”公路网主干线建设，交通基础设施建设实现新跨越，完成交通总投资18.6亿元，其中甬临线梅林至山河岭改道工程完成投资1.65亿元，象西线桥头胡至深甽段改道工程完成投资6.74亿元，盛宁线力洋至胡陈段改道工程完成投资1.20亿元，城逐线南门大桥至前洋段公路工程完成投资1.13亿元，公路配套工程完成投资2.0亿元，县道改建、农村公路改造提升工程完成投资2.8亿元。全县公路总里程1635.991公里，公路密度92公里/百平方公里，其中高速公路50.878公里，一级公路160.455公里，二级公路57.601公里，三级以下公路1367.057公里。

2016年年末全县共拥有各类营运车辆2839辆，其中：营运客车930辆（长途班车51辆，出租车278辆，城区公交车285辆，城乡公交293辆，旅游包车23辆）；营运货车1909辆（普通货车1678辆，专用货车214辆，危货车17辆）。2016年年末全县共拥有船舶133艘，其中：沿海货船118艘（万吨以上6艘），沿海客滚船2艘，内河客船13艘。2016年全县完成货物运输量1883.3万吨，货物周转量1074027.44万吨公里，客运量217.23万人次，旅客周转量26224.72万人公里。

邮政、电信业稳步发展。现代化通信工具进一步普及，2016年完成邮政业务总量6495.62万元，同比增长29.1%；年末城乡固定电话用户12.48万户，下降7.7%；移动电话用户84.09万户，增长4.9%；互联网固定注册用户21.79万户，增长21.8%。

【金融和保险】 2016年年末金融机构本外币存款余额596.64亿元，同比增长15.4%，比年初增加79.68亿元；其中人民币存款余额581.49亿元，增长14.7%，比年初增加74.66亿元。年末金融机构本外币贷款余额705.60亿元，增长8.7%，比年初增加56.77亿元，其中人民币贷款余额700.49亿元，增长8.8%，比年初增加56.65亿元。年末银行业金融机构达到24家，其中政策性银行1家，大型国有银行5家，股份制商业银行11家，地方性法人机构1家，城市商业银行4家，村镇银行2家。

2016年全县保险业实现保费收入13.33亿元，同比增长13.8%。其中，财产险5.92亿元，增长6.8%；人身险7.42亿元，增长20.1%。保险业累计赔付支出4.65亿元，增长16.5%。其中，财产险赔付支出3.55亿元，增长13.6%，人身险赔付支出1.10亿元，增长27.0%。年末共有54个保险机构数，其中产险34个，寿险20个。

【科技、教育和人才】 2016年，实现高新技术产业增加值54.46亿元，同比增长10.4%，占规模以上工业增加值的33.7%。全年申报国家高新技术企业25家，重新认定11家，总数达99家；市级创新型初创企业备案193家，创新型初创企业总数达647家；新增县级科技型企业22家，总数达164家。力促规模以上企业普遍建立工程技术中心等各类研发载体，新增省级企业研究院1家、市级企业研究院1家，共有省级企业研究院4家、市级6家；新增县级工程技术中心14家、市级11家、省级4家（文件未正式下达），累计拥有县级工程技术中心187家、市级72家、省级26家、国家级1家。县科创中心众创空间晋级为国家级众创空间，全县已有国家级众创空间1家，省级众创空间3家，市级众创空间1家，县级众创空间6家，数量质量位居全市前列，初步形成全县“1+4+X”众创空间发展布局。企业创新能力不断增强，全县规模以上企业科技活动经费支出总额达到12.39亿元，增长13.0%。全年有5个项目获得市级科技进步奖，2个项目获得省级科技进步奖。近五年专利授权量年均增长率达到25%以上，专利申请量明显提升，2016年共申请专利4414件，增长14.4%，专利授权量3187件，其中发明专利授权216件，增长9.1%。新增专利示范企业省级2家，累计拥有市级以上专利示范企业54家。全年推进15家企业通过贯标认证。

2016年，教育系统围绕“基本实现省教育现代化县”这一核心任务，促进教育优质均衡发展，教育现代化发展迈上新台阶。基础教育普及率进一步提高，学前三年幼儿入园率为99.49%，小学入学率、巩固率和小升初比例均达到100%，初升高比例为98.49%。宁海中学、正学中学分别通过省一级、二级特色示范高中评估。银河小学、育才小学通过省标准化学校创建，全县义务教育省标准化学校比例达98.57%。望海学校、回浦小学全面建成投用，正学小学新建工程基本完成，大湖小学迁建工程完成主体结顶，教育布局进一步调整，规划进一步优化。全县有中小学82所，其中小学52所（含外来民工子弟学校2所），初中18所，普通高中7所（含民办高中3所），职业中学4所（含民办职高1所），特殊教育1所。在校生总数85216人（其中小学生49066人、初中生20155人、普高生8905人、职高生7025人、特殊教育学生65人）。幼儿园121所（含民办99所），在园幼儿25579人。教育投入进一步加大，2016年财政对教育的拨款为14.14亿元，县财政安排的学前教育专项经费637.7万元。民办教育、外来务工人员子女和困难家庭子女的教育得到保障，设立民办教育发展专项资金300万元，落实各项帮困助学政策，各类助学奖金共计9122万元，公办学校接纳外来民工子女14843人。全面完成《宁海县教育发展“十三五”规划》编制工作，为全县教育现代化事业描绘美好发展蓝图。

截至2016年年底，全县人才总量达到14.7万人，专业技术人员6.4万人，研究生及以上学历1700人，高技能人才3.4万人，“省千”以上人才12人。建成院士工作站7家，省、市级博士后工作站（扶持站）7家，技能大师工作室20家，市“3315”创新团队5家，市、县级创新团队45家，大学生实践基地77家，技能大师工作室23家，引进海外工程师71名。

【文化、卫生和体育】 群众文化活动欣欣向荣。成功举办“宁海之春”春节联欢晚会、第十四届中国徐霞客开游节开游大典等大中型专题文艺晚会30余场次。举办宁波市“天然舞台”、县“千场戏剧进农村”演出127场，“天天演”文化惠民演出105场，“百姓大舞台”演出60余场，“宁海之夏”文化纳凉戏曲晚会演出2000余场次，“万场电影进农村”放映3605场，观众达数十万人次。开辟宁海县“一人一艺”网络培训平台，培训人数达到2000余人。“正学讲堂”、群文讲堂、公益艺术培训等讲座展览举办127期，学员及观众超过8万人次。文化服务产业阔步前进，县重点文化项目宁海“非遗”文化产业园（东方艺术造像博物馆新馆）已全部建成；文化综合体项目PPP模式完成前期招标工作，并成功入选财政部“第三批政府和社会资本合作示范项目”；宁海森林温泉小镇入选省级特色小镇培育名单、市级特色小镇创建名单，小镇文化建设被评为省级示范点；宁海大观园、温泉文化艺术村、十里红妆特色小镇分别入选宁波市级文创产业园区名录、市级培育文创产业园区名录以及市特色小镇培育项目。文化遗产保护传承有力，一市镇箬岙村入选中国传统村落，宁海获评全国首个“中国古村落文化遗产研究基地”，120册大型文献《宁海丛书》出版，并在全国政协礼堂完成首发式，戏台巢井营造技术入选浙江省非遗项目，宁海十里红妆婚俗、箍桶技艺、棕叶编织技艺等6个项目参加“东亚文化之都”非遗博览会。

2016年，紧扣“新闻点”，策划推出23个新闻专栏，播发各类新闻稿件7000余条。举办“自在宁海 家园记忆”摄像、摄影大赛等10余项活动，进一步扩大台宣影响力。外宣工作有新突破，广播和电视外宣均获市二等奖，省三等奖，中央电视台录用稿件数达11条。作品创优硕果累累，有11项作品获宁波政府奖、4件作品获宁波新闻奖，1件作品获中国纪录片人文类二等奖。事业建设有新进展，全面完成有线电视停模转数工作，实现有线电视覆盖率100%，全面升级改造摄录设备高清数字化，中央广播电视节目无线化覆盖已进入施工阶段，完成标线迁移和新建工程。

2016年，全县医疗机构458家，每千人执业（助理）医师3.22人，每千人在岗护士2.94人，每千人床位3.50张；全县医疗机构门急诊人次542.9万，出院人次6.11万。孕产妇实现零死亡，婴儿死亡率1.34‰，5岁以下儿童死亡率2.11‰，孕产妇住院分娩率达100%。胡陈、大佳何等乡镇卫生院改造工程开工建设，县第一医院新住院楼、县中医院新院区、县公共卫生中心、梅桥医院等重大实事项目扎实推进，长街中心卫生院改扩建工程一期投用，新建12家一体化村卫生室。持续推进“双下沉两提升”纵深发展，县中医院与上海市、宁波市中医院的合作进入实质性阶段，3家县级医院开展54项新技术新项目，填补多项县内空白。加快推进中医药事业发展，县妇保院创成全国妇幼保健中医药工作示范单位。县级公立医院综合改革持续推进，推进省级分级诊疗试点从妇科疾病为主转向高血压、糖尿病等慢性病为主，促进县级医疗资源下沉乡镇卫生院。全面启动新型契约式家庭医生服务工作，重点人群签约服务覆盖率达32.2%。大力开展“社会办医推进年”活动，桃源口腔医院、同瑞康复医院先后投入运行，投资2500万元的县医学检验中心签约并开工建设。建成3个县级远程会诊中心，新一代自助服务机投入使用，省内领先的区域卫生信息一体化云平台系统启动建设，实现乡镇卫生院云诊室全覆盖。公共卫生服务项目人群覆盖和服务质量不断提升，启动全市精神卫生综合管理示范市试点工作。强化重大传染病和突发公共卫生事件防控能力建设，新增茶院乡为县级慢性病综合防治示范乡镇。持续加强无偿献血宣传，连续六届获得“浙江省无偿献血先进县”称号。进一步强化爱国卫生工作，卫生乡镇创建开启加速度，2016年新创建3个省级卫生乡镇、5个市级卫生乡镇，各类卫生单位（村）达到156个。扎实稳妥实施全面两孩政策，全面实行生育服务登记制度。探索大保健服务管理模式，创成国家级妇幼健康优质服务示范县。保持出生人口性别比综合治理高压态势，实现出生性别比“六连降”。

2016年编制完成全县体育产业“十三五”规划、全民健身计划（2016—2020）、《宁海县城区体育设施布点规划》、《宁海县体育公共服务体系建设三年行动计划》。实施登山步道提升工程，开发智慧登山系统，提供全方位多角度的智慧登山服务。扩大体育设施利用范围，继续推进中小学校体育场地设施向社会开放，开放率达80%以上。成功举办第9届全民运动会、宁海越野挑战赛、启动2016—2017年千里走宁海活动、举办环中国自行车业余赛、公布环宁海十大骑游线路、开展“一战成王”全国钓鱼巡回赛（宁海站）比赛。开展宁海“最美体育人”评选活动。2016年宁海籍运动员陈懿在第十五届里约残奥会上相继获得4×50米自由泳接力金牌、女子S10级100米蝶泳银牌、女子50米自由泳和4×100米自由泳接力铜牌。承办市中学生田径运动会，共1200名运动员参加，该县获高中组团体第二名、初中组团体第四名。

【城市建设和环境保护】 2016年，完成平安大道等6条市政道路及桥梁新改建，开工建设学勉北路等5条市政道路及桥梁；完成环城北路等一批停车场位建设，新增专用停车位3761个；建成徐霞客大道西延伸段绿化景观工程等一批城市绿化工程，新增城市公共绿地17.57公顷，绿地率、覆盖率和人均公绿分别达到37.7%、40.61%、13.38平方米；建成科技园区21号地块等保障性住房1326套，建成西子国际、香港城等商业综合体，城市形象大幅提升。加快美丽县城建设，完成投资64.42亿元，征集确定“人意山光、自在宁海”城市形象主题口号。加强棚户区改造，完成改造面积22.42万平方米，货币化安置及新开工安置房2966套（户），城中村改造完成改造7.82万平方米。加强美丽宜居示范村创建，新增下畈等5个美丽宜居示范村，省级美丽宜居示范村已达16个，四年来累计补助资金2400万元。启动小城镇环境综合整治，委托专业设计团队进驻宁海各乡镇（街道），助力各乡镇（街道）打响小城镇环境综合整治行动。商品住房存量为27万平方米、1936套，去化周期由年初的21个月进一步下降为7.35个月，库存逐步得到缓解。完成危旧房治理改造147幢6.83万平方米，出台城镇房屋解危指导意见，启动住房保险+服务工作，全面实施房屋安全网格化巡查。加大保障性住房配租配售力度，累计补贴公共租赁住房家庭租金16万元，完成人才公寓销售144套。积极推进老小区改造工作，完成兴宁小区等4个老小区改造，新增小区停车位160余个。

2016年，宁海县被环保部正式授予“国家生态县”称号，获得市级绿色学校3家，市级绿色企业1家，市级绿色饭店1家的命名，申报省级环保绿色单位创建2家，1家市级生态文明教育示范基地通过验收。完成《宁海县生态文明建设规划（2015—2020）》编制，已经省级专家评审。成功创建省清三河达标县，累计完成治水投资21.6亿元，铺设污水配套主管网88.7公里，开工建设89个村（社区）农村生活污水治理项目。全县城区生活污水处理率达到86.7%，镇级污水处理平均负荷率达到72.6%。启动电镀、酸洗磷化、豆制品、西店铝氧化行业整治。环境质量稳中有升，全县环境空气质量优良天数达到329天，优良率达89.9%，同比提高1.5个百分点；全县8个市控以上断面水质优良率和达标率达到100%和75%，与2015年持平。推进国华宁海电厂烟气清洁化改造，完成1号、2号、6号三台机组改造，累计投入改造资金2.67亿元。全县共淘汰禁燃区外高污染燃料锅炉92台。完成涂装、橡胶塑料等重点行业VOCs治理21家，投入治理资金2500万元。淘汰黄标车98辆，完成年度任务的106%；检测机动车48630辆，发放机动环保标志54620份。对全县3849家违法违规建设项目全部完成清理，其中未批先建项目3283家，未验先投项目566家。对全县52家汽修服务企业开展危险废物规范化整治，已基本完成整治工作。

【人口、人民生活和社会保障】 2016年年末全县总户数232489户，户籍总人口629987人。在总人口中，男性人口324975人，女性人口305012人，分别占总人口51.6%和48.4%。2016年出生人口6613人，出生率为10.52‰，死亡人口3819人，死亡率为6.07‰，人口自然增长率为4.44‰。

2016年城镇居民人均可支配收入47702元，增长7.6%，城镇居民人均消费性支出29681元，增长8.8%。全县农村居民人均可支配收入26233元，增长7.9%，农村居民人均生活消费支出19959元，增长17.2%。城乡居民收入比1.82∶1，与2015年持平。城乡居民人均储蓄40756元，比上年增长13.8%。

社保扩面持续推进，截至12月底本地户籍人员参加养老保障总数43万多人，参保率达到87.2%；工伤保险206223人；生育保险112566人；职工医保198136人；城乡居民医保414351人，参保率95%以上；失业保险参保净增5609人；社保卡持卡人数达52.3万张。有2.4万名被征地农民申请“丰收养老贷”，共发放贷款17.8亿元，被征地流转基本衔接率达69%，同时实行“海地同保”，将失海渔民纳入被征地养老保障。

就业创业工作。制定实施积极的就业政策，出台第五轮就业创业政策实施细则，突出高校毕业生、就业困难人员等重点群体就业扶持，鼓励企业吸纳就业。宁海县“智慧就业创业”信息共享系统正式上线运营，加快推进“互联网+公共服务”。深化基层平台保障体系建设，完善城乡均等的公共就业服务体系。2016年城镇新增就业15791人，城镇失业人员实现再就业5152人，就业困难人员实现再就业1063人，新增创业实体7021个，创业带动就业28084人，累计开发（保持）公益性岗位800个，城镇登记失业率1.75%，合计办理小额创业贷款233人，金额4655万元。扶持农村电商创业216人，农村电商创业带动就业1620人。共开办各类培训班250个，培训农村劳动力8515人，外来务工人员2485人；高技能人才培训完成3807人，指标数2000人，完成率190.35%，其中高级技师285人，技师371人；创业培训完成1270人，指标数200人，完成率635%；企业培训师完成培训660人，职业技能鉴定6315人。技能人才自主评价示范企业数完成20家，两年指标数14家，完成率142.9%。

社会救助和社会福利工作。2016年全县新增低保对象3809户4047人，停发298户403人，现有城乡低保9723户12301人，发放低保金4500余万元。落实残疾人一系列保障政策，至年底共有残保对象5414人，其中2700余人已转入低保，贫困重度残疾人602人，全部纳入低保范围，实现低保扩面目标。共发放各类生活补助3500余万元。发放医疗救助金1046万元，救助18669人次。全县共有养老床位4882张，每百名老人拥有床位数达4.1张。已建成区域性居家养老服务中心2个，新创建居家养老服务站40个，截至年底全县已创建居家养老服务中心366个，城乡覆盖率达到93%以上。2016年10月9日宁波市庆祝全国第4个老人节暨长寿文化活动启动仪式在该县举行，充分展示该县养老服务水平，积极推进全县养老产业的快速发展。

“平安宁海”建设扎实推进。2016年全县各类安全生产事故166起，死亡人数30人，造成直接经济损失388.60万元。其中：道路交通事故起数、死亡人数和经济损失分别为103起、16人和16.60万元。

2016年宁海县党政机关、群众团体与乡镇、街道负责人名录

【中国共产党宁海县委员会】

书　记：褚银良（11月止）
　　　　杨　勇（11月始）
副书记：杨　勇（11月止）
　　　　林　坚
　　　　李贵军（12月始）
　　　　徐真民（援藏）（10月止）
常　委：李贵军
　　　　林惠明（11月止）
　　　　应亥宗（5月止）
　　　　王军海（5月始）
　　　　叶秀高
　　　　邓富根（10月止）
　　　　蔡利丰（11月止）
　　　　金　勇（挂职）
　　　　徐　云
　　　　张伟标
　　　　王琦军（10月始）
　　　　徐震宇（11月始）
　　　　方　勤（11月始）
　　　　娄黛敏（12月始）

【宁海县人民代表大会常务委员会】

党组书记、主任：戴霖军（1月止）
　　　　徐真民（2月始）
党组副书记、副主任：王能迭
副主任：赵秀萍
　　　　邵兴杰
　　　　陈中建
　　　　林志来

【宁海县人民政府】

县　长：杨　勇（11月止）
　　　　林　坚（11月始）
常务副县长：应亥宗（5月止）
　　　　王军海（5月始）
副县长：尤永成
　　　　娄黛敏（12月止）
　　　　范建军
　　　　陈陵际（挂职）
　　　　李剑锋（挂职）（6月止）
　　　　金　勇（挂职）
　　　　王辅橡
　　　　桑学涛（挂职）（4月始）
　　　　王海华（6月始）
　　　　陆朝晖（11月始）
　　　　沈纾丹（11月始）

【中国人民政治协商会议宁海县委员会】

党组书记、主席：尤玲娟
党组副书记、副主席：邬汝跃
副主席：潘作飞（1月止）
　　　　张水仙
　　　　杨象轮
　　　　王鸿飞
秘书长：石道伟（12月止）
　　　　蒋善琪（12月始）

【宁海县直属单位党政负责人】

县委办公室主任：华祥平
　　县委党史研究室主任：陈国军
县人大常委会办公室主任：陈万奋
　　法工委主任：徐敬国
　　财经工委主任：胡为灿（6月止）
　　　　冯继红（7月始）
　　教科文卫工委主任：
　　　　傅红光（6月止）
　　　　郑仕忠（7月始）
　　农业农村工委主任：
　　　　华　飞（12月止）
　　　　丁建华（12月始）
　　城建环保工委主任：童青燕
　　代表工委主任：张群力
县政府办公室（县政府法制办）主任：
　　　　应国邦
　　县会展管理中心主任：
　　　　苏朝阳（7月止）
　　　　王朝衡（7月始）
　　县流动人口服务管理中心主任：
　　　　王章良（7月止）
　　　　郑建国（7月始）
　　县机关事务管理局党组书记、局长：
　　　　方华峰
县政协办公室主任：
　　　　石道伟（12月止）
　　　　蒋善琪（12月始）
　　社会法制和港澳台侨委员会主任：
　　　　叶元军
　　教文卫体和文史资料委员会主任：
　　　　吕国平（6月止）
　　　　胡　军（7月始）
　　经济科技和城建资源环境委员会主任：
　　　　俞伟平（6月止）
　　　　褚孟法（7月始）
　　提案委员会主任：娄培宗
　　委员工作委员会主任：陈庆宇
县纪委书记：李贵军（11月止）
　　　　徐震宇（11月始）
　　县监察局局长：王兴兵
县委组织部部长：林惠明（11月止）
　　　　方　勤（11月始）
县委宣传部部长：叶秀高
县委统战部部长：张水仙（12月止）
　　　　娄黛敏（12月始）

县台办主任：潘海东（7月止）
葛体员（7月始）
县侨办主任、侨联主席：蒋思才
县民宗局局长：任建平
县委政法委书记：林　坚（11月止）
李贵军（11月始）
县综治办主任：董安民
县人武部部长：李　国
政委：邓富根（10月止）
王琦军（10月始）
县人民法院院长：洪学军（11月止）
石坚强（11月始）
县人民检察院检察长：
吕益军（11月止）
练节晁（11月始）
县委政策研究室主任：王玉成
县直属机关党工委书记：张爱娇
县委老干部局局长：
胡　军（7月止）
邬开娟（7月始）
县委党校校长：林惠明（11月止）
方　勤（11月始）
党委书记、副校长：应培杰
县农办（老区办）主任：田启仲
县信访局党组书记、局长：
葛体员（7月止）
邵旭东（7月始）
县编委办主任：黄才向（7月止）
林长春（7月始）
县发改局（物价局）党组书记、局长：
项汉明
县经信局党委书记、局长：
胡家标（11月止）
马贤茂（11月始）
县教育局党委书记、局长：
蒋善琪（11月止）
陈开南（11月始）
县科技局局长：何建春
党组书记：邬开娟（7月止）
郭　青（7月始）
县公安局党委书记、局长：
蔡利丰（11月止）
陆朝晖（11月始）
党委副书记、政委：胡华新
县民政局党委书记、局长：
冯继红（7月止）
苏朝阳（7月始）
县司法局党组书记、局长：
杨东林（11月止）
陈海燕（11月始）
县财政局（地税局）党委书记、局长：
柳正维
县国资局局长：王能选（7月止）
季胜洪（7月始）
县人力社保局党委书记、局长：
黄才向
县国土资源局党委书记、局长：
应校军
县环保局党组书记、局长：章　哲
县住建局（规划局）党委书记、局长：
蒋东辉
县综合行政执法局党组书记、局长：
卢华强
县交通局党委书记、局长：裘为民
县水利局党委书记、局长：
郑仕忠（7月止）
黄建福（7月始）
县农林局党委书记、局长：
冯　坚（7月止）
陈振根（7月始）
县商务局（粮食局）党组书记、局长：
张晓桦
县文广新闻出版局党委书记、局长：
万吉良（7月止）
盛高成（7月始）
县卫生计生局党委书记、局长：
章武科
县审计局党组书记、局长：戴华飞
县海洋渔业局党组书记、局长：
褚孟法（7月止）
潘海东（7月始）
县统计局党组书记、局长：鲍园存
县市场监督管理局党委书记、局长：
丁建标
县安监局党组书记、局长：
陈剑波（11月止）
杨东林（11月始）
县总工会主席：林志来
党组书记：娄　坚
团县委书记：应　剑（7月始）
县妇联党组书记、主席：林　红
县工商联党组书记、主席：
王朝衡（7月止）
冯　坚（7月始）
县文联党组书记、主席：刘尚才
县残联党组书记、理事长：葛永照
县科协党组书记、主席：陈海中
县关工委主任：林惠明（11月止）
方　勤（11月始）
常务副主任：袁春林
县慈善总会会长：曹善军
县招商中心党组书记、主任：
马贤茂（11月止）
县旅游委员会党委书记：
应亥宗（6月止）
王军海（6月始）
主任：林仙菊
县档案局（馆）党组书记、局（馆）长：李海啸
县体育发展中心党组书记、主任：
张华飞
县新闻中心党组书记、总编辑：
何健军（7月止）
顾一冰（7月始）
县广播电视台党委书记、台长：
何晓进（7月止）
何健军（7月始）
县农机管理站党组书记、站长：
尤赛飞
县供销联社党委书记、主任：高剑峰
县公建中心党组书记、主任：
王永进（11月止）
陈剑波（11月始）
县房屋征收办党组书记、主任：
李乃江
市住房公积金中心县分中心党组书记、主任：张　伟
县生物产业园管理中心党组书记、主任：王宏伟
县规划管理中心党组书记、主任：
叶良晓
县审管办党委书记、主任：胡余亨

宁海经济开发区管委会党工委
书记:徐　云
主任:骆再松
宁海科技园区管委会党工委书记:
王辅橡(7月止)
宁海科技园区管理中心党组书记、主任:王日辉(7月始)
县物流园区开发建设指挥部党组书记、总指挥:陈昌凯
县双盘三山围涂工程指挥部总
指挥:骆再松
党组书记:俞安河
县铁路建设指挥部党委书记、总指挥:张文蛟
县高速公路建设指挥部总指挥:王鸿飞
党组书记:胡爱平
县茶山抽水蓄能电站建设指挥部总指挥:杨象轮
县商贸集团党委书记、董事长、总经理:胡余泽
县水务集团党委书记、董事长:
袁顺生
县国税局党组书记、局长:陈龙均
县供电公司总经理:李丰伟
党委书记:高补林
宁海检验检疫局书记、局长:梁铭明
县气象局党组书记、局长:徐　俭
县盐务局党组书记、局长:金守相
县烟草专卖局局长、县烟草公司经理:孟荣孝(1月止)
袁卫东(1月始)
县邮政局党委书记、局长:
麻承华(11月止)
陈国栋(11月始)
县电信局党委书记、局长:
陆雪君(1月止)
副局长(主持工作):
龚建东(1月始)
国家统计局宁海调查队党组书记、队长:薛　波(8月止)
崔绍章(8月始)
人民银行宁海县支行行长:谢幸福
宁波银监局宁海监管办副主任(主持工作):邬秋萍
工商银行宁海县支行行长:童晓松
农业银行宁海县支行行长:周乾文
中国银行宁海县支行行长:
薛　涛(6月止)
徐志峰(9月始)
建设银行宁海县支行行长:
黄旭波(11月止)
卢尚旦(11月始)
宁海农村商业银行行长:杨光勇
农业发展银行宁海县支行行长:
巫晓峰(9月止)
卢　明(9月始)
光大银行宁海支行行长:景　韬
中国移动宁海分公司总经理:
宋海兴
中国联通宁海分公司总经理:
章以军
人保宁海县支公司总经理:薛建通
人寿宁海县支公司总经理:胡亭斐

【乡镇、街道党政负责人】

长街镇
书　记:应利勇
镇　长:吴能利(7月止)
何称松(7月始)

胡陈乡
书　记:张微燕
乡　长:金伟跃

力洋镇
书　记:顾国兴(7月止)
胡小锋(7月始)
镇　长:李　元

茶院乡
书　记:葛越胜(10月止)
储根荣(10月始)
乡　长:储根荣(10月止)
王启堂(12月始)

一市镇
书　记:叶天峰
镇　长:徐善军

越溪乡
书　记:陈海燕(10月止)
张　巍(10月始)
乡　长:张　巍(10月止)
葛海峰(12月始)

桑洲镇
书　记:陈云苍
镇　长:叶　挺

岔路镇
书　记:葛欢善
镇　长:张畅芳

前童镇
书　记:吴继盛
镇　长:卢华乾

黄坛镇
书　记:胡海军
镇　长:朱军华

大佳何镇
书　记:邬海燕
镇　长:李文斌

强蛟镇
书　记:王照栈
镇　长:陈模曹

西店镇
书　记:张伟标
镇　长:王小平(11月止)
王彪平(11月始)

深甽镇
书　记:王东海
镇　长:郑尚奎

跃龙街道
书　记:徐旭东(7月止)
顾国兴(7月始)
主　任:董宜春(7月止)
夏方伟(7月始)

桃源街道
书　记:葛仁元(11月止)
主　任:刘军平

梅林街道
书　记:陈伟荣
主　任:褚孔村

桥头胡街道
书　记:黄建福(7月止)
王永宝(12月始)
主　任:王永宝

2016年大事记

1月

1日，《今日宁海》改版后全彩亮相，开启宁海报业的全彩时代。

4日，宁海总投资达17.3亿元的8个重大项目集中开工，分别是：大众温泉度假酒店、浙能脱硝催化剂项目二期、温泉旅游度假区游客集散中心、胡陈港水库扩闸、甬台温成品油管道增压泵站、宁波赛豹电器生产线项目、老车站地块住宅小区、大佳何镇和平村集中居住工程一期。

是日，宁海古戏台在浙江卫视播出的纪录片《南宋》第五集《戏文南北》中亮相。

6—7日，省教育督查组到宁海督查第二轮学前教育行动计划实施情况。

7日，县委召开十三届九次全体（扩大）会议。

8日，宁波市经合局组织浙江省政协委员、宁波市政协常委、宁波佛教协会会长、天童禅寺方丈诚信法师和各界爱心人士组成的慰问组，来到胡陈乡沙地下村，走访慰问困难群众。

是日，贵州省晴隆县党政代表团到宁海考察。

11日，宁海县与省城乡规划设计研究院签订战略合作协议。

12日，新华社、《光明日报》、中央电视台、《浙江日报》、浙江电视台、《宁波日报》、《宁波晚报》、《东南商报》等10多家新闻媒体聚集宁海县住建局，围绕“以货币化安置促棚改、以市场化手段去库存”主题，进行专题采访。

14日，宁海县胡成江、刘建金、王素琴和周宁婵4位医护人员荣膺浙江省“身边的基层好医护”称号。

15日，县政府召开第52次常务会议。

20日，市委常委、宣传部部长万亚伟，副市长林静国到宁海检查指导雨雪冰冻天气应急准备工作。

是日，副市长林静国在宁海县主持召开座谈会，就《政府工作报告（征求意见稿）》《宁波市国民经济和社会发展第十三个五年规划纲要（草案）》等，征求社会各界人士的意见和建议。

是日，中央护路办领导一行到宁海检查考核2015年度铁路护路联防工作。

25日，宁海县举行2015年度道德模范“我身边最可敬的人”颁奖典礼。党群同心圆党员志愿者群体、“隐名”企业家、宁海“医家”三兄妹、华伟杰、杨维銮、王晓英、章兵锋、宁波草湖食品有限公司、周芳和张桂芬获宁海县2015年度道德模范“我身边最可敬的人”。

25—28日，县政协九届五次会议在宁海国际会展中心宁海厅举行。

26—29日，县十七届人大五次会议在宁海国际会展中心宁海厅举行。大会以无记名投票方式，选举徐真民为县十七届人大常委会主任、王能选为县十七届人大常委会副主任。

28日，浙商银行宁海支行举行开业典礼仪式。至此，宁海县已有23家银行入驻。

29日，在县十七届人大五次会议上新当选的宁海县人民代表大会常务委员会主任徐真民、副主任王能选，面向国徽进行庄严的宪法宣誓。这是宁海县人大会议依据全国人大常委会决定举行的首次宪法宣誓仪式。

是月，宁海县力洋镇总工会职工培训基地被评为2015年度“全国职工教育培训示范点”，是宁波市唯一的一个。

是月，宁海县第一部全面收录历史上乡先贤著作的大型文献丛书《宁海文献丛书》的第一辑宋元卷由上海古籍出版社正式出版。

是月，宁海县跃龙综合市场获评省二星级市场。

是月，西店镇卫生院获得“国家2014—2015年度群众满意的乡镇卫生院”称号，是全县首家获得此殊荣的乡镇卫生院。

是月，宁海森林温泉景区获评省级生态旅游区，也是2015年宁波地区唯一一家。

是月，国土资源部办公厅公布2015年地质灾害防治高标准“十有县”名单，宁海县榜上有名，为全市唯一。

是月，梅林街道统计出全街道47家规模以上企业2015年实现工业总产值102.5亿元，这是该街道规模以上工业产值首次突破百亿元大关，也标志着宁海县历史上第一个规模以上产值“百亿乡镇”的成功诞生。

是月，宁海县建新赵氏集团有限公司、宁波捷豹集团有限公司、浙江浙能催化剂技术有限公司被授予宁波市第三批“示范职工食堂”荣誉称号。至此，全县“示范职工食堂”已达到6家。

是月，“人意山光　自在宁海”被定为宁海城市主题口号。

是月，宁海县望海茶公司选送的望海峰牌望海红茶获特等奖，深甽镇岭峰茶场选送的明雾茶、天顶山茶场选送的裕竺红、绿茶在第十一届“中茶杯”全国名优茶评比获一等奖。

是月，宁海籍拳击选手国英杰在2016第二届香港“城市杯”国际拳击邀请赛上夺得75公斤级金牌。

是月，省军区党委常委、装备部部长辛凤民，宁波军分区党委常委、参谋长王永苗，分别走进宁海部分军属代表的家中拜大年、送温暖、听心声、解难题。

是月，宁海县被授予“浙江省森林城市”称号，县长杨勇参加会议，并接受授牌表彰。

是月，宁波如意股份有限公司董事长储吉旺获首批“宁波中华文化人物”殊荣。

是月，宁海县正学中学被中国教育装备行业协会、中国教育报评为“全国中小学百所节约型校园建设示范校”。这是浙江省唯一一所入选的学校。

是月，宁海县公安局被省公安厅记集体二等功一次，是2015年度全市唯一获此殊荣的县级公安机关。

是月，宁海县新编平调传统剧《白雀寺》在百姓大舞台首次公演。

是月，据统计，2015年全县财政总收入实现73.14亿元。

2月

2日，市委常委、宣传部部长万亚伟到宁海走访慰问移民群众、敬老院老人、重点优抚对象和高层次人才等，向他们送上党和政府的关怀与温暖，致以新春的问候和祝福。

3日，2015浙江总评榜正式揭晓，宁海县成功入选“浙江旅游总评榜年度十佳发展县”，成为全市唯一入选此项荣誉的县（市）区。

是日，宁海县首支水上义务应急救援分队成立。

14日，市委常委、宣传部部长万亚伟到宁海，深入了解宁海新农村建设、企业节后开工等情况。

15日，县委、县政府集中开工5个总投资达23.3亿元的项目，分别为中科院上海药物所宁波生物产业创新中心二期工程、县中小企业孵化基地工程、徐霞客大道西延伸段绿化景观工程、甬临线杨梅岭至堤树岭段改线工程、宁海通用机场一期工程。

16日，县政府召开第54次常务会议。

是日，市委副书记、市长卢子跃到宁海调研棚户区改造工作。

是日，省委防范和处理邪教问题领导小组办公室主任朱恒毅及市委防范办主任周建飞等相关领导到宁海走访指导反邪教工作。

18日，宁波市生物产业园管委会召开2016年度工作会议，总结2015年工作成绩，部署2016年工作任务。

21日，由岔路镇干坑村自办的“乾溪山庄之夜”元宵村晚在该村文化礼堂拉开帷幕。

24日，宁海县省级重点项目——浙江浙能宁海SCR脱硝催化剂再生项目举行桩基础试桩暨桩基础开工仪式。

是月，宁海县智能汽车小镇成功入围第二批省级特色小镇创建名单；同时，森林温泉小镇入围培育名单。

是月，环保部正式授予宁海“国家生态县”称号，宁海也成为宁波市首个国家生态县。

是月，宁海县在38省道宁海桥头胡至深甽改建BT工程建设工地上首次采用现浇箱梁桥梁板施工。

是月，宁海农村商业银行青年职工俞敏获“全国金融青年岗位能手”称号。

是月，在“浙江省第四届女书法家作品展”评选中，宁海县女书法家吴英娣、赵华娇、褚丽黎、陈肖颖、胡娇君5人的书法作品荣获入展。

是月，宁海县岔路镇下畈村和桥头胡街道双林村荣评宁波市首批“最洁美村庄”。

是月，宁海县力洋镇海头村荣获“浙江省文化示范村”称号。

是月，在国际享有盛誉的酒店及度假村品牌THE CHEDI（中文译名“安岚”）进驻中国，宁海安岚是首个签约项目。

是月，宁波市首届农村文化礼堂“十佳”系列评选揭晓，宁海县力洋镇海头村文化礼堂获评十佳农村文化礼堂，前童镇小汀村文化礼堂管理员葛明甫获得十佳管理员，桥头胡街道丁家村文化礼堂“旭日东升”舞龙队获十佳文艺团队，西店镇尤家村文化礼堂“海鲜厨艺大比武”活动案例获得十佳活动创新案例。

是月，全省机构编制工作会议召开，县编委办作为全省唯一的县级代表在大会上作典型交流发言，全面汇报交流宁海在事业单位公共服务清单建设方面的特色亮点和经验做法。

是月，宁海成为首批国家全域旅游示范区创建单位。

是月，宁海县被评为省农村集体“三资”管理规范化县。

是月，宁海县编委办报送的《晒事业单位之“家底”激公共服务之“动力”》在全国“接地气·一招鲜·见实效”改革创新做法征集活动评选中被评为二等奖，这是此次活动中浙江省机构编制系统所取得的最高荣誉，也是全国唯一获此荣誉的县级编委办。

是月，得力集团有限公司技术中心获评2015年（第22批）国家认定企业技术中心，成为中国文教用品行业首家获此殊荣的企业，实现宁海县国家级企业技术中心零的突破。

是月，县国税局梅林分局作为市发票免扫描认证试点接受中央电视台综合频道《新闻联播》报道组的采访。

是月，宁波市“十强”农业龙头企业评选结果出炉，宁海县宁波国盛食品有限公司上榜，也是宁海唯一一家获此殊荣的企业。同时，宁海县登峰蜂业专业合作社、亭港水产专业合作社被评为“十佳”农业专业合作社，天顶山茶场被评为“十佳”家庭农场。

是月，宁波市2015年度科学技术奖揭晓，宁海县震裕科技股份有限公司、昌华铜制品有限公司等企业共6个科研项目荣获科学技术进步奖，1人获科技创新推动奖。

是月，宁波南三工程咨询公司成功通过水利部水利工程建设监理单位资质等级评审，成为宁海县本土第一家拥有水利专业工程监理资质的单位，填补宁海在专业水利监理史上的空白。

是月，宁海“党群同心圆”服务平台入选全国“100个最佳志愿服务项目”。

是月，全省首家数字卫生项目——社区卫生软件易统系统（System One）落户宁海县前童卫生院。

3月

3日，市人大常委会副主任王建康带队到宁海调研《象山港海洋环境与渔业资源保护条例》实施情况。

4日，县政府召开第55次常务会议。

8日，省审计厅党组书记、厅长徐宇宁一行到宁海调研审计工作。

8—9日，副市长林静国到宁海县调研乡村旅游工作。

9日，由省综治办专职副主任、省平安办副主任谢小云，省交通运输厅副厅长王寅中率领的省平安建设考核组对宁海平安建设和综治工作进行实地检查。

是日，《光明日报》、人民网、中新社等10余家中央、省、市媒体组团到宁海，挖掘农村环境卫生集中整治工作亮点。

是日，省海经办专职副主任张善坤带队到宁海调研海洋经济实施情况。

9—10日，安吉县党政考察团到宁海考察。

10日，宁海首位维和警察——宁海公安边防大队峡山边防派出所政治教导员陈选民以“维和防暴三分队战斗教导员”的身份随队出征。

11日，全县旅游发展大会召开。

是日，宁海县工商联召开十届十次执委会暨十一届换届工作动员会。

12日，“为绿奔跑”2016宁波青年生态环保线上跑活动在宁海县西门城楼广场启动。

13日，省水利厅厅长陈龙到宁海调研水利工作。

15日，市人大常委会主任王勇到宁海，实地考察美丽县城、宁波南部滨海新区、新农村建设以及乡村旅游发展情况。

16日，温州市龙湾区人大常委会副主任陈文斌、副区长盛嘉伟一行，到宁海调研乡村旅游发展情况。

18日，县政府召开第56次常务会议。

22日，市政协副主席徐明夫带领市政协宁海督导组一行到宁海参加“五水共治民主监督万千行”活动，视察宁海县“五水共治”相关工作。

是日，浙旅集团董事、总经理虞岳明，景域国际旅游运营集团副总裁兼首席战略官李丹一行，到宁海考察旅游投资项目。

23日，2016年全国体育宣传工作会议在宁海召开，全面总结2015年全国体育宣传工作经验，研究部署2016年全国体育宣传工作重点。

24日，国家体育总局副局长冯建中实地走访胡陈乡，踏看户外运动小镇建设项目，了解宁海户外运动休闲产业的发展情况。

是日，浙江省副省长郑继伟、省政府副秘书长李云林等一行到宁海调研城市优质医疗资源下沉工作。

是日，浙江省编委办副主任郑才法到宁海调研公共服务清单工作。

是日，浙江省红十字会党组书记、常务副会长王冬梅一行到宁海，重点围绕理顺管理体制工作以及下步工作思路展开调研。

是日，中央电台、中新社、《光明日报》、人民网、浙江电台、《宁波日报》等 11 家媒体来到位于南部滨海新区的宁海智能汽车小镇进行实地采访。

29—30 日，省委党校领导干部进修班调研组成员到宁海调研村级权力清单制度、基层党组织带头人队伍建设及“党群同心圆”、涉农资金整合改革工作以及新农村建设等情况。

30 日，2016 年宁波市中学生田径运动会开幕式在宁海县技工学校举行。

31 日，宁海获得建设平安浙江 2015 年度“平安县”称号，创建成绩排名全市第一、全省第二十五名，是宁波市唯一进入全省前四十名的县（市）区。至此，宁海县已连续十一年获“平安县”殊荣。

是月，宁海县梅花山庄休闲渔业精品基地获批 2015 年度“浙江省省级休闲渔业精品基地”。

是月，宁海县妇幼保健院获“浙江省绿色医院”荣誉称号。

是月，宁海县涉农资金整合工作摘得全市“2015 · 最受百姓点赞的‘得意之笔’”桂冠。

是月，团县委—宁海县跃龙街道园丁社区实践基地被评为 2015 年宁波市大中专学生暑期社会实践“优秀基地”。

是月，宁海县前童驿事客栈经宁波市叶级客栈评定委员会批准，成为宁海县首家四叶级客栈。

是月，宁海县新增长街、梅林、东门 3 家“省放心农贸市场”。

是月，宁海县跃龙街道杏树社区家长学校获评“省级示范家长学校”，是宁海唯一获此殊荣的单位。

是月，宁海县东方日升新能源股份有限公司董事长林海峰荣获“2015 品牌宁波年度人物”称号。

是月，宁海县司法局长街司法所所长董军生被司法部评为“全国模范司法所长”。

是月，宁海县港航处储敕与国华宁海电厂卸煤码头分别被评为浙江港航行业 2015 年度“最美人物”和浙江省港航行业五星级最美码头。

是月，宁海县荣膺“1818”平原绿化行动先进集体，县农林局产业指导科冯家浩获“1818”平原绿化行动先进个人荣誉称号。

是月，宁海县首家社区微型消防站在跃龙街道五丰社区正式挂牌成立。

是月，宁海首部《竹枝词》正式出版，并由县委书记褚银良作序。

是月，宁海推出全国首个“智慧登山”系统。

是月，宁海县卫生监督所获 2015 年度全省卫生计生综合监督考评优秀奖，这也是宁海首次获得该荣誉。

是月，宁海县荣获 2015 年度宁波市商贸管理优胜奖金奖。

是月，中央电视台科教频道《探索 · 发现》栏目摄制组到一市镇里岙村，记录该村保护性修缮古戏台工作。

是月，全市首家县级国有水利投资有限公司——宁海县水利建设投资有限公司正式挂牌成立。

是月，宁海金海开元名都大酒店荣获“2015 年度宁波市十佳星级饭店”荣誉。

是月，宁海县电子商务产业园成功创立市级“众创空间”。

是月，宁海县青年教师赵超入选 2015 年度浙江教育十大年度新闻人物。

4 月

1 日，来自宁波市民革、民盟、民建、民进、农工党、致公党和九三学社等民主党派的 21 名专家，到宁海县开展“同心 · 惠民”大型社会服务活动，提供医疗、法律、教育、科技等专业咨询服务。

2 日，首届王爱踏春节在岔路镇王爱的千亩桃园中拉开帷幕。

5 日，省关工委副主任张海洋、张绪培一行在市关工委主任邵孝杰的陪同下，到宁海调研座谈新形势下关心下一代工作。

6 日，以宁海为主题的电影《故事之恋》启动仪式暨新闻发布会在宁海举行。

7 日，市政协副主席崔秀玲一行到宁海县深甽镇视察“五水共治”工作，重点查看长洋溪水环境治理工作及长效机制建设情况。

8 日，副市长王剑侯到宁海调研对外贸易经济运行情况，并就外贸进出口、招商引资、电子商务等工作召开座谈会。

10 日，市委常委、常务副市长陈奕君到宁海，实地考察美丽县城、新农村建设以及乡村旅游发展情况，要求宁海县各级政府和相关部门进一步高度重视，明确目标，理清思路，抓住关键，切实加快推进“两美”宁海建设。

是日，宁波第一寿星、112 岁的朱土花老人离世。

14 日，县政府召开第 57 次常

务会议。

是日，第十一届浙江（宁海）长街蛏子节开幕。

15 日，由中央电视台电影频道出品、嘉兴市天下文化有限公司摄制的电影《七把枪》在前童古镇举行开机仪式。艺术指导韦廉，导演杨真，制片唐海祥，主要演员张政勇、杨紫彤等参加开机仪式。

是日，东亚文化之都·2016 宁波活动年在宁波开幕，宁海县十里红妆婚嫁民俗和木雕龙舟、箍桶、根雕、竹根雕、棕编技艺等非物质文化遗产项目在东亚非物质文化遗产展中展出。

17 日，宁海模式·全国大学生记者主题新闻实践营开营仪式在长街镇欢乐佳田绿色学校举行。来自全国各所高校的 16 名大学生记者兵分两路，由中国青年报社资深记者带队，围绕“全景打造”和“全域治理”两个主题，对宁海进行为期一周的培训、考察和采访活动。

18 日，市政协“加快打造宁波制造业创新中心”暨“加快杭州湾、象山港、三门湾保护和开发”课题组到宁海县调研。

是日，修正药业集团副总裁高陆一行受邀到宁海县考察生物医药投资环境并进行商务洽谈。

19 日，县政府召开第 58 次常务会议。

是日，宁海湾 2016 湾区旅游文化节在强蛟镇拉开帷幕。

20 日，副省长孙景淼带领相关部门负责人到宁海调研海洋工作。

是日，省人大常委会一行到宁海县就《浙江省消防条例（修订草案）》征求修改意见和建议。

是日，香港宁波同乡会代表团一行，到宁海参观考察。

21 日，2016 年 3—4 月“宁波好人”发布，宁海县跃龙街道兴圃社区居民申屠伟芬获“孝老爱亲宁波好人”称号。

22 日，市城市科学研究会会长虞银花带领考察团到宁海考察城市建设发展情况。

是日，市人大代表宁海中心组开展集中活动，专题视察调研宁海县中医药事业发展情况。

23 日，民建宁波市委会在深甽镇双湖小学开展以“让我们在阅读中一起成长”为主题的“同心”阅览室成立暨赠书活动。

27 日，山东省威海市文登区党政考察团，到宁海考察特色小镇建设。

28—30 日，第六届宁波茶艺大赛在宁海县举行

29 日，中国工程院院长、院士周济一行到宁海县调研指导宁波创建“中国制造 2025”试点示范城市工作。

是月，宁海县跃龙街道森林消防队获得“浙江省森林消防示范队伍”称号，是全市唯一获此殊荣的单位。

是月，宁海县获评 2015 年度全省水库移民工作考核优秀县。

是月，力洋镇在宁波天祺模塑有限公司创建全县首个企业聊天长廊。

是月，宁海县首家乡镇级电子商务产业协会在一市镇成立。

是月，浙江最大的临床前研究中心落户宁海。

是月，宁海县“12333”电话咨询服务中心被评为 2015 年度宁波市级“青年文明号”单位。

是月，宁波斗士油压有限公司自主研发的 SE250 大吨位高效伺服液压驱动橡胶注射机，获得 2016 年度省级首台（套）产品认定，同时该橡胶注射机也是宁海县 2016 年唯一通过浙江省首台（套）智能制造装备认定的产品。

是月，宁海县郎朗文体用品有限公司拿下国内首创地壶球专利。

是月，中央电视台少儿频道《芝麻开门》栏目组来到强蛟镇，拍摄制作《宁海湾海滨大挑战》节目。

5 月

3 日，东方日升新能源股份有限公司喜获 2015 年度“宁波市出口质量奖”，是宁海县唯一一家入选企业。

是日，宁海青年创业者联盟成立。

6 日，浙旅集团、景域集团相关负责人带队到宁海县考察旅游投资项目。

6—8 日，2016 中国（宁海）国际机床与模具技术博览会今日在宁海国际会展中心举行。

7 日，中国教育科学研究院职教博士团一行到宁海调研职业教育工作。

8 日，2016 宁海（杭州）投资环境推介会暨杭州宁波商会、杭州宁波经促会年会在杭州举行，现场签约 4 个项目。

9 日，全国设在县城的第一家梅赛德斯-奔驰网点——宁海慈吉之星奔驰 4S 店开业。该 4S 店是目前亚洲地区规模最大，华东地区投资最多、功能最全、环境最美的奔驰 4S 店。

是日，县委书记褚银良会见北汽集团党委书记兼董事长徐和谊，双方就汽车产业发展进行深入友好的交流。

10 日，县政府召开第 59 次常务会议。

是日，宁海县首个乡镇（街道）环境保护办公室在梅林街道成立。

是日，县市场监管局率先与有资质的电梯维保单位签订 2016 年

宁海县电梯应急救援外包合同，正式试水政府服务外包电梯“110”应急救援工作，这在宁波大市范围内尚属首创。

11日，宁海县举行宁波南部滨海新区重大项目集中开工仪式。

是日，北京市朝阳区人大常委会全体组成人员到宁海考察实事工程人大代表票决制。

12日，上海崇明县党政代表团到宁海考察全域旅游和乡村旅游发展情况。

是日，市人大常委会党组副书记、副主任郯和民带队赴宁海县开展大气污染防治执法检查和“五水共治”专项监督。

13日，山东省乳山市党政代表团到宁海县考察森林温泉小镇建设情况。

16日，县委、县政府举行2016宁海国际投资洽谈会暨项目签约仪式。

是日，首届葛洪文化节开幕式暨中国葛洪文化宁海县纪念馆开馆仪式在宁海县岔路镇湖头村举行。

是日，宁海县召开2016·中国葛洪文化国际学术研讨会，就葛洪文化进行学术研讨。

17日，全国政协文史和学习委员会副主任、中国国际茶文化研究会会长周国富一行到宁海，调研宁海县茶产业发展情况。

18日，宁海县强蛟镇入选2016“浙江十大春意小镇”，是宁波市唯一入选的乡镇。

是日，汉晋六朝古砖捐赠仪式在前童童衍方艺术馆举行。会稽甓社社长张笑荣先生向艺术馆捐赠汉晋六朝六十品古砖。

是日，交通运输部调研组到宁海县调研农村物流工作。

18—20日，中华诗词学会和省、市诗词与楹联学会领导专家一行，到宁海县考察诗教工作。

19日，浙江省庆祝中国旅游日主会场、第十四届徐霞客开游节开幕暨“为中国加分”浙江省文明旅游公益行动启动仪式在宁海西门广场隆重举行。

是日，第十四届徐霞客开游节旅行商大会召开，霞客游线节点城市精品线路同时在会上发布。

是日，2016中国高校传媒联盟在宁海县举行执行主席团换届大会。东南大学大学生新闻社的朱文静等28名高校媒体学生负责人当选为中国高校传媒联盟第八届执行主席团成员。

是日，国家安监总局职业健康司副司长王建冬、李海涛一行人到宁海县调研职业卫生社会化服务工作。

20日，“我与宁海共成长”——百所高校大学生与书记对话活动在宁海县举行。

是日，以“美丽中国—地方探索”为主题的“徐霞客游线标志地保护和利用”首届全国经验分享会在金华举行。宁海分享的经验赢得优秀探索案例第一名。

21日，第十四届徐霞客开游节闭幕式暨浙江广电青年百名主持走基层走进宁海晚会在国际会展中心广场成功举办。

22日，宁海县卡依之食品有限公司以“零不符合项”顺利通过美国食品药品监督管理局（FDA）官方检查，成为2016年宁波市内首家通过FDA检查的出口食品企业。

24日，由省海洋与渔业局副局长张明带队的省督查组到宁海县重点督查“一打三整治”专项执法行动。

27日，省十二届人大常委会第二十九次会议表决通过《浙江省乡镇人民代表大会工作条例》，宁海县率先探索并深入实施多年的票决制工作被正式写入该条例。

是日，宁海县房管中心正式挂牌成立。

28日至6月4日，以“历经沧海桑田，见证海丝之路”为主题的首届宁波（越溪）“沧海桑田”节在越溪举行。

是月，县国税局城区分局办税服务厅荣获浙江省“工人先锋号”荣誉称号。

31日，省人大常委会党组书记、副主任茅临生，省人大常委会副秘书长、办公厅主任王敏奇，常委会委员、代表与选举任免工委主任臧平，省政府副秘书长陈广胜等带队赴宁海县开展深化“四张清单一张网”改革专项督查。

是月，慈溪市关工委组织各乡镇（街道）关工委，到宁海县考察学习“三好四无”基层关工委创建品牌工作。

是月，宁海县的望海茶和铜岭岗茶厂的“铜岭茶”在第八届中国（宁波）绿茶博览会中国名优绿茶评比中摘得金奖，望府茶、岳峰山茶等6种茶叶获得银奖，获奖数量居宁波大市第一。同时，望海茶在绿茶针型类获奖中得分最高。

是月，在“安夏酒联杯”2016年全国跆拳道精英赛中，城中小学代表队11人参赛，获得4块金牌、3块银牌、4块铜牌，并夺取团体季军。

是月，宁海县宁波模具产业园区入选第三批国家产业集群区域品牌建设试点工作组织实施单位，不仅成为该市首家入选国家产业集群区域品牌建设试点单位，也是目前全国唯一以模具为主导产业的试点单位。

是月，宁海入选第二批“浙江制造”试点县名单。

是月，宁海在全市首推香榧套种山黄精试点。

是月，宁海县选送的薛海云、

陈菲菲、梅莉萍3名教师的课例在教育部“一师一优课 一课一名师”评选活动中，被评为“优课”。这是3个课例继斩获市级和省级“优课”后，最终问鼎该项评比的最高荣誉——国家级“优课”（部级优课），从而实现“一课”“三级跳”，这在宁海县尚属首例。

是月，宁海县望海茶、望府茶、赤岩峰黑砖茶在第十一届浙江绿茶博览会评比中荣获金奖，获金奖数量在宁波各县（市）区中位居第一。

是月，宁波市首家检察院驻市场监管局联络室在宁海正式挂牌成立。

是月，宁海率先建成全市首个山茶油加工生产线。

是月，宁海智能汽车小镇成为全省唯一新能源汽车行业示范特色小镇。

是月，宁海县长街镇在全省首推村集体网银应用新模式。

是月，深甽镇龙宫村入选“2016·美丽浙江—外国人眼中的最美乡村”12强名单，是该市唯一入选的美丽古村。

是月，宁海县人民政府被评为“浙江渔场修复振兴目标责任第一阶段考核优秀单位”。

6月

1日，市委常委、宁波杭州湾新区党工委书记梁群带领杭州湾新区有关负责人到宁海县，考察交流城市建设、古镇旅游和宁波南部滨海新区开发等方面的好思路、好做法和好经验。

3日，县政府召开第60次常务会议。

是日，首届宁波（越溪）沧海桑田节在越溪乡双盘村王干山举行，同时越溪万亩“沧海桑田”还获得了上海大世界吉尼斯纪录“最大景观式滩涂与海水养殖基地”的称号。

6日，全国政协委员、浙江省政协副主席张泽熙带领文史委一行，赴宁海开展“发挥传统文化资源优势，促进旅游大平台建设”课题调研，并召开座谈会。

7日，市人大代表宁海中心组开展集中活动，专题视察宁海县企业转型升级发展情况，并召开座谈会。

是日，市政协副主席、市工商联主席崔秀玲到宁海调研社会经济发展情况。

12日，市“两学一做”学习教育督导一组组长王伟标一行深入宁海县检查督导“两学一做”学习教育工作。

13—15日，宁波市台办会同国台办海峡两岸出版交流中心，组织台湾中天电视台、《联合报》记者专程赴宁海县拍摄“魅力东方”走进系列电视专题并做有关报道。

15日，县政府召开第61次常务会议。

16日，宁海县2016年度安全生产文艺晚会暨“安康杯”竞赛颁奖仪式在百姓大舞台举行。

是日，强蛟镇集中供热一期项目蒸汽管道吹扫试验成功，由国华电厂输送的蒸汽顺利通入园区企业，正式开始向宁海科技园区宁海湾区块企业输热，这是宁海县“以电养热”投用首个服务外包集中供热项目，标志着宁海县正是具备企业集中供热投运能力。

17日，宁波模具产业园区投资经营有限公司与浙江机电职业技术学院、宁波职业技术学院、杭州第一技师学院等全省各地11所院校签署共建全国中高端模具人才高地战略合作框架协议。

18日，宁海知豆电动汽车有限公司总部由山东南下正式入驻宁波南部滨海新区。

是日，“华鼎杯”全国青年男子拳击锦标赛在宁海中学“开打”。本次比赛赛期6天，吸引来自全国各地、体育院校及各行业体协的32家单位共359名青年拳击选手参赛。

20日，跃龙街道兴圃社区计划生育协会荣获2011—2015年度全国计生生育协会工作先进单位称号，是宁海县唯一获此殊荣的单位。

21日，中国国际广播电台《CRI高端访谈》节目组来到宁海，对宁海县海洋生物博物馆开展专题报道。

22日，宁波市副市长张明华一行就教育卫生工作情况到宁海调研。

是日，宁波市“十佳书画才艺企业家”首次联谊活动在宁海县如意股份有限公司举行，10位市“十佳书画才艺企业家”和近20位来自宁波各地的书画家们欢聚一堂，开展交流活动和书画笔会。宁海县如意公司董事长储吉旺获“十佳”特别奖，大洋实业总经理杨浩毅获“十佳书画才艺企业家”称号。

24日，“2015年中国社区治理十大创新成果”新闻发布会在北京召开，《宁海县村级权力清单36条》获评“2015年中国社区治理十大创新成果”荣誉，成为宁波市唯一入选项目。县委书记褚银良代表宁海县作为全国5家获奖发言单位之一在发布会上介绍“宁海36条”的做法和经验。

27日，县委常委、副县长金勇带领县旅委、县总工会及相关旅游企业代表，赴杭州推介宁海疗休养产品精品线路，并发布首批26个疗休养基地。

30日，宁海县在建新赵氏集团、得力集团、旗滨投资总部大楼项目现场，举行重大项目省市县联动集中开工仪式。

是日，宁海县首本不动产权证书颁发，正式开启宁海县不动产统一登记时代。

是日，宁海首个集生产、供销、信用于一体的农民合作经济组织联合会在一市镇成立。

是月，县财政国库收付中心荣获“2013—2015年度宁波市模范集体”称号。

是月，县科创中心成立全县首个众创空间联合党支部，这是宁海首家以楼宇为组织单位的联合党支部。

是月，在“2016全国青年女子拳击锦标赛”上，宁海籍选手王璐瑶、俞诗华分别获得54公斤、51公斤级别的铜牌。

7月

4日，市政协副主席陈炳水带领市政协农业农村委、农业农村界委员调研宁海县农业农村发展情况。

是日，宁海县教育局教科室主任葛锦文应邀参加联合国教科文组织在北师大举办为期两天的“预防和应对校园性别暴力”专家圆桌会议，并以“中学校园性别暴力预警机制的构建”为题作演讲。

5日，宁海县举行宁海职业技术联合学院成立大会暨授牌签约仪式。

6日，省政协主席乔传秀到宁海县调研湾区开发与保护。

是日，省委宣传部副部长、省文明办主任黄明辉一行先后到桥头胡街道双林村、县十里红妆博物馆、岔路镇下畈村等地，调研宁海县农村乡风文明建设工作。

是日，市“三居”办主任、市住建委主任郑世海一行赴宁海调研“三居”（安居宜居美居）专项行动工作。

7日，县政府召开第63次常务会议。

是日，南昌市青山湖区党政代表团到宁海县考察乡村旅游发展和特色小镇建设情况。

是日，兰溪市政府考察团到宁海考察国资国企改革工作和古镇开发工作。

是日，宁海县与软通动力信息技术（集团）有限公司签订投资协议，双方将共同建设浙江大数据产业示范基地、软通动力宁波产业总部基地、宁海县大数据产业和信息经济示范园等，大力推动宁海县智慧城市建设和信息经济发展。

是日，中国华东实木家具总部基地评审会举行，中国家具协会副理事长刘金良带领专家组到宁海县考察评审宁海家具产业总部经济发展情况。

8日，县委副书记、县长杨勇和中国电信宁波分公司总经理郭百其一起为宁海政务数据中心揭牌，标志着全国首个县级“政务云”正式开通，宁海政务工作迈入大数据时代。副县长王辅橡主持并代表县政府同中国电信宁波分公司签署《加快“十三五”信息经济发展战略合作框架协议》。

12日，市委副书记、代市长唐一军到宁海调研经济社会发展情况。

13日，县委十三届十次全体（扩大）会议召开。

15日，副市长林静国带领相关部门负责人到宁海调研三门湾现代农、渔业园区建设情况和农业、渔业产业化等工作。

是日，市政府副秘书长、市综合行政执法局局长李谦赴宁海调研综合行政执法工作。

16日，中国家具协会正式授予宁海“中国华东实木家具总部基地”称号，同时命名宁海为“中国实木家具工匠之乡”，这成为继模具、文具、汽车橡胶部件、压铸产业、洗车零部件产业基地之后的又一块“国”字号招牌。

20日，市委副书记、政法委书记余红艺，市人大常委会副主任苏利冕带领市督查组到宁海督查G20峰会维稳安保、环境质量保障及创新社会治理工作。

是日，副市长陈仲朝带领督查组到宁海，督查经济工作责任落实情况。

是日，市人大常委会副主任施孝国一行到宁海，就宁海县上半年国民经济和社会发展计划执行情况及上半年财政预算执行情况举行调研座谈。

是日，全县综合行政执法改革专题会议召开。

22日，吉利集团董事局副主席杨健、知豆电动汽车有限公司总裁鲍文光等一行到宁海考察知豆电动汽车项目进展情况。

25日，邓亚萍、洪泰创新空间创始合伙人CEO王胜江率其团队一行到宁海，考察宁海县体育产业发展情况。

是日，南门（大桥）至前洋段公路工程（简称城逐线）节点之一飞凤山隧道实现双向贯通。该隧道单洞宽16.14米，为全市已贯通隧道中单洞宽度最宽隧道之一。

26日，县政府召开全体（扩大）会议，认真贯彻落实中央、省市决策部署和县委第十三届十次全会精神，回顾总结上半年工作，科学研判经济形势，统筹部署下半年重点工作。

是日，省林业厅督查组一行来到宁海，对宁海县森林消防安保措施落实情况进行专项督查。

27 日，省委常委、组织部部长廖国勋到宁海县调研经济社会发展情况和文化产业、党建、人才等工作。

28 日，县委书记褚银良，县委副书记、县长杨勇，县人大常委会主任徐真民带领宁海党政代表团赴仙居县、临海市学习考察。

29 日，省古村落保护与发展专家一行来到宁海，对宁海县古村落进行实地考察。

是月，宁海县岔路镇武装部组建成立宁海县首支女子民兵应急分队，并命名为“医护信息分队”。

是月，省“一打三整治”专项行动督查组到宁海县开展“幼鱼保护攻坚战”“伏季休渔保卫战”工作督查。

是月，宁海县“非遗”“白木小件”传承人徐永水的一套 12 件作品被美国自然历史博物馆亚洲民族馆收藏。

是月，宁海县茶院乡许家山村入选全国 100 个最美古村落。

是月，华孚色纺宁海生产基地车间班组长王燕玲获得全国纺织工业劳动模范称号。

是月，宁海海洋博物馆入选“中国最美湿地场馆”。

是月，民盟盟员、县教育局成职教科副研究员胡家臣荣获“首届中青年社区教育教学新秀”。

是月，宁海籍运动员陈懿入选中国出征第 15 届残奥会名单，这是宁波市女性运动员首次站上残奥会竞技舞台。

是月，全省首张“带 USB 延长线插座”3C 证书花落宁海得力集团。

是月，县财税部门统计出上半年全县财政总收入实现 48.29 亿元，同比增长 11.7%。

8 月

1 日，全县公安机关召开 G20 峰会安保动员誓师大会。

是日，宁海县首家海苔专业合作社在强蛟镇王石岙村挂牌成立。

2 日，县政府召开第 65 次常务会议。

是日，全县第一批村党组织“第一书记”工作总结暨第二批选派工作动员部署会召开。

是日，2016 中国（宁波）大学生创业大赛浙江（宁波）赛区决赛在宁海举行。

3 日，宁海环球中心颐高双创园项目签约仪式举行。

是日，宁海县农民合作经济组织联合会（以下简称县农合联）成立。

3—4 日，浙江宁海抽水蓄能电站工程建设征地移民安置规划大纲审查会议在宁海县召开。

4 日，副市长林静国带领有关部门负责人到宁海县调研“三位一体”农合联改革工作。

5 日，由省发改委副主任翁建荣率领的调研组到宁海，调研指导特色小镇建设和小城市试点镇培育工作情况。

是日，全县美丽乡村建设现场会在深甽镇召开。

6 日，德国鲁道夫·沙尔平战略咨询交流股份公司（RSBK）董事长鲁道夫·沙尔平一行到宁海考察。

11 日，省人大常委会副主任毛光烈到宁海县调研工业转型升级工作。

是日，全县招商引资工作推进会召开。

12 日，县第五届戏剧节开幕。

16 日，浙江团省委副书记、党组副书记朱林森带领团省委调研组到宁海县调研基层团组织建设工作。

17 日，宁海县召开“五水共治”“三改一拆”工作暨“双百攻坚”督查推进会。

是日，副市长李关定到宁海县专题调研“五水共治”相关工作。

是日，由墨西哥杜兰戈市市长何塞·恩里克斯带领的墨西哥杜兰戈市代表团到宁海县考察。

是日，市政协副主席陈安平一行来到宁海，对宁海县的部分市政协委员进行走访慰问。

18 日，省政协副主席、党组副书记王建满带领调研组到宁海县调研居家养老工作情况。

是日，德国 ASK 医疗集团中国公司总裁托马斯·李德克博士一行来宁海县考察医护、养老等工作。

是日，市政协副主席郁伟年带领部分市政协委员赴宁海县开展“五水共治”提案办理民主督查活动。

23 日，省委常委、常务副省长袁家军到该县调研工业经济运行和有效投资工作。

是日，宁海县望海茶获国家工商行政管理总局颁发的地理标志证书，是继“宁海梅林鸡”后获得的第二个地理标志证明商标。

24 日，县政府召开第 66 次常务会议。

25 日，宁海县召开“国家全域旅游示范区”创建工作推进会。县委书记褚银良在会上强调，宁海发展全域旅游其时已至，其势已成，大有可为，要聚心聚力、提标提速，狠抓推进、全面提升，全力争创中国最美全域旅游示范区，奋力开创宁海全域旅游发展大好局面。

26 日，国道 228 线三门园里至宁海一市段公路工程开工典礼在三门县园里塘举行。

31 日，副市长林静国带领相关

部门负责人到宁海县调研全域旅游工作。

是月，宁海县深甽镇望海岗村被农业部认定为第六批全国一村一品示范村镇。

是月，深甽镇出台全县首个民宿追加补助政策。

是月，宁海县国税局开设全市首家“五证合一”办税服务厅。

是月，宁海籍选手胡芳芳勇夺女子48公斤级组冠军。这是宁海县运动员首次取得的亚洲级专业柔道赛事奖项。

是月，宁海县在全市率先引进管道机器人，可进行管中窥污、管道检测、清理附着物等工作。

是月，宁海县率先在全市配备森林消防扑救指挥无人机监控系统，全方位监控宁海全域森林火情。

是月，宁海籍选手葛轩辰在2016年“西安市政集团杯”全国青年古典式摔跤锦标赛上夺得60公斤级冠军，成为宁海首个获得国家级摔跤比赛的冠军。

是月，全省最大蒸压加气混凝土板材生产线在宁海县强蛟投产。

是月，在世界茶联合会主办的2016年“峨眉山杯第十一届国际名茶评比”中，该县天顶山茶场选送的“裕竺牌裕竺茶”摘得本次评比最高奖项——佳茗大奖，同时获得1金、2银的好成绩；深甽岭峰茶场选送的“明雾牌茶”获3金、1银；晶源茶业专业合作社、双峰海云茶场和梅林五峰茶庄选送的茶均荣获金奖。

是月，宁海获2015年度市“五水共治”工作先进县，岔路镇获评“五水共治”先进镇，并被授予“它山堰杯”。

是月，在辽宁省葫芦岛市举行的2016年全国少年拳击锦标赛上，宁海县选手斩获2个冠军和1个季军。

是月，宁波第一个农特产众筹项目——宁海前童豆腐皮登上京东。

是月，该县成立全省首个社区物业电力服务微信群

9月

1日，县政府与国网宁波供电公司在宁波正式签署战略合作框架协议，就加快“十三五”期间宁海县电网建设达成一致意见，并将加快建成与宁海县发展定位相匹配的坚强智能电网。

是日，外来务工者小唐成为宁海第7例器官捐献者，也是宁波市的第109例。

2日，市人大常委会党组副书记、副主任宋伟到宁海调研县乡两级人大换届选举工作。

6日，宁海县召开2016年度定兵工作会议。

7日，副市长王仁洲带领相关部门负责人到宁海调研宁波南部滨海新区开发建设情况和交通工作。

是日，在“盐商杯”第三届“创青春”中国青年创新创业大赛（现代农业和农村电子商务组）全国赛上，由宁海县创业青年陈仲领衔的“蟹大人”团队获得大赛铜奖。

8日，国家文教用品质量监督检验中心完成对宁海县运动杖产品质量风险监测的抽检工作，运动杖产品联盟标准将在宁海诞生。

9日，县政府召开第67次常务会议，会议专题学习《中国共产党问责条例》，讨论并原则通过《宁海县文化发展“十三五”规划》《关于进一步推进户籍制度改革的实施意见》。

是日，中央人民广播电台“中国之声”《新闻和报纸摘要》节目，在头条播出《整合涉农资金　程序公开透明　宁波宁海改革涉农资金使用方式带来新气象》的报道。

13日，宁海抽水蓄能电站配套基础设施工程举行开工仪式。

14日，县政府与中国移动宁波分公司正式签署关于创新驱动智能经济发展和智慧城市建设战略合作协议，双方就加快推进“十三五”期间该县智能经济发展和智慧城市建设，加快信息化创建推进步伐，达成一致意见。

是日，2017年度全县城乡居民基本医疗保险工作动员会议召开。

18日，市委常委、宣传部部长万亚伟到宁海检查指导防台救灾工作。

19日，县高层次人才联谊会暨优秀创业项目展示活动在科创中心举行。

是日，宁波市政协组织相关部门、专家到西店镇开展“三下乡”惠民服务活动。

20日，宁海综合客运枢纽始发公交与北片城乡公交投入试运营。

22日，县工商业联合会（商会）第十一次会员代表大会召开，宁波市委统战部副部长、市工商联党组书记黄辉出席会议。

24日，首届宁波生物产业发展论坛在宁海举行，来自中国科学院上海药物研究所的70余名专家学者，与宁海县政府机构、企事业机构负责人、市县两级医药企业代表就如何探索项目对接、生物产业的未来发展等问题进行深入研讨。

25日，宁海县首届桂花文化节开幕。

27日，省农信联社党委书记、理事长王小龙一行到宁海调研，并与县长杨勇就进一步深化政银合作，实现互利共赢进行深入交流。

是日，宁海县跃龙街道文学艺术界联合会第一次代表大会召开，

标志着跃龙街道文联正式成立。

28日，宁海县第九届运动会开幕。

是日，宁海县迄今规模最大的商业综合体——西子国际购物中心开业。

29日，县政府召开第68次常务会议，学习新《中华人民共和国安全生产法》和新《浙江省安全生产条例》，讨论并原则通过《宁海县开展标本兼治遏制重特大事故试点工作方案》《2016中国运动休闲大会活动方案》《宁波市庆祝全国第四个老年节暨长寿文化活动周方案》

是日，宁海县残奥会冠军陈懿获得“浙江省劳动模范”荣誉称号，记一等功1次。同时，她还获得“浙江省青年五四奖章”“宁波市青年五四奖章”等荣誉称号。宁波市政府还授予县残联集体三等功。

是月，海关总署同意设立宁波海关驻宁海办事处。

是月，全市首张资源税税票在宁海开出。

是月，市农办来到宁海县前童镇调研扶贫工作和市派农村指导员派驻情况，对下一步工作提出意见和建议。

是月，宁海县启动建设首批通航飞机应急救援起降点，打造全市首个“通用航空+应急救援”体系。

是月，在巴西里约举行的第15届残奥会上，宁海游泳小将陈懿不负众望收获1金、1银、2铜，这是宁海历史上第一枚残奥会奖牌和金牌。

是月，宁波市残联党组书记、理事长朱学峰一行到越溪乡七市村，看望慰问巴西里约残奥会冠军陈懿家属。

是月，2名宁海80后青年王斋与葛长存成功登顶昆仑山玉珠峰，这也是宁海征服玉珠峰的“第一批人”。

是月，宁海县敲下排污权指标拍卖第一锤。

是月，县绿色食品企业——宁海县妙云茶场参展的“妙云”牌绿茶在吉林长春举办的“第十七届中国绿色食品博览会”上荣获博览会金奖。

是月，前童古镇荣获2016年度“狮子刘杯”双优古村镇，成为全国15个双优古村镇之一，也是浙江省唯一上榜的村镇。

是月，年产10万人份精制多价冻干抗蛇毒血清项目落户宁波南部滨海新区生物产业加速基地，成为宁海县生物产业成功招引的第一个1.1类新药产业化项目，开创本地医药行业与招引生物产业顶尖技术结合的优秀范例。

是月，教育系统首个应急救护培训基地在佳田绿色学校成立。

是月，宁海浙东大峡谷入选“浙江十大峡谷”。

是月，宁波海静食品有限公司获第二批国家林业重点龙头企业称号，成为宁海县唯一获此荣誉的农业企业。

10月

5日，宁海首张运用“金税三期”系统的增值税代开发票开出。

7日，首届宁海（梅林）长寿文化节在被誉为宁波第一长寿村的梅林街道河洪村开幕。同时，首批《中华孝道（二）》邮票及《雁山享“寿”小镇》个性化邮票首发。

9日，宁波市庆祝全国第四个老年节暨长寿文化活动周启动仪式在宁海县举行。

是日，宁波市养老养生产业高端论坛在宁海县举行。

10日，市政协主席杨戍标一行到宁海调研政协工作。

11日，宁海三山涂区域农业围垦用海规划获得国家海洋局批复。

是日，市“三改一拆”办督查组到宁海开展为期3天的“无违建乡镇（街道）”创建工作督查。

12日，中共宁海县委十三届十一次全体会议召开。

是日，省农业厅厅长林健东一行到宁海调研粮食高产创建工作。

是日，宁海新编大型平调《白雀寺》（浙江省第十三届戏剧节参评剧目之一）在县得力集团大剧院正式开演。

13日，县第十四次妇女代表大会召开。

是日，县政府召开第69次常务会议。

是日，市爱卫办到宁海调研市级卫生乡镇创建工作。

15日，2016宁海越野挑战赛在宁海西门城楼开赛。

是日，宁海县第八届方孝孺读书节开幕。

17日，宁波通商银行宁海支行开业，成为第24家入驻宁海的城市商业银行。

19日，宁海县桃源街道文学艺术界联合会正式成立。

20日，宁海县老体协成立30周年老年体育大展示活动在国际会展中心举行。

是日，西店镇第二届金秋文化节暨第五届銮驾婚庆节在邬家庄园举行。

20—21日，昆明市宜良县政协主席李鸿、常务副主席毕树荣率领的宜良县政协考察团一行到宁海考察，学习宁海政协基层协商民主和宁海全域旅游发展的先进经验。

21日，宁海中学海外校友联谊会成立。

是日，2016年（第八届）中国木结构产业发展高峰论坛在宁海开幕。

22日，浙江省宁海中学建校90周年庆典仪式在宁海中学体育馆举行。

是日，2016环中国自行车业余赛（宁海站）在黄坛镇开赛。

23日，2016首届环宁海骑游大会在西门城楼鸣枪开赛，现场还发布了宁海十大经典骑游线路。

是日，2016“千里走宁海”——国家登山健身步道徒步穿越活动正式开启。

24日，县政府召开第70次常务会议。

24—25日，水利部水保司司长刘震率专家组一行到宁海，就宁海国家水土保持生态文明综合治理工程进行评审，并同意通过评审。

25日，县委召开常委扩大会议暨第三季度乡镇（街道）书记汇报会，贯彻省委、市委常委扩大会议精神，分析前三季度宁海县经济社会发展和重点工作推进情况，部署下一步工作。

是日，水电水利规划设计总院主持召开浙江宁海抽水蓄能电站可行性研究报告审查会议，听取宁海抽水蓄能电站可研报告内容。

是日，全市公安机关深化执法规范化建设现场会在宁海召开，就下一步推进工作进行部署。

是日，浙江交工集团股份有限公司“推广工序信息化，创建品质工程”现场会暨2016年质量知识竞赛在宁海召开。

26日，县计划生育协会第五次会员代表大会召开。

28日，市委副书记余红艺在宁海调研镇村环境整治及社会治理。

28—29日，昆明市宜良县县委副书记、县长李绍俊率领的宜良县党政代表团一行到宁海考察，并与宁海县签订了友好县协议。

28日至11月4日，宁海（越溪）第九届跳鱼节举行。

29日，中国狮子联会浙江向日葵服务队正式宣布在宁海成立。

是月，童钱云获评首届浙江“119”消防奖先进个人。

是月，宁海县文化综合体入选财政部PPP示范项目，是宁海首个入选财政部示范项目的PPP项目，也是除宁波市本级外唯一入选财政部第三批的PPP示范项目。

是月，宁海实现船舶垃圾上岸处理全覆盖。

是月，团县委荣获2016浙江省“双百双进”社会实践十佳团队称号。

11月

2日，县科学技术协会第十次代表大会召开。

2—3日，省委政研室到宁海调研村级组织换届选举工作。

4日，县政府召开第71次常务会议，讨论并原则通过《宁海县深入乡镇（街道）行政体制改革实施方案》《关于全面推进城镇危旧住宅房屋治理改造工作的汇报》。

是日，市农村环境卫生长效保洁机制专项督查组对宁海县农村环境卫生长效保洁机制实施情况进行实地走访考察。

7—8日，省旅游局考察组一行赴宁海调研考察全域旅游工作开展情况，并召开座谈会。

8日，宁海县举行宁波南部滨海新区总投资23亿元的6个重大项目集中开工仪式。

是日，2016年宁波市未成年人心理健康工作骨干培训班在宁海举行。

9日，宁海首座全户内智能变电站正式并网运行。

是日，市爱卫办到宁海调研宁海县省级卫生乡镇创建工作。

是日，宁波市乡村厨娘特色糕点展示活动在宁海县前童镇举行。

10日，宁海通过“中华诗词之乡”评审验收，潘天寿小学和宁海农村商业银行同时还被授予“中华诗教先进单位”荣誉称号。

11日，2016中国·胡陈户外运动节开幕。

13日，2016深甽第九届“十月半”民俗文化节开幕，“12道峰味”温泉养生菜正式发布。

14日，宁海首台增值税发票自助售票机正式在县国税局城区办税服务厅投入使用。

16日，省整治办常务副主任、省建设厅副厅长张奕带领调研组，先后前往西店镇和梅林街道，督查调研两地小城镇环境综合整治工作情况。

17日，由省卫生计生委巡视员、督导组副组长叶真率领的“双下沉、两提升”专项工作督导组到宁海，就当地政府责任主体的落实情况、财政专项资金、托管费用的收支情况，以及医院“双下沉、两提升”专项工作开展情况等展开督查。

18日，市政协副主席陈安平带领市政协中共界别一组委员来到宁海，就宁海生态文明建设工作进行视察。

19日，宁波如意股份有限公司董事长储吉旺随国家主席习近平出席在秘鲁首都利马举行的APEC工商领导人峰会。

是日，宁海（一市）首届枇杷花节开幕。

19—20日，宁海县第一届物流运动会暨物流行业技能大比武举行。

20日，县委召开全县领导干部会议。市委常委、组织部部长、统战部部长杨立平出席会议并讲话。市委组织部常务副部长、人才办主任张良才宣布省委和宁波市委对宁海县新一届领导班子人事安排的决定。褚银良不再担任宁海县委书记。杨勇任宁海县委书记。林坚提名为宁海县县长候选人。

21日，国家慢性疾病综合防控示范区典型案例调研汇报会在县卫计局召开。国家卫计委一行就宁海开展国家慢性疾病综合防控示范区工作的典型案例情况进行调研。

24日，2016年中国（宁海）文具产业博览会在宁海国际会展中心开幕。

是日，全国文教用品行业质量标准培训会议在宁海召开。

27日，绍兴市柯桥区党政代表团一行到宁海考察。

29日，中国运动休闲大会2016年度峰会暨“创青春”2016中国体育产业创新创业大赛决赛路演在宁海开幕。中华全国体育总会副主席、中国奥委会副主席冯建中，中国体育报业总社社长高超，国家体育总局群体司副巡视员张栋，体育总局体育器材准备中心副主任叶春，中国体育报业总社副社长王平，全国城区体育工作研讨会执行会长马力，浙江省体育局副局长胡国平，宁波市体育局副局长徐健，县领导林坚、赵秀萍、娄黛敏、陈陵际、杨象轮等出席。

30日，中华全国体育总会副主席、中国奥委会副主席冯建中，中国体育报业总社副社长王平调研宁海体育产业发展，并走访“中国运动杖之乡”深甽镇，以及“艾托普”“爱路客”等为代表的户外运动用品企业。

是月，宁海乾兴环境卫生治理有限公司垃圾清运车驾驶员杨松岳获评浙江省优秀城市美容师称号，也是宁海县唯一获此殊荣的环卫工人。

是月，宁海县胡陈乡和力洋镇入选第一批“浙江省美丽乡村示范乡镇”。

是月，宁海“十三五”规划编制获得综合优胜奖，综合排名全市第一，同时被列为省市“多规融合”试点地区。

是月，宁海获评“国家水土保持生态文明县”，是全省第二个获此殊荣的县（市）。

是月，储吉旺获评“第十五届浙江省优秀企业家”。

是月，得力集团的文具智能制造生产新模式应用项目成为宁海首个获得宁波市自动化（智能化）成套装备改造的试点项目。

是月，宁海县一市镇箬岙村被列入第四批中国传统村落。

是月，深甽镇文联成立。

是月，梅林街道河洪村被评为宁波市第四批历史文化名村。

是月，S215盛宁线宁海段成功入选浙江首批省级精品示范道路，成为全市两条省级精品示范道路之一。

是月，宁海乌中远景新材料科技有限公司乌克兰籍专家亚历山大·莫利亚尔荣获浙江省“西湖友谊奖”，系宁海首位获该奖项的外籍专家。

是月，宁海县胡陈乡梅山村入选第二批宁波市“最洁美村庄”。

是月，跃龙街道怡惠社区“固定爱心日”便民服务公益行动、北星社区“群艺俱乐部”和五丰社区“爱心服务社”3个社区的3个工作品牌获“宁波市百佳社区品牌”称号。

是月，得力集团有限公司起草的《碎纸机》标准由浙江省浙江制造品牌建设促进会正式发布，成为宁海首个“浙江制造”标准。

是月，中央电视台科教频道《文明密码》栏目组到强蛟镇横山岛风景区和下蒲魏氏宗祠进行踩点选景。

是月，宁海县胡陈乡和深甽镇分别荣获2016中国最美村镇特色奖、生态奖。

12月

1日，中国关工委常务副主任武韬一行到宁海调研青少年普法工作。

是日，副市长王剑侯到宁海调研宁波南部滨海新区开发建设情况。

是日，副市长李关定到宁海调研浙商回归工作情况。

是日，山东省临沂市罗庄区政协考察团到宁海参观考察。

2日，县政府召开第73次常务会议。

3日，省军区副政委张晓林率工作组到宁海检查指导人武工作。

是日，“第五届中华许家山石头文化节”在宁海县茶院乡开幕。

是日，2016宁海普惠金融节在宁海国际会展中心举行启动仪式。

5日，宁海森林温泉小镇入选首批20个省特色小镇文化建设示范点名单。

6日，省国土资源厅党组书记、厅长陈铁雄率调研组到宁海调研。

是日，宁海平调传承班专场“山涧野菊初芬芳”折子戏在省政协联谊剧场开演。这是自20世纪80年代以来宁海平调首次登上省政协联谊剧场舞台。

是日，宁波市质监局局长徐光宪带队到三门湾大桥及接线工程TJ5—TJ7标段进行特种设备安全检查。

8日，省政协调研组到宁海调研。

是日，宁海县举行小城镇环境综合整治行动领导小组（扩大）会议暨治危拆违攻坚战行动部署会议。

是日，省农村文化礼堂建设先进县考核组到宁海验收农村文化礼堂建设情况。

是日，市人大常委会副主任王建康一行到宁海专项督查县乡两级人大换届选举工作。

12 日，宁海出口文具省级质量安全示范区创建顺利通过现场审核验收。

13 日，宁海县在梅林核心区块改造一期工程建设现场举行 7 个项目总投资 30.9 亿元的重大项目集中开工仪式，分别是梅林核心区块改造一期工程、职工之家、新型陶粒建材砌块项目、兴宁桥及兴宁南路延长段、体育中心地下人防工程、凫溪流域沙地段防洪设施改造工程和宁海智能汽车小镇智慧城市建设项目。

是日，市委常委、宣传部部长万亚伟到宁海县走访调研，深入了解宁海“五水共治”、农村精神文明建设、乡村旅游开发、软弱基层党组织整改等情况。

是日，副市长林静国带领相关部门负责人到宁海调研农旅融合和乡村旅游工作，并召开座谈会。

是日，省渔船安全生产督查组到西店镇国庆渔港、强蛟镇峡山码头检查宁海渔船安全生产管理情况。

17 日，宁海县域财政涉农资金整合改革入选 2016 中国改革年度十大案例。

是日，2016 宁海县投资促进座谈会在北京召开。

18 日，《宁海丛书》首发式暨出版座谈会在全国政协礼堂举行。

19 日，宁海召开党管武装工作暨国防动员委员会全体会议。

20 日，县政府召开第 75 次常务会议。

是日，宁海举行“六五”普法总结表彰暨“七五”法治宣传教育部署会。

是日，云南宜良县委宣传部到宁海县考察新闻宣传工作。

21 日，县法学会成立。

23 日，县正学法治文化公园开园仪式在正学公园举行。

是月，桃源街道兴海社区的何俊杰家庭荣获市文明办、市妇联授予的宁波“最美家庭”称号，这是宁海县唯一获得该荣誉的家庭。

26 日，县综合行政执法局挂牌成立。

26—29 日，县第十四次党代会在国际会展中心举行。

30 日，《宁海县志（1987—2008）》通过复审。

是月，宁海县城关医院被授牌第四批浙江省“癌痛规范化治疗示范病房”创建单位。这是全县首家获“癌痛规范化治疗示范病房”称号的医疗单位，更是全省首家通过创评的乡镇卫生单位。

是月，宁海卫生监督所报送的《某医疗产业投资有限公司承包某医院眼科开展诊疗活动案》荣膺全国 2016 年度卫生计生综合监督行政执法微课大赛三等奖。

是月，宁波齐心科技股份有限公司荣获 2016 年“浙江省小微企业成长之星”，是宁海县唯一获评企业。

是月，建新赵氏集团有限公司上榜“2016 年度浙江省技术创新能力百强企业”，为本次宁海唯一一家上榜企业。

是月，2016 年度宁海财政总收入宁海财政总收入达 80 亿元。

中国共产党宁海县委员会

综　述

2016年，中共宁海县委坚持以中共十八大、十八届三中、四中、五中、六中全会精神为指导，团结带领全县人民，开拓进取、真抓实干，围绕建设“两美”宁海，加快追赶跨越，较好地完成县第十三次党代会确定的目标任务，实现“十三五”良好开局。主要经济指标增速跃居省市前列，实现地区生产总值460亿元，财政总收入80亿元；固定资产投资超过300亿元。产业结构持续优化，三次产业比重调整为9.7∶50.3∶40，规模以上工业总产值达到650亿元，进入全省第二方阵前列，新增4个百亿产业、2个百亿强镇，百亿企业零突破。

加快发展现代服务业。建成新世纪城市客厅、物流园区、汽贸集聚区等功能区块，金融生态全市最优。扎实推进现代农业、现代渔业园区建设，特色农业、品牌农业稳步提升。加快动能转换，宁波南部滨海新区升格为市级大平台，千人计划产业园等一批创新平台打造成型，谋划启动“369”特色小镇创建，智能汽车小镇成为全省十大示范小镇；大力发展战略性新兴产业，新能源汽车、软通动力、颐高数码等大好高项目相继落户；科技创新能力不断增强，科技进步综合评价跃居全省前十。

城乡面貌显著改善。积极传承和放大生态优势，结合“拆、治、归”等重大行动部署，全域治理、全面提升、全景打造、全民共建，大力开展“六治三清”攻坚战，建设美丽城乡。投入40亿元整治总长200公里的五大溪流全流域，久拖不决的“三车”问题得到根本治理，农村生活垃圾分类成为省市试点，生态环境质量公众满意度连续多年居全市首位。以美丽县城试点引领城市建设，城市建成区达到36.4平方公里，常住人口城镇化率超过60%；抢抓棚改政策机遇，完成旧城、城中村改造近100万平方米；景观式改造高速出入口和桃源路、兴海路、人民路等城市主干道，客运枢纽投入使用，城市环线基本建成，多条隧道相继贯通，城市通达水平和集聚辐射能力进一步增强。以“十个一”工程为主要载体推进镇区建设；以精品线、精品村打造为重点加快新农村建设提档升级，连续五年获得省先进，获评中国历史文化名村、传统村落宁波市最多。推动美丽环境转化为美丽经济，乡村旅游蓬勃发展，年接待游客近1200万人次，成为首批国家全域旅游示范区创建单位。

统筹谋划，抓好“四张清单一张网”建设，编制政府职能转移清单和购买服务清单，推出全省首份事业单位公共服务清单，开通运行全国首个县级“政务云”，改革综合执法、房屋征收和旅游开发体制，涉农资金整合成为2016年度中国改革十大案例。着眼激发市场活力，战略性重组五大国企集团，企业效益提升近10倍，大胆创新投融资体制，率先运用PPP、产业基金等新模式，国有资产证券化开全国县域先河，农合联“三位一体”等“三农”改革相继实施。加速推进大交通体系建设，对外交通明显改善，海关办事处成功获批；大力实施引资、引才、引企工程，累计引进浙商回归资金126亿元，实际利用外资5.7亿美元。

全面实施“八大优享”工程，全力打造“四感”城市，累计投入民生资金近200亿元，占财政支出的72.6%，2016年城乡居民人均可支配收入将分别达到48090元和26630元，收入比从1.93∶1缩小到1.8∶1。创新“丰收养老贷”惠及2.4万被征地农民，失海渔民全部纳入养老保障范围，90岁以上老人全部纳入健康管理，高龄老人基本生活津贴全省最高，“六位一体”住房保障体系解决住房困难1500户，人均年收入低于6000元的家庭全面消除。注重强服务、促均衡，广泛开展“送文化、种文化、建文化”活动，丰富群众文化供给，提炼打造“人意山光、自在宁海”城市主题形象，大力弘扬“大气、正气、硬气、和气”的宁海精神，十里红妆、前童元宵行会入选国家非物质文化遗产。投资近40亿元相继建成技工学校、一职高等75个教育项目和妇保院、中医院等6个卫生项目，创新全面托管、深度合作的办医办学模式。注重抓治理、促和谐，深入推进平安宁海、法治宁海建设，不断完善社会治安防控体系，加大违法信访依法处置力度，妥善解决一批涉稳敏感事件，圆满完成G20峰会等重大维稳安保任务，实现省平安县11连冠。

县委切实担起党建这个主业主责，把严的要求贯穿于管党治党的全过程，做到管党有方、治党有力、建党有效。高质量开展群众路线、“三严三实”、“两学一做”等党内集中教育，切实增强政治定力和党性修养。“上、下、管、育、爱”强化干部队伍建设，健全领导班子、领导干部考核评价体系，加快培养一批“狮子型”干部。高度重视党管人才工作，实施人才新政20条，引进“国千”“省千”人才12名，全县人才总量新增5.3万人。牢固树立大抓基层导向，抓实选派“第一书记”驻村工作，大力推进软弱落后村整顿转化，加大基层运转经费和村干部报酬保障力度，创新构建“四位一体”基层治理体系。落实“两个责任”和中央“八项规定”，支持纪检监察机关转职能、转方式、转作风，深入开展作风建设群众满意工程、“五治理一提升”专项行动，以钉钉子精神整治“四风”，以“零容忍”态度惩治腐败，严肃查处了一批违纪违法案件。

县第十四次党代会开幕式场景

县委重要会议

【中国共产党宁海县第十四次代表大会】 2016年12月27—29日，中国共产党宁海县第十四次代表大会在县国际会展中心召开。本次大会应到代表326名，因病因事请假5名，实际出席代表321名。

杨勇代表中共宁海县第十三届委员会向大会作题为《坚定追赶跨越　加快美丽崛起　为早日跻身全国强县第一方阵而努力奋斗》的报告。徐震宇代表中共宁海县纪律检查委员会作工作报告。大会以书面形式向与会代表报告关于党费收缴、使用和管理情况。

会议在回顾过去五年的工作时指出，县第十三次党代会以来的五年，是宁海发展史上很不平凡的五年，也是取得重大进步的五年。县委团结带领全县人民，开拓进取、真抓实干，围绕建设“两美”宁海，加快追赶跨越，较好地完成县第十三次党代会确定的目标任务，实现“十三五”良好开局，发展呈现出速度快、变化大、面貌新、环境好、前景美的良好态势。

会议阐述今后五年全县工作的总体要求和奋斗目标：紧密团结在以习近平同志为核心的党中央周围，高举中国特色社会主义伟大旗帜，以邓小平理论、“三个代表”重要思想、科学发展观为指导，深入贯彻习近平总书记系列重要讲话精神，积极践行“五大发展理念”，认真落实省委、市委决策部署，以勇立潮头、勇挑重担、勇争一流的使命担当，大力实施“五优并进”战略举措，着力建设生态名城、打造两湾明珠，加快追赶跨越，实现美丽崛起，高水平全面建成小康社会，力争早日跻身全国强县第一方阵。

会议强调，“五优并进”是今后五年要打赢的主攻仗、主动仗，全县上下必须明确重点任务，抓住关键环节，集中力量资源，在“五个方面”求大突破、见大成效，打开发展新天地，开创发展新局面。一是紧扣“创新优先”，全力激活追赶跨越新引擎。二是紧扣“产业优化”，全力推进转型升级新突破。

三是紧扣“环境优美”，全力打造生态建设新标杆。四是紧扣“城乡优质”，全力构建城乡发展新格局。五是紧扣“民生优享”，全力共建幸福美好新生活。

会议指出，实现今后五年奋斗目标，必须把各级党组织建设得更加坚强有力，使广大党员干部的积极性得到充分发挥。要认真贯彻落实全面从严治党各项要求，着力打造一支“三勇”铁军，更好地担负起早日跻身全国强县第一方阵的重任。要聚焦向心力抓好思想政治建设；聚焦执行力抓好干部队伍建设；聚焦战斗力抓好基层组织建设；聚焦免疫力抓好党风廉洁建设。

大会号召，全县各级党组织和广大党员干部群众，要更加紧密地团结在以习近平同志为核心的党中央周围，在省委、市委的坚强领导下，高水平全面建成小康社会，加快建设生态名城，打造“两湾”明珠，为早日跻身全国强县第一方阵而做出新的更大贡献！

在12月29日举行的中国共产党宁海县第十四届委员会第一次全体会议上，选举杨勇为县委书记，林坚、李贵军为县委副书记。会议审议通过中国共产党宁海县第十四届纪律检查委员会常委、书记、副书记的选举结果。徐震宇为县第十四届纪律检查委员会书记，俞丹斌、葛越胜为县第十四届纪律检查委员会副书记。

中共宁海县第十四届委员会常务委员会委员名单：

杨　勇　林　坚　李贵军　王军海　叶秀高　徐　云　徐震宇　张伟标　娄黛敏(女)　方　勤(女)

中国共产党宁海县第十四届委员会委员当选人名单：

(共45位　以姓氏笔画为序)

丁建标　马贤茂　王小平　王军海　王辅橡　王照栈　尤玲娟(女)　方　勤(女)　石坚强　石道伟　叶亦金　叶秀高　叶良晓　田启仲　李贵军　杨　勇　应利勇　应校军　沈纾丹(女)　张伟标　张贤安　陆朝晖　陈开南　陈伟荣　陈海燕(女)　范建军　林　红(女)　林　坚　练节晁　项汉明　胡小锋　胡海军　俞丹斌(女)　娄黛敏(女)　顾国兴　徐　云　徐真民　徐震宇　黄才向　葛仁元　葛民越　葛欢善　蒋东辉　蒋善琪　戴华飞

中国共产党宁海县第十四届委员会候补委员当选人名单

(共9位　以得票多少为序)

应　剑　陈万奋　吴继盛　王东海　黄建福　卢华强　娄　坚　陈振根　裘为民

中国共产党宁海县第十四届纪律检查委员会委员当选人名单

(共21位　以姓氏笔画为序)

王成永　王秉钺　方亚青(女)　叶亦利　朱　越　邬海燕(女)　陈俊超　陈海涛　胡登嵋　俞丹斌(女)　施浩添　娄筱庆(女)　洪　永　徐旭东　徐震宇　章伟银　葛知宙　葛越胜　储杨洋　裘慧如(女)　薛朝阳

出席宁波市第十三次党代会代表当选人名单

(共35位　以姓氏笔画为序)

丁红星　万亚伟　王晓英(女)　仇　华(女)　方　勤(女)　方永杰　石道伟　叶全奖　叶秀高　田海丹(女)　邬开娟(女)　邬宁崖(女)　邬海燕(女)　李贵军　杨　勇　应利勇　张贤安　陈伟荣　陈炳水　陈海燕(女)　林　坚　林仙菊(女)　林静国　祝云霞(女)　顾国兴　徐震宇　梅建芳(女)　章仉香(女)　屠姣芳(女)　葛仁元　葛巧霞(女)　葛欢善　储　超(女)　储为统　黎　辉

【县委十三届九次全体（扩大）会议】　1月7日，县委召开十三届九次全体（扩大）会议。会议的主要任务是，深入学习贯彻中共十八届五中全会、中央经济工作会议和省委、市委全会精神，听取县委常委会工作报告，审议《中共宁海县委关于制订宁海县国民经济和社会发展第十三个五年规划的建议》。

县委常委会主持会议。县委书记褚银良代表县委常委会作工作报告、《中共宁海县委关于制订宁海县国民经济和社会发展第十三个五年规划的建议》说明。县委领导杨勇、林坚、李贵军、林惠明、叶秀高、邓富根、蔡利丰、金勇、徐云、张伟标在主席台就座。

会议充分肯定县委常委会一年来的工作。会议认为，一年来，县委常委会深入学习贯彻中央和省委、市委全会精神，认真落实夏宝龙书记、李强省长在宁海考察时的指示要求，团结带领全县上下，坚定信心抓发展、勇于担当打硬仗，大力实施“重大项目攻坚年”“环境整治提升年”“基层基础建设年”活动，奋力推动各项事业在新常态下持续追赶跨越，“两美”宁海建设取得新成绩新进展。2015年，全县多数指标增速好于预期、高于上年、快于全市。地区生产总值、财政两项收入、居民两项收入、固定资产投资、进出口总额等主要指标增速均居全市前列。

会议指出，“十三五”乃至更长时期，宁海仍处于大有作为的重要战略机遇期，追赶跨越仍是宁海发展的主基调，要牢固树立和自觉践行五大发展理念，加快推进“五大转向、五大增长”，不断开拓“两美”宁海建设新境界。要从要素驱动转向创新驱动，加快推进质量型增长，着力建设创新强县、活力之县，全面展现速度快、质量高、动力强、结构优的增长态势；要从传统产业转向新兴产业，加快布局领先型增长，着力抢占产业竞争制高点，在特色优势产业、战略性新兴产业布局上形成引领；要从县域经济转向区域经济，加快提升开放型增长，着力构建空间新格局、交通新优势，拓展发展空间、整合要素资源、升级经济形态；要从生态优势转向发展优势，加快实现友好型增长，让更多的“生态+”为转型升级提供支撑、为群众致富增收提供更多渠道；要从普惠民生转向品质民生，加快形成幸福型增长，让全县人民在共建共享中有更多获得感，让广大群众切身感受到更加幸福的生活。

会议强调，2016 年是“十三五”规划的开局之年，是经济进入新常态后深度调整和转型的关键之年，做好 2016 年各项工作，责任重大、意义重大、影响重大。全会提出 2016 年工作的总体要求是：全面贯彻落实中共十八大、十八届五中全会、中央经济工作会议和省委、市委全会精神，按照五大发展理念的指向和要求，深化实施“重大项目推进年”“环境整治巩固年”“基层基础提质年”活动，进一步打开“六大发展通道”，不断提升新兴产业的引领力、有效投资的拉动力、改革创新的驱动力、综合环境的支撑力、基层党组织和干部队伍的战斗力，推动经济社会发展加快追赶跨越、争先进位，为“十三五”发展开好头、起好步。经济社会发展的主要预期目标为：地区生产总值增长 8%；财政总收入增长 7.5%；固定资产投资增长 12.5%；城镇居民人均可支配收入和农民人均可支配收入分别增长 8.5% 和 9.5%。

会议要求，要紧扣战略目标、重点任务，大力推动“十三五”开局各项工作取得新成效。要进一步打开重大项目提速的通道，继续聚焦“十大百亿”工程和重大产业、重大平台、重大基础设施等关键领域，推进条块力量集聚化、要素配置市场化、服务环境优质化，加快项目建设，着力稳定经济增长。要进一步打开新兴产业聚合的通道，切实选好支点、建强载体、深挖潜力，大力培育和发展新兴产业，着力提升产业能级。要进一步打开“双创”上升的通道，合力搭建创新平台、激发创新主体、优化创新生态，借助“双创”东风，着力增强发展动力。要进一步打开“两山”转化的通道，切实把整治文章做实、美丽文章做深、“生态+”文章做足，在坚持上下功夫、在转化上见成效，全力打造“两山”互动新标杆，着力释放美丽效益。要进一步打开区域互联互通的通道，坚持以规划布局为先导、以基础设施为支撑、以公共服务均等化为关键，不断缩短县与市、城与乡的时空距离，着力促进同城发展。要进一步打开党群合力共建的通道，让忠诚干净担当镌刻在每一名干部身上、让党的旗帜在每一块基层阵地高高飘扬、让每一个人都成为宁海事业发展的推动者，着力夯实基层基础，凝集起追赶跨越的强大力量。

会议审议通过《中共宁海县委关于制订宁海县国民经济和社会发展第十三个五年规划的建议》，并研究部署下阶段相关工作。会议要求，要实而又实地谋好“开局红”，切实推动经济质效加快提升、投资效益加快显现、改革红利加快释放。要紧而又紧地抓好“开门红”，切实在抓部署上快人一拍、在抓生产上快人一拍、在抓项目上快人一拍。要好而又好地确保“过年红”，切实把民计民生保障好、把安全生产落实好、把社会稳定维护好。

会议最后就如何抓好落实作出部署，会议强调，既要善于“画饼”，更要勤于“做饼”，切实一项一项抓好落实，做到不见成效不放手、不获全胜不收兵；既要发现机遇，更要抢抓机遇，把破难创新作为一种责任担当和工作常态，真正干出一番不含水分、群众点赞的业绩；既要各自发力，更要相互给力，进一步增强主角意识、主动精神，做到合心合力合拍、尽心尽力尽责；既要担当干事，更要干净干事，深入践行“三严三实”要求，努力成为心中有党、心中有民、心中有责、心中有戒，具有铁一般信仰、铁一般信念、铁一般纪律、铁一般担当的好干部。

【县委十三届十次全体（扩大）会议】 7 月 13 日，召开县委十三届十次全体（扩大）会议。全会深入学习贯彻习近平总书记系列重要讲话精神和省委十三届九次全会、市委十二届十一次全会精神，研究部署该县补短板工作，审议通过《中共宁海县委关于拉高标杆补齐短板推动经济社会发展持续追赶跨越的实施意见》，进一步动员全县上下为加快建设“两美”宁海、确保如期高水平全面建成小康社会而努力奋斗。

县委常委会主持会议。县委书记褚银良代表县委常委会向全会报告工作。县委领导杨勇、林坚、李贵军、林惠明、王军海、叶秀高、蔡利丰、徐云、张伟标在主席台就座。

全会指出，中共十八大以来，习近平总书记就补短板作出一系列重要论述，深刻阐释补短板所蕴含的发展观、群众观和方法论，明确指出“十三五”发展关键在于补齐短板。前段时间省委十三届九次全会、市委十二届十一次全会，分别对全省全市补短板工作进行系统部署。各级各部门要认真学习领会，充分认识补短板的深刻哲理和重要意义，更加自觉地查补短板，让补短板成为该县加快追赶跨越的主抓手和主攻点，务必把补短板作为高水平全面建成小康社会的“冲锋号”，提升经济质量效益的“关键棋”，加快发展争先进位的“助推器”和改进工作的“指向标”。

全会强调，补短板核心要义是在制约发展最关键、群众期待最迫切、主观努力最能见效的地方发力，补中求进、补中拉长、补中登高，不断增强发展新动能、拓展发展新空间、厚植发展新优势，全面提升该县综合竞争力。各级各部门要高点站位、标杆定位，全力补齐“六块短板”。对照增强转型升级新动力的要求，全力补齐科技创新能力不强的短板。对照构建区域协调发展新格局的要求，全力补齐城镇能级不高的短板。对照打造美丽建设新标杆的要求，全力补齐生态环境优势发挥不明显的短板。对照打开开放发展新局面的要求，全力补齐开放带动力不强的短板。对照共创幸福美好新生活的要求，全力补齐公共服务有效供给不足的短板。对照基层组织建设全面进步全面过硬的要求，全力补齐基层治理能力不够的短板。

全会强调，要敢于担当、善于突破，确保补短板各项任务落到实处。各级各部门要更新理念，坚持以“五大发展”理念为引领，以先进地区为标杆，认真查找差距，破除思维惰性和路径依赖，增强赶超跨越的新动能。要抓纲带目，以县委确定的“六块短板”为“纲”，结合实际找准短板，集中力量攻难克坚；要精准制导，采取项目化手段，聚焦“三个年”活动，实现精细化补短板；要虎口夺食，大力发扬改革创新的精神、立说立行的作风，强调一线选干部、实干出干部的鲜明导向，推动补短板工作落实落地落细；要握指成拳，党委政府加强组织领导，人大、政协一线参战，社会各界广泛发动，形成补短板的强大动能。

全会要求，全力抓好会议精神的贯彻落实，切实增强补短板的责任担当和行动自觉，大干实干、巧干快干，尽最大努力以最快速度、最强力度把各项短板补齐拉长。要始终坚持干字当头实效为先，把补短板作为检验干部能力、作风的战场和考场，推动思想大解放，开展破难大攻坚，促进作风大转变，汇聚工作大合力，努力在补齐短板、创优势上展现新作为。要进一步振奋精神提振士气，树立登高望远的大气，提升干事创业的开拓力，树立守职尽责的正气，提升干事创业的能动力，树立攻坚破难的硬气，提升干事创业的战斗力，树立上下同欲的和气，提升干事创业的凝聚力，进一步形成用心谋事、专心干事、一心成事的好风气、好氛围。

会议研究部署下半年和当前各项工作，要求各级各部门全力打好“十三五”发展第一仗，对照年初确定的目标，对各项工作进度做一次全面的盘点分析，抓紧落实提速增效的措施，深化追赶跨越主基调，抓住创新转型主攻点，打好绿色发展主打牌，确保实现“全年红”“满堂红”。同时，要全力以赴做好G20安保维稳工作，高标准高质量开展“两学一做”学习教育，严肃认真抓好换届工作，切实抓好防汛防台防灾工作。

县委委员、候补委员，县纪委委员，其他县级领导干部，各乡镇党委书记、乡镇长，各街道党工委书记、办事处主任，县直及省、市属各单位党政正职，县委组织部、县委宣传部、县委政法委、县法院、县检察机关第一副职，县人大常委会工委主任、县政协专委会主任，曾担任过县级领导职务的离退休老同志出席会议。部分县党代表应邀列席会议。

【县委十三届十一次全体会议】 10月12日，召开中共宁海县委十三届十一次全体会议。县委书记褚银良主持会议，县领导杨勇、林坚、李贵军、林惠明、王军海、叶秀高、蔡利丰、徐云、张伟标和全体县委委员、县委候补委员出席会议，全体县纪委委员列席会议。

会议听取县委副书记林坚作的《中国共产党宁海县第十三届委员会第十一次全体会议关于召开中国共产党宁海县第十四次代表大会的决议（草案）》，听取县委常委、组织部部长林惠明作的《关于召开中国共产党宁海县第十四次代表大会的决议（草案）的说明》。全会表决通过《决议》。

《决议》确定中国共产党宁海县第十四次代表大会于2016年12月召开。县第十四次党代会的主要任务是：坚持以马克思列宁主义、毛泽东思想、邓小平理论、“三个代表”重要思想、科学发展观为指导，以中共十八大和十八届三中、四中、五中全会精神为统领，深入贯彻习近平总书记系列重要讲话精神，认真总结县第十三次党代会以来的工作，研究确定今后五年该县的奋斗目标和主要任务，选举产生中共宁海县第十四届委员会和中共宁海县第十四届纪律检查委员会，动员全县广大党员干部和人民群众，立足新起点，创造新业绩，谱写新华章，为顺利完成“十三五”发展任务、加快推进“两美”宁海建设、如期高水平全面建成小康社会而努力奋斗。

《决议》还确定中国共产党宁海县第十四次代表大会的主要议

程，并提出代表名额、分配原则及产生办法。

全会最后号召全县各级党组织和全体共产党员要全面贯彻落实中共十八大和十八届三中、四中、五中全会精神，深入贯彻落实习近平总书记系列重要讲话精神，同心同德、开拓进取，不忘初心、继续前行，扎实做好各方面工作，以优异成绩迎接中国共产党宁海县第十四次代表大会的胜利召开。

【县委十三届十二次全体会议】 12月14日，召开县委十三届十二次全会，研究召开县第十四次党代会有关事宜。县委书记杨勇主持会议。县委领导李贵军、徐云、徐震宇、张伟标、王琦军、方勤和其他十三届县委委员、候补委员出席会议。县纪委委员列席会议。

会议听取县第十四次党代会筹备工作情况报告；讨论通过县第十四次党代会《大会日程（草案）》；审议通过县委、县纪委《工作报告（草案）》；讨论通过县第十四次党代会代表团组成意见和划分方案及正副团长建议名单；讨论通过县第十四次党代会主席团成员建议名单、主席团常务委员会委员建议名单、大会主席团执行主席分组建议名单、正副秘书长建议名单、代表资格审查委员会委员建议名单、代表提案工作委员会委员建议名单；讨论通过县第十四次党代会列席、邀请人员建议名单；讨论通过县第十四次党代会大会《选举办法（草案）》；听取新一届两委会委员候选人预备人选名单和出席市第十三次党代会代表候选人预备人选建议名单的说明，讨论通过新一届两委会委员候选人预备人选名单和出席市第十三次党代会代表候选人预备人选建议名单。最后，会议以投票的方式圈选确定该县出席市第十三次党代会代表候选人预备人选。

会后，与会人员集中收看换届纪律警示教育片。

【全县领导干部会议】 3月20日，县委召开全县领导干部会议，传达贯彻十二届全国人大四次会议和全国政协十二届四次会议精神，并对全县学习贯彻工作进行部署。县委书记褚银良主持会议并传达全国“两会”精神。

会议指出，2016年全国“两会”，是在全国发展进入“十三五”时期、供给侧结构性改革进入攻坚阶段、全面建成小康社会进入决胜阶段的关键时刻召开的一次盛会。学习好贯彻好全国“两会”精神，对于贯彻落实“四个全面”战略布局和五大发展理念，适应引领经济发展新常态，扎实做好“十三五”开局之年的各项工作，具有十分重大的意义。要认真按照全省全市干部会议的部署，全面准确把握省委书记夏宝龙“八个深刻领会”的要求，认真抓好全国“两会”精神的贯彻落实。

会议要求，切实把思想和行动统一到全国“两会”精神上来，把力量凝聚到大会提出的各项部署上来。各级各部门要把学习贯彻“两会”精神与学习贯彻习近平总书记系列重要讲话精神特别是在“两会”期间的重要讲话精神结合起来，与实施县“十三五”规划纲要结合起来，与实现经济社会发展“开门红”、完成年度目标任务结合起来，努力在武装头脑、指导实践、推动工作上取得实效。

会议强调，要把全国“两会”精神落实到开创“十三五”良好开局的每个角落。各级各部门要按照县委十三届九次全会的部署，深化实施“三个年”活动，进一步打通“六大”发展通道，持续巩固扩大良好的发展态势；要紧守“双底线”不松劲，狠抓重大项目、招商引资和新兴产业培育，尽最大努力实现“月月红、季季红、全年红”；要紧抓“补短板”不松劲，努力创造发展优势；要紧抓改革创新不松劲，争取更大改革红利；要紧抓城乡环境大整治和基层基础建设不松劲，打造美丽乡村升级版，建设“四好生态示范区”。

会议强调，要把全国“两会”精神转化为真抓实干、追赶跨越的强大动力。各级各部门要切实增强政治意识、大局意识、核心意识、看齐意识，提振干事创业的精气神，心无旁骛推进工作、狠抓落实，勇于担当破解发展难题，坚决抵制“为官不为”的歪风，严格落实全面从严治党主体责任，严明党的纪律和规矩，认真开展“两学一做”学习教育和“争做四有四铁好干部、勇当跨越急先锋”主题教育活动，完善作风建设长效机制，为实现“十三五”发展良好开局提供坚强保障。

全体县级领导干部，各乡镇党委书记、乡镇长，各街道党工委书记、办事处主任，县直及省、市属各单位党政正职，县纪委副书记，县委组织部、县委宣传部、县委政法委、县法院、县检察院、县检察院机关第一副职，县人大常委会工委主任、县政协专委会主任，曾担任过县级领导职务的离退休老同志等参加会议。

10月31日，县委召开全县领导干部会议，传达学习中共十八届六中全会精神，并对学习宣传贯彻全会精神进行部署。会议强调，各级各部门要认真学习领会和深刻把握中共十八届六中全会精神，切实把思想和行动统一到全会精神上来，坚定不移推进全面从严治党，持续推动全县经济社会追赶跨越发展。县委书记褚银良主持会议并讲话。

会议指出，中共十八届六中全会是在全国进入全面建成小康社会决胜阶段召开的一次十分重要的会议。习近平总书记在全会上发表的重要讲话，全面总结了中共十八届五中全会以来中央政治局的工作，科学分析世情国情党情的发展变化，深刻阐明全面从严治党的重大意义，深入回答管党治党的一系列重大理论和现实问题，对新形势下加强和规范党内政治生活、加强党内监督作出总体部署。全会通过的《关于新形势下党内政治生活的若干准则》和《中国共产党党内监督条例》，实现党内政治生活和党内监督制度化、规范化、程序化。各级党组织要认真学习领会和深刻把握全会精神，迅速掀起学习宣传贯彻全会精神的热潮，切实把思想和行动统一到全会精神上来。

会议强调，这次全会正式提出“以习近平同志为核心的党中央”，是民心所向、众望所归，反映了全党全军全国各族人民的共同心愿，是党和国家根本利益所在，是坚持和加强党的领导的根本保证，是进行具有许多新的历史特点的伟大斗争、坚持和发展中国特色社会主义伟大事业的迫切需要。要深刻把握全会明确习近平总书记核心地位的重大意义，牢固树立“四个意识”，始终在思想上、政治上、行动上与以习近平同志为核心的党中央保持高度一致。要深刻把握党带领全党全国各族人民取得的重大成就，始终保持昂扬奋发、开拓进取的坚定信心。

会议强调，六中全会专题研究全面从严治党，是党中央着眼于“四个全面”战略布局作出的整体设计，是对中共十八大以来全面从严治党取得的重大成就的总检阅、对新形势下进一步全面从严治党的总部署、对全面从严治党继续新“赶考”的总动员。全县各级党组织要深刻把握全面从严治党的重大举措，始终保持全面从严治党永远在路上的警醒和自觉，切实把全面从严治党的政治责任落到实处，更加坚定地推进党的思想建设、组织建设、作风建设、制度建设和反腐倡廉建设，真正抓好党建这个最大政绩，着力营造风清气正的政治生态。

会议强调，要把学习贯彻六中全会精神与做好岁末年初各项工作结合起来，聚力扩大经济向好态势，推进省、市、县重点工作落地生根，抓好民生服务和维稳工作、确保换届选举风清气正，实现经济社会发展“全年红” “满堂红”。要把学习贯彻六中全会精神转化为干事创业、追赶跨越的强大动力，以“干在实处、走在前列、勇立潮头”的精气神，加快建设“四好生态示范区”、着力打造“四感”城市，奋力冲刺全国县域第一方阵，以更加优异的成绩迎接党的十九大胜利召开。

全体县级领导干部，各乡镇党委书记、乡镇长，各街道党工委书记、办事处主任，县直及省、市属各单位党政正职，县纪委副书记，县委组织部、县委宣传部、县委政法委、县法院、县检察院、县检察院机关第一副职，县人大常委会工委主任、县政协专委会主任，县纪委常委，曾担任过县级领导职务的离退休老同志等参加会议。

11月21日，县委召开全县领导干部会议。市委常委、组织部部长、统战部部长杨立平出席会议并讲话。市委组织部常务副部长、人才办主任张良才宣布省委和宁波市委对该县新一届领导班子人事安排的决定。褚银良不再担任宁海县委书记。杨勇任宁海县委书记。林坚被提名为宁海县县长候选人。全体县级领导干部，各乡镇党委书记、乡镇长，各街道党工委书记、办事处主任，县直及省、市属各单位党政正职，县纪委副书记，县委组织部、县委宣传部、县委政法委、县法院、县检察院机关第一副职，县人大常委会工委主任、县政协专委会主任，县纪委常委，曾担任过县级领导职务的离退休老同志参加了会议。

【全县农村工作暨“环境整治巩固年”活动动员会】 3月10日，召开全县农村工作暨“环境整治巩固年”活动动员会，深入贯彻落实中央、省、市有关会议精神，认真总结2015年工作成绩，全面部署2016年“三农”和环境整治工作。县领导褚银良、杨勇、尤玲娟、应亥宗、王能迭、范建军、李剑锋在主席台就座。

“十二五”时期，县“三农”工作取得长足进步，农业实现“十三连增”，城乡居民收入从2010年2.27：1缩小到2015年1.82：1，全面消灭年收入6000元以下贫困现象，累计创建市级全面小康村94个、中国历史文化名村5个、传统村落6个，数量均为全市最多，连续五年被评为全省新农村建设先进县，成为全省首批农村电商就业创业试点县、全省农村生活污水治理优胜县、中国美丽乡村建设示范县、国家生态县等等。

会议指出，在中共十八届五中全会上，习近平总书记提出创新、协调、绿色、开放、共享的发展理念，不仅是全国未来发展的根本遵循，也是提升农业农村发展，推进美丽乡村建设的根本遵循。全县各级各部门必须深刻认识到，要高水平全面建成小康社会，要实现建设“两美”宁海的奋斗目标，难点在农村、短板在农村、关键在农村、潜力在农村。要深入贯彻落实“五大发展理念”，要按照“全域治理、全面提升、全景打造、全民共建、全体共享”的要求，做深做透“全”字文章，全力打造美丽乡村升级版，以美丽乡村升级版推动“三农”工作升级版，真正让农业强起来农民富起来农村美起来。

会议强调，打造美丽乡村升级版，既要重“生态”，又要重“形态”，坚持狠抓环境整治，大力实施“垃圾革命”、“五水共治”、村庄规划等行动，打造村村精美的升级版。同时要加快建设美丽乡村精品线，谋划实施全域旅游，形成“比学赶超”的建设氛围，把散落的珍珠串珠成链、连线成片，发挥出美丽的倍增效应。既要转“方式”，又要转“模式”，用好“供给侧”改革这把利剑，强调专业产业、对接连接、整合结合，加快转变生产方式，推进产供销模式转型，打造业业兴旺的升级版。既要改“习气”，又要改“风气”，晒家风、正乡风、塑清风，提升农民文明素质，壮大农村“领头雁”队伍，实现外在美与内在美的有机统一，打造处处和谐的升级版。既要富“口袋”，又要富“脑袋”，激发“大众创业、万众创新”热情，创新思路、运用方法，着力把农村的“沉睡资源”变成“流动资本”，把“青山绿水”点化成“金山银山”，打造人人幸福的升级版。既要强品质，又要强“品牌”，以“创一流”“拼第一”的精气神，做到视野更宽、站位更高，勇于尝试、敢为人先，敢于担当、善做善成，放眼全省全国，积极改革创新，探索实践具有宁海特色和全国影响力的新农村建设样板，打造样样争先的升级版。

会议要求各级各部门深刻学习贯彻落实大会精神，全力以赴打造美丽乡村升级版。要千方百计让乡村经济火起来，把农业作为主体产业、融合作为主攻方向、市场作为主要导向，大力发展主题民宿、农事节庆和乡村旅游，不断培育壮大乡村经济新的增长点，精心策划营销模式，做响做强特色品牌，将“原生态”“原产地”等美丽元素转变成畅销的旅游商品、优质的安全产品。要千方百计让乡村环境美起来，坚持目标导向、问题导向和效果导向，坚决打好环境整治巩固战，不断创新探索乡村治理方式方法，塑造好家风、好民风、好社风，打造内外兼修的环境美。要千方百计让乡村发展活起来，围绕“如何把农村资源流动起来”“如何把农民积极性调动起来”“如何把城乡资源要素联动起来”三篇文章深化改革，全面提升农村发展水平。

【全县工业经济暨招商引资工作会议】 2月19日，召开全县工业经济暨招商引资工作会议，总结2015年该县工业经济发展情况，深入分析当前经济发展新形势，全面部署2016年及今后一个时期工业经济和招商引资工作。县领导褚银良、杨勇、徐真民、林坚、应亥宗、邬汝跃在主席台就座，副县长王辅橡作工作部署。

2015年，面对复杂严峻的国内外经济形势，主动适应经济发展新常态，大力实施“工业强县”战略，深入开展“大招商”活动，全县工业经济和招商引资工作取得许多新的成绩、新的突破。2016年是“十三五”开局之年，将以“五大发展理念”为引领，主动对接“中国制造2025”“互联网+”战略，继续坚持工业强县不动摇，坚定招商引资“一号工程”不放松，力争实现工业冲千亿元、工业投资80亿元，招商引资取得新的突破、实到外资2亿美元、引进县外内资65亿元，争取圆满完成市级各项考核指标任务。

会议指出，工业是推动宁海追赶跨越的最大内动力，招商引资是最大外动力，只有两个轮子一起转、协调转、快速转，宁海的未来才会越来越美好。一方面要保持战略定力，切实把思想统一到中央和省市对形势的判断上来，着重把握结构性改革的新要求，坚定不移地抓好去产能、去库存、去杠杆、降成本、补短板五大任务，另一方面要完善战术招数，善于按市场规律谋发展干事业，用“虎口夺食”的智慧和勇气在新阶段抢抓新机遇、打开新通道。

会议强调，推动工业招商实现质的飞跃，一定要实施好“一三六”行动计划。“一”，就是要加快挺进全省工业经济“第一方阵”，在思想有共识、工作有基础、前进有方向的基础上，扬鞭自励，扬长补短，着力把潜力挖掘出来，把优势彰显出来。“三”，就是要深化推进三引、三提、三百“三三”工程，在“引资、引才、引企”上持续加力，在平台“提级、提速、提规模”上持续加力，在“百亿产业、百亿企业、百亿强镇”上持续加力。“六”，就是要“六化”并举，遵循市场规律和市场导向，以网络化带动、智能化改造、资本化运作、品牌化建设、绿色化生产、优质化服务，不断提升工业经济质量和效益。

会议指出，“一三六”行动计划，为今后经济发展、招商引资工作指明努力方向、着力重点和实现路径。要牢牢瞄准工业“第一方阵”不动摇，把量做大、质做优、平台做强，为挺进全省第一方阵提供竞争力、驱动力、承载力。要紧紧抓住招商第一工程不放松，加快健全更具高效的招商机制，加快转向更为有效的招商方式，加快开展更富成效的招商活动。要时时坚守实干第一责任不懈怠，把实干体现在明责任上、体现在优服务上、体现在开门红上，为推进全县经济社会发展做出积极贡献。

会议还表彰一批在 2015 年工业和招商战线上取得重大成绩的企业和单位。相关单位和企业在大会上作典型发言和表态发言。

【全县旅游发展大会】 3月11日，全县旅游发展大会召开。会议围绕“创建国家全域旅游示范区”这一目标，梳理总结“十二五”以来全县旅游产业的发展情况，分析当前全县旅游业发展形势，动员全县上下创新理念、聚焦聚力，全面推动旅游产业大发展大提升。县领导褚银良、杨勇、林坚、应亥宗、王能迭、邬汝跃参加。市旅游局局长励永惠受邀出席。

近年来，宁海着眼于构建县域“大景区”，旅游经济实力大幅提升，旅游产品体系更加完善，旅游产业素质显著提升，旅游形象品牌持续打响，全市旅游工作目标管理考核实现“三连冠”，并相继获评全国休闲农业与乡村旅游示范县，浙江省旅游经济强县复核优秀县、旅游发展十佳县、旅游推广十佳县，为建设“两美”宁海和最终打造长三角最佳休闲度假旅游目的地奠定了坚实基础。

励永惠充分肯定宁海的旅游工作，认为宁海旅游发展具有领导重视合力强、产业发展速度快、旅游整体形象靓等鲜明特点，并勉励宁海要以产业化为引领，注重多规融合，进一步聚焦聚力发展。要以精致化为导向，培育特色精品，进一步丰富产品业态。要以品牌化为依托，注重宣传营销，进一步扩大多元消费。

县委书记褚银良说，全域旅游既是旅游的发展方向，也是宁海的优势所在，更是今后一段时期推动宁海旅游跨越发展的着力点、发力点、突破点。褚银良强调，全域旅游是新理念的新实践，必须统一思想、统一认识、全力推进，做到思想上认识到位，行动上落实到位。全域旅游是新阶段的新战略，必须顺势而为、乘势而上、加速推进，尤其要把全域旅游、美丽乡村精品线、特色小镇等紧密结合起来，相互促进、相互融合。全域旅游是新发展的新模式，必须更新思路、更新方法、创新推进，着力在建设上、业态上、供给上、主体上、管理上求转变，创新体制机制、旅游业态、工作方法，切实推进全域旅游全面发展、加速发展。全域旅游是新跨越的新目标，必须放眼全国、融入全局、高位推进，在格局上、规划上、标准上、品牌上狠下功夫，全力推动宁海旅游发展跃上新的高度、创造新的业绩。

县委副书记、县长杨勇指出，在今后的旅游工作中，各级各部门要把握一个“全”字，做到全域推进，全景布局，全面提升。要把握一个“特”字，做强生态文章，做响品牌文章，做优体制文章。要把握一个“合”字，产业要进一步融合，资源要进一步整合，力量要进一步聚合，为推动该县旅游事业发展做出积极贡献。

会上，成立宁海旅游产业基金，首期规模1亿元；签约大庄山谷、兰博基尼度假中心等6个项目，总投资26.3亿元；表彰6家旅游工作先进单位、6个乡村旅游发展先进村、8家旅游客源引进先进企业及8位旅游工作先进个人；配套出台《宁海县旅游业发展三年行动计划（2016—2018年）》《关于加快推进乡村旅游发展的若干意见》《关于进一步促进农家乐（民宿）规范发展的指导意见》等文件。

组织工作

【概况】 2016年，全县组织工作紧扣经济社会发展大局，以“两学一做”学习教育为主线，以乡镇领导班子集中换届为重点，认真贯彻全面从严治党要求，扎实推进各项任务落实，取得较好成效。

【党员干部思想作风纪律建设】 抓教育。县委常委会坚持示范带头，严格落实“十个一”举措，以“向我看齐”的鲜明态度一级带动一级。开展“百千万”党课行动，重点组建百名讲师团，打造县乡两级“党章学堂”，办好党员骨干示范培训班，通过千名书记上党课，带动万名党员同提升。强服务。依托“党群同心圆”志愿服务平台，开设“两学一做”微信专栏，坚持线上教育与线下服务同步推进，推动党员干部知行合一，“党群同心圆”被评为全国百佳志愿服务项目。促整改。坚持边学边查边改，建立问题清单、整改清单和责任清单，探索“优学优做”锋领指数考评，推动学习教育见真章出实效。全县共查找出短板问题3000余个，完成整改90%以上。主动拉高标杆，在全县党员干部中开展“争做四有四铁好干部、勇当跨越发展急先锋”活动，形成讲规矩守纪律、讲实绩重实干、讲责任有担当的干事创业好氛围。

【“三有四好”干部队伍建设】 树导向、强班子。坚持“以实绩论英雄、凭德才用干部”的用人导向，改进完善换届考核办法，采取实地考察、立体评价、综合分析等方式，考准考实干部德才表现和工作实绩。按照满足结构配备和保证功能双优的调配理念，加强考核结果的实际运用，大力选拔使用政治坚定、成长厚实、政绩突出、群众公认的干部，及时调整不胜任不称职干部。换届期间共提拔或者转任重要岗位132人，轮岗交流145人，调整不适宜担任现职干部14人。重基层、促发展。坚持在基层一线、发展一线锻造干部，继续选派57名优秀中青年干部驻村担任“第一书记”，实现培养干部和推动农村发展双赢，得到上级领导的批示肯定。实施重大项目督查专员制度，连续选派29名退出现职领导岗位干部担任督查专员，推进重大项目开工建设，实现全县固定资产投资全市增速第一。创精品、求实效。坚持“按需施教、务求实效”原则，深化乡镇（街道）片区协作自行办班模式，继续办精办好“正学大讲堂”，重点打造城市规划、乡村旅游等精品班次，促进学以致用。县本级全年共举办各类主体班次45期、精品班次2期，培训干部1万余人次。

【基层党建】 制订实施三年行动计划，全领域开展精品集群扩面、基层堡垒攻坚等七个专题行动，完成软弱落后村整转50个，建成基层党建示范片21个、精品线21条，创建达标乡镇13个，其中示范乡镇（街道）8个。推进“走村不漏户、群众考干部”工作，构建完善村情民意发现、群众诉求办理、权力监督约束和干部作风保障等“四位一体”基层治理体系，推动基层干部转作风、强服务、做实事。持续开展“百村立功竞赛”活动，由农村基层党组织主导推进，全体党员作出承诺并全面参与，实现基层党建更好融入农村各项事业发展。深化“党群同心圆”志愿服务，打造“线上管理发布、线下对接落实”的全程信息化管理平台，实现党员助推中心工作常态化、认领群众“微心愿”经常化。做深“党建+”，做好产业发展、“美丽乡村”建设、基层治理等“+”文章，扩大党建工作覆盖面，提升党建工作绩效，桑洲镇“党建+乡村旅游”工作模式得到上级领导的批示肯定。

【人才创新创业】 服务聚才。牵头制订人才发展“十三五”规划，推行人才服务“优才卡”制度，组建高层次人才联谊会，运行宁海中学海外校友联谊会，不断提升人才服务效益，全县人才总量达到13.5万。产业引才。实施高层次人才集聚等“六大工程”，重点聚焦生命健康产业，加大政策支持力度，加快平台建设进度，宁波国际生物医药研发培训中心、中科院上海药物所宁波生物产业创新中心两个公共服务平台即将投入运营。2016年已引进落户高端人才项目10个，新增国家“千人计划”2名、市“3315计划”人才团队3个，1名外国专家荣获西湖友谊奖。合作育才。坚持职业教育与产业发展协同推进，试点探索“三位一体、四方联动”校企合作模式，新建职业技术联合学院1家，新增院士工作站和市级创新团队3家。

宣传工作

【概况】 2016年，全县宣传思想文化工作全面贯彻落实中共十八大、十八届三中、四中、五中全会和习近平总书记系列重要讲话精神，紧紧围绕“两美”宁海建设目标，聚力培育践行社会主义核心价值观、舆论阵地建设、提升文化软实力，为全县经济社会发展提供有力的思想保证、舆论支持和文化条件。

【思想理论建设】 在全省基层宣讲经验交流会、农村文化礼堂建设骨干示范培训班、全省农村礼堂推进会、全市农村文化礼堂推进会上作交流发言。深入开展“两学一做”专题教育和十八届六中全会精神宣讲工作，全县累计开展特色党课和形势政策宣讲200余场次，受众4万余人次。大力推进农村文化礼堂建设，出台全县农村文化礼堂“十三五”规划方案，召开工作推进会，实施均衡化布点、区域化推进、品牌化打造、普惠化管用等“四化”专项行动，完成新建文化礼堂30家，成功创建全省文化礼堂先进县。构建“论坛制+讲堂群+微系列”的理论学习新体系，举办县委中心组理论学习15期，开展12期微讲座公益活动和10期正学大讲堂系列讲座活动，并举行2016微型党课授课比赛。着力推进社科论坛讲学体系建设，大力推动社科普及工作。

【舆论宣传】 主题宣传浓墨强势。充分发挥“5+X”宣传策划体系作用，围绕县委县政府中心工作，组织新闻媒体开设“贯彻县委全会精神　拉高标杆补齐短板”“践行

‘五大’发展理念 打造全省最美县城”等12个重点专题专栏，为全县经济转型升级、创新发展营造良好氛围。着力开展舆论监督。围绕“城乡环境综合整治”“三改一拆”“五水共治”等工作，每周定期开设《今日曝光》《记者视点》等监督专栏。推出曝光报道24期，反馈报道22期，有力推动各项工作的落实。对外宣传高歌猛进。在中央、省、市主要媒体共刊出相关报道1000多篇。中国之声《新闻和报纸摘要》栏目头条推出该县涉农资金整合相关报道，取得历史性突破。美丽经济、花海经济等主题外宣被多家中央、省、市主要媒体报道。第十四届徐霞客开游节在浙江新闻APP客户端连续三天推送封面大图，3天点击量超过30万人次，点赞量超过2万。媒体融合不断加快。宁海新闻网、“TV宁海新闻”等主流媒体阵地公众影响力持续扩大，稳步推进报台网一体化发展。做大做强“宁海发布”在宁波市各县（市、区）政务微信影响力排名第一名。舆情导控平稳有序，G20期间全县网络舆情态势平稳，突发热点事件得到有效控制。

【文化发展】 提升文化惠民水平，变送文化为种文化，正式启动“百姓大舞台”进农村活动，开启群众性文化活动新模式。完善繁荣群众文化奖励机制，出台新修订的《关于繁荣群众文化的若干奖励意见》和奖励办法，年度专项奖励资金提升到500万元。组织开展各项文化品牌活动，成功举办第十四届徐霞客开游节、浙江广电青年百名主持走基层和中华诗词高峰论坛。体现古戏台建造、修复手艺的纪录片《戏台藻井》在央视《探索发现》栏目播出。推进文化精品创作，浦子长篇小说《大中》在《作家》首发，张忌的小说《出家》在《收获》杂志刊发。平调大戏《古戏台》启动创作采风，新编平调传统剧目《白雀寺》成功举行首演。加快文化产业发展，全面梳理文化产业工作体系。创新产业投融资模式，筹备设立文化产业基金，分别引进国内动画影视制作企业著名北京熊小米公司和北京文投集团等10家基金股权投资公司入驻该县。积极打造文化特色小镇，以十里红妆博物馆、“非遗”文化产业园、古文化街区、百工百坊为主体的十里红妆爱都小镇，已完成初步概念性规划设计方案和市级特色小镇申报。

【宁海县成为宁波市首个“中华诗词之乡”】 近年来，宁海县把打造诗词之乡作为提升文化软实力的有效载体，进一步提升城市文化内涵，2015年成功摘获“浙江省诗词之乡”称号，2016年被中华诗词之乡学会正式授予“中华诗词之乡”称号。

【120册《宁海丛书》在北京首发】 12月18日，《宁海丛书》在北京全国政协礼堂举行首发仪式。《宁海丛书》分宋元卷、明清卷、民国卷3辑，总120册、近亿字，收录邑人及邑外人所著宁海文献353余种，其中稿本约200余种、抄本30余种，多收孤本、珍本，书目种类繁多，内容丰富多彩，规模在全国县一级中首屈一指，弥补宁海没有集大成地方文献丛书的缺憾，开创当今浙江省县级编纂地方文献的先河。该丛书集史料性、知识性、文学性、可读性、收藏性于一体，以翔实的史料、丰富的题材，全景式再现江南古邑千年发展历史的精神内涵，为世人认识宁海、了解宁海、走进宁海提供重要途径，也为宁海县经济社会发展、文化建设、文史学术研究等提供历史借鉴。《宁海丛书》的编纂出版，也抢救了大量濒临消亡的珍贵文献，其中收入的如清代王嘉玉《管窥录》为

2016年12月，宁海县被中华诗词之乡学会正式授予“中华诗词之乡”称号

学术笔记，流传甚稀。干人俊所编纂的从未出版过的130余种浙江各地的地方志、漫记手稿，对研究民国时期浙江地区的经济、文化具有重要参考价值。《素庵吟稿》《息斋诗稿》等数十种孤本，均为首次公布于世。

【宁海县全方位构建理论学习新体系】 宁海县建立“论坛制+讲堂群+微系列”理论学习新体系，全方位构建理论学习宣讲新体系。通过建立“示范论坛”引领全县、“特色论坛”带动机关、基层论坛普惠百姓的“三级”论坛制，推进纵深化理论学习。以精品讲堂、公益讲堂、百姓讲堂、镇乡讲堂“四维”讲堂群，推进大众化理论宣讲。以建立“文化理堂”宁海微理论微信公众号、开设微课、微论坛、开展微型党课宣讲、制作专题微视频、微电影，编印微读本等五大系列微学习，推进常态化理论宣介。

【宁海县出台全省首个农村文化礼堂五年规划】 宁海县在全省率先编制形成《宁海县农村文化礼堂建设五年规划》，形成年度计划、三年行动计划、五年规划的135梯次打造、全县推进的文化礼堂建设推进模式。实施均衡化布点，按照东扩、西进、南连、北精、中突破的布点思路，到2020年年底，建成农村文化礼堂180家、精品文化礼堂75家、品牌示范点22家、区域化示范片10个。实施区域化推进，着重打造葛洪文化链、胡陈乡“8”字形精品线、童氏文化村、滨海文化圈、市井文化带。实施品牌化打造，力求“一镇一优” “一村一品”，重点培植前童镇孝文化等十大品牌，推出十佳示范礼堂评选和示范农村文化礼堂星级评定。实施普惠化管用，推出“百堂红色党课进礼堂”“百姓大舞台进文化礼堂”“家规祖训伴我行”和12个“我们的”系列活动为主的“3+12”长效机制。

附件：2016年宁海县外宣用稿统计表

表3 2016年宁海县外宣用稿统计表

序号	发表媒体	稿件题目	报道日期	版面	作　者
1	《宁波日报》	宁海创新“社会组织+”发展新模式	2016.01.01	4	孙吉晶　蒋　攀　陈军杰
2	《宁波日报》	公共机构车棚光伏一体化发电项目宁海启动	2016.01.01	5	陈云松　孙吉晶　童时坚
3	《宁波日报》	霞客古道入围浙江十大经典古道	2016.01.02	2	孙吉晶
4	《浙江日报》	“养生小镇”令人期待	2016.01.03	头版	陈云松　陈　醉
5	《宁波日报》	宁海联村干部“进村赶考”交出答卷	2016.01.04	头版	孙吉晶　陈云松　柴晓敏
6	《宁波日报》	宁海推行“走村不漏户群众考干部”工作纪实	2016.01.04	专版	孙吉晶　陈云松　陈　剑　柴晓敏
7	《宁波日报》	宁海开建“大众温泉”	2016.01.05	6	袁信禄　陈云松　蒋　攀
8	《钱江晚报》	宁海温泉度假项目大众温泉酒店	2016.01.05	N2	包晓敏
9	人民网	浙江宁海开建“大众温泉”项目	2016.01.04	—	章勇涛　袁信禄　陈云松　蒋　攀
10	《宁波日报》	精品线路串起胡陈美丽乡村新画卷	2016.01.06	11	王　珏　孙吉晶　陈佩瑶
11	《宁波日报》	打造“四感”城市　实现跨越发展访宁海县委书记褚银良	2016.01.07	4	单玉紫枫　陈云松
12	《浙江日报》	宁海生物医药产业强势崛起	2016.01.07	2	杨军雄　陈云松　葛亚青
13	《宁波日报》	力洋港大桥主墩桩基全部完成	2016.01.09	2	张　燕　徐清炜

续表3

序号	发表媒体	稿件题目	报道日期	版面	作　者
14	《宁波日报》	复古婚礼尽显传统味	2016.01.10	2	陈章升　华建平　摄
15	《宁波日报》	同饮一河水　共护母亲河	2016.01.11	头版	严　龙　陈云松　摄
16	《宁波日报》	塘山村开起富贵花	2016.01.12	11	街镇微发布（桑洲镇）
17	《宁波日报》	储吉旺英文版新书首发	2016.01.12	14	陈嫣婷
18	宁波电视台新闻综合频道	宁海、天台、三门志愿者联手共护“母亲河”	2016.01.13	—	陈　俊　徐铭怿
19	《中国青年报》	宁海实验：重新发现村庄里的主人	2016.01.15	8	李　玥
20	《中国青年报》	用规则塑造主人翁	2016.01.15	8	郭建光
21	《中国青年报》	宁海·学者谈	2016.01.15	8	俞可平　何增科　王时浩
22	《宁波晚报》	宁海为征迁户解决资金问题（棚改）	2016.01.15	4	张　颖
23	《东南商报》	宁海棚改引入“竞争性拆迁”模式（棚改）	2016.01.15	6	林　伟
24	《宁波日报》	江北宁海危改有“高招”（棚改）	2016.01.16	头版	王　岚　陶　镕　吴培均
25	《宁波日报》	快乐方言节	2016.01.17	头版	陈云松　严　龙　摄
26	中央人民广播电台	危旧房改造的“宁波解法”（棚改）	2016.01.18	—	曹美丽
27	《光明日报》	记宁波危旧住宅改造治理（棚改）	2016.01.19	8	曾　毅　干杉杉
28	《宁波日报》	宁海“1+N”服务机制帮扶优抚对象	2016.01.18	4	孙吉晶　蒋　攀　陈军杰
29	《经济日报》	四明山川绿意浓	2016.01.19	15	李　力　郁进东　乔金亮
30	《浙江日报》	宁海一合作社试水农产品“活体”快递	2016.01.19	19	陈　醉　陈云松　周如歆
31	《宁波日报》	四明山川绿意浓	2016.01.20	头版	李　力　郁进东　乔金亮
32	《宁波日报》	俱乐部里的创业故事	2016.01.20	6	孙吉晶　陈云松　徐红燕
33	《宁波日报》	宁海籍拳手国英杰夺金	2016.01.20	14	林　海　王静雅　陈云松
34	《宁波日报》	宁海传统工业厚积薄发增势强劲	2016.01.21	头版	孙吉晶　袁信禄　蒋　攀
35	《宁波日报》	抵御强寒潮　我们在行动（综合稿）（抗冰冻）	2016.01.21	3	—
36	中央电视台新闻频道	《新闻直播间》浙江宁海：气温骤降　供电部门严阵以待	2016.01.22	—	—
37	浙江APP	宁海快速处置一起管道受损事故（抗冰冻）	2016.01.22	—	翁云骞　蒋　攀　赵日江
38	浙江APP	“大家伙”上阵，宁海全力抢通积雪省道（抗冰冻）	2016.01.22	—	陈云松　翁云骞
39	甬派	“不要担心，我们来了！”（抗冰冻）	2016.01.22	—	缪　军　袁信禄　摄
40	中央电视台综合频道	《新闻联播》“综合”寒潮“凶猛”气象预警升级	2016.01.23	—	—
41	《宁波日报》	风雪中，有爱有温暖（桑洲综合稿）（抗冰冻）	2016.01.23	头版	—

续表3

序号	发表媒体	稿件题目	报道日期	版面	作　者
42	甬派	风雪中，有爱有温暖（桑洲综合稿）（抗冰冻）	2016. 01. 23	—	—
43	宁波电视台新闻综合频道	公路部门抢通宁海望海港村出入唯一通道（抗冰冻）	2016. 01. 23	—	高博雯
44	《东南商报》	整修古戏台	2016. 01. 24	8	陈也喆　章亚萍　文 王　鹏　摄
45	《宁波日报》	军民合力清积雪（抗冰冻）	2016. 01. 24	2	袁信禄　摄
46	甬派	3 名医护冒雪登上“望海岗”（抗冰冻）	2016. 01. 24	—	蒋炜宁　王珍珍
47	《宁波日报》	冰雪中涌动的“绿意”	2016. 01. 25	4	陈　飞　孙武骛
48	中央电视台综合频道	《新闻联播》“综合”北方气温回升　南方低温持续	2016. 01. 25	—	—
49	《宁波日报》	风雪送医“望海岗”（抗冰冻）	2016. 01. 25	4	袁信禄　孙吉晶　蒋炜宁
50	《钱江晚报》	他把救命药送到了山上（抗冰冻）	2016. 01. 25	N3	王珍珍　柳叶刀　李竹青
51	《现代金报》	医生雪地徒步一个半小时（抗冰冻）	2016. 01. 25	6	王　珍　贺　艳
52	《东南商报》	雪・警（前童派出所图片新闻）（抗冰冻）	2016. 01. 25	12	周国亮
53	甬派	宁海万亩枇杷受冻今年的“一市白”产量要少了（抗冰冻）	2016. 01. 25	—	孙吉晶　陈云松　周如歆
54	中国宁波网	宁海一市万亩枇杷受冻预计今年产量将大幅下降（抗冰冻）	2016. 01. 25	—	孙吉晶　陈云松　周如歆
55	浙江 APP	宁波党员干部齐心抗寒潮（抗冰冻）	2016. 01. 25	—	应　磊　竺　佳
56	《浙江日报》	宁波党员干部齐心抗寒潮（抗冰冻）	2016. 01. 25	12	应　磊　竺　佳
57	《浙江日报》	各地群众为浙江蓝图点赞（西店成人校长邬国焕）	2016. 01. 26	10	陈　醉
58	中国宁波网	宁海桑洲小吃　乡愁的味道	2016. 01. 26	—	严　龙　陈云松
59	中央电视台纪录频道	《传家》喜事　宁海十里红妆	2016. 01. 26	—	—
60	乡下头	非遗传承，桑州美食！	2016. 01. 27	—	严　龙　云　松　铭　怿
61	中央人民广播电台	宁海医生寒风雪地徒步一个半小时救治患儿（抗冰冻）	2016. 01. 27	—	中国之声《新闻晚高峰》栏目组
62	《宁波日报》	乡村观察员：垃圾分类助力“美丽乡村”建设	2016. 01. 27	9	何　峰　王　珏　黄　程
63	《浙江日报》	政府工作报告公共服务均等微互动（第一医院方正敏）	2016. 01. 28	14	蒋　攀　陈　醉
64	《宁波日报》	桑洲小吃“非遗”味道	2016. 01. 29	6	严　龙　陈云松　徐铭怿
65	《宁波日报》	首批十个“最洁美村庄”揭晓（综合稿）	2016. 01. 29	头版	沈孙晖　王　珏

续表3

序号	发表媒体	稿件题目	报道日期	版面	作　者
66	《浙江日报》	盘点百姓关注热点（县教育局局长蒋善琪）	2016.01.29	14	陈云松　陈　醉
67	《宁波日报》	“最洁美村庄”评选市民反响热烈（下畈村）	2016.01.30	2	王　珏　沈孙晖
68	《宁波日报》	宁海画家设计的猴年纪念邮品受热捧	2016.01.30	3	项一嵚　彭沐阳　袁信禄
69	《宁波日报》	一核多站点，促校外教育城乡均衡发展	2016.01.31	11	朱渊文　葛巧芳　黄　合
70	《宁波日报》	活动快递（团委）	2016.01.31	11	宁海县青少年活动中心
71	中国宁波网	黄坛镇弘杨村热闹迎小年	2016.01.30	—	严　龙　陈云松　吴丹丹　摄
72	甬派	宁海黄坛镇弘杨村　千名游客热闹迎小年	2016.01.30	—	严　龙　陈云松　吴丹丹
73	乡下头	民俗文化醉人，传统年味氤氲！走，去村里寻找年的味道！	2016.02.02	—	王　珏　严　龙　云　松
74	《宁波日报》	宁海首试涉农资金整合改革	2016.02.02	头版	杨绪忠　陈云松
75	《宁波日报》	涉农资金整合改革的“宁海探索”	2016.02.02	专版	孙吉晶　袁信禄　龚启航
76	中国宁波网	宁海摘得国家生态县桂冠	2016.02.02	—	孙吉晶　蒋　攀　金　君
77	宁波电视台新闻综合频道	《看看看》环保部正式授予宁海“国家生态县”称号	2016.02.02	—	沈　洁　陈翔程
78	浙江 APP	宁海成宁波首个国家生态县	2016.02.02	—	—
79	浙江在线	浙江宁海千人进山体验传统春节	2016.02.03	首页	严　龙　陈云松　吴丹丹　葛主铨
80	浙江 APP	千人进山　宁海传统春节如此有趣	2016.02.03	—	严　龙　陈云松　吴丹丹　葛主铨
81	《宁波日报》	三门湾大桥及接线工程推进顺利	2016.02.03	5	张　燕　徐清炜
82	《宁波日报》	宁海黄坛浓浓年味溢满乡村的每个角落	2016.02.03	9	王　珏　孙吉晶　吴丹丹
83	《宁波日报》	7 位森林公安警察的坚守	2016.02.03	12	孙吉晶　蒋　攀　仇丹娅
84	《宁波日报》	宁海成为我市首个国家生态县	2016.02.06	头版	孙吉晶　蒋　攀　金　君
85	《宁波日报》	他们，在海边“孕育”大桥	2016.02.07	头版	孙吉晶　陈云松　袁信禄
86	《宁波日报》	宁海一企业替员工发“孝顺金”给父母	2016.02.07	2	孙吉晶　袁信禄　徐红燕
87	《浙江日报》	宁海福字送上船	2016.02.09	头版	蒋　勇　吴　晟　摄
88	《宁波日报》	宁海 46 名农民工讨回半年“血汗钱”	2016.02.11	2	蒋　攀　黄浓珍　钱海祥
89	浙江卫视	新春走基层：宁海平调古戏焕发新活力	2016.02.11	—	浙江新闻联播
90	《宁波日报》	宁海游子返乡建言献策谋发展	2016.02.12	2	黄　合　蒋　攀　林　琳
91	《宁波日报》	宁海智能汽车小镇呼之欲出	2016.02.13	头版	孙吉晶　陈云松　董兴昆
92	《宁波日报》	宁海乡村游闹猛	2016.02.13	2	陈云松　孙吉晶　胡　伟
93	《浙江日报》	宁海三门湾跨海大桥——轮班作业战犹酣	2016.02.14	头版	陈　醉　陈云松
94	甬派	宁海通用航空机场领到“准生证”计划今年开工建设	2016.02.14	—	吴明京

续表3

序号	发表媒体	稿件题目	报道日期	版面	作　　者
95	《宁波日报》	建设宁海智能汽车小镇　打造宁波“工业客厅”	2016. 02. 15	专版	孙吉晶　袁信禄　陈云松　龚　启
96	《浙江日报》	开足马力赶订单	2016. 02. 15	3	杨军雄　陈云松　徐红燕
97	《人民日报》	护良风美俗　如护元气（感言）	2016. 02. 15	6	姜　赟
98	《人民日报》	情侣献爱困难少年	2016. 02. 15	15	林琳　摄
99	《现代金报》	宁海通用航空机场获批复	2016. 02. 15	6	薛曹盛
100	《宁波日报》	各地大招商大项目风头正劲（综合）	2016. 02. 16	头版	孙吉晶　综合各地记者站报道
101	《宁波日报》	新年早开工	2016. 02. 16	2	李江林　葛主铨　摄
102	《宁波日报》	三门湾大桥建设“开门红”	2016. 02. 16	2	张　燕　徐清炜
103	《宁波日报》	强蛟镇峡山村村民举行抬神巡游祈福民俗活动	2016. 02. 17	12	尤才彬　摄
104	《宁波日报》	棚户区改造的“宁海路径”	2016. 02. 17	12	孙吉晶　陈云松　邵映菡
105	《宁波日报》	节后农村环境整治不放松	2016. 02. 17	2	严　龙　王晓娜　摄
106	《浙江日报》	宁海领证航空机场开建	2016. 02. 17	6	刘乐平　陈云松
107	《宁波日报》	宁海“听政问廉”打造蔚然清风	2016. 02. 18	8	董小芳　严雪婷　罗静
108	《宁波日报》	宁海开启城乡 15 分钟交通圈	2016. 02. 19	7	陈云松　孙吉晶　谢久安
109	人民网	图说中国：航拍宁波滨海渔村新貌（首页首屏）	2016. 02. 20	—	山水尤
110	《宁波日报》	宁海返厂职工收到“开门红包”	2016. 02. 20	3	董　娜　王　峢
111	《宁波日报》	向“夫妻工”抛出橄榄枝	2016. 02. 21	6	董　娜　王　峢
112	宁波电视台新闻综合频道	《看看看》迎元宵：“灯人”表演真稀奇	2016. 02. 20	—	长街镇山头村
113	宁波电视台新闻综合频道	迎元宵：前童行会“备战”忙	2016. 02. 20	—	前童镇
114	宁波电视台新闻综合频道	《宁波新闻》赏花舞龙祈福　市民喜迎元宵　强蛟王石岙抬龙	2016. 02. 21	—	强蛟镇王石岙村
115	甬派	正月十五元宵节，但宁海人都过十四！	2016. 02. 20	—	—
116	乡下头	在前童，看见 500 年前的元宵烟火！	2016. 02. 21	—	王　珏　章勇涛　李林江
117	人民网	浙江宁海：18 杠抬阁闹元宵（首页首屏）	2016. 02. 21	—	章勇涛　李江林　严　洁
118	《宁波日报》	“灯人”点亮乡村元宵节	2016. 02. 21	7	水玲玲　杨静雅
119	《宁波日报》	猜灯谜跃龙街道（元宵）	2016. 02. 21	7	陈章升　华建平　摄
120	《人民日报》	孤岛渔民靠海“吃”海	2016. 02. 21	9	—
121	《宁波日报》	“绿色”战略推进农业生态高效	2016. 02. 22	3	孙吉晶

续表3

序号	发表媒体	稿件题目	报道日期	版面	作　者
122	《宁波日报》	宁海提升城市品质　建设美丽县城	2016.02.22	专版	孙吉晶　袁信禄　蒋　攀　邵映菡
123	《宁波日报》	迎元宵　人欢笑	2016.02.22	8	李江林　严　龙　摄
124	中国新闻网	宁波前童元宵行会　百年民俗引万人“狂欢”（首页首屏）	2016.02.22	—	李江林
125	《宁波日报》	服务人才，各地齐亮“高招”宁海：绿卡在手，服务不愁	2016.02.22	11	周　琼　勇祖轩
126	《宁波日报》	宁海治出水清岸绿好风景	2016.02.23	专版	孙吉晶　王芦放　陈云松
127	《宁波日报》	运动休闲产业要打好创新牌　胡冰谷（两会）	2016.02.23	7	陈　敏　陈云松
128	《宁波日报》	宁海一八旬老人乐做环保达人	2016.02.23	13	赵　燕　孙吉晶　陈云松
129	中央电视台新闻频道	《新闻联播》发票改革迈大步　企业运营再减负	2016.02.24	—	—
130	《宁波日报》	宁海代表团审议政府工作报告（两会）	2016.02.24	4	黄　合　蒋　攀　袁信禄
131	《宁波日报》	“美丽经济”是发展潜力所在童青燕（两会）	2016.02.24	5	陈云松
132	《宁波日报》	乡下头一周精选　一年一次的浪漫，一年一次的狂欢！	2016.02.24	14	王　珏
133	《宁波日报》	街镇微发布　力洋镇为新农村建设出谋划策	2016.02.24	15	王　博
134	《宁波日报》	暖暖社区情　欢乐度佳节　松竹社区	2016.02.24	15	陈章升　华建平　摄
135	《宁波日报》	边防派出所官兵助群众完成千个“微梦想”	2016.02.24	16	王　博　徐超　蒋　攀
136	《宁波日报》	宁海收入方孝孺所撰《重刻成化本逊志斋集》	2016.02.24	18	南　华　葛佩玲
137	《浙江日报》	智能汽车小镇呼之欲出（今日宁波）	2016.02.24	17	陈云松　袁信禄
138	《浙江日报》	宁海棚户区改造引入“竞争机制”（今日宁波）	2016.02.24	18	陈　醉　陈云松　邵映菡
139	《浙江日报》	112岁老人能做“文具装配”（今日宁波）	2016.02.24	19	应　磊　施力维　陈云松
140	《浙江日报》	宁海在网上发布事业单位服务清单	2016.02.25	3	黄　宏　陈云松
141	浙江新闻	指尖上的便民服务　干什么要找谁　手机上门儿清	2016.02.25	—	黄　宏　陈云松
142	《宁波日报》	科学规范建设特色小镇（两会）	2016.02.25	3	包凌雁　袁信禄
143	中央电视台综合频道	《新闻联播》一批志愿服务先进典型受到表彰	2016.02.26	—	—
144	《宁波日报》	创新载体让垃圾分类变为习惯　储海娟（两会）	2016.02.26	4	陈云松

续表3

序号	发表媒体	稿件题目	报道日期	版面	作　　者
145	《宁波日报》	宁海县“党群同心圆”入围全国最佳志愿服务项目	2016. 02. 27	4	蒋炜宁　徐桂亚　陈静珠
146	《宁波日报》	宁海西岙村正月十八“过大年”千年古村“行大龙”（元宵）	2016. 02. 27	5	周衍平　周燕波
147	《浙江日报》	宁海基金招商引来优质企业	2016. 02. 29	4	杨军雄　陈云松
148	《浙江日报》	公交车通到偏远村	2016. 02. 28	头版	谢　晔　应　磊　陈云松
149	《光明日报》	浙江宁海：“党群同心圆”服务群众“微心愿”	2016. 02. 28	3	靳　昊
150	《人民日报》	浙江宁海“党群同心圆”满足微心愿（志愿服务进行时）	2016. 02. 29	9	张　贺
151	中央电视台综合频道	《新闻联播》发票改革迈大步　企业运营再减负	2016. 02. 24	—	—
152	《宁波日报》	西店镇把成校办进每家规上企业	2016. 03. 01	头版	陈　敏　陈云松　徐红燕
153	《宁波日报》	“党群同心圆”连接党群心	2016. 03. 01	7	杨静雅　蒋　攀
154	《钱江晚报》	曾玩转华尔街的法国大叔受聘宁海小山村当村官	2016. 03. 01	10	陈　醉　陈云松　王亚青
155	宁波电视台新闻综合频道	宁海县“党群同心圆”让志愿服务精准有效	2016. 03. 01	—	—
156	浙江 APP	白皮肤蓝眼睛　宁海山村来了洋村官！	2016. 03. 01	—	陈雯雯
157	中央电视台新闻频道	《新闻直播间》浙江宁海：垃圾袋印上二维码　有“身份”能溯源	2016. 03. 02	—	—
158	《宁波日报》	趣味活动迎“三八”	2016. 03. 02	6	华建平　陈章升　摄
159	《宁波日报》	宁海：打一场农村包围城市的“垃圾攻坚战”	2016. 03. 02	9	孙吉晶　陈云松
160	《宁波日报》	宁海老人出资五百万元修缮祖宅	2016. 03. 02	10	陈云松　孙吉晶　严　洁
161	人民网	春天去寻找最美花海（首页首屏）	2016. 03. 02	—	山水游尤
162	《宁波晚报》	宁海凫溪香鱼有望“游”上百姓餐桌	2016. 03. 03	5	周科娜　苗亮　游玉增
163	《宁波日报》	宁海“369”计划培育小镇经济	2016. 03. 07	头版	孙吉晶　陈云松
164	《宁波日报》	法国大叔宁海山村当主任助理	2016. 03. 09	9	陈云松　孙吉晶
165	《宁波日报》	金婚家庭入画来	2016. 03. 09	13	严　龙　陈云松　摄
166	《宁波日报》	我市首现签约率货币化率“双百”危改项目	2016. 03. 10	2	王　岚　蒋　攀　李　运
167	《钱江晚报》	宁海这块碑为何那么多韩国人参拜	2016. 03. 11	N8	竺　佳　陆　艳
168	中央人民广播电台	国家级非物质文化遗产宁海耍牙（难忘的中国之声）	2016. 03. 11	—	房　炜
169	《光明日报》	桑洲花事	2016. 03. 13	9	浦　子

续表3

序号	发表媒体	稿件题目	报道日期	版面	作　者
170	《宁波日报》	从“景点游”迈向“全域游”	2016.03.14	头版	孙吉晶　陈云松　汪丽亚
171	《宁波日报》	宁海制定“操作手册”列出19条细则	2016.03.14	7	董小芳　袁信禄　张　晨
172	《宁波日报》	宁海出版全省首部“五水共治”口述档案著作	2016.03.14	11	葛梦婕
173	《浙江日报》	稻田检测土壤水质	2016.03.14	12	翁云骞　陈云松
174	人民网	宁波农村环境百日整治补齐“美丽”短板	2016.03.15	—	—
175	《宁波日报》	桃花三月下胡陈	2016.03.16	9	王　珏
176	《宁波日报》	胡陈外出企业家致富不忘乡亲反哺家乡建设	2016.03.16	11	孙吉晶　龚启航　蒋　攀　胡燕红
177	《宁波日报》	宁海有家国家定点边销茶生产企业	2016.03.16	11	街镇微发布（岔路镇）
178	《宁波日报》	宁海“岔路道情”：重拾传承之火	2016.03.16	15	周燕波　周衍平
179	《宁波日报》	古村里的盲人琴师	2016.03.17	10	严　龙　陈云松
180	《东南商报》	宁海县第四批校（园）长挂职启动	2016.03.19	12	王小飞
181	新华社	浙江宁海：“十里红妆”迎嫁妆	2016.03.19	—	张辉　摄
182	《宁波日报》	桃乡迎客来	2016.03.19	头版	孙吉晶　蒋　攀　胡燕红
183	《宁波日报》	宁海外贸进出口连续3年逆势增长	2016.03.20	头版	陈云松　孙吉晶　郁玲玲
184	《宁波日报》	醉花海	2016.03.20	头版	周建平　摄
185	人民网	第九届宁海东山桃花节开幕　生态环境监测分析报告公布	2016.03.20	—	夏欢辉　屠知力
186	《宁波日报》	宁海试行“检医合作”预防基层卫生机构职务犯罪	2016.03.20	2	董小芳　屠春技　朱诗盼
187	浙江在线	浙江最美森林古道　浓郁的春天色彩（首页首屏）	2016.03.20	—	—
188	《宁波日报》	胡陈举办旅游纪念品设计大赛	2016.03.21	6	王　珏　胡燕红
189	《浙江日报》	娃娃鱼　归去来	2016.03.21	12	聂伟霞　蒋　攀　陈传敏
190	新华社	宁海邀约上海市民　烟花三月看桃花	2016.03.21	—	胡燕红
191	《宁波日报》	清潭：张良后裔聚居地　崇学重教高山村	2016.03.23	10	蒋　攀　孙吉晶　童俊娜
192	中央电视台新闻频道	《新闻直播间》春暖花开　踏青赏花正当时（桑洲油菜花）	2016.03.24	—	—
193	《宁波日报》	宁海推出全国首个县级“智慧登山”系统	2016.03.24	头版	林　海　陈云松　王静雅
194	《宁波日报》	人意山光总是诗	2016.03.25	B1	陈　青　叶雅琴
195	浙江APP	婺源太远，不如到宁海桑洲看油菜花吧！	2016.03.24	—	陈云松　摄
196	浙江APP	一百个免费名额！我们相约宁波最美“越野跑道”	2016.03.23	—	周文丹

续表3

序号	发表媒体	稿件题目	报道日期	版面	作　　者
197	甬派	花漾南山——桑洲	2016.03.23	—	—
198	新华社	浙江宁海：梯田式油菜花竞相开放	2016.03.24	—	黄宗治
199	中国日报网	浙江宁海：梯田式油菜花竞相开放	2016.03.24	—	—
200	浙江在线	桃林中激扬青春　宁海美丽乡村迷你马拉松开跑	2016.03.25	—	胡燕红　摄
201	人民网	浙江宁海：乡村拍卖会开槌　百名游客现场竞拍（首页首屏）	2016.03.26	—	章勇涛
202	《浙江日报》	农村老物件，拍出浓浓乡愁	2016.03.28	7	陈　醉　陈云松
203	《人民日报》	乡村拍卖会	2016.03.28	12	章勇涛　摄
204	《宁波日报》	宁海农村法治文化借出新天地	2016.03.28	2	龚哲明　葛乾敏
205	《宁波日报》	宁海三级民生平台提供“一站式”服务	2016.03.28	7	孙吉晶　蒋　攀　陈军杰
206	《宁波日报》	投身“主战场”当好“急先锋”	2016.03.28	11	赵继承　李训兵　许　骁　王　佳
207	《宁波日报》	打好预防火灾“提前仗”	2016.03.28	11	盛文赞　摄影报道
208	《浙江日报》	宁海推出登山健身步道 APP	2016.03.29	13	李　春　王静雅
209	《宁波日报》	槌落乡间淘旧货	2016.03.30	9	孙吉晶　陈云松
210	《宁波日报》	75 万元，见证宁海大爱	2016.03.30	5	黄浓珍　徐红燕
211	《宁波日报》	重拾女红记忆	2016.03.31	7	严　龙　陈云松　文/摄
212	《宁波日报》	宁海一企业生意做到乌克兰	2016.03.31	11	俞永均　袁信禄
213	《宁波日报》	宁海百名“金蓝领”喜购人才公寓	2016.04.01	5	孙吉晶　蒋　攀　袁信禄
214	人民网	浙江宁海：学做小纸花　低碳过清明	2016.04.01	—	章勇涛
215	《宁波日报》	宁海改进农村生活垃圾分类模式	2016.04.03	2	孙吉晶　蒋　攀　葛　超
216	《宁波日报》	全域赏花图催热“山谷经济”	2016.04.04	头条	陈云松　袁信禄　孙吉晶
217	浙江 APP	谁是“人气王”？“4·10”宁海岔路山地马拉松见分晓	2016.04.05	—	周文丹　章建斌
218	《浙江日报》	宁海西店镇企业兴起“员工学校”	2016.04.05	5	陈　醉　陈云松
219	《宁波日报》	陌上花开，山乡巨变南山章	2016.04.06	13	王　珏　陈云松　严　龙　李江林
220	浙江在线	亲近自然　强蛟镇打造纯休闲“海趣”半岛小镇	2016.04.05	—	王喜文
221	《钱江晚报》	奔跑吧，用最炫的姿势　最具人气跑员或许就是你	2016.04.06	N6	周文丹　章建斌　周衍平
222	《宁波日报》	宁海吸收民间力量充实人民调解队伍	2016.04.07	2	龚哲明　葛乾敏
223	《宁波日报》	笋贱伤农如何破局？	2016.04.07	3	孙吉晶　黄剑跃　龚启航

续表3

序号	发表媒体	稿件题目	报道日期	版面	作　者
224	《宁波日报》	宁海推行农民监督员制度	2016.04.07	5	董小芳　张　晨　葛晓莹
225	《宁波日报》	市中学生田径运动会结束	2016.04.07	8	陈云松　摄
226	《工人日报》	油菜花田上空架线员演“杂技”	2016.04.07	6	胡学军　摄
227	《宁波日报》	十里红妆	2016.04.08	B3	叶炜　摄影　原杰　配诗
228	甬派	太诱人啦！千人共赴宁海弘杨村毛笋宴	2016.04.09	—	严　龙　吴丹丹
229	宁波新闻网	太诱人了　千人共赴宁海弘杨村毛笋宴	2016.04.09	—	严　龙　吴丹丹　摄
230	浙江 APP	浙跑团相约宁海　用最炫姿势奔跑吧！	2016.04.10	—	郑　巍　周文丹　王淑玮　郭戟铠
231	《宁波日报》	11.5 公斤重的笋王	2016.04.10	3	严　龙　吴丹丹　摄
232	《现代金报》	自家的“笋王”卖出 1100 元天价	2016.04.10	3	陈云松　吴丹丹　郑　晓
233	《现代金报》	宁海（长街）蛏子节将于本月 14 日开幕	2016.04.11	8	陈云松　季增强　郑　晓
234	《钱江晚报》	“浙江新闻带你跑过宁波最美春天”昨日跑进宁海	2016.04.11	N3	郑　巍　应　磊　周文丹　葛　超
235	甬派	宁海 80 后社工：工作过的拆迁地块上拍婚纱照	2016.04.11	—	—
236	《东南商报》	宁波第一寿星走得很安详	2016.04.11	—	樊卓婧　鲍云洁
237	《钱江晚报》	112 岁，宁波最长寿老人安详离世	2016.04.12	N6	陈云松　应　磊
238	《浙江日报》	走过一个世纪　留下动人背影	2016.04.12	16	应　磊　沈晶晶　施力维　陈云松
239	乡下头	春光正好，蛏子肥美！快让我到宁海长街的泥地里，撒点野！	2016.04.12	—	乡姑黄
240	甬派	追忆宁波第一寿星丨何晓道：阿婆不大在意钱多钱少　百岁高龄还想种田	2016.04.12	—	—
241	凤凰网	“凤”入前童古镇　体验难得的“静”生活	2016.04.13	—	殷　蕾
242	《浙江日报》	宁海以拾荒老人名义设公益基金	2016.04.13	16	黄浓珍　徐红燕　陈云松　陈　醉
243	《宁波日报》	寻求海苔深加工之路	2016.04.13	12	孙吉晶　蒋　攀　王国杰
244	《宁波日报》	宁海一拾荒老人善举感动乡亲	2016.04.13	5	黄浓珍　徐红燕　孙吉晶
245	《宁波晚报》	高山上的相守	2016.04.13	头版	胡龙召　摄
246	《宁波晚报》	高山上的相守	2016.04.13	专版	胡龙召　文　黄海清　摄
247	《宁波日报》	反映村干部的信访量少了 63%	2016.04.14	6	董小芳　袁信禄　张　晨
248	甬派	别人羡慕她生命的长度，晚辈钦佩她生命的精彩	2016.04.14	—	—
249	《宁波日报》	宁海长街打造富民“蛏子饭碗”	2016.04.15	7	王　珏　孙吉晶　陈云松
250	浙江 APP	从滩涂到锅里　肥美长街蛏子养成记	2016.04.15	—	陈　醉　陈云松

续表3

序号	发表媒体	稿件题目	报道日期	版面	作　者
251	甬派	每10个长街人中，就有1个人的收入与蛏子有关	2016.04.15	—	王　珏　孙吉晶　陈云松
252	《浙江日报》	错时菜花　春色撩人	2016.04.16	头版	陈云松　袁信禄　陈　醉
253	《东南商报》	车间变课堂　企业老板当校长	2016.04.16	10	李　宁　王小飞
254	《宁波晚报》	宁海弘杨村——高山云雾出好笋	2016.04.16	7	鲁　威　吴丹丹
255	《中国青年报》	"宁海模式·全国大学生记者主题新闻实践营"开营	2016.04.18	3	胡　玥　章　正
256	宁波电视台新闻综合频道	小山村里来了个"洋"村官	2016.04.18	—	—
257	《宁波日报》	强蛟"百分制+季考核"整治脏乱差	2016.04.19	2	孙吉晶　蒋　攀　王国杰
258	甬派	宁海湾'2016湾区旅游文化节开幕　掀起市民亲海新体验	2016.04.19	—	—
259	《宁波日报》	一朵花的产业链有多长	2016.04.20	3	孙吉晶　陈云松
260	《宁波日报》	海岛美景尽收眼底	2016.04.20	4	徐文杰　蒋　攀　摄
261	《宁波日报》	方正模具：全球顶级竞技场的宁波力量	2016.04.20	8	易　鹤　杨倩红　陈云松
262	《宁波日报》	宁海千亩白枇杷绝收获赔百万元	2016.04.20	8	杨绪忠　陈鑫磊　李振华
263	《宁波日报》	西店卫星城奏响"三部曲"	2016.04.20	12	王　博　孙吉晶　徐红燕
264	《宁波日报》	宁海首座智能变电站投运	2016.04.22	5	徐能　徐东伟　摄
265	《宁波日报》	宁海农民承揽贵州杨梅种植大单	2016.04.24	3	陈云松　孙吉晶　周如歆
266	《中国青年报》	16所高校大学生记者献计"宁海模式"	2016.04.24	2	卢义杰
267	甬派	宁海县委书记省委全会发言找短板抓发冲刺全省第一方阵	2016.04.27	—	—
268	中国宁波网	十几位"大咖"组团为宁海越溪未来发展出谋划策	2016.04.29	—	王　博　章亚丽
269	《宁波日报》	第六届宁波茶艺大赛落幕	2016.05.01	2	孙吉晶　曹维燕
270	《宁波日报》	记宁波如意股份有限公司叉车车间质检员储为统	2016.05.02	头版	董　娜
271	《宁波日报》	"微信融资平台"为中小企业解难题	2016.05.03	头版	孙吉晶　蒋　攀　范丽珏
272	《宁波日报》	宁海奏响乡村游田园曲	2016.05.03	4	孙吉晶　陈云松　王美匀
273	浙广早新闻	宁海力补发展动力短板	2016.05.03	—	高　嵩
274	《宁波日报》	打油诗集《浙东小西藏》让宁海双峰高山村一举成名	2016.05.04	10	朱军备　汪　泳
275	《宁波日报》	宁海越溪"引智下乡"刮起"头脑风暴"	2016.05.04	12	王　博　章亚丽
276	乡下头	是什么，吸引了十几位"大咖"同时出现在宁海越溪？	2016.05.04	—	—

续表3

序号	发表媒体	稿件题目	报道日期	版面	作　者
277	《浙江日报》	宁海搭建大平台集聚大产业	2016.05.05	头版	夏　丹　陈云松
278	《浙江日报》	塘山村来了“山西人”书记	2016.05.05	4	—
279	《宁波日报》	工地赛技能	2016.05.05	5	严　龙　邵映菡　摄
280	《浙江日报》	不忘初心　合力强浙（陈焕苗）	2016.05.06	9	金　梁
281	《宁波日报》	“千里眼”紧盯农村生活污水治理	2016.05.08	头版	孙吉晶　蒋　攀　李文景
282	《宁波日报》	510条家规家训挂上村民家	2016.05.08	2	董小芳　张　晨　储杨洋
283	《宁波日报》	宁海最大“城市绿肺”基本形成	2016.05.09	头版	陈云松　严　龙　邵映菡
284	《宁波日报》	宁波模具产业园区获“国字”招牌	2016.05.10	头版	孙吉晶　王　博　石华珍
285	《宁波日报》	“望海茶一号”拍出高价	2016.05.10	2	陈章升
286	《浙江日报》	宁海“赏花经济”升级记	2016.05.10	18	陈　醉　陈云松
287	《宁波日报》	宁海越溪新修200米木栈道	2016.05.11	12	王　博　章亚丽
288	《中国青年报》	全域旅游：远方的客人如何被宁海留下来	2016.05.11	5	云南大学　苏有鹏
289	《中国青年报》	寻找宁海的乡愁密码	2016.05.11	5	肖　丹　王　朋
290	《中国青年报》	宁海动真格对村庄环境进行全域整治	2016.05.11	5	兰州大学　张　帆
291	《浙江日报》	“超级海绵”巧治水患	2016.05.12	11	陈　醉　陈云松
292	《宁波日报》	三门湾大桥：浙东新纽带	2016.05.12	2	包凌雁
293	《现代金报》	宁海古稀“工匠”出书忙	2016.05.12	7	蔡能平　郑　晓
294	《宁波日报》	汽车共享，宁波准备好了么？	2016.05.13	4	冯瑄　陈云松　应科苗
295	《现代金报》	宁海将日均新增“净水”能力4万吨	2016.05.14	3	樊　莹
296	《宁波日报》	人工湖变身“超级海绵”	2016.05.15	头版	仇九鼎　陈云松
297	《宁波日报》	宁海模具工匠六年出版三本专著	2016.05.16	7	孙吉晶　陈云松　蔡能平
298	《中国青年报》	宁海：从“全域治理”到“全境打造”	2016.05.16	头条	董碧水
299	《宁波日报》	宁海工会吹响农民工入会“集结号”	2016.05.17	4	董　娜　王　頔
300	《浙江日报》	宁海浙商回归热投新兴产业	2016.05.17	3	金　梁　袁信禄
301	新蓝网	（探寻）宁波宁海步道	2016.05.16	—	—
302	新华社	第十四届徐霞客开游节在宁海开幕	2016.05.19	—	黄宗治
303	新华社	第十四届徐霞客开游节在宁海开幕	2016.05.20	—	黄宗治
304	中央人民广播电台	全国6城市进入第二批徐霞客游线标志地名单	2016.05.18	—	杜金明　陈云松
305	中央人民广播电台	浙江宁海办开游节庆祝旅游日　多数景区门票半价	2016.05.19	—	杜金明　陈云松　蒋　攀
306	《光明日报》	第十四届徐霞客开游节开幕	2016.05.20	7	曾　毅　干杉杉

续表3

序号	发表媒体	稿件题目	报道日期	版面	作　者
307	人民网	第十四届徐霞客开游节在浙江宁海开幕（组图）	2016.05.19	—	陈金莲　章勇涛　李江林
308	中国经济网	第十四届中国徐霞客开游节隆重开幕	2016.05.19	—	郁进东　丁继敏
309	中国新闻网	浙江宁海办第十四届徐霞客开游节　追寻游圣足迹	2016.05.19	—	李佳赟　陈云松
310	中国新闻网	逐梦山水画卷间　浙江宁海借节庆“点绿成金”	2016.05.21	—	李佳赟　陈云松
311	《人民政协报》	第二批徐霞客游线标志地产生	2016.05.20	8	专版
312	《人民政协报》	在参与中弘扬徐霞客精神——见证第二批标志地寻找和认证终审会	2016.05.20	8	专版
313	《人民政协报》	第十四届徐霞客开游节在宁海举行	2016.05.25	10	专版
314	《中国青年报》	第十四届中国徐霞客开游节宁海开幕	2016.05.20	头版	董碧水　王　林
315	新浪网	从霞客之路启程　共庆第六个中国旅游日	2016.05.19	—	舒霞芳
316	凤凰网	“我为中国加分”宁海公益惠民文明旅游活动启动	2016.05.10	—	胡盼攀　王涣齐
317	凤凰网	宁海全域旅游全速启航　推进旅游、城乡、产业综合发展	2016.05.15	—	洪　斌
318	凤凰网	开游节将至　宁海景区任性游之走进前童古镇	2016.05.17	—	洪　斌
319	凤凰网	宁海景区任性游之走进森林温泉小镇：自然馈赠的无穷玩法	2016.05.17	—	洪　斌
320	凤凰网	中华诗词高峰论坛今日在宁海举行	2016.05.19	—	洪　斌
321	凤凰网	第十四届徐霞客开游节宁海开幕　共庆第六个中国旅游日	2016.05.19	—	洪　斌
322	凤凰网	一批特色旅游项目在宁海签约（图）	2016.05.19	—	洪　斌
323	《浙江日报》	宁海“全域化旅游”升级乡村经济	2016.05.17	专版	陈云松
324	《浙江日报》	宁海举办第14届中国徐霞客开游节	2016.05.20	13	应　磊　贺元凯　陈云松
325	浙江卫视	中国旅游日　浙江美丽山水喜迎八方来客	2016.05.19	—	—
326	浙江卫视	浙江广电百名主持人走进宁海	2016.05.21	—	—
327	上视新闻综合	古老庄重“开游节”盛大开幕	2016.05.30	—	—
328	浙江之声	第六个中国旅游日浙江分会场活动在宁海启动，全省近百家景区推出了各种优惠措施	2016.05.19	—	高　嵩（浙江新闻联播）
329	FM93交通之声	如果你在浙江，竟然不知道今天是什么日子，那你的损失可就真的太！大！了！	2016.05.19	—	汪　洋
330	FM93交通之声	现场直播1	2016.05.19	—	汪　洋

续表3

序号	发表媒体	稿件题目	报道日期	版面	作　者
331	FM93 交通之声	现场直播 2	2016. 05. 19	—	汪　洋
332	FM93 交通之声	现场直播 3	2016. 05. 19	—	汪　洋
333	《钱江晚报》	后天，宁海开游节请你来“嗨”	2016. 05. 17	N2	竺　佳
334	《钱江晚报》	第二批徐霞客游线标志地产生	2016. 05. 19	N2	陈云松　应　磊
335	《钱江晚报》	葛洪纪念馆迎节日	2016. 05. 19	N2	南　华
336	《钱江晚报》	古砖上的江南故事	2016. 05. 19	N5	应　磊　文　贺元凯　摄　陈云松
337	《钱江晚报》	中国旅游日发源地宁海举办第十四届开游节	2016. 05. 20	N4	应　磊　周松华　文　贺元凯　摄
338	浙江在线	中国旅游日发源地宁海举办第十四届开游节	2016. 05. 20	—	应　磊　周松华
339	浙江 APP	可见的即是风景　宁海“全域化旅游”升级乡村经济	2016. 05. 17	—	陈云松
340	浙江 APP	门票一律半价！后天，宁海开游节请你来“嗨”	2016. 05. 17	—	竺　佳
341	浙江 APP	今天中国旅游日　宁波共有 60 个景点门票免费或半价	2016. 05. 18	—	竺　佳　沈　宁
342	浙江 APP	跨越千年　绍兴一收藏家捐赠古砖给宁海	2016. 05. 18	—	应　磊　贺元凯　陈云松
343	浙江 APP	第二批徐霞客游线标志地产生	2016. 05. 18	—	陈云松　应　磊
344	浙江 APP	宁海：徐霞客的诗与远方，从这里开始（封面故事）	2016. 05. 18	—	陈　醉
345	浙江 APP	炊烟之外，有一个地方我们都向往	2016. 05. 19	—	—
346	浙江 APP	中国旅游日　让我们从霞客之路启程！	2016. 05. 19	—	周松华　应　磊　贺元凯
347	浙江 APP	跟着霞客游宁海	2016. 05. 20	—	—
348	浙江 APP	宁海开游节上，百名大学生追寻前人脚步，踏上霞客路	2016. 05. 20	—	应　磊　周松华　贺元凯
349	《宁波日报》	宁海城乡一体打造品质新城	2016. 05. 18	头版	孙吉晶　陈云松　袁信禄
350	《宁波日报》	众网友点赞徐霞客游线申世遗	2016. 05. 18	7	孙吉晶　蒋　攀　林　琳
351	《宁波日报》	美丽宁海：开启“全域旅游”新时代	2016. 05. 18	专版	孙吉晶　陈云松　袁信禄　蒋　攀
352	《宁波日报》	宁海桑洲打造“花语小镇”	2016. 05. 18	9	王　珏　徐铭怿
353	《宁波日报》	从岔路走出的咏春拳冠军	2016. 05. 18	11	街镇微发布（岔路镇）
354	《宁波日报》	我市推出“5·19”旅游“优惠套餐”	2016. 05. 18	14	张正伟　沈　宁　林铁男
355	《宁波日报》	宁海县政府与宁波机场合作发展通用航空	2016. 05. 18	14	张　燕　袁信禄　黄跃光
356	《宁波日报》	第二批徐霞客游线标志地产生	2016. 05. 19	7	孙吉晶　蒋　攀　陈云松
357	《宁波日报》	童衍方艺术馆获赠一批汉晋六朝古砖	2016. 05. 19	13	姬联锋

续表3

序号	发表媒体	稿件题目	报道日期	版面	作　　者
358	《宁波日报》	中国葛洪文化宁海县纪念馆开馆	2016. 05. 19	13	南　华　蒋　攀　章建斌
359	《宁波日报》	第十四届徐霞客开游节启幕	2016. 05. 20	头版	孙吉晶　蒋　攀　陈云松　严　龙
360	《宁波日报》	宁海举办中华诗词高峰论坛	2016. 05. 20	7	南　华　蒋　攀　袁信禄
361	《宁波日报》	20分钟完成公章审批刻制	2016. 05. 20	7	殷　聪　陈云松　陈　健
362	中国宁波网	第十四届徐霞客开游节盛大开幕	2016. 05. 19	—	孙吉晶　蒋　攀　陈云松　严　龙
363	甬派	徐霞客游线申世遗这事要火了，全国5000多网友接力点赞	2016. 05. 17	—	孙吉晶　蒋　攀　林　琳
364	甬派	葛洪文化宁海纪念馆开馆　屠呦呦的青蒿素就是受他启发	2016. 05. 18	—	南　华　袁信禄　蒋　攀
365	甬派	宁海童衍方艺术馆获赠一批汉晋六朝古砖	2016. 05. 18	—	姬联锋
366	甬派	外国人眼中浙江这12个乡村最美，宁海龙宫村入榜	2016. 05. 19	—	—
367	甬派	第十四届徐霞客开游节今在宁海盛大开幕	2016. 05. 19	—	孙吉晶　蒋　攀　陈云松　严　龙
368	甬派	看格桑花要去青藏高原？如今在宁海就能看	2016. 05. 19	—	—
369	甬派	“宁海静是美”，宁海发布旅游品牌口号，4个项目签约总投12.1亿元	2016. 05. 19	—	孙吉晶　袁信禄　蒋　攀　陈云松
370	甬派	宁海打造“中华诗词之乡”	2016. 05. 19	—	南　华　蒋　攀　袁信禄
371	甬派	邮册里找寻游圣足迹，又一本徐霞客游线申世遗纪念邮册今发行	2016. 05. 19	—	南　华　袁信禄　蒋　攀　许凌云
372	甬派	《徐霞客游记》里，徐霞客推荐了哪些好玩又冷门的景点？	2016. 05. 21	—	—
373	《宁波晚报》	中国旅游日甬上惠民活动一箩筐	2016. 05. 19	5	谢舒奕　沈　宁
374	《宁波晚报》	徐霞客开游节宁海开幕	2016. 05. 20	头版	—
375	《宁波晚报》	第十四届徐霞客开游节昨在宁海开幕	2016. 05. 20	4	戴巧泽　陈云松　蒋　攀
376	《东南商报》	茶乡宁海将茶文化融入教学，启发学生故土情结	2016. 05. 14	9	李　宁　王小飞
377	《东南商报》	中国旅游日宁波推惠民活动	2016. 05. 18	4	毛雷君　沈　宁
378	《东南商报》	第二批徐霞客游线标志地产生	2016. 05. 19	4	毛雷君　蒋　攀
379	《东南商报》	开游喽！	2016. 05. 20	头版	王　鹏　摄
380	《东南商报》	第十四届中国徐霞客开游节宁海开幕	2016. 05. 20	4	毛雷君　袁信禄　陈云松　蒋　攀
381	《东南商报》	外国人眼中最美乡村　宁海龙宫村榜上有名	2016. 05. 20	4	鲁　威

续表3

序号	发表媒体	稿件题目	报道日期	版面	作　者
382	《现代金报》	浙江旅游嘉年华启动　宁海旅游赴杭州“吆喝”	2016.05.14	10	汪丽亚　叶　佳
383	《现代金报》	第二批徐霞客游线标志地昨在宁海产生	2016.05.19	14	陈云松　叶　佳
384	《现代金报》	徐霞客开游节昨在宁海盛大开幕	2016.05.20	17	陈云松　汪丽亚　叶　佳　张培坚
385	宁波电视台	第二批徐霞客游线标志地今日产生　金华等六地获封	2016.05.18	—	沈　洁　周震霄
386	宁波电视台	《宁波新闻》宁海县第十四届徐霞客开游节喜迎四方游客	2016.05.19	—	王勤刚（9分18秒起）
387	宁波电视台	《看看看》中国旅游日：开游节引四方宾客鼓了村民钱袋子	2016.05.19	—	陈　欣　姜　涛
388	宁波电视台	桑洲百亩格桑花开　两月花期邀您观赏	2016.05.19	—	张馨予
389	宁波电视台	中国旅游日：景点优惠力度这么大　你参与了吗？	2016.05.19	—	张馨予
390	宁波电台新闻广播	中国旅游日浙江主会场活动暨第14届徐霞客开游节昨天在宁海开幕	2016.05.20	—	周凌辉
391	宁波电台新闻广播	“节点霞客行，静城宁海之旅”6条互游线路昨天发布	2016.05.20	—	周凌辉
392	宁波电台交通广播	第二批徐霞客游线标志地产生	2016.05.19	—	刘　维
393	宁波电台交通广播	开游节活动亮点及宁海惠民旅游活动（现场直播）	2016.05.19	—	刘　维
394	宁波电台交通广播	第十四届徐霞客开游节开幕	2016.05.20	—	刘　维
395	宁波电台交通广播	旅行商大会	2016.05.20	—	刘　维
396	《时代报》（上海）	宁海打造“霞客游线”上海再推“惠民旅游”519双城开启“乐游模式”	2016.05.17	6	张　谈
397	《时代报》（上海）	浙江宁海办第十四届徐霞客开游节　共庆第六个中国旅游日到来	2016.05.17	7	张　谈
398	《杭州日报》	宁海徐霞客开游节举行	2016.05.20	B4	程鹏宇　何皆梁
399	《钱江晚报》	女侠今年九十三　宁海有个功夫奶奶	2016.05.23	头版	—
400	《钱江晚报》	女侠今年九十三	2016.05.23	7	陈云松　应　磊　文　贺元凯　摄
401	浙江APP	拳、腿、棒齐上阵　宁海这位功夫奶奶93岁了你信吗	2016.05.23	—	应　磊　贺元凯　陈云松
402	浙江APP	宁海的“普罗旺斯”来了　溪坝山脚绽放马鞭草	2016.05.23	—	贺元凯　陈云松
403	《宁波日报》	“机器换人”释放技术红利	2016.05.21	2	严　龙　陈云松

续表3

序号	发表媒体	稿件题目	报道日期	版面	作　者
404	《宁波日报》	宁海团县委结对贵州贞丰县　帮扶贫困学子实现成长梦	2016. 05. 23	4	黄　合　林　琳　蒋　攀
405	中国日报网	宁海有个“功夫奶奶”习武90年　几十年没上过医院	2016. 05. 23	—	—
406	《人民日报》	因势利导，让农村扬长补短（治理者说）	2016. 05. 24	5	褚银良
407	《宁波日报》	蛏子住上网布“床”轻轻一提就起来	2016. 05. 24	5	余建文　王胜
408	《宁波日报》	宁海防洪生态并重整治河道	2016. 05. 25	头版	孙吉晶　蒋　攀　林丹晨
409	《宁波日报》	昔日荒溪坝　今朝百花艳	2016. 05. 25	6	李江林　严　龙　摄
410	《宁波日报》	开游节的溢出效应	2016. 05. 25	12	孙吉晶　陈云松　蒋　攀
411	《钱江晚报》	宁海越溪启动首届“沧海桑田节”	2016. 05. 26	N8	邹洪珊
412	浙江APP	宁波最长的“海底隧道”长啥样？	2016. 05. 26	—	—
413	浙江APP	首届“沧海桑田节”，看桑田如何变迁	2016. 05. 26	—	邹洪珊
414	《宁波日报》	我市将添一条海底隧道	2016. 05. 27	3	孙吉晶　蒋　攀　赵士超
415	甬派	宁海智能汽车小镇成省级示范小镇，是宁波唯一入选特色小镇	2016. 05. 27	—	孙吉晶　陈云松　蒋　攀
416	《宁波日报》	宁海企业首次通过美国FDA检查	2016. 05. 28	2	孙吉晶　蒋　攀　樊东波
417	《宁波日报》	宁海试水村集体网银结算	2016. 05. 29	头版	孙吉晶　蒋　攀　苏敏宣
418	《宁波日报》	清代育婴堂档案掀开宁海百余年慈善史	2016. 05. 30	5	王　佳　谢　燕
419	《宁波日报》	让民间“高手”各展绝艺	2016. 05. 30	12	周　琼
420	浙江卫视	浙江省茶艺师职业技能竞赛在宁海开赛	2016. 05. 30	—	葛巧婷　胡　炜
421	浙江新闻APP	从深圳到深甽，设计师卸甲归田隐匿山林	2016. 05. 31	—	王丹静　尤　畅
422	甬派	从深圳到深甽，设计师“卸甲归田”兜售生活方式	2016. 05. 31	—	俞永均　崔小明
423	甬派	茶香弥漫！全省茶艺高手宁海秀才艺	2016. 05. 31	—	陈章升　仇丹娅
424	《新京报》	以步道经济为源头，宁海打造户外全产业链（1）	2016. 06. 01	专版	屈　靖　李　飞
425	《新京报》	以步道经济为源头，宁海打造户外全产业链（2）	2016. 06. 01	专版	屈　靖　李　飞
426	《宁波日报》	全省茶艺高手宁海秀才艺	2016. 06. 01	10	陈章升　仇丹娅
427	《宁波日报》	小山坳里的创业工场	2016. 06. 01	12	俞永均
428	《宁波日报》	美丽庭院惹人醉	2016. 06. 04	头版	严　龙　徐海芳　摄
429	《宁波日报》	越溪“沧海桑田”成功申请上海基尼斯纪录	2016. 06. 04	2	孙吉晶　陈云松
430	《宁波日报》	宁海智能汽车小镇跑出加速度	2016. 06. 05	头条	孙吉晶　陈云松　袁信禄

续表3

序号	发表媒体	稿件题目	报道日期	版面	作　者
431	浙江新闻 APP	话说乡镇：越溪“沧海桑田”，大美在于和谐	2016.06.03	—	周松华　贺元凯　王淑玮
432	浙江新闻 APP	大美越溪，首届宁波（越溪）沧海桑田节今天启幕	2016.06.03	—	周松华　贺元凯　郭戟铠
433	甬派	宁海越溪“沧海桑田”创下上海大世界基尼斯纪录	2016.06.03	—	孙吉晶　陈云松　蒋　攀
434	中央人民广播电台	越溪美哭了！带你领略天下第一的“沧海桑田”	2016.06.03	—	—
435	《现代金报》	沧海桑田	2016.06.04	4	陈云松　张培坚
436	人民网	首届宁波（越溪）沧海桑田节开幕（浙江）	2016.06.03	—	陈金莲、陈云松
437	新华社	浙江宁海万亩沧海桑田打造休闲旅游目的地	2016.06.04	—	黄瑞鹏
438	阿拉旅游	宁波出了个“沧海桑田节”，看起来很好玩的样子！	2016.06.02	—	—
439	浙江新闻 APP	早安大海！千人露营宁海王干山观日出	2016.06.05	—	郭戟铠
440	人民网	首届宁波（越溪）沧海桑田节休闲露营大会（图说中国）	2016.06.05	—	—
441	浙江新闻 APP	从设计师到蓝莓山庄主人　他一直走在追求幸福的路上	2016.06.05	—	—
442	《钱江晚报》	开个不一样的农庄	2016.06.03	N8	—
443	《宁波晚报》	蓝莓山庄主人的逃离与回归（专版）	2016.06.04	8	—
444	《东南商报》	省幼儿体育大会4个团体一等奖花落宁海	2016.06.04	9	王小飞
445	浙江卫视	世界环境日：绿色家园　从身边做起	2016.06.05	—	张　帆　谢海涛
446	宁波电视台	戴志刚——小山坳里构筑创业梦想	2016.06.05	—	—
447	《浙江日报》	农妇张荷仙的武术人生	2016.06.07	20	应　磊　陈云松
448	中青在线	宁海特色民宿突围战	2016.06.07	—	孔德淇　宫　语
449	中青在线	全域旅游里的宁海式幸福	2016.06.07	—	陈丽媛
450	《人民日报》	浙江宁海治理溪流、升级电网，使“水清电更优”	2016.06.08	13	张跃镪
451	《中国青年报》	浙江宁海：十五年间的变与不变	2016.06.08	专版	汪吉喆
452	《中国青年报》	一场大学生与基层书记的对话	2016.06.08	专版	汪吉喆　山西大学　平　凡
453	《中国青年报》	“到了宁海就是回家了”	2016.06.08	专版	汪吉喆　重庆工商大学　谭陈佳
454	《宁波日报》	宁海麦饼都市里开连锁店	2016.06.12	2	孙吉晶　陈云松　曹维燕
455	甬派	宁海有个地方端午节不流行粽子，却吃这个……	2016.06.09	—	陈结生　陈云松

续表3

序号	发表媒体	稿件题目	报道日期	版面	作　者
456	浙江新闻 APP	端午只有粽子俏？不，宁海麦饼卖萌啦！	2016.06.09	—	陈　醉　陈云松
457	浙江卫视	寻找逝去的端午民俗	2016.06.10	—	张　帆　谢海涛　葛巧婷
458	甬派	桑洲格桑花，开得格外艳	2016.06.11	—	陈结生　陈云松　摄
459	图说中国	宁波越溪　沧海桑田节（微信公众号）	2016.06.13	—	山水游尤
460	《宁波日报》	老艺人“重出江湖”传绝技	2016.06.14	8	周燕波　章亚萍
461	中国网	宁海麦饼追赶“沙县”都市里开连锁店（今日头条）	2016.06.14	—	—
462	浙江新闻 APP	22 万元奖励金额　3 亿元银行授信额助力创业起航	2016.06.14	—	—
463	甬派	最高可奖 15 万，还有新政策扶持　宁海大学生创业大赛开始了	2016.06.14	—	孙吉晶　陈云松
464	《钱江晚报》	超有情怀的宁海越野赛，动动帮请你去	2016.06.14	B15	王　琼　俞恬忻
465	《宁波日报》	点赞，市民雨中为交警撑伞	2016.06.14	7	王晓峰　潘璐璐　周国亮
466	《宁波日报》	生态生产力的宁海样本	2016.06.15	专版	仇九鼎　储锡权
467	《宁波日报》	钓鱼达人的“鱼拓”情结	2016.06.15	10	曹维燕　孙吉晶　蒋　攀
468	《宁波日报》	“山后老本”武“领”新风	2016.06.15	11	陈云松　袁信禄　孙吉晶
469	甬派	宁海一团队历时 10 年再现“四明佛画”	2016.06.15	—	孙吉晶　蒋　攀　陈云松
470	中央电视台科教频道	《探索发现》栏目《手艺》第六季《戏台藻井》	2016.06.15	—	—
471	《宁波日报》	“四明佛画”挖掘恢复工作取得成效	2016.06.16	13	孙吉晶　蒋　攀　陈云松
472	腾讯大浙网	宁波一团队历时 10 年再现民间工艺“四明佛画”	2016.06.16	—	孙吉晶　蒋　攀　陈云松
473	《宁波日报》	宁海古戏台修复手艺亮相央视纪录片	2016.06.17	10	周燕波　周衍平
474	《宁波日报》	宁海：红色先锋树起合格党员形象	2016.06.18	头版	黄　合　柴晓敏　蒋　攀
475	《宁波日报》	小村来了部队医疗义诊队	2016.06.19	2	王朝武　王　博　摄
476	《宁波日报》	全国青年男子拳击锦标赛宁海开赛	2016.06.19	3	姬联锋　郑　莹
477	《宁波日报》	宁海强蛟镇初级中学“德育百分制”促进学生全面发展	2016.06.20	2	杨静雅
478	《宁波日报》	宁海首例违反新环保法人员被拘留	2016.06.20	3	王晓峰　周国亮
479	《宁波日报》	26 名党员建了个“微笑农场”	2016.06.20	5	黄　合　蒋　攀　王国杰
480	浙江新闻 APP	宁海党员建“微笑农场”，新鲜蔬菜直送孤寡老人	2016.06.20	—	黄　合　蒋　攀　王国杰
481	《宁波日报》	宁海创新“一案一执行卷”制度	2016.06.21	2	董小芳　张　晨　卢　烨
482	《宁波日报》	废弃石宕变成“绿地公园”	2016.06.21	2	冯　瑄　陈晓众

续表3

序号	发表媒体	稿件题目	报道日期	版面	作　者
483	《宁波日报》	通用航空，千亿市场迎面来	2016.06.21	9	张　燕　陈云松　黄跃光
484	浙江卫视	《浙江新闻联播》五级政务服务网　百姓办事不出村	2016.06.21	头条	张　帆　肖定益
485	《浙江日报》	在宁海探访左翼作家柔石的革命历程	2016.06.22	13	应　磊　陈云松
486	《宁波日报》	西店从“镇”到“城”华丽转身	2016.06.22	12	黄浓珍　孙吉晶　徐红燕
487	《宁波日报》	尽我全力　抚慰你心“最美天使”王晓英的红色誓言	2016.06.23	头版	黄　合　柴晓敏　蒋　攀
488	《宁波日报》	宁海南美白对虾基地获丰收	2016.06.23	6	孙吉晶　陈云松　彭沐阳
489	《宁波日报》	空中巡线	2016.06.24	3	王幕宾　徐　能　摄
490	《宁波日报》	宁海提高地质灾害防治水平	2016.06.24	4	阳光国土
491	《宁波日报》	党员白衣天使　三年上门护理	2016.06.24	5	严　龙　陈云松
492	甬派	宁海村级权力清单“36条”入选中国社区治理十大创新成果	2016.06.24	—	孙吉晶　蒋　攀　严雪婷
493	《宁波日报》	“宁海36条”入选中国社区治理十大创新成果	2016.06.25	头版	孙吉晶　蒋　攀　严雪婷
494	《宁波日报》	杨溪：从黑臭河到景观河	2016.06.25	2	冯　瑄　陈晓众
495	《宁波日报》	宁海选派48名“团支部第一书记”下农村	2016.06.25	2	龚哲明　林　琳　徐欢欢
496	《宁波日报》	宁海高新技术产业井喷式增长	2016.06.27	头版	陈云松　孙吉晶　梁灵萍
497	《宁波日报》	访宁海县委常委、常务副县长王军海	2016.06.27	2	杨绪忠　吴培维
498	《宁波日报》	农村“三居”之宁海白岩村样板	2016.06.27	2	杨绪忠　吴培维
499	浙江新闻APP	“宁海36条”入选中国社区治理十大创新成果	2016.06.25	—	—
500	浙江新闻APP	南方版“敦煌画”美矣！	2016.06.26	—	陈　醉　蒋　攀　陈云松
501	浙江新闻APP	宁海选派48名“团支部第一书记”下农村	2016.06.26	—	—
502	浙江新闻APP	宁海高新技术产业井喷式增长　前5个月增幅全市前茅	2016.06.27	—	—
503	《东南商报》	宁海提升居住品质，让村民得实惠	2016.06.27	4	周科娜
504	《浙江日报》	越溪，漂洋过海来看你	2016.06.28	19	陈　醉　应　磊　陈云松　章亚丽
505	《宁波日报》	宁海请市民共管城市卫生	2016.06.30	6	陈云松　孙吉晶　孔　露
506	浙江新闻APP	宁海请市民共管城市卫生	2016.06.30	—	陈云松　孔　露
507	《宁波日报》	宁海前5个月完成重大项目投资近百亿	2016.07.01	头版	陈云松　孙吉晶　杨军武
508	《宁波日报》	宁海乡村景区试点“垃圾银行”	2016.07.01	8	孙吉晶　蒋　攀　胡　伟
509	《宁波日报》	浅说书法家王苍龙	2016.07.01	B1	赵安炉

续表3

序号	发表媒体	稿件题目	报道日期	版面	作　　者
510	华语广播	《CRI 会客厅》中国民间博物馆馆长系列访谈黄仁普	2016. 07. 01	—	—
511	《新闻晨报》	昔日霞客路，静城放松游	2016. 07. 04	B5	—
512	《宁波日报》	“普惠快车”助力小微企业融资	2016. 07. 04	6	杨绪忠　汪　洋
513	《浙江日报》	冰淇淋西瓜有啥不一样	2016. 07. 05	20	蒋　勇
514	《宁波日报》	宁海农村康复机构配备“生力军”	2016. 07. 05	6	严　龙　陈云松　摄
515	《宁波日报》	现代学徒制培育接地气“工匠”	2016. 07. 06	5	陈云松　孙吉晶　王小飞
516	《宁波日报》	宁海仇家村：走出落寞　重现生机	2016. 07. 06	10	陈云松　孙吉晶
517	《浙江日报》	宁海打造职教联合体，创新“大国工匠”培养模式	2016. 07. 06	14	陈　醉　陈云松　王小飞
518	浙江卫视	乔传秀在宁波调研时强调补齐短板加强湾区保护和开发	2016. 07. 07	—	葛　超
519	《宁波日报》	“垃圾银行”：可以做的还有很多	2016. 07. 07	7	朱晨凯
520	人民网	浙江宁海试水社会化体育运行新模式	2016. 07. 07	—	薛　原
521	浙江新闻 APP	宁海：胡陈“抢销”早熟水蜜桃	2016. 07. 08	—	蒋　攀　胡燕红
522	浙江新闻 APP	宁海：排查库区劝离垂钓者	2016. 07. 08	—	陈云松　葛主铨　严武昌
523	浙江新闻 APP	宁海：重点工程启动防台预案	2016. 07. 08	—	袁信禄
524	甬派	西溪水库预泄洪　每小时排水量相当于宁海城区 1 天用水量	2016. 07. 08	—	孙吉晶　陈云松
525	甬派	宁海胡陈“抢销”早熟水蜜桃　每天成交 1000 多公斤	2016. 07. 08	—	孙吉晶　蒋　攀　胡燕红
526	甬派	老房子的后山冒出好几个水柱，宁海紧急转移 7 户村民	2016. 07. 08	—	孙吉晶　陈云松　周如歆
527	《宁波日报》	宁海胡陈“抢销”早熟水蜜桃	2016. 07. 09	2	孙吉晶　蒋　攀　胡燕红
528	《宁波日报》	向美国一博物馆捐赠宁海“白木小件”	2016. 07. 09	3	周衍平　周燕波
529	《宁波日报》	80 后“花草达人”拍了 6 万多张照片	2016. 07. 09	3	陈　青　何东凝
530	《宁波晚报》	凫溪香鱼的前世今生	2016. 07. 09	6	程　鑫　樊卓婧　徐文燕
531	《宁波日报》	今年底我市农村饮水安全覆盖率将达 99%	2016. 07. 10	头版	厉晓杭　胡　章
532	《宁波日报》	宁海破获特大“六合彩”网络赌博案	2016. 07. 11	2	王晓峰　周国亮
533	《宁波日报》	国内首个县级“政务云”上线	2016. 07. 12	2	孙吉晶　蒋　攀　范丽珏
534	《宁波日报》	六千余机关党员投身“党群同心圆”	2016. 07. 12	4	杨静雅　蒋　攀　丁玲丹
535	《宁波日报》	宁海双林村：提升“颜值”从未停止	2016. 07. 13	9	孙吉晶　何莎莎　胡一宁
536	浙江卫视	上半年新建农村电商服务点 2100 个	2016. 07. 13	—	—
537	浙江卫视	农村饮用水提升等工程进展顺利	2016. 07. 13	—	—

续表3

序号	发表媒体	稿件题目	报道日期	版面	作　者
538	中央电视台财经频道	《整点财经》浙江宁海：供电部门积极备战“迎峰度夏”	2016.07.14	—	—
539	浙江新闻APP	宁海桑洲稻田惊现“白鹤、祥云”图案！	2016.07.14	—	徐铭怿　陈云松　李江林
540	乡下头	油菜花、格桑花开满一季后，花语小镇的水稻，在大地上绣起萌萌的十字绣	2016.07.14	—	李江林　徐铭怿
541	《浙江日报》	垃圾减量出新招　宁海一袋垃圾换一只土鸡蛋	2016.07.15	16	陆　遥
542	《宁波日报》	彩色水稻扮靓乡村	2016.07.15	头版	李江林　严　龙　摄
543	《宁波日报》	“第一书记”交出驻村成绩单	2016.07.15	头版	陈云松　孙吉晶　柴晓敏
544	《宁波日报》	宁海垃圾填埋场“变身”生态公园	2016.07.15	7	陈云松　孙吉晶　孔　露
545	《宁波晚报》	彩色水稻　美丽乡村	2016.07.15	头版	李江林　徐铭怿　唐　严　摄
546	浙江新闻APP	垃圾减量出新招，宁海一袋垃圾换一只土鸡蛋	2016.07.15	—	陆　遥
547	浙江新闻APP	果形、色泽、甜度……“桃王”的8个标准你知道吗？	2016.07.16	—	据《宁波日报》
548	人民网	浙江宁海将建华东地区最大实木家具集散中心（浙江）	2016.07.16	—	陈金莲、袁信禄、蒋　攀
549	中国新闻网	浙江宁海擦亮家具金名片　串珠成链打造总部经济	2016.07.16	—	李佳赟
550	浙江新闻APP	价钱能省一大半！宁海要建华东最大实木家具集散中心	2016.07.16	—	据甬派
551	甬派	买实木家具能省一大半！宁海要建华东最大的实木家具集散中心	2016.07.16	—	成良田
552	搜狐	中国（宁海）家具产业总部品牌体验馆开业	2016.07.16	—	—
553	浙江发布	到宁海看看实木家具	2016.07.16	—	—
554	《宁波日报》	胡陈赛“桃王”	2016.07.16	头版	严　龙　胡燕红　摄
555	《宁波晚报》	华东最大实木家具集散中心明年在宁海开业	2016.07.17	—	房伟　辛明芝　袁信禄
556	《宁波日报》	宁海打造华东实木家具集散地	2016.07.17	2	孙吉晶　袁信禄　蒋　攀
557	《宁波日报》	宁海固定资产投资持续跑出加速度	2016.07.20	3	陈云松　孙吉晶　童晓娜
558	《宁波日报》	渔光互补：开启“农业+新能源”模式	2016.07.20	9	孙吉晶　陈云松
559	《宁波日报》	宁海下畈村：垃圾分类扮靓美丽家园	2016.07.20	9	孙吉晶　章　莉　葛　超
560	《宁波日报》	力洋孔村：青山古树下，“触摸”孔子文化	2016.07.20	10	厉晓杭
561	《宁波日报》	宁海规上工业增速全市领先	2016.07.21	头版	孙吉晶　蒋　攀　范丽珏

续表3

序号	发表媒体	稿件题目	报道日期	版面	作　者
562	《宁波日报》	宁海海洋生物博物馆入选“中国十大最美湿地场馆”	2016.07.21	2	孙吉晶　蒋　攀　王国杰
563	《宁波晚报》	夏天，去乡村看“稻田十字绣”	2016.07.21	11	鲁　威　徐铭怿
564	《人民日报》	浙江宁海在全县所有码头推广使用岸电　天蓝船静　多方增收	2016.07.22	14	张跃镪、王　斌
565	《宁波日报》	宁海一站式成长平台打造大学生创业“高速路”	2016.07.22	5	陈云松　孙吉晶　骆昌杰
566	《宁波日报》	紧扭有效投资“牛鼻子”——宁海县委书记褚银良　饱满热情比学赶超	2016.07.23	6	综合报道
567	《宁波日报》	宁海智能汽车小镇二期——183 个重大项目集中开工，项目总投资 1721 亿元	2016.07.23	4	综合报道
568	《宁波日报》	宁海两万党员助力“美丽乡村”建设	2016.07.24	2	黄　合　郭遐曦　蒋　攀
569	人民网	浙江宁海：钢丝铝线“绣出”美丽乡村（浙江）	2016.07.22	—	陈金莲　王幕宾　胡云杰
570	《宁波日报》	《hi 手艺》专题拍摄宁海白木小件	2016.07.24	16	南　华　袁信禄　蒋　攀
571	《浙江日报》	宁海天台三门打破行政区划联合治水	2016.07.24	14	陈　醉　陈云松
572	中央电视台新闻频道	多地开启高温“烧烤”模式　浙江：热浪袭人　多地气温超 40℃	2016.07.26	—	—
573	《宁波日报》	儿孙保家卫国我们代为尽孝	2016.07.26	2	李江林　严　龙　摄
574	《宁波日报》	宁海多渠道筹资突破棚改“瓶颈”	2016.07.27	16	陈云松　孙吉晶　邵映菡
575	《宁波日报》	宁海货运公交项目拉长城乡物流产业链	2016.08.01	4	孙吉晶　蒋　攀　赵士超
576	《宁波日报》	宁海匠人王昕再上《hi 手艺》	2016.08.02	7	南　华　蒋　攀　袁信禄
577	《宁波日报》	宁海第二批“第一书记”再出发	2016.08.03	2	黄　合　郭遐曦
578	《宁波日报》	宁海绘制“美丽县城地图”	2016.08.03	4	孙吉晶　蒋　攀　孔　露
579	《宁波日报》	宁海上半年 110 余万元补贴校车	2016.08.03	7	张　燕　谢久安　王珂华
580	《宁波日报》	宁海麦饼迈向产业化（周刊）	2016.08.03	专版	何峰　孙吉晶　陈云松
581	《宁波日报》	宁海胡陈乡：“党建+产业”擦亮致富“金钥匙”	2016.08.03	11	孙吉晶　蒋　攀　胡燕红　徐欢欢
582	《宁波日报》	宁海军民团结一家亲	2016.08.03	11	宁海县长街镇
583	《宁波日报》	党员干部“攻坚战”中冲锋在前	2016.08.04	头版	黄　合　郭遐曦　许　钢
584	中央电视台新闻频道	捡饮料瓶子　男童手臂被卡下水管	2016.08.05	—	—
585	《宁波日报》	宁海五年投八百亿铸品质之城	2016.08.07	头条	陈云松　袁信禄　孙吉晶
586	《宁波日报》	讲究方法科学干	2016.08.07	头版	黄　合　徐　松　郭遐曦
587	《宁波日报》	党员干部续写新时期的“群众路线”	2016.08.12	2	黄　合　董琳　郭遐曦

续表3

序号	发表媒体	稿件题目	报道日期	版面	作　者
588	《浙江日报》	宁海整合涉农资金，激发基层干事创业热情	2016.08.12	头条	谢　晔　应　磊　陈云松　蒋　攀
589	《宁波日报》	宁海“肠镜”检测诊治农村生活污水管道	2016.08.15	6	孙吉晶　蒋　攀　李文景
590	甬派	威武！宁海小后生撂倒内蒙大汉，国家级摔跤比赛夺冠	2016.08.15	—	—
591	《宁波日报》	宁海青年辞职为圆从军梦	2016.08.16	5	谢伶燕　郑伟周　盛文赞
592	《宁波日报》	宁海：城乡物流公共信息平台（二期）启动	2016.08.16	10	包凌雁
593	《宁波日报》	越溪乡对应征入伍青年家访	2016.08.17	11	街镇微发布（越溪乡）
594	《宁波日报》	做出榜样示范干	2016.08.17	3	黄　合　董　琳　郭逻曦
595	浙江新闻 APP	小小巧手变废为宝　蛎壳美工大开眼界	2016.08.17	—	陶悦清　王小飞
596	《宁波日报》	“爸妈在这里工作”	2016.08.18	2	严　龙　范静韵　摄
597	《宁波日报》	杂交水稻割叶授粉用上“高科技”	2016.08.18	3	孙吉晶　蒋　攀　仇丹娅
598	《宁波日报》	精准招商力促引资引智引企三箭齐发—访王辅橡	2016.08.19	3	仇九鼎　陈云松
599	《宁波日报》	中德国际健康养老特色小镇建设启动	2016.08.20	头版	孙吉晶　蒋　攀　徐红燕
600	《宁波日报》	安防体验中心助力“心防”工程	2016.08.22	4	王晓峰　周国亮
601	《宁波日报》	“设备融资租赁”为宁海中小模具企业解难	2016.08.23	2	孙吉晶　蒋　攀　朱姣颖
602	浙江新闻 APP	宁波体育民间高手 30 强出炉　有人因此找到当年教练	2016.08.23	—	王　波
603	人民网	宁波宁海政协连续五年紧盯城区“三车”整治　建言获政府采纳	2016.08.24	浙江	周武军
604	《宁波日报》	有一种逃离叫，“小而美”的世外桃源	2016.08.24	10	乡下头一周精选（力洋孔村）
605	《宁波日报》	宁海葛家村：村有“木榧”展新姿	2016.08.24	10	孙吉晶　蒋　攀　王晓娜
606	《宁波日报》	跃龙将新添一处观光好去处	2016.08.24	11	街镇微发布（跃龙街道）
607	《宁波日报》	美丽牧场，揭开“面纱”（综合）	2016.08.31	9	孙吉晶
608	《宁波日报》	宁海：农村生活垃圾处理走上可持续之路	2016.08.31	9	王　博　孙吉晶　蒋　攀
609	《宁波日报》	宁海林农种黄精挖“黄金”	2016.08.31	10	陈章升　仇丹娅　邬玉芬
610	《宁波日报》	宁海全力争当绿色崛起排头兵	2016.09.07	头版	蒋旭灿　孙吉晶　袁信禄　陈云松
611	《宁波日报》	得力：记录 G20 峰会点点滴滴	2016.09.07	7	孙吉晶　陈云松　蒋　攀
612	《宁波日报》	“为展示宁波风采而自豪”	2016.09.07	8	龚哲明　林　琳
613	《宁波日报》	“美丽庭院”点缀宁海城乡	2016.09.07	11	王　博　孙吉晶　陆锦丽
614	《宁波日报》	梅林建设 1.5 公里登山步道	2016.09.07	11	街镇微发布（梅林街道）

续表3

序号	发表媒体	稿件题目	报道日期	版面	作　者
615	甬派	让宁海越来越美越来越好，褚银良书记畅谈8年心得	2016.09.06	—	梅子满　陈云松　蒋　攀
616	中国宁波网	宁海：　全力争当绿色崛起排头兵	2016.08.31	—	—
617	甬派	给力！G20峰会用的80余种办公用品，全是宁海“得力”制造！	2016.09.06	—	孙吉晶　陈云松　蒋　攀
618	浙江新闻APP	80多种文具亮相会场　得力记录G20峰会点点滴滴	2016.09.07	—	陈云松　应　磊
619	甬派	绿色税收护美绿水青山　全市首张资源税税票在宁海开出	2016.09.07	—	—
620	甬派	说一千道一万，不如做给群众看！宁海县委书记驻村蹲点一周感悟深	2016.09.08	—	褚银良
621	《宁波日报》	推动农村基层各项工作再上新台阶	2016.09.08	10	褚银良
622	《宁波日报》	宁海“蟹大人”创业团队夺青年创新创业全国赛铜奖	2016.09.09	5	孙吉晶　蒋　攀　周如歆
623	甬派	宁海“蟹大人”青年创业团队，夺得全国赛铜奖	2016.09.08	—	孙吉晶　蒋　攀　周如歆
624	中央人民广播电台	新闻观察：整合涉农资金　程序公开透明　宁波宁海改革涉农资金使用方式带来新气象	2016.09.09	—	曹美丽
625	《宁波日报》	“最美撑伞哥”找到了	2016.09.10	2	苏敏宣　孙吉晶　蒋　攀
626	甬派	宁海“最美撑伞哥”找到了！是个大三学生	2016.09.10	—	—
627	《宁波晚报》	宁波姑娘陈懿残奥会夺金	2016.09.11	—	戴　斌　范亚儿
628	《现代金报》	甬将发挥出色　小将陈懿金牌入账	2016.09.11	—	郑　乔
629	《宁波日报》	宁海“00后”小丫陈懿不容易	2016.09.12	13	林　海　王静雅　陈云松
630	《浙江日报》	得力文具——在案头展示浙江之美	2016.09.11	3	李知政
631	《浙江日报》	宁海齐心推进全域旅游发展	2016.09.12	11	王美匀
632	甬派	央广《新闻和报纸摘要》节目头条播报宁海涉农资金运作模式	2016.09.12	—	—
633	新华社	陈懿获里约残奥会女子100米蝶泳S10级亚军	2016.09.13	—	—
634	《宁波日报》	做张贺卡寄给父母	2016.09.13	4	陈云松　严　龙　摄
635	《宁波日报》	宁海：宜居宜业新福地	2016.09.13	专版	严　龙　陈云松　严　龙　尤才彬
636	浙江新闻APP	中秋将至　留守儿童给父母制作贺卡寄托相思情	2016.09.13	—	陈云松　应　磊

续表3

序号	发表媒体	稿件题目	报道日期	版面	作　者
637	《中国财经报》	以财政管理创新助推社会治理创新——浙江省宁海县整合涉农资金统筹城乡发展纪实（上）	2016.09.13	1	李存才　丁建华　童世超
638	甬派	牛啊！宁海“双狼”成功登上海拔 6178 米的昆仑玉珠峰	2016.09.14	—	—
639	《宁波日报》	宁海一村民连续 3 年出资办中秋晚会	2016.09.14	6	孙吉晶　王晓娜　蒋　攀
640	《宁波日报》	下桥：“谢豹桥”见证文化传承	2016.09.14	10	孙吉晶　蒋　攀　顾鸿喜
641	《宁波日报》	宁海交出“美丽县城”两年答卷	2016.09.14	11	孙吉晶　邵映菡　颜燕燕
642	《宁波日报》	宁海“赵本山”讲方言小品讲出名堂	2016.09.14	11	街镇微发布（跃龙街道）
643	《宁波日报》	残奥冠军陈懿从这里出发	2016.09.14	14	姬联锋
644	《浙江日报》	宁海抽水蓄能电站配套工程破土动工	2016.09.14	3	陈　醉　应　磊　陈云松　蔡建坡
645	浙江新闻 APP	宁海抽水蓄能电站配套工程动工　电站总投资达 80 亿	2016.09.14	—	陈　醉　应　磊　陈云松
646	《宁波日报》	宁海精品线串起美丽幸福新农乡	2016.09.16	头版	何　峰　孙吉晶　陆锦丽
647	甬派	风雨渐小，宁海志愿者探望孤寡老人和留守儿童	2016.09.16	—	龚哲明　林　琳
648	甬派	宁海遭遇龙卷风　万亩农田被淹	2016.09.16	—	陈云松
649	甬派	不眠中秋夜：暴雨中，宁海西店解救被困人员	2016.09.16	—	孙吉晶　徐红燕
650	宁波电视台新闻综合频道	防汛防台：龙卷风袭击宁海铜岭王	2016.09.16	—	—
651	宁波电视台新闻综合频道	（防御台风“莫兰蒂”）宁海铜岭王村突发龙卷风	2016.09.16	—	—
652	宁波电视台新闻综合频道	（防御台风“莫兰蒂”）宁海：多个村庄受灾　干部群众积极开展灾后自救	2016.09.16	—	—
653	浙江之声	宁海疑似遭遇龙卷风　95 间房屋不同程度受损	2016.09.16	—	高　嵩　陈云松
654	《浙江日报》	台风无情人有情　合力抗灾保家园	2016.09.17	2	—
655	《宁波日报》	宁海西店樟树村“第一书记”暴雨夜激流救人	2016.09.17	3	黄　程　蒋　攀　徐红燕
656	《宁波日报》	龙卷风袭击后	2016.09.17	2	严　龙　胡一宁　摄
657	甬派	塘外养殖人员撤离上岸	2016.09.17	—	孙吉晶　陈云松
658	中央电视台新闻频道	《新闻直播间》今年最强台风“莫兰蒂”发威　浙江宁海：房内积水超 1 米　一家九口被困	2016.09.17	—	—

续表3

序号	发表媒体	稿件题目	报道日期	版面	作　者
659	《宁波晚报》	宁海一家九口被大水困在房内刚被救出屋顶就塌了	2016.09.17	3	孔　玲
660	《浙江日报》	防台毫不松懈　救灾争分夺秒	2016.09.18	2	—
661	《宁波日报》	宁海：塘外养殖人员撤离上岸	2016.09.18	2	孙吉晶　陈云松
662	《现代金报》	泥金“三少”	2016.09.18	8	陈云松　蒋　攀　张培坚
663	《中国财经报》	集中财力办大事“美丽经济”悄然崛起——浙江省宁海县整合涉农资金统筹城乡发展纪实（下）	2016.09.19	3	李存才　丁建华　童世超
664	《宁波日报》	台风不走，我们不撤	2016.09.19	2	—
665	《宁波日报》	铜岭王村干部又忙了一个通宵	2016.09.19	3	孙吉晶　陈云松
666	《浙江日报》	“孩子，爸爸抗台去了”	2016.09.19	11	尤　畅　王丹静 陈云松　整理
667	《宁波日报》	宁海智能汽车小镇：梦想照进现实	2016.09.20	10	包凌雁　陈云松　董新昆
668	《宁波日报》	宁海强蛟：“蓝湾自在小镇”孕育蓝色梦想	2016.09.21	B1	孙吉晶　蒋　攀　王国杰
669	《浙江日报》	破解“垃圾围城”，可从农村“取经”	2016.09.22	7	邓国芳
670	中国新闻网	醇香桂花惊艳味蕾　浙江宁海“桂花宴”引近万游客	2016.09.25	—	李佳赟　陈云松
671	《宁波日报》	宁海“督查专员”破解重大项目“中梗阻”	2016.09.25	头版	陈云松　孙吉晶　鲍丽飞
672	《宁波日报》	国家产业集群区域品牌建设　宁波模具园成试点单位	2016.09.26	2	金　晶
673	《宁波日报》	桂花美食留人醉	2016.09.26	3	严　龙　陈云松　摄
674	《宁波日报》	宁海查处首例伪造计量检定证书案	2016.09.26	10	仇九鼎　郑丹江　王娇芳
675	《宁波日报》	宁海法院：执行大厅提升工作效率	2016.09.26	14	郑珊珊
676	《现代金报》	宁海要建一条海底隧道　预计2020年初完工	2016.09.26	—	余明霞　薛曹盛
677	《宁波日报》	白溪最大支流两岸提升改造宁海打造美丽城市“会客厅”	2016.09.27	7	厉晓杭　曹维燕　林丹晨
678	《宁波日报》	民营资本携手政府建设宁海文化综合体	2016.09.27	7	崔小明　袁信录　蒋　攀
679	中央电视台新闻频道	《新闻直播间》警方成功解救260多只画眉鸟	2016.09.28	—	—
680	《宁波日报》	宁海“美丽经济”增收富民	2016.09.28	17	何　峰　孙吉晶　陈云松 陆锦丽
681	《宁波日报》	梅林：巧厨娘拼厨艺	2016.09.28	19	街镇微发布（梅林街道）
682	《宁波日报》	前童入围全国双优古村镇	2016.09.29	5	孙吉晶　陈云松
683	《宁波日报》	走近如意公司机器人焊接装备创新团队	2016.09.29	6	周　琼　任　社
684	《浙江日报》	五星红旗，我为你骄傲	2016.10.02	头版	陈云松　摄

续表3

序号	发表媒体	稿件题目	报道日期	版面	作　者
685	《宁波日报》	绣面国旗献给祖国	2016. 10. 02	2	孙吉晶　陈云松　王芦放
686	《宁波日报》	200 余家民宿一房难求	2016. 10. 04	2	陈云松　孙吉晶　王美匀
687	《宁波日报》	宁海麦饼吸引众人眼	2016. 10. 05	2	李江林　严　龙　摄
688	《宁波日报》	宁海引入“第三方”管理非机动车	2016. 10. 06	2	孙吉晶　蒋　攀　孔　露
689	《浙江日报》	浙里美景看不够——（宁海）“全民运动”改变生活	2016. 10. 06	头版	陈　醉　应　磊　陈云松
690	人民网	浙江宁海：“洋村官”带你游长寿村（浙江）	2016. 10. 07	—	章勇涛　胡余灶
691	《人民日报》	洋村官当导游（海外版）	2016. 10. 08	4	章勇涛　摄
692	人民网	宁波 80 周岁以上长寿老人接近 20 万人（浙江）	2016. 10. 09	—	陈金莲　章勇涛　袁信禄　蒋　攀
693	《浙江日报》	宁海银发讲师团进村入户送党课	2016. 10. 09	11	应　磊　蒋　攀　陈云松　郭遐曦
694	《宁波日报》	宁海民政收获满枝硕果	2016. 10. 09	专版	孙吉晶　陈军杰
695	《宁波日报》	庆祝老年节暨长寿文化活动周启幕	2016. 10. 10	2	孙吉晶　王　佳　蒋　攀
696	《宁波日报》	长寿村的魅力	2016. 10. 10	4	严　龙　蒋　攀　胡余灶
697	《宁波日报》	宁海：政府服务发展质量稳中提效	2016. 10. 10	9	仇九鼎　刘　伟
698	《宁波日报》	“非遗”进校园破解传承难题	2016. 10. 10	10	崔小明
699	《现代金报》	老人风采俏重阳	2016. 10. 10	头版	张培坚
700	《现代金报》	银发旅游占据市场半壁江山	2016. 10. 10	5	蒋　攀　叶　佳　张培坚
701	新华社	宁波启动长寿文化周　倡导敬老爱老	2016. 10. 10	—	黄瑞鹏
702	人民网	养老服务要满足不同层次个性化需求	2016. 10. 10	—	陈金莲
703	浙江 APP	宁海老龄事业类政府支出年均增长超过 80%	2016. 10. 10	—	蒋　攀
704	《宁波日报》	杨戌标在宁海调研时强调：为“两美宁海”建设鼓实劲出实招	2016. 10. 11	头版	龚哲明
705	《宁波日报》	16 人在宁海因猎捕画眉被捕	2016. 10. 11	5	王晓峰　周国亮　胡黛虹
706	《宁波日报》	宁海拉长人才生态链	2016. 10. 12	4	孙吉晶　陈云松
707	《宁波日报》	探寻宁海的长寿密码（周刊）	2016. 10. 12	专版	何　峰　孙吉晶　陈云松
708	《宁波日报》	浙东大峡谷入选“浙江十大峡谷”	2016. 10. 12	11	街镇微发布（岔路镇）
709	《宁波日报》	宁海成全国首个“中国古村落文化遗产研究基地”	2016. 10. 13	7	孙吉晶　蒋　攀　娄丽琴
710	《宁波日报》	我市作家浦子又一部散文集出版	2016. 10. 13	10	崔小明　袁信录
711	《宁波日报》	宁海圣猴果蔬专业合作社联合社在宁波举行推介会	2016. 10. 14	3	裘银芳　摄

续表3

序号	发表媒体	稿件题目	报道日期	版面	作　者
712	浙江新闻 APP	2016 宁海越野挑战赛今天开锣	2016. 10. 15	—	邹洪珊　贺元凯　蒋　攀　王静雅
713	浙江新闻 APP	图文直播：2016 宁海越野挑战赛今天上午开跑！	2016. 10. 15	—	邹洪珊　贺元凯
714	浙江新闻 APP	5 小时 3 分！42 公里冠军，来自宁海跑友	2016. 10. 15	—	邹洪珊　贺元凯
715	浙江新闻 APP	100 公里山地越野跑，前三名新鲜出炉！	2016. 10. 16	—	邹洪珊　贺元凯　王静雅　蒋　攀
716	浙江新闻 APP	请看过来！为您准备了 2016 中国运动休闲大会攻略	2016. 10. 16	—	李竹青
717	甬派	视频丨宁海越野挑战赛今晨开跑，800 多位高手参赛	2016. 10. 15	—	陈结生
718	《宁波日报》	15 小时跑完 100 公里　宁海越野挑战赛举行	2016. 10. 16	头版	林　海　胡龙召
719	浙江在线	100 公里宁海山地越野跑，前三名新鲜出炉！	2016. 10. 16	—	邹洪珊　贺元凯　王静雅　蒋　攀
720	《浙江日报》	宁海前三季工业投资增两成	2016. 10. 17	头版	袁华明　陈云松
721	《钱江晚报》	100 公里的宁海山地越野挑战　冠军用了 15 个小时顽强跑完	2016. 10. 17	N4	邹洪珊　贺元凯　蒋　攀　王静雅
722	宁波电视台新闻综合频道	越野赛人气高　秀美赛道惹人爱	2016. 10. 15	—	鲍靖晖　陈　俊　葛　超　周震霄
723	人民网	浙江宁海举办越野挑战赛	2016. 10. 15	—	陈金莲、蒋　攀、王静雅
724	《宁波日报》	宁海绿色能源动力十足	2016. 10. 18	2	陈云松　孙吉晶　蔡建坡
725	《宁波日报》	宁海三山涂区域农业围垦用海规划获批	2016. 10. 18	2	孙吉晶　蒋　攀　蒋丽娜
726	《宁波日报》	“功夫奶奶”九十三	2016. 10. 18	3	林　海/文　胡龙召
727	《宁波日报》	宁海：“党建+产业”驱动乡村经济	2016. 10. 18	4	黄　合　郭遐曦　蒋　攀
728	《宁波日报》	宁海探索基层民主协商机制“社区协商厅”纾解管理难	2016. 10. 19	7	孙吉晶　周武军　戴靖峰
729	《宁波日报》	宁海月兰村：移动支付“时尚”村	2016. 10. 19	11	孙吉晶　蒋　攀　苏敏宣
730	《宁波日报》	访极限越野跑“巨人之旅”中国女性第一人珊瑚	2016. 10. 19	14	林　海　包　包
731	《钱江晚报》	世界冠军孙英杰出任形象大使	2016. 10. 19	N4	蒋　攀　王静雅　王淑玮　邹洪珊　贺元凯
732	《宁波晚报》	“千里走宁海”周日启动	2016. 10. 19	14	戴斌　王静雅
733	《现代金报》	孙英杰成“千里走宁海”形象大使	2016. 10. 19	14	邹　鑫
734	浙江新闻 APP	你跑对了吗？世界冠军孙英杰独家分享“孙氏跑法”	2016. 10. 19	—	邹洪珊　贺元凯　王淑玮　蒋　攀　王静雅

续表3

序号	发表媒体	稿件题目	报道日期	版面	作　者
735	《中国体育报》	2016 中国运动休闲大会拉开帷幕	2016. 10. 19	4	—
736	搜狐	千里走宁海-国家登山健身徒步穿越活动即将启动	2016. 10. 19	—	—
737	新浪网	“千里走宁海”将于 23 日启动	2016. 10. 19	—	—
738	新华社	“千里走宁海”——国家登山健身步道徒步穿越活动将于 23 日启动	2016. 10. 19	—	—
739	人民网	[原创]　浙江宁海：山海美景入镜来（图说中国）	2016. 10. 20	—	首页首屏　山水尤
740	《宁波日报》	“美丽庭院”激活村民热情	2016. 10. 20	2	陈云松　严　龙　摄
741	《宁波日报》	宁海文化综合体 PPP 被列为全国示范项目	2016. 10. 20	8	崔小明
742	人民网	浙江宁海社区协商厅：让群众感到政协离自己很近	2016. 10. 20	—	章勇涛　戴靖峰
743	《浙江日报》	千里游步道　走出“绿富美”	2016. 10. 21	9	袁华明　陈云松
744	甬派	宁海有条 65 公里长最美赛道　300 骑行爱好者冒雨也要骑一圈	2016. 10. 22	—	龚一鸣
745	浙江在线	2016 环中国国际公路自行车赛业余赛宁海站	2016. 10. 22	—	—
746	浙江新闻 APP	数百选手雨中骑行　64 公里一路美景　爽不爽？爽！	2016. 10. 22	—	应　磊　贺元凯　王淑玮　蒋　攀
747	甬派	宁海发布十条经典骑行线路　热爱骑行的你一定要去试试！	2016. 10. 23	—	龚一鸣　王静雅
748	腾讯视频	近 500 名骑手齐聚　自行车骑游宁海	2016. 10. 23	—	—
749	《宁波日报》	宁海深畈 3 年关停 152 家养殖场	2016. 10. 23	2	冯　瑄　谢小诚
750	《钱江晚报》	数百骑手雨中骑行　沿途景致美不胜收	2016. 10. 24	N3	应　磊　贺元凯　王淑玮　蒋　攀　王静雅
751	《宁波日报》	宁海“三改一拆”成就美丽精品示范路	2016. 10. 24	6	王岚　刘鹏程　路敏艺
752	《宁波日报》	宁海“家燕归巢平台”	2016. 10. 24	6	陈云松　林　琳
753	《宁波日报》	宁海试行“限免处罚”执法模式	2016. 10. 25	2	孙吉晶　蒋　攀　孔　露
754	《宁波日报》	环中国自行车业余赛宁海站举行	2016. 10. 25	8	林　海　王静雅
755	甬派	吃货玩咖这周末去哪嗨？宁海桑洲会很热闹	2016. 10. 25	—	俞　越
756	《宁波日报》	宁海跃龙：党建平台激发基层治理正能量	2016. 10. 26	11	孙吉晶　陈云松　潘赛珍
757	《东南商报》	村貌换新颜　宁海梅山村迎来社会资本	2016. 10. 27	5	鲁　威　陈云松　蒋　攀
758	中国新闻网	防权力马甲“七十二变”浙江宁海推防腐锦囊“36 计”	2016. 10. 27	—	李佳赟
759	《浙江日报》	宁海乡愁庭院建设激活百姓爱美热潮（今日宁波）	2016. 10. 27	21	陈云松

续表3

序号	发表媒体	稿件题目	报道日期	版面	作　者
760	《浙江日报》	宁海跃龙街道试点“居务助理制”（今日宁波）	2016.10.27	21	王爱娇　陈云松
761	《浙江日报》	宁海打造“人才生态特区”引领创业创新（今日宁波）	2016.10.27	22	陈云松
762	《浙江日报》	宁海跃龙街道激活基层治理新格局（今日宁波）	2016.10.27	22	王爱娇　陈云松
763	《浙江日报》	宁海健身步道走出“绿富美”（今日宁波）	2016.10.27	23	邹洪珊
764	浙江卫视	我省首次开展500千伏跨越高铁架线施工（浙江新闻联播）	2016.10.28	—	今日快讯第18分18秒
765	《宁波日报》	美丽宁海绽放“高颜值”	2016.10.28	6	杨绪忠　邵映菡
766	《宁波晚报》	宁海“功夫奶奶”侠肝义胆乐助人	2016.10.28	19	蒋继斌
767	中央人民广播电台	宁波宁海举行跳鱼节　妈妈喂婴儿跳鱼寓为开荤	2016.10.29	—	曹美丽　陈云松
768	《宁波日报》	余红艺在宁海调研镇村环境整治及社会治理时强调	2016.10.29	头版	黄　合
769	中国新闻网	浙江宁海举办跳鱼节　婴儿吃跳鱼“开荤”	2016.10.29	—	李佳赟　陈云松
770	网易直播	网易直播桑洲山顶音乐节	2016.10.30	—	—
771	《宁波日报》	夜间跨高铁架设超高压线	2016.10.30	2	仇九鼎　唐瑾瑾　王　皓
772	乡下头	在越溪，有个地方叫沧海桑田；在越溪，有种美食是海中人参；在越溪，有种饕餮叫四盆八碗	2016.10.30	—	王　博　章亚丽
773	《钱江晚报》	宁海360米高的山顶上办了场音乐会	2016.10.31	N2	陈云松　邹洪珊
774	《现代金报》	宁海山顶音乐节　13万人线上同步关注	2016.10.31	9	陈云松　叶　佳
775	浙江新闻APP	桑洲山顶音乐会开唱：站在山冈放声欢歌	2016.10.31	—	陈云松　邹洪珊
776	浙江新闻APP	尝口跳鱼开开荤！宁海越溪跳鱼节办起了民俗仪式	2016.10.31	—	陈云松　邹洪珊
777	人民网	浙江宁海：时尚音乐会走进偏远山区（图）（浙江）	2016.10.31	—	章勇涛、陈云松
778	甬派	13万人线上同步关注宁海山顶音乐节	2016.10.31	—	陈云松
779	《浙江日报》	吃跳鱼开晕（图片新闻）	2016.10.31	7	章亚丽　蒋　勇　摄
780	《浙江日报》	老房子也有春天	2016.11.01	19	陈　醉　应　磊　陈云松
781	《浙江日报》	没有海，我们怎么活着	2016.11.01	20	浦　子
782	《宁波日报》	山顶音乐会	2016.11.01	8	严　龙　陈云松　摄
783	《中国体育报》	千里走宁海动在水云间	2016.11.01	4	李金霞
784	《宁波日报》	宁海女孩兑现支教承诺	2016.11.02	4	孙吉晶　陈云松　王方

续表3

序号	发表媒体	稿件题目	报道日期	版面	作　者
785	《宁波日报》	百年集市　乡愁符号	2016. 11. 02	5	严　龙　陈云松　摄
786	《宁波日报》	宁海实现乡镇（街道）文联全覆盖	2016. 11. 02	8	陈青　陈云松　娄美琴
787	《求是》	选好管好干好——宁海县选派“第一书记”驻村任职的实践和启示	第 21 期	—	褚银良
788	《宁波日报》	知豆：让更智能的微行纯电动车从宁海开进千家万户	2016. 11. 04	16	黄　程　孙吉晶　陈云松　董新昆
789	《宁波日报》	纯电动汽车+汽车共享绿色出行的二次叠加	2016. 11. 04	16	黄　程　孙吉晶　陈云松　董新昆
790	《东南商报》	去宁海吃麦饼？吃货朋友推荐这家	2016. 11. 03	5	谢昭艳
791	《东南商报》	海岛上的“护苗使者”：为了一个承诺，他坚守十四载	2016. 11. 03	8	房　伟　王小飞
792	《宁波日报》	宁海率先启动小城镇环境综合治理	2016. 11. 05	头版	孙吉晶　陈云松　邵映菡
793	《宁波晚报》	宁海樟树小学的孩子们把牡蛎壳“玩”成了工艺品	2016. 11. 05	12	陈爱红
794	《宁波日报》	宁海获评“国家水土保持生态文明县”	2016. 11. 06	2	孙吉晶　蒋　攀　林丹晨
795	《宁波日报》	宁海县青少年宫活动	2016. 11. 06	15	许碧华
796	浙江新闻 APP	一战成王中国钓鱼赛宁海挥杆　148 名国内好手参加	2016. 11. 06	—	李竹青　王静雅　蒋　攀
797	甬派	146 名钓鱼高手宁海过招　当地有名高手每年要花 50 万钓鱼	2016. 11. 06	—	龚一鸣
798	《现代金报》	中国钓鱼巡回赛宁海开赛	2016. 11. 07	11	王静雅　邹　鑫　贾东流
799	《钱江晚报》	“一战成王”中国钓鱼公开赛宁海开赛	2016. 11. 07	N3	李竹青　王静雅　蒋　攀
800	《钱江晚报》	冬天，到宁海深甽泡温泉还有一场民俗盛会等着你	2016. 11. 11	N4	应　磊　童俊娜
801	《浙江日报》	户外运动高手宁海同台竞技	2016. 11. 12	8	陈云松　胡燕红　李春
802	《钱江晚报》	宁海深甽发布 12 道养生菜	2016. 11. 14	N2	应　磊　王竹君　童俊娜
803	《宁波日报》	宁海深甽“十月半”民俗文化节热闹开场	2016. 11. 14	6	杨秉冠　孙吉晶　王竹君
804	《宁波日报》	“走班”激活新课程	2016. 11. 14	5	严　龙　林华烨　严　龙　陈云松　摄
805	《宁波日报》	宁海首座全户内智能变电站投运	2016. 11. 14	2	仇九鼎　王露婧　余嘉宽
806	《现代金报》	十月半　民俗乐	2016. 11. 14	11	蒋　攀　王竹君　张培坚
807	浙江新闻 APP	冬天到宁海深甽泡温泉　还有一场民俗盛会等着你	2016. 11. 11	—	应　磊　童俊娜
808	甬派	冬天到宁海深甽泡温泉　还有一场民俗盛会，走起！	2016. 11. 11	—	—

续表3

序号	发表媒体	稿件题目	报道日期	版面	作　者
809	浙江新闻 APP	直播	2016. 11. 13	—	—
810	浙江视界	《留忆深甽》宁海县深甽镇宣传片	2016. 11. 12	—	—
811	《天天快报》	来宁海泡温泉，怎能不吃这十二道峰味！	2016. 11. 13	—	—
812	甬派	宁海城中小学："走班"激活新课程	2016. 11. 13	—	严　龙　陈云松　林华烨
813	乡下头	近种篱边菊，秋来未著花，千年之后的宁海海头古村，正一派风雅景象！	2016. 11. 14	—	—
814	《宁波日报》	第一时间救助火灾户	2016. 11. 15	3	严　龙　严颖颖
815	《浙江日报》	打通宁海交通"大动脉"，唱响县域经济"好声音"（一）	2016. 11. 15	6	黄丽丽　赵士超
816	宁波电视台新闻综合频道	"银发讲师团"把党和国家的政策传到乡亲们耳中	2016. 11. 15	—	—
817	《宁波日报》	千针万线织爱心	2016. 11. 16	2	严　龙　叶敏　摄
818	《宁波日报》	创意点亮乡村的美好	2016. 11. 16	9	山水尤　徐铭怿
819	《宁波日报》	强蛟村庄"落后生"的华丽蝶变	2016. 11. 16	11	杨秉冠　孙吉晶　吴立高　蒋　攀
820	《宁波日报》	越溪跳鱼，"漂洋过海"来看你	2016. 11. 16	12	王　博　章亚丽
821	《宁波日报》	知豆占据"双十一"天猫汽车预售半壁江山	2016. 11. 16	3	黄　程
822	中央人民广播电台	宁波宁海力洋镇海头村 20 万株菊花盛开	2016. 11. 16	—	曹美丽　景增杰
823	《宁波日报》	和妈妈一起学刺绣	2016. 11. 17	5	严　龙　陈云松　摄
824	《宁波日报》	电网度冬添"新神器"可 24 小时在线监测线路"体温"	2016. 11. 17	5	仇九鼎　王幕宾　赵　琴
825	《浙江日报》	小城镇环境综合整治建设迈入深水区宁海全力打造一镇一品	2016. 11. 17	18	陈云松
826	《浙江日报》	走班走活新课程	2016. 11. 17	19	严　龙　陈云松　林华烨
827	《浙江日报》	宁海深甽发布 12 道养生菜	2016. 11. 17	19	王竹君　童俊娜
828	《浙江日报》	宁海非遗文化产业园即将开园	2016. 11. 17	20	—
829	浙江新闻 APP	宁海走班激活新课程　孩子们一天能学好几样技能	2016. 11. 17	—	严　龙　陈云松　林华烨
830	浙江卫视	2016 年浙江省残疾人工匠大赛开赛	2016. 11. 17	—	—
831	《宁波日报》	宁海村务监督论坛提升监督水平	2016. 11. 18	6	董小芳　严雪婷
832	浙江新闻 APP	制药　制茶　看宁海一市镇如何"吃干榨净"白枇杷	2016. 11. 19	—	陈云松　李江林
833	浙江卫视	宁海：盘活山水资源　提升乡村之美	2016. 11. 19	—	—
834	乡下头	古村古道、花香风车、海鲜美食……你想要的，宁海这个枇杷小镇都有	2016. 11. 19	—	陈云松　李江林

续表3

序号	发表媒体	稿件题目	报道日期	版面	作者
835	人民网	浙江宁海：白枇杷深加工　增收有门路（浙江）	2016. 11. 19	—	陈金莲、章勇涛、陈云松、周如歆
836	《现代金报》	“吃干榨净”白枇杷能让全镇每年增收近一亿元	2016. 11. 20	7	陈云松　叶　佳
837	宁波电视台新闻综合频道	枇杷花节来了　枇杷小镇助力百姓致富	2016. 11. 20	—	—
838	浙江卫视	宁海：开辟爱心道　邀残疾人同游	2016. 11. 20	—	—
839	甬派	宁海原书记褚银良动情家书告别，新书记杨勇郑重许诺	2016. 11. 21	—	—
840	《宁波日报》	宁海织密理论宣讲网络	2016. 11. 21	头版	陈云松　孙吉晶
841	《宁波日报》	宁海智能汽车小镇展示馆投用	2016. 11. 21	2	孙吉晶　董新山　黄浓珍
842	《宁波日报》	宁海一市镇深挖白枇杷资源	2016. 11. 21	3	陈云松　严　龙
843	《宁波日报》	“茶马跑道”跑上一场山地马拉松	2016. 11. 21	7	林　海　王竹君　蒋　攀
844	《经济日报》	过去年年跑资金　如今资金跑上门	2016. 11. 21	14	郁进东　袁信禄
845	《浙江日报》	千里绿色长廊，步步是风景（二）	2016. 11. 21	5	黄丽丽　赵士超
846	中央人民广播电台	宁波宁海：深挖枇杷药用价值催生枇杷产业支持	2016. 11. 21	—	—
847	新华社	浙江宁海：枇杷深加工　农民增收近1亿元	2016. 11. 21	—	—
848	宁波电视台新闻综合频道	宁海加快构建海陆空一体大交通（头条）	2016. 11. 21	—	—
849	宁波电视台新闻综合频道	天冷舞台热　宁海处处有“好戏”	2016. 11. 22	—	—
850	《宁波日报》	银发讲师团活跃山乡	2016. 11. 23	10	孙吉晶　黄浓珍　徐铭怿
851	《宁波日报》	深甽：一路赏景一路跑	2016. 11. 23	11	街镇微发布（深甽镇）
852	《宁波日报》	千年之后的宁海海头古村	2016. 11. 23	10	乡下头一周精选（力洋）
853	《宁波日报》	宁海这个枇杷小镇都有	2016. 11. 23	10	乡下头一周精选（一市）
854	《浙江日报》	宁海农户深挖林下经济回归山野黄精变“黄金”	2016. 11. 22	19	陈　醉　应　磊　陈云松
855	《浙江日报》	宁海乌糯坑村出路何在　山岙里的造村实验	2016. 11. 22	20	陈　醉　陈云松
856	甬派	寒潮突然来袭　宁海村民紧急给大棚盖“被子”	2016. 11. 23	—	龚一鸣
857	宁波电视台新闻综合频道	水果大棚“盖裤子”保温	2016. 11. 23	—	—
858	《浙江日报》	新型“交通综合体”：宁海综合客运枢纽惠民生（三）	2016. 11. 24	11	黄丽丽　赵士超

续表3

序号	发表媒体	稿件题目	报道日期	版面	作　者
859	浙江卫视	浙江各地积极行动　将寒潮影响降到最低	2016.11.24	—	—
860	浙江新闻APP	“青春恋古村”——宁海南岭村：归去山间可造梦（封面）	2016.11.24	—	—
861	宁波电视台新闻综合频道	宁海：盛宁线宁海段入选首批省级精品示范道路	2016.11.24	—	—
862	《光明日报》	五百年下畈成一树	2016.11.25	15	浦　子
863	《宁波日报》	宁海3.5万亩改造养殖塘成“聚宝盆”	2016.11.25	2	余建文　刘　勇
864	宁波电视台新闻综合频道	集体空中婚礼浪漫上演	2016.11.25	—	—
865	宁波电视台新闻综合频道	宁海：举行首次航空医疗应急救援演练	2016.11.25	—	—
866	宁波电视台新闻综合频道	回购嘉士伯股权　大梁山啤酒开启自主品牌传承之路	2016.11.25	—	—
867	《浙江日报》	宁海一条路走出全民健身热	2016.11.27	4	黄珍珍　陈云松
868	浙江卫视	贯彻省委全会精神　采访杨书记	2016.11.26	—	—
869	宁波电视台新闻综合频道	特色水果加面食　创意馒头成香饽饽	2016.11.28	—	童柄霖　张雯雯
870	新华社	中国运动休闲大会2016年度峰会开幕	2016.11.29	—	林德韧、夏　亮
871	宁波电视台新闻综合频道	宁海：土话宣讲团传播“好声音”	2016.11.29	—	蔡志飞
872	《浙江日报》	滩涂上，黑色精灵正欢	2016.11.29	19	蒋　勇　章亚丽
873	《浙江日报》	宁海一市镇“吃干榨净”白枇杷（今日宁波）	2016.11.29	21	李江林　陈云松
874	《浙江日报》	“爱心女红坊”织就爱心	2016.11.29	22	陈云松　摄
875	《浙江日报》	宁海构建多维“讲堂群”织密宣讲网络	2016.11.29	23	陈云松　陈　醉
876	《浙江日报》	宁海强蛟镇实施新考核治理村环境	2016.11.29	23	蒋　攀　吴立高
877	《宁波日报》	宁海三个直升机起降点具备投用条件	2016.11.29	8	张　燕
878	甬派	中国运动休闲大会年度峰会开幕　环宁海自行车赛要来啦	2016.11.29	—	林　海　孙吉晶　袁信禄　王静雅　竺桢强
879	中央人民广播电台	中国运动休闲大会2016年度峰会宁海揭幕　体育产业“双创”同场决赛	2016.11.29	—	张庶卓
880	《宁波日报》	中国运动休闲大会年度峰会在宁海开幕	2016.11.30	2	林　海　孙吉晶　袁信禄
881	《钱江晚报》	中国运动休闲2016年度峰会开幕　宁海目标：打造户外运动小镇	2016.11.30	N3	王静雅　邹洪珊　贺元凯　王淑玮

续表3

序号	发表媒体	稿件题目	报道日期	版面	作　者
882	《浙江日报》	导入“PPP”，创新城乡客运一体化的宁海模式（四）	2016. 12. 01	11	黄丽丽　赵士超
883	《浙江日报》	风口飞翔，体育产业爆点多	2016. 12. 01	9	陈　醉　邹洪珊　蒋　攀
884	《钱江晚报》	跑步 APP，用脚来社交	2016. 12. 01	N4	陈　醉　邹洪珊　陈云松　蒋　攀
885	《东南商报》	宁海县海头村有个菊花文化节，一个月卖花收入 150 万	2016. 12. 01	1	崔　引
886	中央电视台体育频道	中国运动休闲大会 2016 年度峰会揭幕	2016. 12. 01	—	—
887	中央人民广播电台	“创青春”中国体育产业创新创业大赛揭晓　运动休闲年度峰会落幕	2016. 12. 01	—	张庶卓
888	《宁波日报》	派出所协辅警被捅伤后　用手捂住伤口继续追凶	2016. 12. 01	7	王晓峰　徐巧琼　周国亮
889	《宁波日报》	宁海搭建“失土农民”创业平台	2016. 12. 02	5	孙吉晶　蒋　攀　陆锦丽
890	《宁波日报》	湖头村：传承文化造福世人	2016. 12. 02	7	王　岚　俞安霞
891	浙江卫视	自强宁波人：无声的修复师——何跃军	2016. 12. 04	—	—
892	新华社	浙江：特色小镇集群模式探索实体经济转型“小而美”	2016. 12. 05	—	—
893	《宁波日报》	精美的石头会唱歌	2016. 12. 05	3	李江林　严　龙　摄
894	《宁波日报》	首个宁海企业主持制订的“浙江制造”标准发布	2016. 12. 05	10	仇九鼎　赵曙光
895	人民网	浙江宁海：7000 余名机关党员投身志愿服务（浙江）	2016. 12. 05	—	章勇涛　华建平
896	人民网	宁波：让村权“晒太阳”（浙江）	2016. 12. 05	—	章勇涛　华建平
897	《宁波日报》	让村级权力“晒太阳”	2016. 12. 06	1	严　龙　华建平　摄
898	《宁波日报》	首批省特色小镇文化建设示范点公布	2016. 12. 06	8	崔小明
899	《农民日报》	宁海白枇杷：果值钱花更是宝	2016. 12. 06	5	陈云松　严　龙
900	中央人民广播电台	浙江宁海出台省内“最严措施”规范　学生“托管点”餐饮服务	2016. 12. 06	—	杜金明
901	宁波电视台新闻综合频道	市场监管在行动：宁海首推“托管点”食品安全无盲点	2016. 12. 06	—	—
902	《东南商报》	宁海在省内首创将托管班纳入餐饮管理范畴	2016. 12. 07	1	毛雷君　李鲁文
903	《现代金报》	宁海率先将托管班纳入食品安全监管体系	2016. 12. 07	4	李鲁文　王冬晓
904	《宁波日报》	浙东大峡谷边有个民宿村	2016. 12. 07	9	何　峰　章建斌
905	《宁波日报》	长街：给排污口发“身份证”	2016. 12. 07	11	街镇微发布（长街镇）

续表3

序号	发表媒体	稿件题目	报道日期	版面	作　者
906	《宁波日报》	大观文化园成为宁海文化地标	2016.12.07	15	崔小明　袁信禄　蒋　攀
907	浙江卫视	“破题”小城镇综合整治：疏堵结合　破解“道乱占”	2016.12.07	—	—
908	《宁波日报》	宁海岭口：65年矛盾不出村	2016.12.08	头版	金　波　李广华　孙吉晶
909	《宁波日报》	梅林街道：小城镇环境整治敢啃“硬骨头”	2016.12.08	3	王　博　杨绪忠　叶宇航
910	《宁波晚报》	宁海梅林街道为一条路“把脉”	2016.12.08	18	周科娜　吴培均　叶宇航
911	《现代金报》	宁海梅林街道环境大改观	2016.12.08	6	吴培均　叶宇航　樊　莹
912	《宁波日报》	岭口人：生活在岭口很幸福！	2016.12.09	2	孙吉晶　蒋　攀　徐文燕
913	《宁波日报》	前童：千年古镇打好“体验牌”	2016.12.09	8	徐展新
914	《宁波日报》	桃源路上的桥	2016.12.09	B3	徐自读
915	《宁波日报》	刀石之恋——胡强的书法和篆刻	2016.12.09	B4	赵安炉
916	《东南商报》	奉化牛肉干面和宁海麦饼要走向全国	2016.12.09	1	—
917	《东南商报》	用一碗面带动一个城市的名气	2016.12.09	3	鲁　威　李鑫星
918	《浙江日报》	大交通，崛起宁海南部滨海新区	2016.12.09	6	黄丽丽　赵士超
919	甬派	2016中国改革年度案例征集候选名单发布，宁海上榜	2016.12.10	—	—
920	宁波电视台新闻综合频道	宁海吹起文明乡风：“寿星”向陈规陋习说“不”	2016.12.10	—	—
921	浙江卫视	文明之花盛开城乡：宁海——一份倡议书祝寿不收礼	2016.12.10	—	—
922	《宁波日报》	宁海老党员交纳10万元大额党费	2016.12.11	2	黄　合　陈云松　蒋　攀
923	甬派	宁海新任领导班子做的第一件事：抓安全生产是首要工作	2016.12.11	—	陈云松
924	甬派	最美宁波人丨台风夜与时间赛跑，“老西店”带路洪水中救出多人	2016.12.11	—	黄　金　潘智　徐红燕　沈　洁　吴冠夏
925	宁波电视台新闻综合频道	隔洋塘的“摆渡人”：小学教师义务护送海岛学生14年（宁波新闻）	2016.12.11	—	—
926	宁波广电网	海岛孩子的护航使者　他15年如一日送学生回家	2016.12.11	—	金　铭
927	《宁波日报》	14年渡海护航求学路	2016.12.12	头条	张　昊　蒋　攀　王小飞
928	《现代金报》	凭一片爱心和一句承诺　接送海岛上孩子十多年	2016.12.12	4	樊　莹
929	甬派	最美宁波人——一个承诺，这位“海岛护苗使者”坚守了15载	2016.12.12	—	黄　金　潘　智　视频　周维强
930	甬派	宁海要牙绝技有了“新生代”	2016.12.12	—	严　龙　陈云松

续表3

序号	发表媒体	稿件题目	报道日期	版面	作　者
931	中央电视台新闻频道	《新闻直播间》浙江宁波小学教师义务护送海岛学生 14 年	2016. 12. 12	—	—
932	《浙江日报》	税务稽查用上“黑匣子”	2016. 12. 12	10	袁　勤
933	浙江新闻 APP	患者感谢红包医生巧妙退还	2016. 12. 13	—	黄浓珍　陈云松　应　磊
934	《宁波日报》	宁海要牙绝技传给“新生代”	2016. 12. 13	头版	严　龙　陈云松　摄
935	《宁波日报》	宁海越溪乡掀起冬修水利高潮	2016. 12. 13	5	王　博　孙吉晶　章亚丽
936	《宁波日报》	宁海创新公共文化供给惠及十万群众	2016. 12. 13	8	崔小明　袁信禄　蒋　攀
937	《浙江日报》	全域旅游，且看静城宁海	2016. 12. 13	8	—
938	《浙江日报》	图片新闻（越溪乡）	2016. 12. 13	16	章亚丽　蒋　勇
939	《浙江日报》	患者感谢红包医生巧妙退还	2016. 12. 13	16	黄浓珍　陈云松　应　磊
940	《浙江日报》	让村权力“晒太阳”	2016. 12. 13	21	严　龙　华建平　摄
941	《浙江日报》	宁海全力争当绿色“排头兵”	2016. 12. 13	22	袁信禄　陈云松
942	甬派	宁海文化综合体是省内唯一文化类 PPP 项目	2016. 12. 14	—	—
943	《宁波日报》	术前红包未必带来“真踏实”	2016. 12. 14	2	朱晨凯
944	《宁波日报》	宁海率先试行银行网点代办营业执照	2016. 12. 14	11	殷　聪　周　瑾　宣　文
945	《宁波日报》	越溪：旧物件变废为宝扮靓村庄	2016. 12. 14	19	街镇微发布（越溪乡）
946	《钱江晚报》	宁海法院试水“互联网+”打造一站式诉讼服务中心	2016. 12. 15	N4	邵巧宏　郑珊珊
947	《浙江日报》	宁海法院试水“互联网+”	2016. 12. 16	11	邵巧宏　郑珊珊
948	甬派	“财政涉农资金管理”成全国样板	2016. 12. 18	—	孙吉晶　陈云松　杨秉冠
949	甬派	120 册《宁海丛书》北京首发　是全省第一个县级编纂地方文献	2016. 12. 18	—	—
950	浙江卫视	宁海：爱心企业助学高中特困生	2016. 12. 18	—	—
951	《宁波日报》	宁海入围中国改革年度案例单位	2016. 12. 18	1	孙吉晶　陈云松　杨秉冠
952	《宁波日报》	西店安装 2037 只视频监控	2016. 12. 19	6	王晓峰　周国亮
953	甬派	宁波首创！宁海将旅游者食品中毒纳入公益保险	2016. 12. 19	—	刘　挺　胡皇印
954	甬派	缑城旧事——记忆中的宁海老城（视频）	2016. 12. 20	—	—
955	《宁波日报》	购买“维卡币”“万福币”能赚大钱？	2016. 12. 20	3	王晓峰　周国亮
956	《浙江日报》	宁海涉农资金改革激发活力	2016. 12. 20	头版	谢　晔　应　磊　陈云松　蒋　攀
957	《浙江日报》	120 册《宁海丛书》北京首发	2016. 12. 20	13	陈　醉　陈云松
958	《浙江日报》	宁海第一艘玻璃钢渔船下水	2016. 12. 20	14	王晓娜　摄
959	《浙江日报》	要牙新传人拜师	2016. 12. 20	15	陈云松　摄

续表3

序号	发表媒体	稿件题目	报道日期	版面	作　　者
960	《浙江日报》	《宁海丛书》揭开神秘面纱	2016. 12. 20	16	—
961	甬派	宁海500多孩子100位妈妈参与健康监测这项调查事关你我！	2016. 12. 21	—	陈　敏　王珍珍
962	《宁波日报》	宁海启动中国儿童与乳母营养健康监测	2016. 12. 22	5	陈　敏　王珍珍
963	甬派	成为“国遗”的宁波人嫁妆：宁海泥金彩漆	2016. 12. 24	—	—
964	《宁波日报》	宁海获“中华诗词之乡”称号	2016. 12. 25	2	孙吉晶　蒋　攀
965	甬派	一座古宅的前世今生——来说说宁海人都知道的华侨饭店	2016. 12. 26	—	—
966	《宁波日报》	宁海阳光征收如何驶上“快车道”	2016. 12. 27	10	杨绪忠　陈露岚
967	甬派	辉煌五年①——坚强领导、核心驱动，激发宁海跨越发展的澎湃动力	2016. 12. 27	—	—
968	甬派	辉煌五年②——项目引领、产业转型，宁海速度跑出经济发展升级版	2016. 12. 27	—	—
969	甬派	厉害！全国首个出口文具质量安全示范区落户宁波	2016. 12. 27	—	胡琳芸　徐莉莎　黄宇歆
970	甬派	宁海党代会下午召开：早日跻身全国强县第一方阵	2016. 12. 27	—	陈云松　蒋　攀　孙吉晶
971	甬派	图解党代会报告之宁海——杨勇：早日跻身全国强县第一方阵	2016. 12. 27	—	—
972	《浙江日报》	宁海国税局稽查局强化稽查取证	2016. 12. 28	3	尤　畅　徐卫明　林宗平　戴大佐
973	《宁波日报》	宁波如意公司又捐百万善款	2016. 12. 28	2	吴向正　蔡怀书
974	《宁波日报》	宁海力争早日跻身全国强县第一方阵	2016. 12. 28	专版	孙吉晶　陈云松　蒋　攀
975	《宁波日报》	宁海西店：乡村“红马甲”在行动	2016. 12. 28	11	孙吉晶　王　博　徐红燕
976	《宁波日报》	这里有温泉，有原始森林的层林尽染，也有别出心裁的户外火锅！	2016. 12. 28	10	乡下头一周精选（深圳）
977	《宁波日报》	宁海“五优并进”加快美丽崛起	2016. 12. 29	头版	孙吉晶　陈云松　袁信禄
978	《宁波日报》	宁海升级为省级出口文具质量安全示范区	2016. 12. 30	16	俞永均　徐莉莎　黄宇歆

精神文明建设

【概况】　2016年，宁海县精神文明建设以培育和践行社会主义核心价值观为主线，切实强化公民道德建设，纵深推进文明创建活动，全年文明创建各个领域不断取得新成效，群众文明素质和城乡文明程度得到有效提升，为建设“两美”宁海提供强大的精神动力和道德支撑。

加强公德建设，公民素养更加文明。将社会主义核心价值观宣教纳入文明城市创建、乡风文明建设等主要内容，广泛开展“文明出行”“文明旅游”“文明服务”“文明餐桌”“文明施工”等系列活动；深化好家风建设活动，4例家风家训入选市级典型，越溪乡梅枝田村入选宁波市十大“好家风好家训”名村。扎实开展道德典型选树活动，王晓英、张翎飞2人入选“浙江好人”，冯敏轩等7人入选“宁波好人”，评选出“宁海好人”20例。成功举办第四届宁海志愿服务广场文化节，获评市最美志愿者1名、优秀志愿者4名、最佳志愿服务社区1个。

加强文明创建，城乡秩序更加井然。召开文明县城创建工作推进会，以“文明出行·礼让斑马线”“四周边两部位”文明创建顽疾治理、社区文明创建提质等“三项行动”为主线，持续深化文明城市创建，针对文明创建中的薄弱环节，补齐工作短板，筑牢文明城市创建基石。跃龙街道兴圃社区获评市“品质社区”提名奖，6个社区工作品牌获市百佳社区文明创建工作品牌。扎实推进乡风文明建设，经验做法在全市文明委会议上作交流发言。新建市级文明单位7家、“三美乡村”精品村9个、市级文明村11个，胡陈乡梅山村入选市第二批“最洁美村庄”，力洋镇海头村、桑洲镇南岭村入选市第二批“最洁美村庄”提名奖。会同县农办出台《农村环境卫生管理长效机制的实施意见》，农村环境卫生整治考评成绩跻身全市第一序列。

加强德育建设，育人环境更加优化。围绕“做一个有道德的人”“我们的节日”等主题，扎实推进“童蒙养正、立德树人”系列活动，全年开展主题征文、演讲、诗词、方言讲故事、经典诵读等各类比赛活动20余场次，开展“绘本故事进农村”“公益书画进春泥”活动168场次，开展“中国梦”进校园主题宣教活动，累计举办大小专题报告165场次，受教育未成年人达8.5万人次。新建县级“春泥计划”精品点5个。承办市未成年人心理健康工作骨干培训班，该县经验做法作大会交流发言。实施社会文化环境洁净工程，深入推动“净网2016”“护苗2016”“清源2016”等专项行动，净化社会文化环境工作取得显著成效。

【擦亮“宁海品牌”营造文明新风】 持续深化移风易俗工作常态化管理，县委书记杨勇在全省推进家庭文明建设和农村移风易俗工作电视电话会议上作交流发言；持续深化全民阅读活动，组织举办第八届“方孝孺读书节”，进一步激发全县人民的读书热情，并纳入《品牌宁海》；做大做强志愿服务工作品牌，“党群同心圆”入选全国最佳志愿服务项目，经验做法在全市志愿服务会议上作交流发言。

【打造“桃花源里”文明示范线】 2016年，依托胡陈乡“8”字形精品线，以“浙江省最美河流”胡陈中堡溪为轴带，串联梅山、联胜、车家、西翁、长山主、永和、岔路和中堡溪等8个村，集全县之力，投资2.4亿元，实施建设项目41个，全力打造出一条可讲、可看、可体验的，集“乡风文明、农旅文化、山水乡愁”于一体的“桃花源里”文明示范线，该项工作获市委常委、宣传部部长万亚伟批示肯定。

统一战线工作

【概况】 2016年，全县统一战线工作牢牢把握大团结、大联合主题，正确处理统一战线五大关系，有效发挥围绕中心、服务大局的作用。县工商联被评为全省工商联系统先进单位，分别在全市统战理论研究会议和统战工作创新会议上作典型发言，《探索建立商会社会化法律服务体系，为非公经济“两个健康”护航》被评为全市统战工作创新一等奖。

【党外代表人士队伍建设】 加强教育引导。深入开展中国特色社会主义学习实践活动，部署学习习总书记在全国政协、民建、工商联界委员联组会上重要讲话精神，进一步营造“亲、清”政商关系。举办包括党外人士素质提升班等教育培训活动，进一步坚定他们对中国特色社会主义的道路自信、理论自信和制度自信。做好换届工作。指导做好知联会和工商联换届选举工作，进一步配齐配强领导班子，顺利完成政治交接。严格落实综合评价制度，坚决杜绝“十种情形人员”，共推荐产生政协第十届政协委员建议人选241名、常委43名，切实营造风清气正的良好氛围。抓好推荐使用。把党外干部的挂职锻炼纳入全县后备干部挂职锻炼总体规划之中，会同组织部门加大党外干部的推荐使用力度，2016年新提拔县管党外干部3名，营造重视党外干部使用的良好氛围。

【引资引智和浙商回归工作】 利用统战部门联系广泛的优势，着力加强与港澳台及海外的联系，努力扩大交流、增进合作。成功举办“浙台合作周——台湾文创专家进企业”活动，赴港参加礼品展、赠品展及经贸活动。特别是在2016宁海国际投资洽谈会上，与宁波奇艺金属有限公司、台湾金山行五金有限公司分别签订年产23万吨新型不锈钢合金材料项目和高档五金件制造项目，两个项目总投资为2.5亿美元，协议利用县外资金5500万美元，其中年产23万吨超薄精密合金材料项目正式动工建设。加快“浙商回归”步伐，新建昆明官渡区宁海商会，异地商会总数达到12家，有效发挥招商引资桥头堡的作用。积极推进宁海家具产业总部建设，被中国家具协会授予“中国华东实木家具总部基地”称号，同时命名宁海为“中国实木家具工匠之乡”。此外，探索成立“宁海高层次人才联谊会”和“宁海中学海外校友联谊会”等两个联谊会，完善重点侨企数据库、海外重点国家留学人员基本情况数据库、海外侨团组织数据库等五大资源数据库，并成功推荐袁崇生、王建和为宁海县2016年“引才大使”。

【民族宗教事务管理】 把民族宗教工作作为促进基层治理体系和治理能力现代化建设的重点问题来抓，着力破解难题，维护稳定。深入抓好民间信仰场所管理。校正完善《县域宗教与民间信仰场所布点规划》，并协同武汉大学、县规划管理中心召开GIS（地理卫星信息系统）应用协调会，加快布点规划成果转化运用。加快落实《宗教与民间信仰场所管理三年行动计划》，顺利完成场所削减69个。积极推进民间信仰场所登记编号管理工作，顺利完成159处民间信仰场所的登记编号工作，总量占全市的1/3。切实加强场所安全管理。建立了场所安全分级防控监管机制，通过场所自查、乡镇（街道）督查、民宗局会同安监和消防等部门抽查的方式加大对安全隐患的排查力度，全年累计检查场所96家238人次。推进宗教领域公共安全视频监控联网应用工作，对重点的5家宗教场所进行视频监控安装并与公安联网。认真做好宗教“三个专项”工作。深化宗教教职人员认定备案、宗教场所财务监督管理和档案考评等工作，实现宗教教职人员认定备案工作的常态化管理。推进“两路两侧”涉宗场所外立面改造提升和标志物整改工作，完成西林寺、岔路余庆寺外立面改造，慈云佛学院完成改造方案设计，山头基督教堂完成标志物整改。推进以规范常住管理为主要内容的佛教界专项治理工作，对702名常住僧尼进行登记建档。此外，开展流动穆斯林群众“纳管”工作，并在少数民族人口集聚比较多的深甽阿诺丹机械有限公司和西店观澜小学，开展民族团结进步示范点创建工作。

【统战基层基础】 强化统战工作示范点创建，在抓好西店、长街、深甽3个市级示范点巩固的基础上，大力推进岔路镇的示范点创建，较好地发挥示范带头作用。强化基层统战工作创新，按照“一镇一品”“一线一品”的思路，在全县18个乡镇街道部署开展基层统战工作创新评比活动，有效激发基层统战工作活力，取得统战文化建设、基层协商民主建设、示范商会创建等一批重要创新成果。强化基层协商民主建设，围绕谁来协商、协商什么、怎么协商、协商结果如何运用等基本问题，引导做好长街镇“村务评说会制度”、力洋镇“小微权力清单36条”、西店镇“聊天长廊”制度的规范工作，促进基层社会治理体系建设。

【召开党外知识分子联谊会二届一次理事大会】 1月21日，举行县党外知识分子联谊会二届一次理事大会。县政协副主席、县委统战部部长张水仙出席。大会听取并审议通过《县知联会一届理事会工作报告》，审议通过《县知联会章程》，选举产生县知联会二届理事会会长、常务副会长、副会长、秘书长、常务理事，何建春当选为会长。

【举行“中国华东实木家具总部基地”授牌仪式】 7月16日，中国家具协会正式授予该县“中国华东实木家具总部基地”称号，同时命名宁海为“中国实木家具工匠之

7月16日，中国家具协会正式授予宁海县“中国华东实木家具总部基地”称号

乡”。中国家具协会副理事长刘金良、浙江省家具行业协会理事长蒋鸿源、市工商联副主席何剑平、副县长王辅橡、工商联主席王朝衡参加授牌仪式。这是该县继模具、文具、汽车橡胶部件、压铸产业、汽车零部件产业基地之后的又一块“国”字号招牌。

【召开工商联换届选举大会】 9月21日，县工商业联合会（商会）第十一次会员代表大会召开。县委书记褚银良，宁波市委统战部副部长、市工商联党组书记黄辉，县委副书记、县长杨勇，县人大常委会主任徐真民，县政协主席尤玲娟，县委副书记林坚，县委常委、组织部部长林惠明，县政协副主席、县委统战部部长张水仙出席会议。大会选举产生县工商业联合会（商会）第十一届执行委员会，冯坚当选为县工商联十一届执委会主席、县商会会长。

【举办台湾文创专家进企业活动】 9月25—27日，举行台湾文创专家进企业活动，这是“2016浙江·台湾合作周”宁波专场的一项重要内容，副县长王辅橡参加活动。活动期间，台湾文创产业界专家考察相关文具企业，举行《型塑成功品牌与展示陈列空间之连接性》《他们比我会赚钱!》等专题知识讲座，促进该县文具企业与台湾文创的对接交流。

【成立宁海中学海外校友联谊会】 10月21日，举行宁海中学海外校友联谊会成立大会。县委副书记、县长杨勇、副县长娄黛敏出席成立仪式，县委常委、组织部部长林惠明主持会议。联谊会旨在加强海外校友之间的联系，促进友谊，增进校友与母校的情感，更好地服务校友、服务母校、服务家乡。为方便联络，联谊会还成立美国、德国、加拿大、英国、澳新、日本、新加坡等分会。

10月21日，举行宁海中学海外校友联谊会成立大会

【举行2016年长三角木球公开赛暨第十三届宁波市木球锦标赛】 12月22日，“2016年长三角木球公开赛暨第十三届宁波市木球锦标赛”在县第一职业中学举行。该活动由宁波市体育局、宁波市人民政府台湾事务办公室、宁波市体育总会主办，宁波市木球协会、宁海县体育局、宁海县台办、宁海县体育总会承办。来自长三角各省、市、区（县）木球协会、台办、体育总会、俱乐部及有关学校共300多名运动员、裁判、教练参加比赛。宁海县代表队获得女团、混双第一名的成绩。

政策研究

【概况】 2016年，县委政策研究室坚持“围绕中心，统揽全局，突出重点，适度超前”的原则，加强队伍素质提升，突出调查研究，注重成果转化，致力打造文稿精品，全面完成领导交办的工作任务，较好发挥领导的“智囊团”“参谋部”的作用。

【提升综合素质】 加强自觉学习。政研室提出“每天读10页书，每月读一本书”学习要求，订阅《求是》《秘书工作》《政策瞭望》等多类报纸杂志。在学习掌握当前时事、政策的同时，结合工作实际，学习社会管理、经济、法律和写作等知识，做到理论联系实际、学以致用，不断提升政治理论素养、政策理论水平和写作水平，增强研究、分析和解决实际问题的能力。坚持学习常态化，思想紧跟时代节奏，适应在新形势下进行前沿调查研究、服务县委领导科学决策的需要。

【突出调查研究】 围绕工作中心，做好课题调研。紧紧围绕县委工作中心，确定调研课题，切实加强对涉及全县经济社会发展重大问题的综合分析研究，认真准确地领会县委领导的意图、全面真实地反映社情民意。进一步加强调查研究工作，摸清县域经济社会发展的基本情况，撰写一批质量较高的调研文章。

借鉴外地经验，做好取经工作。10月，该室组织考察团赴江苏海门、宜兴、靖江考察学习承接产业转移、平台打造、招商引资、城乡环境整治等先进工作经验并撰写学习报告，为宁海加快跨越发展、实现美丽崛起提出一些科学的发展思路和可行性的发展举措。

探讨发展规律，做好数据整理。政研室每月定期从统计局获取“红绿灯指标对照表”、全市各区县市指标对比表、统计月报，认真调查、统计和整理经济数据，分析数据变动原因，真实地反映该县经济发展走势，为县委领导在经济发展科学决策提供重要的参考。

【提高文稿质量】 加强沟通，明确领导思路。明确工作职责，主动汇报工作，积极与县委领导交流、沟通，准确全面掌握领导对有关工作的思想、思路。精益求精提高文稿质量。政研室2016年度共撰写274篇高质量的优秀文稿，其中10篇调研报告；共印发8期《宁海政研》，其中包括2篇领导专报，2篇决策参考，1篇考察报告以及3篇转发省市刊物调研文章，均得到县委主要领导的充分肯定和高度赞誉。同时掌握政策，严把文件关口。认真学习党的理论、纲领和路线，围绕上级党委、政府的政策要求和工作安排，把握政策，起草、修正关于宁海的经济社会发展的政策性文件、重要决策文稿等。

机关党建

【概况】 2016年，宁海县直机关工委深入学习贯彻中共十八大、十八届三中、四中、五中全会以及习近平总书记系列重要讲话精神，牢牢把握“服务中心、建设队伍”两大核心任务，全面落实从严治党、依规治党要求，以“两学一做”学习教育为契机，进一步加强党的思想建设、组织建设、作风建设、制度建设和反腐倡廉建设，大力加强新常态下机关基层党的建设，为宁海“十三五”规划顺利开局提供坚强的思想、组织和作风保证。

【思想建设】 建设学习型机关党组织。充分发挥县直机关党课大讲堂平台作用，邀请宁波市委党校社会学教研部副主任、教授孙琼欢作《习近平的社会治理思想及实践》主题讲座；举办《学党章党纪 做合格党员》专题讲座15堂，1200余人次参与学习。强化入党积极分子、预备党员专题教育培训中的理论教育，将“两学一做”学习教育相关课程纳入培训课程；加强对新党员的党性教育，组织34名预备党员举行入党宣誓仪式，并进行传统教育。

开展“两学一做”学习教育。以“学党章党规、学系列讲话，做合格党员”为主题，在全县机关学员中开展学习教育，采取培训班、报告会、大讨论、读书活动等多种形式，重点学习中共十八大、十八届历次全会精神和习近平总书记系列重要讲话精神；综合运用微党课、知识竞赛、红色之旅等形式，开展理想信念、党性修养、优良传统、从政道德等内容的经常性教育，引导党员干部坚守共产党人精神追求。借助“党群同心圆”平台，开设移动端“两学一做”微平台，推送理论学习材料或视频课件150余篇（件），推出答题库6000余题，发布微动态信息近100篇，广泛发动党员开展微信随身学、在线答题测试，累计参与党员达5.9万余人次，答题量达120余万题，党员个人最高答题量13万余题，准确率达91%。

加强对机关党员干部的教育培训。加强党员干部教育培训，按照“大规模培训干部、大幅度提高干部素质”的要求，继续抓好党务干部培训，开展两期中层干部“执行力提升”轮训工作。分别于5月、7月对县直机关148名入党积极分子及65名预备党员进行培训，并继续抓好理论测试工作。“七一”期间举办新发展党员党性教育活动1次。

【组织建设】 抓好基层党组织建设。进一步规范机关基层党组织设置，选好配强党组织班子，新建9个支部，指导督促39个机关党组织做好换届工作。严格组织生活，加强对“两本一册”的管理和督查，抓好“三会一课”、民主生活会、党员评议、党内直选等各项制度的落实。落实“基层基础提质年”要求，实施基层党组织“堡垒指数”星级管理，加强基层党组织规范化建设，2016年通过各单位自行申报，进行考评验收后，建成党建精品单位3家、示范单位5家、达标单位31家。深化实施“固定组织生活日”制度，不断健全完善基层党组织运行机制，全面提升基层党建基准水平。

加强党员管理工作。贯彻落实全面从严治党要求，严格党员日常教育管理监督，开展党员组织关系集中排查工作，将每名党员纳入党组织有效管理。贯彻落实《中国共产党发展党员工作细则》，严把党员入口关，进一步优化结构、提高质量，建立健全发展党员动态调整机制，确保发展党员计划落到实处。2016年发展党员27名，转正35名。探索建立机关党员干部“负面清单”管理制度，对照“四个必须”“八条规范”和“六大纪律”要求，以清单形式为机关党员干部标明“红线”、划定“雷区”。深化党内人文关怀机制，坚持党内走访慰问制度，重大节日对老党员、长期患病党员、生活困难党员进行上门走访慰问。

开展城乡基层党组织结对共建活动。以“百家机关村村帮”为载体，开展“双带双走”走亲连心活动。91家单位机关党组织与农村基层党组织结对共建，通过下派“第一书记”、农村工作指导员等，建立领导干部调研走访制度、机关党员联系户制度，围绕“规范提升村级组织建设、助推村级重大项目实施、推进四位一体基层治理、推动村级集体经济实力提升”等四方面重点内容，开展“绩效党建”“百村立功竞赛”等载体活动，统筹推进“五水共治”“三改一拆”“两美”乡村建设、软弱落后村党组织整顿等重点工作。2016年确立共建项目140余项，落实帮扶资金1600余万元，帮助解决实际问题320余个。

【作风建设】 深化“党群同心圆”志愿服务活动。按照项目化运作、信息化管理、精准化服务的要求，精心设计“党群同心圆”一端一微平台，围绕全县中心大局和重点工作，策划推出“治水助两美、党员争先锋”“文明出行、党员带头”“护航G20、夜巡保平安”等一批志愿服务项目。广大党员踊跃参与，线上“抢领”微心愿、“秒杀”服务项目，线下争相参加志愿服务、兑现微心愿。2016年，党员志愿者累计参与志愿服务33092余人次、认领群众微心愿2010件次、完成志愿服务项目4608个，各级党组织和广大党员充分发挥先锋模范作用，形成全城示范的红色效应。2016年，“党群同心圆”获评全国“百佳志愿服务项目”，在《人民日报》《光明日报》《浙江日报》《宁波日报》等10余家中央及省、市主流媒体进行宣传报道，并受邀在民政部举办的社区骨干培训班上进行介绍。

深化“满意机关排行榜”活动。连续五年牵头组织“机关作风排行榜”评比活动，不断完善活动方案，如创新性开辟网络评分平台、增加第三方抽样调查、将活动纳入县“两会”日程安排等措施，提高了活动的开放性、真实性和科学性，扩大“机关作风满意工程”社会影响力。同时将评议结果通过今日宁海、宁海新闻网向全社会公开，并将评议结果纳入目标管理考核，折算成“社会评价”专项考核分值（10分），对评为“满意机关”“不满意机关”的进行加扣分及组织配套处理。

抓好党内法规的学习贯彻。坚持将《廉洁自律准则》（以下简称《准则》）和《纪律处分条例》（以下简称《条例》）纳入党纪党规教育和党务干部培训的核心内容。举办全县党员干部“学《准则》《条例》守纪律规矩”知识竞赛活动，55个单位160余名党员参加竞赛活动，深化党员干部对《准则》和《条例》的掌握和理解。组织县直部门重要岗位中层干部参加法院职务犯罪庭审旁听，发挥好警示教育的重要作用。严肃查办各类违纪违规案件，协助纪检部门做好相关案件的调查、核实、审理等工作，按职责范围，对2名违纪机关党员作出党纪处分。

活跃机关文化生活。举办第六届县直机关运动会，59家县直机关单位1888人次参加“迷你山地越野跑”“循环跳绳”“拔河比赛”等5个集体项目比赛；开展县级机关工会趣味运动会等体育活动，活跃了机关精神文化生活，推动机关群众性体育健身活动的普及，增强机关的凝聚力、战斗力和创造力，促进和谐机关建设起到重要的推动作用。积极助推“中华诗词之乡”创建，依托县级机关诗社经常性组织开展诗词讲座、诗词沙龙、诗词采风、创作比赛等活动，举办县直机关人文素养培训班，开办PPT办公实用技术、硬笔书法、桥牌技术等课程，培训成效显著。充分发挥机关群团组织的服务优势，组织开展机关青年联谊活动等，激发团员青年干事创业激情。扎实做好干部职工医疗互助保障和疗休养等工作。

【自身建设】 强化党建责任。抓好机关部门党委（党组）书记抓基层党建责任清单制度，推动部门党委（党组）书记切实履行第一责任人责任，推动班子成员认真执行“一岗双责”。进一步完善党建责任传导机制，探索推行基层党组织书记逐级述职的工作机制，充分发挥机关基层党组织在机关党的建设中的主体作用。加强对乡镇（街道）机关党建工作的指导，深化完善乡镇（街道）机关党建重点联系点制度。

加强机关党建创新。加强机关党建工作课题调研，鼓励机关党组织总结提炼党建工作中的经验和成果，选送的《“互联网+”：基层党员志愿服务载体创新研究》调研论文获得全市各县（市）区机关党建理论研究成果三等奖。开展机关党建创新奖评选，以提高机关党建工作水平、推进工作落实完成为目标，评选出一批党建特色工作优秀成果。开展创意组织生活案例评选活动，评选产生优秀组织生活案例一等奖4个、二等奖14个、三等奖16个。

机构编制管理

【概况】 2016年，宁海县编委办努力找准机构编制部门推进供给侧结构性改革的基本着力点，推动机构编制创新发展，完成年初制定的各项目标任务。根据职责，县编委办共设3个职能科室、1个下属参公事业单位，行政编制6名。

【政府职能转变和机构改革】 优化深化公共服务事项工作。以“怎么办、哪里办、找谁办”等群众办事问题为导向，深入梳理384家机关、事业单位、中介和国企服务事项共1857条。推进公共服务在微信公众号和浙江政务服务网两大载体的展示应用。上线人工智能问答系统，提供全方位搜索服务，新设热点查询栏目、一键查询；推送部门（单位）公共服务信息50余次。深化权责清单工作。开展权力清单比对规范和子项拆分工作，与省库保持一致。深化责任清单，完善政府部门“双随机”抽查制度。出台《部门职责管理办法》，厘清部门职责分工。建立各类清单动态调整机制，出台权力清单、责任清单、服务清单动态调整管理办法。完成乡镇（街道）和宁波南部（宁海）滨海园区权责清单的梳理及入库运行工作，实现乡镇（街道）、开发区权责清单全覆盖。推进浙江政务服务网向乡镇（街道）延伸。建成连接18个乡镇（街道）便民服务中心和363个村级便民服务中心和28个社区服务中心的三级统一权力运行平台，建立各乡镇（街道）和行政村（社区）政务服务网上服务站点。建立乡镇（街道）、村（社区）权力事项和公共服务事项库，平均推送各个乡镇（街道）权力事项118项、村（社区）48项，实现相关权力事项和公共服务事项一站式网上运行、县镇村三级联动。扎实推进综合行政执法体制改革。与县综合行政执法局就执法事项划转、明确职责边界、机构设置、城市管理职责调整、编外用工等事宜进行深入对接，拟定县综合行政执法局“三定”方案草案。按照“一主两配”的要求，拟订《宁海县综合行政执法改革实施方案》，县政府常务会议通过并印发《综合行政执法工作协作配合机制》，将市政公用、环卫保洁、园林绿化等整合到综合行政执法局后，进一步理顺城市管理体制。推进政府职能转移工作。对已经县政府常务会议通过83条转移职能，通过在有关网站公告、宣传，采取公开招标、邀请投标、委托、授权等形式逐步转移落实，至年底已实施62条。制定《关于推进政府职能向社会组织转移的实施意见》，着重解决如何深入梳理政府转移职能的问题，对转移职能的内容范围、主要方式、转移程序做了详细规定。推进乡镇（街道）行政体制改革。起草实施方案和18个乡镇（街道）的“三定”方案，方案等待印发。一是以乡镇（街道）行政体制改革为契机，积极引导乡镇（街道）转变职能，将工作重心转移到社会治理、公共服务等职能上来，积极鼓励社会力量参与公共服务，有效承接乡镇（街道）转移的职能。二是以乡镇（街道）“四个平台”建设为龙头，积极推进社会治理创新。开展乡镇（街道）整合网格化管理资源可行性调研，着力解决目前乡镇（街道）基层治理的网格化管理人员素质参差不齐、工作量不平衡、工资标准不统一、聘用管理不规范等问题。三是全面推进社会服务管理综合指挥室的硬件建设，目前18个乡镇（街道）已初步建成综合指挥室，为下步构建基层社会治理综合指挥体系和行政执法协调指挥机制提供硬件保障。

【机构编制管理】 严格机构编制管理。严格控制新设机构，除政府机构改革所涉及的事业单位调整和其他需调整的机构及新设的学校，一律按照“撤一建一”原则控制在机构限额内，2016年全县共核销3家事业单位，新设3家事业单位。严格用编审核管理，按照“从严控制、留有余地”的机构编制管理要求，进一步落实“一次审批，分批使用”制度，严把人员进口关。消化后勤服务人员编制达到50%以上。根据《宁海县2014—2017年财政供养人员控制方案》和《宁海县严控财政供养人员增长实施办法》，制订2016年度用编计划。2016年财政供养人员净增加数控制在市编办核准的控制数内。强化编外用工管理。按照核减15%指标的任务要求，共核减全县编外用工指标459名。试行社会组织评估，按照《宁海县机关事业单位编外用工评估方案》，将编外用工管理评估的相关职能委托给第三方社会组织承接。在农林、水利、文广、桃源街道等部门试点，取得了一定成效。新开发机关事业单位编外用工和国企人员管理系统，编外用工数据进行独立管理。强化国企用工管理，对5家国有企业进行机构设置和定岗定编，实现国有企业用工科学管理。加大监督检查力度。开展中层职数和编外用工指标核查。主要核查各单位是否按照机构编制批复文件，严格设置内设机构以及配备中层干部，核查编外用工指标使用和工资待遇标准的执行情况，通过自查、抽查，发现35项机构编制违规问题，并对14家部门进行责令整改。开展机构编制“双责联审”工作，会同审计部门开展经济责任审计工作，分别对公安、安监、海洋等11家单位开展机构编制责任审计，共发现整改机构编制违规问题9个。加强事业单位监督管理。开展事业单位绩效考核，结合公共服务事项工作，完善2016年绩效考核方案，出台《关于做好2016年宁海县事业单位绩效考核工作的意见》。在列入事业单位绩效考核的272家事业单位中，评定优秀55家，合格213家，基本合格4家。完成事业单位年度报告公示工作，完成全县275家事业单位的年度报告公示工作，公示率达100%、事业单位法人证书换发率达100%。实施事业单位“统一社会信用代码制度”改革，办理事业单位法人设立登记许可审批3项，变更登记许可55项。完成13家敬老院的年度报告公示信息自查工作，以及17家单位的统一社会信用代码换证赋码工作。开展事业单位法人协会工作，每月召开理事会会议，组织会员培训，每季度编辑《事业单位法人之家》杂志，为法人协会会员提供一个很好的交流互动平台。

党校工作

【概况】 2016年，宁海县委党校认真落实中央、省委、市委《关于新形势下加强和改进党校工作意见》精神，在坚持“质量立校”、坚持“科研兴校”、坚持“人才强校”、坚持“后勤保校”中，立足本地实际，扎实推进各项工作，取得了较好成绩。

【干部教育培训】 拓宽培训渠道——积极扩大培训领域和培训范围。2016年，积极发挥党校与社会各界广泛联系的桥梁与纽带作用，把全部心思用在学校的发展上，把一切力量凝聚到学校的发展上，逐步形成了全员参与、齐抓共管的良好格局。共举办主体班共19期，培训5867人次；举办委托办班28期，共培训3222人次。

突出培训重点——深入开展“两学一做”专题教育培训。2016年，党校把开展“两学一做”学习教育作为坚持党校姓党的必然要求，明确党校在“两学一做”学习教育中承担的重要职能，把“两学一做”这个重大政治任务扛起来，坚持先学先行，拉高标杆，发挥示范带头作用。校领导第一时间与组织部门商量如何办班，及时制作培训方案，突出理论教育和党性教育这个主课主业，把学党章、党规、党纪、党史，学习近平总书记系列重要讲话精神作为党性教育的重要内容，列入主体重点班次的教学计划、培训课程。

强化培训管理——建立健全干部培训制度。立足当前，放眼长远，以勇争一流的精神，把发展与创建统一起来，在促进发展的同时，通过加强制度建设，全面提升党校的办学水平。先后制定《中共宁海县委党校学员管理条例》《县委党校教育培训工作操作流程》《班主任工作细则》《课堂教学质量测评办法》《干部教育培训现场教学实施程序》《培训班次登记运行表》《培训流程自检项目表》等具体的规章制度，在培训过程中，各环节按照制定的规章制度办事，培训的各项流程就会更加顺畅、规范。

创新培训载体——积极培育和创建现场教学基地。建立健全现场教学基地，统一和规范教学基地的现场布置、教学材料、教学流程等，促进现场教学水平整体提升。校党委非常重视现场教学基地的开发和培育，校主要领导亲自参与考察调研、亲自到现场指导，并指出要建设“有特色、有影响”的、“有血有肉、接地气，提升教学质量”的现场教学基地。“走出去取经”，组织本校相关人员到这方面做得较好的椒江区委党校、温岭市委党校等兄弟党校学习考察。“得到部门支持”。制作《关于“基层社会治理”现场教学基地建设的方案》，确定三门湾“智能汽车小镇”现场教学基地。

探索培训方式——切实增强干部培训实效性。学习培训力求做到理论联系实际，内容充实，方式灵活，学以致用。采取集中学习与参观考察相结合、专题讲座与座谈讨论相结合、理论学习与实际工作相结合的方式方法。2016年，尤为突出的创新举措是打造精品班。在培训模式、课程设计以及成果要求等方面都与其他的主体班次有所不同。精品班的“精”在于培训方式方法做到“三结合三联动”：“请进来”与“带进来”相结合、“走出去”与“带回来”相结合、课堂学习与实地调研相结合，主办单位与专家教授联动、专家教授与学员联动、组织部党校与前三者联动；“精”在于课程内容设计上更接地气，针对性强；“精”在于创新培训成果汇交模式，促进学员勤思多问。成果的形成对该县促进经济社会和城乡建设可持续发展具有一定的意义。

【教学科研】 调研科研工作稳中有进。2016年，党校共撰写科研、资政文章（课题）51篇次。完成各级课题结题20余项、新立项课题9项、。积极参加各级理论研讨会6次，入选获奖13篇次。在有关报纸、杂志发表论文6篇。积极申报各级课题9个。其中，省委党校第十八批规划课题立项2个、市委党校市情调研课题立项2个、县委政研室课题立项1个。顺利完成各级课题结题12个。其中，省委党校第十七批规划课题结题1个、市委党校规划课题5个、市委党校市情调研课题6个。积极加强部门课题合作。先后与县人大、县政协、县委组织部、县财政局、县民宗局、县工商联、县总工会等部门合作课题10余个。积极参加各级理论研讨会。其中，提交省委党校理论研讨会论文7篇（获二等奖1篇、三等奖1篇）；提交全省党校系统青年教师理论研讨会论文2篇；提交市委党校建党95周年理论研讨会8篇（优秀论文1篇、入选5篇）；提交2015年市委党校优秀科研成果评选3篇（二等奖1篇、三等奖2篇）；提交县人大理论研讨会论文1篇（获三等奖）。积极在各级刊物发表类成果6篇。各级刊物发表6篇（《云南省委党校学报》1篇、《宁海社会科学5篇》）。积极探索培育教师科研能力新方式。2016年，通过选派一名青年教师去相关部门挂职锻炼；同时，通过与中国社科院、华中科技大学等高校、科研机构进行课题合作，选派两位青年教师积极参与、全程陪同，均收到较好效果。

教学教研工作明显突破。为了提高教师教学工作整体水平，多措并举，收到较好效果。积极开展各种教研活动。通过开展组织青年教师试讲评课、参加省市党校教学培训班、到多家先进兄弟党校考察学习取经等形式活动，帮助提供青年教师教学水平。根据理论宣传任务和干部教育培训需求，学校积极组织教师有针对性地选择和准备教学专题。2016年，全校共计完成教学专题10余个，较好满足各类主体班及机关、乡镇、社区、农村、企业等的教学需求。校领导主动对接联系组织部、乡镇等，为广大老师提供更多的上课机会和年轻教师教学的锻炼平台。教学成果数量取得重大突破。2016年，主体班上课量、社会宣讲量、上课老师人数等创历史新高。教师全年上课次数达到121场次（其中，主体班上课30场、社会宣讲91场），增比50%；同时，共有10多位老师走上各类讲台上课。

【教职工队伍建设】 大力实施人才强校战略，不断加强教职工队伍建设。精心选聘教师。建设一流党校，关键是要建设一支一流的教师队伍，特别是要形成一支高学历、高职称、高水平的专兼职教师队伍。共有高级讲师4名、讲师5名，硕士研究生6名，省委党校研究生4名。大力培养中青年教师。积极鼓励中青年教师通过在职培训、挂职锻炼等方式，不断提高其综合能力和水平。激活机制成就教师。在深化教学科研改革中积极创新管理机制，坚持“自主、公开、竞争、择优”原则，鼓励教师从事教学科研工作。善待厚养教师。按照“效率优先、兼顾公平”原则，探索完善教师绩效考核办法，努力形成重实绩重贡献的分配激励制度。

【硬件设施水平迈上新台阶】 优良的硬件设施和后勤服务是党校事业发展的重要保障。顺利完成党校迁建工作。自2006年开始筹建，投资1.7亿元、占地4.33公顷，于2016年建成基础设施省级一流的县级党校，其投资数、面积数、信息化程度等各个方面均居全省前列。11月，顺利搬迁到新党校。创新后勤服务管理方式。已完成学员公寓承租权、物业招投标等工作，其中对新党校的校园保洁、绿化、设备维修、会务服务、能耗等物业管理采用有效最低价评标法，以79.5万元中标，比采购预算降低30万元的成本。

老干部工作

【概况】 2016年，宁海县老干部工作全面贯彻中共十八大和十八届三中、四中、五中、六中全会精神，深入学习贯彻习近平总书记系列重要讲话精神，坚持以人为本、服务大局，以为党和人民的事业增添正能量为价值取向，把握大局大势，全力抓好《关于进一步加强和改进离退休干部工作的意见》贯彻落实，切实加强离退休干部党建工作，改进服务管理方式，不断提升老干部工作水平。至2016年年底，全县有离休干部122人。其中直管离休干部104人，代管18人；抗日战争时期入伍11人，解放战争时期入伍111人。

【两项制度建设】 坚持老干部定期学习、情况通报制度。全年共举办老干部学习会6次，组织老干部学习中共十八届六中全会精神、县委十三届九次全体会议精神、《关于进一步加强和改进离退休干部工作的意见》（中办发〔2016〕3 号）文件精神和学习辅导提纲、《春夏季养生保健知识》等；召开全县老干部情况通报会，县委常委、常务副县长王军海通报全县 2016 年经济社会发展情况。坚持老干部参加重要会议、重大活动和参观考察制度。邀请老干部参加人代会、政协会、县委全委会和县政府工作报告的意见征求座谈会、迎春茶话会、第十三届徐霞客开游节开幕式等，为老干部参政议政搭建平台。深化“走基层、看变化、促发展”活动。组织离退休县级老领导实地参观考察 4 次，参观考察桥头胡街道、桑洲镇的新农村建设和乡村旅游发展情况，人民路改造工程、高速公路出口改造工程和汽车生活广场和宁波南部滨海新区，西子国际购物中心、徐霞客大道西延伸段景观提升工程、宁海综合客运枢纽建设等城市建设和交通建设项目以及宁波国际生物医药研发培训中心、中科院上海药物所宁波生物产业创新中心、宁波南部滨海新区科技研发园和县科创中心的县科技创新项目，鼓励引导老干部积极为全县经济社会实现科学发展建言献策。

积极探索离退休干部党组织设置，成立老年大学临时党组织，并选举产生第一届支部委员会，进一步推进老年大学党建工作。老年大学学员党员的党组织关系、党费收缴等工作由原单位负责，老年大学具体负责组织学习以及开展活动，发挥好党员的先锋模范作用，使他们在接受原单位教育管理、参加原单位活动的同时，过上双重组织生活，发挥双重作用。坚持集体学习、“三会一课”、组织生活等制度，加强对离退休干部党员的教育管理。扎实开展“两学一做”学习教育，组织离退休干部党员深入学习《中国共产党章程》《廉洁自律准则》《纪律处分条例》等党纪条规，对行动不便的老干部党员开展送学上门，全体离退休干部党员按照支部统一配发的学习资料和学习笔记开展个人自学，有效促进学习内容的落实。

2016 年 10 月，宁海县老年大学被授予宁波市“敬老文明号”荣誉称号

【发挥作用】 按照自觉自愿、量力而行的原则，深入实施“四大行动”，组织引导老同志积极投身到弘扬党的优良传统、关心教育下一代、社区建设等事业中去，在服务改革、服务发展、服务民生、服务群众、服务党员中增添正能量。邀请老干部代表参加人代会、政协会、县委全委会和县政府工作报告的意见征求座谈会。引导老干部们积极参政议政，建言献策。县关工委组织部分老同志深入农村学校，通过开展青少年普法教育、网吧义务监督巡查、发放困难儿童和学生救助资金等活动传递正能量，为引导帮助青少年健康成长做出积极努力。开展银辉志愿者服务活动。通过与社区联动，积极参与“送戏进社区”“送戏下乡”等公益性活动，组织老年大学书法班学员开展迎春送春联活动，文艺班学员到社区进行文艺演出，带动社区、农村的文化建设。

【生活待遇】 认真抓好落实近几年出台的一系列惠及老同志的政策规定，确保政策执行不打折扣、政策落实不留死角。扎实开展走访慰问老干部工作。坚持节日、住院、家中有重大事件“三必访”制度。春节前县主要领导亲自带队走访慰问老干部，县委老干部局全体工作人员分组对全县离休干部和生活有特殊困难的离休干部遗属进行走访慰问，共慰问老干部与离休干部遗属 200 余人，发放慰问金、慰问品 15 万余元。8 月开展“夏日送清凉”老干部服务月活动，走访慰问老干部 160 多人。全年上门走访、电话联系老干部 500 多人次。

【阵地建设】 老干部活动中心针对“双高期”老干部工作特点，积极在活动的组织安排和方式上开拓思路，创新活动载体。在活动开展上，注重日常活动与比赛活动相结合、室内活动与室外活动相结合、平时活动与节日活动相结合，分散活动与集体活动相结合，知识性、趣味性活动与健身活动相结合。在活动管理上，坚持“小型多样、自娱自乐”的原则，在活动项目上，力求做到适合老年人的特点，让丰富多彩的活动吸引老干部“走出来、动起来、乐起来”。全年共组织各类活动30余次，参加活动的老干部人数达1000余人次，有效拓展老干部的社会生活空间，满足老干部晚年精神文化生活的需求。老年大学以教学现代化、管理规范化为主线，坚持政治建校、质量兴校、文化强校、平安立校的办学方向，坚持开拓创新的管理模式，坚持团结奉献的团队精神，创设文明和谐的学习氛围，开展丰富多彩的校园文化活动。在塔山、松竹等社区举行“弘扬正能量、服务全社会”文艺演出；在宁波市老龄委和宁海县人民政府主办的长寿文化活动启动仪式上进行汇报演出；举办校园文化艺术周，以体育项目展演和4个专场演出（京剧专场、二胡越曲专场、歌咏专场、越剧专场）纪念红军长征胜利80周年。通过活动进一步调动学员学习热情，检验教学质量，增强班级的凝聚力，扩大社会影响。老年大学被授予市“敬老文明号”荣誉称号。

【自身建设】 以“两学一做”学习教育为重要抓手，深入学习习总书记系列重要讲话精神和党章、党纪、党规知识，进一步增强局机关干部守纪律、讲规矩的政治自觉。认真学习老干部工作方针政策和业务知识，不断改进工作作风，增强服务意识，提升服务本领。利用各级各类媒体加大老干部工作宣传力度。及时、准确向上级部门和本县新闻宣传部门报送信息。同时，高度重视老干部信访工作，真情对待老干部的利益诉求，及时上门做好老干部思想工作，让老干部晚年生活更加安心、舒心、顺心。

党史地方志工作

【概况】 2016年，宁海县委党史研究室认真学习贯彻落实中共十八大五中、六中全会，习近平总书记系列讲话精神，上级史志会议精神，以深入开展“两学一做”学习教育为契机，坚持围绕中心、服务大局，恪守存史、资政、育人基本职责，主动作为、破题解难、取长补短，坚持创新、协调、绿色、开放、共享发展理念，提质增效推动宁海史志事业向上发展，凝心聚力保持宁海史志事业健康发展，为加快打造“两美”宁海、确保如期高水平全面建成小康社会做出积极的贡献。组织开展“找差距、补短板”活动，正视在修史编志、年鉴编纂、史志宣教、人员专业性、政策落实等方面存在的短板和差距，在保证主业不落后的情况下，拓展史志业务，扩大宣传影响面，努力做到“资政”“存史”“育人”全面发展。同时，加强与上级、兄弟市（区）县的交流协作，形成史志工作的“动车效应”。“七一”前还开展固定组织生活日，在鲜红的党旗下，全体党员在领誓人的带领下进行“重温入党志愿、重温入党誓词”的庄严宣誓，并在承诺板上签下各自的名字。

【党史一卷终审】 5月，市党史室组织召开党史一卷复审会后，立即根据评审专家意见，开展章节调整、结构优化、内容完善、资料补充和行文规范等工作。8月，进行终审稿内部评审会。9月，完成终审稿，提交县委常委会讨论后，又根据终审意见，对资料优化、文字精简等内容进行修改完善。12月底，交付中共党史出版社印刷出版。

【党史二卷编写】 在广泛征求意见和初审会的基础上，坚持进度质量一手抓，组织相关编辑、老领导、文史爱好者等分批进行座谈会，不断完善内容和补充资料于11月完成复审稿并上报市委党史研究室，以便召开党史二卷复审会。

【全面启动党史三卷编纂】 根据县党史三卷动员会议精神，全面整理改革开放时期县委重要会议、决议、意见、通知、会议精神等文件资料，8月出版《中国共产党宁海历史大事记（1996—2012）》，9月出版《中共宁海县委文件选编（1978.12—1987.12）》，12月出版《中共宁海文件选编（1988.1—2002.12）》《中共宁海县委文件选编（1994.1—1998.12）》《中共宁海县委文件选编（1999.1—2002.12）》。通过对历届党代会、全委会、重要专题性会议的梳理，形成改革开放时期县委工作线索，起草完成党史三卷纲目。各专题承编单位克服任务重、人手缺的困难，或抽调或聘请组成撰稿组，查阅档案、走访亲历者，基本按照要求在时间节点上报专题，截至12月15日，已上报专题148个，占总数的77.9%。此外，该室还从教育局选调2名经验丰富的教师、从社会上招聘1名文史研究者充实党史三卷编纂力量，根据纲目、已出版的文件选编、大事记、党代会重要文献选编、馆藏档案着手初稿的编写。

【《宁海县志》编纂】 初审会后，主编、副主编和各责编分工明确，按照初审意见和社会征求意见，通过内部座谈会、走访相关单位撰稿人、老领导、宁海地方历史研究者等，扎实推进勘误核对、拾遗补漏、通读提升、体例规范和统一文风等工作。9月底完成复审稿，提交复审请示，将复审稿送交专家组各成员，于12月30日召开《宁海县志（1987—2008）》复审会。同时，自9月16日起，县志办每周组织安排进行一次内部评审会，邀请相关职能单位供稿人，对各供稿编内容进行会商讨论，进一步提高县志质量。

【完成《宁波市志·宁海卷》编纂】 3月下旬完成宁海卷7章24节约12万字初稿，通过编辑部会审、老领导建议、各编交叉互评等方式，4月底完成会审修改稿。5月，各县（市、区）交叉互评。11月，提交修改稿。

【年鉴编纂出版】 年初下发组稿通知，4月下旬完成全县各单位征集工作。经过近两个多月的编纂组稿、指导修改、审核校对，6月底完成《宁海年鉴（2016）》初稿。7月，初稿下发至各单位、县志办各责编征求意见。10月完成《宁海年鉴（2016）》定稿，交付宁波出版社印刷。12月，《宁海年鉴（2016）》正式出版。

【史志资政】 积极开展史志资政研究，为县领导提供宁海概况和近

2016年12月30日，举行《宁海县志（1987—2008）》复审会

年来的发展情况、经验启示。出版"五水共治"口述档案《清水淌进百姓生活》和《宁海平调口述史》《宁海文献丛书·宋元卷》《宁海古村落》《竹枝词》等丛书，撰写《中国共产党领导中国人民实现三次历史性转变的光辉历程、基本经验和伟大意义》《桃源寻梦 化茧成蝶——县行政办公重大项目推进工作掠影》《当代中国城市发展之宁海西店》等论文，为县委、县政府中心工作和作出重大决策提供智力支持。

【史志宣传】 继续办好《宁海史志》，全年出版两期。改版完善宁海史志网，确定宁海史志网改版框架、板块设置、特色呈现。新媒体运用扩面加速。"缑乡史话"专栏，坚持每周六推送一期，内容涵盖宁海党建史、地方文化历史、宁海习俗方言等本地文史知识，已累计推送50期，总阅读量达17万多人次，平均3500余人次/期。在重要节日，适时推送纪念专题，如"宁海人过春节""不能忘却的纪念""宁海革命遗址概览""劳动人民最光荣""宁海英烈传""宁海革命斗争小故事""宁海各级组织的建立和发展""宁海人的记忆——寻找老照片的故事""宁海历次党代会"等，吸引了大批史志研究者和乡土文化爱好者的关注和支持，留言互动频繁，为更好地开展红色宣传和整合社会力量写史编志打下基础。

信息宣传取得双重突破。2016年，信息宣传工作取得质与量的双重突破。《今日宁海》录用2条；宁波史志网录用54条在全市排名第三，《宁波史志》录用12篇、《宁波日报》党史·方志专版录用4篇和1处革命遗址；浙江省党史网录用22条，在全市排名第一；中国共产党历史网录用3条，在全市排名第二。同时，《浙江日报》《宁波日报》等媒体刊登柔石、宁海创建"中华诗词之乡"等内容。

【基层史志】 3月，大佳何镇涨

坑村乡村记忆馆开馆，展示由村民自发捐献的古式衣橱、数十幅字画、蓑衣、斗笠、年糕印模、秧络、扁担、粉桶等80余件藏品；同月，中央电视台中文国际频道《国宝档案》节目播出越溪乡“崔溥漂流事迹碑”。5月，中央电视台科教频道《探索·发现》聚焦一市镇里岙村保护性修缮古戏台工作，并于6月15日播出；同月，成立葛洪研究会，葛洪文化宁海纪念馆开馆，为全国研究葛洪文化提供平台。6月，茶院乡许家山景区首家石头博物馆开馆，在展示奇石、矿石、石材制品的同时向游客介绍石文化知识。11月，深甽镇成立胡三省研究会，发扬胡三省的历史功绩和崇高精神，推动历史文化的有效传承，促使文化资源与旅游资源相融合。

【红色文化】 积极开展各类纪念活动。2016年，积极组织“线上+线下”纪念活动，先后开展“相聚党旗下，我们共成长”广场知识竞猜和“党在我心中”党史团史微信知识竞答，“七一”前配合跃龙街道组织“忆党史 念党恩 跟党走”知识竞赛，在宁海国际会展中心举行为期一周的“纪念建党95周年”大型图片展。会同其他部门，组织宁海县庆祝建党95周年大会暨“与党同心，与世纪同行”文艺会演，现代京剧红色经典曲目专场演出、红歌红舞庆“七一”等文艺演出。9月30日全国公祭日，县级四套领导班子、相关部门及部队官兵、烈属代表、学生代表和社会各界代表等近400人在宁海县烈士陵园参加公祭活动。另外，还组织全县中小学生听老党员忆过往峥嵘岁月、参观红色胜迹、举办红色故事会，培养学生们的爱党爱国情怀。

【革命遗址保护利用】 3月底至4月上旬，在前期收集资料的基础上，对全县革命遗址进行实地走访调研，并与属地党委政府领导对接交流，新挖掘“台东会议旧址”1处革命遗址（全县共有19处）。完成长街镇烈士陵园修缮保护工作，启动“梅花村”会议旧址重修建工作、山洋革命根据地纪念馆提升改造工程，胡陈乡东仓小学每年清明节组织学生到当地烈士墓祭奠，越溪乡深入挖掘“创造”部队智歼国民党宁海自卫队第三中队旧址史料，长街镇象宁抗暴游击队指挥部遗址和西店革命烈士陵园拟进行提升改造。建立“黑名单”制度，借力个人信用信息平台，将破坏、损害革命遗址的行为记录到个人信用档案中，提高全民保护、人人有责的意识。

宁海县人民代表大会常务委员会

概　述

2016年，县人大常委会深入贯彻落实中共十八大和历次中央全会精神，以习近平总书记系列重要讲话精神为指引，坚持服务大局，着力探索创新，注重工作实效，认真行使宪法和法律赋予的职权，圆满完成常委会各项目标任务，为宁海经济社会全面进步做出应有贡献。

服务全县大局。常委会深入重点部门开展有针对性的调研。对2016年上半年国民经济和社会发展计划执行情况开展全方位、多角度调研审议，督促县政府加大政策扶持力度，优化发展环境，重视科技创新，推动转型升级。专题调研涉农资金改革工作，助推各项改革措施落到实处。继续推进预算绩效监督，推动政府完善财政支出管理体系，提高财政资金使用效益。充分发挥审计监督作用，深化审计成果应用，规范政府财政管理。

顺应民心民意。常委会跟踪监督群众关心的热点问题，对“停车难、行车难”治理工作审议意见进行回头看。调研和审议中医药事业发展情况，督促政府加快改革步伐，出台中医药事业发展规划，设立发展专项资金。持续助力生态环境保护，开展农村生活污水处理设施运行维护管理情况调研，督促县政府加大管理投入。实地视察垃圾分类处理工作，助推垃圾分类处理实施意见出台。对交通建设情况开展调研审议，督促县政府完善配套设施，加强公路管护、绿化，强化规划编制及控制力。

推进工作创新。常委会切实做好“两官”履职评议，通过公开征求意见、座谈走访、抽查案卷、视察办案场所、旁听庭审等形式深入了解社会各界对于被评议“两官”的意见建议。召开专题会议听取县法院、县检察院专项工作报告以及被评议“两官”履职情况报告，对被评议“两官”进行满意度测评。深化实事工程代表票决制和重大项目监督。通过情况通报、定期督查、实地视察、联系指导等多种形式，监督助推代表票决确定的各项实事工程按时保质开工。

提升服务水平。组织开展接待日、走访周、视察月等活动，深化和完善代表联络站工作机制、代表向选民述职制度，夯实代表联系选民工作基础。依托各类活动和联络站点，收集社情民意。组织全县各级人大代表开展“助推三个年”主题活动，助推经济社会发展。以解决问题为核心、代表满意为标准、办成落实为检验，早交办、抓难点、促落实，人代会及闭会期间代表提出的建议全部按时办理答复。

2016年，共召开常委会会议14次、主任会议18次，听取和审议“一府两院”专项工作报告26项，作出决议决定13项，依法任免国家工作人员59人次。2016年，县人大常委会下设办公室和6个工作委员会，即法制工作委员会、财经工作委员会、教科文卫工作委员会、农业农村工作委员会、城建环保工作委员会和代表工作委员会。办公室下设秘书、综合、信访、规范性文件备案审查、行政5个科室。

县人民代表大会及人大常委会会议

【宁海县第十七届人民代表大会第五次会议】　县十七届人大五次会议于2016年1月25—29日在宁海国际会展中心召开，244名代表出席会议。会议听取和审议县人民政府县长杨勇所作的政府工作报告，县人大常委会主任戴霖军所作的县人大常委会工作报告、县人民法院院长洪学军所作的县人民法院工作报告、县人民检察院检察长吕益军所作的县人民检察院工作报告，审议县“十三五”规划纲要草案，县发展改革局受县政府委托提请的关于宁海县2015年国民经济和社会发展计划执行情况与2016年国民经济和社会发展计划（草案）的报告，县财政局受县政府委托提请的关于宁海县2015年预算执行情况和2016年预算（草案）的报告，并作出各项决议，审查批准各项报告以及“十三五”规划、2016年国民经济和社会发展计划、2016年本级预算；会议还审议2015年县政府实事工程票决项目完成情况报告，以投票表决方式确定2016年县政府实事工程项目10项。会议选举徐真民为县人大常委会主任、王能迭为县人大常委会副主任。代表团驻地设在金海开元名都大酒店。

会议共收到代表10人以上联名提出的议案14件，大会主席团决定本次会议收到的议案不列入会议议程，全部作为建议、批评和意见，连同大会收到的137件建议、批评和意见，一并授权县人大常委会整理归类后交有关机关、组织研究处理并负责答复代表。

县级有关领导、县政府组成部门负责人、县级机关部门及有关单位负责人、县人大常委会有关办、委负责人、部、省、市属有关单位负责人、乡镇、街道有关负责人、驻军、武警单位负责人、曾担任过县人大常委会领导的老同志、不是县人大代表的省十二届、市十四届人大代表等共182人列席会议，县政协九届五次会议成员团体列席。20名社会各界人士和21名听会人员旁听大会。

宁海县第十七届人民代表大会第五次会议闭幕式

【县十七届人大常委会第三十九次会议】 宁海县第十七届人民代表大会常务委员会第三十九次会议于2016年1月11日举行。县人大常委会主任戴霖军、副主任赵秀萍分别主持会议，邵兴杰、陈中建、林志来及委员共21人出席会议。县人大常委会党组副书记徐真民、王能迭和县政府副县长应亥宗、县政协副主席邬汝跃、县法院院长洪学军列席会议。列席会议的还有县人大常委会办公室、各工委，县政府办公室、县委组织部、县检察院、县发改局负责人，各乡镇人大、人大街道工委负责人。

会议听取和审议县法院院长洪学军所作的关于陈双双等职务任免的报告，表决通过人事任免事项，任命陈双双为县人民法院桥头胡人民法庭庭长，免去辛元刚的县人民法院桥头胡人民法庭庭长职务、陈双双的县人民法院立案庭庭长职务。

会议听取和审议县发改局局长项汉明受县政府委托所作的关于宁海县“十三五”规划纲要草案编制情况的报告，对规划纲要草案有关内容提出具体意见，会议同意将规划纲要草案提请县十七届人大五次会议审议。

会议听取和审议县发改局局长项汉明受县政府委托所作的关于宁海县2015年国民经济和社会发展计划执行情况与2016年国民经济和社会发展计划草案（送审稿）的报告，会议同意将计划报告提请县十七届人大五次会议审议。

会议听取和审议县发改局局长项汉明受县政府委托所作的关于2015年县政府实事工程票决确定项目完成情况和2016年县政府实事工程候选项目形成情况的报告，同意将报告提请县十七届人大五次会议审议。

会议听取和审议县十七届人大五次会议筹备办公室副主任、县委组织部副部长叶亦金宣读的县十七届人大五次会议主席团和秘书长名单草案、预算审查委员会名单草案、各代表团召集人名单草案和列席人员名单草案。会议表决通过县十七届人大五次会议主席团和秘书长名单草案和预算审查委员会名单草案，提请县十七届人大五次会议预备会议通过；表决通过县十七届人大五次会议各代表团召集人名单和县十七届人大五次会议列席人员名单。

会议听取和审议县十七届人大五次会议筹备办公室副主任、县人大常委会办公室主任陈万奋所作的县十七届人大五次会议日程草案。会议表决通过县十七届人大五次会议日程草案，提请县十七届人大五次会议主席团会议通过。

会议听取和审议县人大常委会代表资格审查委员会主任委员林志来所作的关于县十七届人民代表大会第四次会议以来代表变动情况的

报告，表决通过该报告。

会议听取和审议县人大常委会办公室副主任严义靖所作的关于县人大常委会工作报告（送审稿）和2016年工作要点（草案）的起草说明，表决通过《宁海县人民代表大会常务委员会工作报告》，提请宁海县第十七届人民代表大会第五次会议审议，表决通过《宁海县人大常委会2016年工作要点》。

会议听取和审议县十七届人大五次会议筹备办公室副主任、县人大常委会办公室主任陈万奋所作的关于县十七届人大五次会议筹备工作情况的报告。

【县十七届人大常委会第四十次会议】 宁海县第十七届人民代表大会常务委员会第四十次会议于2016年3月4日举行。县人大常委会副主任王能迭主持会议，赵秀萍、邵兴杰、陈中建、林志来及委员共21人出席会议。列席会议的有县人大常委会办公室、各工委，宁波市公安局高新技术开发区分局负责人。

会议听取和审议宁波市公安局高新技术开发区分局关于提请许可对违法嫌疑人竺兆东强制隔离戒毒二年的报告，表决通过《宁海县人民代表大会常务委员会关于许可对县十七届人大代表竺兆东依法采取强制隔离戒毒二年的决定》。

【县十七届人大常委会第四十一次会议】 宁海县第十七届人民代表大会常务委员会第四十一次会议于2016年3月28日举行。县人大常委会副主任王能迭主持会议，赵秀萍、邵兴杰、陈中建、林志来及委员共20人出席会议。县政府副县长尤永成、县政协副主席邬汝跃、县法院院长洪学军、县检察院检察长吕益军列席会议。列席会议的还有县人大常委会办公室、各工委，县政府办公室、县发改局、县文广新闻出版局、县公建中心、奉化市公安局负责人，各乡镇人大、人大街道工委负责人。

会前，常委会组成人员对2015年县人大常委会审议意见和县十七届人大四次会议代表建议的有关具体办理落实情况进行“回头看”视察，听取有关部门的工作情况汇报。

会议听取和审议县法院院长洪学军所作的关于仇华等职务任免的报告，通过人事任免事项，任命仇华为县法院立案庭庭长，免去仇华的县法院民二庭副庭长，杨晨炯、周方圆的县法院审判员职务。

会议听取和审议奉化市公安局党委委员、交警大队大队长黄臻受奉化市公安局委托所作的关于对冯来君采取刑事强制措施的请示，表决通过《宁海县人大常委会关于许可对县十七届人大代表冯来君依法采取刑事强制措施的决定》。

会议听取和审议县发改局局长项汉明受县政府委托所作的关于十里红妆博物馆工程投资变动及概算调整情况报告，表决通过《宁海县人大常委会关于批准调整十里红妆博物馆工程概算的决定》。

会议听取和审议县人大常委会各工委主任所作的关于2015年常委会审议意见办理落实情况的调研报告

会议审议各街道办事处年度工作情况报告。

会议传达学习全国“两会”精神。

【县十七届人大常委会第四十二次会议】 宁海县第十七届人民代表大会常务委员会第四十二次会议于2016年4月28日举行。县人大常委会副主任王能迭主持会议，赵秀萍、邵兴杰、陈中建、林志来及委员共21人出席会议。县政府副县长范建军、县政协副主席邬汝跃、县法院院长洪学军列席会议。列席会议的还有县人大常委会办公室、各工委，县政府办公室、县委组织部、县检察院、县住建局、县卫生计生局负责人，各乡镇人大、人大街道工委负责人。

会议听取审议县政府副县长范建军受县长杨勇委托所作的关于提请桑学涛任职的议案，表决通过人事任命事项，决定任命桑学涛为县政府副县长。

会议听取审议县人大常委会代表资格审查委员会副主任委员张群力所作的关于建议接受杨贤臣辞去县十七届人大代表职务的报告，表决通过《宁海县人大常委会关于接受杨贤臣辞去县十七届人大代表职务的决定》。

会议听取审议县卫生计生局局长章武科受县政府委托所作的关于该县中医药事业发展情况的报告和县人大常委会教科文卫工委主任傅红光所作的相应的调研报告。

会议听取审议县住建局局长蒋东辉受县政府委托所作的关于美丽县城建设情况的报告和县人大常委会城建环保工委主任童青燕所作的相应的调研报告。

【县十七届人大常委会第四十三次会议】 宁海县第十七届人民代表大会常务委员会第四十三次会议于2016年6月8日举行。县人大常委会副主任王能迭主持会议，赵秀萍、邵兴杰、陈中建、林志来及委员共21人出席会议。县政府副县长范建军、县政协副主席邬汝跃、县法院院长洪学军列席会议。列席会议的还有县人大常委会办公室、各工委，县政府办公室、县委组织部、县检察院、财政局负责人，各乡镇人大、人大街道工委负责人。

会议听取审议县政府副县长范建军受县长杨勇委托所作的关于提请王军海等职务任免的议案，通过人事任免事项，决定任命王军海为县政府副县长，决定免去应亥宗的县政府副县长职务。

会议听取审议县财政局局长柳正维受县政府委托所作的关于提请审议批准2016年全县政府债务限额的议案和关于2016年宁海县新增地方政府债券预算调整方案的报告，表决通过《宁海县人民代表大会常务委员会关于批准2016年全县政府债务限额及预算调整方案的决议》。

【县十七届人大常委会第四十四次会议】 宁海县第十七届人民代表大会常务委员会第四十四次会议于2016年6月29日举行。县人大常委会副主任王能迭主持会议，副主任赵秀萍、邵兴杰、陈中建、林志来及委员共23人出席会议。县政府副县长娄黛敏、县检察院检察长吕益军列席会议。列席会议的还有县人大常委会办公室、各工委，县政府办公室、县农办、县发改局、县民政局、县财政局、县水利局、县农林局负责人，各乡镇人大、人大街道工委负责人。

会议听取和审议县财政局局长柳正维受县政府委托所作的关于宁海县2015年财政决算情况的报告和县审计局局长戴华飞受县政府委托所作的关于宁海县2015年度财政预算执行和其他财政收支情况的审计工作报告，表决通过《宁海县人民代表大会常务委员会关于批准宁海县2015年本级决算的决议》。会议还就审计工作报告提出审议意见。

会议听取和审议县民政局局长冯继红受县政府委托所作的关于村级自治组织民主法治建设情况的报告和县人大常委会法工委主任徐敬国所作的相应的调研报告。

会议听取和审议县人大常委会财经工委主任胡为灿所作的关于2015年常委会重点关注项目绩效评价情况的调研报告。

会议听取和审议县水利局局长郑仕忠受县政府委托所作的关于该县排涝灌溉水利和生态河道建设情况的报告和县人大常委会农业农村工委主任华飞所作的相应的调研报告。

会议听取和审议县政府办公室副主任盛高成受县政府委托所作的关于宁人大〔2016〕14号、15号审议意见办理落实情况的报告。

【县十七届人大常委会第四十五次会议】 宁海县第十七届人民代表大会常务委员会第四十五次会议于2016年7月29日举行。县人大常委会副主任王能迭主持会议，副主任赵秀萍、邵兴杰、陈中建、林志来及委员共23人出席会议。县政府副县长尤永成、县法院院长洪学军、县检察院检察长吕益军列席会议。列席会议的还有县人大常委会办公室、各工委，县政府办公室、县委组织部负责人，各乡镇人大、人大街道工委负责人。

会议听取和审议县政府副县长尤永成受县长杨勇委托所作的关于提请王海华等职务任免的议案，表决通过人事任免事项，决定任命王海华为宁海县副县长，决定免去李剑锋的宁海县副县长职务。

会议听取和审议县政府副县长尤永成受县长杨勇委托所作的关于提请免去万吉良职务的议案，以无记名投票的方式，表决通过人事任免事项，决定免去万吉良的县文化广电新闻出版局局长职务。

会议听取和审议县政府副县长尤永成受县长杨勇委托所作的关于提请苏朝阳等职务任免的议案，表决通过人事任免事项，决定任命苏朝阳为县民政局局长，黄建福为县水利局局长，陈振根为县农林局局长，盛高成为县文化广电新闻出版局局长，潘海东为县海洋与渔业局局长；决定免去冯继红的县民政局局长、郑仕忠的县水利局局长、冯坚的县农林局局长、褚孟法的县海洋与渔业局局长职务。

会议听取和审议县人大常委会副主任王能迭所作的县人大常委会主任会议关于提请冯继红等职务任免的议案，以无记名投票的方式，表决通过人事任免事项，任命冯继红、郑仕忠分别为县人大常委会财经工作委员会、教科文卫工作委员会主任，张伟平、蒋伟君分别为县人大常委会跃龙街道工作委员会、梅林街道工作委员会主任，任命吴光水、杨锐波、葛天安、胡伟彬、徐坚飞、仇云飞、王劲松、俞辉、祝多焕的相应职务；免去胡为灿、傅红光、冯建国、徐梅、蒋伟君、邵旭东、夏方伟、俞杰、苗文军、施柏方、薛英耀、叶梦印的相应职务。

【县十七届人大常委会第四十六次会议】 宁海县第十七届人民代表大会常务委员会第四十六次会议于2016年8月26日举行。县人大常委会主任徐真民主持会议，副主任王能迭、赵秀萍、邵兴杰、林志来及委员共21人出席会议。县政府副县长陈陵际、县政协副主席邬汝跃、县法院院长洪学军列席会议。列席会议的还有县人大常委会办公室、各工委，县政府办公室、县检察院、县发改局、县司法局、县财政局、县旅委负责人，各乡镇人大、人大街道工委负责人。

会议听取和审议县司法局局长杨东林受县政府委托所作的关于

"六五"普法规划实施和"七五"普法规划编制情况的报告，表决通过《宁海县人民代表大会常务委员会关于开展第七个五年法治宣传教育的决议》。

会议听取和审议县发改局局长项汉明受县政府委托所作的关于宁海县 2016 年上半年国民经济和社会发展计划执行情况的报告，县财政局局长柳正维受县政府委托所作的关于宁海县 2016 年上半年财政预算执行情况的报告和县人大常委会财经工委主任冯继红所作的关于 2016 年上半年国民经济和社会发展计划及财政预算执行情况的调研报告。

会议听取和审议县旅游委主任林仙菊受县政府委托所作的关于提请将宁海县文化旅游基础设施项目委托代建资金列入本级财政预算的议案及其说明，表决通过《宁海县人民代表大会常务委员会关于同意将宁海县文化旅游基础设施项目委托代建资金列入本级财政预算的决定》。

会议听取和审议县政府办公室副主任胡仁杰受县政府委托所作的关于县十七届人大五次会议代表建议办理情况的报告和县人大常委会代表工委主任张群力所作的相应调研报告。

会议听取和审议县政府办公室副主任胡仁杰受县政府委托所作的关于对宁人大常办函〔2015〕80 号专题询问意见办理落实情况的复函。

会议表决通过《宁海县人民代表大会常务委员会关于县乡两级人民代表大会换届选举的决定》。

会议听取和审议县人大常委会副主任林志来所作的关于县乡两级选举委员会组成人员名单草案的说明，表决通过宁海县选举委员会及其办公室组成人员名单、乡镇选举委员会和县选举委员会街道办事处组成人员名单。

【县十七届人大常委会第四十七次会议】 宁海县第十七届人民代表大会常务委员会第四十七次会议于 2016 年 10 月 27 日举行。县人大常委会主任徐真民、副主任王能迭分别主持会议，副主任赵秀萍、邵兴杰、陈中建及委员共 20 人出席会议。县政府副县长王辅橡、县政协副主席邬汝跃、县法院院长洪学军列席会议。列席会议的还有县人大常委会办公室和各工委、县政府办公室、县检察院、县发改局、县公安局、县财政局、县住建局、县征收办负责人，各乡镇人大、人大街道工委主要负责人。

会议听取和审议县法院洪学军院长所作的关于免去朱成亚同志职务的报告，表决通过人事免职事项，免去朱成亚的县法院副院长职务。

会议听取和审议县人大常委会法工委主任徐敬国所作的关于"两官"履职情况的调研报告，审议 4 名法官检察官履职情况报告，并对他们的履职情况进行满意度测评。

会议听取和审议县公安局副局长顾长安所作的关于对犯罪嫌疑人胡余来采取刑事强制措施的报告，表决通过《宁海县人民代表大会常务委员会关于许可对县十七届人大代表胡余来依法采取刑事强制措施的决定》。

会议听取和审议县发改局局长项汉明受县政府委托所作的关于提请将重庆啤酒集团宁波大梁山有限公司（辛岭）与宁海县宁化麦芽有限公司地块补充列入 2016 年度国民经济和社会发展计划的议案，表决通过《宁海县人民代表大会常务委员会关于批准将重庆啤酒集团宁波大梁山有限公司（辛岭）与宁海县宁化麦芽有限公司地块补充列入 2016 年度国民经济和社会发展计划的决定》。

会议听取和审议县住建局局长蒋东辉受县政府委托所作的关于提请将美丽县城建设和梅桥区块改造有关资金列入本级财政预算的议案，表决通过《宁海县人民代表大会常务委员会关于批准将美丽县城建设和梅桥区块改造有关资金列入本级财政预算的决定》。

会议听取和审议县财政局局长柳正维受县政府委托所作的关于 2016 年财政预算调整方案的报告，表决通过《宁海县人民代表大会常务委员会关于批准调整宁海县 2016 年财政预算的决议》。

会议听取和审议县政府办公室胡仁杰副主任受县政府委托所作的关于宁人大〔2016〕20 号、21 号、22 号、23 号、33 号、34 号审议意见办理落实情况的报告。

【县十七届人大常委会第四十八次会议】 宁海县第十七届人民代表大会常务委员会第四十八次会议于 2016 年 11 月 1 日举行。县人大常委会主任徐真民主持会议，副主任王能迭、赵秀萍、邵兴杰、陈中建、林志来及委员共 19 人出席会议。

会议表决通过县人大常委会关于调整县乡两级代表换届选举日的决定，决定将全县县乡两级人大代表换届选举日从 2016 年 12 月 8 日调整至 2016 年 12 月 16 日。

【县十七届人大常委会第四十九次会议】 宁海县第十七届人民代表大会常务委员会第四十九次会议于 2016 年 11 月 21 日举行。县人大常委会主任徐真民主持会议，副主任王能迭、赵秀萍、邵兴杰、陈中建、林志来及委员共 23 人出席会议。县领导林惠明、王军海列席会议。列席会议的还有县人大常委会办公室和各工委、县政府办公室、县法院、县检察院负责人。

会议听取和审议县政府王军海副县长受杨勇县长委托所作的关于提请林坚等职务任命的议案和关于提请陆朝晖等职务任免的议案，表决通过人事任免事项，决定任命林坚、陆朝晖、沈纾丹为宁海县副县长，陆朝晖为宁海县公安局局长；决定免去蔡利丰的宁海县公安局局长职务。

会议听取和审议县法院高为民副院长受洪学军院长委托所作的关于石坚强任职的报告以及林惠明关于石坚强基本情况的介绍，表决通过人事任免事项，任命石坚强为宁海县人民法院副院长、审判委员会委员、审判员。

会议听取和审议县检察院王伟副检察长受吕益军检察长委托所作的关于练节晁任职的报告以及林惠明关于练节晁基本情况的介绍，表决通过人事任免事项，任命练节晁为宁海县人民检察院副检察长、检察委员会委员、检察员。

会议审议杨勇县长、洪学军院长、吕益军检察长的辞职报告，表决通过《宁海县人民代表大会常务委员会关于接受杨勇、洪学军、吕益军辞去相应职务的决定》。

会议听取和审议县人大常委会副主任王能迭受主任会议委托所作的关于提名林坚副县长代理宁海县人民政府县长职务的议案、关于提名石坚强副院长代理宁海县人民法院院长职务的议案和关于提名练节晁副检察长代理宁海县人民检察院检察长职务的议案，表决通过《宁海县人民代表大会常务委员会关于林坚副县长代理宁海县人民政府县长职务的决定》《宁海县人民代表大会常务委员会关于石坚强副院长代理宁海县人民法院院长职务的决定》和《宁海县人民代表大会常务委员会关于练节晁副检察长代理宁海县人民检察院检察长职务的决定》。

县十七届人大常委会第四十九次会议

【县十七届人大常委会第五十次会议】 宁海县第十七届人民代表大会常务委员会第五十次会议于2016年12月6日举行。县人大常委会主任徐真民主持会议，副主任邵兴杰、陈中建、林志来及委员共19人出席会议。县政府副县长陆朝晖、县政协副主席邬汝跃、县法院代院长石坚强列席会议。列席会议的还有县人大常委会办公室和各工委、县政府办公室、县委组织部、县检察院、县环保局、县规划管理中心负责人。

会议听取和审议副县长陆朝辉受林坚代县长委托所作的《关于提请马贤茂等职务任免的议案》，通过人事任免事项，决定任命马贤茂为县经济和信息化局局长、陈开南为县教育局局长、陈海燕为县司法局局长、杨东林为县安全生产监督管理局局长，决定免去胡家标的县经济和信息化局局长职务、蒋善琪的县教育局局长职务、杨东林的县司法局局长职务、陈剑波的县安全生产监督管理局局长职务。

会议听取和审议县人大常委会副主任林志来所作的主任会议《关于提请王永进等职务任免的议案》以及拟任命人员情况介绍，表决通过人事任免事项，任命王永进为县人大常委会城乡建设环境保护工作委员会副主任，免去华飞的县人大常委会农业农村工作委员会主任职务。

会议听取和审议县选举委员会办公室副主任张群力所作的《关于建议接受徐真民、李贵军等辞去县选举委员会相应职务的报告》和《关于建议接受应利勇、周亚伟等辞去乡镇选举委员会相应职务的报告》，表决通过县人大常委会《关于接受徐真民、李贵军等辞去宁海县选举委员会相应职务的决定》和《关于接受应利勇、周亚伟等辞去乡镇选举委员会相应职务的决定》。

会议听取和审议县人大常委会副主任邵兴杰所作的主任会议《关于增补叶秀高为宁海县选举委员会副主任的议案》，表决通过县人大常委会《关于增补叶秀高为宁海县选举委员会副主任的决定》。

会议听取和审议县规划管理中

心主任叶良晓受县政府委托所作的《关于县域总体规划编制情况的报告》，表决通过县人大常委会《关于同意宁海县域总体规划（2015—2030）的决定》，同意将规划按法定程序报请上级人民政府审批。

会议听取和审议县环保局局长章哲受县政府委托所作的《关于生态文明建设规划编制情况的报告》，表决通过县人大常委会《关于批准宁海县生态文面建设规划（2016—2020）的决定》。

会议表决通过县人大常委会《关于接受陈开南辞去县十七届人大常委会委员职务的决定》。

【县十七届人大常委会第五十一次会议】 宁海县第十七届人民代表大会常务委员会第五十一次会议于2016年12月23日举行。县人大常委会主任徐真民主持会议，副主任王能选、赵秀萍、邵兴杰、陈中建、林志来及委员共18人出席会议。县政府副县长沈纾丹、县政协副主席王鸿飞列席会议。列席会议的还有县人大常委会办公室和各工委、县政府办公室、县检察院、县发改局、县交通局、西店镇政府负责人。

会议听取和审议县人大常委会副主任王能选所作的主任会议《关于提请丁建华任职的议案》，表决通过人事任免事项，任命丁建华为县人大常委会农业农村工作委员会主任。

会议听取和审议县交通局局长裘为民受县政府委托所作的《关于提请以PPP模式建设G228宁海西店至桃源段公路工程的议案》，表决通过县人大常委会《关于批准县人民政府以PPP模式建设G228宁海西店至桃源段公路工程的决定》。

会议听取和审议县选举委员会办公室副主任张群力所作的《关于宁海县第十八届人民代表大会代表选举工作情况的报告》。

会议表决通过《关于宁海县第十八届人民代表大会代表资格的审查报告》。

会议表决通过县人大常委会《关于召开宁海县第十八届人民代表大会第一次会议的决定》。

【县十七届人大常委会第五十二次会议】 宁海县第十七届人民代表大会常务委员会第五十二次会议于2016年12月26日举行。县人大常委会主任徐真民主持会议，副主任王能选、赵秀萍、邵兴杰、陈中建、林志来及委员共22人出席会议。县人大常委会办公室和各工委、县公安局负责人列席会议。

会议听取和审议县公安局副局长顾长安所作的《关于提请许可对犯罪嫌疑人陈亦军采取刑事强制措施的报告》，表决通过县人大常委会《关于许可对县十七届人大代表陈亦军依法采取刑事强制措施的决定》。

人大监督

【经济财政运行监督】 组织开展“十二五”规划实施情况中期评估，对“十三五”规划纲要编制情况开展调研审议，促进规划实施更加有效、规划编制更加科学合理。密切关注宏观经济运行，听取审议国民经济和社会发展计划执行情况报告，推动中央和省、市、县决策部署的贯彻落实，促进经济社会平稳健康发展。针对电商产业培育、企业闲置土地和厂房处置、苗木抢种、污水处理厂有效利用、畜禽养殖场整治等问题，开展专题调研，提出意见和要求，得到政府高度重视和有效解决。调研审议旅游业、渔业发展情况，推动政府加快全域旅游发展和现代渔业园区建设。专题调研国有企业监管体制改革和涉农资金改革工作，助推各项改革措施落到实处。贯彻落实预算法，将一般公共预算、政府性基金预算、社保基金预算、国有资本经营预算以及所有部门预算全部纳入监督范围，实现全口径预算审查监督。积极推进预算绩效监督，通过委托第三方评估、常委会全程跟踪监督的方式，对部分专项资金项目进行绩效评价，推动政府完善财政支出管理体系，提高财政资金使用效益。充分发挥审计监督作用，深化审计成果应用，规范政府财政管理。

【重大民生事项监督】 持续关注食品安全，制定五年监督计划，采取调研审议、专项视察、专题询问等方式开展跟踪监督，督促政府建立健全食品安全三级监管网络，进一步完善监管长效机制，保障人民群众食品安全。将缓解城区停车难行车难列为重点议题，连续四年开展执法检查和专题询问，促成“三车”整治、电动汽车“微公交”、机关单位停车场错时开放等措施的实施。专题听取农房两改工作情况报告，推动政府及时调整完善政策措施。调研和视察保障性住房建设和管理工作，督促政府完善准入和退出机制，提高住房保障水平，努力解决困难群众住房问题。深入调研教育现代化、职业教育等工作情况，推动政府加大对教育发展的政策、资金和项目支持力度。调研审议公立医院改革、中医药事业发展等情况，督促政府加快公立医院改革步伐，出台中医药事业发展规划。听取审议文化产业发展和公共文化服务体系建设情况报告，推动政府加快文化基础设施建设，提升公共文化服务水平。开展养老、体育、宗教、侨务等工作监督，促进各项民生事业的发展。

【生态建设和城乡统筹监督】 听取审议生态文明建设五年行动计划实施情况报告，开展森林宁海建设、五大溪流整治等专项检查，跟踪监督水源地保护、大气污染防治、垃圾分类处理、“三河”整治、农村生活污水治理等热点问题，督促政府扎实做好环境保护和污染整治，推动国家级生态示范县和省级森林城市创建。组织代表就完善白溪和西溪流域生态补偿机制积极建言，推动市政府提高流域涵养林补偿标准。调研审议美丽县城和新农村建设，督促政府加强城区公共基础设施建设和农村环境综合整治，扎实推进“美丽宁海”建设。开展城市拆迁工作调研，提出“管拆分离、先建后拆、货币安置、统一拆迁主体”等意见，推动政府完善拆迁机制，提高拆迁成效。调研农产品营销、现代设施农业建设等工作，推动政府出台农产品流通体系建设和农村电子商务等方面的政策，加快发展现代设施农业。

【司执法工作和基层法治建设监督】 调研审议县法院涉企案件审理、审判监督、民间借贷案件审理和执行，县检察院反贪污贿赂、侦查监督，县司法局人民调解等工作，切实增强司执法机关司法为民、公正司法意识，提升审判执行和法律监督水平。调研审议公安协辅警、律师队伍建设，开展司执法人员依法履职、公正司执法情况专项监督以及法官检察官履职评议，推进公检法司队伍建设。专题审议村级自治组织民主法治建设，推动政府完善村级中小工程招投标、农村法律顾问、“三资”监管等制度，促进村务工作权力清单36条深入实施。协助省、市人大开展“环境保护法”“象山港保护条例”等立法调研和执法检查活动，保障法律法规的贯彻实施。依法做好人大信访和规范性文件备案审查工作，受理群众来信518件次、来访234批486人次，备案审查规范性文件80件。

会议工作人员认真细致地做好议案及提案的分类收集和登记

人大代表工作

【代表票决制】 县乡两级政府实事工程代表票决制是本届人大常委会改革创新的重点。常委会深化完善项目征集、筛选候选项目、立项票决、过程监督、结果报告与评议等五个重点环节，精心组织，加强指导、扎实推进。全县共票决乡镇实事工程项目802个，总投资94.6亿元，县政府实事工程项目44个，总投资42.75亿元，中医院、回浦小学、农民饮用水项目等一批惠民工程全面完成。该项工作得到全国和省、市人大的高度肯定和全县干部群众的支持拥护，宁海县票决制工作的经验做法，在2016年被写入《浙江省乡镇人民代表大会工作条例》，并作为工作制度在全省推行实施。

【代表主题实践活动】 围绕上级部署和全县中心工作，组织全县1000余名各级人大代表，深入开展“助推大项目”“合力治五水”等“代表在行动”系列主题实践活动，视察调研350余次，联系重点实事工程750多个，提出意见建议1500余条，帮助解决实际问题800余个，查找各类办事审批难的典型事例300余项，有力助推经济社会发展，得到省、市人大常委会和县委领导的批示肯定。

【代表依法履职】 坚持常委会领导联系代表中心组和小组、常委会委员联系代表制度。制定代表联络站规则，定期组织代表接待选民，广泛收集社情民意。坚持开展主任接待代表日活动，编写《代表反映》并及时交“一府两院”办理落实，一批群众关注的热点问题得到妥善解决。坚持代表述职和重要情况通报制度，保障代表和选民的知情权和监督权。组织开展市人大代表宁海中心组活动，举办代表法、选举法、预算法等专题培训，开展先进代表小组、代表活动积极分子和优秀代表建议评选活动，切实提高代表履职积极性。

【代表建议议案办理情况】 在县十七届人大五次会议期间，代表们依法行使职权，关心和支持政府工作，紧紧围绕该县城市建设、经济发展、“三农”工作、民生改善等各方面提出建议153件，交由政府系统承办的有149件（其中重点建议7件），占总数的97.4%。县人大常委会副主任林志来带领县人大常委会代表工委对县十七届人大五次会议期间代表提出的建议办理情况进行了调查。据统计，在政府系统所承办的149件建议中，政治政法类5件、财政经济类36件、城建交通类47件、科教文卫类19件、生态环保类4件、农业农村类30件、社会保障类4件、其他4件。

收到建议后，县政府高度重视，立即认真研究办理措施，将建议分解到27个部门、9个乡镇（街道）进行办理落实。各承办单位本着对人民群众高度负责的态度，扎扎实实地做好人大代表建议办理工作，所有代表建议全部按规定期限办理完毕，并书面答复各位代表。为进一步提高建议办理实效，推进代表建议办理由“答复型”向“落实型”转变，县政府办公室组织各承办单位开展建议办理落实情况“回头看”，对2016年B类件进行续办落实，取得明显成效。政府系统承办的149件代表建议中，代表建议所提问题已解决或基本解决的（A类）57件，占建议总件数的38.3%；代表建议所提问题部分解决或列入计划逐步解决的（B类）59件，占建议总件数的39.6%；代表建议所提问题因条件、能力所限近期尚不能解决的（C类）31件，占建议总件数的20.8%；代表建议所提问题未被采纳或留作参考的（D类）2件，占建议总件数的1.3%。7件重点建议办理A类比例达85.7%。从代表反馈情况来看，149件均为满意或基本满意。

宁海县人民政府

综　述

2016年，县政府坚持稳中求进工作总基调，主动适应新常态，自觉践行新发展理念，深入开展“三个年”活动，补短板、强优势、争进位，有力促进经济持续健康发展、社会和谐稳定，顺利实现“十三五”规划良好开局。全年实现地区生产总值465.4亿元，同比增长6.9%，财政总收入、固定资产投资、人民币贷款余额分别跨越80亿元、300亿元和700亿元大关。22项主要经济指标中，固定资产投资、一般公共预算收入、出口等14项增速位居全市前三，“双底线”管理指标绿灯数全市第二。特别是海关办事处、三山涂围垦用海规划成功获批，涉农资金整合入选2016年度中国改革十大案例，被授予中华诗词之乡，获评全市首个国家水土保持生态文明县，成为全国首个中国古村落文化遗产研究基地，入选国家首批全域旅游示范区创建单位。

产业结构不断优化。注重发展质效，坚持改革与创新双轮驱动，三次产业比重优化到9.4∶50.1∶40.5。坚定不移推进供给侧改革。狠抓“三去一降一补”重点任务，全市率先制定降本减负35条，常态化开展“进企业、强服务、破难题”专项行动，全年减免税费8.7亿元。综合运用房地产政策、货币化安置等举措去库存，商品房销售面积增长30%，去化周期从年初的31.5个月下降至13个月，其中住宅从21个月降至7.4个月。尽最大努力去杠杆，不良贷款率1.71%，连续40个月位于全市第二低位，金融生态全市领先。国企效益大幅提升，水投公司挂牌成立，投融资方式不断拓展，争取棚改融资授信150亿元，文化综合体被列为全国示范PPP项目，奇精机械成为全县首家主板上市企业。坚定不移推进创新驱动发展战略。深入实施“三百”引领、“四换三名”工程，统筹推进特色优势产业和战略性新兴产业，新增百亿乡镇1个，实现百亿企业零突破，荣膺中国华东实木家具总部基地，被列为“浙江制造”品牌培育试点县。完成工业投资83亿元，增速全市第2，规上工业增加值增长6%，其中汽配、文具增速分别高达16.5%和23.4%，战新产业增加值增长13%，增速位居全市前三，宁波生物产业创新中心一期、中加低碳研发中心建成投用，通用机场开工建设。创新能力明显提升，R&D经费支出占GDP比重达到2.6%，国家高新技术企业达到100家，国家级众创空间、企业技术中心和省百强高新技术企业实现零突破。深入实施人才新政20条，成立高层次人才联谊会，推出创新券、优才卡，新增“国千”人才2人、市级以上创新团队4个。坚定不移推动服务业提升发展。第三产业实现增加值188.3亿元，增长8.9%，拉动GDP增长3.4个百分点，社会消费品零售总额、批发业商品销售额分别达到190.3亿元和220.6亿元，增长12.2%和15.5%，增速位居全市第二和第一。商贸物流、电子商务、会展节庆加速发展，宁海首个综合体西子国际、华东地区投资最大的奔驰4S店建成营业，举办首届葛洪文化节、宁波市长寿文化活动周等节庆活动。休闲旅游、民宿经济迅猛发展，制订实施旅游业发展三年行动计划，东山桃园创成国家AAA级景区，新增民宿床位700个、市三叶级以上精品民宿2家，接待游客1189万人次，旅游经济总收入突破130亿元。坚定不移推进农业现代化建设。整合5.2亿元涉农资金、组建县乡两级“农合联”推动农业发展，三门湾现代农、渔业园区建设扎实推进，望海茶喜获国家地理标志证明商标认证，桑洲入选首批省级特色农业强镇创建名单。

攻项目扩投资。注重“项目为纲”，坚持狠抓项目、深抓招商、大抓平台，夯实追赶跨越基础。有效投入创新高。持续深化专员督查、公务人员促签和打击抢栽抢种等战术招数，以“清零拔钉”百日攻坚、两月一次集中开工的强大攻势，推进总投资超1100亿元的233个重点实事工程，环球中心、桃源广场、香港城等顺利竣工，抽水蓄能电站配套工程、总部集聚区等开工建设，开工率86%。完成固定资产投资311.6亿元，同比增长16.5%，增速居全市榜首，连续48个月位列全市前三。招商引资出新效。深入实施“三引”工程，推动联动式、精准式、资本链和环境型招商，成功招引软通动力、颐高数码等一批总部型、创新型项目，引进县外内资、浙商回归资金分别达66.2亿元和45.1亿元，同比增长32.4%和21.8%，实到外资9100万美元。园区平台展新颜。宁波南部滨海新区加快开发建设，宁东新城集聚效应明显，智能汽车小镇展示馆建成投用，知豆总部整体搬迁入驻，宁波模具产业园入选全市首个国家产业集群区域品牌建设试点。科技园区中瑞、中欧等国别园建成投用。实施特色小镇“369”培育计划，入选市级以上特色小镇4个，智能汽车小镇入选省级十大示范特色小镇，森林温泉成为全省首批特色小镇文化建设示范点。

城乡面貌不断改善。注重美丽追求，践行“绿水青山就是金山银山”，天更蓝、水更清、城乡更美丽。城乡建设频现亮点。全年投入64.8亿元加快美丽县城建设，天明湖公园一期、高速宁海出入口等完成竣工，人民路综合整治和城隍庙周边、西门等区块改造加速推进，完成征迁50.2万平方米。着力建设美丽集镇，西店、岔路、深甽入选全国重点镇，胡陈获评中国生态魅力乡，强蛟跻身浙江十大春意小镇。加快打造美丽乡村升级版，谋划布局“一横一纵+X”精品线，启动建设精品村20个，获评市级最洁美村庄3个和省美丽乡村示范乡镇2个、特色精品村5个，许家山成为全市唯一的全国最美古村落。环境整治保持领先。全市率先启动小城镇环境综合整治，综合执法向街道、中心镇延伸覆盖，示范路街建设扎实开展，农村垃圾分类处置走在省市前列，乡镇“治五乱”做法得到书记夏宝龙批示肯定。统筹抓好三改一拆、五水共治等系列组合拳，畜禽养殖场整治任务全面完成，农村生活污水治理行政村覆盖率93.7%，城南污水厂投入试运行，三改、一拆分别完成年度目标的371.3%和173.3%，拆后利用率达89.5%，创成省“清三河”达标县、“无违建”创建先进县。狠抓交通拥堵治理，巩固“三车”整治成果，推行绿波带、单行线、礼让斑马线，建设停车位、立体机械停车库，缓解行车停车难。基础设施日趋完善。加快构建“一环八射三纵七连”大交通体系，沿海复线三门湾跨海大桥、象西线全国首条风景道加快推进，综合客运枢纽投入使用，盛宁线获评省级精品示范道路。供气供电等基础设施加速覆盖。

惠民生强保障。注重以民为本，制订实施“八大优享”工程三年行动计划，确保民生投入只增不减、标准只升不降。社会保障稳步提高。实施“百千万”富民工程，运行智慧就业系统，统筹城乡居民医疗保险，加快重点扶持区域提升发展，大幅度提高困难残疾人生活补贴，城乡居民人均可支配收入分别达到47702元和26233元，收入比与全市持平。社会事业加快提质。教育现代化水平不断提升，创新组建职业技术联合学院，建成投用回浦小学、西店望海学校。加快优质医疗资源上联下沉，启动卫生乡镇创建三年行动计划，推广家庭医生签约服务，实施全面两孩政策，创成国家级妇幼健康优质服务示范县。文体发展成绩显著，出版《宁海丛书》，建成“非遗”文化产业园，举办中国运动休闲大会等赛事活动，该县运动员陈懿勇夺里约残奥会冠军。社会和谐巩固提升。全力推进平安宁海建设，圆满完成G20峰会等重大维稳安保任务，创新举行“通用航空+医疗应急救援”演练，全方位开展标本兼治遏制重特大事故试点，获评全国地质灾害防治高标准“十有县”，村级权力清单36条入选中国社区治理十大创新成果。

抓自身重实干。注重固本强基，着力打造有限、有为、有效和廉洁的法治政府。学习教育扎实推进。深入开展“两学一做”学习教育，认真学习贯彻中共十八届六中全会精神，严肃党内政治生活，严格组织民主生活会，切实增强政治定力、政治纪律和政治规矩。法治能力全面加强。强化法治意识，坚持民主集中制原则，实施县政府常务会议学法制度，以县长专题会议、县政府常务会议等集体研究重大事项122项。自觉接受各方监督，积极向人大报告和向政协通报重大事项，认真办好人大代表建议和政协提案。强化法治能力，深化“四张清单一张网”，建成五级联动政务服务网，完成乡镇（街道）行政体制调整，挂牌成立综合行政执法局，开通运行全国首个县级“政务云”。工作作风持续改进。开展落实中央“八项规定”精神“回头看”工作，出台进一步提升工作效能若干意见，实施“五治理一提升”专项行动，完成行政单位公车改革，“三公”经费持续下降。认真执行从严治党各项准则、条例，压紧压实党风廉政建设主体责任，严肃查处各类违法违纪案件，着力营造风清气正的政治生态。

县政府常务会议

【第52次常务会议】 1月15日，县委副书记、县长杨勇主持召开县政府第52次常务会议。县委常委、常务副县长应亥宗，副县长尤永成、娄黛敏、陈陵际、范建军、李剑锋、金勇出席会议。县委常委、宁海经济开发区党工委书记徐云，县人大常委会副主任邵兴杰，县政协副主席潘作飞应邀参加会议。

会议讨论并原则通过县发改局关于“十三五”规划纲要编制、2015年国民经济和社会发展计划执行情况与2016年国民经济和社会发展计划草案报告的汇报，以及县发改局关于2015年县政府实事工程完成情况和2016年政府实事工程候选项目征集情况，2016年重点实事工程、预备类和重大前期项目建设计划，“十三五”重大项目规划的汇报。杨勇指出，“十三五”是全面建成小康社会的决胜阶段，2016年是实施“十三五”规划的起步之年，各部门要发扬时不我待的精神，严格按照规划推进各项工作；要抓好首季的开门红，按照2016年的各项指标任务，逐月抓落实；要抓好重点项目建设，相关部门要倒排时间节点，科学统筹安排，确保重大项目开工率。

会议讨论并原则通过县财政局关于2015年预算执行情况和2016年预算初步安排意见的汇报。杨勇指出，目前经济形势仍然严峻，要学会“巧过日子”，优化税收环境和支出结构，深化管理改革和创新，充分发挥财税职能作用，确保收支总体平衡，促进全县经济社会的平稳健康发展。

会议讨论并原则通过县文广新闻出版局关于加快构建现代公共文化服务体系实施方案的汇报。杨勇指出，构建现代公共文化服务体系重在体现文化惠民这一核心，具体实施过程中要与文化产业打造和培育相结合；要与“十三五”文化专项规划相结合；要与下一步文化体制机制改革创新相结合；要与社会力量与民间文化团体参与相结合，最终让老百姓有真正的获得感。

会议讨论并原则通过县发改局关于全面开展县域经济体制综合改革实施方案的汇报。杨勇指出，县域经济体制综合改革涉及方方面面，关键在于落实，有关部门要做好统筹工作，明确责任任务；要充分学习借鉴其他改革试点城市的先进经验；要充分结合该县实际，因地制宜、突出重点，体现出宁海特色。

会议讨论并原则通过县交通局关于2016年春运准备工作的汇报。杨勇要求，春运期间，各相关部门要互相配合，科学调度运力，加强检查，做好各项保障工作，做到信息畅通，同时要做好预警预告工作，并要提前制定完备的应急预案，确保群众出行安全有序。

会议讨论并原则通过县房屋征收办关于水角凌1#、2#等地块国有土地上房屋征收补偿方案的汇报及县政府办公室关于2016年春节慰问方案的汇报和关于政府工作报告修改情况的汇报。

【第54次常务会议】 2月17日，县委副书记、县长杨勇主持召开县政府第54次常务会议。县委常委、常务副县长应亥宗，副县长尤永成、娄黛敏、陈陵际、李剑锋、金勇、王辅橡出席会议。县委常委、宁海经济开发区党工委书记徐云，县人大常委会副主任王能迭、县政协副主席潘红月应邀参加会议。

会议讨论并原则通过县政府办公室关于2016年县级领导联系工业企业和重点工业投资项目安排、招商引资先进单位和先进个人等情况的汇报。杨勇指出，2015年，该县大力开展“进企业、强服务、破难题”专项行动，服务企业成效明显。2016年，要继续深化服务企业的行动和载体，更加体现服务精准化和成效化；要善于总结经验，归纳共性问题并及时出台相关政策，实现帮扶制度化和常态化；要积极贯彻落实市政府关于进一步降低企业成本减轻企业负担推进实体经济稳增促调的35条政策，及时研究制定保障工业用地和涉农企业的帮扶政策；招商引资方面要层层分解任务，创新招商方式，制度化表彰奖励招商引资先进单位和个人，以增强有关部门招商引资的积极性。

会议讨论并原则通过县发改局关于2016年重大项目推进年活动实施方案的汇报。杨勇要求，2016年，要守住投资总量、投资增速双底线，并全力向重大项目开工率达到85%的目标奋斗；要高度重视政策处理问题，把政策处理纳入相关考核范围；要在保证投资增速的同时注重投资质量，鼓励并放开社会资本参与，增加社会投资占比；要提升项目策划和包装水平，特别是在特色小镇创建过程中，要加强策划、科学定位，争创出一批有活力的省、市、县级特色小镇。

会议讨论并原则通过县政府办公室关于2016年政府工作报告重点工作责任分解的汇报。杨勇指出，工作分工不分“家”，2016年的重点工作需要各级各部门统筹协调，共同努力，希望各部门相互配合，全力做好2016年的各项重点工作，助推宁海经济社会追赶跨越发展。

【第55次常务会议】　3月4日，县委副书记、县长杨勇主持召开县政府第55次常务会议。县委常委、常务副县长应亥宗，副县长娄黛敏、范建军、王辅橡，县长助理喻晋出席会议，县委常委、宁海经济开发区党工委书记徐云，县政协副主席潘红月，县人武部部长王琦军应邀参加会议。

会议讨论并原则通过县发改局关于加快特色小镇规划建设工作实施意见的汇报。杨勇指出，特色小镇规划建设要立足该县经济转型升级发展实际，加强产业的谋划和定位，做好项目的策划和包装；要在规划之初就找准特色，做出、做准、做深“特色”文章；各级各有关部门要加大对特色小镇规划建设的支持力度，做到分类创建、分类指导、分类施策。

会议讨论并原则通过县大整治办关于“环境整治巩固年”活动实施方案的汇报。杨勇指出，要坚持目标导向，制定总体目标，明确“三改一拆”“五水共治”“美丽县城”“美丽乡村”“四边三化”“治堵保畅”等六大专项行动的具体目标；要坚持问题导向，明确抓到每项工作的短板，分重点、分步骤一一解决问题；要坚持效果导向，下功夫研究建立长效机制，巩固深化农村环境卫生保洁机制，强化城区环境常态化管理，做到市容市貌整洁有序。

会议讨论并原则通过县农办关于落实发展新理念加快发展现代农业打造美丽乡村升级版的若干意见、深化供销合作社和农业生产经营管理体制改革构建“三位一体”农民合作经济组织体系实施方案以及农村产权交易管理办法的汇报。杨勇要求，打造美丽乡村升级版要坚持规划引领，明确目标任务，特别是在精品线打造中，要排摸精品村布点，避免村与村之间简单的串联；构建“三位一体”农民合作经济组织体系要结合宁海实际，做到“特”而“精”；农村产权交易管理办法要立足富民、富业、富村这三个根本目的，打造现代农业，培育现代农民，壮大农村集体经济，实现资源到资产、资产到资本的转变。

会议讨论并原则通过县旅游委关于县旅游业发展三年行动计划（2016—2018）、加快推进乡村旅游业发展的若干意见、县农家乐（民宿）管理办法的汇报。杨勇指出，旅游业发展要保护、利用、开发好现有的资源，做到机制再深化、品牌再升级、产业再壮大；农家乐和民宿发展要分层、分类，做到规范管理，同时，各部门要加强支持力度。

会议讨论并原则通过县政府办公室关于进一步降低企业成本减轻企业负担推进实体经济稳增促调若干意见的汇报。杨勇指出，意见的出台，有利于减轻企业负担，提振发展信心，推进全县实体经济稳增促调。有关部门要加强组织领导，明确责任分工，提高服务水平，全面贯彻好、落实好、宣传好政策，要图文并茂，通过多种途径，将政策点对点地送到企业家手中。

【第56次常务会议】　3月18日，县委副书记、县长杨勇主持召开第56次县政府常务会议。县委常委、常务副县长应亥宗，副县长尤永成、娄黛敏、范建军、金勇出席会议。县人大常委会副主任林志来，县政协副主席王鸿飞应邀参加会议。

会议讨论并原则通过县“三改一拆”办关于宁海县“三改一拆”行动拆除违法建筑查处流程和分工指南（试行）的汇报。杨勇指出，“三改一拆”工作是县委、县政府的工作重点，有关部门要有长期作战的思想准备，明确职责，保持拆违工作的高压态势。要摸清违法建筑的底数，建立相关机制，做好源头管控，坚决对新增违法建筑实行“零容忍”。要细化去违法建筑存量的任务和目标，倒排时间节点，部门之间相互配合，以“无违建乡镇（街道）”和“基本无违建县”为目标，分类、分重点对违法建筑进行专项处置，切实减少全县违法建筑的数量。

会议讨论并原则通过县水利局关于宁海县沿海地区防洪排涝规划及宁海县水土保持规划的汇报。杨勇要求，防洪排涝规划和水土保持规划编制要结合县多规融合的要求，保持规划的一致性，统一相关指标数据。执行规划过程中，要坚持问题导向，讲究操作方法，提高可行性，既要着眼于眼前，又要兼顾长远。要注重实施成效，做好整合文章，将水利工作与道路、沿线拆违、环境整治、生态旅游等结合起来，发挥最大综合效益。

会议讨论并原则通过县农林局关于宁海县湿地保护规划的汇报。根据该规划，全县湿地红线保护区域面积为21573.85公顷，占全县湿地总面积的93.71%。杨勇指出，湿地保护工作涉及部门数量多，要建立相应的联席工作机制，制订详细的保护方案和行动计划，加强自身工作能力建设，同时还要做好湿地保护宣传和科普工作，让群众自觉参与到保护行动中来。

会议讨论并原则通过县卫生计生局关于加强新时期爱国卫生工作的实施意见和宁海县卫生乡镇创建三年行动计划的汇报。杨勇指出，要拉高标杆，自我加压，确定目标，争取通过三年行动计划使县卫生乡镇创建达到市平均水平。具体创建过程中要做好与城乡环境大整治、美丽乡村建设、文明创建等工作的结合文章，要坚持问题导向，先补短板，再创特色，同时要建立完善相关工作和长效机制，达到标本兼治这一目的。

【第57次常务会议】 4月14日，县长杨勇主持召开第57次县政府常务会议。副县长尤永成、娄黛敏、陈陵际、范建军、王辅橡出席会议。县委常委徐云，县人大常委会副主任王能迭，县政协副主席邬汝跃应邀参加会议。

会议讨论并原则同意县住建局提交的《宁海县美丽县城创建以奖代补实施办法》。会议认为，通过以奖代补的办法广泛开展美丽厂区等“八大美丽”创建活动，有利于更好发挥群众在创建工作中的主体作用、进一步丰富美丽县城建设内涵。会议要求，要健全和细化美丽创建标准，充分对接美丽县城三年行动规划，按照找短板、补短板、拉长板的要求，高标准推进精品游线沿线的美丽创建工作。各相关美丽创建牵头单位要强化责任意识，建立健全创建工作的长效机制，确保美丽创建取得实效。

会议讨论并原则同意县会展管理中心提交的《第十四届徐霞客开游节总体方案》《第十四届徐霞客开游节组织机构及工作职责》。会议认为，办好第十四届徐霞客开游节，对于进一步弘扬霞客文化精神、提升宁海知名度和美誉度具有重要意义。会议要求，要高度重视、毫不懈怠地办好徐霞客开游节，紧密对接G20峰会做好旅游营销和安全办节等各项工作，确保开游节持续取得圆满成功。要紧扣时间节点、强化责任到人，进一步深化细化各项活动及其子活动方案，县会展管理中心要加强统筹、认真把关。要紧抓内外协调，进一步强化落实各工作部之间、工作部和其他乡镇部门之间，以及同上级部门和领导、邀请嘉宾和客商之间的协调对接，确保各项活动顺利开展。要未雨绸缪，及早谋划第十五届徐霞客开游节，在传承中更加注重创新，在特色中更加注重亮点，在办节中更加注重综合效果的体现，做好旅游发展、经贸唱戏和知名度、美誉度提升的文章，确保开游节常办常新、越办越出彩。

会议讨论并原则同意县发改局提交的《关于严格控制征地苗树木征用价格及迁移费用的建议》（以下简称《建议》）。会议认为，严格控制征地苗树木征用价格及迁移费用，对于遏制苗树木抢栽抢种势头、助推重大项目建设具有重要意义。会议要求，要推动中介评估机构量质并举，积极引进县外评估机构，形成充分竞争格局，同时建立动态的评估机构数据库，加强评估时间、程序和效率管理，确保评估工作规范科学。要始终保持依法打击抢栽抢种行为的高压态势，进一步提高打击的狠准度，对态度恶劣、情节严重的要从重从快予以打击，通过典型案例处置形成强大威慑力。要走村入户做好政策的宣传解读，特别是对涉及重点园区、重点项目的村（社）要重点宣传，切实提高政策的知晓率和支持率。要抓好新老政策衔接，利用政策交替期再解决一批苗树木征迁问题，同时强化新政策的刚性执行，确立形成越严越紧的政策导向和公众预期。要结合“两美”宁海建设、城乡绿化美化等工作，有效利用征收来的苗树木，提高苗树木征迁工作成效。要根据讨论意见，对《建议》作进一步修改完善。

会议讨论并原则同意县教育局提交的《2016年宁海县义务教育段城区学校招生工作方案》。会议认为，制订2016年义务教育段城区学校招生工作方案，对于推进义务教育均衡发展、实现“学有优教”目标具有重要意义。会议要求，要广泛深入地做好招生政策的宣传解读，确保政策平稳有序实施、取得预期成效。要科学实施好“十三五”教育发展规划，未雨绸缪的做好教育资源布局和学区调整等工作，推动教育事业发展和城市经济发展以及城镇化建设互促共进。

会议讨论并原则同意县人力社保局提交的《关于调整我县职工基本医疗保险有关政策的通知》《宁海县城乡居民基本医疗保险办法》。会议认为，健全完善基本医疗保险制度，对于提高该县社会保障水平、切实增进民生福祉具有重要意义。会议要求，要通过政策调整完善和加强制度设计，进一步提升该县医疗服务水平和保障能力，切实提高医疗保障工作的群众满意度和县域就诊率。

会议还讨论并原则同意县卫生计生局提交的《关于取消〈双农独女户光荣证〉申领制度的建议》、县政府办公室提交的《进一步提升工作效能的若干意见》，听取宁海经济开发区管委会关于德洋电机（宁海）项目投资合作协议有关事项的汇报。

【第58次常务会议】 4月19日，县长杨勇主持召开第58次县政府常务会议。副县长尤永成、娄黛敏、陈陵际、李剑锋、金勇出席会议。县人大常委会副主任赵秀萍，县政协副主席潘红月，县人武部部长王琦军应邀参加会议。

会议讨论并原则同意县房屋征收办提交的《宁海县征收集体所有

土地房屋拆迁实施办法》。会议认为，规范征收集体所有土地房屋拆迁工作，推动征迁政策化繁为简，补偿标准从严从紧，更多实施货币化安置和竞争化拆迁、阳光化征收，对于更好推动征收拆迁工作、保障城乡建设发展具有重要意义。会议要求，要全方位做好新政策的宣传解读，尤其是涉及城中村、旧村改造的乡镇（街道），要进村入户做好面对面、点对点的宣传，不断提高政策知晓率和群众满意率。要鼓励引导货币化安置，把货币安置率不低于50%的要求，落实到具体项目实施中，包括推动村留地等集体资产货币化处置，有效提升城镇化建设水平和成效。县房屋征收办要加强工作指导，确保新老政策有序有效衔接，特别是抓住新政策出台的有利契机，倒逼一批城中村、旧村改造项目加快征迁和启动实施。

会议讨论并原则同意县综合执法局提交的《宁海县城市道路挖掘修复管理暂行办法》。会议认为，规范挖掘城市道路行为，有利于减少和杜绝“拉链马路”现象，对于加强城市道路管理、维护城市道路安全具有重要意义。会议要求，要强化规划引领，县规划管理中心要细致做好地下管线普查工作，推动新的地下管网建设规划与城市建设规划等多规融合。县综合执法局作为实施主体，要做好牵头抓总、协调整合、建设实施工作，包括水电气、通信和信息化线路建设，相关职责任务要细化落实到工作制度中。要统筹推进地下管廊建设，县发改、住建、综合执法和规划管理等部门要强化对接协调、信息互通，整体推进项目谋划、立项和包装等工作，因地制宜设置建设标准、预留布线空间，从根本上解决“拉链马路”问题。要建立健全工作奖惩和责任追究机制，确保各项工作落到实处、取得实效。

会议讨论并原则同意县综合执法局提交的《宁海县城镇排水和污水处理办法（试行）》。会议认为，加强城镇排水和污水处理的管理，对于防治水环境污染、改善人居环境具有重要意义。会议要求，要以城乡一体化和建管用一体化的要求，统筹高效推进给排水管网建设和截污纳管工作，因地制宜、保质保量抓好农村生活污水处理设施的建设、运营和管理。要积极借鉴各地好的做法，通过引进第三方机构参与，创新实施 PPP、水权交易、排污交易等模式，进一步提高治水工作水平和成效。

会议讨论并原则同意县市场监管局提交的《宁海县县长质量奖评审管理办法》。会议认为，完善县长质量奖评审管理办法，引导企业（组织）实施卓越绩效管理模式，对于提高企业（组织）发展质效、增强竞争优势具有重要意义。会议要求，要在实践中逐步完善县长质量奖评审体系，更多通过政策倾斜的方式提升奖项含金量，吸引更多企业参与评选。县市场监管局要加强同上级部门的沟通衔接，鼓励引导更多企业和产品申报国家、省市质量奖，提高企业知名度和产品附加值。

会议讨论并原则同意县委人才办提交的《宁海县“十三五”人才发展规划》、县人力社保局提交的《“宁海优才卡”实施办法》。会议认为，深入实施“人才强县”战略，切实强化人才和智力保障，对于建设“两美”宁海、实现跨越发展意义重大。会议要求，要切实强化短板导向、需求导向、效益导向来引才育才用才留才，找准和补好人才结构不够合理、引进和留住高层次人才难等短板，加快引进一批适应宁海产业发展需求的紧缺型、高精尖人才。要不拘一格、不惜重金引才育才用才留才，更加注重柔性引才用才，通过人才新政的实施，以及生产、生活、生态“三生融合”环境的营造，吸引更多优秀人才集聚宁海、服务宁海。

此外，会议还讨论并原则同意县发改局提交的《宁海县城市基础设施建设 PPP 项目实施方案（调整）》。

【第 59 次常务会议】 5 月 10 日，县长杨勇主持召开第 59 次县政府常务会议。副县长尤永成、陈陵际、李剑锋、金勇、王辅橡、桑学涛出席会议。县委常委徐云，县人大常委会副主任邵兴杰，县人武部部长王琦军应邀参加会议。

会议讨论并原则同意县发改局提交的《宁海县重大项目政策处理“清零拔钉”专项行动实施方案》（以下简称《实施方案》）。会议认为，开展重大项目政策处理“清零拔钉”专项行动，是深入开展“重大项目推进年”活动的重要举措，对于进一步优化项目建设环境、加快项目建设步伐具有重要意义。会议要求，各级各部门要全力以赴抓好重大项目政策处理“清零拔钉”专项行动，按照问题导向和效果导向，下定决心、直面困难，解决一批重点难点和历史遗留问题，推动重大项目提速提效，确保有效投资持续稳定增长。要充分做好前期排摸，各项目涉及单位要做细做实自查和对接工作，找准项目推进难、进展慢的症结所在，对症提出解决措施和工作方案。要进一步明确行动任务和目标，按照第三季度全面开工的要求倒排项目推进的时间节点，明确“清零拔钉”涉及单位的具体攻坚责任、攻坚内容、攻坚时限，强化落实项目责任单位的协调职能，建立健全县领导联系协调“清零拔钉”项目制度，充分运用专员督查、“三色单”督办等项目工作机制，确保专项行动有的放矢、取得实效。要坚持奖惩并举，充分体现到目标考核、干部使用等方面，充分调动各方面的工作积极性，形成比学赶超抓项目、促发展的浓厚氛围。要根据讨论意见，对《实施方案》作进一步修改完善。

会议还听取县交通局关于38省道桥头胡至深甽段改建工程隧道机电、风景道、桐盘山隧道左洞及沙地泄洪隧道实施方案的汇报，讨论并原则同意县房屋征收办提交的《宁海县桃源街道杨家村旧村改造征收集体所有土地房屋拆迁安置实施方案》《宁海县桃源街道下洋吴村旧村改造征收集体所有土地房屋拆迁安置实施方案》，讨论并通过有关人事事项。

【第60次常务会议】 6月3日，县长杨勇主持召开第60次县政府常务会议。副县长尤永成、陈陵际、范建军、金勇、王辅橡、桑学涛出席会议。县人大常委会副主任陈中建，县人武部部长王琦军应邀参加会议。

会议讨论并原则同意县财政局提交的《2016年宁海县政府债务限额和新增地方政府债券预算调整方案》《宁海县2015年财政决算情况的报告》。会议认为，保持健康、规范和积极的财政运行态势，对于促进经济转型和改善社会民生具有重要意义。会议要求，要持续深化政府债务降成本、优结构、稳增量工作，统筹抓好存量债务置换和债务成本控制，建立健全新增债务统筹机制和预警机制，确保政府债务持续稳健运行。要深化推进财政开源节流工作，进一步创新优化融资渠道，从严把关重大项目和各类基金支出，自觉接受人大和各方面对财政工作的监督，积极宣传财政工作的创新举措和成绩亮点，营造良好工作氛围。

会议听取县综合执法局关于人民大道、中山路及五街汇节点综合整治规划设计项目的说明。会议认为，开展人民大道、中山路及五街汇节点综合整治，对于建设美丽县城、“两美”宁海具有重要意义。会议要求，要以打造中国美丽县城样板城市为目标，以更漂亮、更时尚、更大气为导向，强化综合整治的统筹性，着眼整个区域的布局优化和功能提升，统筹谋划立面改造、交通优化、市场搬迁和改造利用等各项工作，确保综合整治取得预期成效。要强化综合整治的民本性，坚持以人为本原则，学习借鉴先进地区的经验做法，谋实谋好交通组织优化、停车设施设置及停车秩序规范等工作，努力赢得群众点赞。要强化综合整治的商业性，从服务商业发展的角度，设置好统一整洁、格调高雅的平面广告、墙面广告和商铺广告等广告设施，配套好满足物流配送等商业需求的基础硬件设施，切实形成浓厚商业氛围。要强化综合整治的衔接性，综合整治规划设计要与美丽县城建设总体规划，与人民路综合改造整治等现有工程，与未来城市发展特别是近两三年发展规划做好充分衔接和同步对接，预留好改造和发展空间。要根据讨论意见，并充分听取人大政协、相关部门和社区居民等各方面的合理意见，对综合整治规划设计作进一步修改完善。

会上县政府党组集体学习《中华人民共和国预算法》，会议还讨论并原则同意县房屋征收办提交的《嘉隆车料有限公司地块国有土地上房屋征收补偿方案》《宁海影都地块国有土地上房屋征收补偿方案》《山河岭6#地块国有土地上房屋征收补偿方案》《盛宁线力洋至胡陈段公路建设工程国有土地上房屋征收补偿方案》《象西线桥头胡至深甽段公路改道工程国有土地上房屋征收补偿方案》《西店新城陆域1#地块国有土地上房屋征收补偿方案》《正学小学地块国有土地上房屋征收补偿方案》，市住房公积金中心县分中心提交的《2016年度宁海县行政事业单位住房公积金缴存工资基数调整方案》，县政府办公室提交的《2016年度县政府继续有效行政规范性文件和政策措施目录》《2016年度县政府部分废止行政规范性文件和政策措施目录》，县人力社保局提交的《公务员奖励方案》。

【第61次常务会议】 6月15日，县长杨勇主持召开第61次县政府常务会议。副县长王军海、尤永成、娄黛敏、范建军、金勇、王辅橡出席会议。县人大常委会副主任赵秀萍，县政协副主席潘红月应邀参加会议。

会议听取县交通局关于G228西店至桃源段公路工程规模调整及实施方案建议的汇报。会议认为，调整G228西店至桃源段公路工程建设方案，是落实《海域使用管理法》《宁波市象山港海洋环境和渔业资源保护条例》的现实需要，对于进一步完善县域交通体系、推动西店乃至宁海跨越发展具有重要意义。会议要求，要以战略的眼光优化调整项目规划建设方案，特别是要以更多运用路堤结合方式推进工程建设为目标，积极争取上级交通、海洋渔业部门在资金、用海审批等方面的政策支持，最大限度地争取中信公司的参与和投入，实现工程综合效益最大化。要切实强化项目建设的组织领导和统筹协调，工程领导小组和指挥部要切实担当作为，各相关部门和单位要确保人员力量到位、工作配合到位，合力打造民心工程、精品工程、发展工程。

会议讨论并原则同意县教育局提交的《宁海县职业技术联合学院办学实施方案》。会议认为，创新开办职业技术联合学院，有利于推进全县职业教育品牌化和教育事业现代化，对于补强人才短板具有重要意义。会议要求，要以培育本土的高职院校为目标，以产学研结合为导向，根据产业发展和社会需求设置专业学科，努力培育一批应用型人才。要进一步创新和完善工作机制，加强经费及人员等方面保障力度，推进联合学院办精办强。

会议讨论并原则同意县金融上市办提交的《提升民间借贷登记服务中心功能打造宁海民间金融大楼方案》。会议认为，提升民间借贷登记服务中心功能，打造宁海民间金融大楼，对于扩大民间金融改革先发优势、进一步引导民间资本助推经济社会发展具有重要意义。会议要求，要坚持服务和监管并重，积极引进专业化团队和机构，建立完善规范高效的运行机制，推动该县民间金融业持续健康发展。县金融上市办要进一步加强与相关单位的沟通对接，科学合理设置服务功能，适时有序推进“六大中心”的布局和运行，发挥好民间金融大楼的综合效益。

会议讨论并原则同意县编委办提交的《关于全面深化公共服务清单编制工作的意见》《宁海县深化公共服务清单编制方便基层群众办事创业工作方案》。会议认为，全面深化公共服务清单编制工作，对于加快推进公共服务供给侧改革，进一步提升公共服务、增进民生福祉具有重要意义。会议要求，要坚持效果导向，把提升服务效率和效益放在首位，在实践中不断强化、优化和深化公共服务清单，尤其要发挥“一网通办”互联网+政府服务的倍增效益，进一步放大和发挥公共服务清单宁海模式的先发优势、特色效应。

会议讨论并原则同意县农林局提交的《关于做好宁海县农村土地承包经营权确权登记颁证工作的实施意见》。会议认为，做好农村土地承包经营权确权登记颁证工作，有利于完善农村基本经营制度，进一步盘活农村资产、增加农民收入。会议要求，要把依法依规、尊重民意、稳定承包关系和维护社会稳定等原则贯穿工作始终，切实强化政策宣传和社会稳控，特别是对工作基础相对薄弱的乡镇、村（社）进行重点宣传和引导，建立健全风险评估机制和矛盾纠纷处理机制，确保确权登记颁证工作稳步推进。县农林局要发挥好牵头抓总作用，着力提高信息化建设和管理水平，加强对乡镇（街道）、服务外包单位的培训、指导和监督；各乡镇（街道）要落实主体责任和专门工作力量；各相关部门要高度重视、积极配合，推动确权登记颁证工作保质保量完成。

会议讨论并原则同意县农办提交的《宁海县美丽乡村建设三年行动计划》《关于建立农村环境卫生管理长效机制的实施意见》《2016年宁海县农村生活垃圾分类减量化处理工作实施意见》《宁海县农村生活污水治理设施运行维护管理办法》。会议认为，深化推进美丽乡村建设，对于提升农村生活品质、推进“两美”宁海建设具有重要意义。会议要求，要紧扣创成省美丽乡村示范县目标，按照问题导向对标找差、拉高标杆、扬长补短，积极争取各方支持，打造美丽乡村宁海样板。要深化细化全域治理、全面提升、全景打造、全民共建和全体共享的工作标准，并把公路沿线村庄立面改造、美丽庭院建设等内容结合起来，进一步提升精品线规划建设标准，科学排定建设计划，并有力有序加以推进。要建立健全农村环境卫生管理长效机制，进一步细化明确县、镇、村、户各级的职责要求，优化提升垃圾中转站布局和建设标准。要严格按照上级部署要求，按时保质建好农村生活污水治理设施，并按照城乡一体、政府主导、社会参与的原则，做好设施的运维管理工作。要通过服务外包、以奖代补等机制创新，鼓励引导专业机构、社会力量共同参与到美丽乡村建设、农村环境卫生管理、农村生活垃圾分类减量化处理、农村生活污水治理的实施推进和监督管理中，真正形成全民共建共享的良好格局。

会议讨论并原则同意县农办提交的《关于加快提升重点扶持区域全面小康社会发展水平的若干意见》《宁海县“内聚外迁”移民安置实施细则》（以下简称《意见》《细则》）。会议认为，制定出台《意见》《细则》，对于积极回应人民群众和人大代表关切、大力推进区域协调发展、高水平全面建成小康社会具有重要意义。会议要求，要强化精准帮扶、创新帮扶，因地制宜实施好《意见》中提出的“五个一批”行动。要综合运用建设集聚安置区、设置标准补助安置等方式方法，充分调动群众“内聚外迁”的主动性和积极性，不断提升工作成效。要根据会议讨论意见，加强与市农办的对接沟通，对《意见》《细则》作进一步修改完善，并适时发布实施。

【第63次常务会议】 7月7日，县长杨勇主持召开第63次县政府常务会议。副县长王军海、尤永成、娄黛敏、陈陵际、范建军、王辅橡、桑学涛、王海华出席会议。县人大常委会副主任邵兴杰，县政协副主席邬汝跃应邀参加会议。

会议讨论并原则同意县环保局提交的《宁海县生态文明建设规划（2016—2020年）》。会议认为，编制实施生态文明建设规划，加快创建国家生态文明建设示范区，对于深化“两山”实践、建设“两美”宁海具有重要意义。会议要求，各级各部门要提高认识、形成合力，坚持问题导向找短板、补短板，强化对污水管网建设、企业排污管控等突出问题和薄弱环节的整治提升，确保生态文明建设规划刚性执行、落地见效。

会议讨论并原则同意县发改局提交的《宁海县八大“优享”工程三年行动计划（2016—2018）》（以下简称《行动计划》）。会议认为，实施八大“优享”工程三年行动计划，是坚持共享发展、服务为民之举，对于增进民生福祉、高水平全面建成小康社会具有重要意义。会议要求，目标要再提升，紧紧围绕衣食住行等群众关切，进一步扩面提标、补短扬长，不断提高群众获得感、满意度。进度要再加快，紧盯工程项目安排，进一步强化攻坚克难、“清零拔钉”，确保项目进度走在计划安排前面。责任要再细化，各相关部门要抓紧制订各个专项行动计划，进一步细化落实目标任务和责任要求，确保各项工作顺利推进、收到实效。要根据会议讨论意见，对《行动计划》作进一步修改完善。

会议听取县安监局关于2016年上半年安全生产工作的汇报。会议认为，近年来该县安全生产形势总体稳定向好，连续三年位列市安全生产考核第一方阵，安全生产事故指标持续下降，安全管理创新举措不断涌现，工作成绩值得肯定，但安全生产形势总体仍然严峻，安全生产工作仍要绷紧抓实。会议要求，要坚持常抓不懈，始终把安全“红线”牢牢系在心头、抓在手上，尤其要抓紧做好争创遏制重特大事故国家级试点城市的上报和方案制定工作，抓紧细化落实平安护航G20专项行动方案，包括做好新统计口径下的安全生产数据上报工作，确保全县安全生产形势持续稳定向好。要强化齐抓共管，严格落实企业主体责任和部门监管责任，进一步形成既各司其职、又相互协作的良好工作格局。要加强监管创新，通过创新培训形式和载体，提高公众尤其是一线员工的安全生产意识；通过优化顶层设计、创新体制机制等方式，强化源头性监管；通过狠抓重点行业、突出领域和薄弱环节，强化重点性监管；通过政府采购公共服务、发动群众共同参与等方式，强化社会性监管，不断提高安全生产监管工作水平和成效。

会议听取县经信局关于软通动力投资协议的汇报。会议认为，引入软通动力，有利于加快推进全县乃至全市的智慧城市建设、信息产业发展、人才团队引育和创业创新氛围营造。会议要求，各级各部门要高度重视、合力推进项目落地建设，积极创新合作模式和载体，实现合作效益最大化。

此外，会上县政府党组集体学习《中华人民共和国环境保护法》，会议还听取梅林街道关于《宁海县梅林核心区块改造（一期）工程暨梅林村旧村改造工程征收集体所有土地房屋拆迁安置实施方案》的实施情况汇报。

【第65次常务会议】 8月2日，县长杨勇主持召开第65次县政府常务会议。副县长王军海、尤永成、娄黛敏、陈陵际、金勇、王海华出席会议。县委常委徐云，县人大常委会副主任陈中建，县政协副主席邬汝跃应邀参加会议。

会议讨论并原则同意县科技局提交的《宁海县人民政府关于发展众创空间推进大众创新创业的实施意见》。会议认为，大力发展众创空间，是贯彻落实中央和省、市决策部署，深入实施创新驱动发展战略的重要举措，有利于激发大众创新创业活力、提升区域创新创业水平。会议要求，各级各部门要高度重视创新创业工作，进一步强化企业的创新创业主体地位，切实加强制度设计、政策服务以及与企业的沟通对接，推动创新创业政策精准落实和企业主体作用充分发挥。要加快建立多元化、多层次的创新创业平台，特别是要通过招商引资，大力引进以市场为主体的社会性创新创业平台，同时全力搭建好政府性服务平台，为创新创业创设好良好环境。要抓住当前宁海追赶跨越发展的大好形势，借力借势浙商回归，大力推动人才回归，加快引进一批双创型、科技型人才，进而带动资金、项目、技术等创新创业要素加速汇聚宁海。

会议讨论并原则同意县环保局提交的《宁海县畜禽养殖区域调整方案》（以下简称《调整方案》）。会议认为，调整全县畜禽养殖区域，对于优化畜禽养殖产业布局、控制农业面源污染和保障生态环境安全具有重要意义。会议要求，要因地制宜贯彻落实上级政策要求，坚持堵疏结合原则，科学合理划定县镇乃至村级，包括下洋涂区域的禁养区、限养区和宜养区，积极通过招商、众筹等多种方式推进养殖规模化、生态化，实现达标排放、绿色养殖，争做畜禽养殖整治的全省示范。要强化政策落地，建立动态化、常态化巡查监管机制，健全完善属地管理机制及源头性监管措施，同时加大政策宣传解读力度，包括设置好清晰易懂的禁养标识标牌，确保政策措施顺利实施、常态长效。要根据会议讨论意见，对《调整方案》作进一步修改完善。

此外，会上县政府党组集体学习《中华人民共和国行政诉讼法》，会议还讨论并原则同意宁海科技园区管委会提交的《宁海环球中心颐高双创园项目合作协议》。

【第 66 次常务会议】 8 月 24 日，县长杨勇主持召开第 66 次县政府常务会议。副县长王军海、尤永成、陈陵际、金勇、王辅橡、王海华出席会议。县委常委徐云，县政协副主席潘红月应邀参加会议。

会议听取县发改局关于宁海县首批直升机起降点建设情况的汇报。会议认为，首批直升机起降点的建设，标示着宁海通航产业发展的实质性启动，对于构建县域通航网络、助推产业转型升级具有重要意义。会议要求，要强化规划的科学性，对直升机起降点的总量设置、区域布点进行科学分析，加强与周边地区通航起降点的联动互动，做到论证充分、布局合理。要强化功能的多样性，积极推动通航在应急救援、医疗急救、旅游休闲和农林业发展等各个领域的应用，实现县域通航网络效益最大化。要强化投资的多元性，在加强前期基础配套设施建设的同时，根据观光旅游等不同功能需求，积极引进社会资本参与直升机起降点的投资建设，进而实现运营管理的社会化、市场化。要加大舆论宣传力度，加快项目建设进度，为通航产业发展营造良好氛围。

会议讨论并原则同意县旅游委提交的《宁海县创建“国家全域旅游示范区”实施方案》《宁海县建立“6+X”旅游联合执法机制的实施方案》《关于建立诉调对接机制联动维护游客合法权益的实施意见》《宁海县全域旅游交通标志牌建设实施方案》。会议认为，创建国家全域旅游示范区，对于提升旅游发展水平、深入推进“两山”理论在宁海的新实践具有重要意义。会议要求，各级各部门要统一思想、凝心聚力，对照创建标准和时间要求，特别是紧盯重大短板问题，进一步明确职责、克难前行，确保创建工作圆满成功。要加快标准再造，按照全域旅游导向和标准，以打造国家全域旅游示范区建设的宁海样板为目标，做好理念革新、标准提升和数据统计等各项工作。要加快机制再造，以县旅委为总牵头，各级各相关部门全力支持配合，加快建立健全旅游警察、旅游巡回法庭等现代旅游治理体系，确保各项工作顺利推进、收到实效。要加快产品再造，大力推进旅游集散中心、旅游厕所等硬件建设，大力推进公共服务、旅游服务等软件提升，建立丰富的旅游产品供给体系，同时加大宣传营销力度，不断提高旅游产品以及宁海城市的知名度和美誉度。要加快特色再造，坚持错位竞争、特色发展，进一步发挥登山步道、森林温泉等特色优势，以及霞客文化、十里红妆等人文优势，形成宁海旅游的独特魅力。要加快产业再造，以创建为契机，着眼长远、全局谋划，进一步加强旅游与其他产业的融合联动发展，不断提升旅游业发展层次和水平，提高对经济社会发展和群众增收致富的贡献度。

会议讨论并原则同意县房屋征收办提交的《水角凌 3 号地块国有土地上房屋征收补偿方案》《水角凌 4 号地块国有土地上房屋征收补偿方案》《水角凌 5 号地块国有土地上房屋征收补偿方案》《水角凌 6 号地块国有土地上房屋征收补偿方案》《水角凌 7 号地块国有土地上房屋征收补偿方案》《环南中路 1 号地块国有土地上房屋征收补偿方案》《环南中路 2 号地块国有土地上房屋征收补偿方案》《徐霞客广场北 1 号地块国有土地上房屋征收补偿方案》《徐霞客广场北 2 号地块国有土地上房屋征收补偿方案》《和兴房地产开发有限公司地块国有土地上房屋征收补偿方案》《体育馆东侧地块国有土地上房屋征收补偿方案》《老年公寓地块国有土地上房屋征收补偿方案》。会议认为，大力推进旧城和城中村改造，对于改善群众人居环境、提升城市功能品质具有重要意义。会议要求，县住建和房屋征收部门以及相关乡镇（街道）既要无缝对接地抓好征迁资金保障到位，又要从严从紧控制征迁成本，特别是要用足用好竞争性拆迁、货币化安置和阳光征收等政策机制，切实加快旧城和城中村改造速度。同时，要提前谋划，适时推动城市建设重心由拆向建转移，切实加强对拆后空间的规划利用，加快道路交通、地下管网等市政基础设施建设，完善提升城市经济功能和生产生活等服务功能，特别是要强化资源整合和招商引资，通过引进大企业、大集团等社会资本来参与提升城市业态，为建设美丽县城和“两美”宁海奠定坚实基础。

会议讨论并原则同意县司法局提交的《关于“六五”普法规划实施情况的报告》《宁海县普法教育领导小组关于在全县公民中开展法

治宣传教育的第七个五年规划（2016—2020年）》。会议认为，深入开展法治宣传教育，有利于提升公民法治意识、助推法治宁海建设。会议要求，要强化效果导向，重点加强对公职人员特别是领导干部的法治宣传教育，不断提高政府自身的依法行政能力；加强对青少年、外来人员等违法行为易发多发群体的法治宣传教育，包括加大校园法治教育力度，切实提升基层社会治理能力水平，树立法治信仰、形成法治风尚。要强化机制创新，进一步构建完善司法局牵头、各相关单位主动作为的大普法工作格局，进一步推动“互联网+普法”、互动式普法、以案说法等普法载体、平台和途径创新，进一步建立效果导向、标准科学、社会参与的工作评价机制，确保普法工作顺利推进、常态长效。

此外，会议还讨论并原则同意宁海经济开发区管委会提交的《年产10万人份精制多价冻干抗蛇毒血清项目投资合作协议》，县房屋征收办提交的《宁海县国有土地上房屋征收中改变用途房屋给予营业补助的若干意见》《关于延长国有土地上房屋征收补偿中购房补助期限的汇报》《关于调整国有土地上房屋征收补偿中土地容积率的汇报》《宁海县2016年征收集体所有土地房屋拆迁安置用房市场指导价》《重置价格结合成新再增加比例》，书面听取县发改局提交的《关于宁海县2016年上半年国民经济和社会发展计划执行情况的报告》、县财政局提交的《关于宁海县2016年上半年财政预算执行情况的报告》、县旅游集团提交的《关于提请将宁海县文化旅游基础设施项目委托代建资金列入本级财政预算情况说明》和县政府办公室提交的《宁海县人民政府关于县十七届人大五次会议代表建议办理情况的报告》《宁海县人民政府办公室关于对宁人大常办函〔2015〕80号专题询问意见办理落实情况的复函》。

【第67次常务会议】 9月9日，县长杨勇主持召开第67次县政府常务会议。副县长王军海、尤永成、范建军、王辅橼、桑学涛出席会议。县委常委徐云，县人大常委会副主任赵秀萍、县政协副主席潘红月应邀参加会议。

会议讨论并原则同意县委宣传部提交的《宁海县文化发展“十三五”规划》。会议认为，编制实施好文化发展“十三五”规划，是实施“八大优享”工程的重要内容，对于落实文化“优雅”工程、彰显宁海独特历史人文、提升城市发展软实力，具有重要意义。会议要求，抓规划关键要抓落地。规划内容要“实”，突出文化惠民、虚功实做，把规划实化量化到具体的文化项目和工作载体上，切实做到见物见事见人、可感可操作。工作机制要“新”，大力推进文化发展体制机制改革，包括建立健全各级各相关部门职责明确、优势整合、互动协作的文化管理机制，建立健全推进文化阵地、项目设施建成投用后长效高效的运行机制，建立健全整合政府各类资源、撬动社会资本参与的文化投融资机制。目标措施要“准”，紧密结合宁海实际，突出地方特色，精准设置规划目标、方向和任务，当前来说要以问题为导向，补好全国文明县城创建、文化发展机制和文化重大项目建设等软硬件短板；长远来说要更加注重优秀地域文化的传承弘扬，充分发挥文化规划的引导作用，深入谋划文化大企业培育、大项目实施和大平台构筑。县委宣传部要根据会议讨论意见，对规划作进一步修改完善。

会议讨论并原则同意县公安局提交的《宁海县人民政府关于进一步推进户籍制度改革的实施意见》。会议认为，进一步推进户籍制度改革，是落实中央、省、市全面深化改革部署的重要内容，对于加快城乡资源要素合理流动、形成城乡一体化发展格局具有重要意义。会议要求，要正确处理好要做、想做和能做之间的关系，先行开展教育、住房、养老、医疗等各个方面的“1+N”细化政策调研制定工作。在改革实施过程中，既要准确领会、贯彻落实好上级精神和要求，也要做到摸清底数、因地制宜，充分挖掘现有政策和资源潜力，最大程度缩小城乡差异，充分保障全体公民的合法权益。

此外，会议还听取县高速公路建设指挥部关于三门湾大桥及接线工程资金及占补平衡指标费用有关情况的汇报，讨论并原则同意县机关事务局提交的《宁海县公务用车制度改革实施方案》。

【第68次常务会议】 9月29日，县长杨勇主持召开第68次县政府常务会议。副县长尤永成、娄黛敏、陈陵际、范建军、金勇、王辅橼出席会议。县人大常委会副主任陈中建、县政协副主席潘红月应邀参加会议。

会议讨论并原则同意县安监局提交的《宁海县开展标本兼治遏制重特大事故试点工作方案》（以下简称《工作方案》）。会议认为，开展标本兼治遏制重特大事故试点工作，是贯彻落实上级安全生产工作要求、加强和创新安全生产工作的重要举措，对于有效防范遏制重特大事故、切实保障广大人民群众生命财产安全具有重要意义。会议要求，各级各部门要始终高度重视安全生产工作，牢固树立安全生产永远在路上的理念，抓实抓细安全生产各项工作，确保全县安全生产形势持续向好。要以问题为导向补齐短板，认真吸取以往安全事故的深刻教训，全面查找安全生产监管漏洞和问题隐患，制定落实针对性措施，夯实试点工作基础。要以创新为导向健全机制，加快建立健全资金保障、统筹推进和引育第三方评估机构等体制机制，以及深化完善网格化监管机制等等，真正解决实际问题、实现标本兼治。要以成效为导向抓好落实，学习借鉴先进地区经验做法，全面推进试点各项工作，确保全县事故起数、死亡人数和生产经营活动死亡率三项指标持续下降，努力打造具有宁海特色和推广价值的安全生产监管模式。要根据会议讨论意见和具体实施情况，对《工作方案》作进一步修改完善。

会议讨论并原则同意县体育发展中心提交的《2016 中国运动休闲大会活动总体方案》（以下简称《总体方案》）。会议认为，《总体方案》在内容上、机制上均有较大改进和创新，充分体现社会化运作、产业化结合、品牌化培育的方向。办好本次活动，对于提升节会生命力、影响力、综合效益以及城市知名度、美誉度具有重要意义。会议要求，要做好宣传文章，在加强传统媒体宣传的同时，更加注重新媒体的宣传，更加注重运用互动式、合作式的宣传方式，进一步打响运动休闲大会及其系列活动品牌。要做好产业文章，充分发挥运动休闲大会人流集聚、信息汇集的纽带作用，借势借力开展招商引资工作，真正吸引一批社会资本，引进一批人才、机构和项目。要做好统筹文章，各级各部门要加强协作配合，全力做好活动各项保障工作，包括细化完善活动应急预案，牢牢把握安全办会底线，确保运动休闲大会顺利举办。

会议讨论并原则同意县民政局提交的《宁波市庆祝全国第四个老年节暨长寿文化活动周方案》《宁波市庆祝全国第四个老年节暨长寿文化活动周组织机构及工作职责》《宁波市长寿文化活动周经费预算》。会议认为，承办好长寿文化活动，有利于充分展现该县良好的人居环境，鼓励和引导社会资本投资养老养生产业，切实形式全社会敬老爱老的良好风尚。会议要求，要充分发掘和宣传好该县百岁老人比例全市最高、首批论证长寿村全市最多以及高龄老人生活津贴和百岁老人长寿保健金全省最高等特色亮点，全面展现宁海良好的人居环境和对养老事业的高度重视。要进一步研究细化各个活动方案，做实做细投资商对接、活动成果转化落地等各项工作，确保活动圆满成功、取得实效。要结合长寿文化活动和惠民办节导向，统筹推进养老养生事业和产业发展，进一步打响宁海养生养老福地的知名度，进一步提高老年人的幸福感和获得感。

此外，会上县政府党组集体学习新《中华人民共和国安全生产法》和《浙江省安全生产条例》。

【第 69 次常务会议】 10 月 13 日，县长杨勇主持召开第 57 次县政府常务会议。副县长王军海、尤永成、娄黛敏、陈陵际、范建军、金勇、王辅橡、王海华出席会议。县委常委徐云应邀参加会议。

会议讨论并原则同意县编委办提交的《宁海县人民政府办公室关于推进政府职能向社会组织转移的实施意见》。会议认为，深入推进政府职能向社会组织转移，对于加快政府职能转变、完善社会治理体系具有重要意义。会议要求，要坚持能转则转原则，以试点发现问题、总结经验，积极推动转移工作向各个部门尤其是公共服务领域延伸扩面；县民政、市场监督等职能部门要积极解放思想，大力培育和引进各类具有承接能力的社会组织，推动政府职能转移工作有序开展。要切实加强转移事项的事中和事后监管，建立健全公开公平的市场竞争机制和对社会组织科学有效的考评机制，同时统筹调配好职能转移过程中相关人员、经费等资源，推动转移工作综合成效最大化。县编委办要充分发挥牵头抓总和督促推进作用，确保试点和转移工作有序推进、落地见效。

会议讨论并原则同意县编委办提交的《宁海县人民政府部门职责管理办法》。会议认为，深化推进“四张清单一张网”，加强和规范政府部门职责管理，对于理顺职责关系、提高行政效能和推进依法行政具有重要意义。会议要求，各级各部门要切实强化协作配合和执行落实力度，合力解决政府职责管理中存在的权责不分、边界不清等问题，真正构建形成科学高效的政府职责体系。

会议讨论并原则同意县编委办提交的《关于建立综合行政执法协作配合工作机制的实施意见》。会议认为，建立综合行政执法协作配合工作机制，是推进综合行政执法体制改革的重要举措，对于推动政府治理体系和治理能力现代化具有重要意义。会议要求，要切实厘清职责边界，真正构建无缝对接的工作运行机制和协作配合的联合执法机制，并根据实施情况对相关制度机制作进一步修改完善，确保实施成效充分体现。

会议讨论并原则同意宁海经济

开发区管委会提交的《宁海宁东新城开发投资有限公司提前退出金石股权投资基金方案》。会议认为，通过组建产业基金方式推动招商项目落地和实现国有资产增值，是该县投融资体制改革和招商引资方式的重大创新。提前退出金石股权投资基金，是合同约定期内的正常退出行为，有利于合伙企业更早对接资本市场，也有利于提升政府资金的运作效益。会议要求，要严格按照合同约定进行退出的相关操作，及时总结推广此次合作的成功经验和模式，进一步发挥产业基金在促进招引项目落地和扩大社会投资方面的作用。

会议讨论并原则同意县住房委员会办公室提交的《关于住房分配货币化工作资金安排的汇报材料》。会议认为，推进住房分配货币化工作，有利于进一步深化城镇住房制度改革，推进住房商品化、社会化。会议要求，要严格按照人员性质类别，从严从紧审核把关住房补贴发放范围和对象，同时切实做好政策解读、强化舆情把控，确保住房分配货币化工作顺利推进。

此外，会议还讨论并原则同意县人力社保局提交的《机关工作人员养老保险缴费基数和退休生活补贴方案》和县房屋征收办提交的《D地块商铺安置方案》。

【第70次常务会议】 10月24日，县长杨勇主持召开第70次县政府常务会议。副县长王军海、尤永成、陈陵际、范建军、王辅橡、桑学涛、王海华出席会议。县人大常委会副主任陈中建、县政协副主席邬汝跃应邀参加会议。

会议讨论并原则同意县食安办提交的《宁海县食品安全责任保险工作实施方案》。会议认为，食品安全事关千家万户。开展食品安全责任保险，是转变政府职能、创新社会治理的积极探索，有利于有效降低食品安全风险、切实维护人民群众利益。会议要求，相关职能部门要加强与保险机构（共保体）之间的沟通协作，建立健全无缝对接的协调推进机制和科学规范的考评及退出机制，推动食品安全责任保险工作落地见效。要加强对食品安全责任保险的事中事后监管，特别是要做好食品安全责任主体认定工作，提升食品安全监管能力及相关产业发展水平，推动食品安全形势持续向好。要加强政策的宣传解读，不断提升市场经营主体的食品安全主体责任意识，鼓励引导更多市场经营主体参保食品安全责任险，构建食品安全社会共治格局。

会议讨论并原则同意县残联提交的《宁海县人民政府关于加快推进残疾人全面小康进程的实施意见》《宁海县人民政府关于进一步完善困难残疾人生活补贴和重度残疾人护理补贴制度的实施意见》。会议认为，加快推进残疾人全面小康进程，大力保障和改善残疾人生活，对于打造“四感”城市、高水平全面建成小康社会具有重要意义。会议要求，要坚持公开、公平、公正原则，抓好事前、事中、事后三个环节，事前要细化明确残疾人认定标准，源头把好残疾人认定关；事中要做到规范实施、阳光操作，接受群众监督；事后要建立健全科学规范的常态评估机制和补贴对象的动态调整机制，确保各项工作顺利推进、取得实效。要积极做好政策措施的宣传解读，把党和政府的关心关怀第一时间送到千家万户，让广大人民群众更准确地了解政策措施、更充分地享受政策红利。

会议讨论并原则同意县发改局、县房屋征收办提交的《宁海县人民政府关于提请将大梁山有限公司与宁化麦芽有限公司地块列入2016年度国民经济和社会发展计划的议案》。会议认为，将该地块列入2016年度国民经济和社会发展计划，既能助力企业转型升级，又能保障公共事业发展需要，还能推进旧城改造、提升城市节点，是一件一举多得的好事、实事。会议要求，要公平公正、科学规范地做好土地征收包括土地资产评估等各项工作，真正把好事办好、实事办实。

会议讨论并原则同意县财政局提交的《宁海县2016年度财政预算调整方案报告》《宁海县2016年预算中期绩效评价情况报告》。会议认为，合理调整2016年度财政预算，科学开展预算绩效评价，对于严格预算管理和执行、提高财政资金使用效率和加强项目管理具有重要意义。会议要求，各级各部门要加大争取上级财政转移支付资金的力度，拓宽项目建设资金的来源渠道。要统筹好财政年度和跨年度预算安排，推动政府负债适度增长，着力优化债务结构，确保财政运行收支平衡。要以问题为导向，加大预算绩效评价中发现问题的整改力度，并积极开展“回头看”，确保存在问题及时整改、财政预算绩效提升。要及时向县人大、政协通报财政工作的相关情况，积极争取社会各界对政府各项工作的理解和支持。

会议讨论并原则同意县住建局提交的《宁海县人民政府关于提请将美丽县城建设和梅桥区块改造有关资金列入本级财政预算的议案》。会议认为，设立美丽县城城镇化建设基金，启动梅林、桥头胡街道棚户区改造，对于加快推进美丽县城建设意义重大。会议要求，要紧抓国家支持PPP项目、棚户区改造以及该省开展美丽县城建设试点等政策机遇期，紧扣时间节点，谋划包装和上报更多项目，争取更多的政策性资金支持。要按照问题导向，根据形势变化，积极研究针对性措施，包括进一步改革创新投融资机制和模式，积极争取银行机构加大授信和贷款力度，最大限度地保障重大项目建设的资金需求。要精打细算经济账，向银行机构争取更多的利率优惠。

会议讨论并原则同意县政府法制办提交的《关于进一步加快推进法治政府建设若干意见》（以下简称《若干意见》）。会议认为，《若干意见》的制定，对夯实法治工作基础、提高依法行政工作水平、加快法治政府建设步伐具有重要意义。会议要求，各级各部门要高度重视依法行政能力提升，强化行政一把手负责制，落实专门人员，加快建设有限有为有效和廉洁的法治政府。县政府法制办要牵头建立健全相关责任追究机制，尤其是要加强对基层政府和重点职能部门的常态化监督，推动法治政府各项制度执行落实。要加强对公职人员特别是领导干部和一线执法人员的法制宣传培训，进一步提升教育培训的针对性和实效性，不断提升政府工作人员依法行政的能力和水平。

【第 71 次常务会议】 11 月 4 日，县长杨勇主持召开第 71 次县政府常务会议。副县长王军海、尤永成、娄黛敏、金勇、王辅椽、王海华出席会议。县委常委徐云，县委常委、县人武部部长王琦军，县人大常委会副主任林志来，县政协副主席潘红月应邀参加会议。

会议讨论并原则同意县编委办提交的《深化乡镇（街道）行政体制改革实施方案》。会议认为，深化乡镇（街道）行政体制改革，对推进基层行政体制改革、加强基层社会治理创新和强化社会民生服务意义重大。会议要求，县编委办和相关部门要在省、市设定的机构限额框架下，按照因地制宜、平衡兼顾、统筹结合的原则，以工作需求和问题为导向，加大职能和机构的优化整合力度，更加精准地分类指导好乡镇（街道）的机构设置。要进一步厘清县乡两级权责边界，按照权责对等原则，加大权力和职能向（乡镇）街道倾斜力度，加强综治工作、市场监管、综合执法、便民服务等“四个平台”建设，切实解决基层治理体系中“看得见管不着”的问题。在具体实施过程中，要及时向上级部门反映实际情况，市县联动推进乡镇（街道）行政体制改革的不断深化完善。

会议讨论并原则同意县住建局提交的《关于全面推进城镇危旧住宅房屋治理改造工作的通知》。会议认为，全面推进城镇危旧住宅房屋治理改造，事关人民群众生命财产安全和社会和谐稳定，是加强社会公共安全治理的重要内容，务必抓紧抓细抓实。会议要求，相关部门和乡镇（街道）要加强协同联动，配强一线工作力量，按照 2017 年底前基本完成既有城镇危旧住宅房屋治理改造的目标要求，先急后缓、分类实施、逐步推进治理改造工作。要切实摸清城镇危旧住宅房屋底数，逐门逐户做好排摸工作，确保不落一户、不漏一间。要强化政策的宣传、解读，特别是要改进工作方式方法，做好涉改群众的引导工作，充分调动涉改群众自主重建和改造的主动性和积极性，营造维护房屋使用安全的良好氛围。

此外，会议还专题学习中共十八届六中全会精神。

【第 73 次常务会议】 12 月 2 日，县长杨勇主持召开第 73 次县政府常务会议。副县长王军海、尤永成、娄黛敏、范建军、金勇、王辅椽、王海华、陆朝晖、沈纾丹出席会议。县人大常委会副主任王能迭，县政协副主席潘红月应邀参加会议。

会议讨论并原则同意县房屋征收办提交的《水角凌 8 号地块国有土地上房屋征收补偿方案》《水角凌 9 号地块国有土地上房屋征收补偿方案》《西大街南 1 号地块国有土地上房屋征收补偿方案》《西门 7 号地块国有土地上房屋征收补偿方案》《重庆啤酒集团宁波大梁山有限公司（辛岭）与宁海县宁化麦芽有限公司地块国有土地上房屋征收补偿方案》。会议认为，加快推进棚户区改造，对于扩大有效投资、推动小城镇环境综合整治、改善城乡居民居住条件具有重要意义。会议要求，县棚改办和房屋征收办等相关部门要抢抓国家实施棚改政策的历史性机遇，进一步加大棚改项目的包装、申报和推进力度，争取更多的棚改贷款授信额度，争取更多的棚改资金落到宁海。要抓紧做好政策处理，加快相关地块房屋征收进度，加大“清零拔钉”力度，加强拆除安全管理，为征收地块下步开发利用奠定扎实基础。要抓紧做好规划设计，尽快明确拆后土地规划用途，加大综合开发利用力度，同步布局停车场站、道路管网等基础设施建设。要抓紧做好招商引资，特别是要大力招引资金实力雄厚、开发运营经验丰富的优质企业与拆后土地的改造和开发建设，加快老城、城中村旧貌换新颜。

会议讨论并原则同意县发改局提交的《宁海县 2016 年度居民生活污水处理费及水价改革工作的汇

报》。会议认为，调整居民生活污水处理费和实施水价改革，事关人民群众切身利益，是贯彻落实国家和省市相关政策要求的重要内容，更是深化“五水共治”、生态文明建设人人有责的有力手段，务必抓紧抓细抓实。会议要求，要进一步加大宣传力度，充分利用各种行之有效的途径，广泛深入做好政策解读，及时跟人大和政协做好工作对接，最大限度地争取各个方面的理解支持。要进一步规范操作程序，各个环节要衔接有序、统筹推进，舆情动态要密切关注、妥善处置，确保水价改革平稳实施。要进一步提升水务服务，以过细的工作、贴心的服务、快捷的反应，切实做好极端天气保供水、水管爆裂快抢修、水费构成信息发布等服务工作，切实提升群众满意度。

会议讨论并原则同意县发改局和县交通局提交的《关于G228宁海西店至桃源公路PPP项目的汇报》。会议认为，推进G228宁海西店至桃源公路PPP项目建设，是该县构建大交通体系的重要组成，对于加速城乡统筹、拓展对外交通、助推追赶跨越意义重大。会议要求，要做深做细政府采购工作，对PPP项目的采购文本要进行逐条逐项的合法性审查，并通过科学设定违约金、履约保证金等约束性条款，切实降低政府采购风险。要实体化运作项目建设指挥部，要抓紧做好项目开工建设的相关准备，加快启动土地报批、政策处理等项目前期工作，强化以劳动竞赛的方式，推动西店镇和梅林街道加快做好道路沿线的政策处理工作，推动项目早日开工建设。要充分吸收各方意见和建议，包括提交县人大常委会审议和征求县政协意见，进而不断优化道路设计方案、增强项目建设合力。此外，县发改、住建、交通等相关部门要加强政策研究、项目包装和资源整合，争取更多的上级补助资金。

会议听取县安监局关于全县安全生产工作情况的汇报。会议认为，抓好安全生产工作，对保障人民群众生命财产安全、维护社会和谐稳定、确保该县经济社会有序健康发展具有重要意义。会议要求，各级各部门要思想认识到位，始终绷紧安全生产这根弦，深刻吸取江西丰城发电厂特大安全生产事故的沉痛教训，切实做到警钟长鸣、举一反三，确保生产安全，坚决夺取“平安金鼎”。要措施落实到位，有力度、有深度、有声势地开展安全生产大排查、大整治，特别是要突出重点行业、重点领域、重点部位，抓好“三无”企业、无证无照和“十小”行业等安全大检查大整治，对排查出来的安全隐患和疑难复杂问题，逐项落实整改措施，确保不留盲点、不留死角、不走过场。要平安宣传到位，切实加大安全生产工作的宣传力度，创新安全生产宣传方式方法，进一步提高公众安全生产意识。要责任落实到位，坚决落实安全生产责任制，切实做到党政同责、一岗双责、失职追责。

会议讨论并原则同意县规划管理中心提交的《宁海县域总体规划（2015—2030）》。会议认为，县域总体规划工作关系到经济社会各项事业发展，对于指导该县未来城市建设和产业布局具有重要意义。会议要求，要精准对接上位规划和上级重大战略决策，根据国家、省市发展变化及区域定位，及时调整完善县域总体规划内容，切实增强规划的指导性和可操作性。要强化多规合一，抓住当前县域总体规划修编的有利契机，清单式梳理多规之间的矛盾，加强多个规划同步推进中的协调衔接，确保在核心内容上协调一致。要合理设定预测性、约束性指标体系，既要突出规划指标的严肃性和刚性，又要充分预测未来发展的不确定性，为今后发展留足空间。

【第75次常务会议】 12月20日，县长杨勇主持召开第75次县政府常务会议。副县长王军海、娄黛敏、范建军、王辅橡、桑学涛、陆朝晖、沈纾丹出席会议。县委常委徐云、县人大常委会副主任邵兴杰应邀参加会议。

会议讨论并原则同意县编委办提交的《宁海县综合行政执法体制改革实施方案》《宁海县综合行政执法局主要职责内设机构和人员编制规定》。会议认为，综合行政执法体制改革是中央、省、市确定的重要改革任务，对于创新和完善行政执法体制机制，加快建设法治政府和服务型政府，推进政府治理体系和治理能力现代化意义重大。会议要求，县编委办和县政府法制办要加强改革相关工作的组织协调和政策指导，确保综合执法改革事项划转范围、具体实施进度与上级同步，也包括统筹抓好环境大整治、小城镇综合整治过程中的综合执法工作。县综合执法局要加强与相关业务部门沟通协调，切实厘清职责边界，主动做好执法事项划转对接工作。相关业务部门要主动配合做好改革相关工作，推动综合执法机构、编制、人员、事项一体化，同时进一步明确和强化监管职责、兜底责任，确保划转事项管理无盲区。县编委办、县人力社保局要帮助指导县综合执法局切实加强队伍建设，做好人员招录、选调、教育、培训和管理等工作，切实提升执法人员的综合素质，树立综合行政执法部门良好形象。

会议还听取县交通局关于《G228 西店至桃源公路 PPP 项目实施方案有关事项调整》的汇报。

信访工作

【概况】 2016 年，宁海县信访工作创新群众工作方法，围绕建设和完善“人人有责、人人参与”的大信访格局这一总体思路和目标，以深化拓展信访督查“百千万”专项行动为抓手，有序推进增强解决信访问题能力水平，为维护社会安全稳定打下坚实基础。2016 年群众来县上访 426 批 1434 人次，批次同比上升 20%；群众来信 249 件，同比增加 11.2%；受理县长电话（信箱）5518 件，同比增加 403 件，上升 7.9%。

【完善信访工作领导责任制】 县常委会多次听取信访工作情况专题汇报，县委、县政府 7 次召开全县信访维稳工作会议，研究部署全县信访工作。重大疑难信访问题，县领导直接过问、直接部署、直接督查。对规模较大的集体上访，各级党政领导靠前指挥，积极疏导。县委书记、县长与各镇乡、街道党政一把手，县长与信访成员单位一把手，乡镇（街道）与行政村层层签订信访工作责任书，提高了各级领导干部抓好信访工作的主体意识和责任意识。

【做好重点时段信访】 在各级“两会”、G20 峰会、中共十八届六中全会、世界互联网大会等重点敏感时期，县委、县政府高度重视，多次召开不同层次会议，专题研究部署信访维稳工作。启动信访信息每日“零报告”制度，对重点人员动态实行一日三报；响应成立驻地信访劝返工作小组和途中劝返工作小组。建立部门联动“日会商”制度，重点敏感时期，县委办公室、县委政法委、县信访局、县公安局等部门每天对相关工作进行会商研究，部署工作；通过完善“4+X”维稳信访扁平化指挥机制和“5+X”舆情研判处置扁平化指挥机制，铺设“天网”（治安视频监控网络）、“地网”（交通卡口）、“人网”（专兼职和志愿者巡防队伍）三张网，做好信访工作服务保障能力。2016 年，宁海县实现去京“零非访”。

【各级领导接访下访约访】 为进一步深化领导干部接待群众来访工作，县建立县、乡镇（街道）、村三级领导干部大接访机制。规定每月 16 日县领导接访日 2 名县领导到县信访局接访外，其他县领导通过定点接访、重点约访、带案下访、上门走访、电话听访、主动回访等方式，深入基层一线，了解社情民意，听取群众意见，剖析问题症结，研究解决方法。乡镇（街道）党（工）委、政府（办事处）实行领导挂牌、群众点名接访制度。乡镇（街道）党政主要领导每周一在本单位综治中心坐班接访，其他领导坚持随时接访。村（社）干部经常性地上门走访，摸清底数，掌握动态，当好调解员，信访代理员，充分发挥“第一道防线”作用，对重要的社情民意，存在的不稳定因素，主动向乡镇（街道）报告。2016 年，县领导接待群众来访 343 批 792 人次，群众信访办结率均达到 100%以上。

【《浙江省信访条例》宣传月活动】 根据《关于开展新修订〈浙江省信访条例〉宣传活动的通知》文件精神，5 月 1 日起，开展为期一个月的信访条例宣传活动。县信访局将“依法信访”宣传月活动及时向县委分管领导汇报，要求乡镇、街道，县直部门将“依法信访”主题宣传作为 2016 年普法工作的一项重要任务，切实落到实处。各单位充分利用电子显示屏、宣传栏等宣传工具，多方面、全方位地宣传新修订的《浙江省信访条例》宣传党和政府为维护群众合法权益所做的工作和努力，在广大群众中产生广泛反响。以开展“依法信访”主题宣传月活动为契机，坚持正确舆论导向，制定信访宣传机制。进一步明确信访宣传的指导思想、目标任务、各个时期的宣传重点、宣传手段，努力实现信访宣传工作的规范化、制度化，推动信访宣传工作长期稳定深入开展。

【化解信访积案】 建立“信访积案滚动数据库”，自我加压，梳理出 114 件个案清单，根据“五个一”要求，落实领导包案，因案施策、逐案化解、依法终结。截至年底，信访积案化解率达到 84.21%。在个案化解中，主要做法：还原历史真相，找出问题症结，坚持以事实为依据，以法律为准绳；坚决“不花钱买太平”，仔细甄别合理诉求和无理要求；重拾群众路线法宝，反复耐心沟通，重建信任，逐一化解。

行政审批管理

【概况】 2016 年，审批服务大厅共受理审批办证各类事项 337742 件次，其中办结件 337434 次，提前办结件 324598 次，提速率达 96.2%；交警、出入境、农机 3 个分中心共受理审批办证各类事项20万件次。群众满意率继续保持高位运行，2016年共进行电话回访3476件，群众满意度95%以上，回访得分9.87分。县公共资源交易统一平台完成建设工程招投标、政府采购、土地交易、产权及其他类交易事项3883宗，交易总额67.82亿元，增收资金约1.2亿元，节约资金3.2亿元。

【深化行政审批制度改革】

梳理权力清单。把浙江政务服务网宁海平台作为承载四张清单和公共服务清单的归集平台，动态展示调整。2016年，重新梳理确定“三项半”审批类权力事项1149项（其中，行政许可483项、行政确认145项、审核转报147项，其他行政权力中的年检21项、备案177项、其他审批权176项）。开发宁海平台统一行政权力运行系统收费系统，5月上线运作，解决宁海平台不能收费问题，真正实现“一网批、一网通”。

梳理特色清单。由县编委办牵头，县审管办具体审核，在全省首创公共服务清单，梳理整合382家部门单位服务职责，涉及教育卫生、社会保障、农林水利等16个行业领域，涵盖公共服务事项1645项，基本形成政府部门、事业单位、国有企业及中介机构等“四位一体”公共服务大清单，有效破解了群众办事“找谁办、哪里办、怎么办”问题，该项创新工作先后被中央、省、市等各类媒体报道，引起各级领导高度重视和充分肯定，年初在中央编办“接地气·一招鲜·见实效”创新做法征集活动评选中荣获全国改革创新评比二等奖，成为此次活动中浙江省机构编制系统取得的最高荣誉，全市召开的公开公共服务事项工作推进会上，明确提出在全市推广宁海经验。

建成三级网络审批平台。2016年，完成浙江政务服务网宁海平台向乡镇（街道）、村（社区）延伸工作，建成连接18个乡镇（街道）便民服务中心和363个村级便民服务中心和28个社区服务中心的三级网络审批平台，建立各乡镇（街道）便民服务中心网上服务大厅。平均推送各个乡镇（街道）权力事项118项，村（社区）49项，梳理审核各乡镇（街道）权力事项中工作时间、联系电话、办理人员、岗位环节等信息内容。在线操作点对点培训2000余人次，实现相关权力事项和公共服务事项一站式网上运行、县镇村三级联动。

发挥浙江政务服务网宁海平台功能。2016年按照省政府“网上申请、在线服务、快递送达”等星级权力事项评定标准，力促浙江政务服务网宁海平台“四星级”（网上申报、信任在先、办结核验）、“五星级”（网上申报、全程在线、办结取件）网上办事事项比例达44.04%，尽最大努力让群众少奔波、信息多奔跑。配置触摸屏、更新评价器，开发虚拟大厅、升级微信公众号、更换大屏显示器，进一步增强群众办事体验感。全面建立县级部门行政审批事项数、上线办理比例、审批办结数、审批办结平均时间、超时办结数等通报制度，以量化指标倒逼减环节、优流程、压时限、提效率。积极构建多渠道、多方式、多层次宣传体系，不断加大电视、海报、微信、手机APP等新老媒体应用力度，促进“被动用网”向“主动用网”转变。2016年，宁海平台权力事项在线操作共办理10.7万件。

【优化投资项目审批流程】

探索审批流程再造。在2011年出台《宁海县优化投资项目审批流程实施办法》的基础上，继续优化投资项目审批流程。2016年，针对农村小微项目投入资金少但审批环节一样不少等现象，决定将不涉及政府资金投入的村级项目，由审批制改为备案制，即由原来的建议书审批、可行性研究报告审批和初步设计审批三个环节，改为备案一个环节进行审批。在各乡镇（街道）出具非政府投入资金证明材料的前提下，不再需要提供县造价中心审核文件。如村级项目涉及政府资金投入，仍按原审批流程进行审批。有力节约农村小微项目报批的精力、物力，进一步加快推进农村小微项目落地速度。

实施高效审批方式。按照2014年12月出台的《宁海县开展工业类社会投资项目高效审批实施办法》（宁审改〔2014〕2号），围绕“环节少、时间短、效率高、服务优”要求，从土地挂牌前出具规划条件、土地出让方案编制到施工许可证办理，采取企业投资意向项目“提前介入”“并联审批”等方式，项目相关模拟审批和土地招拍挂同步进行，在94个工作日完成全部审批流程，其中行政审批29个工作日，中介服务65个工作日，打造工业类社会投资项目100天高效审批全流程图。有力促进普利凯、卡利特等工业类社会投资项目早落地、早建成、早投产。

推进区域联合审批。按照《宁海县投资项目区域联合审批实施办法（试行）》（宁审改〔2014〕1号），将“二区八园”产业基地所有投资项目，化零为整视作一个项目，事先“打包式”统一编制整个区域的规划环境影响评估、水土保持方案、产业规划等前置性审批手续，在区域内落户的指定项目，实行先落户后备案手续，简化单个项目的审批手续。并以产业园为单位，统筹规划绿化率、容积率、建筑密度、停车位、人防设施等规划指标，变“单体把关”为“区域总体把关”，突破用地局限，提高亩产效益，达到总体协调平衡。

实现项目在线操作。根据省、市工作部署，依托浙江政务服务网宁海平台，由市发改委、市审管办开发统一框架、规范标准、纵横联动的投资项目审批监管平台，9月，县正式启用投资项目在线审批监管平台，投资项目从登记赋码到竣工验收全过程中所有需要政府部门签字盖印的事项均纳入平台操作，实现平台全网顺畅运行。具体操作上，投资项目办理立项时，由发改部门窗口统一赋码，作为整个项目建设周期唯一身份标识，所有投资项目统一在投资项目在线审批监管平台完成审批，后续审批部门以项目编码来识别相关审批信息，有效打破部门信息壁垒，避免项目业主重复提供、反复提供前置审批结果现象。通过该平台共办理投资项目100余件。

【创新审批服务方式方法】

完善行业联合审批。全面实施洗浴、一类机动车维修经营、交通运输、旅馆、中小餐饮、文化娱乐、境外卫星电视、大型超市、电影放映、游泳馆、汽车美容、农（渔）家乐等12个行业联合审批标准，按照各相关行业联合审批标准的要求，统一规范每个行业准入需要取得的所有证照批文和必备条件及其申办的工作流程等，按照“一窗受理、内部流转”的方式，分别由工商、交通、公安、市场监管、文广、卫生计生等窗口牵头、受理审批事项，有效避免企业群众多头跑，多次重复、反复提供材料，压缩时间，减少环节，有效提升审批效能，便利投资者创业，2016年，共完成行业联合审批156件。结合区域实际，新拓展民宿、理发、咖啡馆、足浴业等4个行业联合审批标准。

规范中介服务管理。2016年重新择优引进9家中介机构进驻行政服务中心，建立审批部门、项目业主、中介机构三方联动机制，建立101家网上中介超市，将涉及投资项目审批前置中介机构搬上互联网，实行“会员制管理、网上网下结合、淘宝店式经营”的新模式，“网上中介超市”已入驻22类101家本地或经常在宁海县办理事项的外地中介机构。

清理审批前置条件。印发《宁海县人民政府办公室转发宁波市人民政府办公厅关于印发宁波市市县行政审批层级一体化改革放权事项目录的通知》（宁政办明电〔2016〕22号），要求各行政审批职能部门严格按照宁波市前置中介服务、前置条件材料、前置兜底条款清理要求，对1149项行政审批类权力事项审批前置条件和材料予以梳理。158项行政审批前置中介服务，取消29项，占18.35%；159项证明、盖章等前置条件材料，取消77项，占48.43%；55项前置条件材料兜底条款，取消32项，占58.18%。

“互联网+”创新审批方式。积极探索“互联网+审批”等服务模式创新行政审批服务，提高企业群众“一站式”网上办事便捷化程度。实行施工图网上联合审查，改施工图串联审查为并联审查，由规划窗口牵头受理，通过网上传递至气象、消防、人防等部门，在6个工作日内通过网上反馈审查意见，再由规划窗口统一反馈业主。设立“宁海行政务”微信公众号，统一编制实施主体、受理条件、办理时限、收费情况等信息。该微信号除了具备新闻推送、办事指南查询等一般查询功能外，还能提供办事预约、进度查询等服务。此外，该微信号可以实现与市民互动、进行疑难解答、接受投诉建议等，深入了解企业群群众需求，让“高高在上”的政务服务接受“地气”，促使政府服务由“端菜”向由企业群众“点菜”转变。此外，主动适应公众需求，完善浙江政务服务网宁海平台、投资项目在线审批监管平台、中介机构服务监督系统、手机移动审批等建设，多渠道、全方位推进行政审批服务智慧平台建设，将审批服务与互联网元素有机结合起来，实现审批大数据、大智慧，有效提升审批效能。

【打通审批服务“最后一米”】

推进职能归并改革。持续推进以“两集中、两到位”为目的的行政审批职能归并改革。按照省政府要求，除“比窗口受理先进的项目、进来以后没有现场受理方便的项目、比较敏感涉密的项目、条件比较受限制的项目”四种情况，有16项未进驻行政服中心外（行政许可4项、行政确认5项、其他行政权力7项），宁海县审管办组织各行政审批职能部门将1133项审批类权力事项100%进驻行政服务中心。按实际计算，进驻率达98.61%（其中，行政许可事项进驻率达99.17%）。至年底，进驻宁海县行政服务中心（包括分中心）的34个行政审批职能部门的1133项三项半审批类权力事项，除13项授权未到位以外，1120项审批类权力事项符合“窗口工作人员直接办结，审批科直接签批办结，审批科报分管领导现场或网上签批办结，审批科组织听证、认证、现场踏勘并签批办结”四种情况，均授权到位，现场办理率为98.85%

(其中，行政许可事项现场办理率为100%)，达到省政府要求。

压缩承诺办理时限。2016年以来，宁海县审管办大力实施行政审批事项提速增效活动，印发《宁海县行政审批管理办公室关于印发开展“规范服务、提速增效、创新创优”百日活动实施方案的通知》(宁审管办〔2016〕12号)，以压缩审批环节和时间为重点，围绕“把每个审批环节的滞留时间压缩到可能的最小值”的目标，全面梳理全县各部门所有行政审批事项的办理环节和时间，要求各部门受理的审批事项只作书面审查的原则上实行即收即办，各部门审批权限原则上全部授予窗口，督促各部门全面完成市审管办提出的考核要求。目前，进驻行政服务中心的各行政审批职能部门窗口1133项审批类权力事项总承诺时限提速率为87.47%(行政许可事项承诺时限提速率达86.71%)。由于浙江政务服务网还存在不稳定情况，部分中央垂直系统、省建系统、市级系统未与浙江政务服务网对接，导致部分工作量大的窗口存在二次、三次甚至多次录入现象，根据浙江政务服务网宁海保障系统网上统计，宁海县三项半审批类权力事项实际办理提速率(提前办结率)为99.67%。

承接下放权力事项。落实层级一化下放事项，按照《宁波市人民政府办公厅关于印发宁波市市县行政审批层级一体化改革放权事项目录的通知》(甬政办发〔2016〕144号)精神，第一时间予以转发，目前，175项下放层级一体化权力事项各均承接到位，并按规定进驻行政服务中心。

推行项目代办机制。制定《宁海县投资项目审批全程代办服务工作实施细则》，细化代办帮办机制，对列入县级重点实事工程项目，以及其他需要代办的项目，从项目立项到取得施工许可证，直至竣工验收全过程代办或部分代办，从而实现变“群众跑”为“干部跑”，加快投资项目落地开工速度。强化代办服务中心平台建设，成立县投资项目全程代办服务中心，设立代办工作室，充实配强专职代办力量，落实专职代办员，建立县、乡镇(街道)两级代办服务体系。至年底，建立乡镇街道代办专职人员44名，兼职人员13名。2016年，代办投投资项目132件，其他审批事项5864件。

增强主动服务意识。在完善重点项目并联审批绿色通道服务的基础上，积极打造“无假日”预约、“保姆式”代办、“零距离”现场、“直通式”快捷、“免填单”审批等特色服务，主动作为，尽心尽力服务群众。推出“房管微信”服务，打造“指尖上的便民服务平台”，使市民在指间即能轻松、快速地获取相关房产业务信息，充分发挥政府行政审批服务平台的作用。建立全县县、乡、村三级便民服务中心435个。除县行政服务中心外，县直部门建立便民服务中心25个；18个乡镇(街道)均建成社会事务服务中心；363个行政村均建立村级便民服务中心，其中标准型(农村社区服务中心)281个，简约型82个；28个社区均建立社区服务中心，其中具有“一站式”服务大厅的有19个。

全市率先试行银行网点代办营业执照。配合市场监管局与农业银行合作，在下设的营业部、行政服务中心服务点等开设无偿代办营业执照注册登记业务，充分发挥银行网点分布广、临柜服务便捷的优势，由银行免费代办名称核准、工商注册材料收集、营业执照领取、银行账户开立、资金结算等“一站式”综合服务，满足新设企业的全方位需求，银行网点代办营业执照业务在全市属于首例。

【进一步规范公共资源交易管理】

清理招投标规范性文件。为贯彻落实《关于转发〈关于进一步做好招标投标规范性文件清理工作的通知〉的通知》(甬资交管办〔2016〕1号)文件精神，3月，对2012年以来有关招投标的规范性文件进行清理，牵头召开招投标工作联席会议，会同县法制办、县住建局、县交通局、县水利局等有关行业主管部门，按照“谁制定、谁清理”的原则，由制定机关或牵头起草部门按照本次清理范围进行清理，并提出清理意见。各相关部门按各职责分工将收集的相关文件汇成目录，并对其中是否作废、修改等提出清理意见，对本部门规范性文件进行全面评估，并将清理结果公布在县公共资源交易网上。

强化重点工程服务。加强对重点及实事工程、PPP项目、功能区块及民生工程项目的走访和业务指导，及时提供政策、业务咨询等各类服务；围绕政府重点项目及政府实事工程推进和开展，参加各类协调会，主动与建设单位联系和对接，不断改进工作方式方法，按照“能快则快、能简则简、能优则优”的原则，进一步优化服务举措，提高工作效率，做到“主动办、现在办、马上办”，扎实推进项目的招投标和政府采购的顺利完成。2016年，对PPP项目主要完成以下项目：宁海智能汽车小镇基础设施PPP项目通过竞争性谈判方式顺利完成投资人采购工作并成立项目公司，社会资本方为浙江围海集团中标，工程建安费下浮4%，资金占用成本为五年期贷款基准利率上浮20%，运维绩效服务费为投资额的5‰。宁海县城市基础设施PPP项目也已通过竞争性谈判方式完成投资人采购工作，深圳铁汉生态公司中标，工程投资下浮10%，资金占用成本为五年期贷款基准利率上浮15%，运维绩效服务费为建安成本的4.9‰。宁海县文化综合体PPP项目是4个示范项目中唯一一个包含了准经营性子项的项目，具有较强的创新性和示范性，完成投资人资格预审。宁海县沿海防洪排涝工程PPP项目基本完成资格预审公告发布前的准备工作。

拓展农村产权交易服务项目。 3月，县府办公室印发《宁海县农村产权流转交易管理办法》，明确县农办牵头协调全县农村产权流转交易，县公共资源交管办具体承担平台日常事务。10月，县编办同意县农村产权交易中心在县公共资源交易中心挂牌，并从县土地流转管理和服务中心划转2名编制用于农村产权流转交易工作。2016年，各类农村产权交易项目已按照乡镇平台模式进场交易，待系统开发后转入专门平台系统进行分类操作，确保农村产权交易平稳上线。

完成中介机构选择。 根据中介机构资源、政府投资项目业务需求以及行业建库的要求和标准等情况，通过公开招标方式，采用综合评分法，选择一定数量的中介机构组建成政府投资项目各类中介机构库，服务期限为两年，从2017年1月1日开始到2018年12月31日为止。建库类别涵盖规划编制、环境影响评价、工程招标代理、预算编制、概算审核、竣工结算审核、全过程投资跟踪评审、竣工财务决算审核、资产评估、拍卖、审计等10多个方面内容，基本能满足政府投资建设项目从立项审批到竣工验收、决算审核等各阶段所需的中介服务活动。在中介机构服务期限内，对其进行分类考核，确保中介服务监督管理到位。

完善公共资源交易考核。 在2015年考核的基础上，突出重点，围绕中心，制定《2016年度县直单位公共资源交易工作考核加扣分办法》，通过考核，进一步强化各部门对项目实施的管理职责，进一步推进县级交易平台的建设管理，切实做好招投标监督管理工作。进一步强化对乡镇（街道）小型平台的指导与考核，印发《2016年度乡镇（街道）公共资源交易工作考核加扣分办法》，重点考核机构设置、制度建设、配套设施、操作程序、创新创优等内容，切实提高小型平台建设和项目的交易管理水平，规范基层公共资源交易行为。

【完善行政审批平台建设】

践行“两学一做”学习教育。 2016年，以深入开展“两学一做”学习教育为主线，办党委多次召开党委会、党支部书记会议及党员干部大会，传达落实上级精神，专题研究部署“两学一做”学习教育工作，成立“两学一做”学习教育领导小组，推进“四个统一”，即统一实施方案要求、统一下发学习辅导材料、统一下发学习笔记本、统一学习计划安排，确保活动顺利开展。结合“固定组织生活日”活动，开展与党旗合影、重温入党誓词、手抄党章等“六个一”活动，并组织参观茶院乡许家山开放式基地、观看《浦江县“郑义门”家规》《榜样》等视频，召开党员领导干部“四有四铁”专题研讨会、党员干部“两学一做”学习教育专题讨论会等活动。此外，按照“五查五看”对标检视要求，党员干部积极指出自身短板问题、整改目标、整改措施和完成时限，形成《党员短板问题清单》，并进行公示，接受群众监督。自“两学一做”学习教育开展以来，专门建立“两学一做”学习教育阵地，开辟“两学一做”学习教育专柜，将党员权利与义务及6个支部相关情况上墙，征订发放《习近平总书记系列重要讲话读本（2016年版）》和“两学一做”笔记本等150余本，编印学习资料清单100余份，共查摆“五个方面”突出问题200余条。

强化机关效能建设。 按照机关作风建设要求，严格执行中央“八项规定”、省委“六个严禁”和市县有关规定，增强自控能力，利用月例会、民主生活会、谈话谈心教育等形式，进一步加强对窗口工作人员的自律检查，促进廉洁自律，提高办事效率。开展党风、党纪廉政教育，既用正面典型和先进个人事迹教育引导全体成员，又通过举办预防职务犯罪专题讲座、观看图片展览和电视纪录片、听取专题讲解等，切实规范工作人员服务行，2016年共评选季度文明示范窗口20个、季度服务之星24名。建立廉政风险防控机制，实现对重点岗位、重点人员的预防控制，2016年，共梳理出单位风险点6个、内设机构（科室）风险点27个，制定防控措施27条。开展领导带队大厅定期巡查和日常检查，共开展巡查12次。

丰富中心群团活动。 为促进中心和谐，丰富中心工作人员业务生活，积极创新载体，开展各类群团活动。2016年，结合“百家机关村村帮”“固定组织生活日”“党群同心圆”等载体，积极开展“岗村结对”、扶贫助困、环境大整治等结对共建活动及开展“3·5学雷锋日”志愿活动、节日慰问、助圆

"微心愿"、助力 G20、代办服务、联合上门服务等志愿服务活动。持续开展"迎端午·送香袋"等系列党员志愿服务。同时发挥县行政服务中心集聚功能优势，联合职能窗口对双林农居进行调研，按照农家乐行业联合审批实施办法，优化审批流程，缩短行政审批时间，促进双林村农家乐前期审批尽早落实到位，对已营业农家乐进行政策和业务指导，帮助其完成消防设施安装、营业执照办理和变更等项目。推广"宁海行政服务"微信公众号和手机移动审批等便民服务新举措；组织党员志愿者参加"党群同心圆、寄递行业专项检查"志愿服务活动，促进寄递行业更加规范运行。

推行窗口特色服务。各窗口积极改进服务方式，努力解决联系服务群众"最后一米"问题。推行"零等待"承诺审批制，在质监、卫计等系统部分条件成熟的事项，实行审批"零等待"、批后监管"零容忍"的全新行政审批方式，极大便利了企业办事，这项制度已覆盖 28 个审批事项。发改窗口创新实施"115"审批模式，对社会投资项目备案承诺时限控制在 1 个工作日内。住建窗口实施城市市政基础设施配套费新管理办法，重大社会投资项目城建配套分期付款，墙散费弹性征收，优化投资环境；优化施工许可项目审批流程，实行预审查制度，现场审查和资料审查同步进行，节约整改时间。市场监管窗口推行企业名称网上申请注册查询、核准服务简化公司制和个体工商户注销程序，全面实施简易注销，方便企业办事。公安窗口全市首创户籍制度改革，解决本地大中专毕业生回原籍落户问题；并推行延时、预约服务，审批工作现场办公，实行现场审核、现场审批、现场发证，办理户籍迁移达 10800 余次。

6 月 30 日，宁海县举行"不动产权证书"首发仪式（拍摄人：朱琳）

【获得各种荣誉】 2016 年，县审管办市级考核连续第五年获得第一档次，并获得"县法治宣传教育先进单位""县优秀组织生活案例三等奖""县优秀党委理论学心中心组"等荣誉称号；同时，3 名工作人员被评为市行政审批和公共资源交易服务系统"优秀服务标兵"，2 名工作人员被评为市行政审批和公共资源交易服务系统"优秀信息员"。

外事工作

【概况】 2016 年，县外事部门强化因公出国境管理，计划管理与量化管理相结合，注重公务策划与执行，注重部门联动，注重外事行前教育。党政人员因公出国 24 批 58 人次，因公出境 5 批 15 人次，同比实现零增长。

【主要出访】 3 月 22—30 日，县长杨勇率团出访古巴、巴西开展国际城市友好交流及项目合作洽谈等经贸活动，拜访古巴哈瓦那市人大国际关系合作部、巴西尹氏集团等。

5 月 26 日至 6 月 2 日，县委副书记林坚率团赴俄罗斯、匈牙利开展友城交流访问及招商引资等活动，拜会俄罗斯城市联合会与圣彼得堡亚太国家合作中心，匈牙利贝凯什乔包市政府等。

9 月 18—24 日，副县长王辅橡率团赴德国、意大利开展欧洲"宁波周"活动，参加宁波—亚琛结好三十周年庆典暨"宁波·德国经贸科技交流会”“中意汽配产业对接会”等活动。

【礼宾接待】 8月6日，县长杨勇接待德国RSBK公司董事长鲁道夫·沙尔平一行，双方围绕扩大友好交流、打造中德国际健康小镇等方面进行了深入交流。县委常委、西店镇党委书记张伟标陪同。

8月17日，副县长金勇会见墨西哥杜兰戈市市长何塞·恩里克斯一行，交流东方日升新能源股份有限公司在杜兰戈州投资兴建的光伏电站项目事宜。

10月21日，副县长王辅橡接待来自法国鲁昂宁波友好委员会主席、宁波市荣誉市民梵尚·勒马尚先生一行。

【友好城市】 5月30日，县委副书记林坚率团访问友城贝凯什乔包市，与市长Peter Szarvas、副市长Miklos Hano等围绕城市建设、温泉开发、现代产业园开发等内容开展了深入交流。

10月25日，县人大常委会副主任林志来率团访问美国友好城市普拉茨茅斯市，与市长P. Paul Lambert等围绕小城镇建设、城市社区管理等领域开展交流。

【千校结好】 7月，跃龙中学组织18名学生访问友好姐妹学校——新西兰奥克兰市一树山中学，与当地学生一起体验课程，参与研究性学习，增进学生对彼此国家和文化等的理解和相互间的友谊。

10月，在新西兰奥克兰市举办的第四届宁波——奥克兰教育合作峰会上，该县潘天寿中学、风华书院分别与奥克兰市的怀科法中学、庞森比中学签订友好姐妹学校协议。

流动人口管理

【概况】 组织机构建设情况。宁海流管中心是2013年5月23日经县编委办审核同意设立的正局级直属事业单位，核定事业编制4名。全县18个乡镇流动人口超过当地户籍人口三分之一的6个乡镇（街道）（桃源街道、西店镇、跃龙街道、梅林街道、深甽镇、强蛟镇），设立流动人口服务管理站，并统一纳入乡镇（街道）社会服务管理中心。此外，宁海还配备流动人口专职协管员200名，配备比例为990：1。

流动人口构成情况。截至2016年年底，宁海登记在册流动人口19.88万人，其中外省来本地流动人数为18.4万人，占92.54%，省内跨地区为1.48万人，占7.46%。宁海流动人口以务工为主，共16.61万人，占总人数的83.59%。宁海虽有18个乡镇街道，但流动人口主要集中分布在跃龙街道、桃源街道、梅林街道、西店镇等四个地方，这四个地方流动人口共占全县80%。宁海流动人口主要来自安徽、贵州、河南、四川、江西等省。另外，登记在册中少数民族流动人口27258人，共有44个民族成分，人口最多的为苗族、土家族、布依族，其中新疆的维吾尔族67人。

2016年，紧紧围绕流动人口“完善政策、优化结构、精准管理、强化服务”的工作主线，坚持调控与融合并举，坚持管理与服务并重，精心谋划、统筹施策、大胆探索、狠抓落实，全县流动人口服务管理工作取得一定成效。

【流动人口管理监督精细化】 深入推进网格化管理。2016年，着重加强流动人口基础信息大排查及出租房屋集中整治工作。年初公安部门就印发《全县流动人口基础信息大排查及出租房屋集中整治行动工作方案》，并全面开展整治工作，尤其是针对部分出租房屋门牌号缺失的情况，要求全县18个派出所对辖区出租房屋门牌号缺失的情况进行逐村排查汇总到县公安局治安大队，由治安大队统一报县地名办制作，达到“以房管人”的效果。优化流动人口结构。通过深入推进“机器换人”“腾笼换鸟”等工作，着力提高企业自动化水平，减少低端用工，实现减员增效。加大技能培训力度，使流动人口学到本岗位应有的理论知识和实际操作技能。2016年，宁海已淘汰落后产能腾出用能空间7000吨标煤，免费培训外来务工人员1683人次。加强流动党员管理。针对流动党员流动频繁、组织关系不稳定的实际，创新实施引入社区班子、引入企业管理团队、引入管理队伍的“三引入”模式，鼓励引导流动党员参与社区事务管理，引导流动党员主动为本地经济社会建设献计献策的同时，也参与到社区的服务工作中来，达到“以外管外”的效果，有效破解流动党员管理瓶颈。

【流动人口服务保障均等化】 加强流动人口教育资源供应。2016年，在外来务工人员相对聚集的地区投资近1.6亿元建成山水小学和回浦小学，并规划新建梅桥小学。不断投入资金改善民办流动人口子女学校的办学条件，投资279万元为育才学校新建1428平方米的教学楼，投入70余万元为科达学校改善校园环境，进一步缓解随迁子女就学压力。加强人力资源供需信息发布。依托宁海就业服务平台，开展用工及就业预约登记服务，建立外来务工人员职介信息走访调查和跟踪服务制度。2016年，县人力资源中心市场有17141人次外来务工人员进场应聘，其中有5843人次与用人单位达成用工意向。同时稳步推进公共职介工作，免费推荐外来务工人员就业556人次，介绍成功517人，成功率达92.99%。2016年，引进符合产业发展方向的技能型劳动力数量占外来劳动力总数的0.65%。加强流动人口医疗保健服务。积极采取多种服务方式，为流入已婚育妇提供免费健康检查等服务。2016年，累计为已婚育龄妇女提供免费孕环检8164人次，计划生育“四项手术”服务290例，住院分娩救助20例，发放救助金8000元。

【新老市民融合建设组织化】 推动自我服务管理。进一步完善“以外服外”“以外调外”等工作机制，扎实推进融合性社会组织建设。以流动人口融入当地社会生活为重点，扎实有效推进村（社区）“和谐促进会”等融合性社会组织建设。并以此为平台，积极开展各类关爱流动人口活动，帮助新老宁海人解决邻里纠纷、居民维权和社会生活服务等问题。全县363个行政村、23个社区、478余家规模企业建立了基层融合性社会组织。开展丰富多彩的社会融合活动。充分发挥工青妇、社区和社会团体力量，着重在活动多样性、服务性和有效性上下好功夫，组织开展外来务工者关爱春风行动、公益惠民游等活动，赠送宁海景区门票，优惠办理旅游年卡，一起分享宁海旅游发展带来的福利，受到广大外来务工人员欢迎。创建“宁海新市民”微信公众号。至年底已初步建立基础信息发布平台，发布宁海概况、流管工作相关政策，以及“宁海新市民”项目的相关介绍等情况，便于流动人口及时、直观地了解宁海及基本公共服务政策。

【流动人口权益维护公平化】 全面推行劳动合同制度。加大对劳动法律法规的宣传力度，增强企业主、用人单位和外来务工人员签订劳动合同的法律意识，并加大对违法用工的处罚力度，切实保障外来务工人员的基本权益，通过努力宁海外来务工人员劳动合同签订率已经达到98%以上。完善社会保障制度。调整完善外来务工人员社会保险政策，进一步扩大社会保险参保覆盖面，努力做到应保尽保。5月份，宁海完成外来务工险并轨工作，有13110人并轨衔接入城镇职工基本社会保障。加强职业安全保障。切实抓好职业健康动态监测和预防工作，加大对职业病危害突出的重点行业、重点企业、重点人群的监督执法力度，着重做好女职工和未成年工的劳动保护，2016年有1例流动人口被确诊为硅肺病。

会展节庆

【概况】 2016年，围绕两美宁海建设目标，开拓创新、扎实工作，会展节庆转型不断加快，品质全面提升，宣传营销成效明显，全县会展节庆呈现出竞相发展态势。2016年共举办15个展会，参展企业数达1100家，约有4300名参展人员。参展的标准展位达3200个，展览面积达8.6万平方米，参展期间的人流达23万人次，成交额达6.1亿元。徐霞客开游节开幕式荣获2016宁波展览展示（实例）大赛节庆布置类优秀奖。

【2016中国（宁海）国际机床和模具技术博览会】 5月6—8日，2016中国（宁海）国际机床和模具技术博览会在宁海国际会展中心举行。通过“政府引导、企业主导、市场运作”的国际化办展理念，共邀请到国内外近150家企业参展，设展位500余个，三天共签约订单2.467亿元，意向合同2.87亿元。本届模博会采用自主招展、机电商组团、协会组织相结合的方式，共聚集到德国3D打印、蔡司检测仪器、韩国斗三、日本三菱、台湾东刚、香港斯科福、环球数控、沈阳机床、海天精工等众多国内外著名品牌。

【中国（宁海）文具产业博览会】 11月24—26日，为期三天的中国（宁海—）文具产业博览会在宁海国际会展中心举办。本届文博会以“创新带动产业发展”为主题，吸引来自广东、山东、江西、福建、安徽、江苏等地的161家企业参展，共设展位350个，其中来自美国、印度、巴基斯坦、新加坡、北京、广东、上海等地的国内外的专业买家6370人，展会3天现场成交9300万元，意向成交1.26亿元。本届文博会秉承“专业化、品牌化、实效化”的办展宗旨，除展览展示外同期还举办全国文具标准培训会议、阿里巴巴助力文具企业如何打造国际电商活动。

【举办第十四届徐霞客开游节】 5月6—22日，第十四届徐霞客开游节开展开幕式暨浙江省文明旅游主题活动启动仪式；第二批“徐霞客游线标志地”终审答辩会暨游线申遗专家报告会；开游节旅行商大会暨霞客游线节点城市精品线路发布；“读万卷书，行万里路”百所高校大学生寻访徐霞客足迹活动；

浙江宁海首届葛洪文化节；2016 浙江省“望海茶”杯茶艺职业技能竞赛；中华诗词高峰论坛；2016 宁海国际投资洽谈会；2016 中国（宁海）国际机床与模具技术博览会；“5·19”惠民旅游活动；“5·19”文化惠民活动；“5·19”美食购物嘉年华。

5 月 19 日上午，第十四届徐霞客开游节开幕式暨浙江省文明旅游主题活动启动仪式在宁海西门广场隆重举行。应邀参加开幕式的领导和嘉宾有：宁波市人大常委会主任王勇先生；中华文化促进会副主席郭杰先生；第十、十一届全国政协委员、中国文联原副主席胡珍先生；第十一届全国政协委员、中国地质学会常务副理事长、国土资源部原党组成员孟宪来先生等。开幕式上，浙江省旅游局副局长叶建国先生，中国青年报社副总编辑董时女士，共青团宁波市委书记鲍娴萍女士，宁波市旅游局副局长陈刚先生，中共宁海县委常委、宁海县人民政府副县长金勇先生为各文明旅游服务团队授旗。同时，启动浙江省庆祝中国旅游日主会场、“为中国加分”浙江省文明旅游公益行动。

其间，举行 2016 宁海国际投资洽谈会。参与客商近 200 人，投资项目签约 39 个，总投资 399.65 亿元；其中外资项目 9 个，协议利用外资 2.27 亿元。举行开游节旅行商大会，收获旅游投资项目 4 个，投资总额 12.1 亿元；整合推介新的旅游精品线路 6 条。浙江省茶艺职业技能竞赛为宁海县茶产业的发展起到宣传推广，增添美誉度的作用。购物美食嘉年华活动对各商贸业、餐饮业也有集聚人气的作用。

【徐霞客游线申世遗】　2016 年“两会”，由全国政协委员王东林、张廷皓、包明德、俞敏洪等 45 位委员联名呼吁关注徐霞客线路遗产梳理保护利用中的扶贫攻坚价值，让沉睡的文化遗产活起来，为推动徐霞客游线“申遗”工作打下了良好基础。5 月，在全国徐霞客游线申遗协调联络办公室的牵头下，第二批徐霞客游线标志地寻找与认证行动现场终评环节在宁海县结束，来自河南省新密市、广西壮族自治区宜州市、江西省宜黄县、浙江省金华市、天台县、新昌县等 6 个节点城市的 25 个点被确立为徐霞客游线标志地。新华社、《人民政协报》《中国青年报》《浙江日报》等 30 多家媒体进行多方位的宣传报道。

【乡镇节庆活动】　全县全年共举办节庆活动 31 个，其中县级以上节庆活动 20 个、镇村级节庆活动 11 个。节庆活动贴近产业，特色鲜明。胡陈桃花节、桑洲油菜花节、长街蛏子节等节庆活动愈加成熟，影响力和带动效应显现。越溪沧海桑田节、梅林长寿节、一市枇杷花节、王爱踏春节、春笋节等新的节庆活动崭露头角，形成一定的效益。

表 4　　2016 年度宁海县会展项目统计表

序号	名　称	举办时间	主办单位	承办单位	展出面积（平方米）
1	建材直供盛典	1.9	宁海三水装修有限公司	宁海三水装修有限公司	1500
2	第七届春节年货展销会	1.30—2.3	县人民政府	县商务局、县会展管理中心、县供销联社、县农产品营销中心	5400
3	三星家电展	4.2	宁海三星电子有限公司	宁海三星电子有限公司	5400
4	建材采购节	4.2	宁波和苑宏彩电器有限公司	宁波和苑宏彩电器有限公司	5400
5	第十五届宁海汽车博览会	4.22—4.24	县商务局、县会展管理中心	宁海新博展览有限公司	18000
6	三星家电展	4.30—5.1	宁海三星电子有限公司	宁海三星电子有限公司	5400

续表4

序号	名　　称	举办时间	主办单位	承办单位	展出面积（平方米）
7	2016中国（宁海）国际机床与模具技术博览会	5.6—5.8	中国机械工业企业管理协会、县人民政府	县供销联社、县经信局、县商务局	10000
8	2016中国住博会宁海精品展	5.28—5.30	中国宁波国际住宅产品博览会主委会、宁波市住房和城乡建设委员会、县人民政府	县住建局	5400
9	首届家博会	7.16—7.17	宁波和苑宏彩电器有限公司	宁波和苑宏彩电器有限公司	3000
10	宁海住博会秋季展	9.15—9.16	中国宁波国际住宅产品博览会主委会、宁波市住房和城乡建设委员会、县人民政府	宁海华盟展览服务有限公司	5400
11	第十六届宁海汽车博览会	10.21—10.23	县商务局、县会展管理中心	宁海新博展览有限公司	15400
12	第二届家博会	10.29—10.30	宁波和苑宏彩电器有限公司	宁波和苑宏彩电器有限公司	5400
13	2016中国（宁海）文具文化创意产业博览会	11.24—11.26	中国文教体育用品行业协会、县人民政府	县会展管理中心、县经济和信息化局、县商务局、县文具行业协会、宁海新博展览有限公司	5400
14	宁海县普惠金融节	12.3	—	县新闻中心	5400
15	浙江省名特优商品（宁海）展	12.14—12.26	—	吉林市巨尊展览公司	5400

中国人民政治协商会议宁海县委员会

综　　述

2016年，宁海县政协以中国特色社会主义理论体系为指导，认真贯彻中共十八大，十八届三中、四中、五中全会和习近平总书记系列重要讲话精神，深入开展“两学一做”主题教育实践活动，坚持团结和民主两大主题，充分发挥委员主体作用，紧紧围绕全县工作大局，积极履行政治协商、民主监督、参政议政职能，为宁海经济社会发展做出新的贡献。

政协机关领导班子始终把加强思想政治教育摆在首位，通过秘书长会议、机关党组扩大会、青年干部学习会等形式，深入学习各级党委相关会议及领导同志重要讲话精神，深刻领会“四个全面”战略布局和“五大发展”理念的丰富内涵，准确把握党的重大战略决策部署及对政协工作的新要求，进一步增强政治意识、大局意识和“一线”意识，用科学的理念、发展的眼光和创新的思维改进政协工作，使党的主张和重大决策部署成为参加人民政协的各党派团体和各族各界人士的广泛共识和自觉行动，确保政协工作沿着正确方向前进。

政治协商

【全会协商】　1月下旬召开的县政协九届五次会议，全体政协委员围绕“牢固树立和自觉践行五大发展理念　不断开拓‘两美’宁海建设新境界”目标，以及政府工作报告等事关该县经济社会发展的重大问题，与县委、县政府领导面对面共商发展大计。委员提出的推进精准化招商、加快休闲旅游业发展、加强城乡交通管理、加大城乡环境整治力度等238条意见建议，以《意见与建议》的形式报送县委、县政府，受到高度重视，被采纳到相关工作中，一大批问题已经得到解决或已落实解决方案。

【专题协商】　围绕“十三五”规划纲要的制订，召开专题协商会，听取编制情况通报，为进一步完善规划纲要建言献策。4月，召开“特色小镇建设”季度协商会，委员们围绕“369”特色小镇培育计划，与相关部门共同探讨存在的问题，并提出多条中肯的建议，有效助推该县特色小镇建设。召开县政协常委会议，围绕“实体经济发展中的人才短板”课题开展专题协商，常委们对企业经营者队伍建

4月28日，县政协召开特色小镇建设季度协商会

设、制造业创新型人才建设、技工队伍建设等方面提出许多宝贵的意见建议，并形成3个建议案报县政府，为县委、县政府补长该县人才短板提供广泛参考。

【对口协商】 积极贯彻落实县委《关于加强县直党政部门同县政协专门委员会和界别对口联系的意见》，不断完善对口协商相关制度。立足政协与政府工作的有效对接，召开政协与政府领导班子工作协商会，交流具体情况，推动工作落实。一年来，县政协还前往县民政局、县商务局、桥头胡街道等单位听取社会救助、公墓建设、电子商务发展等工作情况通报，帮助分析遇到的困难和存在的问题，提出改进工作的对策和措施。各专委会通过调研、视察、座谈等形式，不断强化与职能部门的对口协商。

3月21日，宁海县政协组织视察棚户区改造工作情况

民主监督

【专项集体监督】 按照省市政协要求，成立12个民主监督小组，实施“联动开展，完善和落实‘五水共治’长效机制”专项集体民主监督，深入各镇乡街道，看水质、查清淤、找短板，发动委员开展“随手拍”，取得明显成效。截至年底，实地视察镇乡街道18个，村（社区）36个，河流31条，“两路两侧、四边三化”点位8个。监督过程中发现存在问题38个，其中已整改25个，正在整改13个，提出意见45条。县政协还选择县教育局、县财政局、县住建局、县卫生计生局、县司法局5个单位开展专项民主监督，积极发挥集体民主监督作用。

【提案办理监督】 县政协在九届五次会议召开前后，起草发出提案征集通知与参考目录，提出撰写提案的具体要求，促使委员和各界别提出有情况、有分析、有具体建议的提案，强调一事一案、质量第一、多出精品。县政协九届五次全会期间共收到提案230件，正式立案204件。通过重点提案办理协商会、走访提案办理大户等形式进行提案集中督办。同时，组织11家先进承办单位对本届政协提案办理工作进行总结，提炼好的经验做法，供全县承办单位参考。

【委员视察监督】 县政协运用主席会议成员集体视察、重点工作专项视察督查等形式，对“五水共治”、“三车”整治、棚户区改造、医院和学校建设工程等进行视察督查。县政协继续强化了联动监督，在对“两路两侧”专项整治工作进行督查时，将存在的20个多问题通报到县委督查室，县委督查室以督查通报的形式下发到各责任单位，有力推进“两路两侧”整治工作。

参政议政

【紧扣中心深入调研】 常委会议专题协商议政作为履行职能的重要形式，精心谋划，认真选题，专题调研，努力提高参政议政实效。除了对实体经济发展中的人才短板进行专题调研外，县政协还组织力量对学前教育普惠化、乡村旅游产业发展、农村电子商务发展、养老产业发展等课题进行专题调研，形成调研报告，以“建议案”形式报送县委县政府。

【突出重点议政建言】 主席会议专题议政作为履行职能的经常性工作，坚持有计划地约请有关党政部门负责人通报工作，并针对各部门工作中的薄弱环节，积极建言献策。2016年，县政协召开13次主席会议，围绕财政预算安排、国民经济和社会发展主要指标安排、重点实事工程建设项目计划安排等进行对口协商，在知情知政的基础上，积极建言献策。

【注重反映社情民意】 加强与委员的联系与沟通，采取走访委员和召开委员约谈会等有效形式，听取委员反映群众的要求、愿望和呼声，及时整理并报送有关领导。2016年，共反映社情民意信息76条。“推动农村一二三产业融合”“假劣药品难认定影响重要产业健康发展”等社情民意报送后，引起有关部门的重视，被吸纳到相关文件中。

9月12日，县政协举办中秋茶话会

联谊工作

【联络联谊】 充分发挥党派团体在政协工作中的骨干作用，积极鼓励支持各民主党派、工商联、无党派人士和人民团体参加政协活动，并在政协各种会议上发表意见、提出建议。协助省、市和兄弟政协在宁海县开展调研考察，2016年，共有10多个调研组150多人次到宁海县调研考察。积极参与做好第十四届徐霞客开游节和“5·19”中国旅游日庆祝活动，参与承办第二批徐霞客游线标志地寻找与认证行动现场评审暨相关研讨会，取得增进共识、扩大影响的良好效果。

【服务基层】 2016年，县政协机关分别到胡陈乡沙地下村和西店镇香石村，看望慰问部分困难党员和困难群众，并就基础设施建设、村集体经济发展等突出问题与村干部展开座谈，共谋村庄发展大计。积极与市政协联动，9月在西店开展了“市、县政协联动三下乡活动”，取得较好的效果。组织政协委员开展党员志愿服务活动，县政协领导带头认领“微心愿”，帮助群众解决实际问题。组织委员开设“宁海同心假日学校”，为留守儿童、民工子女义务上课，并组织教育界委员到乡镇小学去开展“六一”慰问，为小朋友送上一份关怀。

机关建设

【廉政教育】 坚持把党风廉政建设和反腐败工作列入重要议事日程，认真落实党风廉政建设目标责任制，重视勤政廉政建设。领导班子成员都能正确对待权利、地位和义务，严格执行领导干部廉洁从政各项规定，以身作则，廉洁自律，在大是大非面前不动摇。能认真遵守重大事项报告制度和各项廉政制度，严格执行领导干部廉洁自律的各项规定。

【宣传工作】 深入拓展宣传思路，不断加大宣传力度，进一步密切与各级新闻单位的联系合作。在《人民政协报》《联谊报》《宁波日报》《今日宁海》上发表多篇新闻报道，及时宣传宁海政协的相关工作。同时做好政协全会、常委会议、主席会议、专题会议、调研视察等重要活动和委员风采的宣传报道工作，2016年在各级新闻媒体上发表报道50多篇，印发《宁海政协》季刊1800份。

【机关服务】 坚持在“两学一做”学习教育中学在前、做在前，发挥带学促学作用，以学习党章党规和系列讲话为主题，结合理论学习安排，开展专题学习讨论。深化委员工作委员会建设，不断完善委员服务管理体制。着眼规范工作程序，机关干部的办文、办会、办事能力稳步提升。

提案办理

【一号提案】 提案内容：2014年中央1号文件特别指出：“推进财政支持农民合作社创新试点，引导发展农民专业合作社联合社”，由此可以看出，联合社的发展势在必行。纵观该县农民专业合作社发展现状，虽然在数量上有一定发展，但整体质量不高，普遍存在缺资金、缺人才、缺管理、缺服务、缺市场等问题。发展联合社，实现更高级别的合作与联合，践行“管理规范化、生产标准化、经营品牌化、社员技能化、产品安全化”的先进运营模式，成为农民专业合作社摆脱发展困境的必然选择。

联合社的发展，虽然在经济效益提高、产业链延伸、服务能力提升、先进技术推广、农民增收等方面取得了初步成效，但由于大多数抱团成立的联合社其成员都是弱小群体，因此，联合社发展初期依然在资金、人才、管理、服务等方面存在很大不足，仍需得到政府的大力支持，进而推动农民专业合作社联合社健康有序发展。

表 5　　县政协九届五次会议重点提案办理情况一览表

案号	提出单位（个人）	案　由	县政府领办领导	主办单位	县政协牵头督办领导	责任办委
7	农林界	加快我县内涝防治体系建设的建议	杨　勇、范建军	县水利局	尤玲娟	办公室
40	金益	关于加快发展民宿产业的建议	应亥宗、金　勇	县旅委	王鸿飞	经济科技和城建资源环境委
90	李静	关于完善县科技园区公共交通平台的建议	尤永成	县交通局	邬汝跃	提案委
151	刘聪华	关于加快利用卫生信息化技术，普及医疗远程会诊的建议	娄黛敏	县卫生计生局	杨象轮	教文卫体和文史资料委
5	民盟宁海县基层委员会	加快我县生物医药产业发展的建议	陈陵际	县生物产业管理中心	潘红月	社会法制和港澳台侨委
1	王伟群	关于推动专业合作社联合社发展的建议	李剑锋	县农办、县供销联社	邬汝跃	提案委
27	工商联界	关于要求进一步扩大金融支持科技型中小企业战略合作的建议	王辅橡	县金融上市办	张水仙	委员工作委

纪检·监察

综　　述

2016年，全县纪检监察部门按照市委、市纪委和县委一系列重要决策部署，积极作为、狠抓落实，切实做到守土有责、守土负责、守土尽责。各级纪检监察组织全面履行党章赋予的职责，保持坚强政治定力，强化监督执纪问责，严明纪律，严纠“四风”，严惩腐败，全县党风廉洁建设和反腐败工作不断深入，取得新的进展，县纪委被省纪委推荐为全国纪检监察系统先进集体候选单位。

【强化政治监督】 把严明政治纪律和政治规矩作为首要任务，严肃执纪问责，督促各级党组织和党员干部在思想上政治上行动上同以习近平同志为核心的党中央保持高度一致。围绕护航G20峰会等省委、市委、县委重点工作，组织实施“令行禁止大督查”工程，坚决纠正有令不行、有禁不止行为。围绕县乡换届工作，严明“九个严禁”要求，深入开展警示教育，把好“党风廉政意见回复”关，强化巡回督查，保障换届工作风清气正。协助县委抓好新修订党内法规的专题培训，组织党内法规知识竞赛活动，唤醒党员干部的党章党规党纪意识。

【推动“两个责任”】 各级党委（党组）全面推进主体责任“四专”建设，“落实全面从严治党主体责任办公室”全面建立、专门人员全面落实、专门平台全面推行、专项机制全面构建，形成一级抓一级、层层抓落实的工作格局。建立健全约谈提醒制度，各级党组织主要负责人切实担起“第一责任”责任，对有苗头性、倾向性问题反映的党员干部进行约谈提醒，防微杜渐。加强对派驻机构的管理指导，规范派驻机构工作汇报、考核评价等制度，派驻监督的“探头”作用显著增强。全面实施主体责任、监督责任清单制度，强化责任追究，以刚性问责倒逼责任落实。2016年，对履职不力的2名领导干部予以问责。

【推动党风建设】 持之以恒落实中央“八项规定”精神，守住重要节点，畅通监督渠道，紧盯“四风”新形式新动向，加大正风肃纪力度。县纪检监察机关开展明察暗访74次，查处各类问题14起，责令纠正问题9个，处理党员干部14人，其中县管干部1人，通报曝光典型案例2起，切实强化警示震慑作用。坚持以“满意机关”“满意科室（基层站所）”及“满意联村干部”考评活动为抓手，督促指导各部门各单位建立健全20余项作风建设制度，全县党风政风持续好转。

【强化纪律审查】 坚持把纪律挺在前面，建立与“四种形态”相适应的纪律审查工作机制，发挥反腐败协调小组作用，健全协作配合机制，形成案件查办合力。全县各级纪检监察组织共立案查处违纪违法案件183件，给予党纪政纪处分159人，其中免予处分1人，轻处分69人，重处分90人。加强和改进信访举报工作，提升信访信息电子专网功能，乡镇一级初信初访办结率提高20%。强化安全保障，在全省率先推进人防、物防、技防、制防“四防一体化”的核实性谈话场所建设，实现纪律审查安全零事故。完善巡察领导体制和工作机制，加强力量配备，提高巡察质量和效果。已巡察14个单位党组织，发现问题480个，向有关部门移交问题线索31个。

【强化标本兼治】 健全廉政教育体系，加强廉政文化建设。全面建成首条廉政登山步道，挖掘地方家规家训中的廉洁教育资源，教育引导党员干部进一步增强廉洁自律意识。注重用制度管权管事管人，对落实省委巡视组反馈意见“九大整改行动”开展“回头看”，坚持问题导向，推动招投标管理体制、财政涉农资金管理体制改革，完善财政资金竞争性存放，规范津贴补贴发放，着力铲除滋生腐败的土壤。全面推进基层廉洁工程，深入实施清单式村务监督机制，组织开展村级权力清单执行情况专项督查9次，纠正违规村务115起，问责129人次，廉政谈话333人次。“村务权力清单36条”被民政部评为“2015年度中国社区治理十大创新成果”。

【强化监督管理】 牢记打铁还需自身硬，结合“两学一做”教育活动，全面实施“提质强纪”工程，教育督促监察干部查摆问题、补齐短板，切实筑牢“四个意识”，增强政治定力。积极创造条件，多途径、多方式锤炼干部队伍，通过“比、学、练”等活动，大兴“学思践悟”之风，干部队伍的能力素质持续提升。按照县委统一部署要求，扎实推进县乡纪委换届工作，严格选任条件，拓宽选人视野，加大交流力度，选优配强纪委领导班子。坚持严管严教，建立健全纪检干部监督管理规定，开展个人重大事项报告核查、纪检干部问题线索大起底等工作，加强纪检监察干部“8小时外”监督，坚决防止“灯下黑”。

社会团体

宁海县工商业联合会

【概况】 2016年，县工商联紧紧围绕县委、县政府的中心工作，深入学习贯彻中共十八大和十八届六中全会精神，牢牢抓住“两个健康”这个发展目标，顺利完成换届工作，充分履行商会职能，积极推进工作创新，荣获2016年度全省工商联系统先进单位。

荣获2016年度全省工商联系统先进单位

【换届工作】 年初，明确分工，强化领导，细化方案，积极走访基层商会了解情况。3月11日，召开十届十次执委会议暨换届动员会议，会议审议通过县工商联第十一次会员代表大会代表产生办法和第十一届执行委员会委员候选人初步人选推荐办法，推荐第十一届执行委员会委员（非公有制经济代表人士）候选人初步人选。下发了《批转〈中共宁海县委统战部、宁海县工商业联合会关于召开宁海县工商业联合会（商会）第十一次会员代表大会的报告〉的通知》（宁党发〔2016〕15号文件）。会同各乡镇（街道）、县级有关部门拟定新一届领导班子候选人推荐名单。8—9月完成非公有制经济代表人士综合评价工作和推荐人选考察，起草大会所需的文件资料。9月22日召开换届大会，产生新一届工商联（商会）领导班子。参加代表人数436名，规模历届最大。新一届领导班子年龄结构合理、文化程度提升，人员进留比例合理，参与范围广泛。

9月22日，召开县工商联（商会）第十一次会员代表大会

【宣传教育活动】 加强非公有制经济人士尤其是创二代企业家的思想教育，帮助他们树立“信仰、信念、信心、信誉”，是工商联的重要任务。县工商联在加强经常性的学习、培训、考察、教育的基础上，2016年重点布置学习习近平总书记在全国政协、民建、工商联界委员联组会上重要讲话精神，启动“3456”教育行动。即“三大宣传平台”：在宁海工商联网站上、《商会宁海》、工商联微信上推送学习贯彻重要讲话精神新闻报道。开展“四项工作”：县工商联党组（扩大）会议专题研究部署全县工商联系统学习贯彻工作；基层商会秘书长工作会议对各级商会的学习贯彻工作进行动员部署，制定下发《关于认真学习贯彻习近平总书记在全国政协、民建、工商联界委员联组会上重要讲话精神的实施意见》；联合县“两新”工委向企业派驻“第一书记”，着重组织学习贯彻习近平总书记讲话精神。推进“五大行动”：深化理想信念教育实践活动，降本减负政策宣讲推进行动，服务民营企业创新转型行动，开展政企对接调研座谈行动，增强工商联组织“三力”行动。进行“六项专题学习”：县工商联党组中心组学习（扩大）会组织传达学习，工商联机关组织全体党员争做深学笃行的模范，组织商会秘书长进行传达学习和座谈交流，纳入非公有制企业“第一书记”学习培训，创二代企业家安排习近平总书记重要讲话精神，工商联网站安排重要讲话精神的学习素材。

【服务会员企业】 县工商联在做好对会员企业的信息、培训、人文关爱等服务的基础上，创新方式，搭建平台，实实在在为企业释难解困上想办法、做文章。走访会员企业，倾听企业发展情况。

推进“枢纽型公共服务平台”建设。2016年共为975家企业提供11大平台45项服务10.64万次，其中公益服务0.18万次，有偿服务10.46万次，2012年10月至2016年年底，累计为1858家企业提供服务88.94万次。根据全面深化改革工作要求，2016年完成企业劳动用工管理1682家和企业安全隐患排查2447家，完成率分别达到112.13%和97.9%。为推动并规范承接政府职能转移工作，参与出台《关于小微企业安全生产隐患排查服务外包工作补贴实施细则及专项补助项目验收管理暂行办法》。实施“走出去、走下去”战略，在温州市、临海市成功设立分支机构，并在跃龙街道、深甽镇、长街镇设立分中心。

推进招商引资平台建设。与县委宣传部联合开展“走南闯北宁海人”系列宣传报道活动，自2010年启动该项活动以来已走访26个省市，宣传报道12万在外创业企业家“四千”精神。同时，积极参与县域总部经济建设，开展楼宇经济招商引资工作，在县委、县政府的支持下，宁海家具产业总部顺利推进，预计2017年8月竣工。2016年，中国家具协会正式授予该县“中国华东实木家具总部基地”称号，同时命名宁海为“中国实木家具工匠之乡”。同时借助异地商会平台，顺利推进宁海-雅安模具产业园项目、物流中心综合体项目、商会大厦项目。

搭建金融融资服务平台。11月26日，联合县金融上市办等部门举办“2016宁海金融文化节”。与县农商行、太平洋财险建立金融服务战略合作关系，针对“无抵押、无担保”的会员企业，推出小微企业“商贷通”业务，通过保险增信、风险互助金抱团增信的模式，来解决企业贷款难问题。截至年底，已经有33家企业获得1亿余元贷款。指导规范“互助资金会”建设。相继指导成立桃源等6家基层商会互助资金会，累计转贷5911笔，转贷资金达64亿元，受益企业600余家，缓解企业倒贷难问题。

深化企业司法服务平台。推进商会人民调解标准化建设，编制《宁海县法律服务工作委员会工作手册》和《宁海县商会人民调解委员会工作手册》，对机构设立、受理范围、工作任务和原则等方面进行规定。累计调解1594件，赔偿金额1000.57万元，回访满意率达100%。其中，2016年调解262件，赔偿金额287.46万元，减少企业司法行政成本191.64万元，节约税费119.78万元。至年底，16个基层商会设立调解工作室。全省首家县级商会派出庭——宁海县劳动人事争议仲裁委员会第一派出庭，截至年底共办理7起，涉案金额49万元，仲裁调解结案金额为47万元。此外，推出以“一岗一法”菜单式普法培训为主的企业专业知识培训项目，全年培训总计33余场，受训人员约2200余人。

【调研与参政议政】 县工商联坚持定期召开工商联界别政协委员会议，布置重点课题调研。召开以法院、司法局、人社局等相关部门组成的座谈会，就商会人民调解工作开展交流和探讨；向企业发放调查问卷，进行数据整理与分析，形成调研报告《构建新型政商关系，助推经济发展》提交县政协会议作大会书面交流。以推进政府供给侧管理为课题，联合清华大学公共管理研究中心开展调研，形成调研报告《推进政府公共服务产品供给侧改革》，向县政府提出打造公共服务产品平台的建议，推动宁海政府职能向社会转移。围绕市、县“降本减负35条”，推进政企对接，确保政策落地，同时对政策执行中的问题进行整理，向县政府反馈。开展界别委员活动，考察浙商回归项目，调研宁海、东山两县玻璃产业和海洋产业对接的可行性。在县政协统筹安排下，完成界别委员初始人选推荐。同时，积极参与县人大代表推荐工作，配合完成联评工作。

【商会党建】 县工商联建立健全“第一书记”制度，联合组织部连续三年选派干部到县50强非公有制企业和部分新社会组织担任党组织“第一书记”，通过全方位、全身心地帮带指导，“一企一品”推进“发展强，党建强”，成效明显。工商联党组书记亲自担任桥头胡街道商会“第一书记”，手把手推进商会党建工作，通过梳理党员类型、严格组织纪律、开展组织生活等形式推进桥头镇商会党支部规范化。同时，加强指导异地商会“两学一做”活动，邀请机关党工委书记到上海等地上党课，做到“两学一做”活动全覆盖，让异地商会党员感受到组织的关心。

【自身建设】 县工商联加强基层商会建设，推进市、县示范商会建设。出台《宁海县工商业联合会（商会）基层商会、行业协会、异地商会建设专项资金使用管理办法》，推进示范商会建设的同时，健全异地商会建设，推出“星级”标准，为创“五优”工商联打下良好基础。2016年11月建立昆明官渡区宁海商会，至年底异地商会规模达到12家。

同时工商联机关认真开展“两学一做”系列学习活动，《县工商联关于开展“学党章党规、学系列讲话，做合格党员”学习教育的实施方案》，通过会议研讨、讲座培训、自学自考、问题查摆、志愿者服务等多种活动形式提升干部队伍素质。

宁海县总工会

【概况】 2016年，宁海县共有基层工会组织1580家，工会会员212686人，职工入会率99%。其中，局（系统）、产业工委17个：县直机关、县经信局、县教育局、县住建局、县交通局、县水利局、县农林局、县文广新闻出版局、县卫计局、县旅游委、县供销联社、县商贸集团、县财税局、县人力社保局、县市场监管局、县综合执法局、县经济开发区管委会。乡镇（街道）总工会18个：长街镇、胡陈乡、力洋镇、茶院乡、越溪乡、一市镇、桑洲镇、岔路镇、前童镇、黄坛镇、大佳何镇、强蛟镇、西店镇、深甽镇、跃龙街道、桃源街道、梅林街道、桥头胡街道。县总工会设置3个职能部室：办公室、基层工作部、权益保障部，共有在职干部、职工29人。下辖2个事业单位：宁海县工会职工服务中心、宁海县工人文化宫。

2016年，全县各级工会坚持以构建和谐劳动关系为主线，以依法建会、依法管会、依法履职、依法维权为突破口，服务中心，围绕大局，努力推进“三型”工会和“五好”示范工会建设，圆满完成县总工会十四届五次全委会确定的任务目标，各项工作呈现良好的发展势态，获得市级以上荣誉20余项，其中荣获省级劳模1人、省五一劳动奖章荣誉2名，市劳动模范6人，市模范集体2家，市劳模创新工作室2家。

【“工匠精神”引领职工创业创新高潮】 大力弘扬“工匠精神”。与县新闻中心联合开办“缑城工匠”栏目，挖掘该县职工队伍中禀赋“工匠精神”的高素质、高技能人才，弘扬执着、专注、耐心、精细

力洋镇总工会职工培训基地获“全国职工教育培训示范点”荣誉称号

全县“建功十三五”劳动竞赛动员暨“千名技师带高徒”启动仪式

等“工匠精神”。根据市总文件精神，组织开展“寻找身边工匠”活动，选送市“港城工匠”候选人11人，名列全市前茅。积极筹备宁波市职工创新成果展参展。根据《宁波市“港城工匠·智造未来”职工创新成果展方案》文件精神，召开专题会议做好组织落实工作。精心组织代表该县重点产业的宁海知豆电动车有限公司、得力集团等10家企业组团参展，同时落实展厅面积35平方米、经费保障40余万元。广泛开展职工劳动竞赛。出台《关于组织全县职工积极投身“建功十三五”劳动竞赛的实施意见》，充分发挥广大职工在加快推进“五大转向、五大增长”，不断开拓“两美”宁海建设新境界等决策部署中的主力军作用，组织和动员全县20万职工广泛开展“建功十三五”劳动竞赛活动，同时启动“千名技师带高徒”活动，促进专技特艺和优秀技法的有序传承和发扬光大。充分发挥先进模范典型引领作用。评选表彰2015年县重点工程、“环境整治”“五水共治”“三改一拆”等立功竞赛模范集体8个、建设功臣10名，县科技功臣10名。

联合举办旅游行业职工技能大赛

【情系职工，普惠服务】 依托市总工会“甬工惠”微信公众平台不定期开展深受职工群体欢迎的“宁海福利（彩蛋）”活动，通过本地开展的桃花节、蛏子节、杨梅节等节庆向全大市职工免费赠送各类土特产，并搭配“五一服务卡一元购”活动和“福利彩蛋限量赠”等活动，让广大职工可以真正享受实实在在的福利和实惠，提高工会的影响力。全县共有16000余名职工关注“甬工惠”微信公众号，“5·1服务卡”信息采集数达到12.1526万张，开卡数达到9.5476万张。蓝领通小额贷款工作扎实推进，累计为414名职工发放贷款5247万元。职工疗休养进一步规范，出台并转发《关于〈加强宁波市职工疗休养管理工作的实施办法〉的补充意见》，召开专题会议诠释阐述省市县对职工疗休养工作的新要求新精神，强调疗休养地点在省内的新要求。开展“关爱职工、健康圆梦”系列活动，组织一线职工参与“劳动光荣、休养快乐”疗休养活动，组织900名一线职工参加健康体检活动。职工医疗互助保障工作继续保持良好势头，该县职工参保人数达到41970人，较2015年37191人增加12.8%。

【健全机制，提升履职能力】 和谐企业创建和企业社会责任评价。

精心组织全县符合条件的34家市级和谐企业开展“回头看”复评活动，并推荐宁波永信汽车部件有限公司等3家企业申报第五批市级和谐企业。组织推荐山中合金（宁波）有限公司等13家企业申报社会责任评价，并组织申报企业相关工作人员进行评价指标体系解读、网上申报操作说明和考评操作办法解释等业务培训。职工队伍维稳机制建设。不断完善县劳动争议联合调解中心工作制度，加强基层劳动争议调解组织建设力度和工会法律援助力度，2016年共接待信访59件，涉及金额400.79万元，其中协调解决45件，提供法律援助14件。围绕G20杭州峰会，为进一步发挥工会在服务G20、服务“平安宁海”建设中的作用，在工会系统开展“平安护航G20，创建平安企业”系列活动。企业工资集体协商。通过实施工资集体协商精细化工作，推动全县工资集体协商内容更加务实精细，职代会制度更加健全规范，职工民主参与更加主动广泛，效果更加明显实在。扎实推进工资集体协商提质增效三年计划，力争通过三年的努力，实现市县两级和谐企业普遍开展精细化工资集体协商，全县重点乡镇（街道）至少有一家行业（区域）性、每个乡镇（街道）至少三家以上单建企业工资集体协商建制，全县建成60家企业和10个行业（区域）性工资集体协商示范点。

【夯实基础，基层工会活力明显增强】 新经济业态领域依法建会工作。以快递、园林、农家乐、专业市场为重地，广泛开展新经济业态企业工会组建工作。以“两新”组织和小微企业为重点领域，发展区域性、行业性工会组织，实行区域化、网格化管理。2016年，全县组建快递行业11家、建筑公司8家、农家乐2家、专业市场2家，全县共有8000余名农民工加入会员。乡镇（系统）工会规范化建设。指导跃龙街道、西店镇总工会创建第二批市级示范乡镇（街道），督促乡镇（街道）不断提升标准化，大力开展“一镇一品”创建，积极帮助乡镇（街道）找准短板，补齐短板，整体提升乡镇（街道）工会工作水平。实施非公有制企业工会主席岗位补贴制度。进一步增强基层工会活力，对全县三星级以上非公有制企业工会主席实施岗位津贴制度。据统计，2016年共为576家三星级以上非公有制企业的工会主席发放补贴近54万元。不断充实基层工会干部力量，为到期换届的6个乡镇选配兼职副主席，让工会工作更接地气，更好地为企业一线职工服务。全面深入推进活力基层工会星级创建活动，拓展星级工会创建面，做到“新建创建”两手抓，出台相关配套文件，严格星级工会创建把关程序，形成以“星级创

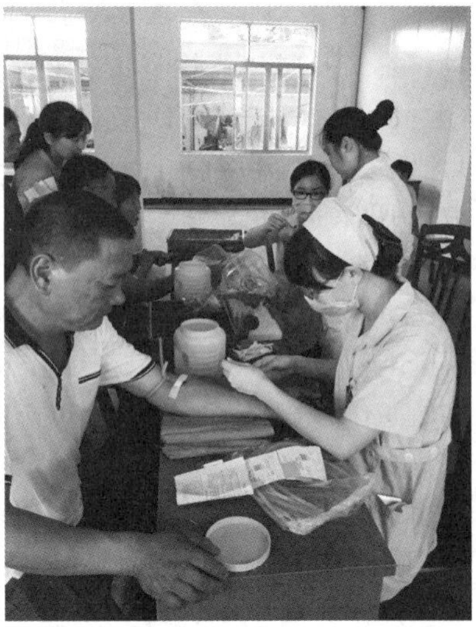

县总工会向全县900名一线职工提供免费体检

建”统领今后几年基层工会工作规范化的共识。丰富职工精神文化生活，积极配合市总工会举办“相约花田、与‘惠’同行——2016宁波职工桑洲屿南山岗健步走活动”和“宁波市职工走进胡陈乡村欢乐跑活动”。组织发动职工参加全市首届“职工网络文化节”活动，全县共有10余名职工分别在舞蹈、

县总工会组织100名工会干部开展劳动争议调解培训

微电影、唱歌等领域获奖。积极构建以基层自活动为主体、上级送文化为补充的基层文体活动机制，持续开展“每个乡镇一台戏”“每个乡镇一场赛”“每个乡镇一台个展”活动，不断扩大一线职工的参与面。2016年，全县共开展“一台戏”活动21场、“一场赛”活动16场、“一个展”活动18场。继续组织电影放映分队到各乡镇（街道）的职工聚集区播放当前最流行、职工最喜爱的影片，2016年共向75家基层工会放送电影133部。

相约花田、与“惠”同行——2016宁波职工桑洲屿南山岗健步走活动

共青团宁海县委员会

【概况】 2016年，团县委围绕打造“更有凝聚力的共青团”的奋斗目标，以“全市争先列、全省创一流、全国树品牌”的工作标准，全团上下勇立潮头、勇挑重担、勇争一流，全县共青团工作取得重要突破，多项工作在省、市作典型发言，有关工作得到《人民日报》等中央媒体关注，团省委书记朱林森也到宁海作专题调研。实现“两增两提”，全县共青团工作明显“提质增效”。2016年，宁海共青团获得第十三届徐霞客开游节先进集体、平安护航G20杭州峰会先进集体等诸多荣誉；获得2016年度宁波市先进共青团组织荣誉称号，取得近6年来的最好成绩。

【强化引领，增强青少年向心力】 抓住引领的根本任务，凝聚青少年听党话跟党走。以先进理论提升青年思想。开办“宁海新青年论坛”，组织全县团干部系统学习中共十八大及习近平总书记系列重要讲话精神，团省委十四次团代会精神等；通过各单位“青年干部读书会”，为广大青年干部、优秀基层青年提供学习平台，促进青年对党、团先进思想理论的学习和掌握。以分类引导创新引领路径。围绕“中国梦·青年志”主题，在少先队员中，开展“红领巾相约中国梦”“党团队旗传递我接力”等主题系列活动；在中学生中，开展“我的14岁青春宣言”“我的18岁成人宣言”等主题系列活动；在青年中，开展“奋斗的青春最美丽”“创先争优跟党走·青春奉献‘十三五’”等主题系列活动；在网上，建立网络文明志愿者队伍，通过微信、微博等开展“学党史、知党情、跟党走”“我与国旗合影”等活动，进一步拓宽共青团引领路径。以实践活动凝聚青年力量。以践行社会主义核心价值观为目标，开展“精神传万代、光辉照我心——老党员、老战士走访”“我向国旗敬礼”“我为队旗添彩”等活动；以优秀传统文化教育为载体，开展“走读地域文化”“中华经典诵读”等活动；以先进典型为榜样，评选出127名美德少年，40名“校园平安小天使”，引导广大青少年见贤思齐。

【夯实基础，增强共青团存在感】 围绕革新的时代使命，切实加强团的自身建设。坚持党建带团建。在县委组织部的指导支持下，大力开展乡镇（街道）团委书记候选人培养工作，成功培育出1名乡镇团委书记，择优新推报5名培养人选；落实基层团委书记协管工作，协助县委组织部门在中层干部选聘工作中把牢团委书记入职条件；通过“党建+团建”，新建“两新”非公有制企业团组织30家，新社会组织12家，并积极探索青年创业者联盟、汽车4S集聚区等新领域团建模式。落实从严治团。贯彻群团工作会议精神，按照有关改革方案要求，开展中学团员情况排摸，规范团员发展程序，严控团青比例；在全县团干部中开展“两学一做 青年当先”“为廉政代言”等活动，建立团干部直接联系青年制度，团干部约谈制度，深入推进“1+100”“4+1”等联系活动，推动团干部队伍作风转变。培育创新动力。按照“小机关、强基层、全覆盖”的要求，重心下移，资源下倾，积极推进乡镇（街道）、村（社区、网格）的青少年综合服务平台建设；开展第二届共青团创新项目大赛，“工地流动团支部”“缑城青年文化集市”“向日葵成长日记”等19个创新项目为基层团建驻入新活力，《浙江宁波宁海县胡陈乡：因地制宜打造青年创业联盟》还入选第二届全国基层团建创新典型案例。

【主动作为，提升服务党政贡献率】紧贴服务中心的工作主线，动员广大青年建功立业。助推经济转型升级。全年创建7家市级青年文明号，验收10家青年安全生产示范岗；团县委以“青年文明号”“青年岗位能手”“青年安全生产示范岗”“青年突击队”等“青”字品牌为抓手，通过开展“为绿奔跑”“结百队进百村”等活动，服务环境整治、“五水共治”、“三改一拆”和重点工程建设，得到市、县两级领导的肯定；开展旅游、物流等行业青工大比武，培养出全国金融青年岗位能手和全国银团合作先进个人各1人。引导青年创业创新。打造创业培训、见习实践、融资服务、项目引导和政策宣传“五位一体”的服务体系，与邮储银行签订青年金融战略协议落实1亿元信贷投放；推广电商农产品食品安全责任保险，缔造“桑洲模式”；成立宁海青年创业者联盟，培育出第三届“创青春”青年电商中国青年创新创业大赛铜奖获得者陈仲；与县有关部门联合开展宁海县大学生创业大赛，给予一等奖15万元现金奖励，优厚创业创新氛围；联合推进电商产业园创客咖啡项目，县农商行金融青年创客空间建设等，积极为创业青年争取政策支持。维护社会和谐稳定。全县147支志愿服务队伍参与“平安宁海”宣传，“平安达人”挑战赛系列活动掀起全城热跑，助力平安宁海建设“十二连冠”，在杭州峰会期间，还联合开展“服务G20应急我能行”赈济救灾大比武，为峰会保驾护航；“金晖助老”“文明出行”“文明礼让斑马线”等12个志愿服务项目，更是劲吹社会文明新风。

【扎实服务，提升团员青年满意度】切实履行凝聚青年的政治责任，服务青少年健康成长。广泛倾听青年之声。依托全县团干部直接联系基层青年群众制度，设立团县委机关开放日，开展“三访五进十事”活动，全县69名团干部进学校、进村（社）、进青年社会组织、进企业、进网络，访党政领导、访基层团干、访团员青年；48名机关企事业团干部下村担任“村团支部第一书记”，共联系普通青少年512人，新建微信群48个，进村开展志愿服务23次。在网上，积极推进“青年之声·宁海”建设，全年收集青年网民提问超过4000个，答复率超过100%，在全市“青年之声”工作推进会上，团县委还作了典型发言。按需帮扶青年成长。开展在外宁海籍大学生调查研究，根据调研结果继续优化推出“宁海未来人才储备计划”，获得省、市肯定，宁海团县委获得全省“双百双进”实践活动十佳团队称号，并作全省典型发言，由此形成的《关于加强在外青年（大学生）多元联系与服务的调查研究》，获得全市共青团调研奖二等奖。连续6年开展少先队特色中队创建，2015年，梅林中心小学作为全市唯一的代表，被推送到全国少工委参加鼓号队展演；在助医助学助困方面，依托“亲青筹”“绿叶爱心基金”“党群同心圆”等省市县各级平台，全年募集善款近百万元，组织大学生志愿者情暖留守儿童、为百名外来务工子女圆梦行动等，更是被《人民日报》《中国青年报》关注报道；在青少年维权方面，新创建市级青少年维权岗1家，建立青少年法律援助工作站23个，青少年平安自护专项行动为2万人次青少年护航。努力提高青年素养。青少年活动中心全年开展素质拓展培训超过2万人次，共有458人次学员（含集体奖项）获得第十一届全国青少年冰心文学大赛等46项荣誉（其中43项为市级以上），中心还定期开展流动少年宫、公益大帐篷等活动，全年为4000余名偏远地区中小学生送去优质的校外教育；该委通过举办缑城青年文化集市、青年文化夜市、汽车创意后备厢等活动，发掘培育宁海动漫联盟、徕摄影沙龙、宁海 Lyingman Club 等20余个本地青年文化社团，2016“五四”青年文化风采节系列活动，10大主体活动，46个系列活动吸引万名青少年参与，受到青少年的喜爱与认可。

宁海县妇女联合会

【概况】 2016年，全县共有18个乡镇街道妇联组织，村级妇女组织363家，社区（居）妇代会21家，直属部门机关妇委会24个，团体会员2个。

【双学双比、巾帼建功活动】 成功举办市“乡村厨娘”特色糕点展示活动，麦饼、麻糍、水晶汤包3个宁海特色糕点获市十佳乡村厨娘特色糕点荣誉称号，掀起乡村厨娘

“学技能、比技能”的热潮，助推该县“国家全域旅游示范区”创建。实施来料加工“百千万富民工程”，发放1.44亿元加工费，解决7700名妇女就业。发挥驻义乌来料加工推广中心平台带动功能，组织经纪人赴义博会参展和培训。实施“巾帼电商促进行动”，邀请省外资深电商培训机构为30余名女能手、女经纪人开展女性移动电商培训。继续实施妇女小额贴息贷款和妇女创业降息贷款，实现良好的经济效益和社会效应。持续深化岗村结对成效，55个巾帼文明岗为结对村累计服务近5000人次。切实发挥巾帼文明岗的社会效应和人才效应，积极挖掘市级巾帼文明岗城关医院护理部在创建过程中涌现出的闪光点，对岗长带领岗员三年如一日为瘫痪在床的社区居民提供护理服务这一事迹以“党徽在巾帼文明岗上闪耀”为主题进行拍摄选送，在“我身边的共产党员”摄影比赛中获一等奖，并在《宁波日报》上发表，激励城镇妇女立足岗位争先进。采取竞争争创巾帼文明岗，2016年成功创建8个市级岗、25个县级岗。

10月19日，召开宁海县“清洁、美丽、乡愁”庭院创建推进会

【家庭文明建设】 大力开展“美丽庭院”创建补短板、促提升专项行动，以净化、绿化、美化、文化四个要素为突破口，制订出台“美丽庭院”升级版专项行动五年实施方案，每年切出专项资金实行以奖代补，对达到清洁庭院村、美丽庭院村、乡愁庭院村创建标准的分别给予一定补助。采取专家团队入户指导、专业设计团队量身打造、妇联干部直接联村的模式，合力推进创建。开展“送花盆赠花籽美化庭院”活动传递洁美理念，评选产生“2016美丽庭院二十佳”，召开全县“清洁·美丽·乡愁”庭院现场会。建立创建村每月进展情况上报机制，进一步激发全县广大家庭的创建热情，2016年已成功创建53个清洁庭院村、11个美丽庭院村、1个乡愁庭院村。围绕习总书记“注重家庭、注重家教、注重家风”要求，积极挖掘和美家庭典范所蕴含的闪光点。“三八”节期间联合县委组织部、宣传部共同隆重举办“两美宁海·和美家庭”颁奖典礼，表彰在践行核心价值观中涌现出来的和美家庭典范，在各类媒体、宣传媒介集中宣传，共同构筑立体化宣传格局引导广大家庭崇尚典范。继续开展寻找“最美家庭”活动，对省、市级“最美家庭”好家风好家训进行采集和宣传，实施“好家风，你我共寻”活动，征集到200余条好家风好家训，将社会主义核心价值观落细落小落实到家庭。开展魅力堂系列讲座，邀请国内知名婚姻家庭咨询师举办3期关于婚姻家庭和亲子关系等方面讲座，增强女性经营幸福家庭能力。继续开展母亲素养工程，开展县、市级示范家长学校创建指导工作，推动家长学校创建向村、社区拓展。加大家庭教育公益授课力度，“好爸好妈故事团”进农村，“冯老师故事屋”为广大家庭和儿童免费开通网上收听平台。

【妇女儿童维权】 与县政府法制办加强政策法规性别平等咨询评估机制的规范化建设，从源头上切实推进社会性别平等纳入决策主流。积极贯彻市家庭暴力告诫制度实施办法，对生活较为困难遭受家庭暴力的妇女提供法律援助。联合县市监局开展“你传授 我传播”食品安全知识进万家活动，授课范围实现全县18个乡镇街道全覆盖，推动形成“人人关心食品安全，家家享受健康生活”良好社会氛围。根据在日常生活中遇到的调解原型，组织拍摄名为《春丽花开》婚姻家庭矛盾调解情景剧并获市情景剧展演三等奖，2名维权妇女干部获市级婚姻家庭纠纷人民调解能手。联合县法院开展女性人民调解员培训，组织镇、村两级爱心大姐参加“法院旁听庭审”。培育和发展女性社会组织，支持符合条件的2家女性社会组织成功承接市妇联关爱农村老妇代会主任和关爱农村留守儿童2项服务项目。深化妇女健康提升工程，开展健康讲座和两癌筛查惠及2000余名妇女。扩大“康乃馨”救助金规模，33名患两癌贫困妇女得以救助。

【组织建设】 以县妇联换届为契机，首次选举产生2名兼职妇联副主席，增强妇联组织的广泛性、代表性。在全市率先完成 2 个行政村“会改联”试点工作，壮大基层妇联组织力量。以“学党章党规、学系列讲话、做合格党员”学习教育为抓手，组织干部扎扎实实学、认认真真做，确保学做互进、知行合一。成立县妇女儿童活动中心解决服务阵地短板，无缝对接妇女儿童的多元化需求。深入开展“一下移两下沉”工作，选派 25 名村“第一妇女主任”激活“神经末梢”，带活带强基层妇女工作。将妇女之家的有关工作要求纳入农村文化礼堂建设。开展村（社区）妇女之家示范点创建工作绩效对账，推动基层妇联组织规范化建设。全力打造网上妇联，对妇联网站、微信进行全面改版提升，积极推广上级妇联微信公众号。开展“一镇一品”创建申报工作，推动妇女特色工作进一步培育和深化。

7 月 10 日，举行“蒙恩杯”中老年歌唱大赛

宁海县科学技术协会

【组织建设】 组织召开县科协第十次代表大会。根据宁党发〔2016〕54 号文件精神 11 月 2 日宁海县科学技术协会第十次代表大会隆重召开，市科协、宁海县委、县政府、县人大、县政协主要领导参加大会，市科协领导和县委书记等领导作了重要讲话，会议还邀请兄弟县（市、区）科协、县兄弟群团组织负责人列席会议，会议选举产生县科协十届委员会委员 65 名、常委 29 名、主席 1 名、专职副主席 1 名、兼职副主席 12 名。

做好乡镇（街道）科协换届工作。18 个乡镇（街道）科协自 2011 年 8 月换届以来，至 2016 年 8 月已全部到届，县科协于 2016 年 8 月向各乡镇（街道）科协下发《关于做好当前乡镇（街道）科协工作》的通知，对乡镇（街道）科协换届程序，主席、副主席、秘书长、委员人选要求提出指导意见，在乡镇（街道）党委（党工委）领导下，全县 18 个乡镇（街道）科协换届工作于 8 月 30 日前全部完成。

吸收科技人员较多行业协会加入县科协组织。随着形势发展，行业协会已成为推动技术创新和普及科学技术的重要社会力量，成为承接政府职能转移的社会组织。通过与行业主管部门沟通协调，2016 年县数控机械行业协会、县电子商务促进会、县汽车流通行业协会、县文县协会、县建筑业协会、县医药行业协会 6 个协会加入县科协，为县科协联系企业科技人员夯实基础。

【服务经济发展】 做好院士工作站建设。在市科协和县委组织部的帮助指导下，经过前期调研，筛选出 2 家企业开展院士工作站建设，最后经市科协综合考评，9 月在市人才科技周期间，县方正模具有限公司与华中科技大学材料科学与工程学院李德群院士签订汽车模具设计与研发合作协议，获批正式挂牌。

推进海智工作站建设。依托宁海县生物医药产业园建立的海智工作站，建站以来已落实产研项目 20 多个。

【大型活动】 承办 2016 中国（宁海）文具产业博览会。县文具协会作为本次产业博览会主要承办单位，展会以“创新联动促进贸易”为主题，共设展位 350 个，组织国内外专业买家 6370 个，现场成交 9300 万元，签订意向订单 1.26 亿元，有力提升宁海文具产业影响力。

举办 2016 中国木结构产业发展高峰论坛。10 月 21—24 日，以“木结构与绿色建筑产业化”为主题，2016 中国木结构产业发展高峰论坛在宁海举行。中国林业科学研究院、全国木材标准化技术委员会、宁海县人民政府共同主办本次论坛，宁波中加低碳新技术研究院有限公司、宁海县科协等单位共同协办，重点探讨“木结构与绿色建筑”等热点问题，曹福亮院士等250余人参加论坛，为该县绿色建筑产业化发展指明方向。

【科普工作】 做好创建省科普示范县准备工作。6月29日《宁海县创建省科普示范县工作实施方案》经县委、县政府同意，以宁党办〔2016〕50号文件下发至各乡镇（街道）党委（党工委）、人民政府、县直各单位，正式启动该县创建工作。2016年7月专题召开县全民科学素质领导小组会议，对创建工作进行全面部署，9月市科协对车河社区、兴圃社区创建省科普示范社区进行现场验收，10月，强蛟镇、桑洲镇命名为市级科普示范乡镇，促使省科普示范县创建有计划稳步推进。12月，编制完成《宁海县全民科学素质行动计划纲要实施方案（2016—2020年）》。

科普场馆建设。10月，位于深甽镇大洋村宁海县首家农村生态健康科普馆开馆，投资30万元，占地50平方米，除垃圾分类、常见病预防等图文展示内容外，配备健康体质检测、体感互动等测量仪器和互动体验式设备，成为县村文化礼堂建设品牌馆之一。另外，已完成桑洲茶文化博物馆科普活动中心、宁海县东方艺术馆科普展示中心前期规划设计。

科普工作常态化。与宁海电视台、宁海新闻中心合办《科普大篷车》《科学在你身边》，深受群众喜爱。全国科普日期间，除开展文场科普知识咨询、社区科普讲座等活动外，首次与乡镇（街道）政府合作，结合全国户外运动大赛举办，开展“我运动、我健康”微信有奖竞赛，近万人参与这个活动，有力推进“互联网+科普”工作。县科协被省科协评为全国科普日优秀组织单位，受到通报表扬。

【平台建设】 依托县科素领导小组，搭建“内行人说科普”平台。2016年10月，县科素领导小组专题召开会议研究“关于开展内行人说科普”活动实施方案，共确定18方面科普内容，推荐人员来自17个县级部门（卫生、市场、公安、商务、环保、农林等），首次聘任50名科普员。2016年12月在跃龙街道银河社区举办开讲仪式，近百名市民参加《中医养生体质》讲座。

联合县委人才办，实施“宁海民间人才培育千人计划”。县科协作为重要组织单位，多次参与这一计划讨论和制订，一起考察学习绍兴嵊州市民间人才培养情况，年内该计划已逐步完善，计划在2017年实施，县科协及所属学（协）会主要负责种养植农业实用人才评星评级。

联合县委农办，开展农村实用技术专业培训。2016年农函大开展农业技术职业技能培训、农民转移就业技能培训、务工农民岗位职业技能培训等培训，共136个班次，6590人。宁海县被省科协授予2013—2015年先进分校。

配合县委宣传部，积极参与村级文化礼堂科普活动室建设。在全县已建成120家文化礼堂中，有42家建造科普活动室。

依靠县青少年科辅协会，认真举办各类青少年科普活动。2016年共新增学校科普教育基地2家、科普示范幼儿园2所，组织发动学生参加科普社会实践活动9000多人次，举办老科学家进校园讲座12场；500多名师生参加宁波市第五届嘉年华活动，荣获一等奖20项、二等奖42项、三等奖110项。

【学术交流】 为鼓励科技工作者编写制作科普读物，出台《宁海县科技工作者编写科普读物奖励办法》，按照本办法标准，2016年共奖励8位科技工作者，发放奖励经费5万元。

为鼓励县级学（协）会举办高层次学术交流活动，县科协对承办国内外重要学术交流学（协）会给予3万元~5万元经费补助。2016年重点补助县文具协会、宁波中加低碳新技术研究院有限公司、县青少年科辅协会、县老年科技工作者协会4个单位，落实奖补资金15万元。

积极举荐优秀人才。2016年县香榧种植科技带头人胡冬益被评为国家级科普带头人，宁波日安阀门有限公司章仉香被推荐为宁波市第四届巾帼科技人才评选。

宁海县文学艺术界联合会

【概况】 2016年，县文联始终坚持“双百”方针和“二为”方向，贯彻落实习近平总书记在文艺工作座谈会上的讲话精神，紧贴经济建设这个中心，围绕“文艺繁荣”这一目标，充分发挥文联“联络、协调、服务”职能作用，立足当地，围绕大局，积极配合县委、县政府开展各项中心工作，取得一定的成效。

【文艺队伍】 率先在宁波市完成乡镇（街道）文联的全覆盖，共产生乡镇（街道）文联新班子成员156名，下属协会85个，加上11个县级专业协会、4个企业文联，会员达到4500多名，其中国家级会员19人、省级会员110人、市级会员200人。

【文艺创作】 整理出版《故事里的龙宫》《宁海县作家协会三十周年作品选》；创作、出版、发行《诗画下畈》邮册；张忌长篇小说《出家》在《收获》长篇专刊发表；浦子的散文《桑洲花事》《我的大学》在《光明日报》副刊发表；阿门的组诗《奉化，桃花盛开的地方》荣获中国作协《诗刊》2016年“春天送你一首诗”征文一等奖；在“沙孟海奖”第九届全浙书法大展中，宁海的王巍、赖云标作品入展；在第五届“吴昌硕奖”全省篆刻大展中，宁海的胡强作品入展；陈滨、周毅的美术作品在省首届水彩写生展中获奖；娄美琴创作的戏曲小品《茶女婿》拍成微电影。

【文艺活动】 成功举办纪念中国共产党建党95周年京剧演唱会；与县委组织部联合举办“我身边的共产党员”摄影比赛；与县纪委、县委组织部、县文广局共同举办“与党同心、与纪同行”大型文艺演出活动；与县民政局、老干部局共同举办蒙恩杯“自在宁海，和美之声”2016中老年歌唱大赛；成功完成中国古村落文化遗产研究基地申报工作，从而使宁海县成为首个中国古村落文化遗产研究基地；配合做好该县“中华诗词之乡”验收工作和徐霞客诗词文化大道创建工作。

6月，《故事里的龙宫》出版

9月14日，力洋镇文联成立大会

法治 · 军事

政法委及综治

12 月 14 日，创建省无邪教示范县验收

【概况】 2016 年，以平安护航 G20 为总牵引，坚持以问题为导向、以实效为标准、以整合为手段，有力维护社会稳定，保障社会经济平稳快速发展。连续 2 年实现进京“零非访”目标，连续 2 年获得省平安铁路示范县，连续 3 年“平安三率”综合测评全市第一，连续 12 年蝉联省“平安县”，夺得“平安金鼎”，连续 12 年安全生产事故“零增长”。县护路办连续两年荣获全省平安铁路示范县，县委防范办荣获省第四批创建无邪教示范县称号，县国安办荣获省先进基层国安办称号。

【维护社会大局稳定】 保障改革发展大局。自觉把政法工作纳入县委中心工作来谋划，主动发挥政法职能作用，成立县法学会，及时制订出台保障县乡村换届选举、“三改一拆”、“五水共治”等中心工作服务方案，深入推进打击侵财犯罪专项行动，稳妥处置企业欠薪、金融诈骗等涉众型纠纷案件，依法促进非公有制经济健康发展。打赢重大活动维稳硬仗。深化风险评估和维稳信访月分析、周碰头、日会商机制，加强情报信息预警共享，健全“4+X”“5+X”扁平化指挥体系，加强重点人员管控，及时研判处置特殊重点群体等一系列问题。筑牢“天、地、人”立体化防控网络，全员全时全面全力严防死守，妥善化解各类矛盾纠纷和安全隐患，确保 G20 决战阶段“零赴省、

3 月 9 日，迎接省“平安县”考核组考核

零进京、零命案、零事故”，圆满完成G20杭州峰会、乌镇峰会等重大活动维稳安保任务，荣获“省G20杭州峰会维稳安保工作优秀县”称号。全面推进依法逐级信访制度。加大违法信访依法处置力度，连续两年实现进京零非访目标。

12月2日，政法委“百家机关村村帮”送书活动

【推进平安建设工作】 推进系列平安创建。以平安护航G20为牵引开展“平安寄递物流”等系列平安创建活动。加强寄递业监管，开展检查341次，发现整改隐患126个，取缔网点18家，实现“三个100%”全覆盖。开展“平安仓储”工作，实行剧毒化学品专存专管，氰化物严格领用管理。加强涉路矛盾纠纷和沿线安全隐患排查整治，铁路护路相关工作经验在全省作典型发言。突出重点行业管控。紧盯民宿（农家乐）、网上出租房等管控“盲区”，全县119家民宿、旅馆安装入住人员信息手机采集APP。深入推进互联网基础管理，检查网吧356家次，行政处罚28家，停业整顿3家次。突出重点物品管控。实施重大活动时期全县范围内停售易制爆物品，全面落实散装汽油、瓶装燃气、敏感物资等实名制。深入推进遏制重特大事故试点工作，危化品等企业安全隐患整改率达100%，全面加强食品药品安全领域管控。全省首个创新推出“线上+线下”健康证监管新机制，到期换证率上升30%。发挥“5+X”网络舆情协调处置指挥平台作用，全县未发生造成重大影响的网络舆情。深入开展平安宣传，开展微电影展播、“平安达人”定向挑战赛等活动，投资80万元购置2辆“平安直通车”，平安“三率”综合测评连续四年位居全市第一。

【推进综合治理工作】 狠抓社会面防控。部署“清雷”“亮警灯”“春雷”等一系列专项行动，G20期间，刑事警情同比下降54.24%，深入开展打击侵财犯罪，成功侦破了一批社会影响广泛、群众反映集中的大要案件，人民群众安全感、满意度进一步提升。突出重点地区整治。根据民意导向，将桃源街道兴海家园西侧马路市场及其周边区域确定为市级挂牌整治地区，梳理出3个方面10个问题，形成整改意见，明确具体措施，整治地区周边环境得到根本性的转变。狠抓特殊人群管理，实现重症精神病人“以奖代补”全覆盖。“无邪教示范”创建面达100%，反邪教网络战调研和护航G20群防群治模式在省里作典型交流，基层社会治理水平得到提升。全面推进“两网融合”工作。深入开展“网格化管理，组团式服务”工作，建立网格员以奖代补激励机制，实现乡镇街道综合指挥室全覆盖，配备高清液晶显示屏，接入综治视联网和公安监控系统，推广宁波市社会服务管理综合信息系统及“宁波E通”手机终端应用，注册安装平安浙江APP4.4万余人，占实有人口的5.5%，规范信息流转机制、强化信息共享，实现全县“一网全覆盖、一员全代理”的目标。

【推进执法监督】 强化统筹协调职能。围绕经济社会发展的重点难点问题，统筹协调处置涉土、涉税、涉案财物处置、价格认定书签名等问题，确保政法各部门依法履行职责，确保执法的法律效果、社会效果、政治效果、舆论效果的统一。提升执法司法公信力。坚持案件评查、涉法涉诉信访会商、专项执法检查等常态化机制，发现有问题案件8件，不存在错案，共查找出各类问题33个，发出发查究整改建议书4个，2件案子达成停访息诉协议，纠正错误或弥补瑕疵28个。推进涉法涉诉信访改革。建立健全涉法涉诉信访事项工作细则，完善涉法涉诉信访联合接待窗口，确保符合条件的涉法涉诉信访都能依法导入司法程序进行处理。2016年，联合接待窗口共接待信访68件，现场解决22件，分流到政法部门46件，形成依法信访的良好氛围。

【推进政法队伍建设】 加强过硬队伍建设。深入开展政法系统“队伍建设年”活动，做到与“两学一做”同部署、同落实、同检查，形成良性互动。组织参与宁波市“十佳政法干警”推选活动并广泛开展先进事迹学习宣传活动。选树2名政法干警为全县优秀共产党员、3家政法系统基层党组织为先进党组织，宣扬身边先进典型，教育激励广大政法综治干警，切实增强政法队伍的凝聚力和战斗力，有力推动平安宁海、法治宁海和过硬队伍建设深入扎实开展。狠抓学习教育。紧密结合“两学一做”学习教育和政法委中心工作，精心设计活动载体，以各项工作的实际成果衡量检验活动成效。开展专题党课、“五治一提升” “百家机关村村帮”“治庸治懒治散治浮治拖、提升工作执行力”等专项行动，对照规定，列清单、抓整改，守牢党风廉政，切实解决党员队伍存在的短板问题，同步提升联系村党建水平。增强队伍活力。通过适当经费支持、牵头组织部分活动等方式，培育政法系统文艺沙龙、兴趣小组、体育俱乐部等特色社团，牵头组织政法系统代表团参加县九运会，获得团体总分第五名，进一步丰富政法干警的精神生活，营造崇尚艺术、追求健康生活方式的良好氛围。建立运行“平安宁海”微信公众号，助力平安宁海和政法综治工作宣传。

法制政府建设

【概况】 2016年，深入贯彻国务院《法治政府建设实施纲要（2015—2020）》，紧紧围绕县委、县政府的重大决策部署，坚持把法治政府建设作为贯穿政府工作的主线，不断完善工作机制，规范行政行为，增强政府公信力和执行力，有效促进了全县经济社会持续快速发展。

【强化责任，加强组织机构建设】 健全工作机构。切实强化行政首长作为推进依法行政第一责任人的责任，进一步明确各成员单位的工作职责。1月，县政府分别向县委和县人大常委会报告2015年法治政府建设情况，同时在县门户网站上公开2015年依法行政工作报告。

全面部署依法行政工作。9月20日，制订下发《宁海县2016年度法治政府建设重点任务分工方案》。10月30日，出台《关于进一步加快推进法治政府建设的若干意见》，补齐当前法治政府建设的短板。

加强目标考核。全县具有行政执法职能的部门、乡镇（街道）法治政府建设（依法行政）工作均列入目标责任制考核，对未完成考核目标的，均予以扣分、通报及责任追究，有力促进全县法治政府建设。

加强信息交流。2016年，宁海县共向省、市法制办报送政府法制信息近500篇，被市法制办录用412篇，被省法制办录用181篇。县政府连续五年被市政府法制办评为法制信息工作先进单位。

【全面提高行政决策水平】 完善重大行政决策程序制度。健全重大行政决策的调研论证机制。2016年先后召开了居民生活用天然气价格改革听证会、居民生活污水处理费和居民生活用水价格调整方案征求意见会。健全重大行政决策的讨论形成机制。2016年，共召开县政府常务会议20次、县长办公会议1次，通过集体研究解决政府重大行政决策160余项。健全风险评估机制。2016年共完成社会稳定风险评估63个项目，涉及重点工程、征地拆迁等事项，其中第三方评估9件。健全重大行政决策的执行落实机制。1月29日，在县十七届人大五次会议第四次全体会议通报2015年政府实事工程票决确定项目完成情况满意度测评结果。

推进政府法律顾问制度 2016年度，县政府法律顾问审查重要行政规范性文件5件，参与案件及重大行政决策的研究讨论38件，协助处理重大涉法事件46件，起草有关法律文书或法律意见书36件，参加重大项目的谈判、合同和协议的合法性审查、签订等工作33件，参与其他法律事项服务150余件。

加强行政机关合同管理。2016年，县政府、县政府各部门及各镇（街道）订立的各类合同共计301件，其中县政府1件，县级部门210件，乡镇街道90件。各机关合同管理制度基本健全，行政决策的科学化、民主化和法制化水平得到了提高。2016年，各相关单位共受理行政纠纷案件2383件，调解成功2143件，调解成功率为89.9%，涉案金额为247.2万元。

【规范性文件管理】 落实完善行政规范性文件“三统一”制度和报备审查制度。截至2016年年底，以宁海县政府名义公布（包括县政府公布以及经县政府同意由县政府办公室公布）的规范性文件共24件，县政府法制办对这些规范性文件共出具合法性审查意见共24件，分别向宁波市政府法制办以及宁海县人大常委会报备规范性文件24

件和12件。同时，共收到县政府所属部门和乡镇（街道）报送登记备案的文件共70件，其中多数属于2016年行政规范性文件清理结果相关文件，经合法性审查，对这些规范性文件均予以登记备案。

开展规范性文件评估和清理。按照“谁制定、谁清理，谁执行、谁负责”的要求组织实施规范性文件清理。经清理，县政府在2016年6月中旬公布《宁海县人民政府关于废止部分行政规范性文件和政策措施的决定》，经评估、清理，236件行政规范性文件因主要内容与法律法规规章、上级行政机关制定的行政规范性文件相冲突，或因被新的法律法规规章所替代，或因适用期已过或调整对象消失或因被县政府其他文件所替代，决定予以废止。

健全行政规范性文件合法性审查制度。2016年，提交县政府常务会议或办公会议的90余件行政规范性文件和政策草案，均由县政府法制办先行合法性审查。

【深化执法监督力度】 做好行政执法人员的培训和行政执法证管理工作。按要求组织参加省行政执法证换证培训和申领省行政执法证专业法律知识和综合法律知识考试，11月17日，共有153人参加申领省行政执法证综合法律知识考试，其中94名人员考试合格。在浙江省人民政府法制办公室行政执法证件管理信息系统中对现行有效的“浙江省行政执法证”进行清理。已有54家单位已完成清理工作，经过清理杜绝了临时聘用人员、非行政执法岗位人员执法现象。

开展行政执法案卷评查。及时开展行政执法案卷评查工作，8月，在各行政执法部门对行政执法案卷进行自查并形成自查报告基础上，从24家行政执法部门报送的案卷目录中，抽取了83份案卷，其中行政许可案卷38卷，行政处罚案卷45卷，进行集中评查。

建立特邀行政执法监督员制度和队伍。11月，面向社会各界公开聘请宁海县特邀行政执法监督员，并在主要门户网站上发布公告。公告期间，县政府法制办共收到自荐或单位推荐的报名材料26份，报名人员有律师、企业家、社区工作者、新闻媒体工作者等。县政府法制办依据《宁海县特邀行政执法监督员工作规则》对报名人员进行初步遴选。经县政府同意，决定聘任胡文大等9位同志为第一届宁海县人民政府特邀行政执法监督员。

【强化行政复议和行政应诉】 加强和改进行政复议，提高行政复议工作能力。2016年，全县共收到行政复议申请97件，立案受理93件，不予受理4件，审结88件，还有5件尚在办理中。其中，终止40件，驳回4件，撤销加责令27件，确认违法4件，维持10件，责令3件。案结事了率达到97.8%，行政争议得到有效化解。

认真履行行政应诉职责。2016年，21件以宁海县政府为被告的案件出庭应诉率达到100%，72件以宁海各有关单位为被告的案件出庭应诉率亦达到98%，出庭应诉率较往年有明显提高。

公　安

【概况】 2016年，全县公安机关深入贯彻全国社会治安综合治理创新工作会议、全国公安厅局长会议、全国公安厅局长座谈会以及省、市公安工作会议精神，聚焦G20峰会维稳安保，主动适应经济发展新常态，全面深化公安改革，扎实推进“四项建设”，深入推进立体化社会治安防控体系建设，全县社会大局保持持续稳定。是年，全县共立各类刑事案件4670起，同比下降30.74%。6起命案、14起七类严重案件全部告破；共破获侵财案件1371起，抓获侵财犯罪嫌疑人531名，同比分别上升5.8%、15.6%。统计上报交通事故78起，死亡42人，受伤56人，同比分别下降27.1%、25%、31.7%、57%。发生火灾267起，同比下降26.6%，人民群众安全感、满意度进一步提升。全局共有1个集体和1名个人荣立二等功，6个集体、30名民警荣立三等功，76名民警受到各级嘉奖。

【维护社会大局稳定】 重点人稳控到位。强化特殊利益群体管控。加强部门联动，联合镇乡街道和维稳、信访等部门，加大对涉军、民师等特殊利益群体的排查力度，确保底数明晰。依托本地涉稳重点人员信息管控平台，严格落实“一人一策”、24小时“人盯人”、位置预警控制等措施，按照分级分类管控要求，确保全县26名非访重点人员行知轨迹、动知去向，防止重点人员在敏感时期聚集上访、滋事闹事。强化肇事肇祸精神病人管控。依托精神病人信息管理系统，全面加强对全县89名重性精神病人的措施管控，综合采取“以奖代补”“四位一体”联管联控、每日信息报告等措施，严格落实居家治疗、送医治疗等措施，确保盯死看牢。强化涉众型经济犯罪受害人稳控。加强“昆明泛亚”“e租宝”等涉众型经济犯罪受害人底数排查，全面落实实地走访和网上信息排摸等工作措施，切实掌握全县1266名涉众型经济犯罪受害人思想动态、活动轨迹、社会关系等各项信息，确保人员绝对在控。同时，加强应急处突准备，确保一旦出现有脱离管控视线的情况，能够第一时间组织力量，第一时间进行处置。

矛盾纠纷化解到位。深化底数排查。联合镇乡街道和县各有关部门，定期在全县范围内开展矛盾纠纷大排查行动，对排查出的各类矛盾纠纷一一登记造册，并按照风险评估机制，对各类矛盾纠纷进行分析梳理，切实做到底数清、情况明。2016年，共排查梳理全县各类矛盾纠纷90余起。深化疏导化解。完善“警调衔接”工作机制，依托“老何说和”人民调解室，全方位开展矛盾纠纷化解工作。同时，完善局领导下访机制，定期安排局领导坐堂接访，通过面对面倾听群众信访诉求，吃准信访缘由，有效提高矛盾纠纷化解率。对于重点疑难信访案件，实行领导包案制度，明确包案领导，确定责任单位和责任人，做到限期化解。2016年，全县18个“老何说和”人民调解室共受理案件1287起，化解1225起，调解率高达95%。县局领导共接待群众53批53人次，现场化解初信初访案件8起，成功化解包案案件51起。深化网络管控。深入开展“净网”行动，完善24小时网上巡查管控和侦监合一的舆情发现、引导工作机制，积极开展互联网情报信息搜集、网上涉警涉稳舆情监测、网上信息落地核查、专项有害信息处置等工作。全年共删除网上有害信息1500余条，发现并及时流转各类网上舆情信息738条，落地谈话102名，行政拘留2名，全县未发生造成重大影响的涉警舆情。

重点领域整治到位。加强反恐设防。严格落实新疆维吾尔族人员24小时“四见”制度、限时“五见”措施，做到底数清、情况明。强化反恐工作情报预警收集，对涉恐嫌疑人员，全面落实立线侦控措施，成功侦破“2·04”涉恐专案。严密监管全县12家重点目标单位及重点要害部位反恐措施落实情况，并在县政府、火车站、汽车总站等重点部位，全力构筑“135”快速反应作战圈，确保应急处置工作快速到位。2016年累计采集新来宁海涉疆人员信息315人次，开展反恐督导检查235次，组织反恐重点目标单位教育培训3次，反恐演练2次，涉恐关注人员从1月的118人下降到9月5日的72人，下降幅度达39%。保交通安全。坚持网格化治隐患、信息化管源头、常态化严整治、社会化抓宣传，深化“畅甬2016”系列交通秩序整治。2016年共查处醉驾40起，“酒驾”445起、工程车交通违法14571起、涉牌交通违法1015起、非机动车违法38110起，行人违法26409起。深入排查整治临水临崖、交通信号缺失、安全设施缺失等安全隐患，集中排查整治各类道路安全隐患点段452处，全县交通安全形势平稳良好。治消防隐患。扎实开展“护航·利剑”和“护航·平安”行动，采取“拉网式”“地毯式”检查方式，加强日常消防隐患排查，重点对生产、储存、装卸易燃易爆危险物品的工厂、仓库，易燃易爆气体和液体的充装站、供应站进行集中排查整治。G20峰会期间，共检查社会单位4120家，督促整改火灾隐患7504处，下发责令改正通知书3303份，行政处罚单位123家，罚款47.805万元，临时查封63家，责令“三停”26家，拘留25人。

【护航经济社会发展】 全面做好大型活动安保。严格落实大型活动报备、审批、管理和风险评估制度，压实大型活动主办方主体责任。密切联系重大活动举办单位，反复踏勘安保现场，周密制定方案，在全大市率先将动态人口分析技术（即“热力图”）融入大型活动安保工作，全程做好大型活动及群众自发性聚集活动安全指导、监管和活动现场秩序维护工作。2016年，累计出动警力8000余人次，相继完成前童元宵节、第十四届中国徐霞客开游节、2016首届环宁海骑游大会、2016宁海越野挑战赛等72项重大文体活动、群众自发民俗活动的安全保卫工作，为全县经济发展提供良好的治安环境。

有效保障重大项目推进。着眼宁海社会经济发展大局，紧紧围绕县委县政府决策部署，主动作为、积极履职，深入开展涉及重大项目的矛盾纠纷排查化解，切实解决制约和阻碍项目推进的问题，为全县重大项目推进保驾护航。2016年，累计出动警力1000余人次，全面做好南部滨海园区汽车智能小镇、奇亿金属有限公司、住建局D2住宅小区地块、三山涂围垦工程爆破作业等重点项目施工现场秩序维护35次，配合宁波南部滨海园区管委会与茶院乡人民政府，全力做好下徐村村民抢种苗木清理现场秩序维护工作，全力保障重大项目顺利推进。

深入开展“三车”综合整治。在完成211辆残疾车和328辆人力三轮车回收的基础上，不断强化路面管控和查处力度。2016年共查处残疾车26辆、机动三轮车686辆、人力三轮车454辆，现场处罚人力客运三轮车闯禁令729次。同时，不断推进“三车”整治长效制度建设，对市政、环卫、快递、通信抢修、再生资源回收等公益性用车进行制度性规范，做到统一外观标识、统一车辆类型、统一驾技培训、统一登记管理。开展城区机动三轮车限行工作，加大路面查禁，有效缓解城区交通压力。

牵头开展户籍制度改革。积极参谋县委、县政府，在反复调研、科学论证、广泛征求意见的基础上，制订出台《宁海县户籍制度改革工作方案》，成立以常务副县长为组长的领导小组，设立工作专班，明确部门职责，进一步放宽户口迁移标准、建立城乡统一户口登记制度、完善流动人口居住证制度、健全人口信息管理制度，切实保障农业转移人口及其他常住人口合法权益。2016 年，累计投入资金 250 万元，全面做好人口信息系统升级改造、户籍制度改革宣传等各项工作，完成户口性质转移 53 万人。

大力提升行政服务质效。制定出台《宁海县公安局促进经济发展服务群众十二条措施》，以便捷高效为原则，全面简化交通、户籍、消防、出入境管理等各方面审批程序，推出机动车驾驶人考试网上自主预约、异地考试、机动车异地检验、出国境证件办理网上预约、护照自助办理、九项户口申报事项当场办理等多项便民措施，真正起到服务群众、方便群众的效果。2016 年全县公安机关累计办理十二条措施所规定的业务 32986 项次，群众满意度始终保持在 98%以上。

【推进基础信息化建设】 强化信息采集。一方面，狠抓全警参与、全警采录，增加信息数量。按照“逢疑必采、逢审必采、应采尽采”的原则，社区民警加强对网吧上网人员、暂住人口、住宿人员、涉稳人员、废旧物品交易、行业场所等信息的采集；执法办案民警加强对吸贩毒人员、侵财人员、被盗抢机动车、电话记录等信息的采集。对于采集到的信息，按照及时录入的要求，统一录入公安警用各系统平台。2016 年，全年警务 E 超市信息核对录入数达 15 万余条，更新行业场所信息 90 余家，采集场所人员信息 1.5 万余条；采集进入办案区域的嫌疑人员、可疑人员的指掌纹、DNA 样本 9106 份，采集率达 100%。另一方面，加强部门协作、资源整合，拓宽采集渠道。深入贯彻上级机关《关于进一步整合社会信息资源的实施方案》的要求，加强与卫计、民政、住建等部门联系，按照常规信息实时共享、分散信息定期拷贝、特殊信息端口接入的方式，全面采集各类社会信息资源。至年底，累计整合社保、劳动、残联、就医、就业、教育、燃气、水电、快递等各类社会资源信息 700 余万条，为加强治安防控，提高社会治理能力提供强有力的信息支撑。同时，加强内部信息融合，将全局各部门的情报线索、网上网下舆情、信访事项等情报信息集中至指挥中心，打通警种间信息壁垒，创建公安信息大熔炉。

强化物品管控。散装汽油管理。会同相关职能部门，加强全县加油站检查管理，与责任单位一一签订《加油站安全管理责任状》，确保散装汽油销售把关严、去向明、台账全。加强宁海县散装汽油销售信息系统的普及应用，督促全县 31 家加油站配备电脑、身份证读卡器等数据信息采集设备，按照实名购买、实情登记、实时传输、实时比对的要求，严格落实散装汽油购买实名登记制度。2016 年，通过系统核实散装汽油购买人员信息 49590 条，核查重点人员 4 人次，抓获逃犯 1 人。危化物品管理。深入“两清理一排查”专项行动，进一步督促指导全县 30 家危化品从业单位及其人员落实安全管理和岗位责任制，进一步完善危化物品许可管理、现场监督、调查处置工作，坚决防止危化物品流失，有效防范有关案件和事故的发生。建立健全联合执法机制，通过协调县安监、经信、商务、邮政等部门执法力量，加大爆炸物品、危险化学品仓库检查力度，推动从业单位落实管理主体责任。2016 年，共排查危化物品从业单位 86 家，发现整改安全隐患 10 处。深化缉枪治爆。深入开展缉枪治爆专项行动，加大对管制刀具、枪爆物品的收缴力度，加强线索排摸，全面防范、有效遏制涉枪涉爆等违法犯罪活动，切实巩固枪爆物品大清查行动成效。2016 年全县共查处涉枪案件 9 起，刑事强制措施 5 人，收缴易制爆危险化学品 2000 公斤、枪支 50 支、子弹 289 发、手榴弹 9 枚、雷管 9 枚，仿真枪 420 支、管制刀具 150 把、弩 10 把、导火索 100 米，有效遏制涉枪涉爆犯罪。

强化行业监管。强化寄递业管理。以大型企业站点、物流集中园区、分散小微企业为标准，对全县 16 家寄递企业，148 家寄递网点进行走访摸排，做到单位、网点、从业人员数据“三个必采”，登记从业人员 801 人，取缔没有经营许可，监控、消防等设备不符合管理要求的寄递网点 18 家。建立由综治、邮政、公安、安全、交通、工商等部门参与的联席会议制度，强化部门联动联勤，严格落实物流寄递行业实名登记、开箱验视、过机安检“三个 100%”。2016 年初以来，累计开展检查 2000 余次，发现隐患 50 个，均及时落实整改。

强化民宿、旅馆业管理。加强信息采集、登记工作，全面推广使用入住人员信息手机采集APP系统，督促从业单位严格落实“四实”登记制度。同时，强化督导检查，加强消防安全监管，持续开展明察暗访和检查通报，全力提升民宿、旅馆业管理水平。2016年，全县共有139家民宿、旅馆安装入住人员信息手机采集APP，通过严格落实“四实”登记工作，抓获上网逃犯14名，抓获各类违法嫌疑人239人，被市局评为“全市旅馆业治安管理信息系统管理应用先进集体”。娱乐行业管理。持续加大对KTV、洗浴中心、按摩房等娱乐场所的检查频度与力度，聚焦黄赌毒违法犯罪行为，采取常态检查、适时巡查、集中清查相结合的方式，累计出动警力325人次，开展城区娱乐场所集中整治行动28次，检查人员419名，对106名人员进行尿检，查处涉黄赌毒人员87人。同时，做好娱乐场所从业人员信息采集工作，全面检查从业人员居住登记、IC卡刷卡情况，确保娱乐场所从业人员信息采集率、刷卡率均达到95%以上。

【推进警务实战化建设】 推进“情指一体化”建强指挥龙头。立足实战，科学搭建体系架构。制定出台《宁海县公安局情报与指挥一体化建设工作方案》，加强联勤指挥部建设，按照“边筹建、边配套、边运行、边完善”的建设思路，在情报信息中心、勤务指挥室两个部门实行一体化运作的基础上，探索建立“5+X”联勤办公机制，情报、指挥、交警、巡特警、网警5个警种常驻指挥部办公，其余警种立足工作实际随时进驻办公。各警种工作由联勤指挥部统一分配，各负其责，相互协作，有效提升联勤指挥实战效能。立足实用，不断建强软件硬件。着力在硬件改造、软件升级、功能优化等方面发力，斥资260万元，自主研发“情报与指挥一体化实战工作平台”，内设联勤指挥、维稳管控、情勤联动、情报会商、基础信息、警情研判、请求协作、网情处置8大模块，一站式完成信息检索查询，形成情报服务决策部署。同时，加强视频资源整合，引进集成视频监控处理系统，将全县40余家企事业单位、商铺小区及12家反恐目标单位的视频监控进行联网，直接导入指挥部作战室显示大屏，结合相关区域警力分别、卡口信息数据，实现应急处突沙盘推演。立足实效，构建高效运作机制。充分发挥联勤指挥部信息集成优势，推动情报研判由“轨迹分析”向“行为分析”转化、警务指挥由“行政指令”向“数据指令”转变，一旦发生重大警情、案事件，确保各有关警钟第一时间开展情报信息综合分析研判，为一线实战单位提供翔实具体的情报支撑。自“情指一体化”实施以来，累计为实战单位提供情报查询2169次，梳理线索837条，研判处置不稳定因素426起，查破案件697起，抓获犯罪嫌疑人378名。

探索“打击新机制”，提升打击能力。多侦捆绑，高度合成作战手段。从刑侦、网监、视频、便衣等部门抽调13名技术骨干合署办公，高度合成行动技术侦查、视频图像侦查、网络侦查、情报侦查、便衣侦查、刑事技术侦查等手段，建立专门战术小组、专项平台，着力创新专业情报、情报研判、阵地控制、重点人管控等工作手段，以核心能力提升带动全局打击破案能力提升。2016年，共抓获侵财犯罪嫌疑人531人，破获各类侵财案件1371起，案件侦破能力有了明显提升。深度研判，用足用好情报信息。加强信息收集、拓宽情报来源，累计收集各类信息3952条，其中有效信息1085条，为信息研判提供丰富资源。加强案件串并，丰富线索内容，按照到边到底的要求，对海量信息开展多层次分析研判，全面掌握犯罪活动时空、手段等规律线索，将零散线索加工成“成品”线索，确保精准打击。2016年，合成作战室累计研判各类“情报成品”1085条，以此破获各类侵财案件798起，抓获犯罪嫌疑人365名。上下联动，层级条线有力支撑。加强与市局业务部门沟通对接，争取市局刑侦、技侦等部门技术支撑，着力提升集中打击能力。5月10日，在市局统一指挥下，出动警力350名，先后在宁海、台州、鄞州以及北仑等地成功抓获江苏、山东籍犯罪嫌疑人45名，一举破获长期发生在该县及北仑、镇海等地特大系列性盗销工业原材料案件。同时，建立与各辖区派出所的协作联动机制，全面落实刑事案件侦查协作配合工作，协同开展情报研判和组织专案经营，着力提高重型案件和跨区域案件的侦破能力。2016年，共侦破重型侵财案件56起，跨区域案件89起，打击侵财犯罪专项行动成绩在全市排名前列。

借力“科技化防控”强化防范水平。做大视频监控。大力推动视频监控城乡一体化建设，科学监控布点，形成治安动态监控、卡口清晰视频和社会面监控三者有机统一的视频防控网络。以西店派出所为试点，积极推行“民网”工程建设，以镇政府补助和村级自筹、奖励相结合的办法鼓励各村筹资开展视频监控自建，探索出一种以政府较少投资，撬动民间资本参与，高新技术企业合作的科技化防控新途径。2016年，全县共新增高清数字监控摄像机1000余路，利用治安动态视频监控系统已成功侦破各类刑事案件1247起，抓获违法犯罪分子695名，切实提高打击实效。做精巡逻防控。加强立体化社会治安防控体系建设，强化防控情报综合研判和信息推送，及时将发案情况和预警信息推送至一线巡防民警，动态调整巡防线路，以信息化推动治安防控精确度，不断提升巡控力量与嫌疑人员的街面碰撞率，实现“猫鼠同步”。深入开展“亮警灯”工程，加大夜间巡逻力量投入，加强治安复杂区域、案件高发区域的巡逻防控频次，不断挤压违法犯罪空间。2016年，全县盗窃案件同比下降19%，其中扒窃、盗窃车内物品、盗窃“三车”、盗窃商店案件分别同比下降17%、21%、15%、16%。做强平安宣传。坚持把群众“请进来”，引资30万元，建设实景化“安全防范体验中心”，开辟警民恳谈、防盗抢体验、防诈骗宣传、消防知识、急救知识普及等五大功能区，主动邀请群众体验，传授安防技巧。同时，坚持把平安“送出去”，投资80万元，购买两辆平安直通车，到全县236个社区（村）开展平安宣传，累计宣传受众达到48万余人，群众普遍反响良好。近三年来，全县安全感测评始终保持在96%以上，群众知晓率、参与率逐年提升。11月4日，全市公安机关平安宣传工作现场会在县公安局召开。

【推进执法规范化建设】 以“三个化”为标准，建好跃龙“示范点”。主动加强与省厅、市局业务部门的汇报对接，坚持“科技化、流程化、人性化”的改造原则，充分运用信息技术，全力抓好跃龙派出所“三位一体”示范点建设，为全局推广储备经验。“刷卡式”信息录入。在涉案人员基础信息采集上，自主研发人员身份信息自动采集系统，“刷卡式”瞬间读取“二代证”信息，自动数据碰撞比对，信息采集时间由以往的20多分钟缩短至2分钟，大大缩短办案时间，提升办案效率。“透明化”影像固定。研发智能物品存取设备，对嫌疑人的随身物品在入所暂存、出所领取时，自动抓拍和影像固定，有效杜绝因登记描述不准确、保管不力，以及利用职权非法侵占等情况的发生。“电子环”跟踪管理。运用物联网RFID射频识别技术，为涉案人员佩戴防拆电子腕带，通过电子腕带建立人、案、物唯一关联，对涉案人员进行全时空身份识别和跟踪管控，出现异动立即报警，做到人员监管无盲区、无漏洞。2016年，县局执法办案区共出入登记人员7468人，未发生一起人员自伤自残、失控脱管事件。“程序化”案件管理。根据执法办案流程，设定各功能区在整个流程中的先后顺序，通过单向门禁系统和射频识别技术，对全过程实施智能程序控制，引导涉案人员在办案区内按顺序依次流转，如出现违规情况则功能区自动拒绝开放，无法进行下步操作，有效防止办案流程遗漏、执法程序不规范。自2016年1月22日完成改造投入运行以来，共办理案件1923起，实现执法问题信访“零投诉”、执法安全“零事故”。“智能化”语音提醒。自主研发智能讯问桌和智能笔录系统，针对不同案件，自动提示笔录要点、显示相关法条，并生成笔录模版，提升笔录制作质量。适应以审判为中心的证据模式，安装智能DVD刻录仪，实现所有询（讯）问过程同步录音录像、同步刻录。采用二维码和IC卡技术，对在办和未破案件进行联网集中智能管理，自动提醒案件办理进度，杜绝超期羁押等问题发生。

以制度化为手段，耕好宁海“试验田”。不断总结推广跃龙所改造经验，进一步完善“三位一体”执法管理机制，让跃龙所的“一枝独秀”变为全局的“满园春色”，力争将宁海建成“三位一体”执法管理机制建设的“试验田”。2016年10月25日，全市公安机关深化执法规范化建设暨“三位一体”执法管理机制建设现场会在县公安局召开。因地制宜，结合各单位执法办案量、区域位置和场所实际，本着经济、集约、高效的原则，在圆满完成跃龙派出所示范点建设经验的基础上，按照各派出所的办案量，列出办案区改造的项目清单，按照高、中、低三个配置标准在全县公安机关全面铺开建设。其中，局机关、跃龙所按照高标改建，单个改建费用70万元以上；桃源所、西店所、梅林所、岔路所、力洋所按中标改建，单个改建费用30万元~35万元；其他派出所按低标改建，单个改建费用10万元~15万元。因时制宜。按照高、中、低三个标准同时可参照的要求，在完成跃龙所“三位一体”改造的基础上，选择桃源所作为中标建设试点单位、前童所作为低标建设试点单位，于7月底前全面完成3个标准试点建设工作。经对试点单位整改验收后，其他派出所紧锣密鼓开展改造，其中县公安局机关以及梅林、岔路、力洋、西店4个派出所于9月底前完成改造，其他派出所也已基本完成改造，有效防止重复建设、反复改造问题发生。因事制宜。围绕贴近基层，服务实战，实效实用的原则，在完成高、中、低三个标准配置建设的基础上，根据各单位工作实际，有针对性地加入自选建设内容。其中，桃源、西店、梅林、力洋、岔路全部完成办案区前端智能改造，其他派出所在立足消除安全隐患的基础上，根据自身需求，适当做好自选动作，确保工作效能最大化。

以军事化为动力，打造公安监管新路径。充分汲取县局“三位一体”建设经验，探索出一条以军事化管理为内涵的公安监管新路劲，得到了上级领导的充分肯定。2016年3月28日，全市公安监管工作暨监管场所军事化管理体系建设现场会在县公安局召开。明确标准扣细节。针对在押人员日常生活特点，科学制定一日生活作息表，按照上午、下午、晚上三大时间区块，从起床、洗漱开始，到晚上就寝、安全轮值，对全天20项科目的时间予以精确规定。规范制定“起立”“起床”“坐下”等15项口令，邀请武警指导把关，对每个科目进行分解训练，20项科目一个一个过关，组织经常性的集体训练，确保在押人员按照口令统一行使动作，做到令行禁止。同时，按照“五个一条线”要求，对被子、鞋子、毛巾、牙刷、餐具等进行统一摆放，确保整齐划一。完善机制抓养成。通过严格检查、规范奖惩、树立典型等举措，不断将军事化管理工作做深做实。建立完善局领导工作检查、值班领导“三查六巡”、管教民警入室点评、巡控民警点对点训导等多岗位联动机制，对军事化管理体系建设进行常态化督导，做到日督导、日整改、日提升，反复抓，抓反复，确保各项规范工作巩固见效。进一步细化考核标准，制定每日检查评分表，对落实军事化管理工作较好的监室或者个人，予以一定的加分；对落实不到位、态度不端正的人员予以扣分，按得分高低进行排名，营造创先争优的良好氛围。深入推进促提升。通过军事化管理体系的建设，民警依法履职意识、能力得到明显提高，执法执勤行为进一步规范，各项规章制度进一步得到落实，实现对在押人员的全方位、全天候管控，有力确保监所管理的绝对安全。通过加强在押人员的反复教育和训练，整肃在押人员日常行为养成和监内秩序，利于在押人员尽快养成良好行为习惯，有效压制消除监内矛盾的发生，积极营造严格、统一、规范的监室氛围。2016年，累计消除各类安全隐患51起，快速处置监内矛盾纠纷25起，在押人员矛盾纠纷发生数量同比下降38%。

【推进队伍正规化建设】 深化全警履职能力建设。持续推进中层履职建设。充分发挥中层干部表率作用，在中层干部肩上压执法办案的担子，强化案件质量把关，严格案件审核评分，倒逼中层干部积极办案、带头办案。严格执行《宁海县公安局中层领导执法履职问责措施（试行）》《宁海县公安局调整不适宜担任现职中层干部实施细则（试行）》，对中层干部履职情况实行局领导、业务警种两级督导，全面整顿在岗不履职、履职不尽责等弊政作风，大力提升中层干部自律意识、担当意识、表率意识。加强中层干部教育培训，积极寻求浙江警察学院师资力量支持，组织全局148名中层干部开展业务培训，进一步提高中层干部业务技能。2016年初以来，中层干部累计办理案件464起，移送起诉犯罪嫌疑人281人。按照“能者上、庸者让”的原则，对2名不符合任职规定的中层干部予以免职。深入开展民警试岗工作。制定出台《宁海县公安局民警试岗工作细则（试行）》，对不作为、乱作为、慢作为以及纪律作风涣散、工作实绩落后、不遵守规章制度等情形办法严肃处理。2016年，全局共有3名民警受到警诫处理，5名民警被诫勉谈话，86人次被督察记分，对8名民警岗位进行调整。专门制定印发执法办案、侦查破案、巡处、社区等岗位考核标准，加强对实绩靠前民警的奖励力度，严厉惩处工作不上进实绩靠后民警，着力营造“比、学、赶、超”的工作氛围。同时，加强新警能力建设，规定刚参加工作的民警，一律先到业务繁忙的城区中心派出所锻炼一年，再分配至乡镇派出所。2016年，共有21名新警在城区跃龙、桃源派出所试岗后，分配到各乡镇派出所。全面强化纪律作风建设。结合“无限忠诚、走在前列”“两学一做”主题教育实践活动，立足宁海公安实际，组织开展全县公安机关队伍集中教育整顿活动，制定出台《全县公安机关饮酒报备制度》，组织全体民警签订《浙江公安民警道德高线和纪律底线规定》承诺书，全面排查整改公安队伍中存在的各类问题。活动期间，共开展廉政谈话1135人次、签订各类承诺书共2250人次，梳理重点民警13名，排查问题隐患33条，对25个单位86人次进行督察记分。

深化爱警惠警措施落实。积极回应广大民警的关切和期待，从政治上、思想上、生活上更好地关心爱护民警，让全县广大公安民警“快乐工作，幸福生活”。在政治上关心。树立科学用人导向，对3名工作成绩突出的同志直接提拔任用。建立战时表彰奖励制度，按照“简化审批程序，打破常规，特事特办，火线表彰奖励”的原则，第一时间对在重大活动安保工作中做出突出贡献的4名民警火线记功；

同时，开展火线入党，积极在申请入党的民警中物色政治立场坚定、担当意识强烈，业务技能扎实，能够严守各项纪律，能够吃苦耐劳的6名同志，火线发展为中共预备党员和入党积极分子，有效激发民警工作积极性。在思想上关怀。严格落实倾听谈话制度，针对不同层级、不同岗位、不同年龄段民警的特点，做深做实一人一事经常性思想政治工作，全面掌握民警思想动态，严防发生重大心理问题。制定出台《全县公安机关民警（警务辅助人员）心理健康工作规范（试行）》，在县局层面设立心理健康服务站，在有条件的基层所队设立心理健康，邀请专业心理咨询工作者，为有需要的民警开展一对一心理辅导。不断完善战时思想政治工作，印发《G20峰会战时心理健康训练服务工作方案》，在G20峰会安保进入实战阶段后，专门邀请浙江警察学院心理学讲师为全体参战民警授课。2016年，共开展心理培训8次，心理辅导162人次。在生活上关爱。制定出台《宁海县公安局关爱民警十项措施》，加强与卫生部门、医院对接，建立民警伤病员重症急救“绿色通道”，推出“个性化、点单式”体检服务，当好民警健康顾问。建立警属微信群，强化同警属之间的沟通交流，做好对民警八小时外监督，严防民警出事。紧贴民警家属实际需求，建好“公安内部110”，有针对性地推出家属就医、子女看护、紧急救助等应急服务措施，切实解决民警后顾之忧。

深化协辅警教育管理。不断探索协辅警管理机制建设，积极营造拴心留人的良好氛围。完善“双警一体”机制。将警辅人员和民警一并纳入政治工作和党团组织建设，累计为113名党员警辅人员分别建立临时党支部，同时吸收350名团员警辅人员加入各单位团支部，与民警一同分析思想动态，同找问题、同查根源、同步治理，切实夯实思想基础。参考民警队伍，为全局警辅人员缴纳养老、医疗、失业、工伤、生育保险和住房公积金等“五险一金”，并将爱警基金普及至警辅人员，切实帮助解决实际困难，不断提升警辅人员职业归属感。完善教育培训机制。在做好“传帮带”工作基础上，对新上岗、在岗警辅人员分别开展岗前培训、业务培训。2016年累计岗前培训198人，在职轮训992人。实施警辅人员骨干培训计划，于2016年3月举办首期警辅骨干专题培训班，集中培训150人，进一步提升警辅骨干工作能力。积极鼓励警辅人员提升学历层次，创造条件支持警辅人员参加在职进修，并给予适当奖励。全年共有16名警辅人员参加大专以上在职进修。完善奖惩激励机制。实行队伍记分考核、业务量化考核，每月末通报考核情况，考核结果直接与经济利益挂钩，以劳定绩、以绩取酬，合理拉开收入差距。同时，印发《全县公安机关警务辅助人员问题清单》，常态化开展督查、互查、自查，有效规范日常行为，倒逼警辅人员遵守制度、积极履职。2016年，全局警辅人员共协助破获刑事案件1450起、治安案件2205起，协助抓获违法犯罪嫌疑人2814人，5人被评为省级先进个人、11人被评为市级先进个人，2人被授予一等治安荣誉奖章、17人被授予二等治安荣誉奖章、59人被授予三等治安荣誉奖章。同时，50名问题警辅人员被辞退。

【案例举要】 破获“1·3”绑架案。1月3日22时许，县公安局接谢某（女，44岁，湖南省溆浦县）报警：其儿子洪某（男，8岁）在桃源街道建设村被人绑架，对方要求付赎金3万元。接报后，县委常委、公安局局长蔡利丰高度重视，要求全力侦破此案，确保人质安全。刑侦、网警、派出所等精干警力组成专案组，县公安局合成作战室提供技术支援，全力开展侦破工作。在市公安局技侦支队、刑侦支队的大力支持下，1月4日23时，专案组在宁海桃源下洋葛村成功解救出受害人，并在下金村抓获犯罪嫌疑人石某（男，贵州黔南州惠水县人，暂住地宁海桃源街道下金村255号）。经审查，石某如实供述了其因手头拮据，经事先预谋，诱骗受害人到宁海跃龙街道上下桥一空置房屋内，并向受害人家属索要3万元的犯罪事实。

破获“1·9”杀人抛尸案。1月9日13时许，县公安局接群众报警称：在宁海县跃龙街道下白峤村往越溪方向的马路边发现一具尸体，已高度腐败。经现场勘查，尸体胸部压有两块水泥块，初步判断为他人所为，疑似被人抛尸。县委常委、公安局局长蔡利丰听取案情汇报后，强调必须严查细微线索，尽快破获此案。县局立即启动命案侦破机制，在县局党委委员、副局长褚访岳的指挥下，抽调刑侦大队、网警大队、跃龙、桃源、西店、桥头胡、长街、黄坛派出所等精干警力组成专案组开展案件侦查。为尽快查明尸源，县公安局对辖区内失踪人员开展大排查。1月10日8时许，刘某到跃龙派出所报案称：其在宁海务工的妻子方某已失联两个月。经对死者衣物辨认和后期DNA比对，确定下白峤村路边发现的尸体正是方某。专案组在认真分析研判案情，并听取市公安局专家的指导和建议后，确定以走访调查手段作为寻求突破的侦查方向，并投入大量的专业警力，在宁海跃龙、桃源等辖区排查死者方某的暂住地和工作地，对其日常接触的关系人开展研判分析。1月13日10时许，走访排查组向专案组指挥部传送捷报，多方证据均指向该县力洋籍男子王某为犯罪嫌疑人。这一判断很快得到其他侦查手段的支持和确认。有证据证明，王某与死者方某同在满珍饭店工作，也是最后同死者有过接触的人。专案组判断，犯罪嫌疑人王某有重大作案嫌疑。1月14日上午9时，专案组在东海路满珍酒店附近抓获犯罪嫌疑人王某。经审讯，王某供述在2015年11月初的一天晚上，将受害人方某约至潘天寿公园，因琐事将其杀死并抛尸的犯罪事实。

破获“2·15”故意杀人案。2月15日10时，县公安局指挥中心接到报警，一位女子在西店镇石孔村被人杀害，要求公安机关处置。接警后，刑侦大队、西店所立即赶至位于石孔村的现场，对死者冯某（女，67岁，浙江宁海人）及周边现场进行勘查，并确认犯罪嫌疑人冯某（男，53岁，浙江宁海人）已逃离现场。侦查民警立即对冯某进行布控，于当日14时在奉化汽车东站将嫌疑人冯某抓捕归案。刑侦大队、西店所及时开展现场痕迹物证提取、技术比对、走访、预审等工作，全面固定犯罪证据，查明犯罪事实。经审讯，犯罪嫌疑人冯某供述其因琐事纠纷与被害人发生争执，在情绪激动之下将被害人勒颈并致其死亡的犯罪事实。

破获“3·6”故意伤害致死案。3月26日20时许，县公安局指挥中心接到报警，在宁海县大佳何镇滨海村一公墓旁小沟内发现一男性尸体。接警后，刑侦大队、大佳何所立即赶赴现场。经现场初步勘验和调查走访，确认系一起命案。县局立即启动命案侦破机制，经侦查，谢某有重大作案嫌疑。专案组立即对谢某进行布控，发现谢某已经潜逃至滨海村附近山上。3月27日，专案组组织警力对谢某开展抓捕行动，巡特警大队派遣100余名警力围山对谢某进行搜捕，期间，市公安局派遣警犬队伍参与搜捕。刑侦大队、大佳何所在滨海村周边部署警力形成包围态势，并对村庄内谢某住处进行蹲点布控。当日22时30分许，谢某潜回住处时被蹲点守候的侦查人员当场抓获。经审讯，犯罪嫌疑人谢某供述其因琐事纠纷与被害人发生争执，在情绪激动之下将被害人伤害致死的犯罪事实。

破获“1·30”持刀入户抢劫案。1月30日凌晨，宁海县桃源街道堂墙村某暂住房发生一起持刀入户抢劫案。接到报案后，县公安局党委委员、副局长褚访岳亲自督导案件侦查工作，并明确提出具体要求。桃源所高度重视，迅速组织警力赶赴现场开展现场勘查和调查走访工作，均未发现有利线索，案件一时陷入僵局。侦查员毫不气馁，经过大量的网上作战以及反复排摸、分析，发现犯罪嫌疑人极有可能在应家山附近活动。获此线索后，该所立即制订详细的作战计划，对其活动区域进行全面布控，蹲点守候，于6月7日凌晨，成功抓获犯罪嫌疑人方某（男，36岁，江西上饶人）。经连夜审讯，方某交代其于1月30日在堂墙村持刀入户抢劫的犯罪事实。但在审讯过程中，细心的侦查员发现方某神情异样，凭借多年的工作经验判断另有隐情，遂加大审讯力度，深挖线索。在强大的审讯压力下，方某对其在跃龙街道某网吧内拎包盗窃以及在桃源街道泉水生活区入户盗窃的犯罪事实供认不讳。

破获“6·13”故意伤害致死案。6月13日23时，县公安局指挥中心接到报警，有人在梅林石埠头一夜宵摊被人故意伤害，要求公安机关处置。接警后，刑侦大队、梅林所立即赶至位于梅林石埠头的现场，对周边现场进行勘查，同时联系救护车辆将被害人张某（男，23岁，甘肃省五库乡人）送医救治，并确认犯罪嫌疑人孟某（男，22岁，河南省尹庄镇人）已逃离现场。被害人张某在医院抢救无效死亡。侦查民警立即对孟某进行布控，通过彻夜守候，于14日6时在宁波镇海蛟川街道临江小区一住宅楼下，将正准备再次外逃的嫌疑人孟某抓捕归案。刑侦大队、梅林所及时开展现场痕迹物证提取、技术比对、走访、预审等工作，全面固定犯罪证据，查明犯罪事实。经审讯，犯罪嫌疑人孟某供述其因琐事纠纷与被害人发生争执，在情绪激动之下拿刀将被害人捅伤并致其死亡的犯罪事实。

破获应某等人特大贩毒案。年初，桥头胡派出所积极布置秘密力量，查找贩毒线索，发现宁海籍应某、吴某、牟某、陈某等人有重大贩毒嫌疑，且应某通过与湖南籍“阿华”的联系，建立“湖南—宁海”的秘密运送毒品的通道，毒品数量巨大。发现此线索后，桥头胡派出所立即与分管褚访岳副局长进行了汇报，在禁毒大队协助下，将案件报省公安厅为目标案件督办，并抽调禁毒大队民警褚国会与桥头胡派出所一起继续对整个案件进行侦查经营。在市公安局有关部门的大力协助下，经半年的侦查经营，基本掌握了以应某为核心的贩毒团伙网络，团伙成员达16名之多。经向褚访岳副局长汇报后，召集禁毒大队、桥头胡、跃龙、梅林、前童等派出所80余名警力于7月5日开始对整个团伙实施抓捕。通过精细的安排、发扬连续作战的精神，至7月12日共抓获贩毒成员12名，吸毒违法人员10余名，现场缴获冰毒、麻古等毒品共350余克，摧毁了该以应某为核心的特大贩毒团伙，并破获该起省目标案件。

检　察

【概况】 2016年，县人民检察院坚持“强化法律监督、维护公平正义”的检察工作主题，切实履行检察职能，强化司法办案，推进自身建设，各项工作取得新的进展。2016年全院在岗88人（其中事业编制5人），内设19个科、局、处、室（办公室、政治处、监察室、侦查监督科、公诉科、未成年人刑事检察科、反贪污贿赂局、反渎职侵权局、职务犯罪预防科、检察技术科、控告申诉科、监所检察科、民事行政检察科、行政装备科、司法警察大队、案件管理科、检务保障中心、西店检察室、力洋检察室）。

12月6日，宁波市检察院党组书记、检察长戎雪海到宁海县检察院调研，并召开座谈会

【刑事检察】 依法打击各类刑事犯罪，营造良好治安环境。全年共受理公安机关移送审查逮捕案件406件503人，经审查批准（决定）逮捕376人，不批准（予）逮捕123人。受理移送审查起诉案件888件1420人，经审查提起公诉752件1032人，对轻微刑事案件不起诉129人。始终把维护社会公共安全摆在首位，批准逮捕杀人、抢劫、强奸、绑架、爆炸等严重暴力性犯罪9件10人，起诉23件26人。批准逮捕寻衅滋事、聚众斗殴、非法拘禁等涉恶犯罪16件25人，起诉23件30人，批准逮捕涉毒犯罪38件50人，起诉49件78人，批准逮捕盗窃、诈骗、抢夺等多发性侵财犯罪189件228人，起诉277件364人，全力维护社会和谐稳定。严厉打击侵害未成年人权益的犯罪，依法维护涉案未成年人合法权益。一预防未成年人犯罪法治课程被宁波市检察院评为优秀奖。

注重运用宽缓刑事政策，促进和谐社会建设。坚持宽严相济的刑事司法政策和人性化办案方式，加强社会危险性和羁押必要性审查，慎用逮捕措施，彰显谦抑司法理念。加强未成年人刑事检察，以“保护性司法”为核心，对涉罪未成年人坚持少捕慎诉，不批捕6件6人，不起诉5件5人。拿捏好司法办案的宽严度，有效修复社会关系，减少司法办案的副作用。对2起涉嫌生产销售有毒有害食品安全犯罪的“夫妻店”女性犯罪嫌疑人作相对不起诉处理，有效保护未成年子女健康成长。

【惩防职务犯罪】 持续保持查办职务犯罪高压态势。坚持客观性证据审查，着力防控风险，服务社会发展。立案查办贪污贿赂等职务犯罪7件8人，其中社会保障领域人员受贿200余万元案、国企公职人员挪用公款700余万元案，涉案金额为历年之最。查办渎职侵权犯罪2件2人。列席监督安全生产事故调查15起。

深化规范化建设提升办案效果。扎实开展“保障律师会见权”“文明办案”两个专项行动，遵守“六个不得”“三个应当”。严格执行刑事诉讼涉案财物管理规定，严防侵害当事人合法权益。严格执行职务犯罪侦查行为规范，严防“前伸后延”疲劳审讯、刑讯逼供和非法取证，保证犯罪嫌疑人在24小时内有连续不少于6小时休息时间，夜审不超过22时，防止连续夜审现象出现，确保侦查权依法合规行使。严格执行讯问犯罪嫌疑人全程同步录音录像制度，杜绝“供录不一”现象发生，对犯罪嫌疑人的辩解，要求办案人员“原话记录，细节重现”。

注重发挥预防职务犯罪职能作用。加强制度预防，积极与县农办(老区办)、县卫计局、县环保局对接，出台相关文件加强领域专项预防工作。接受预防咨询10余次，走访重点工程20余次。受理行贿犯罪档案查询3000余次，录入行贿信息4条。开展“加强举报人保护·惩治群众身边腐败”为专题的“举报宣传周”活动，开展预防警示教育15次。落实省院“诚信发展·检察伴你行”活动部署，对接西店新城建设工程、毛屿港综合治理工程、宁东新城商务中心工程等开展同步预防，对宁海智能汽车小镇基础设施PPP项目进行全程跟踪。省院“五库”入库材料19篇，“38省道宁海桥头胡至深甽段改建工程（BT）预防”项目被列入全省50个工程预防挂牌项目，一作品获“全省检察机关预防职务犯罪微课堂评比活动”三等奖。

【诉讼监督】 加强刑事诉讼监督。以严防冤假错案为重点，对重大疑难复杂案件做到证据亲历性审查，切实加大对非法取证等行为监督力度，立案监督4件6人，监督1起涉嫌生产、销售有毒、有害食品案，并发出纠正非法取证意见书1份；对2名违规提押出所收集到的犯罪嫌疑人的证据予以排除，并以事实不清、证据不足决定存疑不捕；追诉漏罪漏犯4人。力洋检察室在审查张某某非法持有枪支案时，发现其冒名顶替，核实查清顶罪事实后依法予以处理。向县法院提出抗诉3件，提请宁波市检察院抗诉4件，法院改判5件。

加强民事行政检察监督。受理民事行政申诉案件20件，对9件行政机关不当履行职责案件制发检察建议，收到回复3件；对民事生效裁判结果进行监督，受理10件，办结8件，2件提请宁波市检察院抗诉。严厉打击虚假诉讼，维护司法权威，对当事人举报或法院移送的虚假诉讼线索进行核查，法院发回重审后改判。积极探索民事执行检察监督机制，坚持监督与支持并重，通过旁听法院月接访、当事人来访、应邀现场参与法院执行等多种方式，进行释法说理，消除当事人的不解和抵触情绪，提升司法认可度和公信力。对审执人员违法违纪行为开展监督2件，法院作出通报批评1人。1件监督案件入选“全省检察机关践行绿色司法精品民行监督案件”。

加强刑事执行监督。加强驻所检察工作，切实保障在押人员合法权益，首时会见1540人次，审查看守所拟呈报提请减刑11件，审查市中院减刑裁定7件，审查在押人员检举揭发材料10件。加强羁押必要性审查，向县法院、县公安局及本院公诉部门发送羁押必要性审查建议书44人次，被采纳41人次。发现公安机关违规提押出所问题8件8人次，制发检察建议促使县公安局发文规范在押人员出所辨认、指认、起赃期间安全管理工作。一案件入选省院践行“绿色司法”羁押必要性审查优秀案件。建立财产刑监督执行内外联动机制，监督财产刑执行案件70件。对法院判处实刑未收监执行的18名罪犯，制发检察建议监督法院收监执行。对全县首例计划外故意怀孕逃避刑罚的罪犯监督收监执行。推行社区矫正同步监督，向社区矫正机构发送检察建议11份，监督收监执行8人。一案件入选全省检察机关刑罚交付执行法律监督优秀案件。

【社会治安综合治理】 积极护航G20峰会和世界互联网大会。以高度的政治责任感做好检察环节维稳安保工作。成立由检察长任组长的G20维稳安保工作领导小组，出台方案，严格执行值班、执勤、备勤制度，规范来访车辆、人员进出管理等。前移维稳“窗口”，坚持每月两次“检察长接待日”，接访7人次。对排查出来的重信重访、涉检积案和矛盾纠纷进行风险评估，建立台账，动态管理，制订化解方案，落实稳控措施，力争将问题解决在当地。1人获全省检察机关平安护航G20峰会先进个人，2人获县级先进个人。

营造绿色安全的健康环境。主动契合县重点工程项目建设、“五水共治”、“三改一拆”等工作部署，为工作推进提供检察保障。多措并举推进破坏环境资源犯罪和危害食品药品安全犯罪两个专项立案监督活动和“一打三整治”行动，进一步完善两法衔接机制。与县环保局等联合制定实施意见，在监督范围、配合方式、联络机制等方面达成共识；新设驻县市场监督管理局联络室，在联合打击危害食品、药品安全犯罪，预防职务犯罪、依法保护非公有制经济发展等方面促进联系。以污染环境、非法采矿、非法占用农用地等罪名起诉10件17人。建议行政执法机关移送污染环境案1件2人，非法收购珍贵、濒危野生动物案1件1人，非法捕捞水产品案2件2人。

服务保障“非公经济”发展。以五大发展理念为引领，保障和服务经济社会转型发展。根据省宁波市检察院部署，举办“服务非公企业，浙检在行动”检察开放日、“百名检察官走访百家非公企业”活动，倾听企业司法需求听取非公有制企业人士意见建议。出台两个服务非公有制经济文件获县委主要领导批示肯定。建立新型“清、亲”检企关系，做到“轻拿轻放”审慎办理涉企案件。发挥打击与保护的双重作用，批捕破坏市场经济秩序犯罪 11 件 16 人，起诉 53 件 86 人，起诉葛某某等 58 名犯罪嫌疑人诈骗案，被害企业涉及全国各地达 2 万多家；注重对非公有制企业犯罪社会危害性综合评估，做到当宽则宽，最大限度减少对企业的负面影响，对一企业主陈某污染环境案决定相对不起诉；保障企业创新驱动，李某某等 10 人假冒“红牛”饮料注册商标案入选 2015 年宁波市知识产权十大事件。

2016 年 9 月，胡剑锋获法治宁波建设十周年工作先进个人称号

着力拓展服务基层路径。积极发挥检察室驻扎基层优势，检察室主任列席镇党政联席（扩大）会议，与党委、政府工作同频共振；加强对派出所、司法所的检察监督，增强三项基本职能履行力度和履职均衡性，充分发挥基层检察室矛盾化解功能，依法及时就地解决问题；与县公安局联合出台实施意见，规范和明确对基层派出所的法律监督。探索开展检察室对基层法庭民事诉讼活动的监督配合机制，延伸法律监督触角，形成具有检察室特色的“一室一品”，该创新项目被宁波市检察院评为优秀创新成果。加强对村干部的职务犯罪预防，联合县纪委和力洋镇政府在海头村建立全县首家村级廉政教育基地。推进检察室规范化建设，西店检察室被宁波市检察院评为 2016 年度规范化基层检察室。

积极推进社会治理创新。加强涉法涉诉信访矛盾排查化解，对 198 件（次）群众来信来访依法导入司法程序。监督一起群众多年举报反映的环境污染案件，促使污染企业自行关停，化解社会矛盾。深入监区对象山公安机关异地羁押的老上访户做好释法说理工作。在办理拒不支付劳动报酬案件中，积极与县人社局联系，促使欠薪人在审判阶段退回政府垫资余额 3 万余元。发挥社会力量，完善配套救助机制，实现多元立体救助，对 2 人共发放社会化救助款 3 万元。

2016 年 9 月，宁海县检察院被评为 2011 年-2015 年 宁波市法治宣传教育“示范单位”

【检察公信力建设】 自觉接受内外监督。强化内部自查自纠，追求程序公正、实体公正、形象公正。自觉接受县人大及其常委会监督、政协民主监督，认真配合做好县人大对 2 名检察官履职评议工作。对 1 件 1 人拟撤案的职务犯罪案件启动人民监督员监督程序。加强代表委员联络，发送联络动态彩刊彩信 7 期。坚持审查逮捕、审查起诉质量月评通报制度，制作督查通报 12 期。配合省院开展 2015 年度自侦部门办理的两件不诉案件质量评查工作。

深入推进检务公开改革。运行相对集中式检察服务大厅，接受案件当事人、律师、公安电话查询1000余次，扫描电子案卷材料并录入统一软件1663件3368卷。搭建线上线下阅卷预约平台，三证齐备即可安排，实现律师"阅卷零等待"，接待阅卷114人次。落实阳光检务工作，公开案件程序性信息1418件，法律文书828份，重要案件信息24件。加强向犯罪嫌疑人释法说理公开审查力度，对田康团拟不起诉案件进行公开审查，维护社会稳定。加大"两微一端"建设力度，新增微信订阅号，利用新媒体及时发布本院工作动态、重大案件办理、法律文书等情况，打造宁检品牌，讲好检察故事，讲好司法办案故事。在各级新闻媒体刊发新闻稿件92篇，"宁海检察"新浪微博获2016年上半年浙江省十大司法系统微博第三名，被评为2011—2015年全市法治宣传教育"示范单位"和县普法依法治理信息工作先进集体，1人获全县"六五"普法宣传教育先进个人。

高度重视法律共同体建设，营造良好司法生态。积极推进法律职业共同体建设，建立新型检审、检侦、检律关系。在检审关系上，各司其职，在监督中配合做好正确裁判的释法说理工作，共同维护司法公正。在检侦关系上，以检察为主导，通过介入侦查、引导取证、参与办案等方式，向侦查部门传导证据标准、宽严尺度，把好案件入口关。在检律关系上，依法保障律师会见权等执业权利，严格执行办案中"律师会见不需要许可的100%保障"，"需要许可的确保在侦查终结前三天安排会见"。重视听取犯罪嫌疑人、被告人的辩解和律师的辩护意见，确保批捕、公诉案件办理质量。完善律师参与化解和代理涉法涉诉信访案件制度，3个案件经律师参与，矛盾纠纷得到缓和化解。

【检察队伍建设】 着力提高政治素能。高质量开好"三严三实"专题民主生活会，扎实推进"两学一做"学习教育，把握"四种形态"。出台实施方案，明确任务职责，引导全体党员干部充分利用固定组织生活日、党支部学习日、每周夜学以及业余时间自主学习，强化党性锻炼。组织开展"两学一做"微型党课比赛，推选两名干警参加县微型党课比赛并分别获个人一等奖、二等奖，被推送到市里参加比赛后1人获三等奖；2人在全市政法系统演讲比赛和征文比赛中分获二等奖；1人获县优秀共产党员称号。

推动退休法官参与诉前调解实现人民调解"精专化"

着力强化纪律刚性。落实全面从严治党主体责任，深入贯彻落实中央"八项规定"精神的相关要求和省委"28条办法""六个严禁""七个绝不允许"、省院"九项严禁"等各项禁令及有关酒驾等违法违纪情况通报，组织纪律作风知识考试，以考促学，以学促治，提高自律意识。以高标准严要求，抓早抓小，抓常抓细抓实，继续保持队伍零违法违纪。

着力加强业务能力建设。培养干警文明理性规范司法习惯，提高证据审查、法律适用、出庭应对、规范司法、舆情处理及群众工作能力水平。组织召开查短板、补短板专题院务会，精准查漏补缺。学习先进模范王盛同志事迹，提高严格司法、敢于担当意识。组织重大复杂案件主任检察官团队公诉，提升团队作战能力；开展听庭评议、庭审观摩、剖析点评等活动，提高办案能力。宁海县检察院在2016年度全市基层院综合评比中位列第四，2人被宁波市检察院各记三等功1次，1人获法治宁波建设十周年工作先进个人称号，2名新进干警在2016年新录用公务员培训班演讲比赛中分获一、二等奖，10篇调研文章被省级以上刊物录用或在省级以上获奖。（应敏骏）

法　　院

【概况】 2016年共新收各类案件16 567件，办结16 206件，同比分别上升9.69%和11.17%，未结1

706件，同比上升27.69%。主要质效数据均进入省高级法院公布的评估数据合理区间，其中月均存案工作量、平均审理天数、18个月以上未结案数等指标优势明显，进入全市法院前三，审判、执行工作逐步呈现出良好的发展态势。

县法院执行指挥中心

【打击犯罪与保障人权并重】 坚持宽严相济打击刑事犯罪，严把案件质量关。共新收刑事案件762件，审结770件。严厉打击严重刑事犯罪，审结侵犯公民人身权利、妨害社会管理秩序等犯罪案件87件116人，其中判处五年以上有期徒刑24人。保障人民群众生命健康安全，审结危害食品、药品、污染环境等涉民生犯罪案件8件11人，判处监禁刑3人。从快从严惩处电信、网络诈骗犯罪，审结6件52人，判处五年以上有期徒刑5人。严惩职务犯罪，有力促进反腐倡廉建设，审结贪污贿赂等职务犯罪案件6件10人，其中判处有期徒刑以上的5人。全力处置并严惩脱逃案件，成功处置脱逃被告人2人。依法从宽判处犯罪情节较轻、社会危害性较小的犯罪，对363名被告人适用非监禁刑，占生效判决被告人的37.62%。对未成年人犯罪案件重视教育和感化，审结未成年犯罪案件18件20人，其中对5人减轻处罚，4人适用非监禁刑。

【协调化解和裁判示范共用】 坚持贯彻“调解优先、调判结合”原则，调节经济社会关系。共新收民商事案件8566件，审结8338件，诉前纠纷化解率达14.58%，同比上升3.79%，在全省基层法院排名第13位。健全多元化纠纷解决机制，对内充分发挥退休法官“余热”，联合司法局推动退休法官担任专职人民调解员，促进人民调解工作精专化，参与调解1684件，调解成功1190件；对外与妇联、社保机构等部门建立常态化联络机制，同时对接县旅游委员会，探索建立旅游纠纷巡回法庭，以便及时高效地解决旅游纠纷。妥善处理涉“农嫁女”关联案件等多起涉群体性纠纷案件及涉土地征收等重大项目案件，通过先期选择类型化案件受理和裁判的方式，运用裁判文书既判力引导当事人诉讼行为，取得良好的政治效果、法律效果和社会效果。

【司法监督与引导支持同举】 深入贯彻新行政诉讼法，努力促进行政机关依法行政，切实维护行政相对人合法权益。共新收行政诉讼案件56件，办结53件；新收行政非诉审查案件933件、非诉行政执行案件220件，均已全部办结。审慎审理重大敏感行政诉讼案件，其中审理的胡向东诉县公安局治安行政处罚一案，作为典型案例，安排公安干警观摩庭审，由于庭审前各项措施到位，整个庭审过程和判后反响均较为平稳。持续做好司法建议发送工作，并结合新法实施后出现的新问题新情况，撰写《2015年度行政案件司法审查报告》，就新形势下如何进一步提高预防和化解行政争议能力，促进宁海法治政府建设提出建议，得到县委领导的批示肯定。

【常规手段与信息技术齐下】 多措并举破解执行难，依法保障胜诉当事人权益实现。共新收执行案件6014件，执结5868件，执结标的额4.04亿元。作为上级法院确定的第一批基本解决执行难法院，结合实际制定实施方案，及时向县委县政府汇报，取得党政支持。充分挖掘网上“点对点”查控系统功能，与车管所数据联网，实时查询、查封、解封涉案的县域内登记车辆。网上共查询被执行人信息70972人次，查明房产1327处、车辆1450辆。依法加大对规避执行、抗拒执行、阻碍执行甚至暴力抗法行为的惩治力度，限制出入境48人，纳入失信被执行人“黑名单”2563人，司法拘留237人次，进一步压缩被执行人隐匿财产、逃避执行的空间。组织干警自编自导自演执行微电影《执行局的故事》，展现执行工作新风貌。

【司法保障重大项目推进】　紧紧围绕“四个全面”战略布局，牢固树立五大发展理念，结合县委、县政府“十三五”规划实施纲要，制定出台《关于为我县“十三五”规划提供司法服务和保障的实施意见》，为实现“十三五”良好开局提供强有力的司法保障。切实做好G20杭州峰会维稳安保工作，强化阵地意识和担当精神，落实法院维稳安保责任，全力护航G20峰会。制定出台《关于为全县深入推进重大项目“清零拔钉”攻坚行动提供司法服务和保障的实施意见》，得到县委书记杨勇、县委副书记、代县长林坚、县政协主席尤玲娟、县委常委、常务副县长王军海等领导的批示肯定。顺利高效完成涉李安平、干玉珍两户3处房屋“清零拔钉”攻坚行动拆迁案件，被执行人或其家属已分别于2016年12月26日和2017年1月11日腾空房屋交付拆迁。积极参加征地拆迁协调会，为《宁海县“三改一拆”行动拆除违法建筑查处流程、分工指南》的制定出台提供司法意见。参与和保障县“三车整治”工作及国土非诉执行积案清理“亮剑”行动，7月以来共清理国土积案589件。

【稳步推进涉企案件审理】　参加企业债务危机处理协调会，配合党委、政府，倾向性引导企业采取政府主导的重组或集中诉讼执行解决危机，切实把好破产案件审查受理关，共审查受理破产案件3件。全面践行破产案件简易审，成功办结宁波弘扬暖通制造有限公司破产重整案，盘活存量资产1017万元，化解银行不良贷款1.15亿元，安

开展“跟着法院去执行——夏季集中执行”活动

置职工68人。制定出台《关于执行和破产程序衔接的若干规定》，完善执行转破产衔接机制，成功受理宁波腾盈电器有限公司首例执行转破产案件。积极推动建立破产管理人报酬援助机制，与金融办共同谋划建立破产援助资金，解决无产可破案件破产费用问题。

【积极参与社会管理创新】　加快诉讼诚信体系建设，对接信用宁海、银行征信系统等平台，扩大失信行为制约力度。加大联动制裁力度，配合做好人大代表、政协委员、党代表等候选人的失信审查工作。严厉打击虚假诉讼行为，刑法修正案（九）施行后，在全市率先判处虚假诉讼罪案件，对2名被告人均判处十个月以上有期徒刑，并对一起拒不支付劳动报酬犯罪案件作出刑事处罚。设立乡镇青年干部个案体验式法治培训基地，提升基层青年干部依法行政能力。继续发布审判执行系列白皮书，为党委政府、企业和社会提供更加翔实的参考和更加可行的对策建议。针对审判执行工作中发现的社会管理问题及隐患，发送司法建议3份。

【加大司法惠民力度】　完成执行办事大厅和新型诉讼服务中心的改造升级，深化集“大立案、大服务、大调解”三大机制为一体的“一站式”诉讼服务平台建设。积极探索扩大法律援助范围，与县司法局协商建立行政案件法律援助机制，切实保障诉讼弱势群体相关合法权益。加大对弱势群体司法救助力度，依法缓、减、免收诉讼费27.73万元，发放司法救助金51.6万元。开展涉民生案件和夏季集中执行专项活动，执结涉民生案件987件，执行到位标的2058.6万元；夏季集中执行活动共结案1414件，到位金额1486万余元。

【加强信访化解工作】　建立信访督办机制，定期召开信访交办案件协调例会，督促承办部门制订化解方案并作出具体处理。共接待来访206件次，处理来信56件，其中院领导接待12批144人次。加强信访稳控，对信访人娄根兴等缠访、闹

访甚至有过激访的案件，及时启动终结程序，依法申报终结6件，推动涉诉信访纳入法治轨道解决。自觉接受舆论监督，高度关注网络舆情，重视网络民意表达，妥善解决涉及民生的热点问题。

“爱心大姐”参加法院公众开放日活动

【推进司法公开建设】 着力打造审判流程、庭审活动、裁判文书和执行信息四大公开平台。开展庭审同步直播，向社会公众直播庭审197件。上网公布裁判文书9482份，因成绩优异被省高级法院通报表扬。积极开展网络司法拍卖工作，在淘宝网上网拍品217件，成交209件，成交额为3.94亿元，平均溢价率38.12%，为当事人节约佣金1070.1万元。加强自媒体建设，通过官方微信公众号推送微信50期73篇，通过新浪微博发布博文50余条，组织法院及人民法庭开放日9次，邀请500余人次走旁听庭审。

【稳妥推进司法改革】 认真贯彻落实中央、省委和上级法院的决策部署，遵循司法规律，结合宁海实际，制订实施方案，并有序完成各个节点工作。扎实做好首批员额法官的遴选工作，按照将优秀审判资源配置到员额法官岗位的改革要求，遴选确定首批员额法官44名。制定出台《独任法官工作规定（试行）》《合议庭运行工作规定（试行）》《院庭领导事中监督案件的若干规定（试行）》等文件，推进审判权运行机制改革。认真做好司改过程中的队伍稳定工作，以多轮次、全覆盖座谈和个别谈心的方式，做细做实干警思想工作，增强推进改革的政治责任感和历史使命感。

县法院举行首批员额法官宪法宣誓仪式

【深入开展机制创新】 深化以审判为中心的诉讼制度改革，在全市率先对刑事自诉案件召开庭前会议。继续推进扩大指定辩护工作，充分发挥辩护律师在防范错案上的重要作用，保障被告人的辩护权。不断推进民商事案件的繁简分流，速裁收案2262件，办结2238件，收结案数分别占民商事业务部门案件数的37.2%和38.23%，平均自然审理天数18.27天，调撤率77.33%。推行裁判文书说理、庭审记录以及简式裁判文书改革，以录音录像作为庭审记录方式审理案件3 337件，制作简式裁判文书405份，大幅减少审判用时，提高司法效率。

【切实加强审判管理】 找准互联网和信息化的创新方式，促进审判网络化、阳光化和智能化。注重审判运行态势跟踪，依托审判信息管理系统，实时监控部门和法官的具体办案情况，强化分析研判，明确重点难点和努力方向。在全省率先开展执行指挥中心实体化运作，实现重大案件即时调度，确保执行工作高效处置。完善执行财产处置监督系统，有效监管财产处置流程，提高执行财产处置效率。推广网上案款缴退费系统，方便当事人通过网上银行、手机银行、支付宝等便捷的新渠道及时缴退诉讼费、兑付执行款。

县法院开展“廉政家访”活动，筑牢廉洁防火墙

【强化思想政治教育】 切实贯彻省委“七个绝不允许”、省高级人民法院“五条纪律”和市中级人民法院“四明”，加强队伍作风建设。深入开展“两学一做”学习教育，开展组织生活日强化学习讨论，组织参与党群同心圆活动，增强党员干警的政治意识、大局意识、核心意识、看齐意识。扎实开展“队伍建设年”活动，坚持问题导向，积极查找短板，抓好整改落实。深化“三项工作理念”教育活动，部署开展“知行合一”专题学习教育，增强干警思想自觉和行动自觉，切实改进司法作风。修改完善岗位目标管理考核办法，明确各部门职责分工，目标管理和量化考核更趋合理。

【提高干警业务水平】 着力打造学习力提升工程，建立健全日常业务学习制度，组建法官“自组织”业务学习团队，依托青年法官论坛、疑难复杂案件定期讨论会、示范观摩庭以及优秀裁判文书评选等活动载体，加快青年审判业务骨干培养。制定并完善法律实习生制度，为西南政法大学第二批法律实习生安排法律实习，继续推进院校合作。强化理论调研与文稿写作能力提升，市级以上刊物录用或获奖调研文章45篇，市级以上录用信息43篇，简报3期，其中最高法院单独录用经验类信息1篇，省委办录用信息5篇。

县法院干警在图书阅览室内借阅书籍

【推进党风廉政建设】 严格落实中央“八项规定”以及防止干预司法的“两个规定”，严防人情案、关系案、金钱案。拓展廉政教育形式，创新开展“清廉家风、院家共建”活动，开展廉政承诺、廉政家访等活动，强化对法官业内外行为的引导和约束，构筑“法院+家庭”双重反腐防线。制定出台《宁海县人民法院关于规范本院工作人员与本院离任聘用人员之间若干行为的暂行规定》，明确离任聘用人员竞业限制期，进一步促进廉洁公正司法。

【加强基础设施建设】 启动大法庭改造工程，并投入400余万元，完成20个数字法庭的高清改造，均已通过上级法院专家小组的验收，大幅提升庭审录音录像质量。推进力洋法庭审判用房建设，现已进入装修施工阶段。新建图书阅览室投入使用，配齐桌椅、茶具、咖啡机、电子阅览的电脑、背景音乐系统、触屏演示系统等设备，倡导干警培养阅读习惯，为学习阅读营造良好氛围。

【自觉接受社会各界监督】 高度重视人大代表、政协委员的建议提案办理工作，办结代表委员建议提案4件，协办3件，答复率100%。积极配合县人大常委会开展对司（执）法人员监督、“两官”履职评议以及县政协对法院开展民主评议，充分借助评议推力，对反馈问题逐项整改，提升法官履职能力。积极做好人大代表、政协委员联络工作，通过上门走访、发送彩信手机报、组织随同执行等形式，让代表委员更好地了解和监督法院工作。依法接受检察机关法律监督，联合县检察院共同探索人民法庭民事案件监督新路径，主动邀请检察人员出席民商事案件庭审。充分发挥外部监督作用，不定期邀请人大代表及法院廉政监督员共同参加审务督察和司法巡查工作。健全人民陪审员陪审机制，进一步扩大陪审案件范围，普通程序案件陪审率达99.52%。 （徐爱聪）

5月12日，省司法厅副厅长金登尚到宁海县调研社区矫正工作

司法行政

【概况】 2016年，全县司法行政工作在县委、县政府的正确领导和市司法局的有力指导下，紧紧围绕县委全面深化改革和法治宁海建设的决策部署，以“防控风险、服务发展、破解难题、补齐短板”为主线，以“奋勇担当、勇争一流”为目标，充分发挥司法行政职能作用。至年底，全县公共法律服务体系基本建成，“两类人员”管理不断规范，矛盾纠纷排查和人民调解工作继续深化，律师、基层法律工作和公证管理进一步加强，“六五”普法圆满收官，“七五”普法顺利启动，司法行政服务“两美”宁海建设职能优势得到了更多显现。

12月14日，省司法厅领导抽查考核宁海县司法行政工作，走访县公共法律服务中心

【特殊人群管理】 综合运用手机定位、声纹识别、人脸指纹识别仪等科技手段，通过“人防”“物防”与“技防”有机结合，提升社区矫正监管实效。配备“社矫通”手机移动终端，实现对社区服刑人员全时段、无缝隙监管，打造社区矫正“智慧化”监管模式。2016年，全县新增社区服刑人员396

名，减少430名，年末在册436名，比2015年同期减少7.2%。

进一步落实刑满释放人员安置帮教政策，落实在监服刑人员基本信息核查及其未成年子女教育帮扶、重点刑释人员“必接必送”工作，完善“政府+社会+家庭”帮教体系，开展“一帮一”“多帮一”帮教活动，做到底数清、情况明、控得住。全县2138名刑满释放人员全部落实帮教，帮教率达100%。

5月6日，省工商联副主席赵小敏到宁海县调研商会人民调解工作

【法律服务】 至年底，全县共有律师事务所7家，执业律师58名；基层法律服务所4家，基层法律服务工作者55名；2016年业务收费1850.78万元，比2015年同期增长12.86%。

全面总结回顾全县“十二五”期间法律服务工作，组织召开第一届全县法律服务工作会议。政府法律顾问基本实现全覆盖。“企业免费法律体检”活动得到进一步深化，落实“定点、定时、定员”式服务，全县405个村（居）法律顾问完成结对调整。

连续第三年集中开展“岁末讨薪·让农民工过上舒心年”专项行动，讨回欠薪981.73万元。进一步完善专职法律援助工作者聘用工作机制，舟山市定海区司法局到该局学习考察专职法律援助工作者机制。在检察院新建法律援助工作站，全县法律援助工作站达到30个。发挥法律援助窗口主导作用，法律援助全年办案量达1834件，挽回经济损失2457.31万元。

抓好宁海县公共法律服务网建设，全面完善清理公共服务清单，推行法律援助网上审批、确认。公开60家法律服务机构和人员基本信息。引导律师等队伍提供法律服务，2016年共为群众提供法律服务1864次。

12月20日，全县“六五”普法总结表彰暨“七五”法治宣传教育部署会

【人民调解】 2016年，受理各类矛盾纠纷5301件，调处成功5295件，成功率为99.89%，涉及金额2.31亿元，引导当事人进行司法确认555件。

对全县442个人民调解组织和1884名调解员的基本情况进行完善备案。不断推进行业专业领域人民调解组织建设，加强与司法机关、行政部门之间沟通联系，完善大调解格局。推进专职人民调解员人身伤害意外商业保险机制。

组织举办全县人民调解员培训班，加强调解志愿者队伍建设，新吸纳1875名调解员加入志愿者队伍。举行人民调解志愿者誓师大会，进一步提高社会资源参与调解力度。

积极开展护航峰会矛盾纠纷排查调处专项活动，开展矛盾纠纷线上线下联动排查。自5月以来，共排查400余次，化解纠纷隐患67件。各司法所结合联村工作，开展针对性排查，共收集整理维稳信息专报32期。

【普法宣传】 全面认真总结“六五”普法经验，被评为2011—2015年全省法治宣传教育先进集体。召开全县“七五”普法规划调研座谈会，由县委、县政府转发全县“七五”普法规划。

深入“法律六进”活动，发挥“互联网+法治宣传”作用，深入推进“两微一网”普法平台建设，利用宁海法治网、微博、微信等平台发布信息5236条。落实“谁执法谁普法”责任机制，在全县范围内建立“以案释法”制度，把以案释法全面拓展到执法、司法、守法过程。

把“民主法治示范村（社区）”创建纳入文明村创建考核内容，至年底全县共成功创建“民主法治示范村”356个，其中国家级民主法治示范村1家、省级11家、市级35家。依托“老何”力量，力洋镇成功创建全县第一家社会普法工作室。

加强阵地建设。全县已建成51个覆盖县、乡、村三级的法治文化阵地，形成三级联动、各具特色的法治文化景观群落。落成首个市县共建的法治文化公园“正学法治文化公园”。

【司法所规范化建设】 大力推进星级规范化司法所建设，2016年成功创建四星级司法所1家、三星级2家。年底全县共创建星级司法所15家，其中五星级2家、四星级2家，创建率83.33%。

10月19日，市司法局副局长牟志杰一行到宁海县考察调研普法工作室和民主法治示范村创建工作牟局调研

12月23日，县委常委、副县长金勇和牟志杰副局长为宁海正学法治文化公园开园仪式揭牌

【所获荣誉】

表 6　　2016 年宁海县法治工作集体荣誉统计表

序号	表彰等级	表彰内容	表彰对象	表彰文件
1	省级	2011—2015 年全省法治宣传教育先进集体	宁海县司法局	《中共浙江省委办公厅　浙江省人民政府办公厅关于表彰 2011—2015 年全省法治宣传教育先进集体和先进个人的通报》（浙委办发〔2016〕45 号）
2		省“六五”创新项目三等奖	宁海县普法办《创建“智法达人”平台，推进社会化普法》	《关于全省“六五”普法创新项目评选结果的通报（浙普办〔2016〕10 号）》
		四星级规范化司法所	梅林司法所	《浙江省司法厅关于命名第五批“星级规范化司法所”的决定》（浙司〔2016〕135 号）
		三星级规范化司法所	黄坛司法所	
			强蛟司法所	
3	市级	平安护航 G20 杭州峰会集体三等功	社区矫正工作管理科	《宁波市司法局关于表彰平安护航 G20 杭州峰会先进集体和个人的通报》（甬司发〔2016〕96 号）
4		平安护航 G20 杭州峰会集体通报表扬	宁海县司法局办公室	
5		2015 年度全市普法依法治理信息工作先进集体	宁海县普法办	《关于表彰 2015 年度全市普法依法治理信息工作先进集体和优秀信息员的通报》（宁波市普法教育领导小组办公室通报第 1 期 2016. 01. 27）
6		2015 年度综合考评优胜单位	宁海县司法局	《关于表彰 2015 年度先进集体和先进个人的通报》（甬司发〔2016〕14 号）
7		全市司法行政工作创新奖	宁海县司法局《以智法达人为新起点推进社会普法》	
8		深化法治宁波建设理论研究征文三等奖	《进一步发挥司法行政职能作用　助推村级组织已发治理》（杨东林、吴光水、杨晓战、葛乾敏）	《深化法治宁波建设理论研究优秀论文表彰通报》（甬法学〔2015〕23 号）
9			《提升基层主体参与力，推进农村治理法治化——融合“互联网+”，创新农村依法治理工作》（吴光水、刘君丽、张强）	
10		创建市级民主法治村	深甽镇柘坑张村	《中共宁波市委办公厅　宁波市人民政府办公厅关于命表彰民主法治示范村（社区）的通报》（甬党办〔2016〕16 号）
11			黄坛镇明珠村	
12			桑洲镇南岭村	
13		升级为市级民主法治村	强蛟镇上浦村	

表 7　　2016 年宁海县法治工作个人荣誉统计表

序号	表彰等级	表彰内容	表彰对象	表彰文件
1	国家级	2011—2015 年全国法治宣传教育先进个人	法治宣传教育科　刘君丽	《中央宣传部　司法部　全国普法办公室关于表彰 2011—2015 年全国法治宣传教育先进集体和先进个人的决定》（司发通〔2016〕49 号）
2	省级	全省法律服务“三改一拆”“五水共治”工作成绩显著个人	法治宣传教育科科长　刘君丽	《关于通报表扬全省法律服务“三改一拆”“五水共治”工作成绩显著单位和个人的通知》（浙司办〔2016〕28 号）
3		2015 年全省司法行政系统普法网站编辑先进个人	法治宣传教育科科员　叶美景	《关于通报表扬 2015 年度全省司法行政新闻和网络宣传工作成绩突出单位和个人的通知》（浙司办〔2016〕53 号）
4	省级	第五届“法在心中”法治宣传主题活动宪法知识竞赛一等奖	王锐	《关于第五届“法在心中”法治宣传主题活动获奖情况的通报》（浙普办〔2016〕8 号）
5		第五届“法在心中”法治宣传主题活动法治演讲比赛三等奖	陈柔希	
6	市级	平安护航 G20 杭州峰会个人三等功	局长　杨东林	《宁波市司法局关于表彰平安护航 G20 杭州峰会先进集体和个人的通报》（甬司发〔2016〕96 号）
7		平安护航 G20 杭州峰会个人三等功	黄坛司法所所长　刘旭辉	
8		平安护航 G20 杭州峰会个人三等功	越溪司法所所长　叶玲霞	
9		平安护航 G20 杭州峰会个人三等功	桑洲司法所所长　王　鹏	
10		平安护航 G20 杭州峰会个人嘉奖	一市司法所所长　邬红莹	
11		平安护航 G20 杭州峰会个人嘉奖	长街司法所司法助理员　陈叶军	
12		平安护航 G20 杭州峰会个人嘉奖	强蛟司法所司法助理员　胡以亢	
13		2015 年度信息工作先进个人	办公室科员　葛乾敏	《关于表彰 2015 年度信息新闻工作先进集体和先进个人的通报》（甬司办〔2016〕9 号）
14			法治宣传教育科科员　叶美景	

续表7

序号	表彰等级	表彰内容	表彰对象	表彰文件
15	市级	2015年度全市普法依法治理信息工作先进个人	法治宣传教育科科员　叶美景	《关于表彰2015年度全市普法依法治理信息工作先进集体和优秀信息员的通报》（宁波市普法教育领导小组办公室通报第1期2016.01.27）
16	市级	2011—2015年宁波市法治宣传教育先进个人	力洋司法所所长　郭松青	《关于表彰2011—2015年全市法治宣传教育先进集体和先进个人的通报》（甬普〔2016〕3号）
17	市级	2011—2015年宁波市法治宣传教育先进个人	一市司法所所长　邬红莹	《关于表彰2011—2015年全市法治宣传教育先进集体和先进个人的通报》（甬普〔2016〕3号）
18	市级	2011—2015年宁波市法治宣传教育先进个人	前童司法所司法助理员　王蕾蕾	《关于表彰2011—2015年全市法治宣传教育先进集体和先进个人的通报》（甬普〔2016〕3号）
19	市级	2011—2015年宁波市法治宣传教育先进个人	深甽司法所所长　李珊珊	《关于表彰2011—2015年全市法治宣传教育先进集体和先进个人的通报》（甬普〔2016〕3号）
20	市级	2011—2015年宁波市法治宣传教育先进个人	桃源司法所所长　俞伟太	《关于表彰2011—2015年全市法治宣传教育先进集体和先进个人的通报》（甬普〔2016〕3号）
21	市级	2011—2015年宁波市法治宣传教育先进个人	梅林司法所所长　任金龄	《关于表彰2011—2015年全市法治宣传教育先进集体和先进个人的通报》（甬普〔2016〕3号）
22	市级	2011—2015年宁波市法治宣传教育先进个人		
23	市级	平安护航G20杭州峰会先进个人	社区矫正工作管理科科长　朱世余	《中共宁波市委办公厅　宁波市人民政府办公厅　关于表彰平安护航G20杭州峰会先进集体和个人的通报》（甬党办〔2016〕77号）
24	市级	2015年度优秀公证员	宁海县公证处　叶灵芝	《关于表彰2015年度先进集体和先进个人的通报》（甬司发〔2016〕14号）
25	市级	2015年度法律援助先进个人	中汇律师事务所　鲍玮琦	《关于表彰2015年度先进集体和先进个人的通报》（甬司发〔2016〕14号）
26	市级	个人三等功	胡陈司法所所长　林丽丽	《关于表彰2015年度先进集体和先进个人的通报》（甬司发〔2016〕14号）
27	市级	2015年度优秀司法所所长	力洋司法所所长　郭松青	《关于表彰2015年度先进集体和先进个人的通报》（甬司发〔2016〕14号）
28	市级	2015年度法治宣传先进个人	一市司法所所长　邬红莹	《关于表彰2015年度先进集体和先进个人的通报》（甬司发〔2016〕14号）
29	市级	2015年度优秀人民调解员	越溪乡人民调解委员会　吴昌铸	《关于表彰2015年度先进集体和先进个人的通报》（甬司发〔2016〕14号）
30	市级	2015年度优秀人民调解员	商会人民调解委员会　赵宏仁	《关于表彰2015年度先进集体和先进个人的通报》（甬司发〔2016〕14号）
31	市级	2015年度社区矫正（安置帮教）工作先进个人	深甽司法所所长　李珊珊	《关于表彰2015年度先进集体和先进个人的通报》（甬司发〔2016〕14号）
32	市级	2015年度社区矫正（安置帮教）工作先进个人	桥头胡司法所司法助理员　尤雪静	《关于表彰2015年度先进集体和先进个人的通报》（甬司发〔2016〕14号）
33	市级	法治宁波建设十周年工作先进个人	法律援助管理科副科长　戴军芸	《中共宁波市委办公厅　关于表彰法治宁波建设十周年工作先进集体和个人2015年度创建法治县（市）区法治镇乡（街道）工作先进单位的通报》（甬党办〔2016〕90号）

（陈筠筠）

人民武装

【概况】　2016年，县人武部紧盯决战决胜准备目标任务，以战备保持、实战化训练为抓手，以强有力的思想政治工作为保证，以军民深度融合发展为途径，严守政治规矩和安全底线，凝心聚力谋发展，齐心协力抓落实，在民兵整组点验、军事训练、国防教育、基层民兵“红旗党支部”建设，“G20安保”，征兵工作上较好完成年度各项工作任务，单位全面建设呈现良好的发展态势。

党管武装和思想政治建设 按照党管武装的原则，党委班子牢牢把握思想建党，政治建军的总体要求，始终把思想政治建设摆在首位。结合“两学一做”教育活动和改革强军等一系列主题教育，党委成员形成“想干事、能谋事、会共事、干成事”的良好氛围。积极创造有利于地方融合式发展的条件，浓厚地方党委、政府关心重视武装工作。1名专武部部长提升到乡镇街道任副书记，3名副部长提升为部长，从地方和人武学院招录制4名专武干事，组建综合执法局武装部。按照省军区“富有精气神、责任有担当、创造敢作为、形象能引领”等一系列专题教育中做好对干部的岗位考核、晋衔升职等工作，营造干部成长发展的良好空间。在“两学一做”教育活动中，围绕“五查五看”抓好问题的查摆、整改和提升。持续开展好“学党章用党章”活动，强化党员的党性意识。利用创建民兵“红旗党支部”活动，把“两学一做”学习教育向民兵党员拓展延伸并开设“宁海民兵先锋”微信公众号。

应急训练和应战训练 围绕“规模适度、布局合理、结构优化、动员快速”的建设标准，完成各类基干民兵整组任务。深化练将练官活动，以集中组训和个人自训的方式，抓好现役干部基本技能、组织指挥和体能训练。采取岗位自训成建制集训和考核比武促训相结合方法，抓好民兵任务分队专业基础和战术课目训练。全年累计完成8193人次的训练任务，投入训练经费120万余元，共完成2个重要目标协防分队的对抗演练，道路抢修分队共同基础训练和“保畅通”综合演练，县民兵应急连山林灭火、水上救援、社会维稳等课目的训练，专武干部和民兵连长必备技能的训练；6月，专题召开县委党委议军会议，研究出台《宁海县民兵应急连“四队”兼备建设实施办法》，进一步规范民兵应急力量建设。

国防动员和军地融合坚持按纲抓建，落实县国动委常态规范运行机制，完善国动委动员指挥机构，完善成员单位；加强乡镇街道（企业）等基层单位动员联络组。组织“八办”副主任、联络员参加上级集训，落实指挥编组，明确指挥关系，确保平战体制转换快速高效。推动军民融合，完成潜力资源数据更新，预征预储各类装备器材达到1800余件。严把征兵质量关，圆满完成新兵征集任务，超额完成7名。全年累计共动用民兵4085人次，参与平安宁海、“五水共治”、环境整治、抢险救灾等活动。G20峰会期间共动用民兵280人次，配合地方公安参与联合巡逻、设卡盘查、涉军上访人员稳控等任务，日均排查车辆约450辆次、人员约680人次，出色完成任务；县民兵应急连被宁波市评为G20杭州峰会安保先进单位。

【完成宁波市征兵办赋予兵役登记试点任务】 为高标准完成宁波市征兵办赋予宁海的兵役登记工作试点任务，从1月25日开始，县兵役登记工作主要按筹划准备、全面展开、检查验收三个阶段组织实施，先后组织召开任务部署会、业务培训会和两次工作推进会。坚持每天报情，每周通报进展，每月汇总讲评等制度，确保全县兵役登记工作有序推进。突出以强化法规意识，发挥职能作用为切入点，组织全体专武干部，联村干部，民兵连长和骨干做好走访调查，宣传发动，协助登记，数据核对工作。注重沟通协调、多部门联动，多渠道组织，多方面了解。做到宣传教育到位，催逼督促到位，考核考评到位。努力创新方法手段狠抓末端落实。登记率达到99.73%，高中应届毕业生登记率达到100%，按上级要求圆满完成兵役登记工作试点任务。经验做法在全市推广。

【民兵除冰扫雪保畅通行动】 1月23日，冰雪封锁宁海西部山区10个村庄，县人武部率领县交通局民兵道路抢修分队和深甽镇民兵应急排64人，动用清扫车和运输车辆10台，完成S311望海岗地段积雪清扫任务，保障山区居民的出行。

王琦军部长与民兵一起除雪

【召开民兵整组和“红旗党支部”建设现场观摩会】 2月25日，全县民兵组织整顿工作部署会暨民兵“红旗党支部”建设现场观摩会分别在县人武部和县交通局召开。县人武部机关全体干部、各乡镇（街道）武装部长、县直机关有关单位负责人参加会议。会议部署2016年民兵组织整顿工作任务，并对抓好民兵组织整顿工作提出具体要求。部署会后，组织与会人员现场观摩县交通局民兵道路抢修分队“红旗党支部”建设情况，部领导要求全县各乡镇（街道）、县直机关武装部，按照会议精神的具体部署落实好民兵“红旗党支部”建设。

全县专武干部参观现场

【民兵分队教练员集训】 3月15—17日，在县民兵训练基地组织全县森林防火分队55人及防暴课目教练员54人。主要以队列训练、低姿匍匐、侧身匍匐、理论辅导、示范观摩、技能训练、防暴队列及情况处置等为内容的集训，提高了森林防火分队抢险救灾和教练员的组织指挥能力。

民兵暴分队反恐演练

【单秀华到县人武部检查指导工作】 3月17日，浙江省军区副政治委员兼政治部任单秀华少将在军分区政委朱宝定（上校）、县委书记褚银良陪同下到县人武部检查指导新年度工作筹划和展开情况。重点检查人武部机关的值班室、作战室、战备物资器材库等场所和信息化建设情况，听取年度工作情况汇报。单副政委对宁海党管武装工作、作战准备、民兵“红旗党支部”建设等工作给予充分肯定，要求在新的领导管理体制下，确保年度各项工作进一步提升增效。

【退伍军人专场招聘会】 3月3日，县人武部协同县人社局在县会展中心举办第二届退伍军人招聘会，此次招聘会吸引110家企业及有关单位参加。其中专门针对退伍军人招聘的用人单位有20家，向退伍军人提供（协警、协管员、综合管理、数控机床操作、行政主管、厨师等）岗位3051个。招聘会上共有127名退伍军人与用人单位达成初步就业意向。

邓富根政委在现场了解招聘会情况

【民兵应急连集训】 4月12—14日，县人武部在县民兵训练基地组织民兵应急连集训，主要进行以队列、轻武器操作使用、警棍与盾牌操作使用、应急维稳的组织与实施及单兵掩体构筑等课目的集训。通过集训，使县民兵应急队伍在政治素质，军事技能和应对突发事件以及抢险救灾能力上有了明确的提高。

组织实弹射击

【专武干部集训】 4月19—21日，在县民兵训练基地组织全县专武干部集训，主要以政策法规、案例分析、军事地形学、81式自动步枪分解与结合为内容的集训。集训期间针对部分专武部部长手枪射击成绩突破难的问题，协调县公安局巡特警大队室内靶场和专职教练员组织强化训练。4月底，全县17名专武部部长参加军分区排名考核，取得了综合成绩第四名，10人成绩进入单项前十名。

【重要目标协防对抗演训】 5月13日，县人武部组织民兵重要目标警戒分队，协同海军雷达站开展以防敌特袭扰破坏为内容的实兵对抗演练。演练在不预设行动预案的情况下展开，共分为到达预设位置、组织开展协防警戒、抓捕破坏人员、总结经验四个阶段，同时还采用单兵武器模拟对抗系统，增强了演练的对抗性和实战性。通过演练，明确了军地战时组织重要目标协防的指挥协同关系，提高了民兵重要目标警戒分队参与战时协防行动的处置能力。

检查可疑人员车辆

【民兵抗洪抢险分队集训】 5月27日，县人武部在胡陈港水域，组织民兵应急连抗洪救灾分队及各基层武装部、民兵骨干进行水上救援课目训练，共出动民兵70人、冲锋舟6艘、橡皮艇12艘、操作机18台，完成紧急出动、编队航行、故障排除、运送救灾物资、转移群众、遇险人员搜救等课目训练。通过训练提升抗洪抢险分队遂行应急救援任务的行动能力。

冲锋舟编队航行

【征兵宣传进校园】 为把更多优秀青年输送到部队，提高兵员文化层次，优化兵员素质结构。6 月 17 日，县人武部部长王琦军到县职教中心为青年学生进行授课辅导，与他们面对面进行交流，帮助他们算好人生“三笔账”：政治账、经济账、成才账。并要求青年学生积极响应征招号令，甬跃参军，到军营去历练成才、建功立业。

王琦军部长上国防教育课现场

【推开信息化征兵体检工作】 6 月 21 日，针对 2016 年信息化体检的新特点利用 2 天时间，分别对征兵工作人员和体检医务人员共 46 人进行征兵工作业务培训，使工作人员熟悉系统操作程序，明确体检标准、方法要求和注意事项。实施信息化后，人员减少，程序简化，时间缩短，体检效率提高 40%，提高工作效率。系统根据适龄青年体检结果，自动将体检合格人员分为陆勤人员、水面舰艇人员、潜水潜艇人员等类别，方便体检人员对标准的掌握，系统数据的瞬间生成，体检结果的不可修改，使“网络”体检的“无情评判”有效减小传统体检的“人情干扰”。方便后期定兵，为征接兵双方达到“双清楚”“双满意”奠定基础。

【周志斌到县人武部检查指导工作】

8 月 10 日，浙江省军区参谋长周志斌少将在宁波军分区司令员秦景号、县委书记褚银良陪同下，到宁海县检查征兵工作。周志斌检查县人武部机关作战室、值班室、战备库室等场所及征兵体检信息化管理系统，听取宁海县 2016 年征兵工作推进和相关重点工作落实情况和县党管武装工作及专武干部队伍建设情况，周志斌对县人武部规范化建设成果和党管武装工作及征兵工作给予充分肯定，并就下一步保质保量完成征兵任务作重要指示。

【开展“军歌嘹亮宁海人”——“十佳优秀退伍军人”评选活动】

8 月 25 日，首届“军歌嘹亮宁海人”——“十佳优秀退伍军人”主题评选活动颁奖典礼，在宁海县电视台演播大厅举行。评选历时 1 个多月，经过宣传动员、逐级推荐、上报材料、实地考察、公众投票和评选组委会综合评定等环节，从全县上万名复退军人中，评选出 10 位优秀退伍军人。选评活动以来，得到全社会的广泛关注。

“军歌嘹亮宁海人”颁奖典礼

【集中民兵上党课及“两学一做”内容考核】 11 月 7 日，县人武部在全县范围内开展基干民兵集中上党课及“两学一做”应知应会内容考核活动。要求各乡镇（街道）在所创建的“红旗党支部”中，组织所有民兵连长和基干民兵集中上党课及开展“两学一做”教育活动。县人武部为此次活动的开展，特别开通“宁海民兵先锋”手机微信公众号，并组织对全县基干民兵党员“两学一做”应知应会内容进行网上考核。通过民兵“红旗党支部”创建活动和“两学一做”活动的开展，民兵队伍的凝聚力、号召力明显增强。

【组织民兵连长轮训】 11 月 17 日，县人武部组织全县 90 名民兵连长，在梅林街道梅林陈村文化礼堂及县民兵训练基地开始为期一天的集中轮训。轮训内容主要观摩梅林街道民兵车辆装备维修分队规范化建设现场、民兵连党支部组织召开支部委员会、支部党员大会、党小组会流程演示、基层武装工作知识授课辅导和实弹射击等，此次轮训提高了民兵连长履职尽责能力。

孙东祥副部长组织参观

【张晓林到县人武部检查指导工作】

12 月 2 日，浙江省军区副政治委员张晓林少将在宁波军分区副政治委员徐政道大校、县长林坚陪同下。到宁海检查调研人武工作。张晓林到达宁海后，首先走访梅林陈村文化礼堂，参观军民共建文化示范村建设，接着前往县交通局参观车辆综合性能检测站和民兵道路抢修分队规范化建设和“红旗党支部”建设情况。随后到县人武部听取宁海经济社会发展和党管武装工作汇报。张晓林充分肯定宁海县在党管武装工作中所取得的成绩，并要求抓好安全稳定工作，提升战备基础设施建设，在维护社会稳定和推进经济建设中做出贡献。

【全县党管武装工作暨国防动员委员会全体会议】 12月19日，在县委会议室召开全县党管武装工作暨国防动员委员会全体会议。县委常委、各乡镇街道党委（党工委）书记、乡镇长、街道办事处主任、武装部部长，县国防动员委员会各成员单位负责人，县直有关单位（企业）武装部部长，预备役炮兵营营长、教导员共112人参加会议。会议由县委副书记、代县长林坚主持，县领导李贵军传达全市党管武装工作暨国动委第十九次全体会议精神。县委书记、县人武部党委第一书记杨勇出席会议并讲话，县人武部部长王琦军作人民武装工作暨国防动员工作报告。长街镇、岔路镇、大佳河镇党委书记在会上作党管武装工作述职。会前，组织了乡镇（街道）新任职武装部政治教导员任前谈话，杨勇并为9名新任教导员颁发任命状。

农林牧业

【概况】 2016年，全县农林牧总产值27.71亿元，比2015年27.06亿元增长2.4%。其中种植业总产值10.2亿元，比上年9.79亿元增长4.2%；林特业总产值9.62亿元，比上年9.02亿元增长6.65%；畜牧业总产值7.89亿元，比上年8.25亿元下降4.36%。

春花作物等产值相比2015年有所减少，播种总面积约5633.33公顷，总产值1.18亿元，相比2015年减少0.18亿元。水稻、蔬菜瓜果等均呈现增长。其中，水稻面积9006.67公顷、总产7.35万吨、产值2.42亿元，面积基本和2015年持平，产量和产值分别比2015年增10.36%和8.0%。杂交水稻制种面积1126.67公顷，"甬优"系列杂交种子推广面积6200公顷，储备救灾备荒种子及风险种子6万公斤。林业受年初低温和降雨影响，白枇杷等产业受到严重影响，茶叶、香榧、猕猴桃等主导特色产业也不同程度受到影响，但杨梅等水果产量、产值大幅增长，拉动总产值有所提升。畜牧业相比2015年同期有所减少。因畜禽养殖污染整治和畜牧业转型升级，肉类、禽蛋等产量同比有所减少，生猪（产值占畜牧业总产值约80%）出栏量16.12万头（同比下降23.24%），家禽总出栏187.5万羽（同比下降13.99%）；但生猪等售价高位运行，加上养殖成本的进一步降低（成本6.9元/斤降到6.7元/斤），生猪产值增长拉动畜牧业总产值减速放缓。

【粮食生产】 全年粮食播种面积19533.33公顷、总产9.9万吨。做好规模种粮（规模种植、种粮大户收购环节）补贴工作和粮食绿色高产创建补贴等工作，调整农民种粮积极性和规模效益性。组织"春优927""甬优1540"超级稻超高产攻关，实施粮食作物绿色高产示范方14个，水稻单产548公斤，创历史新高。"小麦-杂交稻制种农机农艺配套技术集成与应用"项目获2016年度浙江省农业丰收一等奖。引试推广瓜菜作物新品种6个，提高经济作物良种覆盖率；推广标准化生产技术，培植主导产业；沼液应用30万吨、绿色防控2400公顷、农作物病虫害专业化统防统治5200公顷。

【农业"两区"建设】 新增县级粮食生产功能区面积1200公顷，涉及前童、力洋、桑洲3个乡镇，投入建设资金约2000万元；配合做好新垦造耕地土壤检测与评价，抓好标准农田地力提升工作。三门湾现代农业园区被列入2016年县重点工程项目，全年总投资7000万元。宁海县东部现代农业先导区公共服务（展示）中心建设、园区内农业企业提升改造、种子加工中心建设等项目建设总体进展顺利。公共服务中心二期开工建设；绿丰有机肥生产扩建、绿港牧业畜禽养殖提升、金龙浦现代农业综合体建设等园区企业项目建设进展有序。河道整治、路桥建设等农业综合开发项目的园区基础设施建设稳步推进。实施好招商引资工作，已接待西班牙、南京、宁波等客商9家20余批次。

【农业龙头企业】 2016年农业龙头企业完成产值20.8亿元，同比增2.5%，带动原料生产基地10200公顷，收购加工当地农产品30万吨。完成2015年度县级农业龙头企业和优秀农产品购销大户年度动态评选工作，评选出县级农业龙头企业42家；新晋升市级农业龙头企业1家（宁波美栖饮品有限公司）。

【专业合作社】 推荐农民专业合作社联合会和5家合作社成为省级农民专业合作社联合会会员，推荐2家合作社为省级创业创新优秀案例。做好指导服务工作，验收县级规范性合作社17家、县级示范性合作社2家、省级示范1家、国家级示范7家。做好引导和规范工作，申报省级示范性1家、市级示范3家，验收县级示范性家庭农场19家、市级示范3家、省级示范1家。

【培育主导特色产业】 全县茶叶产量、产值均有所增长，全年产量预计5681吨、产值预计2.45亿元，分别比2015年增9.4%和15.5%，其中统一包装“望海茶”品牌茶叶18546斤。因畜禽养殖污染整治和行业整体经济形势影响，土鸡存栏59.5万羽，同比下降0.83%；出栏131万羽，同比略增1.55%。新增西甜瓜面积66.67公顷，共2266.67公顷；但受秋季雨水影响，总产值1.22亿元，比2015年减少8.2%。受年初冻害影响，部分品种产量减少，但总体产量稳定。全县毛竹面积稳定在8666.67公顷以上，全年竹笋产量29900吨，产值1.03亿元，分别比2015年增1.53%和6.44%。受年初的冰冻天气影响严重，产量严重下降，2016年预计产量180吨、产值400万元，同比减产82.0%、减值90%以上。香榧鲜果产量140吨、产值0.129亿元，分别比2015年增9.8%和40%。猕猴桃同样受冻害危害及花期时连续雨水天气导致授粉不良等影响，产量800吨，产值1000万元，分别较2015年减60%和66.6%。

【深化涉农资金整合】 2016年，农业产业化平台将农业综合开发产业化经营等8个部门22类项目整合为农业基础设施、社会化服务、科技创新、产业化经营等四类项目，立项包括现代农业综合体项目在内的农业产业化项目325个，整合资金0.62亿元。制定《关于做好2016年政策性农业保险工作的通知》，政策性农业保险参保品种42项；出台《宁海县政策性生猪保险全覆盖与无害化处理联动工作实施细则》，实现病死猪无害化处理联动保险全覆盖；谋划实施茶叶气象指数保险试点工作。全年投保1764户，收取保费530余万元。稳步发展土林地银行，夯实农业融资服务平台，深化银企担保业务合作，建立风险共担机制。通过第三方担保等方式，降低担保风险和成本。在保余额1365万元，涉及担保业务25笔。

【农村产权制度建设】 农村土地承包经营权确权登记颁证。试点乡镇胡陈乡已全面完成外业测绘工作，进入公示确认阶段。252个行政村完成外业测绘工作，占应确权行政村总数的78.75%；完成承包地测绘户数74165户，占承包农户总数的56.12%；完成实测承包地面积12201.93公顷，占承包地总数的73.84%。至年底，已完成全县外业测绘工作量的81.3%。引导农村土地承包经营权有序流转。完善运行机制和设施建设，做好县镇村三级农村土地承包经营权流转服务体系建设。抓好土地流转项目的申报和实施工作，全年确定土地项目22个，涉及12个乡镇街道。全县土地流转总面积达52673.33公顷，其中耕地流转面积16826.67公顷，占耕地总面积74.52%；林地流转面积25066.67公顷，占林地总面积的23.2%；水域面积10780公顷，全部流转。做好农村集体资产管理。出台《关于村级集体开支实行“村务卡”制度的意见》，完成微影片（视频）拍摄等工作。出台《宁海县（村）股份经济合作社资产财务管理制度（样本）》，做好村级组织换届准备工作。实施好农民减负工作。聘任“宁海县农民负担监督员”，做好“一事一议”财政奖补项目把关、涉农乱收费乱摊派专项治理等农民负担监管工作，做好全国农民负担监测点动态测报工作。

【现代农业建设】 现代生态循环农业建设。按照“一控二减四基本”的要求，突出示范引领性、区域带动性作用，完成东方牧业、绿生牧业、绿港水产牧业等5个示范主体创建工作。建立农药废弃包装物回收点100个，回收农药废弃包装物15吨。继续做好肥药减量和秸秆综合利用，完成测土配方26666.67公顷，推广商品有机肥推广2.1万吨，减少化肥使用量260吨，农药使用量21.6吨，大力推广秸秆还田，提升秸秆收集、饲料比例，秸秆综合利用90%以上。现代林业建设。围绕“森林宁海”建设目标任务，继续开展绿化造林、森林城镇建设。全面完成绿化造林目标任务。积极开展义务植树活动，春季造林任务超额完成，完成人工造林288.67公顷，完成计划的224%；平原绿化提升78.67公顷，完成计划的109%；新增平原绿化面积144公顷，完成森林抚育266.67公顷、林相改造6.67公顷。启动珍贵树种赠苗活动，发放珍贵树苗3.1万株，建立珍贵树种局长示范林23.33公顷，新植珍贵彩色树15余万株。积极开展森林城镇建设，全年创建县级森林城镇7个、市级森林城镇3个、省级森林城镇2个。智慧畜牧业建设。实施畜牧业转型升级工程，出台《宁海县畜禽养殖区域调整方案》；抓好畜禽养殖场（户）扩面治理工作，完成生猪散养户整治17家、生态治理规模水禽场36家；建设病死动物收集点7个、规模养殖场贮存点10个，全年累计无害化处理病死猪43242头。建立线上线下智慧畜牧业工程。将全县年存栏500头以上的规模猪场及3家美丽牧场纳入线上防控平台建设范畴24家规模养殖场推广使用生产管理信息智慧畜牧业系统，配备电子出证终端设备48套，基本实现畜禽生产、监控、免疫、检测、动物无害化处理等全程动态监管。

【农业科技支撑体系建设】 开展基层农技推广体系建设与改革工作。强化体系支撑作用，建成6个示范性公共服务中心、12个非示范性公共服务中心，基层农业公共服务中心建设更加完善；以产业为单位，实施基层农技推广补助项目工程，示范带动农业示范基地建设。基层农业推广补助项目已通过省专家验收，完成年度目标任务。强化人才支撑作用，以奖励方式积极引导大学生在农业领域自主创业和创新，发放补助资金34万元17人次。强化项目支撑作用，完成农科教项目的清查工作，做好项目的过程监管、验收等工作。强化科技支撑作用，实施农业科技示范基地建设，三年内完成建设任务13个，2016年实施5个并通过专家评审，力争将农业科技示范基地建设成为技术先进、功能多元、设施配套、带动明显、运行规范的省级现代农业科技示范基地。开展农民培育工作。开展实用技术、农业实用人才的培训工作，完成培训任务。开展基层农技推广补助项目指导员、科技示范户的培训工作，提升农户理论、实践能力，起到示范带动作用。开展新型职业农民认定工作，整合院校等资源优势，已对生产经营型、社会服务型、专业技术型三大类型进行专业化、差别化培训，培训农民500人。

【农业安全保障】 加大农业执法力度。开展林业依法行政和普法教育，审核农业（林业）行政处罚案件65件，办理行政诉讼（复议）8件；立项批复森林防火通道或林业生产通道6条。办理森林植物等各类检疫证12件、林木采伐等各类许可证148件、陆生野生动物经营利用等各类核准证9件。有效开展农业行政执法行动。以加强种子、农药、化肥等农业投入品监管为重点，检查生产、经营到位330家次、查处违法案件17件、抽检农资83批次（均合格），调处农业生产事故9起，完成64家农资店的农资实名监管信息化建设。严厉打击涉林违法犯罪，特别是盗挖树桩、违规野生用火、破坏野生动物资源等违法行为，共立森林刑事案件54起，刑事拘留20人，移送检察院起诉64人；铲除毒品原植物罂粟168株；收缴救助放生画眉鸟、舟山眼镜蛇等野生动物380余只（条）；办结行政案件51起，罚没款73万元。人均办案数量据浙江省第一，林业执法案卷在省厅评比中获得第二名。规范动物卫生监督执法：强化动物卫生监督证章标志监管和动物及动物产品的流通防疫监管，全年产地检疫环节检出病害产品13.79吨，实现省境检查站报验率100%、落地报告率100%。加大农业监管力度。创新重大动物疫病免疫管理机制，夯实免疫基础，有序推进重大动物疫病防控工作开展国家强制免疫病种免疫密度和效果评估，部署实施春防、夏防、秋防等阶段性集中免疫工作，完善免疫台账，落实免疫责任。完善畜禽屠宰行业监管，建立健全生猪定点屠宰场巡查制度，强化私屠滥宰查处力度，出动执法人员268人次，检查白肉经营户1475户次，推进规模场准出制度全覆盖。开展动物疫病监测与流行病学调查，实施本地畜禽重大动物疫病免疫效果监测，采集畜禽血清样品2593份，完成上级部门下达的采样任务。动物疫病实验室通过省级兽医实验室考核评审。按照“保护合理、取缔非法、规范经营、加强监督”的原则，抓好采伐山场监管，加大木材运输巡查、检查工作力度，做好木材经营加工行业管理。做好林业有害生物防治检疫监管工作，完成“四率”指标，全年松材线虫病发生面积为593.8公顷、成灾率5.7‰，林业有害生物防治面积1047.67公顷，无公害防治率100%、测报准确率92.44%，种苗产地检疫率98%。依托国家级中心测报点，开展各类病虫害的监测预报工作，监测和诱捕松墨天牛虫害20万余头，完成松材线虫病死松树清理任务。加强“三品”认证及监管。积极做好“三品”新认证工作，申报无公害产地15家、无公害农产品14个、绿色食品5家；复查换证无公害产地21个、产品28个；对超市、市场等农产品的“三品一标”标志使用情况进行检查。至年底，无公害农产品产地79个、无公害农产品72个、绿色食品12个、有机食品5个，种植业“三品”认证面积共计27000公顷，占比60.78%。

【资源保护】 规划资源保护。新批复实施《宁海县现代农业发展“十三五”规划》《宁海县湿地保护规划》，《宁海县茶叶“十三五”发展规划》已完成初稿，《宁海县美化彩化规划》已通过专家评审。调查资源保护。为满足森林经营方案、总体设计、林业区划与规划设计需要，以县级行政区域或国有林场等森林经营单位为调查单位，开展森林资源二类调查。根据省林业厅统一部署，全面实施森林资源二类调查规划工作，国家林业局华东林业调查规划设计院为项目承揽单位。以防火为要点做好资源保护。做好森林防火宣传，印发森林防火通告5000张、禁火令宣传单30万份，“开展严禁清明节期间明火上坟祭祖规定”签字承诺率达95%以上。做好森林防火培训，配备高压水泵42台，培训扑火小队21支525人。做好森林消防工作，全年共发生森林火情31次，其中森林火灾3起；合计过火面积0.6公顷，受害森林面积0.6公顷；森林火灾受害率为0.055‰，控制在0.8‰以内，未发生重特大森林火灾，无人员死亡；森林火灾发生率为2.5次/10万公顷。以建设为要点做好资源保护。通过造林、环境整治等方式，在发展好国有农场（林场）的同时，做好资源开发和保护工作。以抓住环境整治主线，积极开展美丽农场建设，通过村庄绿化、河道清淤等方式改善基础设施和村庄环境。通过森林抚育、林相改造等，森林管护全面加强，完成森林抚育200公顷。茶山林场经营收入253.58万元，其中茶叶收入155.23万元（占61.22%）、房租收入43.47万元（占17.14%）、其他木材销售、毛竹销售、水力发电、薪材等收入54.88万元（占21.64%）。五山林场全年收入647万元，其中房租625万元（占96.60%）、木材收入12万元（占1.85%）、其他收入10万元（占1.55%）。柑橘良种场收入43.97万元，其中虾塘养殖租金33.23收入万元、柑橘租金6.74万元、罐头厂租金4万元；文化活动中心已开工建设。

新农村建设

【概况】 2016年，县新农村工作按照全县农村工作会议提出的“聚优势、补短板，做强农业、做美农村、富裕农民”要求，坚持“全域治理、全面提升、全景打造、全民共建、全体共享”，大力实施美丽乡村建设三年行动计划，努力打造美丽乡村升级版，取得明显成效。

【科学谋划“十三五”工作思路】 按照省、市、县委找短板、补短板的要求，认真查找美丽乡村建设短板，分别是：特色亮点短板，美丽乡村建设的特色不够鲜明、亮点不够突出。农村规划短板，规划指导不够精准、编制力量不够充分、规划执行不够有力。长效机制短板，村庄“重建设轻管理”现象仍然普遍存在，建设指导不够精细化，后续运行维护缺乏有效监管。主体作用发挥短板，部分村存在“等靠要”思想，村级班子的建设理念和水平亟待提升，一些村干部热衷于建办公楼、造凉亭、立碑石，不少群众没有主动参与美丽乡村建设。建设要素制约短板，资金、土地、人才等要素制约明显，村庄建设瓶颈仍然存在。产业融合发展短板，美丽乡村建设与二、三产业融合发展不深，农民增收致富效果不明显。

针对以上存在的短板，一方面，强化政策支撑。集中精力，抽调人员，根据不同短板，开展了调研、座谈、考察等多种形式的活动，陆续提交县委、县政府出台“一号文件”、《美丽乡村建设三年行动计划》《关于加快提升重点扶持区域全面小康社会发展水平的若干意见》《关于建立农村环境卫生管理长效机制的实施意见》《2016年农村生活垃圾分类减量化处理工作实施意见》《农村生活污水治理设施运行维护管理办法》《“内聚外迁”移民安置实施细则》等一系列政策文件，会同县财政局联合下发《扶贫小额信贷项目资金管理办法》，为做好2016年及“十三五”期间美丽乡村建设提供政策依据和财政保障。另一方面，强化改革落地。加快推进西店、长街、岔路3个城乡一体化改革试点乡镇建设，平稳推进户籍、环卫等制度改革，顺利完成省农合联“三位一体”改革推进县任务。

【全域开展美丽乡村建设】 高标准打造精品线。全面启动“一横一纵+X”精品线建设，加强主题策划，营造特色韵味，高起点谋划、高标准建设，把沿线的山水风光、特色村庄、产业园区、景区景点，串珠成链、连线成片，发挥美丽的倍增效应，重点打造城乡和美、灵动乡野和南山花语3条精品线。加强沿线道路改造和绿化提升、房屋立面粉刷、田园景观建设、河道全域治理，让山、水、林、田、路、房焕发新的活力。鼓励各乡镇（街道）在“一横一纵”精品线基础上，打造有一个规划、有一个主题、有一批美村、有一链产业的精品线支线。

高品位打造精品村。按照精致、品味的要求，发挥涉农资金整合项目叠加效应，统筹安排美丽乡村、联网公路、饮用水改造、文化礼堂、居家养老等新农村建设类资金，打造宁海美丽乡村建设的精美名片，在2015年启动12个精品村建设的基础上，2016年新启动精品村建设8个村庄。继续落实县领导联系精品村、专家组指导精品村、“第一书记”派驻精品村等制度，发挥规划引领作用，包装提炼精品村主题文化，培育建设一批生态美村、产业强村、文化名村，切实发挥精品村在美丽乡村建设中的示范引领作用。

高档次打造美丽庭院。突出“洁化、绿化、美化、文化”建设要求，开展“清洁庭院”“美丽庭院”“乡愁庭院”分级创建，引导农户开展“美丽庭院”自己建、自己享。加强庭院建设指导，鼓励种植乡土树种、本土花卉、四季瓜果，穿墙透绿，打造开放式围栏，让村庄美景与农户庭院交相辉映。注重发展庭院经济，合理利用青石砖、老瓦片、旧石条，加强四合院、三合院等传统建筑的修缮保护，稳步推进民居民宿改造。完成美丽庭院整村创建11个，完成创建“清洁庭院”4000户、“美丽庭院”1400户、“乡愁庭院”10户。

【全力推进农村环境整治】 全面落实农村环境卫生长效保洁机制。树立“建管并举”理念，围绕建立一体化的规划建设、规范化的收集处理、标准化的环卫作业、常态化的督查评比、社会化的教育宣传和多元化的经费保障等机制建设，落实定人员、定地段、定职责、定报酬、定奖惩，推动农村环境卫生管理长效机制落到实处。大力开展“你丢我捡”“小手牵大手”等活动，营造大家动手、人人参与的良好氛围。推进“以桶换桶”“桶车对接”等清运新方式的运用，实现“垃圾不暴露、转运不落地、沿途不渗漏”。完善县、镇、村、户一体化全覆盖的网格化管理体制，各村落实稳定的保洁队伍，原则上500人以下的村设2名保洁人员，每增加500人增加1名保洁人员，全县农村保洁队伍达3258人，基本实现村庄路面、河道、田间、公共设施场所等范围动态保洁。

全面开展垃圾分类处理工作。自2014年试点启动垃圾分类处理工作以来，经过两年的反复摸索和实践，各项目村因地制宜选择生活垃圾分类收集方式，定时定点分类投放、保洁员上门收取等方式得到充分应用，特别是岔路镇创新推出“二次分类、就地处理”模式，有效提高农户源头操作便捷性和垃圾分类准确性，全镇管理经费节约90%以上，试点经验得到上级领导的肯定和批示。截至2016年年底，全县有204个村开展垃圾分类处理工作，完成投资4838万元，配备垃圾桶11.8万个、垃圾清运车400辆。

全面开展美丽乡村分类创建工作。深入推进村庄规划编制三年行动计划，全县所有保留村庄基本完成规划编制工作。发挥规划管控作用，不盲目规划新村、不搞大拆大建，注重村庄生态保护和乡土材料运用，提倡修旧如旧、建新如故，努力展现村庄生态之美。按照村庄分类创建的要求，发挥美丽乡村示范村在安居宜居美居、绿化美化彩化、产业融合提升、基层治理机制等方面的综合性示范引领作用，推进美丽乡村合格村环境洁化、村庄绿化、污水净化、道路硬化、饮水标化、村容序化和有便民服务中心、有文化礼堂、有公交通达、有社会保障、有网格化管理机制等建设。深化“村务权力清单36条”，组建4个督查组，对各乡镇（街道）2015年度、2016年度创建项目开展督查，规范美丽乡村创建项目管理。成功创建小康村12个、特色村11个、中心村2个，启动市美丽乡村示范村5个、合格村35个。

【全面完成农村生活污水治理任务】 完善制度，有序推进。创新项目管理。在规范项目部管理、标准示范段建设、隐蔽工程签单制度等基础上，建立由治农污办、乡镇（街道）污水分管领导、监理人员、设计人员等100多人组成的农村生活污水治理微信群，每天交流全县农村生活污水治理工作进度，协调解决存在的问题。自6月微信群建立以来，对施工单位提出整改措施80多起，解决协调问题40多个。狠抓工作进度。倒排时间节点，从项目申报、图纸设计、项目评审到主材招标、监理招标、施工招标，一环紧扣一环，前后无缝衔接。强化项目督查。在县治农污办日常督查的基础上，县委、县政府督查室、县监察局分别于5月、8月、9月抽调工作人员，对全县18个乡镇（街道）的农村生活污水治理推进和建设质量情况进行分片督查，对存在的问题，即行即改，加快项目进度。

加强监管，质量为先。严把项目监管关。全县上下建立3支队伍，实现全程无死角监管。针对部分村级监督员、监理人员对业务不熟悉等情况，于8月2日组织150余人的培训会，下发作业指导手册等资料。严把材料质量关。制定出台《农村生活污水治理主材料采购管理办法》，主材料供应商全部由县统一招标入围，专门委托第三方对主材料进行统一检测。三是严把项目验收管。邀请县综合执法局、环保局、水务集团等成员单位共同验收，做到质量不硬不过关、资料不全不过关、程序不全不过关。创新引进CTV管道内窥镜检测项目，对项目村管道进行抽样检测，2016年开展检测78个村，检测管道近9万米，发现了90处管道破损、变形、脱节等问题，整改管线268米。

明确责任，重视运维。提交县政府出台《农村生活污水治理设施运行维护管理办法》，明确县综合执法局为农村生活污水运维行政主管部门，县水务集团为农村生活污水运维业务主管单位。制定农村生活污水治理运维移交办法，要求县综合执法局、县水务集团全程参与项目检查、验收等各个环节，确保后期运维能够顺利移交。建立农村生活污水治理运行维护中心，在日处理能力30吨以上的污水终端安装了监控设备，通过互联网远程监控技术，对安装在农村生活污水终端的监控设备进行流量监测、设备控制和数据采集分析，确保污水设施长效运行，已将18个项目村的21个污水处理站点纳入运行维护中心管理平台。

12月2日，县委副书记李贵军到农办调研新农村建设

【全面推动精准扶贫】 实施民生扶贫，推动低收入农户增收。根据市农办安排，2016年在宁海县重点扶持区域开展扶贫小额信贷贴息贷款项目试点工作，实施“政府+银行+保险公司+农村经营组织”的金融扶贫政策。确定专业合作社、家庭农场等农村经营组织21家，帮扶低收入农户450余户，发放扶贫小额信贷贴息贷款1820万元。做好低收入农户生产帮扶项目，鼓励低收入农户从事生产、经营活动，发放补助资金100万元，扶持低收入农户250户。

实施基础扶贫，改善重点扶持区域生产生活条件。大力开展村庄整治建设提升专项行动，突出项目规范化管理，继续实施第三方审计，全面完成18个村庄整治建设提升工程，其中市级重点扶持区域13个村，县级重点扶持区域5个村。调整资源型机耕路建设补助方式，联合县财政局、县农林局修订出台《山区资源型机耕路修建项目实施办法》，项目实施要求更加明确，管理更加完善。全年修建资源型机耕路71条124公里，总投资2431万元。

实施转移扶贫，加快异地致富奔小康步伐。采取“整村推进与梯度转移”“集中安置与分散安置”相结合的方法，稳步推进库区、山区移民搬迁。为激励农户移民，把内聚外迁移民补助标准从原来的户均1万元提高到户均1.5万元～3万元。2016年全县列入移民计划共358户，拟补助资金822万元，完成旧房拆除320户，占总户数近90%，余下38户，旧房拆除协议已签订，准备拆除旧房工作。

实施结对扶贫，推进对口协作帮扶。认真做好市内区域对口协作帮扶工作，主动对接慈溪市、北仑区，共争取帮扶资金800万元，实施帮扶项目11个。加大晴隆县对口帮扶力度，新增财政资金50万元，共200万元，为当地新农村建设、低收入农户增收等项目开展奠定了扎实基础。

海洋渔业

【概况】 2016年，县海洋渔业工作以加快转变经济发展方式为主线，紧扣建设“两美”宁海奋斗目标，进一步强化体制机制创新，在“一打三整治”、现代渔业园区建设、平安渔业示范县创建、海域管理与海洋环保等方面有了新进展，全县海洋渔业经济继续保持稳中有进的态势，渔业总产量15.75万吨，总产值22.86亿元，分别比2015年增长1.83%、4.58%，其中海水养殖产量14.37万吨，产值20.21亿元，分别比2015年增长2.1%和4.44%。宁海县喜获“浙江渔场修复振兴目标责任第一阶段考核优胜单位”，县海洋渔业局被省委、省政府授予“浙江渔场修复振兴暨‘一打三整治’行动先进集体”，被省海洋与渔业局评为2016年度“两战”执法工作先进集体，被县委、县政府授予“平安护航G20峰会先进集体”。

【强势推进“一打三整治”】 坚决打好“幼鱼保护”和“伏季休渔”两战。坚持问题导向，因地制宜出台“两战”执法行动方案，加强伏休期渔船管理、幼鱼渔获物购销监管和“定人联船”制度的落实。一方面，加大宣传力度、舆论监督和违法行为的曝光力度，印发、张贴各类宣传资料4600余份，悬挂横幅标语100余条。另一方面，强化部门联动执法检查，登监检查渔船1580艘（次），查获违规渔船24艘，收缴罚款8.9万元，扣减油补渔船5艘、扣除油补渔船1艘；移交案件4起，公安机关已立案3起，取保候审2人，获得省督查组的充分肯定。

深挖严打小型涉渔“三无”船舶。按照“发现一起、打击一起、拆解一起、处罚一起”的总体要求，以新建泡沫、竹筏类小型涉渔“三无”船舶为重点，多次组织开展专项行动。一方面以村为单位，联合乡镇对可能停泊藏匿“三无船”的区域进行全面排查，减少、打压小型涉渔“三无”船舶的生存空间；另一方面着重强化涉渔“三无”船舶源头管控，突出渔船“修造厂、建造点”等监管环节，从源头上减少“三无”船舶数量。开展三门湾、象山港常态化巡航132次，查获2处违建点，查获29艘“三无”船舶并依法对其进行拆解。

联合整治违规网具和禁用渔具。坚持全面排查与定期巡查、专项整治与日常监管、海上执法与港口（码头、滩涂）查处相结合，联合多部门开展渔场渔具专项整治执法行动，对两湾海域进行滩涂、航道清理，集中销毁收缴的违规网具。2016年共查处从事电脉冲作业渔船1艘、使用地笼网作业“三无”船舶1艘，清理虾子网200顶、地笼网3785余顶，焚烧销毁违禁网具2000余顶。西店、强蛟、一市、长街等乡镇强化属地责任，因地制订工作方案，同步开展对辖区滩涂串网、地笼网清理，创新“众包”清网机制，获省市领导高度肯定。

全力推进“船证不符”整治工作。对“套用证书”“扩尺度”“扩功”三大类渔船分别采取罚款、拆船、核准变更实际主机功率、实施“多休减捕”等方式进行多渠道整改，完成328艘擅自扩功、扩主尺度和套牌渔船的整治工作，收缴处理罚款143.9万元，处理小型渔船扩尺度案件23起，共收缴罚款4.8万元。

【稳步推进现代渔业建设】 渔业园区建设。持续推进三门湾现代渔业园区公共基础设施建设。截至2016年年底，园区一期工程总投资完成8200万元，完成合同工程量的102.9%，二期工程总投资完成1041万，完成合同工程量的86.4%，均进入扫尾阶段；创新基地工程完工验收。一批渔业精品园区相继建成。6个渔业精品园区和1个国家海洋经济创新示范项目将全面完工投产，水科院华东海水种业中心开工建设。入园企业生产经营良好。北区池塘、大棚对虾、创新基地仿生态养殖塘投产养殖，斌渊水产第一茬共产出南美白对虾约12.5万公斤产值600万元，平均亩产3000公斤，亩产值13.33万元，最高单塘亩产达4000公斤，社会反响较好，获得上级领导高度肯定，但也存在部分企业效益不佳，甚至亏损现象。

产业转型升加快。扎实推进水产养殖池塘标准化建设。2016年新开工项目5个，通过验收项目10个（含续建），完成池塘标准化建设面积614公顷，主要集中在长街下洋涂区块。认真开展养殖实用技术培训。积极开展渔业科技入户、渔业技术指导服务工作，确定渔技指导员18名，培育科技示范户95户；集中授课15期，培训约850人次，下乡服务指导450余次，发放各种资料手册1500余份。“配合饲料在海水蟹养殖中的应用”“海水池塘覆膜养蛏技术”和“微生物制剂在池养殖中推广和应用”等先进适用技术在全县推广。积极推进无公害生产和健康养殖示范基地的培育工作。组织全县无公害基地新认证申报6家，新增无公害产地面积811.33公顷，创建市级标准化养殖示范场5家，创建农业部水产健康养殖示范场3家。

落实各项支渔惠农政策。做好渔业油价补助发放，2016年共向全县729艘渔业船舶的所有人发放渔业油价补贴2043.74万元。做好2016年涉农资金整合工作。渔业示范基地类、水产科技和种业类项目纳入平台管理，涉渔资金整合更加规范有序。积极争取中央财政支持宁波现代农业发展资金4000万元。落实渔业保险补助工作。2016年市、县各补助156万元，对全县743艘捕捞渔船（含休闲渔船）保险和1653名渔民人身保险进行补贴；在长街、胡陈、大佳何等乡镇开展了南美白对虾疫病政策性互保试点工作，参保面积577.47公顷，共收缴保费346.46万元，2016年赔付金额达272.3万元。严格执行各项减免政策，检验渔船648艘，收取检验费用4.95万元、资源保护费6.08万元；继续做好“渔光卡”等小额信用贷款发放工作，为渔民生产生活提供金融服务。

【创建“平安渔业示范县”】 完善海洋灾害应急管理体系。因地制宜制订海洋灾害应急演练方案，积极实施2016年海洋防灾减灾项目，拓展建成电子政务视联网应急指挥平台，开展多次视联网应急演练。

结合“5·12全国防灾减灾日”“6·8世界海洋日暨全国海洋宣传日”做好海洋灾害防御知识普及宣传工作，接受群众现场咨询上千人次。

深入抓好渔船生产安全管理。在强化渔民教育培训、营造安全宣传氛围的基础上，积极开展渔船安全执法检查，特别是在“浙宁渔11002”沉船事故和虚惊一场的“浙宁渔43003”失联事件后，深入开展了安全隐患排查专项行动，多次赴江苏、舟山、石浦等地针对性开展渔船生产安全执法检查，查处违规渔运船雇用不符合从业条件的非职务船员上船作业案件2起，收缴罚款1万元。开展安全生产检查30次，发出责令整改通知书48份，检查捕捞渔船1458艘次、休闲渔船305艘次，查处涉嫌无证驾驶渔船2艘，对当事人作出行政拘留处罚。渔业乡镇（街道）的安全属地监管责任进一步加强，重点高危作业渔船的监管力度进一步加大，所有中大型渔船都已配齐北斗、避碰、应急示位标和卫星手机。

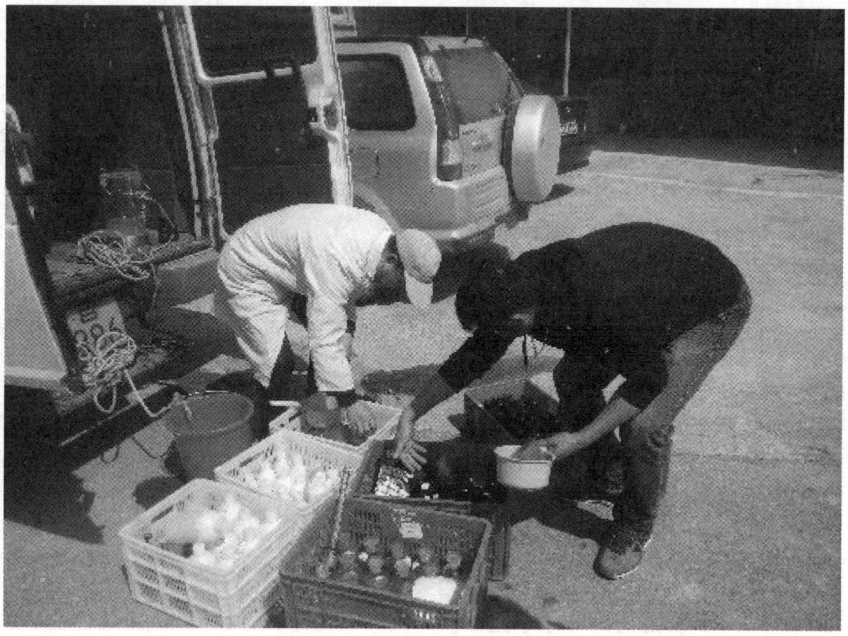

3月29日，三门湾大桥（宁海段）附近海域育苗环境调查开展首次监测（拍摄人：袁灿）

强化初级水产品质量源头监管。认真开展水产品“三打一严”专项行动。组织10期水产品质量安全及健康养殖技术培训，与养殖单位负责人签订质量安全承诺书82份。检查育苗场15家次、养殖场52家次，抽检各类水产品245份，合格率为99.6%，其中薛忝薛宽芳禁用药物超标案已移送宁海县公安局立案查处。

5月27日，宁海县放流日本对虾5034万尾（拍摄人：戴松德）

【扎实推进海域管理与海洋环保】

强化用海要素保障。顺利完成总面积1751.7公顷的三山涂区域农业围垦用海规划审批，为该县“两美”建设拓展发展空间。做好批准海域使用面积22.1公顷的G228宁海西店至桃源段公路跨海桥梁工程审批服务工作，争取到应缴海域使用金全部减免。完成下洋涂海堤外侧滩涂五宗区块，西店铁江一宗区块海域使用权公开出让工作。六宗区块用海共计面积为772.4公顷，成交金额共计303万余元。

构建海洋生态文明。近岸海域污染防治积极推进。继续开展“五水共治”和生态县建设工作，严控陆源污染排放，抓好一港一湾近岸海域污染综合治理，积极开展近岸海域水质监测和重点养殖区尾水监测，配合做好入海排污口的监测整治和象山港海洋环境在线监测系统的运行。海洋生态保护修复工作有序开展。开展象山港海洋牧场试验区建设，在大型藻场培育紫菜、海带等品种，养殖面积40公顷；开展岱瞿族大黄鱼网箱试养，总数共211个，其中深水网箱9个。圆满完成2016年度增殖放流计划，先后放流日本对虾、中国对虾、淡水鱼类和缢蛏苗共计2.2亿余尾（粒）。严格用海项目海洋环评审核，督促国道228线、西店新城围填海等项目用海单位积极落实海洋环境影响跟踪监测及生态补偿，并对编制的跟踪监测和补偿方案进行审核。多维推进开展海洋环境整治和保护。利用网络、电视、报刊、广场及渔船全方位开展海洋环境保护的宣传，联合环保等部门共同开展环境整治工作。

7月6日，县长杨勇在县水利局三防会议室参加“尼伯特”防台工作视频会议（拍摄人：林丹晨）

加大海洋执法力度。认真开展“海盾”“碧海”专项执法行动，打击盗采海砂、违法填海等行为，抓好区域用海项目监控，维护海洋开发秩序，保护海域海岛权属，促进海洋经济可持续发展。已开展岸线、海岛巡查33次，出动人员149人次，立案查处非法围填海案件1起。

10月26日，召开西林水库扩容工程截流阶段验收会议（拍摄人　林丹晨）

水　利

【概况】　2016年，县水利局紧紧围绕“五水共治”“治水强基”重大战略部署，以防洪排涝、水资源保障、水生态建设、标准化管理为重点，以依法治水为保障，强力推进西林水库扩容、五大溪流治理、胡陈港扩闸维修、山塘整治、农民饮用水提升等重点民生工程建设，全年完成投资11.01亿元，总投资及完成率在省市排名前列，获得省水利厅综合考核优秀及市第五届水利“大禹杯”银杯奖，顺利实现“十三五”规划的良好开局，为建设“两美”宁海、早日跻身全国强县第一方阵提供强有力的基础保障。

【防汛防旱】 宁海县始终以“不死人、少伤人”为目标，全力做好各项防汛防台工作，最大限度地减少灾害损失。及时开展汛前检查，抓好薄弱环节整改。2月底，按照省市防指的总体部署和要求，结合县防汛防台工作实际，在各乡镇（街道）自查的基础上，县水利局组织10个防汛检查组开展多次防汛安全检查，检查各类水利防洪排涝工程近3000处，共发现安全隐患32处，针对检查中发现的安全隐患，要求责任单位和责任人及时采取措施，在主汛期前整改落实到位，并随时跟踪督查督办。落实防汛抗旱责任制，切实做好各项准备。严格落实以行政首长负责制为核心的各项防汛责任制，细化工作职责，切实将各项防汛抢险制度落实到每座水库、每段堤防、每个管理人员。对重点区域、重点地段落实专人负责，一旦发现险情，立即组织群众撤离。通过《今日宁海》报、宁海水利网等平台公布各类防汛责任人名单，接受社会监督。加强监测预警，科学调度水利工程。2016年雨量偏多，密切关注降雨情况，及时通过山洪灾害监测预警平台、短信群发系统等发送预警短信到各防汛责任人、巡查员，要求各地加强水库山塘和地质灾害点巡查，发现险情及时处理并报告县防指办。据统计，2016年通过山洪灾害监测预警平台向2890余人次发送各类预警信息近8800余条，并及时通过网站、微博微信等，发布汛情实况，提醒公众做好防御准备。同时，根据气象预测预报和各水库实际情况，严格按照水库放水预警方案，确保泄洪安全，全年汛期7座大中型水库共泄洪水31120万立方米，有效减轻上下游的防洪压力，将灾害损失降到了最低程度，充分发挥工程防洪排涝作用。

5月18日，副县长范建军调研五大溪流（跃龙段）治理工程

风景如画的茶院溪（拍摄人：冯远周）

【水利工程建设】 重点水利工程进展顺利。五大溪流治理工程。已基本完成杨溪、清溪、凫溪、中堡溪等四大溪流主体工程治理，白溪流域工程已有五个标段开工建设，共完成投资4.82亿元。长街区域沿海排涝工程。正抓紧组织实施各项前期工作，项目建议书已完成批复，并进入社会资本招标阶段。西林水库扩容工程。导流洞工程已完成，顺利通过大坝截流阶段验收，引水发电洞、上坝道路、左右岸趾板开挖、临时水厂等工程已基本完成，完成投资10332万元。胡陈港水闸工程。已完成灌注桩151根，围堰抛石1万立方米，共完成投资3000万元。杨溪亲水平台与岸线建设。已完成南北两侧滨水步道全部基础土方开挖，完成投资3594万元。颜公河调蓄池清水导污工程。导污工程已完成，引水工程正在施

工中，已完成导污泵房一座，完成分水闸门底板浇筑和檀树头村过村段管道铺设工作，共完成投资3226万元。凫溪流域地段防洪设施改造工程。已完成技术交底进场施工及沿线杆线管道迁移工作。清溪水库。正进行三门县、天台县三方协议签订工作，可研及初设已完成招投标。民生实事工程取得突破。山塘整治工程。全年共整治完成54座山塘，完成投资3375万元。农民饮用水提升工程。全年共更新改造管网401千米，完成消毒设备安装59套及水源工程90处，受益人口41511人，共完成投资4551万元，圆满完成市下达的两年内完全解决宁海县饮水不安全人口的任务。

10月25日，水利部水保司司长刘震率专家组就宁海县国家水土保持生态文明综合治理工程进行评审（拍摄人：林丹晨）

【水环境整治】　以“五水共治”为契机，高举生态大旗，全力推进水环境综合治理，改善全县水环境面貌。积极开展河湖库塘清污（淤）。作为县“五水共治”工作重点，计划用五年时间，投资1.1亿元清污（淤）170万立方米，全面清除河湖库塘污泥，恢复水域原有功能，实现河湖库塘淤疏动态平衡。全年共完成清淤85.83万立方米，整治河道7.6公里，清淤山塘90座，清淤水库2座，累计投资5149万元。全面开展河道绿化。将河岸绿化工程列入县重点工程，计划投资1.3亿元用5年时间对全县35条县级、重点河道进行“岸绿”全覆盖，打造集休闲、旅游、健身、观光为一体的河道生态长廊。全年累计投资2000万元，形成中堡溪、茶院溪、石门溪等几条高颜值河流。全面落实河道保洁常态化。制订印发《宁海县河道保洁实施方案》，将全县362条1090公里河道纳入保洁范围，明确保洁目标，落实责任主体。并落实年度保洁经费200万元，采取“以奖代补”的形式鼓励乡镇（街道）探索物业化保洁、专业队伍保洁、镇村联动保洁等多种保洁方式，加大监督考核力度。

11月25日，市水利局专家组到该县开展水利工程标准化管理验收工作（拍摄人：林丹晨）

【水政水资源管理】　创建国家水土保持生态文明工程。大力推进水土保持生态文明建设，将水土保持纳入国民经济和社会发展规划，形成了政府主导、部门协作、群众广泛参与的水土流失防治机制。经过长期治理，治理度80%以上的小流域面积占县域内应治理小流域总面积的50%以上，水土流失综合治理程度达60%以上，土壤侵蚀量减少40%以上。10月下旬，县创建“国家水土保持生态文明工程”通过水利部组织的专家评审，成为宁波市第一个成功创建县。积极开展水法宣传活动。在第24届“世界水日”和第29届“中国水周”期间，利用各种途径进行水法宣传。在《今日宁海》刊出宣传专刊，在县电视台气象预报栏目连续滚播水法规宣传内容。在潘天寿广场举行大型广场宣传活动，发放水法宣传资料，张贴主题宣传画；印制宁海水利及水法规宣传纸杯、毛巾、雨伞等纪念品，分发乡镇（街道）及各相关单位；利用手机短信、农民信箱向广大手机用户传发水法规宣传短信等宣传方式，增强社会各界的水法制、水忧患和水环境意识，营造良好的依法治水氛围。做好行政审批工作，加大水行政执法力度。提高水行政审批效率，共办理行政审批事项178件，全部按时办结，办结率100%。共组织各类巡查达210余次，出动执法人员500余人次，发现、制止和处理涉水违法违章行为40余起，下发《责令停止违法行为通知书》14份、《责令改正违法行为通知书》20份，立案查处2件，罚没款3.2万元，有力打击水事违法行为，水政大队在2016年荣获全省水政监察队伍优秀等次。

【水利管理改革】 推进水利工程标准化管理。认真贯彻落实省、市水利工程标准化管理有关要求，编制完成《宁海县水利工程标准化管理工作五年实施方案》，计划用5年时间对全县水库、标准海塘、重要河道、水电站等进行标准化管理。2016年已基本完成确权划界、标牌标识建设、管理手册编制和信息化平台建设等相关工作，并且在长街、胡陈、力洋3个乡镇开展试点，打造亮点工程，并积极开展西溪（黄坛）水库国家级水管单位创建工作，创全大市中型水库建设管理的典范。创新开展农田水利建设工作。以加强整合涉农资金为契机，以着力推进高标准基本农田建设为重点，按照“连片治理、整体推进、集约发展”的原则，开展农田水利类平台建设，全年共申报农田水利建设类包括小流域治理、小型农田水利、高标准基本农田建设在的内项目253个项目，近200个通过评审。完成水投公司组建工作。为深化水利投融资体制改革，3月底组建完成水利投资有限公司，把已建的6座中型水库及颜公河调蓄池等资产纳入水利融资平台，且探索运用市场规则，进行PPP等融资模式，争取社会资本参与水利项目投资

农业机械

【概况】 紧紧围绕“农业稳定发展，农民持续增收”的总体要求，以调整装备与优化结构为主线，以科技创新为手段、以强化安全为保障，农机管理服务、科技推广、安全监理、培训教育等各项工作稳步发展，为全县农业农村经济较快发展做出积极的贡献。全年发放补贴资金1193.3万元，其中农机购置补贴资金566.8万元，推广机械1082台套，受益农户472个；设施农业补贴资金434万元，市县项目34个，建设面积67万平方米；市级标准化合作社补贴资金46万元，4家；拖拉机报废补贴资金132.8万元，回收拖拉机278台；政策性保险补贴资金13.7万元，保险机械526台、人员282人。组织农机警务中队上路巡查415人次，排查农机安全隐患585条，整改585条。检验上道路拖拉机、农田拖拉机、联合收割机2278台，年检率达90%，新核发拖拉机驾驶证22本，换发拖拉机驾驶证1890本，转移拖拉机354台。开展农机干部提质、新机具操作技术、安全教育等各类培训32期，受训人数达2832人次。

【狠抓强农惠农政策，积极推广应用农机新技术新机具】 关口前移抓好农机服务工作。在春耕春种、双夏、秋收冬种等重要农时季节，抽调技术骨干组成农机技术服务队，深入作业生产一线，通过机械操作技术专题讲座、农机现场演示会、发放技术资料册等形式，为农机专业合作社、农机大户和农机手开展技术下乡服务，累计开展技术下乡服务活动130余次，发放资料手册1000余份。同时，农机部门成分发挥农机联合会的调度作用，检修调试作业机具，排除故障隐患，及时了解生产供需和售后服务等情况，宣传涉农产业新政策，传播和推广先进适用的农机新机具、新技术。全年共检修各类农机具4500余台，储备农机配件130余万元。积极推广特色机械加快推进粮食生产全程机械化。根据市局新型农机试验示范与推广坚持“突出重点、定额补贴、总量控制、加强监管”的原则，采取项目化管理。以加快推进粮食生产全程机械化的薄弱环节为重点，以发展特色产业关键环节机械化为突破口，开展农机新技术、新机具作业演示，让农民群众充分认识到农机新技术、新机

具的显著成效。全年共推广 59 台先进、适宜的特色机械（包括履带式耕整机 38 台、大马力收割机 5 台、机动喷雾机 4 台，一拖三的热风炉 5 台，一配一热风炉 7 台），下达新型农机补贴资金 97.51 万元（市级 32.59 万元，县级 64.92 万元），补贴用户 59 户。农机技术推广与购置补贴工作紧密结合。根据县农业发展急需，对农民广泛认同的关键机具设备，加大县配套投入，集中资金，联动补贴，提高补贴专项整体效能，实现项目效果的最大化。全年共补贴各类农机具 1082 台，受益农户及农机作业服务组织 472 个，农机购置补贴资金总额 566.82 万元，比 2015 年增加 19%，其中：中央农机购置补贴专项资金 405 万元、市级财政农机购置补贴专项资金 82.07 万元、县级资金 79.75 万元。设施农业建设稳步扩大。继续加大对各类标准化大棚、机械化播种育苗、喷滴灌等技术的推广应用，完成市、县两级设施农业项目申报、现场勘测、面积核实、公示、验收等工作。全年共完成市、县两级设施农业项目建设 34 家，补贴金额 437 万元（县级 232 万元、市级 205 万元），补贴面积 67.58 万平方米（67.6 公顷），主要涉及西瓜、葡萄、火龙果、蔬菜等经济作物的钢管大棚种植。补贴类型主要为单栋、连栋大棚。

【严抓农机化管理，不断提升农机社会化服务能力】 完善项目管理办法，扎实推进合作社组织建设。通过涉农资金整合不断完善以合作社为依托的项目建设，逐步建立品牌意识，鼓励合作社开展代耕、代育、代种、代收、代烘等一条龙服务，推进合作组织的生产标准化、产业市场化、经营规模化的现代农业体系建设，结合市农机服务体系建设项目资金管理办法和县涉农资金整合管理办法制定该县农机服务体系建设项目管理办法，规范项目验收标准，做到资金分配有法可依。全年该县新创建宁波市市级系统示范合作社 1 家、市级示范合作社 1 家、库房建设（功能培育）1 家、农机作业服务有限公司 1 家（宁海县首家九红农机作业服务公司），4 家合作社市县财政奖励达 46 万元。年底 4 个项目已全部通过验收。积极做好服务工作，提高农机组织化程度。积极为农机户以机致富创造条件，充分发挥农机专业合作社、农机协会、农机大户等农机社会化服务组织的作用；组织联合收割机、大中型拖拉机和插秧机开展机收、机耕、机插作业服务；引导合作社开展跨区作业服务，全年通过网上直通车信息平台发放跨区作业证 4 本，据作业机手反映，效益良好。同时，组织部分合作社理事长到余姚参观考察，相互交流学习，探索培育新型农机服务组织，引导合作社延长产业链，开展多种经营的发展思路，挖掘新的利润增长点，提升合作社的经济实力。把好审验关，做好农机市场整顿工作。组织安排技术培训，实现维修从业人员行业准入制，指导农机配件及修理门店规范经营，把好农机配件进货质量关，出具维修服务清单，落实“三包”责任。全年共选送 5 位农机维修人员分两批参加了无锡、苏州等农机生产厂家的培训。积极开展农机维修网点的审核审验，2016 年结合 G20 峰会契机，对县 26 家农机维修网点进行全面的安全检查。规范行政许可行为，做好农机法制建设工作。做好行政规范性文件评估清理工作，清理过程中，保留继续有效的为 3 件，废止 2 件，并录入网上行政执法系统。进一步完善农机行政执法监督检查、备案审查、行政执法投诉、执法情况统计、行政执法情况报告等各项监督制度，及时在网上公布，整理完成行政执法案卷及自查报告。

【力抓源头管理，稳步推进平安农机建设】 提升服务水平，抓好农机政策性保险与报废补偿工作。按照效能建设要求，全面提升服务水平，积极开展“一站式免费服务”和实地免费检验，同时严把检测关和牌证办理关，切实加强农机安全源头管理。认真按照市、县拖拉机报废和政策性农机保险两个实施办法要求开展工作，切实减轻农户负担，消除安全隐患。2016 年，全县应检上道路拖拉机、农田拖拉机、联合收割机共计 2525 台，已检 2278 台，年检率达 90.2%。纯农田作业拖拉机上牌 45 台，联合收割机 11 台，新核发拖拉机驾驶证 22 本，换发拖拉机驾驶证 1890 本，转移拖拉机 354 台。报废回收拖拉机 278 台，报废补偿资金 132.86 万元，纳入政策性保险机械 526 台、人员 282 人，发放保险补贴资金 13.68 万元。拓展宣传教育渠道，深化农机安全培训。结合春节、“五一”、国庆，“安全生产月”等节日活动，会同县安委会各成员单位开展安全宣传教育活动，会同公安交警部门，开展巡回农机安全警示教育活动。在 2016 年 5 月、8 月、11 月先后开展针对各乡镇站所和农机合作组织所属人员就 G20 峰会期间、烘干机、制种赶花和涉及各类农机的安全生产培训，分发惠农政策及安全知识宣传手册，配发消防灭火器和安全文化衫等各类警示消防设施。同时，充分利用农机安全信息平台，特别是在台风、暴雨等重大气候变化时节，发送农机安全警示信息，全年共发送温馨提示6500余条次，受益农机户接近3700余人。另外，与县电视台共同录制《你是我的眼——拖拉机交通违法现象》《老吴说交通》这一节目，录制该局监理、警务室人员现场对拖拉机各类交通违法现象的检查与处理，真实反映当前农机安全生产情况，大大提高驾驶员和农民群众的遵纪守法意识、安全意识，共同营造安全、有序的道路交通环境。强化部门协作，抓好安全监管和专项整治工作。与公安交警、安监、交通等部门加强联系，建立长效安全管理协作机制，强化路面动态监管，加大执法力度；对全县拖拉机、收割机等大项农机安装GPS定位系统，在重点地段、重要位置安装高清电子警察监控系统，建立农机监理系统的计算机联网和电子信息档案，实时跟踪管理、远程监督；县农机警务室、各乡镇（街道）站所和交警中队共同建立联勤签到平台，结合G20峰会活动，开展农机"大排查、大整治"专项行动，领导带队分赴各地检查农机安全生产工作，对重要路段、重点场所以及农机专业合作社和农机大户库房等进行重点检查和隐患排摸。另外，全年开展第二批外籍拖拉机专项整治，以乡镇（街道）为单位排摸登记外籍拖拉机，加强对假牌证的查处力度。全年共组织上路415人次，排查农机安全隐患585余条，处理拖拉机违法行为548台次，处理外籍拖拉机涉及假牌23台假证1本，外籍拖拉机登记134台，驾驶人登记9人次，驾驶人违法销分7人；输入全国监理系统本籍变型拖拉机1779台，真正做到全面排摸人车数量和有效减少外籍拖拉机、驾驶人违规违法行为。深化创建成果，持续推进平安农机建设。2016年在继续深化全国平安农机示范县，10个省级平安农机乡镇（街道），88家农机安全示范村，11家市级平安农机示范合作社的基础上，通过评估将宁海县世豪、柏毅和新怡3家农机专业合作社纳入市级平安农机示范合作社创建，已按照市级平安农机示范合作社标准和涉农资金要求开展并完成创建工作，确保通过市级验收，使县平安农机创建工作的示范效应继续延伸。

【巧抓农机培训，着力提升从业人员素质】 抓好上道路拖拉机驾驶培训。聘请驾龄长、文化基础好，表达能力强的教练员，始终把培训安全放在首位，要求教练员每日训练结束后汇报当日训练情况，保障了训练的安全。全年开展1期大中型拖拉机驾驶技术培训，共22人次。农机职业鉴定1期，22人次。同时做好销分考试，全年销分考试4人。抓好特色农业机械操作技术培训。为了让农民安全使用新购农机具，该局就把农机具操作手的培训作为落实购机补贴工作的一项重要环节，采取多种形式开展有针对性的培训。联合科技科、监理站、管理科组织植保机械、谷物烘干机械培训3期，共185人次。特别是烘干机操作培训时，给农户配发100余台消防灭火器，进一步促进农户安全生产意识的提高。做好农机干部素质培训。为推进农机人才队伍建设，提高农机干部业务素质，更好为"三农"发展服务，组织全县各镇乡、街道农机干部30余人开展业务培训，培训中邀请浙江大学教授郑文钟教授作专业讲课，参观先进农业基地建设，大大拓宽农机干部的视界，提高农机干部的业务水平。选派农机骨干参加农业厅举办的智慧农机培训工作，为下步智慧农机建设打下基础。全年组织各类培训32期，共2832人次。

县双盘三山围垦工程

【工程概况】 双盘三山围垦工程，位于三门湾西北侧，分双盘、三山两片涂块。2009年经宁波市发改委批准立项。工程围涂面积2800公顷，造地2133.33公顷，其中双盘片1053.33公顷，三山片1746.67公顷。海堤长度23.03千米（双盘6.59千米，三山16.44千米）静态投资29.21亿元，动态投资37.1亿元（其中双盘涂13.06亿元、三山24.04亿元）。2016年9月27日，《宁海县三山涂区域农业围垦用海规划》获得国家海洋局审批通过。宁海县三山涂促淤试验堤项目是三山涂围垦工程的一部分，东临力洋港，南濒青山港，项目总投资6.7亿元，工程直接投资3.72亿元，总长4872米，促淤试验堤项目工程选择"U型"布置，东西堤与三门湾大桥的交叉段采用桩基础砼框架结构，其余非交叉段采用土石结构，项目于2014年11月开标，由浙江省围海建设集团股份有限公司中标承建，工程于2015年6月开工，计划于2019年完工。

【年度完成情况】 三山促淤试验堤项目总投资6.7亿元，工程直接投资3.72亿元，2016年度完成投资1.7亿元，累计完成投资4.13亿元。已按时完成标准堤2000米基础处理，抛石高程平均高程达3.5米以上，东、西堤交叉段框架堤各300米加载，堤顶路面高程达到6米，防浪墙高程达到7.1米。配套工程建设顺利。码头工程、管理房发电机房相继完工并通过验收。

【工程质量】 全年无质量事故。已完工程经施工单位自检、监理单位抽检，分项工程合格率达到100%。严格把好工程建设质量三道关。设计质量关。督促设计单位认真吸取专家审查意见，充分消化专题研究成果，严格遵循技术标准，统一组织标段互验，规范设计审核，确保各种设计参数取值合理，工程结构、施工组织安全可行。现场监管关。工程管理和质监人员在省、市两级质量监督组的直接指导下，对施工全过程进行跟踪检查，对重点分项、分部、关键工序和隐蔽工程进行重点检查，确保工程质量始终处于受控状态。科技保障关。依托国家海洋二所、河海大学、省水利水电勘测设计院等单位的海洋技术专家的集体智慧，及时解决工程设计、施工中的重大疑难问题，初步建立起集项目报批、审查、阶段评估、成果鉴定、推广应用于一体的科研项目全过程管理体系。

【安全生产】 始终把安全施工摆在与工程质量同等重要的位置来抓，认真贯彻“安全第一，预防为主”方针，加强组织管理，实现全年无一起重大安全责任事故。

（安宗光）

工业·园区

工　业

【概况】　工业生产总体情况。2016年，全县共完成全部工业总产值884.62亿元，增长5.6%。其中，全县505家规模以上企业完成工业总产值665.3亿元，同比增长5.4%；全县规模以上企业完成工业增加值161.5亿元，同比增长6.0%；规模以上企业实现利税总额80.69亿元，同比增长-3.5%；利润总额52.84亿元，同比增长-5.1%。全县工业经济呈现平稳增长态势。

优势行业支撑发展。2016年，六大特色行业规模以上企业完成工业产值456.9亿元，同比增长10.9%，占全县规模以上工业总产值的比重达68.7%，拉动全县规模以上工业总产值增长7.1个百分点，支撑作用相当明显。其中，文具（23.4%）、汽配（16.5%）、灯具（11.4%）行业的产值增速实现两位数增长。

表8　　2016年六大特色行业规模以上工业产值一览表

行　业	产值（万元）	增幅±%	行　业	产值（万元）	增幅±%
模具行业	303088	10.0	灯具行业	879671	11.4
文具行业	1162098	23.4	五金机械	805647	-4.3
汽车零部件	915365	16.5	电子电器	503622	3.5

骨干企业领先发展。2016年，工业综合实力50强企业实现工业产值323.1亿元，同比增长13.3%，高出全县产值增速平均水平7.9个百分点。如得力、日升分别实现产值84.1亿元、47.9亿元，同比分别增长32.5%、16.7%。此外，全年县本级工业用电量20.4亿度，同比增长12.1%，增速高于2015年同期4.5个百分点，也说明该县工业企业的生产情况呈现出稳中趋好的态势。

工业投资持续发力。2016年，全县完成工业投资85.4亿元，同比增长9.6%。部分重点项目进展良好，建新赵氏梅桥区块汽车零部件生产线项目及润禾科技的年产5万吨有机硅生产线项目等重点工业投资项目土建完工，已进入设备安装调试阶段，年内已投入生产。吉利新大洋城市微行纯电动车项目，双林DSI变速器项目，得力年产85万箱笔、2500万只订书机生产线项目正在进行土建施工。

工业出口平稳增长。2016年，该县规模以上企业完成工业出口交货值155.0亿元，同比增长3.0%，比全市平均增速高出4.5个百分点。其中，骨干企业拉动作用明显，该县综合实力50强企业完成工业出口交货值70.1亿元，同比增长12.9%，比全县出口平均增速高出9.9个百分点，尤其是东方日升表现一枝独秀，实现出口交货值18.2亿元，同比大幅增长50.3%，拉动全县规模以上企业出口交货值增长4.0个百分点。

创新成果加快转化。2016年，该县科技经费支出总额12.4亿元，同比增长13%；累计授权专利3187件，其中发明专利216件，同比增长9.1%，企业研发能力得到进一步提升。该县全年规模以上企业完成新产品产值231.8亿元，同比增长9.2%；新产品产值率34.9%，比 2015 年同期提高 0.9 个百分点。

表 9　　2016 年各乡镇（街道）规模以上工业产值情况一览表

序号	乡镇（街道）	工业产值（万元）	增幅±%	序号	乡镇（街道）	工业产值（万元）	增幅±%
1	跃龙	552085	-2.0	10	桑洲	7674	-16.8
2	桃源	576520	8.5	11	黄坛	1070259	24.7
3	梅林	1214325	17.7	12	大佳何	55630	-32.1
4	桥头胡	229136	12.1	13	强蛟	311668	-3.3
5	长街	250059	-5.7	14	西店	846126	4.7
6	力洋	122863	-24.5	15	深甽	187532	1.5
7	一市	39364	4.1	16	胡陈	24428	8.2
8	岔路	102887	-2.6	17	茶院	60305	2.4
9	前童	124127	9.9	18	越溪	22263	-2.6

产业结构优化调整。2016 年，该县战略新兴产业实现工业增加值 15.5 亿元，同比增长 13.0%，高于同期全县规模以上工业增加值增速 7.0 个百分点。1—12 月，高新技术产业、装备制造业分别实现工业增加值 54.5 亿元、81.7 亿元，同比分别增长 10.4%、9.4%，占规模以上工业增加值比重分别为 33.7%、50.6%，比 2015 年同期分别提高 4.4 个、2.7 个百分点。信息产业快速发展，1—12 月，宁海县软件和信息服务业完成产值 7.0 亿元，同比增长 30%。

【智能制造】 组织得力文具成功申报市级自动化（智能化）成套装备改造试点专项，成为宁海县首个市级改造试点项目。全力推进“机器换人”项目，建立“机器换人”项目库，入库项目达 153 个。加强新产品管理，全年共 782 项新产品列入市级新产品试产计划；宇升模业、光明橡塑、如意股份、齐心科技 4 家企业的产品被列入市级重点新产品；斗士油压、宇升模业、建欣模具、双林模具、考比锐特、佳比佳 6 家企业的新产品入围市装备制造业重点领域首台（套）产品。

【绿色发展】 狠抓节能降耗工作，2016 年，规模以上工业综合能源消费量 361.89 万吨标准煤，同比上升 1.07%，规模以上工业企业增加值能耗同比下降 1.0%。大力淘汰落后产能。完成禁燃区外高污染燃料锅炉关停注销 92 台，整体淘汰金海雅宝化工企业，淘汰落后生产设备 185 台，共腾出用能空间 8000 吨标煤，引导企业腾出存量土地，盘活土地 66.67 公顷。加快推进绿色生产，积极培育绿色企业，乐星感应电子通过省绿色企业现场验收，锦泰橡塑获“市级绿色环保模范工厂”称号。

【企业培育】 加大培育扶持力度，优化政策“配方”，参与工业扶持政策修订，完成《工业十三五规划》和《智慧城市和信息经济“十三五”规划》编制工作，加快“十三五”节能规划的编制。加强小微企业入库培育监测，全年“小升规”培育企业入库数达 340 余家，企业入库率达 284%。强化产业扶持，斩获“中国华东实木家具总部基地”“中国实木家具工匠之乡”两块国字号荣誉；获省级首个出口文具质量安全示范区称号。扎实推进管理咨询与企业家素质提升工程，全年引进管理咨询公司 4 家，审核、验收咨询管理企业，对 8 家通过审核企业进行资金补助，采用多种形式，举办各类培训 19 个班次，参与培训的企业经营管理人员达 1600 余人次。

【企业服务】 县企业服务中心“公益化+市场化”企业综合服务模式影响力进一步扩大，已被奉化、象山以及省外县（市、区）成功复制。2016 年，各类服务已覆盖全县 15000 余家中小微企业，与 16 家院校、科研院所建立密切合作，引进 43 家咨询服务机构和中介机构。全年共受理企业求助问题 2725 个，解决 2711 个，办结率 99.5%；流转各类问题 428 个，解决 426 个，其中辅导企业完成土地证、房产证代办、“五证合一”等122项。搭建政府、银行、担保3家合作平台，尝试“政银担”机制，缓解中小微企业融资难问题，累计为231家中小微企业完成融资1.17亿元。

【降本减负】 全力推进“减负35条”，在全市率先出台降本减负35条，积极落实各项税收优惠超6亿元，已为4000余家次企业兑现4800余万元（含西店）稳增促调资金。同时多途径、多形式宣传“减负35条”，面向18个乡镇街道开展“降本减负35条”巡回政策解读会39场，参会人员达3600余人次。

【信息经济】 打造全国首个县级“政务云”项目。7月，县政务数据中心揭牌正式开通运行，已有23个部门、53个系统成功迁入，运行稳定。加快网络基础设施建设，全县光网接入能力达25万户，基本实现城区、各乡镇行政村光网全覆盖。已开通1375个4G基站，4G用户达41万户。扩大免费WiFi覆盖区域，完成57个免费热点775个AP建设，实现城区202辆公交车免费WiFi覆盖。2016年全县软件、产业完成产值7亿元，同比增长30%。完成软通动力项目招商引资，签订投资协议，已完成公司落地注册、临时办公用房选址，初步完成中小企业云、乐业空间、城市大数据平台等项目调研。

表10　　2016年度宁海县工业综合实力50强企业基本经营情况一览表（含合并企业）

序号	企业名称	隶属乡镇	销售收入（万元）	工业产值（万元）	员工人数（人）	总资产（万元）
1	得力集团有限公司	黄坛	963263	960302	5110	867107
2	东方日升新能源股份有限公司	梅林	549593	479374	1650	851957
3	建新赵氏集团有限公司	梅林	318056	296349	5100	381572
4	双林集团股份有限公司	西店	109848	96149	2054	416043
5	奇精机械股份有限公司	长街	111164	107952	2109	86900
6	宁波如意股份有限公司	桃源	77654	88256	1030	44034
7	宁波华成阀门有限公司	黄坛	99789	96960	508	112513
8	宁海强蛟海螺水泥有限公司	强蛟	83905	82151	199	52856
9	宁波市天普橡胶科技有限公司	跃龙	28859	33807	544	23864
10	宁波方正汽车模具有限公司	桃源	40838	49572	741	60011
11	宁波卡倍亿电气技术股份有限公司	桥头胡	96292	111612	190	46379
12	宁波沃特汽车部件有限公司	深甽	32036	33990	383	33553
13	宁波光明橡塑有限公司	梅林	16187	15897	322	24988
14	康迪泰克传动系统（宁海）有限公司	梅林	29736	25082	191	22163
15	宁波华平金属制品有限公司	黄坛	22835	22753	354	30550
16	宁波北新建材有限公司	强蛟	16980	17035	79	16605
17	浙江双宇电子科技有限公司	梅林	45129	46070	389	24679
18	宁波好孩子儿童用品有限公司	长街	25959	26495	819	21904
19	宁波天虹文具有限公司	长街	40167	39809	1146	58728
20	宁波捷豹集团有限公司	梅林	53388	37704	380	31342
21	山中合金（宁波）有限公司	桃源	19195	22036	195	13374

续表10

序号	企业名称	隶属乡镇	销售收入（万元）	工业产值（万元）	员工人数（人）	总资产（万元）
22	宁波震裕科技股份有限公司	西店	18081	19568	486	50159
23	宁波万安股份有限公司	跃龙	15469	15987	424	19408
24	宁波峰亚电器有限公司	西店	73228	20000	370	53428
25	宁波新大梁山啤酒有限公司	茶院	14414	16882	473	18243
26	宁波格兰家居用品有限公司	跃龙	12233	12365	205	12103
27	宁波海斯曼科技发展有限公司	西店	33314	34600	398	11085
28	宁波兴伟刀具科技有限公司	西店	17020	17782	410	12251
29	宁波永成双海汽车部件股份有限公司	西店	28229	21538	368	25209
30	宁波前风振业照明电器有限公司	岔路	16807	17386	355	10834
31	宁波永信钢管有限公司	梅林	31477	23950	230	13844
32	爱文易成文具有限公司	跃龙	21172	22252	677	14771
33	宁波永信汽车部件制造有限公司	梅林	24816	25570	350	30017
34	宁波润禾高新材料科技股份有限公司	胡陈	17180	19209	120	25637
35	宁波市凯博数控机械有限公司	长街	16564	17961	197	29059
36	宁波市锦泰橡塑有限公司	梅林	8009	7934	147	10668
37	宁海万兴金属制品有限公司	梅林	17707	18819	205	13506
38	宁波永信精密管业有限公司	梅林	7364	7793	120	11135
39	宁波派灵实业有限公司	跃龙	8918	10114	410	16762
40	宁波无边橡塑有限公司	西店	12491	13145	196	15700
41	宁波日安阀门有限公司	西店	15559	18822	300	19146
42	宁波和宝盛包装有限公司	西店	34926	36349	365	14573
43	宁波兴宝华刷业有限公司	强蛟	16849	11673	212	15890
44	宁波永和电子有限公司	桥头胡	18090	20316	463	7701
45	宁海县金凌海裕汽车部件有限公司	桃源	7386	8361	201	4838
46	宁波市华宝塑胶模具股份有限公司	梅林	27319	27525	425	18598
47	宁海华孚纺织有限公司	跃龙	24252	35067	870	14799
48	华英伦科技（宁波）有限公司	岔路	17941	21176	328	18554
49	宁波吉德电器有限公司	西店	80219	149132	726	89075
50	宁波五峰机械有限公司	深甽	16295	18402	585	27866

电力工业

【概况】 2016年，县供电部门下设8个职能部门，分别是：办公室、发展建设部、人力资源部、财务资产部、党群工作部、电力调度控制分中心、安全监察质量部（保卫部）、乡镇供电所管理部；2个实施机构，分别是运维检修部［检修（建设）工区］、营销部（客户服务中心）。公司共有党员252名，其中在职党员202名，离退休党员50名，共设11个党支部，即机关、客服中心、检修建设、桃源供电所、岔路供电所、梅林供电所、力洋供电所、变电运检、电建公司、电力设备厂、离退休党支部。

2016年，完成固定资产投资1.29亿元；完成售电量28.94亿千瓦时，同比增长14.36%，全地区增速第一；实现营业收入17.84亿元，增长9.11%；利润1324.42万元；全员劳动生产率108.05万元/人·年。同业对标跃居省公司第二集团26家县级供电企业综合对标第一名，其中业绩第一，财务、规划、建设和运行四个专业列入专业标杆，7个专业排名列第一。全市6家县公司对标中，列第四名，南三县第一。年度绩效考核全市列第三名，南三县第一。

【安全生产】 坚持“重心下沉、安全第一、现场为大”，进一步夯实安全生产基础。强化检修计划刚性执行，圆满完成664项停电检修任务。细化电网风险管控，顺利完成跃龙变闸刀大修、西店变主变更换、沥洋变改造等31项大型工作。砍伐修剪树竹3.5万株，排查治理隐患290条，发现消除缺陷146条。保持反违章稽查高压态势，开展现场稽查3250场次。扎实推进变电站精益化评价，110千伏强蛟变在省公司抽查中取得983.90分，全省领先。完成10千伏开关站属地化运维管理改革，理顺配网管辖职责界面。组织承办宁海县电力安全隐患辨识大赛，提高社会大众供电用电安全水平。截至12月31日，公司连续安全生产日达4867天。

【电网发展】 建成投运220千伏霞客变、110千伏工贸变，投运规模创历史之最。220千伏跃龙变迁建工程取得政府补差协议，实现历史突破。110千伏冠庄变顺利开工，110千伏长街、深圳变前期工作有序推进。狠抓配网建设，建成投运10千伏线路137公里，低压线路85公里，公变255台。完成5项“清零拔钉”工程施工。全市率先开展“空中蛛网”专项治理行动，获县主要领导批示表扬。第一批9个新增城农网项目提前完工，14个“精品台区”建设全部完成，36个“中心村”项目开工建设。

【供电服务】 大力推进电能替代，实现12个港口岸电全覆盖，全市首家。超额完成电子服务渠道推广计划，完成率达121.68%。全面推广电子账单，低压居民订阅率达80.25%。全面实现营销全业务线上办理，线上渠道渗透率达100%。持续推进业扩提质提速，高压平均业扩时长59.72个工作日，同比缩短17.08个工作日，列全市第二；受理容量26.17万千伏安，同比增长26.86%；完成容量18.49万千伏安，同比增长17.53%。深化差异化催费应用，敏感高风险客户电费平均回款时长缩短0.66天。县重点实事工程“户保”安装任务全面完成，18个乡镇（街道）农村居民全覆盖。完成1247户“多表合一”试点建设任务。星级营业厅创建成效显著，获评五星级营业厅1家、三星级营业厅2家，全市领先。主动服务滨海新区电网建设和供电需求，签订“保姆式”工作备忘录。拓展客户沟通新渠道，创新成立社区电力群，供电服务取得实效。精细制定保电方案，圆满完成G20峰会、春节、徐霞客开游节等29项重大保电任务。

【经营管理】 实抓“三基”工程，探索“精益计分+关键事件”班组绩效考核模式，取得初步成效。创新开展“一路通”抄表路线图建设，实现用户精准定位，提升抄核收效率效益。大力开展营配贯通数据治理，数据对应率达99.76%。深化台区线损治理，实现正确可算率92.3%。积极推进增供扩销，实施电能替代项目14个，增加电量5489万千瓦时。完成集体企业改革改制，理顺1个监管平台、3个子公司、5个分公司组织架构体系。建成电力工程服务中心，实现“一口对外”的一站式服务。成立集体企业财务管理中心，深化财务集约化管理。设备厂取得高新技术企业认证，设计分公司设计资质申报获受理。集体企业完成年度总产值4.10亿元，同比增长25.38%；实现利润总额3152万元，同比增长65.24%，各业务市场占有率总体保持平稳。

【依法治企】 坚持依法从严治企，梳理历年审计问题147项，落实“回头看”制度，完善流程制度20项，调整损益843.37万元，收回资金5.044万元。完成原总经理经济责任（离任）审计，发现整改问题29项，整改率为93.55%。完成审计项目9项，审计签证90份，提出审计建议37条，促进增收节支

465.1 万元。强化审计成果应用，形成 9 项成果应用典型案例。开展“正风肃纪”专项检查 6 轮次，出动人员 26 人次，检查基层班组 50 个。开展效能监察项目 1 个，下达监察建议书 8 份，百分百整改完毕。开展核心岗位规范工作，4 名非长期职工退出核心岗位。

【“三个建设”】 扎实开展“两学一做”学习教育，举办微党课、微讨论二十余次。成功召开第二次党代会，完成党委、纪委换届选举。构建完善党组织体系，调整新设四个供电所党支部。推进集体企业党员接受，转签率达 90% 以上。深化党员“三亮三比”和党员身边“三无”主题活动，为 160 名党员定制专属“亮相牌”。选树先进典型，评选 9 名“闪耀之星”。强化廉政安全防控，发现整改问题 27 项。完成 15 位部门（单位）负责人廉政约谈，安排轮岗交流 51 人次。深化廉政教育，212 人通过廉政微考试，295 名重要敏感岗位员工完成廉政测评。落实谈心谈话制度，班子领导分头带队，完成 17 个基层站所 152 位员工面对面谈心谈话，收集建议 36 条并逐一落实答复。公司选送的《搭建四方联动效能管理平台，创新节能服务模式》，成功入选国网公司优秀社会责任根植项目，拍摄的《最美系列》和《信仰的执着》视频宣传片均获第十一届“中电传媒杯”二等奖。全年完成省级及以上媒体发稿 185 篇，公司影响力传播水平进一步提升。

宁海经济开发区（宁波南部滨海新区）

5 月 11 日，新区重点工程举行集中开工仪式（拍摄：董新昱）

【概况】 2016 年，宁波南部滨海新区紧紧围绕县委、县政府“双核联动”发展目标，把握机遇、攻坚克难、锐意进取，全面推动新区经济社会健康协调发展，较好地完成年度目标任务，新区（包含东部六乡镇）完成有效固定资产投资 50 余亿元，其中园区完成 30.02 亿元，完成总投资突破 30 亿元的年度目标，同比增长 18.6%；工业投资完成 13.4 亿元。规模以上工业总产值达 56 亿元，规模以上服务业销售达 25.7 亿元。完成县外内资 11 余亿元，市外内资 9.7 亿元，浙商回归 10.4 亿元；合同外资 2464.37 万美元，实到外资 1928.97 万美元。

【特色小镇建设】 2016 年，新区宁海智能汽车小镇成功入围省特色小镇第二批创建名单，并入选省级十大示范特色小镇，这在宁波市是唯一一家。小镇已完成固定资产投资 30 亿元，入驻企业已达 80 余家，规模以上企业 10 家，规模以上工业总产值 8.3 亿元，规模以上服务业产值达 25 亿元，新能源产业集聚初现成效。小镇建设在面临时间紧、任务重、招商难的压力下，勇于突破，形成一系列创新做法：大幅度缩短项目前期时间，建立项目审批绿色通道和联席会议制度，简化项目审批程序，以最短的时限推进项目前期报批和招投标工作；积极采用 PC 工业化、应用辅助设计 BIM 管理等现代建设技术，缩短建设工期，提高建设效率。积极融入地下综合管廊和海绵城市等现代城市建设理念。引入社会资本，率先采用 PPP 模式推进基础设施建设。引入社会资本 18 亿元，总投资 20 亿元的小镇基础设施 PPP 项目已于 2016 年 5 月开工，成为宁波市首个正式实施的 PPP 项目。2016 年小镇共接待各级部门领导参观考察达上百批次，在省内外形成较高的知名度和影响力。

同时，新区滨海航空小镇建设扎实推进，历经两年相继完成机场选址和审批工作，并成功入选省“十三五”重大交通设施项目和 2017 年重点工程项目。通用机场已经开工，并成功入选国家首批通航产业综合示范区。编制完成《宁海通用航空产业发展规划》《宁海滨海航空小镇概念性规划及重点区块城市设计》。并与国家民航科普基金会签订华东地区民航科普教育基地战略框架协议，与宁波机场集团签订战略合作框架协议，滨海航空小镇PPP项目、俄罗斯航空发动机设备及飞机装配制造生产项目等一批重要项目推进。特色小镇建设已逐步形成示范引领、齐头并进的发展格局。

【项目建设】 规划引领，大手笔描绘新蓝图。《宁波南部滨海新区总体规划（2013—2030年）》《宁东新城总体规划》《宁东新城控规》即将定稿。完成《宁海智能汽车小镇概念规划》《宁海滨海航空小镇概念规划》和海绵城市等各项专项规划，初步形成较为完善的开发建设规划体系。项目为王，跑出新区加速度。项目建设是新区加速发展的动力，项目建设速度决定着新区发展速度。2016年共承建重点工程25项（新开工项目13项，续建项目12项）。基础设施及功能配套方面，商务中心、智能汽车小镇展示馆、宁东公租房、职工宿舍中心等一批重点项目全面建成并投入使用。宁东新城市政基础设施二期、商务中心4#附楼、滨海新区科技研发园等项目已竣工；通用航空机场、毛屿港综合治理工程、宁东核心区景观工程、智能汽车小镇特色商业街、智能汽车小镇智慧城市建设、胡陈东达地块等多个项目加速推进。宁波生物产业园产业化基地、宁东新城主题公园配套商业项目、创客空间项目等已完成立项设计。产业项目方面，宁波模具产业园区一期已完工，B地块挂牌动工。吉利知豆纯电动车项目完成年度投资约10亿元，焊装、总装车间，研发中心已建成，涂装车间土建完成，冲压车间完成挂牌出让。

6月18日，知豆电动汽车总部入驻新区（拍摄：董新昆）

双林DSI变速器项目按计划扎实推进，宁波奇亿金属项目顺利开工，年产10万人份精致多价冻干抗蛇毒血清项目完成挂牌。

【产业招商】 围绕新区五大产业，强化产业链招商、精准招商，积极推动招商工作迈出新步伐。通过参加上海宁波周、浙洽会、民营企业对话世界500强活动、国际投资贸易洽谈会、深圳推介会等各类重大活动，大力宣传推介新区，积极获取客商信息，发扬钉钉子精神，紧抓招商引资机会。加快项目签约落地。全年共签约年产23万吨新型精密合金材料、多普勒汽车尾气检测系统、年产10万人份精致多价冻干抗蛇毒血清、抗抑郁一类新药中试项目、纳米脂质注射剂研发及可控化制备技术平台6个项目，总投资约22亿元，涉及汽车零部件、精密模具、生物医药、新材料等主导产业。紧盯重点在谈项目。积极推进吉利汽车车身热冲压项目、宁海生物产业园产业化基地PPP项目、东华能源电商交易平台和改性材料生产基地项目、固高科技宁海研究院等一批重点在谈项目。其中东华能源电商交易平台已完成公司注册。园中园合作开发显成效。宁波模具产业园招商成效初现，正式签订入驻企业达到100余家，并成为宁波市首家入选国家产业集群区域品牌建设试点单位，也是目前全国唯一一个以“模具产业”为主导产业的试点单位。

【要素保障创新】 土地要素方面。全年新征土地约206.67公顷，完成土地清表约126.67公顷。全年争取指标约86.67公顷，配合完成农转用指标上报177.53公顷，配合县国土局完成153.33公顷永久性基本农田调整。重点突破毛屿港综合治理工程、模具产业园B地块、卫东塘区块等重大基础设施建设区块和重大项目落户区块的政策处理工作。资金要素方面。创新投融资模式，多渠道保障建设资金。采取产业基金、PPP等融资模式，全年新增融资20余亿元，较好地完成了年度融资目标。创新要素方面，按照引资、引智、引才相结合的工作思路，全年新区积极抓住吉利知豆总部迁入的机会，引进汽车销售、研发、管理等中高级人才500余名。成功举办2016年中国（宁波）大学生创业大赛宁海赛区决赛，增强对创新创业人才的吸引力，为下一步产业发展奠定良好的人才基础。

【精准管理服务】 强化主动服务。实行“互联网+”妈妈式服务，做到“重点项目开工前手续代办、项目开工后协调推进、项目投产后跟踪服务”。以政府购买服务的方式，成立企业服务中心推进一站式服务，委托专业机构承担新区企业服务工作。提高审批效率。主动承接53项审批权限，优化审批流程，提高审批效率，办结率达到100%。强化安全生产监管。全面落实安全生产主体责任，确保无重大以上生产安全事故。积极开展火灾事故综合性演练，提高全员安全防范意识。健全内部管理制度。运用钉钉等现代办公软件完善上班签到制度、工作协作制度、工作例会制度等，进一步规范管理，提高工作效率。

【组织保障】 认真开展“两学一做”学习教育活动。通过学党章、学系列讲话，上专题党课，开展“四有四铁”专题讨论，坚定理想信念，树立“四种意识”，切实增强党组织的凝聚力和战斗力。加强党员干部队伍建设。顺利完成管委会中层干部竞聘任用工作，按照“三勇”铁军的要求，形成勇于担当、本领过硬、能打硬仗的干部队伍梯队。大力加强党风廉政建设。牢固树立底线意识，把反腐倡廉建设与开发建设紧密结合起来，切实做到“两不误”“两促进”。切实加强国有企业的规范管理。在国有企业管理模式上实行“六统一”，即财务统一管理、项目建设统一管理、工资待遇统一管理、人员岗位统一管理、绩效考核统一管理、国有资产统一管理。加强对外宣传工作。全年共报送信息80余篇，被市级以上采用15篇，其中省级录用5篇。与县新闻中心、《宁波日报》等媒体机构签订战略合作协议，通过人民网、《浙江日报》、《宁波日报》等各类媒体报道70余篇，积极运用微信公众号等新媒体平台宣传新区，大大提高了新区的知名度。

2016年11月24日，宁海科技园区管委会领导出席县产学研基地合作框架签约仪式（摄影：黄燕君）

科技园区

【概况】 2016年，宁海经济开发区科技园区完成规模以上工业总产值394.2479亿元，同比增长23.87%；完成工业增加值88.8394亿元，同比增长28.31%；完成工业投资27.25亿元，同比增长23.91%；完成基础设施建设等有效投资19.5亿元同比增长40.69%，完成考核目标21亿元的92.88%；实现财政总收入23.82亿元，同比增长29.39%。

【打造智慧产业高地】 加大现代服务业招商。天河文化创意休闲广场、互联网及产业公共服务平台、浙东服务外包产业示范基地等10个项目顺利签约。

推进东方蓝色慧谷项目。因政策处理等原因，土地挂牌时间无法确定情况下，在原松鹤文具打造临时慧谷。并且针对临时慧谷是厂房为主的实际情况，招商重点以研发、教育、孵化、试生产为主要目标。经过近一年的招商运营，已有包括信息技术、智能家居用品、高端汽车部件、医用包装材料、跨境电商等领域的30多家研发、孵化、生产性及三产服务业企业落户临时慧谷，并与武汉理工大学、吉林大学、湖南大学等相关大专院校和科研机构洽谈产学研项目并落户。

环球中心颐高楼友会和软通动力乐业空间项目。引进创新型信息技术服务提供商、产业互联网建设领导者，两家公司已完成宁海运营公司的工商注册，在签订合作协议基础上，开始装修设计，开展入驻前期的各项准备工作。

2016年2月24日，浙能脱硝催化剂项目二期开工（摄影：黄燕君）

【加快产城融合发展】 统筹区块开发建设，宁海汽车城概念性规划和宁西生态工业园控规已上报县政府；2016年科技区块完成投资2.16亿，占年度计划108%，可建道路已全部建成并通车，科技园区垃圾中转站及配套用房已建成；临港区块完成投资1.18亿元，占年度计划78%，滨湖西路、望岗路等主要道路基本建成。强化城镇化融合发展，加快环球中心、桃源广场等标志性建筑建设，环球中心项目为宁海在建最高楼，该项目已进入扫尾阶段；抓好重点项目和生活性配套设施项目建设，梅桥医院（一期）、正学小学、久安居（梅桥职工宿舍）等县重点民生项目主体已基本建成；此外，全面加快河南甬商家具总部大楼等项目建设进程，以总部经济促进“浙商回归”，该家具产业总部广场项目主体已验收，进入装修阶段。

【完善创新创业基地】 创业平台建设。科技区块汽配创业园标准厂房的主体建筑已基本建成；高新汽配产业园标准厂房项目方案设计已完成，用地指标已上报待批，前期配套建设开展；高新汽配园配套宿舍工程方案设计已完成。

加快“国别园”建设，中瑞汽配创业园（中瑞生产技术中心）项目主体和配套工程均完成，中欧汽配创业园一期项目已全部完成。航空装备级及装甲钛合金制造及产业化项目开始前期准备工作，厂房正在装修中，能评已完成。

加快新型建材产业园建设。宁波嘉瀚环保建材年产50万立方米蒸压加气混凝土砌块砖项目的行政楼、实验室楼主体已完工，95%的生产设备已到位；宁波普利凯年产10立方米PC构件项目开始试投产；振强科技年产45万立方米新型节能材料生产线项目进入能评等前期工作。

5月9日，宁海慈吉之星奔驰4S店正式开业

【强化工业有效投资】 东方日升年产200兆瓦太阳能电池生产线项目、奇精机械年产250万套电动工具零部件产业线项目厂房建设有序推进。得力集团新型办公用品生产及物流中心项目计划投资1.3亿

元，正在外墙装饰中，完成投资7000万元；浙能脱硝催化剂项目二期计划投资5300万元，完成投资3373万元。此外，第一注塑年产500套大型精密模具生产线项目车间二期工程动工。

【做好发展保障】　强化资产管理，成立园区清产核资工作领导小组，对现有资产进行全面核查，完成西环线道路8.21公顷及客运中心7.14公顷面积核对，梅桥等其他区块清产核资工作有序推进。盘活华东机电、宁申包装等存量资产，通过县交易中心平台统一拍租的公开方式出租。2016年征用科技园快、临港区块土地5.43公顷，支付征地款590.7万元。会同镇乡完成梅桥区块、科技区块、临港等共102.16公顷土地补差，划拨补差款共1192.7万元。协调金西路房屋拆迁事宜，逐步为道路建设扫清障碍，正式启动桃源街道塘溪村拆迁改造，开展跃龙路A地块土地征收，全年征收和拆迁房屋共计25000平方米，为道路建设和拓展空间创造条件。(郑世华)

5月18日，交通运输部运输服务司货运与物流管理处副处长余兴源一行到宁海县专题调研农村物流

物流园区

【概况】　2016年，宁海县物流园区管理委员会内设4个科室，分别为：办公室、投资促进科、规划建设科、综合管理科。设机关党支部1个，共产党员22名。下属企业宁海物流中心有限公司，直属企业干部职工41人。至2016年年底，园区累计完成总投资超过23亿元。

6月18日，利用O2O与C2B2C“二手车+服务+金融+互联网”为基石的创新型商业模式“云车淘”正式启动

【加强4S集聚区建设】　汽车4S集聚区在运营品牌14家，2016年实现营业额16.5亿元。奔驰4S店于5月9日开业，6—12月实现营业收入1.9亿元，奥迪和东风风神4S店项目主体结顶。总投资6亿的汽车生活广场项目一期工程于4月竣工，利用O2O与C2B2C“二手车+服务+金融+互联网”为基石的创新型商业模式“云车淘”于6月18日正式启动。

【加强物流平台建设】　配送中心运营稳定，已有11家企业入租。综合货运中心项目顺利推进，已建成的建筑面积19281平方米，主要功能包括仓储配送、信息服务、物流企业入驻、配套公共服务等，设计能力为年进出货流量150万吨，设计仓储能力为6万吨。快递区块至年底已引进7家快递物流企业入驻，年进出快递单数可达5100多万单，年营业收入可达6500万元。仓储物流区块2015年年底引进宁海首家整合企业盛邦物流，且后续引进全国连锁物流企业德邦物流，物流专线已覆盖全国各地，年货物总量可达60万吨，年营业收入可达8000万元。同时，加快推进物流大楼项目建设和总投资超过2000万美元的三宁冷链物流项目转化落地。

【加强电商产业发展】 至年底，宁海县首家电子商务产业园入园电商企业已达50家，年销售额达千万元企业超过10家，“双11”期间实现销售额近2000万元，2016年销售额达到7亿元（以上数据不包括得力），上半年成功创立市级“众创空间”，并积极争取“大学生创业园”项目。同时，积极推进总投资5.5亿元的文具电商产业园一期工程。

【加强商贸产业发展】 果蔬市场运营稳定，实现年均营业收入近10亿元；现代家居生活广场引进近500家商户入驻，宁海振明五金机电市场整体提升改造工程完工，已引进200多家商户入驻，主营五金、建材、油漆、灯具、家居用品等项目，至年底运营情况良好，带动日均人流量增加超过2000余人次，为冠北区块发展增添人气。同时，源动力机床设备和久久机械4S店已开工建设。

【加强基础设施配套】 2016年完成投资2.9亿元。冠北区二纵二横和九顷区三纵三横共10条道路以及其他配套设施建设完成，冠枫路等其他道路建设也在积极推进中，园区部分道路配套绿化工程和垃圾中转站项目已动工建设。引进餐饮企业2家、银行1家，总投资2亿元的商贸综合体项目也正在顺利推进，项目用地即将进入农转用阶段。园区发展环境逐步优化。

【招商引资】 2016年园区完成浙商回归5.1亿元，完成全年目标任务的254.6%；市外内资完成5.6亿元，完成全年目标任务的186.8%；县外内资完成7.05亿元，完成全年目标任务的117.5%；实到外资1300万美元，完成全年目标任务的100%。

宁波生物产业园

【概况】 园区围绕“两化融合”发展目标，以“一带一基地”为战略定位，贯彻“五大发展理念”，做到工程抓进度、平台抓运营、招商抓落地、产业抓服务，稳步推进各项工作顺利开展。宁海县生命健康相关企业集聚59家，2016年产值达15.98亿元，同比增加5.4%。

园区共组织外出招商41批次，接待客商102批次，招引生物医药、医疗器械相关企业10家，注册资金9600万元，总投资额约6亿元。引进“国千人才”1名，市“3315计划”人才2名，海外“3315计划”大赛人才2名。2016年自主申报并成功入围市“3315”计划项目1个、县战略性新兴产业项目5个，协助落户企业累计获得天使投资4700万元，入选第十一届“中国最具投资价值企业50强·新芽榜”1家，在宁波股权交易中心挂牌上市1家。

【规划引领】 2016年年初，针对园区产业发展实际需求，出台生物医药产业专项政策《关于加快推进宁波“千人计划”产业园生命健康（宁海）园区建设的若干意见》，创新增添支持企业自建标准厂房、鼓励医疗器械企业新产品上市、推动医药企业产品研发和上市、培育科技中介服务机构等四项优惠政策，推动产业、人才快速集聚。并在《宁波生物产业园发展战略规划（2015—2020）》引领下，按照“一带一基地”发展要求，重点推进城区创新中心研发孵化平台、滨海新区科技研发园建设，做好临床前研究中心前期工作，积极谋划滨海新区布局生物医药产业化基地PPP项目，初步形成园区“产业化带研发，中试促产业化”的联动发展模式。

【项目建设】 始终将全面升级八大产业平台作为园区开发建设第一要务。科学决策项目建设倒序时间表和可操作工作计划，在保质保量、安全施工前提下，落实“前期—预备—实施”滚动推进机制，创新中心一期孵化平台已竣工验收，二期新药制剂平台完成主体工程竣工验收，三期临床前研究中心完成土地挂牌；天然产物平台和诊断试剂平台已布局项目生产运行；医疗器械平台完成主体工程结顶。同时，园区推进打造集研发、生产、营销于一体的宁波生物医药产业化基地PPP项目，已进入项目立项及可研批复阶段。

【招商引才】 始终坚持将创新探索多元招商模式作为园区发展的不竭动力。实践机构招商，招引1家孵化器公司，依托成熟招引团队和研判团队提高招商效率和优质率；实践基金招商，与金恪集团、通江资本、甲午基金、煜森资本4家基金机构洽谈生物医药产业基金合作方案，构建风控防线，打造企业后续融资超市，通过基金公司对项目的专业评判，用市场化运作助推生命健康产业增速发展；实践基地招商，通过规划建设生物医药产业化基地，采用PPP模式建设运营，满足招商基础设施配套和专业管理运营需求，优化园区创业创新商务环境。实践论坛招商，2016年园区参展共计10余场，通过举办首届宁波生物产业园发展论坛，积极参加生物医药产业推介交流会、北京国际创新创业博览会等活动，不断扩大园区行业知名度和影响力，园区储备在谈项目已达46个。

【产业服务】 2016年园区成功入选宁波市市级现代服务业产业基地，坚持“妈妈式”服务理念，不断细化服务深度和广度，与县中小企业服务中心合作启动八星服务机制，常态化做好企业数据共享、工商注册、政策优享、人才配套等一站式服务工作，积极为企业打造闭环机制，紧抓专项资金申报，深入研究扶持政策，做好各类惠企政策信息的传递、解读，支持、帮助企业申报，增强企业获得感。同时积极营造人才集聚氛围，推荐50余名生物医药高层次人才加入宁海县高层次人才联谊会，并与县委组织部和县人社局联合举行2次联谊活动，做好新企业与原有企业的人才和技术嫁接工作，先后加入宁波市体外诊断试剂产业联盟、宁海县医药行业协会和宁海县医疗器械行业协会，组织园区人员与企业进行技术交流、管理培训，增强企业认同感。

表 13

园区已落户企业一览表

编号	项目名称	公司名称	企业性质	项目现处阶段	建设期	建设内容	负责人	投资额（万元）	类别	补助金额（万元）	项目进展	2017 年工作计划
1	宁波国际生物医药研发培训中心	宁波紫园生物医药研发有限公司	外资	研发和临床试验	2012—2019	占地面积 2.67 公顷，主要开发治疗红斑狼疮的小分子免疫抑制剂 DZ2002 以及生物诊断试剂研发及生产，同时开展临床诊断医学技术培训与学术交流	袁崇生	32500	县一事一议	—	工程已建成投入使用，现有员工 25 人，红斑狼疮的小分子免疫抑制剂 DZ2002 进入临床阶段，5 个新型生化诊断试剂处于研发阶段，小型全自动化学发光免疫分析仪 FC-8 正在调试阶段	公司完成 GMP 车间改造。诊断试剂研发产品扩展到 13 个，小型全自动化学发光免疫分析仪 FC-8 争取年底投产。红斑狼疮的小分子免疫抑制剂已申报临床试验
2	年产 10 万人份精制多价蛇毒血清项目	浙江健博生物科技有限公司	内资	中试	2016—2020	占地 2 公顷，建设年产 10 万人份的精制多价抗蛇毒血清生产线	游坚波	18200	县一事一议	700	完成工商注册，并与宁波南部滨海新区管委会签订投资协议。至年底，项目在浙江卫信生物药业有限公司研发中试	前期精制多价抗蛇毒血清委托浙江卫信生物药业有限公司中试，2017 年开始厂房建设
3	国宾健康管理及医学转化中心	宁波生园生物技术有限公司	外资	产业化	2017—2019	拟定建设高端养生健康管理和医学转化中心	邹继华	24000	县一事一议	1590	公司被宁波美康生物科技股份有限公司以 2180 万元收购。项目设计方案和商业计划书尚未提供	项目设计方案最终确定，工程开工建设
4	细胞级肿瘤早期诊断 4D 乳腺阻-超 CT 项目	宁波微影生物科技有限公司	内资	研发	2014—2020	主要建设年产 1200 台 4D 乳腺肿瘤普诊一体专用阻超 CT 生产线	王伟	137200	市一事一议	1500	现有员工 16 个，4D 乳腺阻-超 CT 已 4 个样机，其中 EIM-V1a 已报送浙江省食品药品监督管理局，推荐 CFDA 审评	力争 2017 年上半年拿到注册许可证，在北大临床医院和中科院上海分院完成产前临床试验
5	医疗级可穿戴智能硬件平台项目	宁波越凡医疗科技有限公司	内资	即将产业化	2016—2022	占地 6.67 公顷，拟建成智能可穿戴新型医疗器械产品研发制造中心	纪华雷	37200	市 3315C	1200	有员工 17 人，科创中心 7 楼，完成止吐仪研发和注册。至年底已开发止吐仪样机，并完成 CE 验厂	止吐仪产品开发海军市场，继续开发偏头痛治疗贴、BBT 基础体温仪、电子减肥贴等

续表13

编号	项目名称	公司名称	企业性质	项目现处阶段	建设期	建设内容	负责人	投资额（万元）	类别	补助金额（万元）	项目进展	2017 年工作计划
6	注射用脂微球技术的研发及产业化	宁波宁融生物医药有限公司	内资	中试	2016—2020	重点开发鱼油复合脂质纳米注射剂、橄榄油三腔袋纳米脂质注射剂和羟基喜树碱纳米脂质注射剂	甘勇	5000	市3315C	1200	有员工 8 人，位于科创中心 601，鱼油复合纳米脂质注射剂已实现 50L 中试规模，橄榄油三腔袋纳米脂质注射剂与包材相容性研究正在开展	公司入驻中科院上海药物所宁波创新中心，宁海脂质纳米注射剂生产平台建成
7	高端原料药和创新制剂产业化项目	宁波爱诺医药科技有限公司	中外合资	中试	2015—2019	将质量源于设计的理念用于强仿药和抢仿药的开发，重点开发列净类 II 型糖尿病治疗药、利伐沙班和依折麦布等 26 个产品	张席妮	6500	市3315C	1200	有员工 7 人，现位于科创中心，新盐、新晶型和微丸技术的开发平台已建立。现引进海邦基金 500 万元。入选第十一届“中国最具投资价值企业 50 强·新芽榜”	公司入驻中科院上海药物所宁波创新中心，AL－0031 注册申报，AL－0010、AL－0056、AL－0040 继续产品研发，开始建设两套固体制剂生产线
8	定量吸入剂和给药装置开发项目	宁波海灵康医药科技有限公司	内资	即将产业化	2014—2018	重点开发定量吸入剂装置和吸入剂药品，依托宁波新药制剂厂拟建设吸入剂药物生产线	黄才古	2000	县战新A	900	吸入剂装置已完成研发和中试，可产业化。氟替卡松/沙美特罗吸入盘 2017 年申报 EMA 临床试验	公司入驻创新中心，吸入剂装置配套制剂实现产业化，并申报欧盟 EMA
9	抗肺癌新药中间体 BPI－04 原料药中试生产项目	宁波文达医药科技有限公司	内资	研发	2013—2018	抗肺癌新药中间体 BPI－04 原料药完成 500kg 中试生产。主要进行 BET Bromodomain 抑制剂临床前研究	王能辉	2700	县战新A	700	现位于宁波宁申包装有限公司，抗肺癌新药中间体 BPI－04 原料药中试设备暂存于金港创业基地 18 号厂房，BET Bromodomain 抑制剂获得 2000 万元民间融资	BET Bromodomain 抑制剂完成药效毒理试验，2017 年年底开始中试生产
10	超高速病毒检测系统	宁波聚瑞精密仪器有限公司	外资	研发	2015—2020	主要研发超高速病毒检测系统，并建设组装生产线	陈仲玮	2700	县战新A	700	现有员工 8 人，注册资金到位 120 万美元，租赁协议签订，1 号厂房装修，正在研发第一代电子束显微镜设备	1 号厂房开始装修入住，第一代电子束显微镜设备关键技术研发完成，部分部件外包生产，在宁海组装生产

续表13

编号	项目名称	公司名称	企业性质	项目现处阶段	建设期	建设内容	负责人	投资额（万元）	类别	补助金额（万元）	项目进展	2017 年工作计划
11	抗抑郁一类新药的研发	宁波沪信药物技术有限公司	内资	中试	2016—2021	依托园区天然产物提取平台，开展抗抑郁一类新药临床前研究、中试和产业化，将建成年产 8000 万片剂的生产线	黄成钢	4300	县战新A	700	有员工 5 人，已提取获得 300 公斤抗抑郁一类新药 YY-23 中试产品，正在开发天然降糖药物	公司入驻创新中心，依托天然产物提取平台，建成年提取 200 吨植物药材生产线，中试产品将满足临床前研究需求
12	治疗非酒精性脂肪肝炎的法尼醇受体激动剂的前药开发	宁波百纳西药业有限公司	内资	研发	2014—2020	主要开发法尼醇受体激动剂前体药物的候选化合物，完成临床前研究工作。2018 年完成临床前研究递交临床申请	李小川	2100	县战新B	500	有员工 8 人，办公室位于科创中心 406 室和 408 室，已从 20 个候选化合物中获得 2 个药效毒理试验效果较好的化合物	公司入驻中科院上海药物所宁波生物产业创新中心，确定最好的候选化合物，年底引入风投 500 万元～1000 万元
13	高效低成本全自动免疫检测分析系统及配套试剂产业化	宁波合达生物科技有限公司	内资	研发	2014—2019	主要开发全自动生化分析仪，研发和生产配套的心血管疾病诊断试剂	王智联	2000	县战新B	500	实验室和办公室正在装修，第一代全自动生化分析仪样机完成，CA199、CK-MB、HS-CRP、TT4 实验室开发完成，获得发明专利 1 项	生产基地完成装修，通过 GMP 改造，CA125、CA153、MG、TT3、FT4、FT3 完成实验室开发
14	第三代多发性骨髓癌治疗药帕马度胺研发	宁波百思佳医药科技有限公司	内资	中试	2013—2018	药品研发管线主要有多发性骨髓癌治疗药帕马度胺、咪康唑口腔粘贴片、口服降糖药维格列汀、抗生素利奈唑胺、药用二十碳五烯酸乙酯单体，同时研发生物原料虾青素	金春华	800	县战新B	500	现有员工 12 人，帕马度胺完成中试，口服降糖药维格列汀、抗生素利奈唑胺和咪康唑口腔粘贴片完成原料药和制剂工艺研究，药用二十碳五烯酸乙酯单体可进行生产，同时研发生物原料虾青素正在进行工艺优化	公司入驻中科院上海药物所宁波生物产业创新中心，帕马度胺、咪康唑贴片、利奈唑胺、维格列汀完成临床报批，二十碳五烯酸乙酯单体和虾青素完成中试生产，BI-HOBS 完成鱼和虾防腐试验数据分析
	药用二十碳五烯酸乙酯单体中试研究			中试	2013—2017			400		200		

续表13

编号	项目名称	公司名称	企业性质	项目现处阶段	建设期	建设内容	负责人	投资额（万元）	类别	补助金额（万元）	项目进展	2017 年工作计划
15	制药与精细化工的酶催化材料之制备	宁海蓝帅生物工程有限公司	内资	即将产业化	2015—2020	主要建设集研发、生产、管理于一体的制药和精细化工用酶催化材料的中试和生产基地，将建成年产5吨固态酶与固化酶生产线	黄勇开	2000	县战新C	300	有员工 5 名，位于宁波南部滨海新区 13 号厂房，试验设备到位，已建成 1 吨固态酶生产线	公司产能扩展，完成设备调试，规划生产 90 吨酶液
16	Ⅱ型糖尿病治疗药葡萄糖激酶激活剂项目	宁海瑞晟医药科技有限公司	中外合资	研发	2015—2020	主要开发糖尿病治疗药葡萄糖激酶激活剂，并建成胶囊剂生产线	顾之杰	44900	县战新C	300	已完成工商注册，创始人美国公司申报 FDA 药物已进入美国 II 期临床试验	公司入驻中科院上海药物所宁波生物产业创新中心，完成实验室装修和团队组建，确定临床试验合作方
17	鉴定病原体及药物敏感性的便携式快速诊断系统项目	宁海捷仪生物科技有限公司	内资	研发	2014—2018	主要研发鉴定病原体及药物敏感性的便携式快速诊断系统	陆宜	4100	县战新C	300	报批样机已出来，生物芯片研发。北京同仁医院、302 医院和首都儿科研究所开展转化医学合作	公司入驻中科院上海药物所宁波生物产业创新中心，样机调试运行，生物芯片完成研发，开展转化医学合作
总计								32.86亿元		1.29亿元		

经济贸易

商贸服务

【概况】 2016年，县商务部门紧紧围绕“两美”宁海建设和年度目标任务，积极“开拓大市场、发展大商贸、推进大开放”，各项工作取得较好成效。

服务业：1—12月服务业增加值增幅8.9%，全市排第五，服务业增加值占本地GDP比重40.5%，服务业固定资产投资增幅19.8%。

商贸流通业：1—12月完成社会消费品零售总额190.27亿元，同比增长12.2%，全市排名第二，超过全市平均水平1.9个百分点。1—12月完成批发业销售额220.56亿元，同比增长15.5%，全市排名第一，超过全市平均水平5个百分点。1—12月全县实现批发零售业销售总额430亿元，同比增长16.5%，高于全市平均水平5.1个百分点，位列全市第一。其中限上批发业销售额82.32亿元，同比增长13.9%，高于全市平均水平6.5个百分点，位列全市第二；限上零售业销售额54.56亿元，同比增长17.3%，高于全市平均水平10个百分点，居全市第三。网络零售额达到41亿元，同比增长47%。

外经贸：1—12月，全县实现进出口额25.02亿美元，同比下降0.1%，其中出口23.04亿美元，同比增长0.1%，增幅居全大市11个县市区第二位，17个考核单位第六位，分别比全国（-7.7%）、全省（-3.2%）、全市（-7.2%）平均增幅高7.8、3.3和7.3个百分点；进口1.97亿美元，同比下降2.6%。按人民币计算，1—12月全县实现进出口总额165.03亿元，同比增长6.2%，其中出口151.97亿元，同比增长6.4%。1—12月，全县新批境外企业18家，境外核准中方投资额2.9亿美元，同比增长84%，完成年度目标的106.6%。

【服务业提升发展】 服务业项目推进。列入县服务业提升发展三年行动计划（2014—2016年）的50个项目，全年总投资额23.7亿元（不包括房地产项目）。其中，现代家居广场、天河度假中心（一期）、西子国际广场、奔驰4S店、汽车生活广场、家具产业总部广场、配载中心、环球中心等项目均已建成并相继开始营业；香港泰悦城、数码城、人民路地下商业街、物流大楼等项目建设进展顺利；湖西特色商业街区、东方蓝色慧谷、宁海文化中心等前期类项目有序推进中。项目效应日益显现，服务业档次和水平大幅度提升，为新一轮服务业发展奠定扎实基础。

服务业统筹协调。组织机制不断完善，工作机制进一步理顺，对服务业统计、产业融合发展、行业发展、推进项目建设与招商等重点工作进行协调解决，组织开展现代服务业培训。

【提升居民消费水平】 做好拓市场促消费。组织城区重点商场、超市开展消费促进月活动，会同县旅游委、县会展管理中心举办第十四届中国徐霞客开游节购物美食嘉年华活动，40家商贸企业共同参与，15天活动总销售额达4000余万元，活动影响力和市民参与率都创下新高。组织行业协会开展展销活动。一年两届的汽车博览会、两届车博会现场成交汽车超1500辆，成交额达2.5亿元。发动县内企业参与中东欧博览会、消博会、香港展等贸易展会的一对一对接洽谈会，配合市商务委做好各类拓市场工作，宣传本土企业品牌，打开销路，开拓国际国内市场。

推进电子商务集聚发展。宁海县是浙江省首批“电子商务进万村”试点县、农村电子商务促进就业创业示范县、省文具产业集群跨境电子商务发展试点县。成立宁海县电子商务公共服务中心，为宁海县域的电商企业、平台提供电子商务资源共享与服务。农村电子商务服务点达98个；电子商务产业园、科创中心成功创建市级“众创空间”；一市镇成立首个乡镇级电子商务产业协会；宁波得力电子商务有限公司被评为宁波市“2015年度商贸流通贡献奖企业”。

完善市场体系建设。加强市场主体培育，全年超亿元企业达到29家，破10亿元企业2家，有力拉动县服务业增长。物美超市作为区域总部企业成功落户宁海县；知豆2015年凭19.6亿元的销售额成为宁海历史上最大的服务业企业。加快商贸平台建设，全县23个商贸服务业项目列入县级重点工程建设，总投资达到146.96亿元。重点推进家之窗—现代商城、汽车生活广场等一批特色专业市场发展。西子国际于2016年9月正式开业；香港泰悦城也已开始试营业。三是加快月光经济集聚发展，谢豹月光街获评2016年度宁波市级特色夜市街区，2016宁海太平洋“以文促商”月光经济重点活动以及文化大观园文化惠民品牌分别获评市级月光经济重点活动和品牌活动，进一步推动县内餐饮、休闲娱乐、文化、购物等融合发展。

【培育外经贸发展】 围绕市场开拓，推进外贸稳步回升。始终把拓市场放在第一位，以广交会为重点，抓好组展参展工作，发动800多家次企业走出去参加国内外重点展会50余个。积极开展招商引贸工作，各乡镇加大招商引贸力度。同时大力培育该县进出口队伍。此外，申请并通过成为省级文具产业集群跨境电子商务试点县，跨境电商产业集聚平台建设持续推进。

重视风险防范，抓好信保扩面工作。联合中信保举办6场宣传推介会，指导企业防范风险，信保扩面成效显著。鼓励企业在利用信保这一政策性工具外也开展信保保单融资和出口退税托管账户贷款，减少担保和抵押贷款。通过信保保单和出口退税托管账户的企业有56家，融资金额超过10亿元，在一定程度上缓解了“融资难、融资贵”问题。

立足本地实际，全力推进海关筹建。经多方争取，宁波海关驻宁海办事处于9月成功获批，将为县域企业今后办理进出口通关手续提供更多便利。宁波海关驻宁海办事处建成后，外贸企业可以直接在宁海当地办理进出口通关手续，大大降低企业通关成本。更为重要的是，宁波海关驻宁海办事处的设立，也将进一步提升宁海对外开放形象，优化宁海招商引贸环境，促进区域外向型经济更好更快发展。

借助有利时机，推动外经外包发展。利用年检机会，全面排摸5个500万美元以上在谈重点境外投资项目和3个千万美元以上境外承包工程项目的进展情况。积极响应国家“一带一路”倡议，东方日升于2016年在保加利亚投资3000万美元建立光伏电站。强化“走出去”风险防范和宣传培训，先后组织参加境外投资促进活动8场次，帮助企业与境外政府、企业实现对接。积极落实发展服务贸易的各项工作，完善服务外包企业基础资料。

【构建商务惠民保障体系】 加强“粮安工程”建设。全面落实粮食订单。2016年订单签订分两季签订，实行以履约率为依据的订单合同，新增订单做到实地调查走访与流转合同相印证，应订尽订满足粮农需求。及早部署轮换计划。2016年计划销售2013—2015年度间入库粮食1.3万余吨，销售后安排补库2.1万吨，已全部竞价销售。同时，落实900吨成品粮和100吨小包装食用油，确保应急保障能力。积极开展粮食收购。由于连续遭遇阴雨天气，小麦不仅产量低，而且普遍存在赤霉病率超标的情况。为切实保护好种粮农民利益，制定赤霉病率超标小麦收购的具体办法，预计可收购等外小麦500吨左右。有效推进设施建设。编制县国有粮食仓储设施“一中四副三站”的规划，按照规划思路逐步调整县储备库结构，启动宁西中心粮库（前童）前期筹建工作，拟建造仓容为0.8万吨、结合“四合一”现代储粮技术的现代化粮库。

加强“菜篮子”保障。保障市场货丰价稳。水产品供应6.2万吨；蔬菜供应7.3万吨；豆类制品供应1.1万吨。针对夏秋季节蔬菜货源偏紧的情况，扩种青菜48.67公顷，提高该县蔬菜自给率。成功举办县第八届年货展销会，充分展示宁海县名特优产品，传统特色产品。加强菜市场规范化管理。完成跃龙、西店2家省级“放心市场”创建和东门、南门2家县级“美丽市场”创建。下达2016年菜市场改造任务计划，并安排竞争性补助资金300万元。加强菜篮子商品质量自控体系建设。扎实推进全县肉菜追溯系统运行管理，33个节点企业运营正常，在宁波市肉菜考核平台宁海县运行排位第一。

加强特种行业监管。针对群众反映强烈，影响市场经济秩序的突出问题，组织开展成品油市场专项整治，打击成品油非法经营行为；取缔无证非法经营窝点和流动加油车，规范该县成品油市场经营秩序。

【加强机关自身建设】 加强组织建设，增强工作合力。强化干部队伍建设，加强中心组理论学习和党员干部学习教育，认真学习习近平总书记系列重要讲话精神、中共十八届六中全会精神、《关于新形势下党内政治生活的若干准则》和《中国共产党党内监督条例》等；强化服务型机关建设，充分发动和带领党员干部参与到“党群同心圆”等一系列志愿活动中来。建立了联系点制度，畅通与联系镇、联系村群众的沟通渠道，大力助推村重点项目建设，推进村庄环境整治和文化建设。积极开展“进企业、强服务、破难题”活动，领导干部联系走访企业17家，深入商贸、外贸企业等基层走访调研服务500余家次，帮助企业解决实际问题。强化基层组织建设，切实根据上级要求，加强党员教育管理服务。加强工青妇工作，着力增强机关凝聚力。积极关心爱护老干部，着力加强退休党支部队伍建设。

加强效能建设，打造满意机关。强化制度建设，健全完善机关内部规章制度，全面提高办事效率、服务能力，确保各项工作落到实处。强化勤政建设，加强执行力建设，激发党员干部“5+2”“白加黑”的工作干劲，营造真抓实干、争先创优的工作氛围，大力推进重点难点工作。认真完成上级交办的各项督查、督办、领导批示和目标考核任务。强化平安建设，加强依法行政，创新社会管理，多次召开平安维稳工作会议，落实维稳工作重点任务，建立风险评估、监测预警、应急预案制度，及时化解矛盾，及时解决“百姓事马上办”、网络舆情等群众反映热点、难点问题。

加强廉政建设，优化干部队伍。通过领导干部上党课、违法违纪通报、加强机关廉政文化建设，实现以德养廉、以廉促廉。全面落实党风廉政建设责任制，深化开展廉政风险防控机制建设。加强机关内部事务公开和政府信息公开、党务公开等工作，落实领导干部重大事项报告制度，设立举报箱，广泛接受群众监督；强化纪检监察和内部审计工作，建立一张互督互促的反腐倡廉网。

供销合作

【概况】 2016年，供销系统按照“改革好、创新好、发展好、传承好、保障好”的工作目标，积极在困难中求突破、在创新中谋发展、在管理中抓规范，着力推进各项工作有效落实。全年实现销售总额24.6亿元，同比增长19.1%，总经营收入为29.5亿元，同比增长5.9%，实现利润总额658万元，同比增长10.6%。荣获2011—2015年宁海县法治宣传教育先进单位。

【助力“两美宁海”建设】 项目招商引资。结合当前市场大环境，积极争取政策支持、拓宽招商引资渠道，帮助企业共同解决招商难问题。全年再生资源交易市场完成总投资1.5亿元，入驻经营户10家，年交易废钢总量18万吨，占全县总量的65%，收购额达2.5亿元。模具城金桥广场项目完成项目主体竣工验收，自9月28日开盘以来，销售写字楼38套、商铺5间，共计销售面积近3800平方米，销售金额达2600余万元。农药废弃包装物回收。为减少农药废弃包装物对环境、农产品的污染，严格按照废弃物容量等标准进行有偿回收，实行专人专职，建立实名登记制度，开展农药包装废弃物回收、分类、保存、运输、集中统一处置；设立占地600平方米的回收中转站，配备废弃物农药瓶（袋）回收车1辆，为全县93个回收点配备专用回收桶、专用防毒用品以及专用包装袋，每天开展指定回收点废弃物的回收归集工作。回收农药瓶（袋）180万只，支付农民收购费20万元。再生资源行业服务转型升级。网上在线收废平台自正式启动以来，共受理投售业务805笔，回收各类废旧物资235吨、旧电器385余台，促进整个行业经营方式的转型升级。再生资源行业管理不断规范。完成再生资源回收网点规范化建设工作手册，进一步加强收购网点设立、建造操作规范。为助推全县美丽乡村建设，联合各执法部门对规模较大的回收点开展各类整治活动10多次，并根据行业特点重点开展特种设备、特种行业的持证上岗等问题的整顿工作。

【农合联构建工作】 县委、县政府高度重视农合联组建工作。县委、县政府多次召集县有关单位召开农合联推进工作研讨会，带队赴全省已开展试点等地深入调研，坚持以问题为导向，结合宁海县“三农”工作及供销社综合改革实情，层层剖析，明确农合联定位和模式。同时，出台农合联实施方案，规范全县农合联发展。建成县、乡镇（街道）两级农合联大框架。县“1+18”农合联两级框架搭建工作已全面完成。其中，18个乡镇（街道）农合联共吸纳会员956名，涵盖辖区内的新型农业经营主体、为农服务组织、涉农企事业单位、金融服务机构等，占会员总数的86%。县级农合联在乡镇（街道）一级农合联推举的基础上，突出特色产业、区域代表特点，吸纳会员总数117人，会员种类涵盖生产类、经营类、服务类等服务组织95%以上，积极打造为农服务大平台。持续融入供销社改革。将供销社改革融入农合联构建中，供销社与农合联实现同步改革、双线运行。按照农合联执委会高效运作的要求，实行“一套班子、两块牌子”治理模式，内设机构按县供销联社科室设置一一对应，设办公室、人力监察部、财务审计部、项目建设管理部、生产合作部、供销合作部、信用合作部等机构，全面保障农合联执委会日常运行，使供销社与农民利益联结更加紧密，为农服务功能更加健全。同时，在供销社改革中突出社企分开、理顺机制、产业转型，形成供销社改革与“三位一体”改革的叠加效应和联动效应。协调落实农合联经费保障。协调落实农合联筹建经费50万元，安排1000万元充实到农民合作基金中，积极用于发展为农服务事业和风险补偿。同时，人员经费和财政每年安排的专项资金都将随农合联职能转移相应调整。

【提升服务功能和水平】 农产品流通体系建设日趋完善。基层组织不断增量提质，以“管理规范化、营销品牌化、经营市场化、质量安全化”为标准，依托全县经营主体较为优质、发展前景较为良好的特色产业，积极领办农民专业合作社、村级综合服务社、行业协会、综合服务体等基层组织，切实提升产业抱团竞争力。全年新领办专业合作社12家、领办数量位列宁波市第一，建成基层供销社2家、村级综合服务社1家，带动农户近3.2万户，实现销售突破1.2亿元。为推动专业合作社横向联合，放大服务效应，突出以乡镇为主导、产业为依托，共组建专业合作社联合社7家，行业辐射海产、畜禽养殖、粮食和果蔬种植等。通过联合社带动广大社员拓市场，效果明显，入社成员2745个，带动农户24744户，总销售额超1.5亿元。紧盯地产水果销售形势，圣猴果蔬专业合作社联合社打出推介连击拳，先后在天津、山东、福建以及台州、宁波大市范围等成功举办猕猴桃等推介会，活动受到广大媒体和市民的热烈欢迎，各类推介累计销售额达1000余万元。自主品牌效应不断显现，“圣猴”品牌获评县首个果蔬类省著名商标，与联合社社员实现品牌共享，已初步建立“统一商标包装、统一标准生产、统一市场推广、统一价格销售”的经营模式，被中国农产品流通经纪人协会评为2016百强农产品好品牌。圣猴牌猕猴桃在2016浙江农业博览会优质产品评选中荣获金奖。下属参股企业海静食品公司注册的“海静宝宝”商标成为罐头内销新品牌，在广东、福建、北京等地形势看好，带动销售产品1000多吨。涉农培训有效开展，全年开展涉农培训10余次，包括春季猕猴桃种植技术、农产品电商人才培训、高级农产品经纪人培训、初级庄稼医生培训等，服务达3000多人次，积极引导农民规模化生产，切实提高农民组织化效益。农资服务发展持续推进。无人机飞防服务有效开展，自3月启动以来，不断满足日益提高的市场防治需求，解决人工打药、人工喷洒农药的质量和药量无法监控等问题，实现防治工作从耕到种到收的机械化操作，大大提高农化服务的有效性。2016年，在茶院开展无人机飞防服务，落实面积达400亩次。测土配方服务不断推进，充分发挥供销社农资经营主渠道作用，主要围绕水稻、小麦等作物开展测土配方服务，在经营网点投放测土配方触摸屏21台、测土配方挂图97张，加快测土配方服务的应用，不断提高农民科学施肥水平，改善农业生态环境。2016年，成功入围宁海县配方肥招投标供应企业，在全县推广测土配方技术。农化服务普遍增强，2016年储备化肥4830吨、农药280吨、农膜150吨；春耕期间供应各类化肥3450吨；组织承接统防统治，防治面积达2.2万亩，组织统防统治培训会8次，培训人员600人，田间会诊34次；开展各类新肥新药推介会6次，稳步推进“肥药双控”工作；推进连锁经营和个性服务，探索建设“智慧农资”电商服务平台，推进“智能化”和“人性化”服务，全年销售总额4800多万元，同比增长15%，占全县农资销量的60%。

【联动拓宽农产品销售渠道】 农村电子商务快速发展。在县委、县政府加快推进“电商换市”利好政策地驱动下，围绕具有宁海特色的“互联网+特色农产品”“互联网+农村便民服务”“互联网+乡村旅游”等“互联网+三农”发展模式，农村电子商务产业发展迅速。2016年全县农村电子商务销售总额达1.7亿元，其中农产品销售额达1.1亿元，涵盖品种中果品、茶品、苗木占比64%。全县涌现出海静食品、美栖饮品、点对点等销售额超1000万元以上规模企业4家。电商平台百家争鸣，加快与各类第三方电子商务服务平台合作，全县主要有农村淘宝（阿里巴巴）、我是农民（我是农民电子商务公司）、村邮乐购（邮政局）、丰收购（农商行）等4家专业交易平台，总交易额2100万元，其中农村淘宝达1200万元，占比57.2%。自下而上的服务体系初具规模，开展与阿里巴巴集团合作，积极实施“农村淘宝千县万村计划”，加快构建“1+18+300”农村淘宝服务体系。完成县级运营中心建设，建成村级服务站62家，实现18个乡镇街道全覆盖，6—12月合伙人人均收入在浙江排名前三，带动县域农产品上行90余万元，促进农民增收80余万元。全县共建成农村淘宝、村邮乐、丰收购、我是农民等村级服务点394个。在农电商驱动下，全县不断涌现出一市“蟹大人”等农电商品牌，一市镇一市村年电商销额达2282万元。创业孵化雏形初现，引导和支持村级服务站优秀合伙人组成团队尝试代运营业务又简称TP，开展“传统企业+互联网”服务，帮助想做电商的传统企业互联网转型。县级服务站（运营中心）设立创业孵化工作室，3名合伙人组建注册公司——喵小宁农产品有限公司，对本地产品番薯面、画板、软桌布、茶叶等产品开展上行工作，代运营（TP）的雏形已经形成。全民电商意识逐步提高，全年总投入100多万元，通过与传统媒体、数字新媒体合作，利用报纸专版、FM989、广告、横幅等十余种媒介，多方面多角度深入宣传，提高农村电商的普及率。通过宣传带动，惟创家具、九晟商贸、蓝鸟家电等6家企业成功入驻农村淘宝，采用O2O模式体验，实现网上销售达300余万元。电商物流体系不断完善，开展与菜鸟物流合作，成功打通县域到村级物流；同时，菜鸟物流与一些品牌商合作推出“集单”模式，利用经销商在当地的库存直接配货到县城的运营中心，有效缩短物流时间，提高配货效率。在阿里巴巴物流补贴下，已实现县域到农村3公斤以下包裹从此前平均15元下降到将近4元。专业合作社联合社先行先试。为倡导“抱团发展、合作共赢”的理念，把联合社的组建作为小散经营的合作社提质转型的契机。继2015年组建宁海县圣猴果蔬专业合作社联合社、宁海县品源枇杷专业合作社联合社、宁海县双增香榧专业合作社联合社、宁海县美商果蔬专业合作社联合社等4家专业合作社联合社在基础上，2016年又牵头注册成立宁海广盛专业合作社联合社和宁海县丰穗水稻专业合作社联合社。联合社以注重合作、优化联合为己任，充分带动广大社员打品牌拓市场，效果明显。9—10月，宁海县圣猴果蔬专业合作社（联合社）带领猕猴桃种植农民专业合作社闯市场、拓品牌，分别在浙江省台州龙港城和福建省泉州农产品批发市场举办2016年中华名果——红阳猕猴桃品尝推介会，通过现场品尝、产业讲解等活动，现场销售近30万公斤。

【规范管理补短板】 制度建设。按照各科室职责分工，由经济发展科牵头，人事监察科、财务审计科、办公室、项目建设管理科等科室分别做好制度制订，主要从企业监管制度着手，加快做好企业重大事项、企业法人组织框架、人事管理、财务管理、项目投资管理、公共资源交易管理权限等制度建设，形成相关制度汇编，规范和提升社有企业管理。重点在于制度落实发出狠力，明确各科室制度职责，细化制度规范，系统内部及企业要做好各项规章制度的落实，确保制度到位，责任到人；开展系统制度宣贯工作，强化制度意识，使制度规范内化于心、外化于行，确保每个人严格按照制度规定开展各项工作；做好责任监督，把关各项制度具体落实情况，督促企业及时有效解决制度落实不到位问题，营造良好的系统发展大环境。监管机制优化。积极强化审计整改作用，认真落实县级部门审计出具的报告意见，一一排定整改计划，做到专题商量、落实责任，切实以审计促整改、增发展。积极完善资产监管，严格落实中央“八项规定”，贯彻三公经费管理制度，对系统内部及控参股企业的资产情况进行严格控制和把关，确保资产情况事无巨细、清楚明了。积极深化内审机制，建立健全内审惯例机制，每年开展对控股企业内审工作，督促整改内审不到位情况，直至落实到位。全年，共开展控股企业内审2家。积极抓好安全生产，组织系统主要负责人和安全员开展集中培训，8名主要负责人和22名安全员顺利拿到证书，完善了安全生产管理资质体系。全年召开安全生产会议5次，开展安全生产大检查5次，156人次。队伍建设提升。加强干部修身提质，积极推进机关中层干部聘任上岗和交流轮岗，着力体现因才适岗；加大教育培训力度，通过以“老”带“新”、挂职、内训外培等方式，不断提高人才队伍素质；通过“两学一做”教育活动带动，促进干部队伍牢固树立政治意识、大局意识、核心意识、看齐意识，进一步发挥党委班子在供销社发展和为农服务中的领导核心作用，统筹为农服务发展战略和格局，引领供销社事业更好发展。积极优化干部结构，推进系统班子建设，始终坚持制度管人，优化班子队伍和干部队伍结构，着力提高党员领导干部民主决策、谋划发展、推动项目、经营管理、团结协作和协调政策的能力，要让政治上强、敢于担当、能力突出、作风民主、清正廉洁的“狮子型”干部“能上”，让放空挡、踩刹车的改革梗阻和不作为、求安稳的太平官“能下”，真正激发广大干部的昂扬斗志和竞争活力。

国资经营

【概况】 宁海县商贸集团有限公司为县政府直属国有企业，内设办公室、计划财务部、监察审计部、人力资源部、运营管理部、投资开发部6个职能部门，共有正式员工99人，协管员141人，物业派遣人员103人，共343人（不含国贸公司和机动车综合性能检测有限公司）。集团设有7个党支部，共产党员89名；设有单立工会2家；团支部1个，共青团员6名。

宁海县商贸集团有5家下属企业：宁海县国有资产投资开发有限公司、宁海县物业管理有限公司、宁海县机动车综合性能检测有限公司，宁海县跃龙安全生产培训中心、宁海县国际贸易公司。拥有全资子公司1家：宁海县市场开发服务有限公司（该公司下属子公司1家：宁海县跃龙综合市场有限公司；分公司6家：兴宁菜场、日用品市场、南门市场、梅林市场、西店市场、长街市场；托管市场1家：东门市场；跃龙综合市场有限公司另设宁海龙海农产品综合批发市场1家分公司）。集团控股公司1家：宁海县产权交易中心有限公司。集团参股公司5家：宁波宁海建信村镇银行有限公司、宁海县食品有限公司、宁海县浙能油气发展有限公司、宁海县天然气有限公司、宁海县望海茶叶有限公司。

截至2016年年底，集团账面资产总额7.3亿元，同比增长14%，净资产4.5亿元，国有资产保值增值率为121.6%。全年营业收入2.4亿元，其中国贸收入1.6亿元、市场收入5774万元，国有资产管理19处129户，公房租赁收入1381万元，托管机关事务管理局和城关镇资产公司资产收入267万元，租金收入同比增长2.99%；实现利润总额3548万元，增长158.8%；上交税费5282万元。

【资产整合重组】 完成县国贸公司的股权划入和接管工作，妥善处理固定资产、债权债务和历史遗留问题；推进集团资产重组方案，完成潘天寿广场西侧街面房等三处资产注入工作，实现集团账面资产增加10569万元。开展清产核资工作，做好长街月兰石矿、越溪梅岙煤场等地块历史遗留问题的处置工作，做到家底清、情况明。

【市场运营管理】 跃龙、西店市场创建成功省“放心农贸市场”，实现集团下属市场全覆盖；梅林、长街市场成为“宁波市长效化管理单位”；南门、东门市场创建成功县“美丽市场”。市场经营管理服务水平全面提高，长效机制初步建立，梅林、长街市场被授予宁波市长效示范管理单位。集团下属市场在宁波市肉菜追溯系统管理考核中均名列前茅。

【国有资产经营】 配合县政府加快推进城隍庙、水角凌等4个区块改造步伐，妥善处理涉及集团的20处房产、1万多平方米土地拆迁工作，及时完成承租户腾空搬迁工作。逐步推进机关事业单位经营性房产托管工作，托管县气象局、农林局、体育发展中心等单位的部分房产，做大租赁业务盘子。

【现代服务产业】 产权交易中心加强对拍卖标的跟踪，以优化服务为突破点，稳定承租权交易，做大房产中介业务；成立宁波国信拍卖有限公司，开拓拍卖、房地产营销代理等经营项目；全年产权交易中心成交额2.93亿元，同比上升46%。物业管理公司开展品质监督，加强员工培训，提升管理服务水平，对外业务拓展取得连续突破，先后承接县科技园区大金创业园区、宁申包装、中国银行宁海分行等物业服务业务，营业收入达到656万元，同比增加64%。积极推进“三站合一”“县中心屠宰场迁建”项目，两个项目已列入2017年县重点工程建设项目。

【绿色能源普及】 集团加强对参股企业的工作支持，宁海县天然气公司全年共投资958万元，完成年度计划的106.4%；发展可供气用户2436户，完成年度计划的121.8%；铺设中压管线6.44公里；浙能油气公司全年投资1252万元，完成年度计划104.3%；宁海CNG加气母站竣工验收；冠庄加气站项目开工建设。

【安全综治工作】 推进“平安双月”“安全生产月”“食品安全专项整治”和“三大一严”等活动，累计投入安全资金36万元。共签订各类安全责任书22946份，培训人员22483人次，排除各类安全隐患201条，实现安全生产零事故，及时掌握社情民意，主动沟通协商，妥善化解矛盾冲突，全年共处理“市长电话”10件、“百姓事马上办”18件。

招商引资

【概况】 2016年，全县引进合同外资2.68亿美元，实到外资9100万美元，引进浙商回归资金45.1亿元、市外内资55.3亿元、县外内资65.2亿元。

【2016 宁海（杭州）投资环境推介会】 5 月 8 日，2016 宁海（杭州）投资环境推介会暨杭州宁波商会、杭州宁波经促会年会在杭州举行。推介会向与会的嘉宾介绍宁海的总体概况、投资环境和重点招商项目，并有 4 个项目现场签约。省政协原副主席、杭州宁波商会会长张蔚文，宁波市副市长李关定，县委书记褚银良，县委副书记、县长杨勇，县委常委、宁海经济开发区党工委书记徐云，副县长王辅橡参加。参加推介会的嘉宾还有异地在杭商会会长、秘书长，杭州宁波经促会理事，杭州宁波商会会员，杭州市经合办、杭州市民间组织管理局、宁波市经合局、宁波市经促办的相关领导。会上，县招商中心向与会者重点推介宁波生物产业园、宁海智能汽车小镇、通用航空小镇、东方蓝色慧谷、温泉小镇等 5 个招商项目。宁海通航产业基金、宁海环球中心颐高双创园、宁海县岔路镇梅花村保护和发展以及拓拉思跨境电商平台入驻宁海等 4 个项目进行现场签约。杭州宁波商会被评为 2015 年度支持浙商创业创新促进宁波发展优秀宁波商会。

【2016 宁海国际投资洽谈会】 5 月 16 日，县委、县政府举行 2016 宁海国际投资洽谈会暨项目签约仪式。宁波市商务委员会副主任徐建华，县领导杨勇、徐真民、尤玲娟、徐云、张伟标、尤永成、陈陵际、范建军出席并见证项目签约。副县长王辅橡主持签约仪式。本次洽谈会吸引 20 多个国家和地区的近 200 名国内外客商参与，共有 39 个项目现场签约，主要涵盖乡村旅游、养老养生、商贸服务、特色小镇建设等众多领域，涉及新材料、新能源、电子商务、生物医药等新兴产业。其中内资项目 30 个，外资项目 9 个，总投资 399.65 亿元，协议利用外资 2.27 亿美元。洽谈会上，宁海县介绍投资环境，重点推介通用航空、宁波生物产业园、宁海智能汽车小镇、东方蓝色慧谷、温泉小镇等项目。

【宁海文化综合体项目】 9 月 18 日，通过竞争性谈判，浙江大丰实业股份有限公司携手深圳市聚橙网络技术有限公司，将同宁海县政府联合出资建设并经营。这是宁波市第一个大型公共文化设施 PPP 项目，并于 10 月 13 日被列入全国第三批 PPP 示范项目，是浙江省唯一入选的文化类 PPP 示范项目，项目建成后有望获得 500 万元奖励。宁海文化综合体项目总投资 7.76 亿元，包括潘天寿艺术中心和宁海大剧院，其中潘天寿艺术中心占地约 30 亩，将建设艺术馆、美术馆、博物馆、展览馆等；宁海大剧院占地约 35 亩，将建设大剧院和文化馆。宁海文化综合体 PPP 项目具有创新性、示范性意义，它不仅拓宽文化领域的投融资渠道，而且多元化的投资主体，有利于相互取长补短，优化项目建设和运营体制，提高质量和效率，为公众提供高品质的文化服务，从而更好地满足人民群众日益增长的精神文化需求。10 月 14 日，财政部等 20 部委联合发布国家第三批政府和社会资本合作（PPP）示范项目名单，宁海县文化综合体 PPP 项目成功入选，成为宁海首个入选财政部示范项目的 PPP 项目，这也是除宁波市本级外唯一入选财政部第三批的 PPP 示范项目。

【首届宁波生物产业发展论坛】 9 月 24 日，宁海县举行首届宁波生物产业发展论坛，来自中国科学院上海药物研究所的 70 余名专家学者，与宁海县政府机构、企事业机构负责人、市县两级医药企业代表就如何探索项目对接、生物产业的未来发展等问题进行深入研讨。中国科学院上海药物研究所所长蒋华良，县领导杨勇、张伟标、陈陵际等出席会议。县委常委、宁海经济开发区党工委书记徐云主持会议。县委副书记、县长杨勇在致辞中表示，生物医药产业是“21 世纪”的朝阳产业。首届宁波生物产业发展论坛在宁海举行，可谓恰逢其时、意义深远，势必对宁海、宁波乃至整个长三角地区生物产业发展起到积极的推动作用。他希望，通过本次论坛，通过与会领导和专家的思想碰撞，为宁海带来最先进的理念，为宁海的生物产业发展点燃创新的火花。会上，副县长陈陵际介绍宁海经济社会发展情况和宁波生物产业园平台建设情况；上海药物所专家课题组与宁波医药企业、宁海医药企业进行互动交流。

【招商活动】 1 月 29 日，在国际享有盛誉的酒店及度假村品牌 THE CHEDI（中文译名“安岚”）进驻中国，宁海安岚是首个签约项目。据了解，“安岚”是由北京首都旅游集团有限公司、吉合睦（GHM）酒店管理集团有限公司、上海锦和投资集团有限公司签署合作协议，联合投资设立安岚（北京）管理有限公司引进的。宁海安岚酒店项目位于深甽镇，建筑面积为 1.83 万平方米，投资 5.5 亿元，拥有 97 把钥匙的客房和别墅，以及山顶无边际泳池、温泉水疗、马场、全日餐厅等配套设施，预计 2017 年第一季度试营业。

3 月下旬，深甽镇与新疆德港投资开发有限公司就温泉大庄山谷度假中心投资正式签订项目合作协议。该项目计划投资 20 亿元，总占地面积约2500亩，总建筑面积约20万平方米，拟建成高星级酒店和休闲、疗养相结合的长期经营性项目，包括温泉度假疗养酒店、温泉养生中心、主题式餐饮等。已完成514亩土地政策处理、258亩土地农转用审批。

4月上旬，宁波南部滨海新区签约抗抑郁一类新药中试项目，该项目将从传统中药提取单体成分，研发抗抑郁创新药物YY-23。不同于国际国内已上市抗抑郁药物，该药物具有全新的结构类型、原始创新性和完全自主的知识产权，表现出药效显著、剂量小、起效快的特点。此外，该药物所用中药资源丰富，全国多地有人工大面积种植，具有可持续性，产业化优势明显。目前，该项目已获得国家自然科学基金、国家新药创制科技重大专项和该县战略性新兴产业中试项目A类等立项支持，并已注册宁波沪信药物技术有限公司，注册资金100万元。下一步，项目将继续进行YY-23临床前研究阶段的后续研发和中试放大工作，最终实现产业化。

5月16日，该县中纺城市奥特莱斯商业综合体项目合作框架协议正式签约，标志着该县及周边城市消费者不出国门就能体验到同步全球的时尚新生活。该项目北至天明西路，西至西环路，东至金山路，南与客运枢纽内部道路相连，毗邻高铁站，分两期建设，其中一期占地约36亩，总投资约15亿元，总建筑面积约6万平方米，以服饰产业综合体复合经营模式，配置餐饮、娱乐、休闲等辅助业态，计划引进50%以上的国际国内一线品牌，以“城市奥特莱斯”的“大品牌小价格”优势，吸引周边城市消费群体，提升和丰富该县零售服务层次和业态，计划年底前完成项目建设概念性方案设计，预计2017年年初开工，2019年建成投用，届时每年可吸引周边县市客流超百万人次，经营额20亿元以上，创造税收达5亿元，新增就业岗位近万个。

5月初，宁海县首个采用“PPP+特色小镇”模式开发建设项目——智能汽车小镇基础设施PPP项目在宁波南部滨海新区开工。该项目通过竞争性谈判中标浙江围海集团，采用“政府企业伙伴关系”(PPP) 模式，总投资约22.99亿元，其中政府出资10%，企业出资90%，将智能汽车小镇汽车主题公园等9个子项目等基础设施综合项目打包给中标企业，合作期10年，其中建设期3年，运营期7年，合作期满后归政府所有，旨在打造以项目为载体、以智能化为特色、融合新能源汽车文化旅游功能的特色小镇，目前已吸引吉利知豆、索菱科技等项目落户。

6月28日，浙江英科速生物技术有限公司注册成立，宁波南部滨海新区入园企业数突破一百大关，新区招商引资工作取得里程碑式成果。近年来，新区秉承“经济发展—生态传承—模式创新”的发展思路，以新能源汽车产业、模具产业、生物医药产业等为发展方向，完善基础配套设施，构建公共服务平台，优化投资环境，诞生一批像吉利知豆电动车、聚瑞精密仪器、天基汽车部件等优质项目。截至年底，园区投产企业共33家，其中规模以上企业19家。

7月7日，宁海县与软通动力信息技术（集团）有限公司投资协议签约仪式举行。双方将共同建设浙江大数据产业示范基地、软通动力宁波产业总部基地、宁海县大数据产业和信息经济示范园等，大力推动该县智慧城市建设和信息经济发展。县委副书记、县长杨勇，副县长王辅橡，软通动力信息技术（集团）有限公司董事长刘天文参加签约仪式。

7月27日，宁海县与中国民航科普基金会就华东地区民航科普教育基地项目在北京2016年浙商回归（北京）专题活动上签约，标志着该县在推动宁海通用航空业发展进程中又迈出坚实的一步。副县长陈陵际，县通航办、县招商中心参加专题活动。华东地区民航科普教育基地项目拟落户宁波南部滨海新区，总投资1亿元，双方共同建设集航空科学教育研究、航空科普教育活动、航空安全普及教育为一体的航空科普教育基地，具体建设航空博物馆、航空图书资料馆、航空教育培训基地、模拟飞行体验中心、青少年航空活动中心、航空会展会议中心，航空融资租赁，以及配套生活保障设施等。

7月30日，知豆公司120余名总部人员从山东抵达宁波南部滨海新区，至此知豆总部各职能部门及产品公司有关职能部门全部搬迁至宁海。当天，新区为新入住员工举行欢迎仪式，中共宁海县委常委、宁海经济开发区党工委书记徐云致欢迎辞，并带队慰问新入住员工。2016年5月，以吉利知豆纯电动车为核心产业的宁海智能汽车小镇入围省级示范特色小镇，是全省唯一入选的高端装备制造业小镇。

8月3日，宁海经济开发区科技园区管理中心与颐高集团就宁海环球中心颐高双创园项目举行隆重签约仪式。省政协原副主席、省企业联合会会长、省企业家联合会会长张蔚文，宁波市副市长陈仲朝，县委书记褚银良，县委副书记、县长杨勇，颐高集团董事长翁南道，拓拉思（中国）网络科技有限公司CEO Jason Fu出席，副县长王辅橡主持签约仪式。项目签约后，标志着宁海环球中心颐高双创园正式启动，暨成立双创园区和楼友会众创空间。双方将携手合作，立足宁海本地特色企业资源，在互联网创新创业、电子商务、创业服务、楼宇智能化运营、商业等领域充分发挥集聚、助推和引领作用，共同推动宁海创业创新和“互联网+”等产业，合力将宁海的第一高楼打造成大众创业、万众创新的最佳高地。

8月18日，西店镇、强蛟镇、深甽镇与国经咨询有限公司、德国ASK医疗集团中国公司五方签订《关于在中国宁波（西店）建设中德国际健康养老特色小镇》的合作框架协议，随后，国经（宁波）健康产业投资有限公司暨中德国际健康养老特色小镇联合办公室在西店镇挂牌成立，这标志着西店中德国际健康养老特色小镇扬帆起航。西店镇依托国家发改委与德国经济和技术部签订的《关于在德中经济技术合作论坛框架下开展医药经济和生物技术合作的框架协议》，以两国执行机构国经咨询公司、德国RSBK公司和德国ASK医疗集团中国公司为纽带，开展医疗健康产业合作，布局西店大健康产业集群。

9月14日，县政府与中国移动集团宁波分公司正式签署关于创新驱动智能经济发展和智慧城市建设战略合作协议，双方就加快推进“十三五”期间该县智能经济发展和智慧城市建设，加快信息化创建推进步伐，达成一致意见。县委副书记、县长杨勇，副县长王辅橡，宁波移动分公司党委书记、总经理姚志坚等出席签约仪式。

9月，年产10万人份精制多价冻干抗蛇毒血清项目正式签约落户宁波南部滨海新区，成为该县生物产业成功招引的第一个1.1类新药产业化项目，开创本地医药行业与招引生物产业顶尖技术结合的优秀范例。该项目由浙江健博生物科技股份有限公司投资，进行两个治疗性生物制品原创药物“出血毒血清”和“神经毒血清”的研发与生产经营。该多价抗蛇毒血清可以一种血清解多种蛇毒，具有使用简便、工艺流程优化、生产成本低、效价高、纯度高、不良反应发生率低、易保存等优势。每年利用该技术成功救治200余人，并已取得国家重大新药资助。项目总投资2亿元，建设集后续研发、转化、生产和销售于一体的产业化基地。

9月，跃龙街道商贸服务业招商引资项目——全国大型的综合性超市物美超市落户城区“西子国际”广场，同时“物美”集团宁波总部也将入驻该县。届时，在宁波境内各连锁店销售收入将纳入本地财政收入，为宁海地方经济发展添砖加瓦。

10月8日，以“养生山水，享寿梅林”为主题的养生休闲产业对接会在梅林仇家杏乡小镇举行，现场签约11个项目，计划总投资超过5亿元。县委常委、常务副县长王军海出席会议。

【招商荣誉】 宁海县荣获2015年度支持浙商创业创新促进宁波发展工作优秀单位铜奖及2015年度国内招商引资工作先进奖铜奖。

烟草专卖

【概况】 2016年，宁海烟草坚持稳中求进主基调，主动适应行业经济运行新常态，经济运行持续发力。全年销售卷烟3.16万箱，同比下降3.24%；实现含税销售额14.13亿元，同比增长0.53%；单箱销售额4.47万元，同比增长3.89%；毛利3.87亿元，同比增长5.91%。

【品牌培育与网络建设】 精心做好品牌培育，关注品牌终端动销，尤其是做好定制品牌培育。专项品牌均超额完成销售目标。稳步推进终端建设，客户满意度保持高水平、高稳定状态。推行精益物流管理，推进卷烟物流降本增效，精简送货线路一条，物流运行效率持续优化。单车配送量同比增长7.62%；物流可控费用进一步降低，其中燃油费同比下降7.21%，修理费同比下降11.5%。

【市场秩序整顿规范】 面对市场非烟流动的加剧和打假打私压力的骤增，主动出击，以日常监管和专项行动相结合，通过完善真烟监管，突出假私烟打击，强化部门协同，督促经营自律，打好市场保卫战，为挖掘销售潜力留出市场空间。全年，共查获涉烟违法案件318起，同比增加8.53%，其中5万元以上真烟案件17起。查获卷烟8810条，同比增加27.46%；罚没款25.4万元，同比增加34.51%。市场控制力、净化率均有效提升，市场净化率达99.09%，位于宁波市前列。重大真烟外流案件零发生，真烟外流数量为宁波市最少的几家单位之一。专卖行政许可、行政处罚案卷连续七年被地方评为“双十佳”。

【内部基础管理】 针对宁海烟草实际，提出“强基础、补短板、促提升”的思路，着重在基础管理方面下功夫。强化全面预算管理，突出预算执行管控，对各项费用开支进行监督审核，坚决杜绝各类浪费现象。强化流程管控和制度执行，推行每月滚动式体系自查，并与月度考核挂钩，确保各项工作规范运行。强化国有资产监管，做好固有资产清查盘点、闲置房产公开出租、历年报废资产处置、大额资金规范使用等工作，确保国有资产保值增值。强化分层分类对标工作，建立健全相关对标机制，做好“比学赶超”文章，实现精益改善。注重安全管理，推进安全标准化建设，实现全年安全无事故目标，并被推荐为全省系统安保工作先进单位。

【企业文化及队伍建设】 深化“两学一做”学习教育，班子带头学习提高，党组书记带头学习教育，开展抄党章、谈体会、找短板、上微党课、专题（“四有四铁”“四讲四有”）教育研讨等活动，覆盖每一党员，做到学有所感、学有所触、学有所获。强化党风廉政建设，以“四个清单”引领，始终把规矩和纪律挺在前，层层落实管党治党主体责任。重视党风廉政建设教育，开展“八项规定”落实情况、巡视整改情况等回头看。深入开展“党的建设缺失问题专项整治”，切实做好党费补缴、支部换届、党员空挂等问题，完善“三会一课”制度，夯实党建工作基础。注重青年队伍建设，挖掘创新潜能，敬业 QC 小组的《缩短 APCD 现在证据固定的时间》获市级优秀 QC 成果一等奖，再创历史佳绩，“动力火车”QC 小组被市质协评为“优秀质量小组”。

盐业专营

【概况】 2016 年宁海盐业专营工作，紧紧围绕浙江省盐业发展战略，以调结构促发展为宗旨，以盐业体制改革为契机，改革创新，开拓进取，经过全体盐业干部职工共同努力，经济运行的质量和效益明显提高，较好地完成各项工作任务，有力地促进县盐业全面、健康、快速发展。2016 年盐产品销售总量 5534.35 吨。其中小包装碘盐合计 2466.05 吨，人均小包装碘盐供应量达到 4.25 公斤。实现业务销售收入 1701.72 万元，考核利润总额 234.5 万元，上缴税费 162.01 万元。

【盐业运销】 调结构，强服务，全力保障市场平稳供应。2016 年由于小包装碘盐供应品种调整，市场反应强烈。为此，多次召集有关人员研究销售策略，制定销售方案，合理安排运销计划，做到早计划、早衔接、早调运。积极走访各乡镇委批点和零售商店，了解市场动态和需求，做好宣传解释和引导消费工作。特别是盐业市场放开后外省生产企业的小包装碘盐冲击情况密切关注，严抓市场份额，确保市场供应。

严格把关，强化季节用盐管理。蔬菜腌制季节，运销和盐政两部门严格把关，对腌制盐用盐大户过来购买腌制盐，一律凭证审查登记，进行实地查看核实后，按实际需求量给予供应。对一些零星用户，也严格控制，结合政策进行宣传，供应小包装予以腌、吃两用。继续抓好对城乡接合部、边远地区的送盐到户工作，及时跟踪监控，严防大包装散盐流入口食盐市场。

【盐政管理】 强化盐政日常监管，确保食盐安全。2016 年共出动盐政人员 425 人次，检查食盐委批点、食盐零售店、市场餐饮、单位食堂、食品加工点、工业企业、农贸市场等共 2269 家次，保证全县食盐市场安全和各类盐产品有序供应。

重点开展专项整治，确保食盐安全。根据省局有关文件精神，从 4 月开始，会同公安联络室人员，在全县范围内集中组织开展整顿和规范盐业市场秩序专项行动。对各类学校食堂及其各区域的餐饮单位、食盐零售店等重点行业进行全面细致的监督检查和治理整顿，对腌制用盐的企业、单位、个人，深入加工现场实地调查，并进行全程监控，确保工业盐不流入食用盐市场。对重点村的盐业市场进行规范，确保全县人民群众的用盐安全，保证食盐专营政策在该县的贯彻落实。

交　通

【概况】　2016年，宁海县交通运输局全体干部职工统一思想，提高认识，创新思路，切实做好交通运输管理工作，圆满完成各项工作任务。

【投资建设】　宁海县客运中心迁建工程、客运西站等已通过竣工验收，进入试运营；金水路公交首末站项目已正式投入使用；全县已完成客运车辆停靠站建设770个；物流园配载中心1#仓储物流工程已完工、物流大楼正在完成5层建设，完成投资6416万元；物流主体中小货运企业转型升级，宁波安易顺—开行天下二级物流分拨基地开园；新购置邮政车辆10辆，扩充了宁海东南部镇乡的运力；投资2亿元的宁海金龙浦冷链物流园区建设已启动。

智能公交调度系统及电子站牌已投入运行。城乡候车亭采用新能源供电、二维码推送，智慧交通项目实现信息化。359辆城乡公交车已安装GPS视频监控系统，并纳入宁海智慧交通平台。出租、城乡客运车辆及公务用车、工程机械等综合监控管理体系已全部安装，智能公交调度系统通过验收，基本完成软件开发。企业内部设立监控平台，加强对车辆运营管理。稽查队设立了营运客车动态监控室，配备4名监控人员，实行365天值班制度，科技手段监测运行。

【安全管理】　圆满完成春运、清明、“5·19开游节”、“十一”黄金周公路水路运输保障工作。6月7、8日出动公交车辆22辆，安全接送考生132辆次2340人次，圆满完成高考接送学生任务。做好G20峰会安保工作。落实旅客购票实名制，严把乘车旅客安检关，做好运输行业及交通工程的安全管理，落实场站、长途客运视频监控的管理。开展工程领域专项整治、“道路运输平安年”活动与岁末年初安全大检查。与115家客货专业运输企业签订安全责任书、与全县120名学生接送车驾驶员签订《学生接送车驾驶员安全承诺书》。迁移117个存在安全隐患的站点，对全县104辆学生接送车辆与车内视频监控系统进行检查调试，确保学生接送安全。开展港口危险货物安全专项整治“安全生产月”、岁末年初安全生产大检查行动，共出动执法车578车次、管理艇51航次、执法人员1562人次，检查企业203家次、船舶1278艘次、港口码头386座次，发现隐患261条，已整改248条。

全系统内部安全无事故，发生2起水上船舶沉船事故，未造成人员死亡，发生2起公交车死亡责任事故，死亡2人。发生1起出租汽车死亡责任事故，死亡1人。发生1起交通工程事故，死亡2人。全系统安全生产形势总体平稳。

【运政航政稽查】　配合县三车整治办，推进宁海220辆快递电动三轮车统一标识，使快递电动三轮车暂时获得了城区的通行证。宁海交邮合作的城乡货运公交项目成功入选交通部农村典型案例，并赴交通部规划研究院参与《农村物流县乡村三级网络节点体系构建指南》的修编。制订出台出租汽车营运权有偿使用费清算方案，退还245辆出租车的有偿使用费。开展专项整治行动5次，出动稽查力量6400余人次，检查车辆1.08万余辆次，共查处道路运输违章案件183起，罚（没）款共585135万元。开展驾培行业“百日整肃”活动、城区“三车整治”活动。协同高速交警、路政、商务局、烟草局对物流运输联合整治；按县政府部署，对火车站、场站秩序及出租车实施视频监控管理。联合公安局、综合执法局、信访局等对非法营运车辆的专项整治，查获违章案件82件，罚没款142450元。

开展水路运输经营资质年度核

查、经营资质专项检查、运政大检查、港口危货年度核查等各项工作，检查各类企业60家次，发出预警警告10家次。完成规费征收700万元，完成年度计划的116.67%。12家港口企业通过核查换证。立案查处案件7起，行政处罚7.91万元。检查港航企业74家次，查出各类隐患233条，完成整改185条。推行港航企业安全检查服务外包，完成年度安全生产日常监督服务外包项目的竞标。截至10月底，完成69艘委管船舶转型工作，占比90.78%；根据《宁波市水运企业分级分类管理办法》及相关工作要求，完成辖区15家航运企业分级分类初评检查工作，确定5家AAA级航运企业及3家B级航运企业。港航处获得2016年度宁波市水路运输经营资质管理工作互查考核优秀单位。3个案卷入选2016年度宁波市港航系统行政执法“双十佳”优秀案卷，各有1个许可案卷入围2016年度全省水路交通行政许可优秀案卷、2016年度宁海县“十佳行政许可案卷”。港航处荣获2011—2015年宁波市交通运输系统法治宣传教育先进集体荣誉、荣获2015年度宁海县事业单位绩效考核优秀单位。陈平、李海岩被授予全省“最美交通人”称号，储敕成为全省“最美港航人”。

【公共服务】 调整公交线路　结合城区气象北路、北斗北路单行线的实施，调整5路公交线路走向；针对园区上下班高峰状况，10月底前各增加2辆109路、128路公交车，调整109路末班车时间到晚上10点；结合桃源中路至桃源北路12公里的公交专用车道，推出公交中轴线，满足群众出行需求；推进城乡客运一体化项目，实现了公交车辆运营覆盖363个行政村1001个自然村（自然村通车增加85个），使行政村公交通车率达100%，自然村公交通车率从84%提高到91.5%。扩大农村客运的覆盖和服务范围，保证群众乘车能准时准点，开辟顺畅、有力、安全、高效的城乡客运新局面。受理各类投诉案件共110余起，上级转办信访件处理办结181余起，办理“12328”举报中心各类投诉、咨询等电话389个，立案28件，结案率100%，群众满意度100%。

完善机动车维修业经营许可一类机动车维修业1家、二4家、三类32家，注销各类维修企业38家；督促入网企业遵守“81890”协议条款，引导维修企业入网，实行全天候的维修救援服务；对7辆教练车实施“先培后付、计时收费、学员评价”培训模式；落实驾培机构全面贯彻落实新国标，确保辖区驾培机构100%符合新国标资质；加强维驾企业教练员和维修技术人员的教育培训，提升从业人员素质，推进维驾企业的服务优质化，市场经营规范化，确保维驾企业和谐有序发展。

明确运管人员廉洁从政行为规范。继续开展运政人员执法培训，邀请县纪委、县安监局、县法院、县人武部等一批专家进行授课，内容涵盖《交通运输行政执法规范》、《中华人民共和国行政诉讼法》、行政执法文书制作、行政执法证据采集与运用、预防职务犯罪知识、公文写作和道路运输管理等内容，提升执法队伍的素质与综合执法能力。

帮助解决宁海籍船员适任证书过渡期培训、考试落户宁海换证的不便，为船员换证节省开支8万余元。采取提前介入、急事特办等一系列利企举措，助推返乡企业宁波弘腾航运公司及早开业。审批事项110件，其中运政97件、港政13件。严格落实中央“八项规定”和“一岗双责”要求，分解廉政责任范围，细化廉政风险防控机制，加强财务管理，坚决把控“四风”，“三公”经费支出有效压缩，公务接待费同比削减56.90%，车辆购置及运行费同比下降0.89%，公务用车使用规范。

高速公路

【概况】 三门湾大桥及接线工程起自象山戴港，接浙江省象山港大桥及接线工程终点，路线南行过象山县茅洋、新桥等乡镇，跨岳井洋进入宁海县境内，经长街、力洋两个乡镇后跨力洋港、青山港，至三门县蛇蟠岛，跨蛇蟠水道后终于三门六敖，接沿海复线浙江省台州湾大桥及接线工程，全长54.509公里。工程概算总投资126.49亿元，其中宁海段长19.9公里，投资50亿元。项目计划建设工期4年，于2014年12月17日开工建设，计划2018年年底建成通车。全线采用高速公路标准建设，设计速度100公里/小时，起点至明港互通式立交段，采用双向4车道标准，路基宽度26米，明港互通式立交至终点段，采用双向6车道标准，路基宽度33.5米。全线在茅洋、新桥、长街、明港、蛇蟠岛5处设置互通式立交，1处停车区。截至2016年12月底，项目宁海段各项工作快速推进，宁海县指挥部积极参加宁波三门湾大桥及接线工程立功竞赛，并在第二、第四季度考核中被表彰为优胜单位。

【征迁政策处理】 红线内征地拆迁政策处理全面完成。征收土地

100.23 公顷；迁移坟墓 2368 座（3770 穴）；剥离表土 24.2 万立方米；房屋拆迁 38 户，拆迁率达 100%；50 个水、电、通信以及综合管道等管线迁移工程已全面完工。

【项目年度投资】 2016 年计划投资 12.5 亿元，实际完成投资 13.3309 亿元，累计完成投资 25.2509 亿元。项目总体形象进度：隧道、桥梁桩基等工程施工进展顺利，预计在 2018 年年底前全面完工。

【主要事件】 1 月 8 日，建设“两美”浙江·三门湾大桥及接线工程宁波段 2016 年立功竞赛推进会在宁海县力洋镇平岩村举行。

（拍摄人：曹晔）

7 月 6 日，省政协主席乔传秀考察浙江省三门湾大桥及接线工程，宁波市委副书记、代市长、市政协主席唐一军，省政协秘书长陈荣高，县委书记褚银良，县委副书记、县长杨勇，县政协主席尤玲娟等领导陪同实地考察项目宁海段力洋港大桥施工现场。

（拍摄人：曹晔）

10 月 10 日，宁波市政协主席杨戌标调研三门湾大桥及接线工程（宁海段）建设情况，县领导褚银良、杨勇、尤玲娟、徐云、王鸿飞参加调研。

（拍摄人：曹晔）

邮　　政

【概况】 2016 年，宁海分公司积极践行“三个一流”总体目标，全力发展“三个一把手”工程，紧紧围绕年初职代会所确定的方针目标，以更扎实的工作和更有效的措施，向管理要效益，以服务求创新，调动一切积极因素，迎难而上促发展，积极完成上级下达的各项工作任务。2016 年实际完成业务收入 7076 万元，完成全年计划的 98.96%。其中金融业务收入完成 4262 万元，包裹收入完成 466 万元，电商分销配送业务收入完成 378 万元，函件业务收入完成 254 万元，增值业务收入完成 450 万元，报刊发行收入完成 475 万元，集邮业务收入完成 675 万元，其他业务收入完成 115 万元。

【金融业务】 截至 2016 年 12 月 31 日，分公司储蓄余额达到 24.95 亿元，累计净增余额 5.29 亿元，创年度新增历史之最；标准保费累计完成 15892.17 万元，系统保费完成 6553.3 万元，完成全年目标的 100.58%，完成业务收入 401.57 万元，大力发展期交保险业务，合理调整保费结构；本年人民币理财日均保有量 16709 万元，同比增长 9913 万元；完成基金定投 676 笔；中邮证券累计开户 524 户，完成全年计划的 58.88%，电子银行：网上银行加办 6351 户，手机银行 10043 户，微信银行 1073 户。

训练营常态化发展助余额攀上新高峰。本年累计新增储蓄 5.29 亿元，主要是训练营常态化发展。2016 年，宁海分公司共开展 13 次训练营，包括 2 次保险训练营和 11 次储蓄训练营，通过常态化的训练营模式，网点每天上演揽客—蓄客—回收流程，勤开口，多策反。通过训练营，网点人员撒网式寻找客户资源，拓宽网点余额增长途径，增加新客户，提升存量客户，沉淀金额与日俱增。

转变网点考核方式促网点快速发展。2016 年年初，针对网点业务发展，分公司制定出台贴合网点实际发展的考核方式，将网点余额、保险、理财、基金等业务都纳入奖金池考核，通过多劳多得，凭业绩说话的考核方式在一定程度上提升网点人员的积极性，为形成全员合力发展金融业务奠定基础。

强化网点转型工作使网点服务提升。2016 年是宁海分公司进行转型深化服务的一年，通过第三方卓越成长公司的辅导，宁海分公司建立以梅林网点为示范网点，桥头胡、黄坛、长街、桃源、金桥、中山路 6 个网点为提升网点，其余网点为学习网点的转型梯队，通过强化员工服务意识、客户维护意识，使业务发展从粗放型发展向精细化转变，逐渐成为专业营销队伍。

主题营销活动提升网点人气。2016 年，金融业务局根据业务发展需求，顺应潮流，在法定节日推出相应的主题营销活动；同时，也结合宁海邮政实际情况，开展属于邮政自己的“客户节”“年货节”，通过这些节日契机，加上积分换礼等活动的辅助，提升网点人气，增加一批忠实客户群，加强网点与客户之间的黏合度。

【包裹快递业务】 宁海分公司“出重拳”，包裹快递业务发展夯实基础。包裹业务收入累计完成466万元，完成市公司目标的66.87%。12月日均出口包裹量达到3769件，2016年度累计出口包裹量达到46万件，较上年同比增长392.75%，进口妥投包裹量达到32万件，较上年同比增长135.16%，业务量和收入同比分别增幅392.75%和349.79%.

加大人力物力投入，确保快包一线工作正常进行。随着快递包裹业务井喷式的发展，尤其是旺季期间，包裹出口量与进口量都剧增，宁海分公司在前期就通过增派人员以及合理分片等方式，减轻包裹业务人员负担，确保一线工作的正常进行。为满足包裹快递日常作业的需求，分公司还将原来的投递之家搬离，打通转运和快包作业场地，使其形成环形作业流程，强化工作效率，提升作业质量。加强服务质量考核，组建客服队伍。服务是业务的保障，是做大做强业务的基础，分公司为保障快包业务的服务质量，重新制定服务考核方式，组建专业化的客服队伍，强化一线人员的服务意识，尤其做好重点客户、规模客户的服务支撑，定期回访，加强与客户交流，维护客户权利，增加与客户之间的情感维系。继续做好客户走访，不断挖掘潜在客户。包裹业务局在2016年共走访新老客户205家，其中激活睡眠客户5家，新签快递包裹客户15家。通过对现有的重点客户提供多样化增值服务，以主动服务客户、快速理赔、旺季大客户绿色通道等多项措施进行重点客户的维护，加强与重点客户的沟通，提前预测重点客户的旺季流量流向，确保重点客户邮件旺季不积压，提升重点客户的满意度。包裹业务局还根据宁海本地产业集群情况，按行业、区域、服务等多维度进行开发。加大信息化应用，提升服务能力。分公司已配备PDA对大的电商客户进行揽收人员PDA扫件揽收，提高邮件的处理速度、缩短邮件的处理时间、降低成本支出。并向量大的客户推广使用热敏面单，面对其他量不足的协议客户也在进行推介协商，或共享其他快递公司设备使用电子面单，提升电子面单的使用率。至年底，热敏面单使用率已达68%。

【电商分销业务】 2016年，宁海分公司“新理念”创新平台建设，农村电商试出新模式。到12月底，宁海已建成邮掌柜站点数159个，其中加盟商超141个，完成市分公司下达的站点建设计划的44%，建设A类掌柜54个，已开展23场现场活动采集会员信息，累计发展有效会员19619名，代购金额151308元，邮掌柜进货批发金额105万元，进销存笔数111万笔，金额8652万元。2016年，累计车险出单1905量，完成市公司下达任务的50.85%；累计完成分销业务收入378万元，完成确保目标的91.53%，其中端午粽销售32万元，思乡月销售295万元，“浙乡邮礼”福至新春专项营销项目销售36.2万元，完成情况都位列宁波市前茅。

完善站点布局，加强邮掌柜建设。为合理利用邮掌柜助力分公司电商分销业务发展，不定期对掌柜进行业务知识培训和系统培训；配备专业人员配送掌柜需要的物资，对掌柜的反馈及时进行跟踪；建立专业的帮掌柜，对邮掌柜站点进行定期的维护，满足掌柜的基本需求；加强邮掌柜站点与网点之间的互动，形成发展合力，提升站点活跃。自邮一族车险业务。为做强做大车险项目，分公司开展面向全体职工的车险劳动竞赛，提升员工积极性；与多家保险公司磋商合作项目，拿到最佳优惠政策，有利于员工拓宽营销范围，如3月与人保公司合作的送油卡项目吸引大批量的有车一族；最后加强平台的建设与运用，分公司通过制定合理的激励政策，吸引邮掌柜加入到车险的营销队伍中，有效地利用邮掌柜这个点多面广的平台，为发展邮政车险业务壮大力量。完善配送服务，做强分销业务。分销业务一直以来都是分公司业务发展的重点，面对不断萎缩的市场，分公司通过多手段多举措圆满地完成年度计划。首先是线上线下合作销售，分公司的万斤项目——胡陈洋芋专项销售活动线上线下齐发，拓宽了原有的销售渠道，为分销业务发展提供了新思路；分公司通过开展品鉴会、年货节等方式吸引客户和商超老板，通过现场引导，增加铺货地点，提升销售量；最后是联动发展，形成全员营销，所有职工都是营销项目的生力军，在大家齐心协力下，分公司2016年分销业务取得圆满的成绩。

【集邮业务】 2016年，累计完成集邮业务收入675万元；其中预订集邮邮资票品收入35.27万元，占比5.52%；预订集邮品28.58万元，占比4.47%。零售和定制集邮票品574.78万元，占比90%。其中：淘宝店铺和微信商城零售集邮品61万元，占比9.55%；其他集邮品收入273.69万元，占比42.86%。分公司实现G20营销项目集邮收入218.6万元（含税）。

分公司通过在委托承制、新邮预订、个性化邮品、形象化年册等高效业务的基础上，结合地方名人签售仪式，提高宁海邮政集邮专卖店的知名度；继续承接编制第14届中国徐霞客开游节宣传邮册，助力形成开游节品牌文化。加大集邮清库力度，努力降低和销售库存集邮品；创办“宁海集邮”淘宝店铺与微信公众号，借助新媒体宣传，尝试“互联网+集邮”新模式，加大集邮业务发展的受众面。

【函件业务】 实现收入254万元。定制贺卡（包括封、片、卡）7.13万元，销售型26.75万元，中邮广告收入24万元，数据库收入12.2万元，约投挂号收入6.12万元，媒体收入17.8万元。成功开发《乐游宁海》旅游日主题活动宣传册，通过采用旅游抵用券+乐游专刊+导览图的宣传模式进行浓缩宣传，刊印2万册，实现28万业务收入；重点商函客户的持续开发。先后开发公安缉毒大队等重点商函客户，为增加业务收入添砖加瓦；账单类业务稳步增长。继续维护好农商银行等客户的账单类业务；积极发展无名址广告、约投挂号及各类数据库商函等业务。

【报刊业务】 2016年完成报刊业务收入475万元。做好报刊的续订工作暨“春耕夏耘校园行”活动的开展落实。通过数据库资料有针对性选择全县103个（城区35个）幼儿园为营销目标，发放订阅意向征订表4000多份。积极做好普邮“5+1”包裹揽收工作。做大做好包件业务的工作是投发公司以后发展和生存的关键业务，投发公司积极组织全体投递人员进行宣传与落实，鼓励先进，督促落后，通过努力，城区投递班每天日均揽收包件达到150多件。投递网平台能力建设提升。农村投递网改造基本完成，所有的投递人员均配备汽车、三轮电瓶车及摩托车，提升报刊及大量包件业务投递输送能力。抓投递质量不放松。强化邮政投递服务质量，特别对现有省内小包“T+1”时限要求及国内包件、约投挂号、对账单等业务进行重点每天检查和通报，使每位投递人员做到心中有数，强化投递出班前管理，强化邮件外部投递质量跟踪检查，抓投递质量决不放松。

【财务管理】 财务管理系统重大变革。自ERP系统上线，经过两个月的系统并行后全面取代损益核算系统和NC系统。通过ERP各子模块实现与各业务系统的对接。通过营收资金系统的辅助，加强对营收资金管理，夯实基础信息质量，提高资金安全，财务信息化水平不断提高，直接使得核算工作更加趋于规范统一。

财务内控管理逐步加强。集团公司到分公司从上至下都开始重视内控管理。从业务流程、业财对账、收入的计列以及用户欠费等的管理，均被提升了一个高度。一定程度上提升了财务的管控能力和规范水平，有效地降低企业经营风险。

财务在改革中摸索前行。2016年，企业薪酬集中管理、网点装修集中采购、集中审计等等，财务人员加强与其他部门的协作沟通，做了大量的基础配套工作，确保各项工作有序推进。

筑牢税务管理基础。“营改增”后，邮政企业的税收环境发生较大变化，通过内部制度建设、业务流程优化等手段，加强增值税，尤其是增值税发票的日常管理，严禁对外开具与实际经济事项不一致的发票，或从外部取得与实际经济事项不一致的相关发票，规范企业的涉税行为，不断夯实税务管理基础。

【职工管理】 严格控制新增从业人员；多渠道开展用工结构调整；规范推行业务外包。同时，加强人工成本管控，严格控制人员数量，提高劳动生产率。同时强化员工教育培训，调动工作积极性，努力提升员工队伍整体素质；加强工时系统应用，及时反映全公司员工排班和考勤工作，保证企业人资管理工作有序性、科学性。

积极开展员工培训，组织储汇岗位比武及各类培训，开展岗位技能练兵，提升员工综合素质，同时做好网络学院的培训工作。组织做好全省职业技能鉴定考试工作，做好考前对应知、应会培训辅导，取得良好的效果。

加强风险和案件管控，积极推进金融网点“两个标杆”安全管理达标活动，坚持“人防、物防、技防”三防并举，在2016年开展的“安全生产月”活动中，深入开展安全生产检查及金融风险排查工作，认真排查治理事故隐患，解决安全管理上存在的薄弱环节；通过远程监控和现场检查相结合方式，对各网点营业现场、ATM机、运钞车作业及主要生产场地进行实时监控，保证邮政通信生产安全运行。

坚持党要管党、从严治党的要求，认真落实“两个责任”，切实抓好党风廉政建设，进一步严明政治纪律、组织纪律和工作纪律，努力营造守纪律、讲规矩的氛围。2016年，宁海分公司按照省分公司党组、市分公司党委要求，加强党建和纪检工作，设立党委办公室，和综合办合署办公，同时加强干部队伍建设。贯彻落实中央“八项规定”，将廉洁风险防控工作与企业内控机制和管理体系相融合，做好重点岗位的廉洁风险防控。扎实开展“两学一做”学习教育，严格执行民主集中制、“三重一大”等决策制度，规范决策行为，提高决策水平。

7月7日，县长杨勇与郭百其揭牌宁海县政务数据中心

电　信

【概况】 2016年，宁海电信局紧紧围绕“践行三严三实，推进三双三同”年度工作思路，围绕集团转型3.0战略，以“提份额、扩规模、调结构、增效益”为目标，聚焦十项重点工作，狠抓推进落实。企业经营能力得到不断增强，各项工作顺利推进。2016年，累计完成主营收入21286万元，其中C网新增5.90万户，智能机新增5.68万户，宽带新增2.12万户ITV新增2.4万户。

【敢于争先，全渠道发力促发展】 紧紧围绕“真4G”“光宽带”“新融合”等产品，通过优化产品形态、提供差异化服务，全渠道发力促发展。全力推进决战4G，确保宽带主导地位。围绕收入目标开展各项经营活动，将收入预算的抓手分摊到各项主量的发展规模及项目创收中。紧盯移动、宽带、ITV、流量四大主量，通过他网回夺、百兆PK赛、宽带攻防战、大融合攻坚等一系列专项活动提升销售业绩，取得一定成效。四线驱动，各司其职，点线面聚合业务新优势。做精网格专业线，坚持以收入为导向，明确分工，明确目标，确保守土有责。精细化开展常态化营销，推进网格营维一体化，新增保有同步抓。2016年，100%完成社区店建设目标。做强渠道专业线，通过开展不同区域、不同层面的深度“炒店”、展销会、“精三扫”等活动，提升渠道队伍的组织与实战能力，使整支渠道队伍成为能拉的出、打的响的优秀团队。做优创新专业线，全力推进战略转型，创新突破新兴业务。截至12月在创新县的强县强局中排名第一，媒体广告收入完成率排本地网前列。做深政企专业线，转型创新业务拓展，充分发挥综合信息服务优势，积极承接县重大信息化项目建设。

【网运前移，全力保障重大项目推进】 2016年，网运线全力支撑配合，完成70个商客ICT项目，完成视联网项目的开通及卫生局服务器搬迁等相关工作，全力做好新兴业务及商客ICT支撑。政务数据中心项目数据交换平台项目、宁海智能汽车小镇项目的成功中标，宁海政务桌面云项目的成功落地，受到集团省市公司的好评。宁海电信在用心做好企业发展的同时，不忘肩负的社会责任，该局积极响应和落实县政府智慧城市战略规划，积极投身“数字城市”建设，加大信息基础设施建设的力度，务实进行产品创新，为政府和企业提供先进的信息化管理应用成果。在推出“数字城管”“数字校园”“数码e房”“全球眼”“治安动态监控”“114+8招聘”“三防会商系统”“天翼看交通”“天翼阅读”等智能化信息平台应用外，2016年与宁海县人民政府签订加快“十三五”信息化经济发展战略合作协议。全国首个县级“政务云”正式开通，宁海政务工作迈入大数据时代，获得了县领导的高度赞赏。同时还打造全国首家“云管端”示范区。根据《浙江省人民政府办公厅关于加快推进浙江政务服务网乡镇（街道）村（社区）延伸实施工作的通知》要求，实现政务服务网省、市、县、乡镇（街道）、村（社区）五级联动。

【强化市场化推进，承包激励成效初显】 2016年，持续强化市场化推进工作，通过竞标完成18个支局、33个网格（其中25个网格专人承包）、5个商客支局的实质性经营承包，明确了责权利。完善考核办法及薪酬制度。2016 年，强化支局小 CEO 的考核分配权利以及部室的二级考核，宁海电信局总体绩效提升明显。拓展外包员工的职业通道，实施同岗同绩效。根据上级有关规定，考虑宁海实际，大胆实施优化薪酬福利分配、培训、绩效管理、晋升退出等制度，倡导能者上庸者下的竞争理念，试行竞聘上岗，打破用工体制的弊端，使一批能吃苦敢担当的优秀外包员工走上重要岗位，激发员工活力。

【以人为本竭诚服务，三个“五必”彰显关爱】 宁海电信局行政工会践行“爱企必先爱员工”的工作理念，努力做好关爱文章，持续开展以“五必访、五必贺、五必谈”为核心的“送温暖工程”，以一家人文化渗透到企业经营活动中的方方面面，努力办成事办好实事。全年局党委与工会对离退休老干部、劳模、特困及重病员工慰问达 60 余人次。平时及重大节日节点，无不体现人文关爱。从 2014 起又创新推出为准退休员工制作纪念册，员工感知良好。逢职工生日均有蛋糕相送。并按照要求做好职工疗休养安排。通过以上措施和活动，倡导“激情工作，快乐生活，和谐团队，幸福家园”的一家人创建理念，让员工享有体面的工作和报酬，享受较好的劳动保护和福利保障，感受企业大家庭的温暖。同时通过企业创业平台，努力争当岗位能手，营造比学赶帮氛围，履行社会责任，提供优质服务，打造一支充满激情能力较强的团队。

【技术比武争相惊艳，以赛促推业务发展】 2016 年，电信局为促进各项业务指标的完成，因地适时自行开展各类竞赛活动。VIP 团队荣获市公司客户服务技能大赛团队三等奖、陈娅和吴晓霞分获个人三等奖和优秀奖；方守松获市局“智慧家庭”营维技能大赛个人二等奖、周钱春获三等奖。张国安作为教练代表宁波出征省局比赛；俞建平、魏巍参加 2016 年宁波市通信电源维护技能竞赛，经努力为宁海获团队三等奖，俞建平获个人综合三等奖，监控二等奖；俞建平代表宁波本地网参加浙江省 2016 年动力空调维护与服务支撑技能竞赛，获现场维护作业技能竞赛个人二等奖。姚海群获得 ITV 增值节目包营销劳动竞赛的营销能手奖；丁晓峰、胡志洪参加市局无线备赛 2016 年 4G 网优技能竞赛比赛，获团队三等奖，丁晓峰获个人三等奖。充分展示了宁海电信局员工超强的专业技能和可贵的工匠精神。

移动通信

【概况】 2016 年，宁海移动遵循“客户为根、服务为本”的服务理念，全面推动转型领先、创新领先、能力领先、管理领先、队伍领先“五大领先”的发展战略，截至年底，宁海移动电话用户总数达到 54 万户，年运营收入突破 4.6 亿元，公司有员工 222 人，拥有 16 家自办营业厅和 200 多家渠道代理点，整体运营指标位居全市前列。2016 年，宁海移动贡献税收 969.5 万元。公司获得全国通信行业用户满意企业、中国移动“满意 100”服务明星班组、省级文明单位、省级消费者信得过单位、省级青年文明号、省级巾帼文明岗、市级青年文明号、市级巾帼文明岗等各类荣誉。面向未来，宁海移动将践行“大连接”战略，着力做大连接规模，做强连接应用，做优连接服务，着力推动发展，成为数字化创新的领先运营商，开创万物互联时代持续健康发展新局面，为地方经济和社会发展做出新的更大贡献。

【加强通信网络建设】 宁海移动全力打造卓越精品网络，截至 2016 年年底全县已建 1028 个基站，实现偏远山区、渔村、风景区、高速公路及隧道的信号全覆盖，基本实现全县 4G 信号的覆盖。有线光网建设累计覆盖家庭 20 万户，实现全地区行政村以上光网“村村通”，建有骨干机房 2 个、汇聚机房 27 个、接入节点机房 25 个，形成由骨干网、传输网、支撑网、管理网、智能网组成的立体交叉移动通信网络，构筑智能化、宽带化、大容量、多层化的移动信息高速公路，建成一张“由点及面、立体覆盖”的绿色精品网络，确保“两会”期间、“5·19”开游节等当地重大活动及抗台防台的网络信号通畅，为地方经济发展提供有力保障。

【提升创新品质服务】 宁海移动开展“金牌服务　满意 100”主题服务活动，开展“导师带徒”主题活动，开展窗口服务规范提升行动，全体员工签订品质服务承诺书，对侵害客户权益行为“零容忍”，大力开展客户评议和意见征集活动，全力保障客户权益推出以“责任、诚信、便捷”为基础的“五心”服务举措。在 2016 年全省前三期客户满意度调研中，宁海移动整体服务满意度均列全市前茅，在全市服务大比武中，囊括全市三个单项奖。同时，被评为浙江省第十届消费者信得过单位、浙江省“行风建设服务明星班组”。

【贯彻落实国家提速降费要求】 响应国家“提速降费”的号召，宁海移动署推出多项降费举措，包括流量优惠、假日套餐等。2016 年，全省移动数据流量资费标准统一从 1 元/MB（套餐外）下调至 0.29 元/MB，降幅超过 70%；国际及港澳台漫游“3/6/9 元”流量资费已覆盖 189 个国家和地区、国际漫游流量资费包天不限量增至 121 地区。同时，开展“移动家庭计划”惠民工程，全年光网宽带资费较年初降幅达到 33%，宽带新增比达到 60%，50M 以上宽带用户占比达到 30%，总宽带用户达到 7.3 万户，每三户宁海家庭就有一户使用移动光宽带服务。

【推动智慧城市建设】 发挥移动技术领先和规模优势，全面参与宁海智慧城市建设，全年顺利完成宁海智慧城管平台一期的建设和验收工作，并在智慧交通、智慧旅游、智慧新农村、社会治理网格化管理、园区视频监控等重大项。以便民为目的，落地宁海县智慧交通项目：累计开通智慧交通站点 154 个，物联网应用点位达到 299 个，进一步推动宁海县智慧交通建设。以效能提升为方向，全面参与宁海智慧城管建设、平安宁海建设，搭建景区大数据人口监控系统。以服务为导向，加强“大型企业”合作：持续与蓝宝石开展 M2M 应用合作，服务该企业在全国范围内的物联网应用。以“互联网+”为依托，推进“美丽新农村 APP”推广：累计服务县农办 APP 用户数 700 多户，服务全县域内特色乡村、特色活动、特色农产品等特色资源。

【落实信息消费惠民工程】 宁海移动 2016 年全面落实信息惠民工程，注重把握好 4G 发展和流量经营的黄金期，坚持做好“全民 4G”文章，开展“领先 4G+”、4G 手机嘉年华、送 4G 手机下乡等营销服务，全年 4G 活跃用户达 36 万户，占分公司移动电话用户的比重达到 66.7%，手机上网客户户均流量突破 1GB，在移动市场持续保持领先地位。同时，高度重视网络和信息安全，持续开展打击通信信息诈骗专项行动，严厉打击“伪基站”，100%落实实名制管理要求。

【承担企业社会责任】 宁海移动始终不渝地恪守“正德厚生　臻于至善”的企业价值观，始终不渝地把源于社会、服务社会、奉献社会放在重要位置，积极参加文明城市、文明社区等共建活动，积极参与县总工会组织的各项活动，在县“两会”期间、“三八”“五四”青年节、世界电信日、“3·15”消费者权益日等节日组织员工到会场及各大广场现场设摊提供服务。深入开展“爱宁海、移动感恩大行动”组织全体党员、入党积极分子及部分团员代表情系农村，开展进村入企大走访活动、结对岔路镇渡东村“党员义务劳动日”，开展“周末义务劳动日”活动，做好中国旅游日——“徐霞客开游节”等通信保障工作。公司荣誉省级文明单位等各项荣誉。

【宁海县与宁波移动签署战略合作协议】 9 月 14 日，县政府与中国移动宁波分公司正式签署关于创新驱动智能经济发展和智慧城市建设战略合作协议，双方就加快推进“十三五”期间该县智能经济发展和智慧城市建设，加快信息化创建推进步伐，达成一致意见。县委副书记、县长杨勇，副县长王辅橡，宁波移动公司党委书记、总经理姚志坚、宁海移动总经理翁海锋等出席签约仪式。会上，县政府和县科技园区分别于中国移动宁波分公司和宁海分公司签订战略合作框架协议。根据协议，在“十三五”期间，宁波移动将把宁海为宁波市业务布局发展、资源投入的重点区域，并与宁海县在推进“双千工程”、“党建+”及“政务+”、智能化基础设施管理、智慧城市建设普惠于民和智慧环保旅游等五方面工作开展合作，以智慧应用为先导，以创新应用为动力，谋划创新一批功能平台、工程项目和改革试点，力求发挥该县独特优势，打造智能经济发展和智慧城市建设的标杆区域。此外，宁波移动还将与县科技园区在深入推进智慧科技工业园区建设等方面加大合作力度，不断提升园区整体水平。同时，县政府也将支持宁波移动参与县智能经济和智慧城市信息化建设，加大支持各项建设的保障力度，协调建设和相关实际应用工作，并积极落实和完善相应的优惠政策。

联　通

【概况】 中国联合网络通信有限公司宁波市宁海分公司（以下简称“宁海联通”）是中国联合网络通信有限公司在宁海的分支机构，公司下设综合部、市场部、政企客户部，以及 4 个自营厅、6 家社区沃店。2016 年公司以创新发展为动力，坚持聚焦战略，整合内外资源，转变发展方式，强化支撑保障，提升客户服务感知，以全业务经营和 4G 发展为引擎，不断提升综合实力和核心竞争力，全面满足广大用户的信息服务需求。

【以智慧+战略实施为契机，全力开拓行业业务】 以“行业应用、市县联动、规范经营”为核心，紧紧抓住互联网+等战略实施机遇，创新突破，扎实推进。

联通公司成功中标宁海县科技园区（梅桥区块）智慧园区系统采购项目，本次智慧园区系统项目包括了前端视频监控子系统、前端治安卡口子系统、物联网基站子系统和网络传输系统，通过对宁海县视频中心机房存储扩容建设，将前端视频监控、治安卡口等子系统与宁海县公安局视频共享平台、综合应用平台、物联网平台实施联网，形成新一代“智慧园区”。

联通“智慧消防”云平台建设在市智慧办牵头组织下，市消防支队会同宁波联通等单位经过两年多探索、试点，“智慧消防”平台建设已初见成效。消防物联网体系建设和云平台建设基本完成，融合现有消防控制室远程智能监控、独立式无线烟感报警、电气火灾智能监测、消火栓智能监测、电瓶车智能充电、消防水源智能检测等产品，初步实现火灾隐患告警、火灾报警联动、灭火救援辅助、监督管理一体化。

【深入推进营销体制改革，激发基层责任单元活力】 建立综合营销网格员工承包机制，鼓励员工自主创业，实现员工与公司共成长是浙江联通深入推进营销体制改革，进一步激发基层责任单元活力的一个重要举措。为进一步贯彻落实省公司提出的“以营业厅为基础的全业务综合网格员工创业计划”，紧紧围绕“聚焦、创新、合作”的经营方针，更好地指引社区沃店经理标准化、规范化、可持续发展，实现自我驱动、自我提升的社区沃店经营目标，分公司首选桥头胡、强蛟、蟥溪口、长街、力洋、前童6个地区开设社区沃店。

【聚焦匠心服务、实现存量保收增收】 聚焦在匠心服务上，紧紧依托服务满意率为引领，积极做好存量客户的服务工作，通过自营厅、社会渠道以及客户经理服务能力的不断提升，不断强化对不同客户的服务满意度的提升；聚焦到价值填充上，坚决抓好换机和流量激发等基础性工作，利用好优势产品，将适合的产品通过各种渠道推荐给合适的用户，在做好老用户超值购和低消送流量做好，通过4G渗透率的提升和流量释放拉动用户收入的提升；聚焦到严控流失上，结合2016年工作的情况，盯好每月客户续约，特别是“186套餐”以上的用户续约工作，通过低消送流量、低消送宽带稳定用户。

【智慧沃家和光改营销为突破，实现固网业务稳步提升】 以光网改造、智慧沃家和精准化营销为抓手，以全业务网格运营为契机，拉动产能全面提升。坚持从价格经营向价值经营转变，通过对用户流量、语音、互联网应用等需求的引导，提升高套餐占比。坚持从单用户多业务捆绑向多用户共享转变，力争两个手机成员以上用户占比提升20%。坚持单一产品向智慧终端捆绑营销结合转变，实现终端和产品经营互拉效用及增值增收效应。以“自建为主、社会化合作为辅”，以光网覆盖为目标场景，以智慧沃家为主打产品，持续开展“精三扫”触点营销。积极开展体验式营销，重点抓好本地户籍市场的渗透。积极创新营销模式，通过微信营销、推屏营销、沃家电视开机营销等手段，寻求差异化营销突破。

【运用信息化手段开展廉政文化建设】 抓好“两学一做”学习教育，充分发挥基层党组织的战斗堡垒作用，严要求抓好党风廉政建设，加强基层工会的桥梁纽带作用，深入推进企业文化建设，提高队伍的凝聚力和向心力。通过“宁波联通微党课”，已重点推送习近平总书记的重要讲话《习近平总书记在十八大中央纪委第二次、三次、五次全会上重要讲话选编》、党纪法规《中国共产党廉洁自律准则》、《中央八项规定》、廉政时评《锐意改革、高压反腐——近百年大党引领中国巨轮行稳致远》及警钟长鸣《网络时代党员干部的“朋友圈”该怎么发》及党员先进典型等，利用微信移动互联的优势，随时随地学习了解反腐倡廉的最新精神，提高反腐倡廉意识。

财税·金融

财　政

【概况】　2016年实现生产总值465.36亿元，比上年增长6.9%，其中，第一产业增加值43.93亿元，增长2.2%；第二产业增加值233.16亿元，增长6.2%；第三产业增加值188.27亿元，增长8.9%。三次产业结构9.4：50.1：40.5，第三产业增加值比重比上年提高1.8个百分点，人均生产总值73997元，按年平均汇率（1美元=6.6423元人民币）折算为11140美元，增长6.6%。2016年固定资产投资额311.59亿元，增长16.5%；社会消费品零售总额190.3亿元，增长12.2%。2016年城镇居民人均可支配收入47702元，增长7.6%；农村居民人均可支配收入26233元，增长7.9%，农村居民人均生活消费支出19959元，增长17.2%。城乡居民收入比1.82：1，与2015年持平。宁海财政总收入宁海财政总收入80.04亿元，比上年增长9.3%。其中一般公共预算收入48.79亿元，增长17.1%，占财政总收入的61%；一般公共预算收入中的税收收入额36.30亿元，占比74.4%。2016年全县一般公共预算支出67.76亿元，比上年增长12.4%。全年财政收支平衡。

【组织财政收入】　预测收入谋发展。落实重点税源监控制度，实施收入目标动态管理，强化月度税收预测分析，明确征收单位一把手责任，确保收入均衡稳定增长。密切关注税制体制改革，准确掌握“营改增”后中央与地方的分成比例调整及影响。夯实基础培收入。加强征管举措，规范政策口径，继续加大对重点行业、大企业和高收入者的税收征管，强化所得税后续管理和土地增值税清算。继续规范税收秩序，强化税收风险监控、分析、评估，提高涉税风险管理水平。顺利实现“金税三期”上线运行，全国一体化、统一规范的税收管理信息系统正式在该县运用。规范非税收入。深化政府非税收入收缴管理改革，全面监控非税收入收缴情况，提升非税收入监管水平，全年政府非税收入33.11亿元。

【支持经济民生事业发展】　加大财税扶持力度。贯彻落实稳增长、调结构政策举措，积极发挥财政资金、政策调控作用，落实引导扩大有效投入，在宁波市率先出台降本减负35条助力“三去一降一补”工作，安排稳增促调资金4000万元，全年兑现市县两级二、三产业扶持资金9.3亿元，推动实体经济企稳增长。发挥税收调节功能，全面落实“营改增”等结构性减税和普遍性降费政策，全年共计减免各类税费超8.7亿元，有力助推企业“轻装上阵”。着力保障民生支出。一方面，认真贯彻厉行节约各项规定，严格执行各类公务开支标准，全县一般公共预算“三公”经费支出持续下降。另一方面，多渠道筹集资金用于支持经济社会转型发展“三年行动计划”，有力推进农田水利、教育医疗、文化科技、公共交通等民生项目建设，全县民生支出达51亿元，同比增长16.1%，占总支出的75.3%，其中教育、公共安全、社会保障和就业、医疗卫生分别支出13.6亿元、4.7亿元、8.4亿元、7.0亿元，分别同比增长6.5%、13%、3%、17.3%。优化纳税服务。以“便利纳税人”为原则，进行“二合一厅”机构调整，成立纳税服务科；完善“一窗多能”办税服务模式，强化国地税合作，打通全县“业务通办”服务平台，实现“全城通办”，便利纳税人“进一个厅，办全县事”，其中，西店国地税联合办税服务厅，就惠及辖区7709户纳税人，缩减户均办税时间50%以上。

【推进财政改革】　推动税收征管改革，配合做好“营改增”等重大税制调整，强化国地税征管合作，实现税收共治和服务优化。深化预算管理改革，健全全口径政府预算体系，实现“收入一个笼子、预算一个盘子、支出一个口子”的预算管理模式，提高预算执行规范性、科学性；推进预算信息公开，实现部门预决算和“三公”经费公开全覆盖。创新投融资机制。优化财政支持方式，加快设立产业基金；引导社会资本跟进投入，推动落实城市基础设施建设、县文化综合体、沿海防洪排涝工程、智能汽车小镇基础设施等5个PPP项目实施，其中文化综合体PPP项目列入财政部第三批示范项目，G228西店至桃源公路工程列入国家发改委首批向社会资本推介传统基础设施领域PPP项目。加快产业政策整合。深化涉农资金整合改革，归整全县21个部门69项县级涉农资金共计5.18亿元，入选中国改革2016年度十大案例。

【提升财政监管水平】 推进绩效预算管理。强化结果应用评价机制，23个项目3.7亿元实施全过程绩效评价。加强预算支出管理，出台《宁海县部门预算支出进度考核办法》，深化乡镇（街道）国库集中支付改革，完善预算执行动态监控体系，提高预算执行效率。加强财政资金管理。收回部门2015年财政拨款一般公共预算3亿元、政府性基金预算5945万元，用于安排2016年重点支出。探索实施县级财政资金竞争性存放管理办法，累计完成7亿元财政间歇性资金竞争性存放，确保库款现金保值增值。加强地方政府性债务管控。严格债务限额管理，推进债券置换、转贷，优化债务期限结构，降低融资成本，防范债务风险。2016年公开发行置换债券4.98亿元，新增地方政府债券1亿元。

【加强干部队伍建设】 围绕“两学一做”学习教育，认真抓好学习讨论、知识测试、心得撰写、党课宣讲、典型选树、问题整改等环节，切实履行党建工作主体责任。加强对作风建设的监督检查，开展作风效能建设明察暗访，及时抓好存在问题的整改落实，全年共开展各类自查自纠、重点抽查、明察暗访40余次，强化干部职工正风肃纪意识，规范日常行为。继续深化“两走进、两远离”活动，注重考学结合，建立“尚德、崇才、重实绩”的干部竞争择优机制；注重竞赛激发，培养集体荣誉感；注重文明创建，深入开展系列文明创建和满意工程建设，在2015年满意工程考评中，局机关列经济管理服务部门第二名。

（葛晨晓）

地方税务

【概况】 2016年，宁海县地税部门共组织收入58.1亿元，减收8.7亿元，同比下降13%，剔除营改增因素减收3.9亿元，同口径下降6.4%。其中税收入库26.6亿元，增收4405万元，同比增长1.7%，剔除营改增因素增收5.2亿元，同口径增长24.2%；基金（费）和社保费入库31.5亿元，减收9.1亿元，同比下降22.4%。税收收入创5年来最大增幅。2016年，宁海地税共组织税收入库26.6亿元，剔除营改增因素增收5.2亿元，同口径增长24.2%，创5年来最大增幅。2012—2015年税收收入增幅分别为8.8%、0.1%、5.3%、1.6%。增收亮点不多。增收主要得益于货币化安置、购房补贴、“契营两税”双减等利好政策，商品住宅去库存明显，去化周期从30个月缩减到7.4个月，房地产税收增收1.11亿元，增长26.7%；土地出让形势好转，土地出让金收入15.2亿元，增收8.5亿元，增长125.8%；重点工业企业拉动明显，东方日升、得力、建新、奇精4家企业入库税收增收1.04亿元，增长65.3%。减收因素明显。仅“营改增”因素，2016年减收营业税4.73亿元。此外，小微企业税收减免、高新技术企业税费优惠、“降本减负35条”、固定资产加速折旧等政策性减收达2.15亿元。

【税收法治】 深化税收征管改革。按照国地税征管体制改革要求，从“服务深度融合、执法适度整合、信息高度聚合”层面有效推进国地税合作，共建国地税办税服务厅、联合开展税收风险管理、共享涉税信息应用、联合开展干部挂职交流、优化国地税委托代征等事项。强化涉税督查导。开展税收执法督察，逐条对照抽查内容进行自查和重点抽查，做好重点税务案件的审理，对落实结构性减税政策等情况开展重点抽查。推进职权清理。严格按照相关法律、法规和规范性文件，开展税收规范性文件清理工作。加强行政权力清单的清理，落实“四张清单一张网”工作，2016年共梳理公共服务事项9项。

【落实税费优惠政策】 依托政府信息公开平台和产业政策平台，及时公布减免税、退税申请答复以及产业扶持等信息，全面兑现保障民生、促进就业、权益性投资收益、高新技术企业等符合条件的各项税收优惠政策。贯彻落实结构性减税政策。发挥税收调节功能，贯彻落实“轻税减费”政策，全面推进“营改增”，落实结构性减税及企业研发费加计扣除、高新技术企业所得税、小微企业优惠等政策，共计减免各类税费 8.7 亿元，有力助推企业“轻装上阵”。支持企业转型升级支持。贯彻落实稳增长、调结构政策举措，积极发挥财政资金、政策调控作用，落实引导扩大有效投入，在全市率先出台降本减负 35 条助力“三去一降一补”工作，安排稳增促调资金 4000 万元，全年兑现市县两级二、三产业扶持资金 6.3 亿元，推动实体经济企稳增长。

【征收管理】 落实重点税源监控制度，实施收入目标动态管理，强化月度税收预测分析，明确征收单位一把手责任，确保收入均衡稳定增长。密切关注税制体制改革，准确掌握“营改增”后中央与地方的分成比例调整及影响。切实加强征管举措，规范政策口径，强化税收风险监控、分析、评估；继续加大对重点行业、大企业和高收入者的税收征管，强化所得税后续管理和土地增值税清算。顺利实现“金税三期”上线运行，全国一体化、统一规范的税收管理信息系统正式在该县运用。

【纳税服务】 强化国地税联席合作机制，联合共建委托代征、纳税人权益保护组织、大企业税收风险管理。以“便利纳税人”为原则，进行“二合一厅”机构调整，成立纳税服务科；完善“一窗多能”办税服务模式，强化国地税合作，打通全县“业务通办”服务平台，实现“全城通办”，便利纳税人“进一个厅，办全县事”，其中，西店国地税联合办税服务厅，就惠及辖区 7709 户纳税人，缩减户均办税时间 50% 以上。全面推行“五证合一”改革，实现与市场监管、人社、统计等部门登记信息的实时交换和应用。

【税务稽查】 提高稽查精准打击力度，全年通过评估和稽查途径共增加收入 560 万元。严厉整治涉税违法活动，打击发票违法犯罪，查结发票违法案件 35 件、709.34 万元，查补罚 71 万元。实施“双随机”稽查，组织清理统计全县重点税源企业基本信息，建立税务稽查对象分类、税务稽查异常对象、稽查执法检查人员分类三大名录库，随机抽取稽查对象、稽查人员，有效限制税务自由裁量权，规范税收执法，提升稽查质效。探索国地税联合随机抽查机制，联合开展 2016 年营改增高风险企业专项稽查工作，整合稽查资源，形成稽查合力。落实税务稽查案件协查、查处群众举报案件、重大税务案件公告及联合惩戒有关规定，维护正常税收秩序。

【队伍建设】 围绕“两学一做”学习教育，认真抓好学习讨论、知识测试、心得撰写、党课宣讲、典型选树、问题整改等环节，切实履行党建工作主体责任。加强对作风建设的监督检查，开展作风效能建设明察暗访，及时抓好存在问题的整改落实，全年共开展各类自查自纠、重点抽查、明察暗访 40 余次，强化干部职工正风肃纪意识，规范日常行为。继续深化“两走进、两远离”活动，注重考学结合，建立“尚德、崇才、重实绩”的干部竞争择优机制；注重竞赛激发，培养集体荣誉感；注重文明创建，深入开展系列文明创建和满意工程建设。

国家税务

【概况】 2016 年全县国税系统共组织税收收入 41.76 亿元，同比增长 13.9%，为县经济社会发展提供了财力保障。剔除免抵调库后收入 34.76 亿元，同比增长 16.3%，增收 4.86 亿元。分级次看，6 月以来增值税分配比例由中央 75%、地方 25% 调整为中央地方五五分成，受此影响，中央级收入 25.33 亿元，同比下降 5.2%，地方级收入 16.43 亿元，同比增长 65.3%，比重由上年 27.1% 提升至 39.3%。按税种看，直接增值税入库 28.09 亿元，同比增长 21.3%；企业所得税入库 5.06 亿元，同比下降 1.6%；消费税入库 0.18 亿元，同比下降 3.9%；车辆购置税受 2015 年 10 月份开始实施的 1.6L 以下小排量汽车减半征收政策影响，入库 1.23 亿元，同比下降 10.7%。

【政策落实】 全面贯彻落实各项税收优惠政策，释放改革红利，全年累计办理各项税收减免 6.58 亿元，其中鼓励高新技术企业减免税 5526.88 万元，落实企业研发费用加计扣除 11705.36 万元。积极落实出口退税政策，加快审核审批进度，全年实际办理出口退税 11.96 亿元，同比增长 3.01%，有力推动全县外向型经济发展。密切关注经济税收的重点热点难点问题，加强税收分析预测，进一步增强服务大局的前瞻性和主动性，县局税收分析预测工作在全市国税工作会议上受到宁波市局牟可光局长的点名表扬，由县国税、地税联合撰写的《关于全面推开“营改增”试点工作情况的报告》得到县委书记杨勇的批示肯定。

【依法治税】 围绕“法治国税”建设，加强干部法治意识教育和执法行为监督。从提升涉税案件审理质量入手，开发并推广“重大税务案件审理管理信息系统”，提升涉税案件审理工作透明度和时效性，系统得到国家税务总局充分肯定。整顿和规范税收秩序，加大涉税违法行为惩治力度，全年累计结查案件 94 件，滞补罚合计 1433.05 万元。在宁波市国税系统率先推行公职律师制度，成立首家公职律师办公室，推动发挥公职律师辅助决策职能作用。

2 月 16 日，央视《新闻联播》报道组到县梅林分局采访发票免扫描认证推行情况（拍摄人：黄超群）

【征管工作】　持续加强以风险管理为导向的税源专业化管理，完成市局行业风险分析、大企业风险监控等 7 项重点工作和县局风险监控与选案工作，完成对全县 1696 户风险纳税人的风险应对，全年通过风险预警、评估、稽查、反避税等增加收入 1.11 亿元。全面实施个体工商户“两证整合”，推进“五证合一”登记制度改革向个体工商户延伸。以贯彻落实《深化国税、地税征管体制改革方案》为契机，不断夯实工作基础，管理和服务的质效有效提升。已完成 51 项改革事项，其中 8 项重点改革事项全部落实。全面推进营改增试点工作，稳妥做好 6000 余户纳税人户管交接等 10 个环节 85 项工作，顺利实现新旧税制平稳转换，打赢“开好票”“报好税”“分析好”和“改进好”四场战役。全年四大行业实现营改增收入 4.09 亿元，与上年同期实缴营业税相比，减税 6052 万元。

【纳税服务】　深入开展“便民办税春风行动”，推广取消增值税发票认证、门征代开发票免填单、二维码一次性告知等一系列接地气的便民举措。采取新办企业常态化培训、国地税联合培训、个性化服务等举措，有侧重、有针对性地开展宣传辅导工作，全年共举办培训班 72 期，参训纳税人超过 1 万多人次。推进办税服务厅减负增效工作，各分局办税服务厅成功经受住营改增等工作的压力和考验，办税秩序良好。建立全市首个“五证合一”办税服务厅，破解“五证合一”业务“模块多、办理久、业务杂”的难题，减轻原有大厅的压力，全年共办理“五证合一”新开户登记 2632 户，办理税务信息换证 5455 户。打造“银税互动”融资快捷模式，创新吸纳小额贷款公司参与，累计与 6 家银行、2 家小额贷款有限公司签订银税合作框架协议，各金融机构累计授信额度已超过 1.7 亿元。县国税局城区分局连续三年被跃龙街道授予“服务中小企业贡献奖”。

【主要事件】　1 月 1 日，国家税务总局在网站首页头条、《中国税务报》头版倒头条“年末岁首看税收系列报道之四——税收工作规范化　服务执法有准星”中，报道县局规范执法服务工作。

2 月 16 日，央视《新闻联播》报道组到县局梅林分局和得力集团采访发票免扫描认证推行情况。在分局办税服务厅，采访办税服务股股长华益芳，拍摄免扫描发票认证实施情况，了解免扫描认证实施前后纳税人办税的变化，凸显简便纳税人办税和减轻窗口办税压力的效果。央视报道组还在得力集团财务中心，采访该集团财务总监和相关财务经办人员，了解发票免扫描认证在人力成本降低、财务管理提效等方面给该集团带来的便利。

4 月 18 日，县房地产业协会、建筑业协会、餐饮协会、家庭服务业协会等营改增试点行业协会在《今日宁海》公开发布《致全县营改增试点企业的倡议书》，倡议各试点行业积极支持营改增、主动配合营改增、理性看待营改增以及在税制转换中诚信纳税，再次吹响此次营改增改革“集结号”。

5 月 1 日零时，宁海开元新世纪大酒店分公司顺利开出第一张增值税专用发票，应税项目是房费，税率 6%，金额 1750 元，税款 99.06 元。随后，得力房地产有限公司顺利开出了第一张房地产业增值税普通发票。发票的成功开具，标志着营改增试点“5 月 1 日能开票”的阶段性目标圆满完成，也标志着该县全面推开营改增试点工作成功启动。

6 月 1 日凌晨，宁海县平调艺术传承中心在网上办税服务厅完成纳税申报，合计缴纳税款 927.57 元，成为该县营改增工作试点后的“纳税申报第一人”。

7 月 11 日，总局政策法规司组织 11 个省市重案审理的有关人员到宁海开展为期一周的“重大税务案件审理信息化”调研，了解各地国地税重大税务案件审理现状，研讨该局开发的“重大税务案件审理管理信息系统”在“金三系统”的嫁接和应用问题。

10 月 8 日上午，县局金税三期系统正式上线运行，所有涉税业务办理系统恢复正常使用，各办税服务厅窗口正式对外受理各项涉税业务。运行首日，“金三”系统运行平稳，各项业务开展较为顺畅，共接待纳税人 1752 人次。

（宁海开元新世纪大酒店分公司顺利开出了第一张增值税专用发票，标志着宁海县全面推开营改增试点工作成功启动　拍摄人：徐卫明　时间：2016 年 5 月 1 日）

12 月 27 日，市局国际税务管理处在宁海组织召开跨境税源风险管理系统的验收会议。会上，县局作为牵头单位就系统的开发背景、整体架构、创新亮点以及运行实效作了介绍和演示，各模块负责成员对相关风险指标的设计运行进行了现场模拟演练。同时，全体成员就风险管理系统的功能完善进行深入的探讨，提出了有针对性的意见与建议，为下步进一步完善系统和全系统推广打下基础。

（研讨宁海国税局开发的“重大税务案件审理管理信息系统”在“金三系统”的嫁接和应用问题。拍摄人：邬寒丹　时间：2016 年 7 月 11 日）

金　融

【概况】　2016 年，宁海县金融工作围绕“要素保障、金融创新、风险防范”三大工作重点，按照宁波金融生态示范区和保险创新综合示范区建设要求，积极构建健全金融组织与服务体系，着力深化金融服务，推进企业上市挂牌，全力助推“两美”宁海建设。截至 2016 年年底，宁海县有银行机构 24 家、保险机构 54 家（其中产险 34 家、寿险 20 家）、证券机构 5 家、小额贷款公司 3 家、民间借贷登记服务中心和国有担保公司各 1 家，基本上形成了以银行、证券、保险为主体，担保公司、借贷中心、小额贷款公司等新型金融组织为补充的广覆盖、多元化、多层次的金融组织体系，使得更多需求主体享有差异化的服务。2016年的本外币存款为603亿元（增速宁波市第一）；本外币贷款为699亿元；不良率为1.7%（已经连续30多个月宁波市第二低位）。保险业规模稳步发展，2016年全县保险业实现保费收入13.33亿元，同比增长13.8%，赔付支出4.65亿元，同比增长16.5%。3家小贷公司累计贷款17718笔金额265亿元；县担保公司累计服务企业近2000家余额4.8亿元，促进中心办理政府应急专项资金累计服务企业600家金额超过160亿元（节约企业成本近5000万元），使得县“两多两难”问题有所缓解。（金融办）

【人民银行宁海县支行】 2016年，全县金融机构本外币各项存款余额596.64亿元，比年初增加79.68亿元，同比增长15.41%，年末增量较2015年增加20.67亿元，增速较2015年增加2.76个百分点，增速连续12个月保持宁波市前列。其中，住户存款余额258.35亿元，比年初增加32.66亿元，增量较2015年增加17.36亿元，同比增长14.47%，增速较2015年上升7.57个百分点；非金融企业存款余额183.82亿元，比年初增加22.85亿元，增量较2015年减少1.08亿元，同比增长14.2%，增速较2015年下降3.15个百分点；广义政府存款较年初增加143.22亿元，同比增长10.78%。

各项贷款增速居宁波市第一。2016年，全县金融机构本外币各项贷款余额为705.6亿元，比年初增加56.77亿元，同比增长8.75%，增速比2015年下降2.38个百分点，高于宁波市水平3.24个百分点，增速位于宁波市6个县（市、区）第一。其中，住户贷款余额225.84亿元，比年初增加20.54亿元，同比增长10.01%，增速比2015年基本持平；非金融企业及机关团体贷款余额479.73元，比年初新增36.21亿元，同比增长8.17%，增速比2015年下降3.53个百分点。分期限看，短期贷款比年初减少6.42亿元，同比下降0.38%；中长期贷款稳步增长，比年初新增42.92亿元，同比增长20.73%。

金融风险整体略有抬升。2016年，全县银行业金融机构不良贷款余额12.09亿元，比年初增加2.02亿元，不良贷款率1.71%，比年初上升0.22个百分点。

实施普惠金融。推进长街镇普惠金融综合示范镇建设。在宁波市中心支行指导下，拟定《长街镇普惠金融综合示范镇创建方案》，成立创建工作领导小组，明确创建工作重点和措施。精心设计《宁海县普惠金融调查问卷》，发动全辖23家银行业金融机构深入长街镇42个行政村开展“一户一档”全面调查，收回有效问卷15503份，形成建档立卡问卷调查报告。开展以手机支付、网上支付等业务为内容的长街镇电子支付业务竞赛，推进非现金支付的应用。截至12月末，全镇42个行政村开通网上银行，累计发生业务389笔1193.89万元，实现村务资金“快拨付、零在途、即到账”；各类手机银行开户数达2万户占全镇户籍人口28.5%，累计交易75.22万笔涉及14.20亿元。建立宁海普惠服务平台，实现农户与银行机构的供需对接。截至12月末，全县共有118户农户通过该平台提出申请融资意向1567万元，银行已向符合条件的45户农户发放贷款401万元。

提高支农支小信贷可得性。持续创新对家庭农村、农民专业合作社、种养殖大户和龙头企业等新型农业经营主体的金融服务，积极推广“多权一房”抵质押贷款业务，大力发展农户小额信用贷款，鼓励涉农金融机构开展“丰收养老贷”业务。截至12月末，全县农户小额贷款（含养老贷）5.51万户，贷款余额56.14亿元。在宁波辖区首创农村金融扶贫模式，推出扶贫小额信贷业务。会同县农办等有关部门出台《宁海县扶贫小额信贷项目资金管理办法》，形成精准扶贫合力。截至12月末，向21户低收入农户和农村经营主体发放贷款金额1820万元，带动426户低收入农户增收致富。

深化助农金融服务点建设。开展两轮助农金融服务点等级评定工作，合计评定AA级服务点62个，A级服务点224个，向宁波市中心支行推荐AAA级服务点3个。制定《助农金融示范服务点创建方案》和《助农金融服务点业务对账管理办法》，确保服务点建设规范化、制度化，创建完成示范服务点共23个，覆盖全县18个乡镇街道。

加强移动金融发展。与县旅游委联合开展“移动随芯　畅游闪付”移动金融旅游景区应用推广活动，激励游客使用银行卡“闪付”功能。协调县公交公司与银联签订联网协议，实现宁海公交金融IC卡联网通用。在超市、便利店、购物商店等结算频度较高的商户中布放支持“云闪付”的POS设备，减少现金结算进而缓解付款排队现象。

完善金融消费权益保护。开展差别金融教育，区分侧重点。在长街镇中心小学为四年级学生开展《探索货币小奥秘》课程，赠送《跟着钱博士学金融》课外读本。在全县各行政村公告栏或老年协会张贴货币反假、金融风险防范等宣传海报，组织普惠金融讲师走进长街镇敬老院为老年人开展货币反假和电信诈骗防范宣讲。在全县金融系统选拔40名讲师，成立普惠金融讲师团，根据业务专长分设11个小组，为各种主题的金融宣讲提供师资力量。同时组织金融机构围绕安全用卡、理财等主题开展宣传活动，通过教育促进金融消费者维权能力。进一步规范农村金融消费权益保护服务站建设，组织布点机构对农村金融消费权益保护服务站工作人员进行培训，提高服务站工作人员的业务技能和责任感，服务基层消费者。

货币政策执行。增强政策传导有效性，促进供给侧结构性改革。组织开展“金融服务结构性改革年”主题活动，制定《2016年度宁海县货币信贷工作的指导意见》，指导各金融机构围绕供给侧结构改革要求，积极培育新的信贷增长点，保持货币信贷和社会融资规模平稳适度增长，与经济转型发展的需求相适应、相衔接。支持扩大有效投资和重点项目建设，主动对接“二区八园”等产业建设。实施差别化工业信贷政策，积极推广出口订单、出口信用保单、出口退税等抵质押业务。引导更多外贸企业使用人民币结算，积极支持企业“走出去”。1—12月跨境人民币累计结算量16.21亿元，其中货物贸易人民币结算量6.35亿元，直接投资人民币结算量4.58亿元，跨境融资人民币结算量5.28亿元。

金融风险防控。落实好各项风险防控措施。搞好《互联网金融业务发展状况统计表》《两权抵押贷款专项统计表》《经济时序表》等新增报表的报送工作。配合上级行开展互联网直报，继续做好辖内工业企业、民间融资等多项经济金融监测。完善辖区存款保险工作机制，推进存款保险风险评级，实施风险差别费率等前期准备工作。落实银行业金融机构重大事项报告机制。对互保联保、房地产行业、地方政府债务等重点领域、关键环节进行风险排查。配合地方政府打击非法集资活动，遏止非法集资势头蔓延。加强风险应急管理，推动地方政府改善风险处置法制环境、加快处置金融风险，防范企业资金链风险。

加强“三信”建设与征信宣传。以“3·15”“雷锋月”“百姓事马上办”为载体开展“征信常相伴，信用你我他”征信主题宣传活动。对泰隆银行宁波宁海支行、宁海中银富登村镇银行开展征信业务现场检查，对1家银行违规行为作出处罚。做好企业和个人柜台和自助查询工作，推进支行征信服务的规范化、标准化。截至12月末，企业征信查询1338家，个人信用报告查询29624人次，其中查询收费4029人，征信异议处置4人次。

加强“两综合　两管理　一保护”和“平安金融”创建工作。对2015年度综合评价结果进行通报。完成浙商银行宁海支行、通商银行宁海支行等2家新设立银行的开业前期事项审批。对辖内中银富登村镇银行、泰隆银行2家金融机构开展综合执法检查。开展辖区金融消费权益保护环境评估，妥善处理金融消费者投诉件。做好行政许可、行政处罚信息在网上的公开工作。印发《2016年全县“平安金融”创建工作要点》，做好“平安金融”创建工作部署和指导。并积极做好G20峰会护航工作。

涉外金融管理。组织辖内外汇指定银行开展“深化外汇金融普惠力推供给侧改革”活动，深入推进外汇金融普惠，全年实地走访企业10余家，举办专场活动4场，引导银行累计让利180万美元。加强货物贸易日常监测，截至12月末，货物贸易下，非现场累计核查总量差额指标异常主体1339家，现场核查企业10家，分类为B类企业3家，移交案件处罚企业2家；服务贸易下，非现场累计核查系统提示异常信息85笔、1543.19万美元，对1家企业开展现场核查；按月对7家外贸企业进行贸易信贷调查，按旬核查大额交易224笔；货物贸易名录登记及修改757家，接受辅导期企业报告96家；资本项目信息系统滞留数据清理18笔，异常指标、合规性指标核查55笔；对辖内浦发银行等4家银行和1家企业开展国际收支现场检查，对宁海农商行进行外汇业务全面检查。在“扩流入、控流出”专项行动中，对1家企业开展现场核查，对1家企业制发风险提示函，对3家企业开展正式约谈，将2家出口不收汇企业降为B类。严格查处违法违规行为，全年共立案3起，主要涉及个人项下分拆购付汇（1起）、企业未按规定办理贸易外汇业务报告（2起），合计收缴罚款6.24万元。

（王元虎）

【宁波银监局宁海监管办事处】 2016年年末，全县共有银行业金融机构24家，网点147个，银行从业者2272名，自助银行86家，ATM机285台，存取款一体机345台。本外币存款余额为596.64亿元，比年初增79.68亿元，同比增长15.41%；本外币贷款余额为705.60亿元，比年初增56.77亿元，同比增长8.75%。其中中小微企业贷款417.80亿元，比年初增42.99亿元，涉农贷款443.80亿元，比年初增27.57亿元。存贷比118.81%，比年初下降7.69个百分

点。年末全县不良贷款余额为12.09亿元，比年初增2.40亿元，不良贷款率为1.71%，比年初上升0.22个百分点

提升实体经济金融服务水平。存贷款业务平稳增长，贷款增速位于宁波各县市第一。支持县域重大项目发展。大力支持“三农”“小微”业务发展，中小微企业贷款增长11.47%，高于全县贷款平均增长水平。银行机构网点下沉，实现基础金融服务“村村通”。引导辖内银行机构产品创新，满足各类创业融资、惠民需求。以缓解“融资难融资贵”为重点，支持自动续贷、“整村授信”、“预授信”、“信贷工厂”等信贷模式推广应用，提升金融服务个性化、便利化水平。

防范化解金融风险。加强监测，加大对辖内法人金融机构的日常监测力度，做好金融机构重大事项及重大信息的报告工作。加强银政企互动，多举措化解不良贷款。2016年宁海县银行业通过清收、核销和打包转让不良贷款共计13.88亿，比上一年多清收1.77亿元。年末，贷款不良率为1.71%，不良率低于全大市0.92百分点，位于宁波市较低水平，辖区银行业风险总体可控。深化困企帮扶。积极配合县金融上市办组织各乡镇（街道）和辖内银行机构对全县企业进行摸底调查，分类进行帮扶，银行做到不无故抽贷压贷。深化“打逃”“防赖”工作。组织辖内所有银行机构对失信人员进行曝光，及时更新失信人员名单，强化监管服务。针对金融机构抵押物变现需扣缴相关税费的政策变更，立即向辖内银行机构转发通知内容，专门走访了解，分别书面向法院和辖内银行提出建议和要求。针对欠税查询难，多次与县国税和地税部门协调，打通企业欠税查询渠道。组织辖内银行机构参加县金融审判工作会议，为防范金融风险、保全金融资产，银行业与县法院达成共识。配合地方政府主管部门对县域互联网金融公司开展专项整治，有序推进P2P网络借贷风险专项治理，大力防范社会金融风险传染。组织并督促辖内银行机构积极参与“平安宁海”建设。

推进普惠金融发展。开展普惠金融宣讲活动。参与组织县普惠金融讲师授课选拔赛，储备该县普惠金融讲师团队伍。以宁海农商行、农行为主的普惠金融特派员全面进驻18个乡镇街道，打造立体式普惠金融服务网络。联合举办普惠金融节及系列活动，让金融知识传播更广。开展现场督导，9月，走访辖区内各金融机构营业网点，对金融知识普及宣传活动进行了实地督导。引导银行业给中小微企业减负。督促辖内银行不规范收费问题的整改问责。鼓励银行扩大续贷业务面和降息免费，为中小微企业和“三农”减负。

深化银行业改革发展。提高银行机构数量和服务功能。截至2016年年末，辖内银行机构门类、功能较为齐全，形成多元化的银行组织体系，实现县域金融网点全覆盖，基础金融服务“村村通”。强化监管服务，全面落实行政许可简政放权，严把机构准入关和加强日常监管。完成对中行、建行等4位高管资格和宁波银行长街支行等3家支行开业初审工作。对新开业的浙商银行宁海支行进行现场评估。按季召开邮银三方协调会议，确保邮储银行和邮政代理网点顺利合作。加强保护金融消费者合法权益。多次组织开展线上和线下的金融消费者权益保护宣传、咨询解答活动。组织部分银行机构参加“民生热线”网络平台及时解答市民关心的热点和新问题。2016年及时处理咨询和信访投诉12件，及时答复“百姓热线”6件，协助银监局4件投诉调查及谈话取证工作。大力推进理财业务销售的“双录”工作，至年末已全面落实。

加强党建工作和内部管理。扎实开展“两学一做”学习教育实践活动，不断增强政治意识、大局意识、核心意识和看齐意识。规范工作流程，强化“工作留痕”意识，提升监管工作精细化。2016年11月初宁海监管办事处完成人员调整后，及时调整岗位职责，明确AB角强化工作红线和岗位对责机制，按宁波银监局党委要求，成立党支部，相关党建工作有序开展。

【中国工商银行宁海县支行】 2016年，本外币各项存款余额达87.14亿元，较年初新增8.1亿元，存款余额和增量区域同业双第一。其中公司存款7.74亿元，较年初新增1.95亿元；机构存款46.94亿元，较年初新增3.07亿元；储蓄存款32.46亿元，较年初新增3.08亿元。日均存款85.91亿元，较年初新增6.87亿元，比同期增幅达8.83%。本外币各项贷款余额达105.65亿元，较年初新增3.91亿元，贷款余额区域同业第一。其中公司贷款73.17亿元，较年初新增2.44亿元；个人贷款32.48亿元，较年初新增1.47亿元。实现拨备前利润3.15亿元，净利润2.61亿元。实现中间业务收入9987万元，同业占比第一。不良贷款管控成效显著。不良贷款余额为8922万元，不良率为0.84%，完成分行任务指标的102%。其中公司不良贷款余额6061万元，不良率0.83%；个人不良贷款余额2861万元，不良率0.88%。总体不良率低于区域四大国有银行平均水平。

优化资负结构，确保存款持续稳定增长。做好公司存款的“挖潜、稳增、开拓”。挖潜存量客户。掌握存量企业客户及项目融资资金流向，关注核心企业上下游客户，精准营销上下游客户结算账户和资金留存，保障存量存款体内循环。发挥产品优势，利用重点产品增存稳存。利用国际业务增存效能，拓宽海外资金提供渠道，利用境内外两个市场、本外币利差和汇差，大力推进互存宝、存贷宝双择期外汇买卖业务等产品的增存稳存。2016年仅双择期业务一项就增加日均存款300万美元。加强客户开拓力度，增加存款来源渠道。注重新的资金源头和账户拓展，从存量上下游企业着手，对区域内工业园区、专业市场、产业集群、优质个体私营企业积极营销对公新开户；强化与当地商会、中介、工商、税务部门等外部渠道的深度合作，梳理目标客户名单，组织客户经理认领并开展上门营销，做好优质客户拓户工作。至2016年年末，有效基本存款账户占比达到71.47%，新开户带来对公存款时点余额15393万元，日均存款6820万元，带动结算量51亿元。做好机构存款的“巩固、提升、突破”。成立公款招投标领导小组做好投标工作，对每个招投标项目，除了做好高层营销维护，提前了解和掌握客户需求以及招投标计划外，招投标领导小组都认真细致研究招标评分标准，分析自身在同业中的优劣势特别是与主要竞争对手进行比较，突出自身在产品、信息科技、服务团队等方面优势，并由专人完成标书编写、审核、制作和交送以及现场应标工作。成功中标3个招投标项目。同时对各乡镇（街道）、财税部门、人社部门、住房中心、总工会、公检法、国土、农林、民政等重点机构客户和系统客户进行重点走访维护，及时了解掌握机构客户资金流动情况，不断提高服务效率和做好应对工作，防止客户资金外流。做好储蓄存款“留存、扩面、挖转”。充分发挥理财产品对存款温存增存的“蓄水池”作用，利用日日升尽可能吸引行外资金流入，利用大额存单、节节高系列产品吸引部分风险承受能力相对较低的中高端客户，使理财产品成为连接客户、带动存款增长的黄金纽带。深化公私融合，深入开展“大联动、大营销”活动，通过公司业务平台促进零售业务发展，充分挖掘对公客户中的个人优质客户，做好交叉营销，同时大力拓展新增代发工资业务，抓实存量代发工资户的维护工作，拓宽储蓄存款来源渠道。充分发挥该行的渠道优势，加强存款与各类理财产品的互动发展，做强综合金融服务，沉淀客户资金，运用“融e行”“融e联”产品的优势，拓展新客户，挖掘储蓄存款新来源。

优化信贷经营，巩固扩大市场领先优势。抢抓优质项目市场。由于受当前经济环境影响，政府项目越来越受到各家银行的重视，同业竞争也非常激烈。注重与县政府、发改局、财政、国资、工商、住建局、园区、水利局、各乡镇街道等各部门的感情联系，及时获取各级政府部门下属项目公司项目建设中的贷款资金需求，获取有项目信息后，加强营销力度，寻求政府各部门的支持，持续紧盯项目进程。同时抓住总行放宽行业选择范围的机遇和本行审批权限远大于同业的优势，大力挖掘运营期项目市场资源。依托该行授权审批融资金额高、期限长等优势，在贷款金额、期限、利率和还款安排等方面采取不同策略，积极开拓在建项目的存量置换市场，提升优质信贷市场占比。大力支持企业信贷市场。始终坚持“大”“小”并举，作为“小微金融业务中心”，相较区域内其他行的权限大、效率高等优势，同时运用网贷通、网络化融资、金贝壳等优势产品，全面加强小微金融专营机构建设，优化小微金融业务发展模式，结合“一区一链一市场一商圈”小微企业重点客户群，以经济开发区、工业集中区和科技创业园内优质的小微企业为服务对象，支持小微企业做大做强。大力拓展零售信贷市场。以个人住房按揭业务为主体，发动全员拓宽营销触角，对全市楼盘开展拉网式营销，形成储备、营销、再储备的良性营销格局，抢占市场份额，进一步巩固住房贷款在个贷业务中的主导地位。同时抓住机遇发展个人消费贷款，开展个人消费贷款白名单单位营销，各网点、部门人人发动，个人信用消费贷款共营销单位83户，已下发有效白名单3000多人，授信额度达10亿元。强化信用卡分期付款业务，依托总行分期贴息政策，加强与大型汽车经销商的合作，扩大购车分期客户规模，为提高汽车分期业务量、扩大信用卡贷款规模、提升中间业务收入做出重要贡献。2016年年末汽车分期付款业务余额达27706万元，比年初净增9108万元，累计发放2816笔，金额达23035万元。

优化客户市场，持续推进拓户扩面发展。做强公司客户营销力度。加大“小微金融业务中心”的权限优势、效率优势以及网贷通、网络化融资等优势产品的对外宣传力度，着力发展小微企业信贷市场的拓展，深入挖掘他行优质客户，抢占小微企业市场竞争制高点。重点营销县上市和拟上市企业、工业综合前50强、县进出口前50强、年度新获评国家高新技术企业。大力拓展区域内优质中大型企业的上下游小企业客户，向其上下游优质小企业客户延伸结算、融资服务、理财等服务，截至年底，成功营销宁波华成阀门有限公司及建新赵氏集团有限公司的上游企业各1户。强力突破机构营销领域。根据市场变化和实际情况，加强与政府各职能部门的联络，不断调整对公市场业务拓展重点区域，加大对重点乡镇、国资系统、征地拆迁部门的市场营销，加大对系统源头以及上下游存款信息的挖掘，制订营销方案，组织开展关系营销，加大营销力度，分别为宁海县财政局第一期财政资金定期存款竞争性存放项目、宁波市白溪水库管理局资金存放定点银行资格入围项目、宁波市白溪水库建设发展有限公司资金存放定点银行资格入围项目。坚持抓大不放小，通过行政事业单位另外设立工会、食堂等账户进行核算的契机，对所有的行政事业单位进行全面排摸，对未开立账户的单位，及时联系财政与预算单位，实现全面开户。多方位发展个人客户市场。扩大营销范围，不断挖掘现有的农村拆迁户、幼儿园、物业公司、学校、医院、物流、重点乡镇、特约商户等客户群体潜力的同时，加强与社会团体、商会、协会、相关政府管理部门的联系，从更高、更广的层面发掘客户需求，创造合作机会，扩大营销范围。创新拓展模式，除了传统的外拓代发工资、农村市场拓展、特约POS商户、提升柜面服务等带来的客户增长，积极发挥该行互联网产品优势，利用工银e家、工银e缴费、工银e校园、融e购、融e行等互联网金融服务渠道和产品作为更高效的批量客户拓展方式。2016年年末本行财富客户566户，增幅达24.12%；私人银行客户32户，增幅达18.52%。

优化收益结构，拓宽中间业务新增长点。严格落实缺口管理，坚持创新类收入“提速”、基础类收入“提量”、贷款关联收入“提质”的既定方针不动摇，分兵把口、全面发力，促进各业务条线和各网点协调平衡发展，同时着力推动各项增收业务特别是提高零售业务收入占比。推动新增长点业务跨越式发展，紧紧围绕年初确立的一批增长较快、潜力较大的业务，积极把握市场的轮动节奏，切实加大组织推动力度，争取更大的市场份额和更多的业务收入。私人银行：持续推进“高层揽高端”活动，抓好上市、拟上市企业公私一体化、投融资一体化营销，聚焦突破上市公司高管、500万元~800万元临界客户、曾达500万元客户、公私联动客户、大额三方存管的行外客户、信用卡年消费额百万元以上客户、ETC豪车客户。充分挖掘上市公司、拟上市企业和PPP项目的多元化融资需求。并购重组业务：把握上市公司并购浪潮涌现的机遇，帮助企业寻找合适的标的撮合交易，解决融资需求。国际结算业务：重在加快跨境汇款、出口单证、跨境人民币业务发展。代客资金交易：做大期权业务，加强外汇存贷宝、期权型付汇理财通等产品推动，扩大利率类衍生业务覆盖面。贵金属业务：突出积存产品营销。商户收单业务：确定目标客户，进行精准营销，开展多种形式的信用卡刷卡促销活动。互联网金融业务。商户收单：重点营销收单交易额大、贡献大的特约商户。实现上述业务跨越发展，关键是抓好专业化团队建设，集中精力营销客户、拓展业务。

优化风险管控，打好资产质量保卫战。不断强化资产质量，坚持远近结合、标本兼治，“除旧”“控新”多管齐下，强化全面风险管理，打好资产质量保卫战。加强新增融资管理。切实以新增融资的安全稳定带动资产质量的整体改善。转变理念，摒弃信贷大投放时的惯性思维，按照新常态下信贷经营管理的实质要求，坚持风险导向，保持敬畏之心，注重增强新增融资风险预判的前瞻性和敏锐性，避免非理性的短期行为，真正做到多一些贷前预防，少一些贷后补救。严格准入，调查审查审批环节要加强新建信贷关系客户准入管理：调查人员在尽职调查时，要特别关注企业的征信信息、关联信息、对外担保信息以及涉诉等可能对借款人生产经营产生重大负面影响的信息，要通过足够的观察期来分析借款人的财务表现，特别是经营性资金情况，要对贸易合同、税务缴纳凭证等信息进行交叉验证；审查审批人员除按照相关贷款业务审查要点把握信用风险外，要重点审查借款人是否存在过度融资、关联担保、多头融资、资金流入与借款人生产经营不匹配等异常情况。新的客户特别是一般中小企业进入要谨慎。做好存量风险化解。继续把逾期贷款和不良贷款纳入一体化管理，强化贷款风险化解，控制不发生劣变，并千方百计力争少劣变、多处置。抓好逾期贷款管控，建立逾期贷款催收责任制，落实专人跟进催收；做好到期贷款提示工作，减少善意违约；提前防控违约风险，做好该行未违约但在他行违约、有高风险担保、违约关联风险等高风险客户化解。对有融资余额的红、橙、黄三色潜在风险客户，及时压缩授信并在次月完成评级调整；对尚未显现风险的灰色客户，提前采取措施，把握时机，及时退转。同时，继续做好过度融资、固融、保证担保等重点风险领域治理，跟进国家和地方对“三去化僵”的市场出清安排，掌握“僵尸企业”名单，逐户研究风险化解方案，严防企业逃废债行为。加快存量不良处置。进一步把清收处置的重心放到现金清收、债务重组等常规方式上来，提高清收处置回收率。着力通过诉讼、重组、接盘、抵债等方式快速处置。原则上全行核销额度控制为零，但对确属清收化解无望、后续只能核销的呆账贷款要加快法律进程，取得核销要件，做好准备。重视受托资产清收处置，必须确保按评估时确定的期限完成处置，对未能完成序时清收目标任务的，模拟计提专项拨备，原则上分行将不再安排接收新的受托资产。向账销案存资产要效益，以分行对清收账销案存资产专项奖励为契机，逐户仔细梳理，锁定清收目标，并积极尝试借助社会中介机构力量，采取风险代理、合作处置等市场化手段，完成账销案存资产清收处置。

优化基础工作，切实抓好创新提升建设。切实抓好党建工作。切实落实主体责任。各部门、网点负责人履行好“第一责任人”的责任，做到业务工作和党的建设“两手抓”，既管好自己，也管好身边人，以上率下，层层带动。进一步深化党风廉政建设。严格执行廉洁纪律，加大源头治腐的工作力度，对照有关规定开展自查自省自纠，对各种违纪违规行为抓早抓小，严肃问责，筑牢拒腐防变的“篱笆墙”，形成惩治腐败的高压态势和崇廉尚廉的政治新常态；重视信贷业务、集中采购、资产处置、选人用人等方面存在的风险问题，从体制机制上查找原因、堵塞漏洞，逐步将落实整改工作由“点”及“面”，形成长效。进一步推进“两学一做”学习教育。在7月开展“两学一做”专题党课，重点学习习近平总书记“七一”重要讲话，深刻领会“不忘初心、继续前进”所体现的一心为民、一切为民族的奉献精神，坚定理想信念和政治信仰；学习《中国共产党章程》《廉洁自律准则》《纪律处分条例》和最新颁布的《问责条例》，不断结合中央新的要求丰富学习内容，做到真学真懂。抓好“做”这个关键，深入开展“三亮三比三抓三评”主题活动，引导广大党员亮身份、亮标准、亮承诺，比技能、比作风、比业绩，抓管理、抓解题、抓制度，主动接受群众评议、党员互评、领导点评，立足岗位建功立业。突出解决问题这个重点，组织党员对照党章党规、对照合格党员标准，采取批评与自我批评方法，深入具体地查摆存在的各方面问题，针对性加以改正。切实抓好内控案防建设。启动内控合规“基础强化年”主题活动，开展十大重点领域风险、业务运营屡查屡犯风险治理，案件和重大风险事件“零”发生。上下高度重视内控现场评价，内控合规工作关乎全行稳健经营，务必要高度重视，切实抓好。虚功实做。切实走出内控工作是“虚功”的误区，积极完善内控合规闭环管理机制，事前紧贴实际，制订完善各项规章制度，把规矩挺在前面，扎紧制度篱笆；事中抓好内部监督、检查，消除隐患、防患未然；事后从严从实抓好问题整改，不走过场，切实做到出实招、见实效。狠抓落实。加强组织推动力度，改进工作方式方法，着力打破工作执行停留在会议传达、通知要求的局限，切实将内控合规各项部署层层落实到每个部门、网点，每个岗位个人；进一步强化日常监测、检查结果在内控评价中的应用，促使各级机构更加关注内控管理过程和效果。动真碰硬。对发现的问题提出切实可行的解决办法和应对措施，加强整改；优化责任认定、追究、通报机制，对违规违纪行为要仔细辨别、认真对待、严肃处理，切实提升内控威慑力。提升能力。要加强业务技能学习，提高风险识别、应急处理和应对复杂局面的能力。切实优化网点竞争力建设。面对互联网时代的渠道竞争压力，以及全行线下业务向线上大量迁徙、网点客流日益萎缩的严峻现实，做到主动、及早推进网点转型，保持对网点未来发展趋势的前瞻视野。加快网点转型，以强大的线下服务优势为支撑，形成新的、更突出的渠道聚合效应；加速网点布局优化，抓好网点智能化改造，持续深化网点运营标准化改革，抓好线上线下一体化服务，抓好融e联、融e行、融e购三大互联网金融平台推广，积极发展网络融资业务；开展“服务面貌专项整治”“新服务　心满意”等活动，持续规范员工服务行为和网点服务面貌，紧密围绕客户需求，树立“温馨、高效、优惠、安全”的服务形象。切实强化队伍建设。以新常态的思路推进人才队伍建设，加大竞争性选拔和年轻人才使用，逐步建立以业绩为导向、以能力为标准、以道德品行为基础的履职评价体系。同时，突出抓好财富顾问专业、投资专业、互联网金融专业、国际业务专业等领域的人才队伍建设，以及组建客户维护团队、专业营销和支持团队、大堂专业服务团队等队伍。建立科学的人才识别标准体系，注重对能力与态度的评价，切实做到人岗匹配，以开放、进步的眼光选用人才。鼓励和引导业务扎实、经验丰富、更擅长专业性工作的人才到业务类岗位上发展。摸索完善配套机制，为有发展潜质的人才搭平台，鼓励引导人才跨岗位交流，促进人才成长进步，加速内部培养，发挥专业部门在专业人才培养中的主体作用，建立专业条线人才梯队，实行名单制储备培养。做好员工职业辅导，帮助员工树立正确的职业定位和合理的发展预期，树立正确的职业观。

【中国农业银行宁海县支行】 截至2016年年末，全行本外币存款余额84.79亿元，比年初增加7.7亿元，其中储蓄存款42.31亿元，比年初增加3.45亿元。本外币日均各项存款余额78.37亿元，同比增加7.08亿元。本外币各项贷款余额104.22亿元，比年初增加8.7亿元，其中人民币贷款比年初增加8亿元。全年共清收不良贷款1.29亿元，其中现金清收不良贷款2764万，核销5447万元，非重组上调2570万元，不良资产证券化收回2077万元。年末不良贷款余额2.4亿元，不良贷款占比2.3%，其中个人不良贷款余额1615万元，比年初下降1658万元，不良贷款占比0.49%，比年初下降0.6个百分点。国际业务结算量、结售汇业务量、跨境人民币结算量稳步发展。本年度，该行荣获“宁海县最佳口碑银行机构”称号、宁海县银行业金融机构综合评价A类行，并连续十一年荣获农行市分行“春天行动”（旺季营销）先进集体。

做好存款组织工作。巩固个人负债业务优势。借助多样化的渠道类产品，做大客户群体与资金流量，强化产品的稳存增存作用，促进结算资金沉淀。注重公私联动，鼓励联合营销，开展个人客户精细化管理，加快培育中高端贵宾客户，提供多元化资产配置，提升客户黏性和价值贡献度。提升对公负债营销能力。加大机构类、系统性客户的联动营销力度，巩固发挥机构存款在对公存款中的主渠道功能和主力军地位。继续开展信贷客户全产业链的存款营销，发挥客户账户结算、现金管理、电子银行、对公理财等业务对存款的锁定效应。积极介入棚户区改造、农户征地拆迁等项目，抓好拆迁补偿、新农保新农合等资金源头。有效利用跨境人民币、国际结算、贸易融资等业务沉淀资金。

加大信贷投放，促进该县经济转型升级。推动经济转型发展，是打造两湾明珠，实现美丽崛起的坚实基础，作为一家大型国有控股商业银行，始终致力于支持宁海地方经济的转型升级。加大对本地实体经济支持力度。向东方日升集团授信13.83亿元，得力集团7.668亿元，峰亚集团1.695亿元；奇精集团1.3亿元；太平洋百货1.12亿元；方正模具7000万元。加大对新型城镇化建设支持力度，重点推进棚户区改造、五水共治项目。全年累计投放城镇化建设贷款12.8亿元，其中棚户区改造贷款4亿元，水利建设贷款8.8亿元。加大对“三农”服务支持力度。安排优秀领导干部参与农村金融指导员工作，深入开展农村金融综合服务试验区建设，组织金融团队走进长街敬老院、月兰村等。全年发放助农贷款2.2亿元、“农民安家贷”4亿元，设立惠农通服务点144个、助农取款点34个，较大程度满足农户日常金融需求。

抓经营转型。做好网点转型升级工作。4月13日城区支行顺利迁至临时网点，9月启动梅林支行的网点装修改造工程，11月启动长街支行装修工作。此外在2015年1家样板网点打造基础上稳步推进6家网点转型工作。完成全行7个网点的二次转型，开展二次转型PK赛5场，内容涵盖6S成果秀、网点金融生态分析、网点文化秀等。完成离行式自助银行清算关系转移，金库全面接管离行式自助设备加钞及日常维护等工作，实现离行式自助银行集中加钞。自助设备考核一直列市分行14家支行第一名。完成辖内所有经营单位超级柜台布放工作，超级柜台成功交易笔数稳步提升，极大地缓解柜面业务压力。深化网点标准化服务。继续细化6S管理，组织推进支行营业部关于银行业千佳网点的参评工作。落实私人银行服务体系下沉工作，推广个人客户营销管理系统，深入推进客户精准营销工作。本年度，共举办专属客户沙龙20余场，包含“花样女人节”“感恩的心”“贺岁嘉年华”等特色主题。11月，支行举办零售业务营销技能大赛，通过知识竞赛、营销案例展示等形式促进网点间比、学、赶、超的营销氛围，12月，安排营销技能提升训练营，提升全体营销人员的营销技能。进一步优化客户结构。总分行级公司类核心客户达到5户，成功对接总行级信用卡核心商户华润万家上线BMP系统，成功实现西子国际的集中收银系统50%以上商户开户。个人加权贵宾客户数突破1.7万户，新增信用卡客户2375户，汽车分期162笔。手机银行活跃客户新增7667户，个人电子银行客户新增10.85万户，电子渠道交易占比94.52%。电子银行客户规模保持快速增长，个人电子银行客户总数达14.3万户，掌上银行新增11696户，快E付16258户，全年上线e农、e商管家平台核心商户2户，终端商户突破300户。

内部管理。完善案防工作协调领导机制。加强部门联动、上下沟通和内外协调，加强与地方纪委、公安、司法机关联系，实现重大案件及风险事件信息共享，健全案防管理机制、优化案防手段、突出防控重点，夯实案防基础。加强运营风险管理。深入推进“三化三铁”，针对柜面操作风险，加大运营条线监管力度，强化过程控制，落实问题整改，把控住风险防控关。持续深入开展“三化三达标”工作，不断完善安防设施建设，全面推进“创安”工作，强化案件防范和风险控制，积极开展“心防工程”反欺诈宣传工作。明确消防管理责任，切实防范消防安全隐患，建立健全本单位安全生产责任制，积极防范治安案件和重大责任事故。全年该行无重大事故，综合管理部荣获市公安先进保卫组织。

精神文明建设。扎实开展党的学习教育活动。在党的群众路线教育实践活动和“三严三实”专题教育取得明显成效后，全行继续深入开展“两学一做”学习教育，全面推进“从严治党、从严治行”落实。辖域内所有网点均建立独立党支部，除支行营业部外，均由网点负责人兼任支部书记、运营主管兼任支部纪检委员或承担纪检监察工作。落实“三会一课”制度，严格执行民主集中制原则。持续开展党员示范岗、公开承诺践诺、“三亮四比三评”等活动，将基层组织优势转化为业务经营优势，为广大党员发挥作用搭建平台，充分发挥全体党员的先锋模范作用。全行实现所有员工机器考勤，工作纪律得到明显提升。大力开展普法宣讲与合规文化建设。积极创新“六个一”活动形式，丰富宣讲内容，深入基层开展案例宣讲和警示教育，开展法律宣传与培训，提升法律对新产品、新业务的指导能力和疑难诉讼案件的处理效果，强化全员敬畏法律意识和依法合规经营理念。加强普惠金融知识宣传。开展“小小银行家”专题活动7场，涵盖金阳小学、城东小学、深甽幼儿园等学校，学生超过500人。开展进企业、进商场、进社区、进学校等活动20余场，覆盖受众超3000人；帮助边远地区贫困留守儿童圆梦多次。在辖属网点内，利用LED、横幅、彩报等方式，积极做好普惠金融、防电信诈骗等宣传。开展丰富的文体活动。组织诸如爬山、游泳、跳绳、乒乓球、羽毛球等文娱活动，营造良好的团队氛围。气排球男队、男女混合队、女队分获县金融系统气排球比赛冠军、亚军、季军。 （洪恺骏）

【中国银行宁海县支行】 2016年，中国银行宁海支行本外币各项存款余额37.84亿元，比年初增加3.99亿元，增幅11.81%。本外币各项贷款余额71.03亿元，比年初减少3.31亿元，降幅4.45%。本外币不良贷款余额2.22亿元，比年初增加0.84亿元；不良率3.12%，比年初上升1.27个百分点。实现净利润6560万元。

突出信贷资金重点投向，为产业升级“造血输血”。按照国家宏观经济政策和产业政策导向，围绕“工业强县”战略，主动对接“二区八园”等产业建设，突出对先进制造业、文化产业、战略性新兴产业、节能环保等产业的信贷布局和投放安排，切实提升信贷投放对区域经济发展的推动作用。2016年，累计投放公司贷款4亿元、个人贷款6亿元。

突出非信贷融资业务拓展为企业发展“铺路筑桥”。立足自身在国际结算业务领域的优势，承办“2016年汇率市场展望”南三县专题研讨会，持续推进“深化外汇金融普惠　助推海上丝绸之路”主题活动，2016年累计实现国际结算业务量11亿美元，同比增长6%；当地市场份额为43%，较年初上升5个百分点，业务量和市场份额继续保持当地同业首位并创历史新高。

突出中小微企业和“三农”金融支持，为普惠金融“添油助力”。作为4家定点合作银行之一与宁海县财政局、科技局和太平洋财产保险签订“科技型中小微企业贷款风险池基金合作协议”，服务科技中小微企业。创新金融产品，先后推出“中银网络通宝”“中银成长三年贷”“中银接力通宝”和“中银置业通宝”等产品，为中小微企业客户提供综合金融服务。结合当前农村经济社会发展新变化和农村金融服务需求新亮点，重点推广城乡小额保证保险贷款产品，2016年累计发放贷款3363万元。全面推动普惠金融发展，开展普惠金融建档立卡工作，了解村民金融需求及金融能力。推出“法院案款管理系统”，实现诉讼费、执行款在中行柜面、自助终端、网上银行、手机银行以及法院现场POS刷卡等多渠道缴款。

风险管理。面对经营环境持续下行、经营风险持续加大的实际，从贷前、贷中和贷后全流程出发加大风险管控力度。贷前在客户筛选甄别上严把准入关，高度重视并有效落实“三个了解”要求，严格落实抵押和担保；贷中要求客户经理发挥主观能动性，严格落实授信批复条件；贷后加强对授信企业的动态监管，建立客户经理对授信企业“每月一访”机制，及时掌握授信企业资金和生产经营状况，切实防范授信风险。定期召开资产质量汇报会，持续做好季度盘存以及不良清收化解工作，提升资产质量水平。深化风险信息共享机制，形成“公私协同、联动联防”的资产管理管控体系。

内控案防。抓机制。修订完善规章制度和考核办法，扎实推进网点业务操作流程标准化工作，全面提升整体风险防控水平；抓监督。采用现场检查和非现场检查、专项检查和全面检查、定期检查和突击检查相结合的方式，加大检查力度和频率，切实维护制度的严肃性；抓过程。扎实推进内控案防专项治理、“学案例、讲操守、防风险”案例警示教育和“两个加强、两个遏制”回头看暨反洗钱专项治理等活动，强化员工异常行为、声誉风险、保密、安全保卫等管理，严防各类案件风险，全行继续保持“经营不违规、员工不出事、全行无案件”的良好态势；抓作风。深入开展“两学一做”学习教育、违反“八项规定”精神和“四风”问题回头看专项整治自查工作，组织开展廉政警示教育，有力促进了行风转变和员工队伍建设；抓问责。成立问责审核小组，明确工作规程，严格问责追究制度。

优质高效服务。不断加强服务规范化和标准化建设，从增强服务意识、提高服务质量、深化服务内涵入手，建立健全服务培训、检查考核、投诉处理等机制，开展“优质服务、优良秩序、优美环境、让客户满意”三优一满意活动，以及“星级柜员”“服务之星”“青年文明号”“巾帼文明示范岗”等评选活动，着力打造“服务设施一流、服务环境一流、服务品质一流、服务效率一流”的金融服务品牌，获评“2016年宁海县最佳口碑银行”，所辖营业部获评中国银行业文明规范服务四星级营业网点、中国银行总行“2016年度智能化示范网点”和宁海县“工人先锋号”等荣誉称号。

企业文化。充分发挥书画摄影、音乐舞蹈、乒羽、篮球、登山、烹饪、足球、气排球等协会作用，精心组织“三八”“五四”“七一”等系列党工团主题活动以及各类健康向上的群众性文体活动，“快乐工作、快乐学习、快乐生活”的家园文化得到丰富和发展。积极推进“党员之家”和“职工之家”建设，开展全员家访和“夏日送清凉”“冬季送温暖”等活动，员工的凝聚力和向心力进一步增强。积极开展金融知识进社区、进企业、进机关、进学校活动，参加结对共建、志愿服务和普惠金融节等活动，不断提升民众金融知识水平。积极开展爱心捐赠、公益众筹、贫困儿童和消防武警官兵慰问等活动，设立高考志愿服务点，积极践行“担当社会责任，做最好的银行”的发展理念。继续保持浙江省“文明单位”“卫生先进单位”等荣誉称号，在宁海县外汇管理局2016年对银行执行外汇管理政策情况考核中以总得分第1名的优异成绩荣获A类银行，在2016年宁波市中行系统业务技能比赛中蝉联团体第三名，在2016年宁海县金融系统第二届气排球比赛中荣获混合组第七名、女子组第五名，并作为宁海县金融系统唯一代表参加全县第九届运动会（成年部）广播操比赛。

【中国建设银行宁海县支行】

2016年存款：全量资金日均余额79.40亿元，比年初增加7.97亿元，时点余额81.95亿元，比年初增加7.19亿元；全口径日均余额75.65亿元，比年初增加6.24亿元，时点存款余额76.62亿元，比年初新增4.40亿元；一般性日均余额75.46亿元，比年初增加6.24亿元，时点存款余额76.50亿元，比年初新增4.45亿元，其中对公存款日均余额55.14亿元，比年初增加3.93亿元，时点余额56.80亿元，比年初新增3.50亿元，个人存款日均余额20.32亿元，比年初增加2.31亿元，时点余额19.70亿元，比年初新增0.94亿元。一般性存款当年新增日均和时点均为四行第三，其中对公存款日元和时点新增也均为第三，个人存款新增日均为第二，时点为第四。贷款：信贷余额90.29亿元，贷款日均余额89.18亿元，比年初减少2.90亿元，时点余额86.93亿元，比年初减少7.22亿元，其中公司类余额68.03亿元，比年初减少7.07亿元，个人贷款余额18.41亿元，比年初减少0.15亿元。贷款当年新增为四行第四。资产质量：不良贷款余额 8172.4 万元，不良率0.94%。相比年初降低0.79%，支行不良贷款余额减少8116.6万元，不良率降低0.75%；其中公司类不良贷款余额6690.6万元，比年初减少7048.4万元；个人类不良贷款余额1481.7万元，比年初减少1068.3万元。资产质量重回四行最优。中间业务净收入：5290万元，计划完成率位列分行第四。

广搭平台、创新产品、普惠客户，支持实体经济发展。大力推广“五贷一透”小企业产品。年初该行就制定小企业业务发展目标，全面落实“两个不低于”目标，并且作为年度工作任务进行考核。特别是进入8月后，为加快推动业务开展，利用周末时间邀请该行优质小额无贷户与潜在信贷客户，举办资金结算产品推介会，重点推广该行小企业信用贷款、企业网上银行、结算卡、对公自助服务、对公一户通等贴近客户需求的产品，50余家企业主和财务人员参会。通过一年来的推进，建行小企业业务发展位居分行系统第2。针对性开发金融产品，提高乡镇网点对属地企业和客户的金融支持力度。为更好地发挥乡镇网点的优势，实现银行和客户共发展，该行利用例会制度加强客户经理的交流和探讨，不断探索适合区域开展的金融产品。如长街支行为支持当地农户、渔民发展，在分行支持下，首家开发“支农贷”信贷产品，2016年来发放支农贷146户，发放金额1421万元，有效支持了当地养殖户、种植户生产经营资金需求，促进当地农村经济的进一步发展。

积极组织精干力量，加大重点项目授信申报。虽然项目贷款是该行优势业务，但近年来由于区域金融风险以及监管政策的加强，项目授信难度进一步加大，但该行在积极营销重点项目的基础上，千方百计加强与上级行的沟通，2016年来共成功申报4个省市县重点项目授信，储备20余亿元的授信额度，为今后组织有效信贷投放打下基础。另外，对建新赵氏和东方日升两个总行级客户的信贷和产品支持力度也进一步加大，储备近3亿元的支用额度。

积极开展普惠金融活动，推动和谐金融发展。开展“金融服务进社区，共创和谐社会”业务宣传。5月11日，建行积极响应人民银行“普惠金融”号召，组织业务骨干到怡惠社区近距离为社区居民提供金融咨询服务。在活动现场，该行工作人员积极向市民宣讲反假、征信、银行卡使用安全、社保卡、投资理财知识、电子银行、参与非法集资危害性、网络与短信诈骗案例、自助兑换有奖回笼等内容，发放宣传资料200余份。开展“移动金融惠乡村”宣传活动。7月，为普及金融知识，积极响应人行组织开展普惠金融建档立卡调查活动。该行成立调查工作小组，以分管行长为组长，15人分成4个小分队，利用休息时间，坚持“白+黑”，走村入户，全力以赴开展调查工作。此次共调研宁海长街镇4个村，走访1200余户，充分了解农户金融需求，为今后拓展区域客户和定向产品研发提供最直接的原始信息和基础数据。在完成调研的基础上，适时对人民币防伪特征、支农贷、安全用卡、云闪付、手机银行、网上银行等知识进行讲解，手把手进行教学。积极参与当地金融知识精准进乡村活动。9月，该行在人行的组织下，以开设金融知识讲座与驻点宣传相结合的模式，在宁海县长街镇月兰村开展“金融知识精准进乡村”活动，该行普惠金融讲师王莉莉通过现场讲解、提问互动等方式圆满完成讲课任务，得到人行和当地居民的赞扬。与县社保局联合开展社保卡咨询活动。同月，该行参与县社保局在潘天寿广场开展“12333走进社保卡”现场咨询活动，为居民提供政策咨询，社保卡申领以及金融功能激活等服务，普及社保卡融合社保与金融业务功能。积极参与当地普惠金融节活动。12月初，该行组织党员先锋岗亮相县普惠金融节，向广大居民宣讲普惠金融知识、展示优势金融产品、传导优质服务理念，在众多同业同场竞技的情况下备受瞩目。

产品与业务创新。深入市场调查，推出适合客户需求的信贷产品。针对小微企业或农户缺少保证措施、贷款难的现象，在上级行的支持下，开发出适合区域客户需求的各类信贷产品。2016年来重点是大力推广“五贷一透”信贷产品。全年累计向23家小企业发放“政担贷”贷款1000余万元，向20家小企业发放“城乡小额贷”贷款1835万元，向12家小企业发放“善融贷”信用贷款430万元，向4家小企业发放创新型小微产品“POS贷”100万元，向4家小企业发放“供应贷”797万元，向10家小企业发放“供应贷”贷款797万元。同时还结合手机银行移动支付业务在分行首先开发“支农贷”产品，全年共发放146户1421万元贷款。加强综合营销理念传导，贴近客户需求推广金融产品。面向中高端客户，组织实物贵金属新春品鉴会暨工艺大师签售会活动。举办“多彩春日，约会春天”黄金手工DIY网点沙龙活动，提升客户金融产品体验。积极引导青年员工参与产品和业务创新，在分行举办的“创客个金，众里寻你”个人业务宣传策划大赛中，该行员工荣获三等奖。

防范和化解金融风险。强化社会责任意识，走出网点开展金融知识宣传。多次在社区、广场开展消费者权益保护宣传活动，通过设摊、柜面、微信等多种形式向广大居民积极宣传与普及“打击非法集资”、“反假”、防范电信诈骗犯罪、理财、利率等方面金融知识，多角度、多方位地介绍非法集资的表现形式和特点，引导公众自觉远离非法集资，取得了良好成效。利用网点便利开展金融知识宣传和案例警示教育。一方面是加强柜面金融知识宣传，引导客户提高金融风险防范能力。同时通过临柜柜面堵截冒名开户情况，以身份核查及本人面貌特征的仔细比对，拒绝开户，有效防范了源头风险。加强专业化建设，防范信贷风险发生。率先建立专业的小企业金融服务机构，采用“信贷工厂”的运作模式，实现对小微型企业金融服务的专业化、流程化、标准化管理，减少和防范人为因素。高度重视内审外查约束力作用，落实责任追究机制。支行定期进行内控合规检查，对检查出来的问题，逐一落实责任人进行整改，并将问题整改率作为综合考评的强制指标。全年共责任追究处分22人次。

队伍建设。坚持公开、公平、公正的原则，选拔德能兼备人员充实领导岗位，其中两位同志走上支行领导岗位；多名为中层干部；为一些岗位适应度、群众认可度高的员工提供施展才能的平台，极大的鼓舞全行员工的工作积极性。全年举办各类培训班50次，共计2200人次，组织各类岗位员工参加分行举办的培训班720人次。重金奖励继续教育员工，进一步促使全行员工梳理终生学习的观念。营造全行上下学先进、争先进的良好氛围。

内部管理。切实落实“两个责任”和“一岗双责”制度。重点是落实“一岗双责”考核机制，通过发挥教育引导、强化监督、作用，大力开展廉洁合规主题教育、案件防控专项治理活动和行为排查工作，不断强化“从严治党”“从严治行”，形成违规追责意识，把纪律和规矩挺在前面。加强检查监督，强化操作风险管理。日常要求基层网点、各部门充分利用网点晨会、工作例会等形式组织员工认真学习操作风险、内控合规等相关规章制度，及时对日常经营管理中遇到的问题进行分析，提升风险意识和业务技能。使员工意识到合规文化的内涵，牢固树立“规则不可破”的红线意识、底线意识。对各类自查发现的问题，及时向各部门网点下发，对检查中存在的共性问题进行提示，员工的守法合规经营和风险防范意识不断提高。开展专项活动，立查立改，提高内部管控水平。组织开展“加强内部管控遏制违规经营和违法犯罪”回头看工作；开展支行内部控制自我评价工作；实施支行授权管理和执行自查工作；进行“业务连续性管理”、防范和处置非法集资、违规操作谋求私利专项整治等专项整治工作；面向全行开展深化“合规建行　人人践行”创建工作，较好地从源头上及时发现问题、整治问题，从而进一步完善各项规章制度。建立“建行大讲堂”制度，大力提倡“合规信贷文化”。下半年开始，由行领导、部门负责人或业务骨干定期主持“建行大讲堂”，开讲合规文化、业务制度规定、操作流程和最新业务产品等，提高全行员工合规意识、职业操守和业务水平。开展服务录像点评与服务质量提升培训，统一员工服务规范。邀请信索公司驻点辅导，进行一对一服务话术演示，结合录像点评，纠正服务细节，规范服务标准化，有效提升网点整体竞争力。举办青工技能比赛。共组织了点钞技能、汉字录入、翻打传票等技能比赛3次，而且在赛前专门邀请省、县金融技能比赛优秀选手进行专业辅导，从而提高青年员工工作技能。

企业文化建设。牢固树立和实践“以客户为中心”的服务理念，切实改善服务质量。大力推进“以客户为中心”服务文化建设活动。坚持理论学习与实践案例相结合开展多层次的服务大讨论，引导全行员工牢固树立并自觉实践“以客户为中心”的服务理念；将改善服务环境列为支行改进服务的工作重点。营造良好的工作环境，支行工会、团委在党委的领导下，开展丰富多彩，健康有益的文化体育娱乐活动，丰富员工的业务文化生活，先后组织羽毛球、摄影、登山钓鱼、健美等兴趣小组。并组织全行员工开展羽毛球比赛，举办摄影比赛，开展登山比赛，拔河比赛；组织员工开展消防演习活动，提高员工的安全意识，防患于未然。营造全行员工学习、娱乐、体育锻炼相结合的良好的企业文化氛围。

（柴俊宁）

【中国农业发展银行宁海县支行】

2016年，中国农业发展银行宁海县支行围绕“强党建、快发展、降风险、提素质”的工作核心，结合宁海县经济发展实际，主动作为，加快发展，进一步发挥政策性银行的逆周期调节作用。各项贷款余额225686万元，比年初增加71432万元。各项存款余额42638万元，比年初增加14868万元。实现账面利润3218.69万元，同比增加1690.69万元。

业务经营。有效保障粮食安全。2016年先后发放3705万元县级储备粮贷款、1900万元购销贸易企业中晚籼稻收购贷款，支持收购秋粮15667吨，秋粮收购贷款额及支持收购粮食量均创历史新高。全力支持农业农村基础设施建设项目。以发展新农村基础设施建设项目贷款业务为目标，重点对水利建设、棚户区改造、农村公路、农村土地整治等进行支持支持。于4月成功获批宁海新城中心区旧村改造工程项目10亿元贷款。并以此为契机创新推出“棚改银团贷”，牵头中国银行、浦发银行组建首家银行集团，通过“申贷共审共核、放贷同期同用、风险联防联控”等管控措施，采取抱团融资新模式，实施成片危旧房改造为主的镇村棚改项目。已为梅林、桥头胡街道分别融资15亿元，其中分别对上述两个项目承贷10亿元。全年累计发放中长期贷款8.14亿元，农业农村基础设施建设项目贷款余额20.1亿元。主要是支持宁波南部滨海新区西部片区土地整理工程、宁海新城中心区旧村（杨家、下洋吴村）改造工程、甬临线梅林至山河岭段改道工程等，支农惠农职能进一步增强。

内部管理。做好信贷基础工作。强化合规操作，夯实信贷基础。建立例会制度，以会代训，以会促学，认真学习和掌握信贷制度和政策，强化合规操作；完善合同文本和 CM2006 贷后管理，严格贷款资金支付的审核，从严监管企业，规范内部管理。积极推进精细化管理，切实防范信贷风险。做好会计基础工作。切实做好“营改增”工作。一方面积极组织相关人员学习增值税相关政策内容，并且与当地国税机关保持联系，及时了解本地金融业增值税落实政策、涉税认定、征管操作等信息。另一方面根据下发的《客户信息维护操作指引》有关要求，做好客户信息收集和确认工作，并在系统中及时维护和补录，确保“营改增”实施后能及时响应客户的开票需求，开具增值税发票。做好综合报表平台固定资产报表系统上线及反洗钱系统升级的有关工作。

精神文明建设。扎实推进学习型党支部建设。结合“两学一做”活动，不断通过学习教育提高党员干部党性修养和工作能力。有组织有计划的学习重要讲话、规章制度等，不断提高党员干部思想政治理论水平。加强党风廉政建设和作风建设。认真开展“四风”问题整治情况“回头看”，深入查找和纠正违反中央“八项规定”精神和“四风”方面存在的突出问题。根据上级党委要求，深入开展补短板工作，结合年初行长会议提出的目标任务，从党的建设、业务发展、经营管理、队伍建设等方面查找支行、部门存在的短板，切实把短板找准找实，形成问题清单，每月对整改情况进行梳理。

11 月 11 日，人民银行副行长郭庆平走入宁海农村商业银行丰收驿站，考察普惠金融建设（拍摄人：吕晴）

【宁海农村商业银行】 2016 年，宁海农商行在风险管控、政银合作、渠道拓展、文化建设等方面实现长足的发展，各项存款余额 109.05 亿元，比年初新增 15.32 亿元，存款余额位居全县金融机构首位。通过以“农合联”组建为契机深化“走千访万”工作，建立普惠金融建档户数 14.50 万户，累计投放贷款 50.13 亿元，开立政府直补资金专户 7 个，余额 5700 万元；推广“丰收商贷通”“广电宝”“公薪贷”“生活贷”等业务产品，以合作模式助推产品创新，实现贷款余额 71.27 亿元，其中涉农贷款占比达 96.46%，小微企业贷款占比 56.53%；完善风险管控，实现风险管控与经营效益齐头并进，年末不良贷款率为 1.49%，资产质量位居全市农信系统首位，全年各项财务总收入 6.74 亿元，账面利润达 2.1 亿元；升华“草根”文化内核，打造“家”文化，在社会责任履行、文化建设上得到各界的认可，获得“浙江慈善奖”“中华诗教先进单位”等殊荣。（吕晴）

【中国人民财产保险股份有限公司宁海支公司】 2016 年，中国人民财产保险股份有限公司宁海支公司全年共实现保费收入 15366 万元，同比增长 5.9%，完成全年保费计划的 95.66%。其中车险 10304 万元，非车险 5062 万元，支付赔款 8697 万元，简单赔付率 56.78%，实现承保利润 1987 万元，上缴各类税收 1277 余万元。在日益激烈的市场竞争中，公司业务经营稳中求进，发展态势稳中求好，推动业务持续稳定发展。

业务稳健发展。2016 年，在上级宁波市分公司和当地县委、县政府的领导和大力支持下，在全体员工的拼搏努力下，取得良好经营业绩。在竞争激烈的市场环境下，采取有效措施加强业务效益管控，深化市场对标，提升销售能力；强化资源整合，提升完善渠道布局能力；细化过程管控，提升盈利能力；具化抽象思维，提供创新能力；优化经营机制，提升管理能力；量化工作标准，提升服务能力。2016 年成功中标宁海县城镇住房综合保险，保额达53亿元，保费共计514万元，为支公司历史上单张保费最大单。

内部管理井然有序。宁海支公司继续坚持以市分公司“活力宁波、品质人保”的战略愿景为指引，完善内部经营管理制度，强化内部控制建设，积极配合上级要求开展各项合规工作及组织“两两”回头看工作。强化内部标准化流程工作的落实，完成2016年度自查工作。“两学一做”教育活动向全体党员延伸，班子成员带头严格要求自己，强化纪律意识，积极转变工作作风，提升队伍凝聚力和战斗力，并将此次活动深入到经营管理各项工作中，做到“两手抓、两不误”。

继续落实民生工程。2016年公司继续认真落实县委、县政府的民生工程，做好政策性农村住房保险和农险工作。全县18个乡镇有145462户农户参加农村住房保险，参保率高达99%，收取保险费145余万元，有268户受灾，支付赔款120余万元。根据县政府关于全面推进政策性农业保险的文件精神，结合地方实际，2016年，全县投保农户2.4万户（次），保额17.5亿元，保费收入2682万元，受灾1967户（次），总赔款3172万元，简单赔付率约为118%。已开办的险种主要包括水稻、小麦、油菜、蔬菜大棚、生猪、家禽、森林等共达到22个。2016年已基本完成产品设计的还有土鸡价格指数保险、梭子蟹气象指数保险、南美白对虾气象指数保险、网箱养殖气象指数保险等新型保险产品。2016年“莫拉蒂”“艾利”等台风和洪水灾害中，支公司领导高度重视，及时启动理赔预案，迅速指派人员全方位出击，农险队伍发扬不怕苦不怕累、连续作战的强硬作用，以最快的速度、最强的力度、最高的效率妥善处理长街西甜瓜、水稻及制种和小麦等受灾案件。日常工作中坚持以事实为依据、以条款为准绳，精心组织查勘力量，科学实施定损方案，高效推进理赔工作，做到查勘及时、定损适时、赔付准时，帮助受灾农户挽回部分灾害损失，坚持不惜赔不滥赔，做好理赔工作。首次建立农保专员队伍，每个乡镇派驻农保专员进行联络，了解农村市场的保险需求，快速应对大灾理赔，帮助农户恢复生产，受到政府及农户的称赞。

企业文化。营造良好的企业文化氛围，建设一支具有凝聚力、战斗力的高素质员工队伍，是公司一直以来追求的目标。抓好温暖企业文化建设，提高员工幸福感，同时不断完善员工关爱计划，创建幸福职工之家，促进公司和谐发展。2016年积极参加市分公司组织的职工运动会、岗位技能大赛、运动会、篮球赛、县慈善总会发起的助捐等系列活动。同时不断完善职工代表大会制度，力争夺战打造一支具有高度凝聚力、战斗力的高素质员工队伍，充分展示人保员工的良好精神风貌和独特的企业文化。

【人寿保险股份有限公司宁海县支公司】 2016年，中国人寿宁海县支公司累计完成股份总保费2.97亿元，同比增长10.78%。其中个险首年期交4138.75万元，首年标保1918.77万元，个险十年期及以上2254.90万元，个险短险349万元；银保趸交9000万元，银保期交605.6万元；团险短险1009万元；寿代产816.49万元。根据12月宁波市保险行业协会报表统计显示，宁海寿险市场总保费72279.28万元，宁海国寿29747.67万元，市场份额41.16%，其中个险市场份额35.87%，团险市场份额76.27%，银保市场份额55.38%。截至12月个险在册人力470人，市场占比15.87%。

2016年是公司经办新型农村合作医疗保险的第12年，同时也是圆满收官的结束之年（2017年1日1日起，新型农村合作医疗保险正式由城乡居民医保所接替）。在县人社局的统筹安排下，2016年9—11月，公司顺利完成全县18个乡镇、街道，共304个行政村的城乡居民医保政策宣传工作。同时对全县13个乡镇、街道进行共16次的统一宣导工作，取得良好的效果，为城乡居民医保新政的正式开启打好坚实的基础。

中国人寿宁海公司始终坚持以服务地方经济和关爱民生为己任，主动发挥保险机制和经营管理优势，承担起分散社会风险、维护社会和谐稳定的责任。农村小额保险作为针对农民的重要普惠金融产品，可以有效帮助农民免受自然灾害、意外和残疾冲击。公司大力推动农村小额在各乡镇的发展，截至2016年年底，该公司农村小额保险覆盖18个乡镇、行政村覆盖率达到25%，为数万农村人口提供上亿元风险保障。

经济管理

发展改革与物价管理

【概况】 2016年，地区生产总值同比增长6.9%，财政总收入、一般公共预算收入分别增长9.3%和17.1%，城乡居民人均可主配收入分别增长7.6%和7.9%，6个“双底线”管理指标增速位列全市前三，绿灯数位居全市第二。

【综合经济】 时刻注意把握经济发展趋势，加强经济运行监测和分析研判，并强化企业监测提升工作，积极研究破解热点、难点问题，并针对性提出对策举措。编制2016年度、2017年度国民经济和社会发展计划（草案），完成经济形势分析、调研材料数十篇。采用“7工程+1机制”模式，创新开展民生领域八大“优享”工程，出台三年行动计划。全面落实城镇化建设“十个一”工程。深入实施信用体系建设，制定下发《2016年宁海县社会信用体系建设工作要点》。持续开展国民经济动员工作，荣获2015年度国民经济动员工作先进单位。完成经济潜力调查和经动潜力调查。做好海洋经济创新示范区项目的跟踪和验收工作。制订象山港区域保护和利用工作实施计划和考核办法，积极与县级多个部门衔接、沟通，基本掌握象山港区域污染物排放情况，加强重点排污企业监测和治理。

【课题研究与规划编制】 深化课题研究。制订2016年度局调研课题计划，修订局课题研究考核办法。积极上报省市优秀课题成果，《宁海县新型城镇化建设体制机制研究》获得全市政府系统优秀奖、市发改系统优秀研究成果二等奖，《宁海县“多规融合”体制机制研究》被授予优秀奖。多篇调研课题分别在《浙江经济》《宁波经济丛刊》《宁海政研》等载体发表。《宁海湾区经济发展战略》顺利通过专家评审。

编制专项规划。完成28个“十三五”专项规划编制工作，并与《宁海县国民经济和社会发展第十三个五年规划纲要》有效对接，形成科学的以国民经济和社会发展规划为统领、专项规划为支撑的1+N“十三五”规划体系。同时，建立“多规融合”联席会议机制，完善协调管理机制，组建“多规融合”工作技术团队，开展综合规划知识培训。积极申请加入省“多规合一”试点，开展宁海县主体功能实施规划（暂名）编制工作，年底已形成初稿。

【产业转型升级】 战略性新兴产业发展方面，推行“谁引进、谁负责”的源头责任制，强化制度保障，扎实推进平台建设，挖掘出一批起点高、规模大、带动力强的龙头企业。2016年该县实现战新产业总产值75.9亿元，同比增长8.9%；实现战新产业增加值15.5亿元，同比增长13%，增速均居全市前列。

新能源产业发展方面，完成“十三五”能源发展规划、光伏发电应用规划、岳井洋新能源示范基地等规划报告编制工作。宁海抽水蓄能电站项目具备核准条件，电站配套基础设施工程实现开工建设。加快推进家庭光伏屋顶计划、“农光、渔光”互补发电项目等一批储备项目的前期工作。田岙5千瓦光伏发电项目建成并实现并网发电。宁海CNG加气母站项目及金水东路临时撬装站成功投运。

通用航空产业发展方面，获得市发改委立项批复，成立宁海通用航空产业基地建设指挥部，机场试验段地基处理工程进场施工。与国家民航科普基金会签订华东地区民航科普教育基地战略框架协议，与宁波机场集团签订战略合作框架协议。在全县范围内规划布局20个直升机起降点网络，首批3个直升机起降点项目主体工程完工，并成功举办航空医疗应急救援演练和空中集体婚礼活动。

总部经济发展方面，进一步完善总部经济政策体系，加强对总部企业的规范管理。得力、建新赵氏和旗滨3个总部大楼项目实现开工。得力集团、建新赵氏集团和太平洋恒业集团等三家企业多次成功入选宁波市总部企业名单并获得奖励。

循环经济发展方面，继续推进国家级循环经济示范县建设，探索循环经济新模式，扎实推动宁波加多美机械科技有限公司餐厨垃圾就地处置、中加低碳绿色建筑等循环经济项目建设。加强产业结构调整和淘汰落后产能，牵头开展全县产业扶持政策的修编工作，编制2015年度温室气体清单。

【重大项目建设】 强化投资综合管理。以“重大项目推进年”活动为重要载体，实施政策处理“清零拔钉”专项行动，建立全县投资项目管理系统，采用手机APP模式，形成以县领导、重大项目督察专员、联络员、重点办人员为主体的全县重大项目监管网，固定资产投资及重大项目推进取得显著成果。2016年全县固定资产投资达到311.6亿元，同比增长16.5%，增幅居全市第一，重点实事工程完成投资184.5亿元，同比增长11.7%，107个计划新开工项目中有87个项目已经开工建设，开工率为82%，10个人大票决确定的政府实事工程全部开工建设。

强化项目服务保障。积极推行“容缺后补”审批机制、启用投资项目在线审批监管平台，建立统一代码制度。对从生成到竣工全“生命周期”所有审批事项，实现平台受理、在线审批、限时办结、全程监察、全流程管理。审批时限上创新“115模式”，承诺提前率及实际办理提速率达95%。2016年共办理固定资产投资项目543件次，479个项目，总投资额284.1亿元。修订《宁海县政府投资项目工程变更管理办法》。2016年度累计审核235个项目概算，送审概算总投资98亿元；对69个项目工程变更进行审批，批复变更金额3亿元。

强化项目日常监督管理。继续做好甬台温天然气和成品油管道项目地貌恢复、水土保护等收尾工作，成立宁海—象山天然气管道工程建设（宁海）指挥部，初步确定项目总体建设方案和管道路由及站场、阀室规划选址方案。实施油气管道智能化信息管理工程，建立地下油气管网分布地理信息系统。多次开展安全生产专项检查，编制《宁海县石油天然气长输管道突发事件应急操作手册》切实做好重点建设工程领域的安全生产工作。

【重点领域改革】 谋划布局特色小镇。创建“369”特色小镇体系，宁海智能汽车小镇成功列入省第二批特色小镇创建名单，并成功入选省示范特色小镇；宁海森林温泉小镇成功列入省特色小镇培育名单，并列入市级创建名单，宁海十里红妆爱都小镇、宁海追风逐浪小镇列入市级培育名单。制定出台《关于加快特色小镇规划建设的实施意见》，建立县领导联系特色小镇制度和特色小镇统计监测机制。

创新新型投融资模式。积极指导各行业主管部门谋划包装PPP项目，全县PPP项目库储备项目26个，总投资577亿元。6个项目争取到中央前期工作补助资金290万元，西门片区危旧房改造工程项目获得两批专项建设基金补助1亿元。G228宁海西店至桃源段公路工程列入国家发改委第一批向社会资本推介传统基础设施领域PPP项目。严格按照法定程序推进PPP项目的投资人采购工作，至年底3个项目已确定社会投资人，共引入社会资本24亿元。统筹推进9个世行贷款项目前期工作。

创新工程造价管理方法。在试点工作取得成效经验的基础上，全面推行工程价款分算结算模式和缩短工程结算周期措施。构建“四个一”工程造价咨询市场监管模式，即实行一个部门监管、一个名录库、一套合同体系、一个考评办法，同时加强事中事后监管力度，对进入宁海市场的工程造价咨询企业进行统一管理。

【物价调控】 围绕惠民生，做好价格监管。进一步健全价格调控机制，价格总水平保持稳定，加强对民生商品市场供求和价格的动态监测，全县居民消费价格指数（CPI）为102%。认真开展政府定价成本监审、特色农产品成本调查和价格监测网点建设等基础工作。

围绕促发展，打造阳光物价。进一步降低水电等要素价格，取消、免（停）征、降低部分行政事业性收费。稳妥推进居民生活用水价格、污水处理费和天然气价格改革工作，对工业企业超标准排放污水实行多因子分档计收污水处理费制度。出台战略性新兴产业高成长企业优惠差别水价政策。规范学前教育收费行为，调整公办幼儿园保教费收费标准，做好130余家民办幼儿园收费网上备案工作。

围绕严监管，做好价格检查。进一步加强市场价格监管，维护市场价格秩序，重点开展节假日市场、大型展销会、春运市场和旅游市场价格执法检查。2016年共查处价格违法案件11件，实现经济制裁2.588万元；共受理办结各类价格政策咨询和违法行为举报173件，办结率100%。

围绕强服务，做好价格认证。在全市范围内率先出台《严格控制征地苗树木征用价格及迁移费用的办法》，经评估选定4家征地苗树木中介评估单位。对打击征地抢种苗树木、规范苗树木价格的评估和征地补偿、减少征地资金的支出起到积极作用。2016年度共办理各类价格鉴证、认证、认定案件472起。

【通用机场工程项目立项】 2月16日，宁海通用机场工程项目正式获得宁波市发改委立项批复，标志着宁海通航机场工程项目进入全面建设阶段。同时，委托中国民航科学技术研究院编制的《宁海通航产业发展规划》已通过专家评审，委托上海民航新时代机场设计研究院已编制完成项目可研报告和飞行程序设计报告，并上报华东民航管理局。项目已完成可研、飞行程序设计、水保、稳评、能评、环评等前期报告编制，正积极对接相关单位加快审批进度，宁海通用机场试验段地基处理工程已进场施工，争取2018年完成机场项目建设并投入运行。

【宁海县一沼气发电工程上网电价获省物价局核准】 2月3日，宁波绿生牧业有限公司沼气发电项目上网电价获省物价局批复，上网电价为0.666元/千瓦时，在此基础上再享受0.424元/千瓦时的临时价格补贴和0.01元/千瓦时的接网工程补贴。据悉，该项目是全省少有的利用猪粪为原料，进行沼气发电的可再生能源项目，也是全市首个获得上网电价批复的沼气发电项目，总投资500余万元，于2013年建成完工。此次上网电价通过批复后，该沼气发电项目将从“自发自用”转为“自发自用、余量上网”，预计全年发电量50万千瓦，可增加发电收入50万元左右。

【与宁波机场与物流发展集团签订战略合作框架协议】 5月16日，宁海县与宁波机场与物流发展集团有限公司（以下简称“公司”）签订《宁海县人民政府与宁波机场与物流发展集团有限公司战略合作框架协议》，这标志着双方就此结成战略伙伴关系，具有里程碑意义。根据协议，公司将以宁海现有通用航空产业规划为基础，完善宁海县通用航空产业总体规划布局，开展通用机场的设计建设阶段工作，建成后，公司将协助组建专业运营团队，整合双方优势，加快机场验收，为宁海滨海航空小镇项目招引、整机试飞、宁波航空通航基地建设、应急救援以及通航相关产业做好配套服务工作。预计2020年，航空产业将为宁海县增加产值50亿元，增加就业岗位1万个。

【打造全国最大新能源示范基地】 6月2日，岳井洋新能源示范基地规划报告通过省市专家评审，该基地将充分发挥当地风电、光伏和潮汐等综合的生态集聚优势，是“追风逐浪”特色小镇开发建设的核心内容，也是联动宁海—象山两县的重要桥梁，旨在打造全国规模最大新能源示范基地。该基地位于东部岳井洋港内，总投资约55亿元，依托下洋涂围垦堤坝及围区内养殖范围，规划建设50兆瓦风电场、300兆瓦光伏电站和55兆瓦的潮汐能电站，按现有建成潮汐能电站，规模为全国第一、世界第三，占地面积约566.67公顷，总装机容量达到400兆瓦，建成后年发电量约5亿千瓦时，拉动GDP过百亿元，实现地方年收税5000万元以上。

【打造总部经济集聚区】 6月30日，宁海县总部大楼综合体项目参加全省重大项目联动集中开工仪式，正式启动建设。该综合体采用“3+4”模式，3即由得力、建新、旗滨投资三个总部大楼项目组成，4即采取统一规划用地、统一功能布局、统一基础设施建设、统一开发管理等“四统一”方式，总投资约8.2亿元，总占地面积约4.8万平方米，总建筑面积约20.4万平方米，预计于2019年竣工。其中，得力总部将打造成集企业行政办公、研发设计、营销管理等功能的都市区域性企业新地标；建新赵氏集团总部将打造集绿色、生态、研发、办公等一站式商业配套服务相结合的高端商务写字楼；旗滨投资总部将打造宁波旗滨投资区域性投资总部。项目建成后，将作为该县总部经济发展的载体，带动新城市中心区形成高端服务业、高新技术产业与块状经济结合的企业总部集聚区，体现投资、消费、就业等社会和经济综合效益。

【工程价款分段结算模式】 针对国有（政府）投资项目工程价款结算中存在的耗时长问题，宁海县于2016年5月17日出台《关于规范和加快国有（政府）投资建设工程价款结算的通知》，从2016年6月1日起对工期一年以上且工程造价在5000万元以上的新发包工程实行工程价款分段结算模式，即根据工程形象进度进行合理的分段划分，实施阶段验收，分段即时结算，并允许产生纠纷时先行独立结算无异议分段工程，同时规定提高分段工程结算价款支付比例至90%，从而大大提高工程造价结算效率，减轻施工企业资金周转压力。根据6个试点项目结算情况统计，采用分段结算模式后，工程竣工结算期可从平均 23 个月左右有效缩短至平均 6 个月左右。

【西店镇、黄坛镇入选 2016 全国综合实力千强镇】 11 月 7 日，第十二届中国中小城市科学发展指数研究成果发布，公布 2016 综合实力千强镇等榜单，县西店、黄坛两镇入选全国建制镇综合实力前 1000 强，其中西店镇位列第 267 位、黄坛镇位列第 662 位。

市场监督管理

【概况】 2016 年，县市场监督管理局在县委、县政府的正确领导下，按照“发展为要、民生为本、安全为重、责任为基”总体要求，凝心聚力，奋力作为，各项工作取得新进展、新成效。

围绕党委政府中心工作，集聚服务发展职能，推动了县域经济转型发展。市场准入更加宽松便捷。全面整合窗口资源和登记事项，大力推进审批提速和登记便利化。全县新增各类市场主体 7513 户，同比增长 12.9%，审批综合提速率达到 85%。发放“五证合一、一照一码”营业执照 9908 份，覆盖率达到 57.7%。办理简易注销登记 2633 件，依职权注销失联个体工商户 839 户，初步形成便捷有序的市场退出机制。开辟重大建设投资项目“绿色通道”，全年帮扶引进超千万元浙商回归企业 17 家，引入注册资金 4.6 亿元。滨海新区创业创新服务站挂牌成立。助企服务更加精准有效。启动“走千家企业、服务助成长”活动，局班子成员带队开展企业调研，建立重点企业联络员制度，结对联系企业 110 家，帮助解决各类问题 60 余个。加快商标品牌资源整合，新认定省著名商标 3 件、市知名商标 4 件，省市名牌产品 5 件，文具协会等 5 家品牌指导站荣获星级称号，望海茶成功注册国家地理标志证明商标。现代家居市场通过“四星级”放心市场验收，实现县内高星级市场零的突破。质量发展更加提档升级。修订《县长质量奖评审管理办法》，扩延评审范围，并允许重复评奖、重复奖励，激发企业的主动性和积极性。推荐 4 家企业进入“浙江制造”重点培育企业，全县首个“浙江制造”“碎纸机”标准正式发布。鼓励企业参与国家（行业）标准制修订，发布实施国家（行业）标准 6 项。推动行业协会制订运动杖、数控雕铣机联盟标准并在 28 家生产企业推广应用，有效促进行业自律，增强产业市场竞争力。

在宁波市率先启动代办营业执照政银合作项目，引入银行营业网点介入执照办理，为深化简政放权提供了新的路径。牵头推进“小微企业三年成长计划”，联合经信、地税部门开展小微企业政策宣讲会，打通惠企政策落地“最后一公里”，得到省工商局冯水华局长批示肯定。率先落实联村干部食品安全监管责任，各乡镇（街道）联村干部排查食品安全隐患 167 个，配合取缔各类黑窝点、黑作坊 19 个，相关经验被《中国市场监管研究》杂志介绍推广。率先介入校园托管点“小饭桌”整治规范，对全县 40 家托管点进行分类分级管理，为宁波大市规范该行业给出“宁海答案”，得到县主要领导批示肯定，被评为市市场监管系统“创新突破奖”。启动电梯物联网建设，以“PPP 模式”和电梯安全责任险为抓手，初步构建统一覆盖的电梯安全监控网络，电梯监管“宁海模式”荣获省质监局创新奖。针对职业打假件剧增问题，制定“五统一”实务指导意见，确保投诉举报件程序、时限、答复符合法律法规要求。全年妥善处置职业打假投诉举报 221 件，未发生一起行政败诉，切实维护部门公信力和权威性。

将“保 G20 峰会、夺平安金鼎”作为头等大事，深入推进“三大一严”专项行动，县四套班子带队赴乡镇（街道）开展专项督查，查处各类食品违法案件 110 件，罚没款 177 万元。推动食品安全责任险落地，县财政每年投入 100 万元进行公益保险，并首次将发生在县域范围内旅游者中毒事件纳入保险范围，开创宁波先例。县食品检测中心改造提升工程纳入县十大民生实事工程，总投资 1000 万元，年底已投入使用。推进“红盾网剑”专项整治，办理网络案件 34 件，网络炒信案件被评为全市十大以案释法案例。加强民生计量领域监管，查处首例集贸市场电子秤加装作弊装置及伪造计量检定证书违法案件。开展类金融企业排摸，严守市场主体准入关，较好地把控履职风险。整合消保委、12315、跃龙所维权资源，加大消费维权力度，妥善应对海精灵群体性纠纷。全年受理各类投诉举报 2217 件，同比增长 61.3%，挽回消费者损失 169 万元。开展特种设备安全隐患排查整治，下达《特种设备安全监察指令书》216 份，停用淘汰燃煤锅炉 81 台，连续两年被评为市级先进。推进保健食品规范经营专项行动，实施准入条件、行业标准、执法模式“三统一”监管，进一步净化保健品市场秩序。

启动“找短板、解难题、树形象”主题实践活动，深入开展“六个一”[2] 系列行动，完成科所短板整改项目 64 项。强化基层所规范化建设，统一标志、标识、制度，配强基层所领导班子，打造规范化基层所全省“样板”。全省现场会在西店分局召开。组织开展“两学一做”微型党课比赛、“我为市场监管献一策”征文，引导干部职工围绕部门发展难题献言献策，进一步凝聚系统力量智慧。在《今日宁海》、FM98.9 开设“走进市场监管”专栏，开通市场监管微信公众号，及时传递部门“好声音”和“正能量”。主动邀请两代表一委员、媒体记者、市民代表、社区书记开展“你点我检”“市场监管开放日”“党群同心圆”“安全进万家”“电梯隐患随手拍”等各类活动，提升社会各界参与感和获得感，进一步构建起市场监管共治格局。2016 年，先后被评为省级文明单位、市级安全生产先进单位、县级服务保障 G20 先进单位，29 人次先后被国家、省、市、县评为先进个人。

全省市场监管系统星级规范化所创建现场会在宁海举办

【工商行政管理】 服务中心工作精准有力。紧贴党委政府中心工作，充分发挥职能作用，推动县域经济转型发展。搭建便捷“双创”平台。整合窗口资源和登记事项，推进“五证合一”、简易注销退出、食品经营“两证合一”等各项工作，最大限度地释放市场活力。全县新增各类市场主体 6313 户，同比增长 25.51%，办理“五证合一、一照一码”营业执照 7390 份，简易注销登记 2256 件，食品经营许可证 1330 件。服务招商引资。对接“三个年”“特色小镇”建设，开辟重大建设投资项目和重点区块建设项目“绿色通道”，并为规模企业兼并重组提供便捷准入服务。截至年底，共引进超千万元浙商回归企业 17 家，引入注册资金 4.6 亿元。助力产业转型升级。整合商标、商号、名牌“三名”品牌资源，全年新增注册商标 648 个，新申报著、知名商标 11 件，望海茶正式获评国家地理标志证明商标，切实增强县内产品综合竞争力。

启动“走千家企业、服务助成长”大走访。建立重点企业联络员制度，由局班子成员带队组建 11 个调研组，并会同乡镇（街道）以及餐饮协会、文具协会等行业团体，动态了解新设企业、“个转企”企业在生产、管理、品牌等方面情况。2016 年，全局中层以上干部结对联系企业 110 家，走访企业 400 余家次，帮助解决各类问题 60 余个。特别是针对企业对惠企政策看不准、用不好的现状，联合经信、地税等部门开展政策宣讲会，使惠企政策应知尽知、应享尽享，相关经验被省、市政府专报录用，并得到省局吴国升副局长批示肯定。

稳妥处置职业打假人投诉。在应对日益突出的职业打假人问题上，坚持“关口前移、重心下移”方针，对新开业大型商场、电商产业园、重点销售、生产企业开展行政约谈，督促其加大对易引发职业打假行为环节、问题整改力度，最大限度降低投诉风险。对于已出现的打假信件，制定“五统一”实务指导意见，由“12315”中心牵头，法规科签署初步指导意见转交基层所处置，并对其进行实时督查，确保基层所每件投诉举报件程序、时限、答复内容均符合法律法规要求。2016 年，该局共妥善处置各类职业打假信件 180 件（同比增长 200%），未发生一起行政败诉，切实维护该部门的公信力和权威性。

市场维序平稳推进。全面延伸监管触角，严查新型大要案件，成功查处县妇保院侵害消费者知情权和公平交易权案，罚没款共计 109 万元。推进“红盾网剑”专项行动，加大对虚假宣传、商标侵权、网络炒信等违法行为打击力度，网络炒信案件被《中国工商报》转载报道，并入围首届宁波市“十佳以案说法典型案例”评选活动。在全大市率先启动保健食品规范经营专项工作，实现保健品准入条件、行业标准、执法模式“三统一”监管，进一步净化保健品市场秩序。

推进医疗机构规范化建设，加强无证胶囊、问题疫苗排查，妥善处置了越溪废弃药品事件，守住药品安全底线。

主题实践活动成效显著。深入开展“找短板、解难题、树形象”主题实践活动，有序推动各项业务工作更加规范、更加深入。精准查找部门短板。围绕机关、基层满意工程建设，分组走访乡镇（街道）、“两代表一委员”以及监管服务对象，广泛征求意见建议，共分发调查问卷300余份，查找突出问题153个，梳理重点整改项目66项。精心组织“献一策”征文、“两学一做”微型党课竞赛，鼓励干部职工围绕制约部门发展的短板问题献言献策，进一步凝聚系统力量智慧。创新破解系统难题。稳步推进基层规范化建设，加快科（所）长双向调整交流，新提拔、转任中层干部33人并向基层倾斜，进一步充实基层力量。全省基层规范化建设现场会在西店分局召开。引导各科（所）聚焦工作热点难点，研究梳理攻坚突破、创新试点项目。全局21个创新项目有序推进。食品生产科健康证查询平台建设、深甽所“三三三”工作机制已取得阶段性成效。全力展现部门形象。

【食品药品监督管理】 以联村干部补齐基层食品安全责任网短板。面对市场监管职能调整、事多人少等现状及日益趋紧的食品安全监管形势，基层专业监管力量难以落实到位，而食品安全网格员队伍能力却很有限。宁海创新工作思路，率先让联村干部走好基层食品安全工作的群众路线，实现专项整治向常态治理转变，在推动基层食品安全隐患治理、转型升级、社会共治等方面取得显著成效，基层食品安全责任网进一步夯实。9月，国家工商总局《中国市场监管研究》期刊从县级视角对此进行全面深入的系列专题报道，武汉大学质量发展研究院院长、博士生导师程虹教授，清华大学叶岚博士等专家学者对宁海基层食品安全监管创新亮点作专业点评。

积极开展“味道宁海”传统特色点心店评选。由县商务局、县市场监管局、县妇联、县旅游委、县新闻中心主办“味道宁海”传统特色点心店评选活动，全县范围内主营宁海传统特色点心的风味点心店、特色餐馆等经营主体均可申报。通过自荐报名、推荐人报名、相关部门推荐和乡镇推荐4种方式，经组织初选、宣传推送、公众投票、专家评审等环节后，评选出15~20家宁海传统特色点心店，进一步推动宁海传统特色点心向产业化、连锁化方向发展，打响宁海传统特色点心品牌，服务全域旅游发展，服务农民增收致富。

打造地方食品安全监管新样板。为探索建立满足社会需求的餐饮监管新模式，宁海县率先打造食品安全监管新样板，在市场监管局单独设立市场监管直属一所，专门负责城区的餐饮服务食品安全监管工作。运行两年多来，监管基础进一步夯实，监管效能进一步提升，引领作用进一步发挥，监管效果已逐步显现。《宁海打造地方食品安全监管新样板》在《工商行政管理》2016年第12期刊登。

实现“三大一严”专项行动调研走访全覆盖。为提高“三大一严”专项行动工作部署的针对性和有效性，确保专项行动落到实处、取得实效，宁海县食安办5月9日起，组织开展全县食品安全“三大一严”专项行动调研走访活动，由该县食安办和市场监管局所有分管领导分片调研，带领所有职能科室负责人、基层所所长走访各自联系辖区内的各个乡镇（街道）。调研走访活动实现全县18个乡镇（街道）全覆盖，督查联村干部和基层网格员形成严密网络，强力推进“三大一严”专项行动，获得省食安办简报肯定。

12月3日，首将发生在县域内的旅游者食品安全事故纳入公益保险范围

开展食品安全“三大一严”专项行动专项督查。7月下旬开始，由县人大、县政府、县政协领导分组带队，抽调县委督查室、县政府督查室、县农林局、县商务局、县海洋渔业局、县市场监管局、县综合执法局等部门人员组成3个督查组，对全县18个乡镇（街道）食品安全“三大一严”专项行动开展情况进行专项督查，并最终形成专项督查通报，肯定各乡镇（街道）工作成绩，指出存在的问题不足和下一步工作要求。

加强和规范公母种猪及晚阉猪肉品安全管理。督促本辖区各生猪养殖企业（户）建立淘汰公、母种猪及晚阉猪销售管理台账，对淘汰公、母种猪及晚阉猪的出栏销售情况进行登记。要求生猪养殖企业

（户）对淘汰公、母种猪及晚阉猪收购单位或收购人进行调查核实，告知公、母种猪及晚阉猪不得用于加工鲜、冻片猪肉的相关规定，并告知合法收购单位或合法肉制品生产企业委托收购人建立购销货台账。要求加强上市鲜、冻片猪肉安全监管，严防农贸（含批发）市场、商场超市、餐饮服务单位等经营、采购公、母种猪及晚阉猪加工的鲜、冻片猪肉。一经发现依法查处，涉嫌刑事犯罪的依法移送公安机关立案侦查。

宁海白枇杷花茶省内首获食品安全企业标准备案。积极联动、指导枇杷花生产企业多方查找资料，沟通省市级有关部门，经过资料收集、产品检测、毒理试验等一系列程序后，报经国家卫计委获得认可，由省卫计委按照普通食品进行食品安全企业标准备案，终于明确了白枇杷花茶的食品特性、安全指标、日食用量等，这是省内首次将白枇杷花列入备案。自此，宁海县白枇杷花茶的市场准入难题终得破解，白枇杷花产业发展步入正轨。

农贸市场食品安全首次接受第三方评估。11月，SGS宁波分公司对宁海县城区龙海农产品批发市场、跃龙综合市场、兴海农产品综合市场等三家农贸市场的食品安全状况进行综合评估，第三方机构对农贸市场食品安全进行评估，这在宁海县尚属首次。该公司按照通过查看资料和现场查验，抽取县龙海农产品批发市场、跃龙综合市场、兴海农产品综合市场50余户经营户，对其经营资质、“三防三白”措施、一户一档等情况进行详细检查和评估，总体情况良好。

出台方案试点食品安全责任险。下发《宁海县食品安全责任保险工作实施方案》，标志着宁海县开始展开食品安全责任保险的试点和推广工作。首次将发生在县内的旅游者食品中毒事件纳入公益保险范围，这对于迅速有效处置各类旅游突发事件，维护县旅游形象，具有重要意义。下一步，通过政府推动、市场运行，逐步向食品生产、食品流通、餐饮环节的经营单位推广。

县外媒体聚焦学校食品安全工作。12月5日，中央人民广播电台、《东南商报》《现代金报》、宁波电视台等10余家县外媒体齐聚宁海县，参观县推行后十万学生食品安全工程新模式——清托定级、双评双示。清托定级是针对学校周边为学生提供托管、就餐服务的新兴业态安全隐患较大的现状，率先开展托管点整治清理工作，控制数量降低规模，将学生托管点纳入正常的餐饮服务食品安全监管，消除学生在校外托管点、培训机构的食品安全隐患。双评双示是建立一套学校食堂专用的食品安全检查制度，由学校对食堂进行食品安全自查、公示，市场监管部门进行评定、公示。校园周边托管点“小饭桌”规范项目荣获2016年度全市市场监督管理系统“创新突破奖”。

宣传教育活动全面多样，社会氛围日益浓厚。营造良好氛围。借助县广播电视台、《今日宁海》、宁海发布微信公众号等媒体发布通报信息50余篇次，通过微信、微博等平台发布信息200篇次，进一步提升广大群众和食品生产经营者对“三大一严”专项行动的认知程度。编印专题信息、督查通报、十大典型案例、食品安全“黑名单”等专刊，定期通报“三大一严”专项行动进展情况，设立宁海县食品安全法治教育基地，结合“3·15”消费者权益日、“5·12”应急宣传日、“你点我检”“安全进万家”“公共安全进乡村”等主题活动，深入开展各类食品安全宣传活动，不断拓宽宣传广度。拓展宣传对象。指导有关部门将食品安全宣传与更广泛的社科知识普及、平安宣传结合起来，积极开展全县健康教育、妇女食品安全培训等宣传活动，切实增强群众食品安全参与感与满意度。注重长效建设。加快食品行业整体提档升级，开展特色民宿、农家乐改造提升，对食品生产加工小作坊、食品流通经营者、餐饮服务单位的主体资格、生产经营许可等问题进行解疑释惑，取得明显成效。

【质量技术监督】 突出质量主线，倾心服务经济发展大局。坚持以提高发展质量和效益为中心，深入推进“质优宁海”建设，全力推动县域经济做大做强。完善质量工作机制。将质量强县工作纳入“十三五”发展规划，牵头制定《关于深化质量强县建设工作的实施意见》《2016年质量强县建设工作任务分解》等一系列相关文件，建立健全定期会商机制、目标考核机制和经费保障机制，确保了质量抢险工作稳步推进。特别是对2007年版《宁海县县长质量奖评审管理办法》评审范围、评审条件、分值设定、奖励措施等方面进行重新修订，促使县长质量奖评审范围从工业领域向服务业、农业各领域扩延，并允许重复评奖、重复奖励，进一步激发企业的主动性和积极性。做强“浙江制造”品牌。制订出台《宁海县“浙江制造”品牌培育试点实施方案》，开展“浙江制造”品牌培育试点县申报工作，并被列为省第二批“浙江制造”品牌培育试点县。积极争取将“浙江制造”标准制定和品牌认证纳入资金扶持政策，推荐得力、小雪人等4家企业进入2016年“浙江制造”重点培育企业并参加品牌培训营等活动。至年底，“碎纸机”“点验钞机”等标准已被列入“浙江制造”标准制定计划。推动品牌升级增效。探索建立企业质量发展信息库，对竞争力较强、知名度较高的26家企业实施重点培育，2016年共11家企业新申报省市名牌产品，从申报情况看，呈现出企业规模较大、质量基础较好、服务业比重逐年提高等特点。特别是经多年运作，宁海“望海茶”正式获得国家地理标志证明商标，成为继“梅林鸡”之后又一国字号金字招牌。发挥标准战略引领。鼓励引导工业企业主持、参与国家行业标准制修订，对5家企业参与制修订的10个国家（行业）标准发放补助资金50万元。2016年，全县企业共参与“过塑机”“装订机”等9项国家（行业）标准制修订工作，发布实施国家（行业）标准5项。探索新农村标准化工作，围绕现代农业生产、美丽乡村建设等方面开展标准化建设试点，全县农业标准化生产程度达到63.2%，《农村垃圾分类处理》及香榧种植标准化项目被列入2016年第二批标准化重点项目，标准工作的基础性、战略性地位明显增强。

4月29日，开展“小手拉大手 安全共相守”特种设备安全主题活动，将“百城万校”电梯安全流动宣传车开进学校

围绕质监主业，全面夯实质量监管基础。扎实推进质监业务职权下放、力量下沉，针对基层干部业务知识缺口，实施“流动课堂、速成指导”计划，采取一个质监业务科长一天一个基层所大轮训的方式，深入基层开展现场讲解和实践指导检查，全面提升基层干部的综合业务能力。基层所已全面开展计量、3C认证类质监案件办理，基层质量“安全网”进一步织密织实。质量安全保障能力不断提升。深入开展“蓝剑”系列专项执法行动，加强民生产品、高风险产品、潜在危害产品的监督抽查力度，共对学生服装、儿童用品、食品包装、铝压力锅等14类产品抽样114批次，检出不合格商品11批次并进行后续处理。坚持行业规范和质量提升并重，推进数控雕铣机块状产业质量提升工程，促成该行业监督抽查批次合格率和综合合格率均达到90%以上，有效防范区域性、行业性、系统性质量风险发生。质量基础工作逐步加强。深入实施计量放心工程，强化供水供电、液化气充装、集贸市场等民生领域计量执法，查处首例伪造计量检定证书案件。推进计量所实验室规范化建设，安排专项资金购置计量检衡车和质量比较仪，成为全大市县级机构唯一配备计量检衡车的检测机构。妥善处置全县关注的城东加油站加油枪“空转走数”网络舆情，组织开展线下调查并及时回应社会关切，切实避免负面舆情发酵。

强化安全主题，切实维护社会和谐稳定。坚持将护航G20峰会、互联网大会作为头等大事，发挥直属二所专业所优势，切实抓好重大活动、重要时点、重要领域监管任务，确保特种设备安全形势稳中向好。健全监管体制机制。将特种设备安全纳入县政府目标考核体系，明确乡镇（街道）属地责任和行业部门主管责任，健全风险点排查、安全隐患治理和挂牌督办制度，并在电梯维保单位、液化石油气充装行业实施质量安全“黑名单”制度，有效解决一批行业和领域的突出问题。特别是针对电梯被困事件逐年增加的现实状况，正式试水政府购买电梯“110”应急救援工作服务，签订2016年宁海县电梯应急救援外包合同，有效缓解电梯救援难题。2016年，共处置“110”应急联动100余起，未发生一起电梯伤亡事故。强化重点领域监察。扎实开展特种设备打非治违专项行动，加大简易升降机、农村小锅炉、电梯、涉氨企业等重点领域（行业）安全监察力度，严厉打击违法违规生产使用特种设备行为，共下达《特种设备安全监察指令书》152 份，淘汰燃煤锅炉 44 台，关停不合格氨制冷企业 6 家，罚没款 44.8 万元，有力保障群众生命安全和社会稳定。创新宣传方式手段。联合县教育局、安监局在全县范围内开展“小手拉大手，安全共相守”主题活动，推动中小学生正确认识和安全乘坐电梯，通过“小手拉大手”营造全民安全乘梯的良好氛围。至年底，该活动已被宁波市安委会纳入“安全生产月”系列活动。畅通全社会参与特种设备安全监督的信息渠道，连续两年开展“电梯隐患随手拍”活动，共引导社会公众参与排查各类电梯隐患 160 余个，进一步提升社会公众参与特种设备的责任意识和监督意识。

安全生产监督管理

【概况】 2016 年，全县安全生产形势保持平稳态势，未发生较大以上生产安全事故，共发生各类事故 116 起（火灾事故直接损失超过 100 万元纳入事故统计），死亡 30 人，直接经济损失 149.81 万元。其中，道路交通（生产经营性）事故 103 起，死亡 16 人，受伤 112 人；工矿商贸发生事故 13 起，死亡 14 人，直接经济损失 344 万。各类事故均未突破市政府下达指标。县安监局在宁波市安监系统绩效考核中荣获优秀单位和综合先进单位第二名。

【安全生产责任体系建设】 按照“四级五覆盖”的要求，县、乡镇（街道）两级已全面建立“五个全覆盖”（“五个全覆盖”是指：“党政同责”、“一岗双责”、“三个必须”（管行业必须管安全、管业务必须管安全、管生产经营必须管安全）、政府主要负责人担任安委会主任、各级安监部门向同级组织部门通报安全生产情况五项工作）的安全生产责任体系，“党政同责、一岗双责、失职追责”和“三个必须”的要求得到进一步强化和细化。县委、县政府出台《宁海县党政机关安全生产工作职责规定》，进一步明确党委政府及党政班子成员、群团机关安全生产工作职责。出台《安全生产警示约谈暂行办法》，及时预警、提醒相关责任单位，督促解决安全生产监督管理中存在的突出问题，对发生生产安全事故责任单位，依法依纪追究相关人员的党纪政纪责任。各乡镇（街道）、行业管理部门也分别与所辖村（居）、企业层层签订责任书，形成横向到边、纵向到底的责任体系。县委、县政府领导定期主持研究、分析、部署安全生产工作，及时协调解决安全生产工作中出现的重点难点问题，并建立县级领导安全生产工作督查机制，重大节庆期间和重要时段，分别带队对安全生产工作进行检查督查，进一步推动工作落实。

“宁海县创新电梯安全监管打造‘宁海模式’”获 2016 年度全省质监系统创新项目奖

【健全隐患排查治理体系】 深化安全生产社会服务工作。继 2014 年宁海县在全省率先推行安全生产隐患排查社会化服务模式后，2016 年，将此项工作列入深化社会服务机构承接政府职能改革项目，在严格规范管理基础上，统一安全生产隐患排查专业化服务标准，确保安全生产隐患排查工作质量，并加大政策引导力度，全县 3563 家小微企业委托咨询机构完成首次全面隐患排查，签订安全生产社会化服务外包合同并开始正常运转的企业 990 家。小微企业借力第三方机构，有效解决安全生产“无人管、不会管、不好管”问题。

持续推进低小散行业整治提升工程。围绕“三改一拆”“五水共治”等中心工作，结合产业转型升级，有序推进“低小散”化工企业规范整治，通过技术改造淘汰落后工艺技术装备，推广应用先进适用的安全科技成果，提高企业本质安全水平。全县 7 家危化品生产企业、8 家危化品经营储蓄企业和 31

家加油站全部完成标准化创建活动，改造自动化控制系统企业4家，转产、停产、停业或者解散危险化学品企业共4家，有效实现关闭一批、改造一批、提升一批的既定目标。

加大重大隐患治理。进一步规范隐患排查治理和重大隐患挂牌督办制度2016年将涉及工贸企业、消防、危房、“三合一”场所、码头、山塘水库等领域存在重大事故隐患生产经营单位列为挂牌督办治理，其中，省级挂牌隐患单位宁海县三禾服饰有限公司如期完成隐患整改。县级挂牌隐患督办单位11家均如期整治完成。

5月19日，国家安监总局职业健康司副司长王建冬、李海涛等一行4人到宁海调研社会化服务（拍摄人：王晓旭）

【事故防控体系建设】 标准化创建与诚信机制建设。持续开展规模以下企业四级安全生产标准化创建工作，提升企业本质安全水平。2016年度全县新增规模以下企业四级标准化企业154家，超额完成任务指标。将工伤保险费率与标准化诚信信用等级挂钩。全县纳入诚信机制建设体系工矿企业760家，烟花爆竹零售单位145家，安全诚信等级达A级26家，B级601家，C级190家。

应急管理与能力建设。修订完善危险化学品事故等应急预案，规范应急处置程序，建立健全了应急处突机制。以县人民政府应急管理系统为平台，建立危化事故应急救援指挥信息体系，实现消防“119”、公安“110”、交通“122”、急救“120”、安监、应急办等相关部门应急救援有效联动，充分应对突发事故。7月1日，县安委办承办组织开展宁波南部滨海新区宁东新城商务中心开展消防演练，通过实战演练提升各部门协同处置能力。

强化基层安监机构范化建设。积极推进基层安监站所星级评定工作，以创建促工作落实，强化基层安监力量，8个乡镇（街道）当年完成三、四星级创建。此外，各乡镇（街道）均设立消防工作站，配备专职消防安全监管人员50余人，基层消防队伍力量及安全基础保障配备到位。

大力推进安全生产网格化建设。建立县、乡镇（街道）、村（居）企三级网格体系，全县18个乡镇（街道）设立安全生产村（居）网格395个，配备网格员422人，在全市率先实现安全生产网格巡查移动终端运用全覆盖。依托手机APP等信息系统实施动态安全协查，在打非治违、隐患排查等工作中逐步发挥重要作用。

加强安全生产信息化建设。依托省、市智慧安监信息系统，加强基层安全生产监督管理平台的建设运用，提升安全监管工作效能。同时以信息化技术推进科技兴安工作，在危险化学品、烟花爆竹、民用爆炸物品的道路专用车辆，旅游包车、三类以上的班线客车、工程车等五类车辆全面推广GPS卫星定位动态监控和联网联控技术。完成67个监控点外场设备立杆，完成智能公交调度系统建设和部分公交车4G无线上网设备安装。全县60马力以上渔船全部安装使用防撞自动识别系统。

【安全文化建设】 积极打造安全生产宣传氛围。充分发挥各类载体作用，坚持媒体宣传不断线。加强主流媒体宣传报道，在各级媒体宣传报道全县安全生产亮点工作。另外通过安全生产门户网站、官方微博等信息管理系统，及时发布安全生产动态信息，编发手机报、群发短信20万余条，增强全民安全生产法制意识和事故防范意识。

多方位拓宽安全宣教渠道。充分发挥公共安全文化主题公园、生产安全事故警示教育中心及青少年宫安全教育基地作用，及时维护设施、更新宣教内容，向公众免费开放。依托现有公共安全教育基地，向企事业单位管理人员、特种作业培训人员和公众免费开放，并向下延伸至基层，全县 13 个乡镇（街道）、3 家企业完成公共安全宣教基地建设，增大安全宣传教育覆盖面。成功组织开展“安全生产月”、“安康杯”以及职业病防治周、交通、消防等专项系列活动，发挥主流媒体、网络平台和教育基地的辐射作用，营造良好安全生产舆论氛围。县安监局被评为 2016 年度省级“安全生产月”活动优秀单位。宁波北新建材有限公司、山中合金（宁波）有限公司、宁波西尖电子有限公司 3 家创建安全文化市级示范企业。

加强安全生产岗位培训工作。2016 年共培训企业主要负责人和安全员 6800 人次，其中一般企业主要负责人 3184 人、安全员 3616 人，特种作业 947 人，全县从业人员接受安全培训 10 万余人。

【提升安全生产治理能力】 强化重点行业监管，严厉打击各类非法违法行为。针对各领域安全生产形势依旧严峻，县安委办积极发挥牵头作用，协调部门强化联合执法力度，积极推进在建重点工程、打非治违等专项整治行动，严厉打击安全生产领域各类非法违法行为。通过一系列整治行动，有效打击一批无证无照生产经营行为，依法关闭一批存在较大安全隐患的生产经营单位，整治一批安全条件差、事故隐患严重、安全管理混乱的企业。

加强危险化学品及重大危险源安全监管。加大对危险化学品的生产、储存、经营各环节的安全管理力度，严格落实危险化学品、剧毒品使用、易制毒、易爆物品备案制度，进一步规范民用爆炸物品和烟花爆竹、剧毒品使用的管理，加强危险化学品、烟花爆竹和非煤矿山企业证后监管工作。

迅速开展年末岁初安全生产大检查行动。11 月下旬宁海县按照上级统一部署开展安全生产大检查行动，明确安全生产大检查范围重点和职责分工，由县政府各线领导亲自带队，各专业安委会牵头单位具体协调，对全县建筑施工（治危拆违）、非煤矿山、交通运输、危险化学品、烟花爆竹、油气输送管道、冶金煤气、粉尘作业、渔业船舶、特种设备、“三合一”场所及人员密集场所等重点行业领域进行全面督查、检查。全县各地各部门组织出动检查组 2640 个（9046 人次），检查重点生产经营单位 8889 家，排查治理各类安全隐患 5707 条，有效消除一大批事故隐患。

【开展宁海县标本兼治遏制重特大事故试点工作】 自 2016 年起，宁海县承接全国“标本兼治遏制重特大事故”试点工作，通过在全县各地各行业领域全面开展试点工作，力争在责任落实、风险分级管控、隐患排查治理、依法治安、基层基础和应急管理等方面取得新突破。到 2018 年，基本形成系统完备、科学规范、运行有效的安全生产治理体系，较大以上事故防范和安全生产治理能力显著提升，安全生产总体状况稳定可控，确保“十三五”期间，全县事故起数、死亡人数、生产经营活动死亡率三项指标持续下降。为全市乃至全国重特大事故防控提供一批可复制、可借鉴的工作经验。

开展宁海县安全生产风险评估。重点围绕危险化学品、消防安全、建设工程、海洋渔业等 11 大类事故风险进行深入的调研和分析，对全县 33 类主要风险源开展事故发生可能性和事故后果严重性两方面进行综合定性分析后，完成《宁海县安全生产主要风险分析与对策措施》，为全面推进标本兼治遏制重特大事故试点工作打下坚实基础。

7 月 1 日，在宁波南部滨海新区组织开展宁海县 2016 年火灾事故疏散应急演练。（拍摄人：王晓旭）

明确十大重点推进项目。将棚户区改造工程、强蛟镇峡山渔港和西店国庆渔港改建工程、安全生产宣教基地建设等 10 项工程列为宁海县标本兼治遏制重特大事故试点工作重点推进项目，确定牵头主管部门，明确目标限期治理，集中解决安全生产突出问题。（王晓旭）

国资管理

【概况】 2016 年 12 月底，宁海县 42 家国资企业资产总额为 830.6 亿元，同比增加 175.7 亿元，增幅 26.8%；负债总额 591.5 亿元，同比增加 150.6 亿元，增幅 34.1%；净资产总额 239.1 亿元，同比增加 25.2 亿元，增幅 11.8%；资产负债率为67.3%，与2015年基本持平。

【整合重组】 完成水投公司的组建。出台《宁海县水利投资建设有限公司组建方案》递交县政府讨论通过，3月底县水投公司完成组建。将发展水利事业，强化资源资产资本运作，把水投公司打造成资产优质，支撑作用明显的水利综合性投融资平台，更好地推进该县的水利基础设施建设。加大内部资源整合力度。协助落实宁海湾旅游开发区与科技园区的整合重组；积极推动中小企业担保中心的改革重组；协助乡镇街道成立5家棚改公司；按照原定重组计划将白溪水库20%的股权划入旅投集团。

【完善现代企业制度】 理清分工职责，完善董事会运行机制。完善配套制度，提高董事会运行效能。规范日常运作，发挥董事会决策机制。

强化监事会作用发挥。印发年度监事会工作指导意见。提出2016年县属企业监事会工作指导意见。督促指导各监事会工作开展。以企业问题和风险为导向，排查薄弱环节，开展日常监督和专项检查。开展的审计工作，对企业2015年公务消费情况、人事薪酬管理情况开展检查。水务监事会发出提醒函2份，城投监事会发出提醒函1份。建立监事会工作相关制度。研究出台《宁海县属国有企业专职监事考核评价与薪酬管理办法（试行）》，建立监事总监工作例会机制。该局监事会建设得到了省、市国资委领导的高度评价，《浙江国资》杂志2016年第三期以“为宁海国资保驾护航——宁海县级国企外派监事会工作纪实”为专题，报道宁海县推进集团公司监事会建设情况。

3月，完成水利投资有限公司组建工作（拍摄人：方慧玲）

【加强监管，夯实国资基础】 完成2015年度业绩考核工作。聘用中介机构对商贸、水务、交通和旅游四大集团的经营业绩进行了审计和确认，圆满完成2015年度国企业绩考核工作。启动2016年业绩考核工作，在2015年的基础上优化考核办法并扩大考核范围。

加强国企人事管理工作。组织召开2016年度全县国有企业人事工作会议；督促各集团公司抓紧落实“五定”工作方案，县属集团公司共精简员工75人，精简中层管理岗位48个，精简企业内设机构9个；继续指导集团下属企业完成定岗定编工作；配合县民政局做好2016年度转业士官的安置工作，上报2家企业3个岗位；做好2016年度全县国有企业各类职工基本情况统计工作。

规范国有企业融资管理。开展国有企业银行账户清理工作。为开展国有企业长期睡眠和低利用银行账户清理工作，共清理银行账户196个。严控国有企业融资成本。探索国企融资询价制度，制定出台《加强我县国有企业融资管理的意见》。2016年全县国企融资成本全部低于6%/年，处全大市领先。完成国企公款存放招投标工作。截至4月13家融资平台下属49家独立法人企业首次公款竞争性存放全部完成，13家融资平台活期存款利率全部变更为协定存款利率。推动国企融资多元化。城投集团和交通集团债券发行分别取得10亿元借款，科技园区融资租赁取得5亿元借款。

强化国资内部审计工作。开展集团公司、直管企业绩效审计。完成水务、商贸、交通和保安4家企业2015年度经营业绩审计组织协调和报告审核工作；完成城投、水务等5家集团公司及新华书店等2家直管企业2016年度经营业绩预测值审定工作。开展公务消费专项审计。完成水务、商贸、交通、旅游和保安5家企业2015年度公务消费专项审计（含内控机制建设）；完成上年开展的19户企业2014年度公务消费专项审计报告审核定稿。合计出具24份公务消费专项审计报告，以整改通知附审计报告形式送达企业，督促企业落实整改。开展投融资平台资金管理专项检查。对全县 13 家投融资平台进行资金管理检查，检查内容涉及融资程序、公款招投标落实等方面。开展人事薪酬管理专项审计。对城投集团、商贸集团等 5 家集团公司和保安公司开展人事薪酬管理专项审计。开展国有房地产出租情况专项检查。对城投、商贸、水务 3 家集团公司及 3 家局直管企业进行专项检查，并提交检查报告。

加强国企投资管理工作。制定出台《关于加强我县国有企业投资管理的意见》，使国有企业的投资进一步做到科学、民主、理性和稳健。

完成国有资本经营收益收缴工作。根据《关于宁海县国有企业 2015 年度收益收缴的通知》，对县属国有企业 2015 年度的收益按审计后当年税后净利润 10% 上缴，共计 147.75 万元，与 2015 年相比增加 19.72 万元，增幅为 15.4%。

【队伍建设】 加强党风廉政建设。落实国企权力运行内控机制建设，推进“三重一大”保廉工作，加强国企廉洁文化和纪检监察组织建设。全年协助县纪委办结信访 3 件，及时办结且信访人满意率 100%。2016 年度业务招待费预算申报企业 26 家，核定业务招待费 384 万元，较 2015 年核定额度减少 754 万元，同比下降 66%。强化干部队伍建设。搭建资产证券化团队。推进县国有企业人才队伍建设五年规划，在国资系统进行选拔，组建 7 人的国有资产证券化团队。推动国企领导人综合素质提升。会同县委组织部、县委党校举办县国企领导人综合素质提升培训班，共有 50 余名国企领导人参训。

统　计

【概况】 宁海县统计局属县人民政府的职能组成部门，县编委办额定全局公务员编制 9 人，实有干部 12 人；额定全局事业干部编制 32 人，实有干部 24 人，其中：参照公务员管理 7 人，事业管理人员 17 人。县统计局内设机构办公室、综合核算科、工业投资科、服务业统计科和法规教育科。局属事业单位：县普查中心（定编 12 人）、县统计信息中心（定编 9 人）、片区统计指导工作站（定编 11 人）。

【常规工作】 报表统计。分专业认真组织开展业务培训，传达省、市统计工作会议精神，落实统计年定报工作，做到领导有方、组织有序、责任到位、落实有力，同时，紧密围绕局中心工作，贯彻国家统计局落实中央巡视反馈意见整改工作视频会议精神，开展“数据造假、以数谋私”专项治理工作，夯实统计基础工作，提高统计数据质量，充分发挥参谋助手作用服务全县发展大局。

监测分析。围绕全县经济社会发展，强化经济运行的监测力度。时刻密切关注经济社会运行情况，各专业每月、每季度特别是加强对规模以上工业、投资重点项目、服务业、县域经济等对全县发挥重要支撑作用领域的监测，准确把握经济发展趋势。

信息报送。及时整理、发行《统计公报》《宁海统计信息》《统计资料精要（内部参阅）》等常规资料，加强对宁海县宏观经济运行态势的跟踪分析，搞准对经济发展走势的预测；以数据为支撑，强化短平快信息和统计调研分析的撰写能力，提供具有参考价值的统计信息、工作动态和决策咨询建议，为该县领导和有关部门制定宏观经济政策提供科学依据。

【统计服务】 专项调查。聚焦社会热点难点，开展平安调查、生态建设群众满意度调查等专项调查工作，配合做好“三改一拆”“五水共治”等重点工作的数据对接协调工作。

部门联动。进一步加强对部门统计工作的指导、协调和管理，确保部门统计工作准确、规范。建立统计联席会议制度，要求部门在向上级主管部门上报统计资料前，需与统计局沟通交流，确保数据真实有效，并逐步建立政府综合统计与部门统计的信息共享平台，不断强化与各经济主管部门的数据对接工作，协助做好特色小镇、全域旅游统计等全县特色性工作开展。

深入基层。依托片区，推进乡镇街道统计站运行规范化，人员力量进一步加强，职能发挥进一步增强；进一步加强企业走访，重点指导企业规范化建设开展，进一步夯实统计基层基础工作，有效促进统计数据质量的提高。

信息发布。通过快报、月报、门户网站等载体及时发布统计数据信息；积极探索统计数据为民服务的有效形式，加大统计指标解读、统计工作过程的宣传力度，提高社会公众对统计及统计数据的认知度；同时，进一步规范信息公开机制、完善权责服务清单，不断拓展交流渠道，充分发挥统计数据的服务大局、服务群众的作用。

【依法统计】 健全机制。2016 年，该局进一步加大执法力度，提高成案率，消除零处罚与零经济罚款。围绕工业、商贸业等稽查重点，根据实际情况该局计划稽查51家单位，以专业为主成立稽查组，结合片区走访，责任到人，按季完成。在统计稽查过程中，采取检查与整改相结合的办法，注重检查效果。通过现场检查整改，促使企事业单位领导和统计人员找到自身差距，从思想上充分认识统计工作的重要性和严肃性。截至12月21日，已完成全部稽查目标，对4家有统计违法行为的单位，处以行政处罚，其中1家警告并处罚款2000元，3家处以当场警告的行政处罚。

强化普法。始终把统计法律法规宣传教育工作摆在统计工作的重要议事日程，狠抓学法宣法工作，定期召开培训会议，详细了解掌握相关法律法规以及执法程序，当好宣法和执法的带头人。按照市县统一安排，积极组织全局干部参加公务员学法用法考试，开展统计法律知识培训，提升专业人员统计执法文书案卷制作能力，实现全员执法目标。

宣传教育。参加县社科联、县普法办组织的广场设摊宣传活动，发放印制统计宣传标语环保袋，“七五”统计普法小册等，提升社会群众对统计业务的知晓率。同时充分利用手机短信、统计网络平台普及率高、快捷、面广等特点，广泛宣传《中华人民共和国统计法》，使统计法规进一步深入人心。通过学习宣传，使广大干部职工尤其是企业统计人员增强统计法制意识，提高全社会依法办统计、依法统计和依法支持统计的自觉性，为统计依法行政工作创造良好的社会氛围。积极建立宁海县统计网络教育平台，全面开展网上继续教育和培训工作。截至12月，共对领导干部、部门乡镇、统计调查对象等共3000余人开展普法宣传，通过广场宣传、片区走访、统计稽查、年报会议、统计证考试报名宣传发放普法资料和宣传用品共计6000余份。并且全面组织乡镇（街道）、企业事业单位统计人员参加“统计法和全国农业普查条例知识竞赛”。此外结合农业普查相关工作的开展，开展10期普法培训会，重点针对基层统计人员，提升其统计法律意识，为农业普查保驾护航。

【农业普查】 人员到位。根据总体部署，组建农业普查工作小组办公室，全面负责县第三次农业普查（以下简称“三农普”）工作，已招聘并抽调专职农普工作人员7名，明确分工，并及时督促各乡镇街道“两员”力量配备到位，确保层层落实。

资金落实。根据预算，落实专项拨款，重点是“两员”报酬、宣传经费、PDA设备及遥感测量仪器，进一步保障“三农普”工作顺利开展。

试点开展。及时完成“三农普”所需物资采购工作，尤其是PDA采购和具体操作培训，确保入户调查顺利开展。严格按照“不重不漏”的原则要求，于长街镇伍山村顺利完成综合试点工作，通过试点及时发现问题，总结经验，为正式普查工作提供经验和借鉴，并加强与国土、规划等部门的沟通联系，做好村级边界确定、普查小区划分落实、普查小区建筑物编号等工作，为后续普查开展奠定基础，同时，及时与乡镇街道沟通交流，仔细筛选补充，完善清查摸底工作，建立清查底册。

宣传跟进。积极落实上级传达的指导方针和部署方案，做到宣传册普查农户人手一册、宣传海报每村张贴，最大范围普及“三农普”在农户、居民之间的知晓率；在人流量密集地区的电子屏、网架，城乡客运大巴和城区公交车的扶手投放宣传图频，尽可能保障宣传工作做到面面俱到。

【队伍建设】 严肃效能建设。召开专题会议，研究落实全年党风廉政建设和反腐败工作，认真履行领导干部“一岗双责”责任制，圈定每个班子成员对党风廉政建设和反腐败斗争的职责范畴，条块结合，职责分明；认真贯彻落实中央“八项规定”及省、市、县一系列关于加强作风建设的要求，进一步完善《宁海县统计局内部效能建设督查方案》和《宁海县统计局作风效能问责暂行办法》，落实长效机制。

推进“两学一做”。促进工作落实。通过每月一次固定组织生活日、每月一次党组中心组学习会、每月一次青年干部学习会和每月一次片区工作交流培训会等渠道，不断实现党员干部政治理论与业务能力双提升；通过网上学习、聆听党课、讨论交流、革命教育基地实地参观等方式，进一步坚定党员干部理想信念和党性意识；邀请县委讲师团成员林建军、县纪委副书记王兴兵、县委党校黄晓等进行授课，开展《十八届五中全会精神解读》《适应党风廉政建设新常态，争做新时期合格好党员》《中国共产党党史解读》以及“四个全面”解读和《十八届六中全会精神解读》等学习，并组织观看教育影片《郑义门》《榜样》等，从多个小故事中学习“家风”“规矩”的重要性，感受新时代榜样力量，做一名“合格党员”。

规范人事任免。严格干部任免提拔程序，严格按照有关要求开展干部提拔、中层选聘和人员调动工作，包括坚持用人原则，严把干部入口关，所有干部选拔任用过程全面公开公正，严守程序，无一例违反规定突击调动提拔的干部。

国家统计局宁海调查队

【概况】 2016年，宁海调查队认真贯彻落实全省统计调查工作会议精神，坚持“七个强化”的工作导向，紧紧围绕经济社会发展中心工作，积极适应新常态，主动作为，强化务实，坚持高标准严要求，各项工作任务进展顺利。坚持数据质量为核心，调查业务与管理工作两提高、两促进，全年共完成城乡住户一体化调查、居民消费价格调查、规下服务业调查、农业抽样调查、限额以下贸易行业调查常规调查任务，全面接手规模以下工业、采购经理和生产价格调查，积极开展综合统计调查工作和专项调查调研，完成第三次农业普查遥感测量等业务工作，同时统计调查管理工作稳步推进。

【统计调查基层基础工作】 增强学习意识，提高自身业务能力。对照上级要求学习。各调查专业都能够按照要求积极参加上级组织的培训会议（班），主动加强对调查制度方案的学习，学透工作要求和工作技巧，全面掌握工作要求，夯实自身业务基础。坚持问题导向学。将存在的问题作为业务学习的关键，把解决问题作为业务学习的目标。平时注重沟通交流，及时反映问题寻求解决方法。开展工作把问题考虑在前面、把解决问题的方法想到前面，研究工作重点分析难点细节，进一步提升工作技巧。结合具体工作学。业务学习贯穿工作全程，带着问题谋划工作，学与干充分结合，谋定而后动，工作开始前对整个流程心中有数，什么时间做什么工作、重点工作如何开展、难点问题如何突破等。

增强管理意识，加强基层队伍建设。重管理、促稳定。各专业对辅助调查员队伍进行全面管理维护，明确辅调员工作职责和基本要求，建立人员选聘标准体系，把牢选聘关口，突出工作责任心，对不符合要求的人员进行坚决替换，对基层调查人员进行合理整合，促进调查队伍高效稳定。重宣传、促配合。加强统计调查工作宣传，提高社会认知和配合程度，营造良好的统计调查氛围。常规工作宣传外，创新宣传方式和手段，利用微信公众号开展住户调查、消价调查、农业普查等专题宣传，讲调查制度、说调查工作、发布调查数据、宣传调查故事、展示调查员风采。城乡住户调查借助普法宣传和进社区、进住户的机会，宣传调查工作的重要意义，提高调查工作配合度。重联系、促沟通。积极开展多形式的基层沟通联系，如日常电话沟通、走访慰问等，使沟通联系常态化，外延化，丰富与基层调查人员的关系。充分利用电话、网络、短信平台、微信等方式，对辅调员和调查对象送上节日问候和温馨提醒，打好“感情牌”。全年以来共发送提醒和问候信息2000余条，覆盖全部调查人员和大部分调查对象；共慰问调查员及家属10余次，对稳定基层基础工作起到明显的积极作用。

增强规范意识，强化调查网点建设。规范建立调查网点。宁海队各专业调查网点均严格按照上级要求建立，坚持完整稳定的原则，一旦确定，没有必需情况不提变动想法、没有充分沟通不做变动准备、没有详细评估不报变动申请、没有上级同意不做变动实施。住户调查规范调查样本户基本情况库维护和更新，严格遵守换户报批制度，国家点换户报总队审批，地方点换户报市队审批，审批同意后才进行后续工作。农业抽样调查年初在总队统一部署下开展样本单位区核实调整，进一步增强代表性。主要畜禽监测调查严格按照上级确定的调查范围、主题、品种、规模和频次开展工作。发挥基层统计调查人员对网点的管理。队专业人员人数较少、精力有限，无法做到全面具体管理调查网点，必须依托基层统计调查人员，发挥便利、熟悉等特点优势，做好日常管理和相关情况问题收集上报，协助业务人员做好网点维护，构建规范高效的管理体系。住户调查辅助调查员做到每月访户至少2次，做好记账指导工作。主要畜禽监测在现场调查、情况核实、问题反馈和质量检查等方面发挥好乡镇统计人员和辅助调查员的作用。规下工业调查借助乡镇统计站及统计人员进行维护管理。农业抽样调查以村为单位聘请辅助调查员做好调查网点管理维护。

增强保障意识，夯实统计调查基础。增强调查业务经费保障。更加细化年度预算，将项目经费进行再分解，动态监控预算执行，经费更多向调查基层倾斜，原则上以保障劳务费、调查工具、调查物品、业务培训等支出为主，尽量减少办公费等一般支出，工作人员支出一律不得占用项目经费。提高调查补贴费和夏令用品标准，固定发放频率和方式，更多地争取乡镇配套补贴。住户调查专业在上级规定的最低补贴基础上继续增加，另外年内集中发放3次调查物品，即夏令用品、年底调查物品和入户走访物品。各专业均大幅度提高调查补贴力度，同时队领导积极协调沟通，确保各乡镇做100%比例给予不同程度的配套补贴。增强业务人员力量保障。针对调查队人员较少的客观困难，不消极不推诿，不等不靠，积极完善岗位职责设置，健全工作机制，合理协调有效配合，确保每项工作都有领导分管主抓、业务科室组织实施、业务人员具体开展。针对业务机构和人员特点，对全队业务进行再分工明确，打造“1+1+1+X”业务工作模式，即每项工作均有1名队领导分管，1名业务人员具体负责，同时按照AB岗要求，另外再有至少1人配合，另外其他人需要主动加强学习了解，熟悉该项业务流程。按照上级要求重点业务工作继续充实力量，难点工作任务集中全队力量实施，保障各项工作任务顺利开展。

【抓牢数据质量生命线】 突出培训指导，提高基层工作能力。继续坚持多层次、多形式基层业务培训，突出实效，用基层调查人员业务能力和工作质量不断提高作为检验培训指导效果的标准。年初全面总结过去一年在调查中遇到的和上级工作反馈的问题，结合年度调查工作开展情况，集中梳理需要培训的重点内容，提前制订培训计划。始终做到集中培训、个别指导相结合，印制业务操作流程说明，用好实例示范。住户调查和消费价格调查做到对所有辅助调查员和采价人员季度业务培训常态化，现场指导定期化；同时各专业有重点、有针对性对工作相对薄弱调查员和调查对象不定期召开工作碰头会交流指导；农业抽样调查培训时让工作质量好的调查员现身说法，开展现场培训，加深印象，增强效果。全年共开展专题集中培训22次，培训人数470人，涉及所有辅助调查员和乡镇统计人员。

突出数据审核，强化调查数据质量。数据质量是统计调查工作的生命，牢固树立“质量第一”的观念，守住生命线。通过多层次全方位的审核机制，确保调查数据质量，进行深入分析评估。一方面继续强化辅助调查员、统计员和专业人员多级审核机制，层次递进，审核过程中注重调查数据准确性，做好异常数据和较大变动原因分析说明。另一方面发挥会审制度作用，集中解答常见问题、进行数据核实等，通过自己审、集中审和相互审的方式为数据质量再上保险。住户调查专业人员严格账表数据逻辑对应关系进行审核，同时进行疑问回访复核提醒。畜禽监测调查涉及样本调整和程序变化等情况，部分指标出现变动，数据采集、过录和转换容易出现问题，专业人员对照制度要求、过录表和录入程序审核公式，对照上级反馈的问题逐条逐项审核。

突出走访检查，确保源头数据水平。加大到一线调查和走访的力度，手把手教技巧、面对面做示范，从存在的问题着手，提高针对性。消费价格调查专业年初制定计划，每月至少进行两次陪访采价，全年走遍所有的采价点，直接参与原始数据采集。专项调查建立全程督导机制，队专业人员组成督导组，到每一个抽中点进行现场检查指导。农业抽样调查利用数据质量检查进行重点走访检查，补足工作短板，全面提高工作质量。队领导以身作则，带头深入基层走访检查和调研指导，规模以下工业接手以来，队主要负责人亲自带队深入所有涉及乡镇和部分调查企业，检查工作开展情况，落实工作要求。

突出分析评估，准确反映实际情况。要求各专业对调查数据做到趋势情况必分析、异常现象必分析、影响因素必分析，分析评估要全面有深度更要有广度。注重纵向比对和横线关联，力求讲清楚情况、说明白原因。消费价格调查专业逐步建立完善严谨有效的调查数据评估制度，如数据质量评估制度、基础数据审核制度等，将数据分析评估流程化。住户调查坚持强化对主要调查指标的对比分析，对波动较大数据的重点监测，以确保数据的真实性、可靠性和准确性。主要畜禽监测调查把握重点调查对象和市场趋势，力求调查数据真实准确反映实际情况。农业抽样调查针对季节特点和天气影响因素，做好调查数据和生产形势分析判断。

【优质服务提质增效】 围绕增强调查能力需求。根据建设服务型统计调查的要求，按照考核办法，通过制定目标，分解任务，落实人员，将增强统计调查能力和提高统计调查优质服务水平相结合相促进。各专业利用调查数据，紧紧围绕统计调查中心工作和领导关注、群众关心热点、焦点、难点问题，及时提供统计调查服务。专项调查调研工作根据主题，深挖内涵，深入分析情况和影响因素，根据问题提出建议，提供优质服务。

围绕政府决策服务需求。着力在全面、准确、及时提供统计调查数据信息上下功夫，增强服务政府决策能力。围绕经济工作总基调，强化调查数据对经济运行及走势情况分析，运用月度、环比、专项调查调研等，及时反映经济发展的新情况、新变化、新问题、新趋势，提升服务能力和水平。定期向党委政府汇报调查工作开展情况，如实提供调查监测数据信息，参加经济形势分析会议。全年共撰写上报工作信息近100篇，被各方采用80余篇次；调查信息分析近40篇，被采用30篇次；参加地方综合材料撰写4次；参加经济形势分析会议

8次。

围绕统计调查产品需求。通过相关载体及时做好调查数据信息发布工作和解读，关注老百姓关心的问题，如居民收入数据、消费价格数据等，及时进行数据发布，重点贴近民生需要。开通统计外网，建立微信公众号，拓展综合宣传新渠道。印制内部刊物，定期向党委政府及相关部门、乡镇提供，建立广泛的信息共享平台。联合统计局建立以统计年鉴、统计快报、统计月报为主要载体的统计调查系列产品；利用门户网站、微信公众号和《宁海调查》等渠道独立提供统计调查产品，满足需求。

围绕调查对象业务需求。通过电话沟通、定期走访、微讨论平台等方式，加强与统计调查对象的交流沟通，各调查专业均建立QQ群、微信群以及相关讨论组，开展业务培训指导，解决企业、住户等在开展统计调查工作中的问题，并及时反馈相关调查信息。

【夯实统计调查基础】 强化规范务实，全面加强党建工作。强化组织建设，着力提高党组织的战斗力。坚持党组理论中心组学习制度，在学习过程中，主要领导遵守时间，带头学习，班子成员也都能按照要求开展学习活动，从而保证理论中心组学习真正取得实效。着力提高班子成员党性认识，理论业务水平和政策水平，力求处事公平公正，廉洁自律，作风正派，促进支部的班子建设，增强基层党组织的战斗力。强化队伍建设，大力提高全队党员政治素质。严把入口，抓好党员发展工作。按照新时期党员发展的要求，对新党员发展和预备党员转正实行全程公示制、票决制和责任追究制；进行严格考察，严格把关，严把入口，确保质量，并认真做好党的基本知识教育工作，保证新进党员队伍人员的纯洁性和先进性。抓教育培训工作，提高党员政治理论及业务水平。落实“三会一课”制度要求，积极探索党员教育新途径，坚持开展以讲促学、以赛促学、以“网”促学、以考促学活动，进一步提升全队党员干部的综合素质。由党员轮流上讲台，讲理论专题、谈心得体会、说思想认识，开展大讨论，收效明显。组织全体党员开展应知应会知识竞赛，使广大党员受到教育，得到提高。强化工作规范，构建党建工作长效机制。推行党建工作责任制。认真贯彻落实总队相关文件精神，建立以党组书记为第一责任人的党建工作责任制，形成“抓书记、书记抓”的工作局面。完善目标管理机制。把党建工作内容具体分为组织领导、班子建设、队伍建设、工作机制、制度建设等六个方面，纳入工作目标，在年度考核中与整体工作一起考核，并作为年度评先评优的一项重要内容，切实把党的建设与各项业务工作融为一体。健全完善党内工作制度。实施党费收缴管理制度，与“固定组织生活日”制度相结合，明确每月第一个周二为党费缴纳日，建立党建工作信息报送制度，建立党支部工作台账等基本制度，促进党建工作规范化。

强化学习教育，将党风廉政建设工作落到实处。不断强化学习教育。按照要求积极组织学习党风廉政建设工作法律法规、上级工作要求、领导讲话和会议精神，《中国共产党廉洁自律准则》和《中国共产党纪律处分条例》等党内法规，并与“两学一做”学习教育紧密结合起来，切实提高日常学习教育效果；邀请县纪委领导围绕新常态下党风廉政建设工作特点开展专题讲座；围绕统计系统近年来查处的一系列典型案例，深入开展党纪国法和廉政警示教育活动，让全队党员干部绷紧拒腐防变这根弦，牢牢守住廉洁自律、遵规守纪这条底线，始终保持一身正气、一尘不染；继续通过走进警示教育基地、学习典型模范，组织党员干部观看《郑义门》《永远在路上》等廉政教育片，让党员干部接受思想洗礼，促进思想升华，让纪检监察工作更接地气、更贴实际、更有实效。

全面落实党风廉政建设责任制。队党组重视调查队党组从思想上深刻认识抓好纪检监察的极端重要性，自觉将纪检监察建设放在与统计调查工作同等重要位置，同步谋划部署，同步组织实施，同步检查考核；自觉把党风廉政建设主体责任和监督责任真正放在心上、扛在肩上、抓在手里、落在实处。按照“统一领导，齐抓共管，组织协调，各负其责，广泛参与”的工作机制，形成“一把手”负总责、一级抓一级、层层抓落实的良好工作格局，从组织上保障纪检监察工作。纪检监察工作任务落实到位。制定本单位党风廉政建设工作要点，明确纪检监察和作风建设工作计划、目标要求和具体措施情况。认真落实“一岗双责”以及按照“三书两报告”制度的要求，将反腐倡廉工作任务逐项分解，分别落实给班子成员，做到每项工作有责任领导、有具体责任人。严格执行“领导干部有关事项报告制度”，领导干部如实向组织报告事项。认真落实“民主集中制”，发挥党组作用，对于“三重一大”事项，均由集体讨论决定，不断提高决策民主化、科学化水平。召开民主生活会，开展批评与自我批评。认真落实主要领导对本单位财务、干部人事、行政执法和物资采购等工作负总责班子成员根据工作分工，对职责范围内的工作负直接领导责任的规定。进一步完善“廉政谈话制度”，牢固树立廉洁自律意识。

强化学习宣传，切实加强统计法制工作。加强法制队伍建设。建立全队法制工作由队长亲自抓、分管领导具体抓、各专业科室共同配合的工作格局。注重统计执法人员的教育和培养，一方面鼓励各专业人员积极参加总队组织的执法业务培训班，另一方面组织干部深入学习统计法律法规，筑牢业务基础。坚持全员执法工作要求，切实履行持证执法检查制度，做到文明执法，做好执法检查证登记工作。加强法制基础工作。年初认真制定并上报《宁海队2016年法制工作要点》，就全年法制工作进行安排和部署；及时对年度法制工作进行书面总结并按时上报；统一建立各专业调查网点和辅助调查员数据库，如遇变动能及时更新数据库信息；认真完成总队布置的有关统计法制工作临时性任务，及时上报有关资料；及时总结法制工作情况，形成工作信息上报。加强法制宣传工作。树立全队法制宣传观。将统计法规宣传融入日常统计调查工作之中，把学习法规知识作为业务培训重要内容，讲法制宣传与工作宣传相结合、与走访检查相结合、与调研指导相结合，着力培养法制宣传意识。多渠道开展面向调查对象的法制宣传。全面推进统计法定权益义务告知工作，由各专业科室汇总本专业所有企业、个体户和调查户名单，核对无误后，由专业人员和调查员于将统计法定权益义务告知书送至调查对象手中，告知对方权益义务、明确对方职责及违法责任。截至年底，常规调查中累计告知调查对象数达480户，告知比例达80%。扎实开展统计开放日和各类主题宣传活动。全年宁海队编印统计宣传资料1000份，制作统计普法宣传品1300份；在城区、乡镇主要公共场所悬挂横幅标语2条；2次到城区广场、乡镇开展统计法律法规宣传咨询，向社会公众赠送统计法制宣传资料和环保袋、普法宣传品，解答公众有关问题，通过室外电子显示屏和户外广告牌大力宣传“三农普”，宣传效果明显；通过集中宣传、组织学习、参加知识竞赛、交流讨论等形式认真开展统计法制宣传月活动。

强化学习培训，进一步推进干部队伍建设。干部队伍结构进一步调整。全年宁海队新录用1名公务员，退休1人，领导班子调整1人，上级单位挂职队领导1人。总体来说，人员力量进一步充实，年龄结构进一步优化、学历层次进一步提高，逐渐形成年龄梯队有序、专业知识互补、业务分工合理的干部队伍。继续推进干部学习教育。领导班子发挥带头作用。建立完善党组理论中心组学习制度，紧密结合统计调查工作实际，创新丰富中心组学习形式，切实解决学与用、知与行脱节的问题。合理制定学习计划，确保学习时间和成效，中心组学习每月不少于一次。班子成员同时需要执行单位学习制度等相关规定，与普通干部职工相比，学习要求更高、层次更深、效果更明。党组切实履行领导全队党员干部学习教育工作的职责，班子成员要参加分管工作业务学习。制度要求与年度计划相结合。制定符合全队学习教育工作特点的学习制度，加强全队干部职工的理论知识和业务知识学习，不断提高全体干部的理论素养和业务能力。制度对学习教育组织实施、形式、内容、对象和学习成效等提出具体要求。同时将学习教育列入年度重点工作，制定计划安排，以完成任务为最低要求，力求通过不断的学习夯实统计调查基础，提高干部职工综合素质。积极落实执行教育培训要求。要求全队人员按照规定参加总队组织的相关培训，将领导干部、专业人员必须及时高效完成总队相关培训要求，纳入岗位职责和业务工作考评内容。积极开展网络平台学习，完成规定的学时和必修课内容，参加考试检验学习成效。组织2名新录用公务员参加初任培训，选派1人参加国家局组织的统计调查知识培训，以求尽快适应工作需要。新任队长按要求参加总队组织的任职培训。组织全队干部深入开展“两学一做”学习教育，通过集中学习、专题党课、专家讲座、交流讨论、专题研讨等方式提高全队干部综合素质。完成新一轮中层选聘工作。宁海队中层干部实行聘任制，2016年9月现任中层聘任周期到期，参照地方组织部门意见，实施新一轮选聘上岗工作。向总队请示申请职数使用计划，经同意后组织实施，制定选聘方案报总队审核同意开展工作。一方面现任中层干部进行述职，公示工作实绩，开展民主评议，全面考核聘期内履职情况。另一方面队党组根据“三定方案”核定的职数以及总队同意使用的职数动议，研究任职条件，详细确定工作流程，严格规范实施。本轮中层选聘共续聘中层正职2人、中层副职1人，聘期为5年，整个工作过程规范准确，符合要求。

审　计

【概况】 2016年，县审计局完成审计项目176个，审计查出管理不规范金额78796万元，移送案件7

件，提出审计建议 513 条，核减工程款 42 万元，在宁波市审计系统年度考核中首度荣膺优秀单位称号。

【提升审计监督绩效】 围绕中心，服务宏观政策落实到位。以学、查、访、谈四结合方式开展支持浙商创业创新政策执行和回归项目落地情况、医疗废弃物、饮用水源地保护、2015 年度政策性农业保险绩效预算、促进有效投资项目进展情况审计调查。促成保险公司退回多收农业保险保费 96.7 万元，促进“医疗废弃物处理设施建设三年计划”出台。开展涉农资金整合工作调研活动，当好领导决策参谋，促进机制创新。

跟进问效，确保公共资金高效配置。开展 2015 年财政预算执行和其他财政收支情况审计，重点关注预算编制与执行和存量资金盘活情况，促成 12946.65 万元收入及时上缴国库。持续关注中央“八项规定”的落实情况，开展三公经费审计。公务支出公款消费情况专项审计重点揭露公务接待、会议费、编外用工管理等方面问题。

动态跟踪，实现民生审计立体监督。对重大项目建设过程中的决策、规划、设计、招标、施工、监理等环节的全覆盖、全跟踪，把事前预防、事中控制和事后监督有机结合起来。对宁东扶贫标准厂房工程、宁海经济开发区腾飞路、金海西路、科技路工程，县会展中心一期、二期工程等 7 个工程开展竣工决算审计，核减总投资 42 万元。

制约权力，形成经济责任监控网络。以“三联三强”审计模式强化全程动态跟踪审计，对 11 家单位 15 名领导干部实施经责审计，查出不规范金额 1424 万元、违规金额 215 万元，增收节支 89 万元。紧盯“权力清单、责任清单、问题清单、成果清单”“四项清单”建立 77 项“问题清单”，77 项“整改清单”，已整改 64 项，整改率 83.12%。在实施经济责任、廉政责任审计的基础上，积极探索机构编制审计，并邀请县编委办人员加入审计组，协作试行“三责联审”机制，揭示编制管理中存在的问题。

百村审计，助推和谐农村建设。开展“百村审计”工程，审计资产总额 10.84 亿元，审计资金总量 31.67 亿元。审计查出管理不规范资金 16981.96 万元，涉嫌违法违纪金额 44.84 万元，通过审计追回多付款、承包款及违法违纪款项金额共计 92.13 万元，挽回集体经济损失。提出审计建议 389 条。创新项目审计报告，年度审计情况通报的“双报告”机制，反映审计发现 8 大类问题，县委主要领导高度重视，批示督促县农林局、县纪委、组织部等 5 个部门开展村级工程、财务收支管理督查。促进村级公务卡制度出台，部分乡镇采纳审计建议，在全省首次探索村级开支零现金支付模式，进一步规范村社“三资”管理。

协同推进，完成上级交办任务。强化大局意识，克服事多人少的矛盾，抽调骨干力量配合市审计局开展支持浙商创业创新政策执行和回归项目落地情况专项审计调查和象山县公安局长经济责任审计等 5 项审计工作。配合县委开展党风廉政巡查工作，做到提前介入，全程参与，筑牢审计监督第一道防线，为经济运行健康发展保驾护航，提升审计影响力。

【压实审计整改责任】 认真落实贯彻省厅“审计整改落实年”活动，以三大机制提升审计整改落实实效。

强组织保障减整改阻力。建立由县长担任组长、常务副县长担任副组长，县府办、组织部、发改、公安、监察、县财政、人力社保局等 9 家单位负责人为组员的审计整改联合督查领导小组，为加大审计问题的整改力度提供组织保障。

建“两张清单”改整改乏力。县长杨勇在县财税审计工作会议上强调要在强化审计整改上下功夫，以“问题清单”推进整改销号，避免屡审屡犯。县审计局梳理建立 2015—2016 年审计整改问题清单，把审计问题分成“立审立改类（整改难度小、简单的问题）、限期整改类（资金问题、风险问题，不涉及部门之间的问题）、分期整改类（原因复杂、规定期限无法完成的）、规范整改类（主要是工程程序规范、编制管理等涉及部门共性问题的）”四类，分类管理，区别整改，使销号整改落到实处。将审计报告、审计整改报告抄送项纪委（监察局），由纪委（监察局）对审计结果整改落实情况进行跟踪；对整改不力的，由纪委（监察局）部门下达审计整改督查清单，以追责问责倒逼整改落实。

动态监督缩整改时间。通过建立审计整改系统库，实施“红黄绿”三色警示机制，动态监督审计整改落实情况。

【推进审计队伍建设】 强党建，推进审计“铁军”建设。建立健全落实党风廉政建设主体责任四张清单（党组主体责任清单、“第一责任人”清单、班子成员责任清单、纪检组监督责任清单），落实“一岗双责”，层层签订廉政建设责任状；严格执行审计纪律，执行回访、审计人员廉洁自律规定等制度；实施“三微”方式实施以案释法活动，以身边事教育身边人，以案说纪、以案释法、以案施教，开展普法教育126次，受教育超1500人次，做到普法全程化、动态化，实现“全覆盖”；进一步增强了廉政警示教育的针对性、实效性；寻找审计风险点，建立廉政风险清单，严控审计风险，打造一支审计铁军。

强学习，推进“两学一做”学习教育。通过“七个一”活动、临时党小组、老党员送学上门、网上答题、知识竞赛等活动和打造“微党课”“微时间”“微实践”“微载体”“微短板”等平台深入推进“两学一做”学习教育。查找短板59项，党课6次，开展专题讨论4次，做到内化于心，外化于行。在全县“学《准则》《条例》，守纪律规矩”知识竞答活动中荣获第四名。

强内审，优化内审队伍建设。组织1284余人次参加“菜单式”内审业务培训，提高内审人员的专业胜任能力，提升审计质量。参加“内审沙龙升级版——奔跑吧，宁波好内审活动”，获优秀组织奖，1名选手跻身冠军赛。农审中心两项目获市内审优秀项目，《坦坑村村级财务收支审计》和《明修栈道，暗度陈仓》案例获省优项目、案例。农审中心荣膺市“审计先锋”团队称号。

强公益，塑造审计为民形象。持续开展“百家机关村村帮”“第一书记”等活动，通过“五帮扶”措施，帮助结对的上李坑村、溪南许村，扶贫助发展工作做得更细更精更准更接地气。参加“党群同心圆”活动中，共参加服务889次，人均30.66次，位列全县第二，荣膺2016年度“县优秀志愿服务组织”，9人获“优秀志愿者”称号，1人被评为“县优秀共产党员”。

2015年，县审计局全年完成181个审计项目，审计查出管理不规范金额68165万元，移送案件20件，提出审计建议519条，送审工程总投资额67505万元，核减158万元，助推“两美”宁海建设和“三个年”活动。

【稳增长政策跟踪审计】 适应经济发展新常态，当好重大政策落实的“督查员”，为稳增长、调结构、惠民生发挥独特的促进作用。开展“月光经济”、公共自行车建设运营情况、“四换三名”、高校毕业生就业创业情况审计。开展“五水共治”政策措施落实情况追踪审计。调查了8个部门5个乡镇（街道），重点审计资金筹集、管理与使用、重点项目推进、长效机制等方面内容，促进“五水共治”政策的落实、资金管理和工程建设的规范，提高资金使用绩效。对2014年城镇保障性安居工程的投资、建设、分配、运营等情况进行审计，重点对棚户区改造安置、保障性住房分配和管理情况进行审计，推进城镇保障性安居工程在改善困难群众居住条件、推进新型城镇化建设、拉动投资和消费需求、促进经济增长和社会和谐等方面政策措施落到实处。

【财政预算执行审计】 采用“关注两大审计目标（深化财政管理改革和提高财政资金使用绩效）+数据集中分析+疑点逐个核查+重点抽样审查”的审计方法深化财政审计，突出绩效审计，提升审计效率。2016年对县广播电视台、县水利局、跃龙街道等三个部门进行抽查。审计发现5442万元偿债准备金未纳入预算管理；国库收付中心利息收入1562万元未及时上缴国库。经过审计，被审计单位对问题及时整改，促进增收节支，提高财政资金效用。

【领导干部经济责任审计】 探索“联席会议强协作、联合出击强反腐、联手教育强规范”的“三联三强”审计模式，形成宁海特色的经责审计模式。建立由县纪委、县组织部等13家部门为成员的干部监督工作联席会议，做到审计发现问题即时报送、及时告知，年度综合报告，实现动态监控。实施审前“一公开”、审中“两手抓”（审计质量和宣传服务）、审后“三提升”（教育提升、整改提升和结果运用提升）“一二三”审计方式，形成良性循环，促进领导干部守法、守纪、守规、尽责。对15个乡镇（街道）或部门单位“一把手”开展经济责任审计，提出审计建议25条，增收节支1939万元。

【政府投资项目审计】 加强对政府重视，群众关心，社会关注的政府投资项目的审计，发挥审计在政府投资项目科学决策、规范管理、控制成本、提高质量上的监督和服务作用。突出资金效益审计。开展城东片66#地块安置小区工程竣工决算审计、县第一职业中学迁建工程（一期）、西店镇卫生院迁建工程、宁海县经济适用房五期工程等7个项目竣工决算审计。在县财政局核减的基础上再核减158万元。突出动态跟踪审计。把事前预防、事中控制和事后监督有机结合起来。会同有关部门对92个工程项目的工程变更进行审议，其中12个工程项目的工程变更予以驳回，涉及金额14590万元。

【专项审计】 开展科技专项资金专项审计工作，调查6个部门，抽查25家企业34个项目，注重科技金融创新等科技政策落实绩效，提出完善科技项目经费管理办法、科技评价体系等意见，规范管理，提高科技资金使用效益。对电子商务、电子政务、“机器换人”等方面政策措施落实情况进行审计，提出明确跨境电商通过第三方交易平台进行交易的外贸进出口额的归属政策及信息资源共享的建议引起相关部门的重视。对宁海县城市建设投资开发有限公司2012—2014年资产负债损益情况开展审计审计，审计组绘制公司资金流向图，明确审计方向，抓重点，破难点，项目审计得到县人大的肯定。紧紧抓住项目流程和资金流向这两条主线，开展2013年度农业综合开发资金审计，重点查处虚报材料、多头申报骗取财政资金，截留、挪用等违纪违规问题，促进农业综合开发资金安全高效使用。同时对住房公积金、小额贷款公司经营风险开展专项审计调查。

【农村集体经济审计】 坚持“一轮重规范，二轮重提升”的总体思路，从“重资金使用效益、重资产保值增值、重资源开发利用”三个角度切入，推进“三资”效益化审计，开展“百村审计”活动，着力规范村社小微权力运行，助推美丽乡村建设。审计资产总额11.76亿元，审计资金总量24.96亿元，查出涉嫌违法违纪金额236万元，追回违纪违规金额30.65万元，移送县纪委案件8件，移送乡镇（街道）纪（工）委案件11件。农审工作首度纳入乡镇（街道）目标考核体系，促使乡镇（街道）重视农审工作，实现“以考核促管理，以审计促管理”。以“一线工作法”深入开展调研工作，调研报告获省一等奖。

【审计队伍建设】 强党风廉政教育，建清廉审计队伍。落实“一岗双责”，以日常教育为基石，以主题教育为载体，以警示教育为警钟，同时结合网络、手机等新媒介，创新教育平台，以“互联网+廉政”的方式宣传防腐倡廉宣传，通过宣传促廉、教育强廉、制度护廉、家庭助廉等方式增强审计干部“免疫力”。

强党组织生活，立为民服务宗旨。开展“三严三实”主题教育活动，增强“四干”责任心，争做“三严三实”的好干部。把党风廉政教育纳入党员思想教育内容，做到时间、内容、人员、计划、组织的“五落实”。建立《2015年度县审计局党委（党组）书记抓基层党建工作清单》，以16项责任清单为引领，确保党建工作扎实推进。通过“固定组织生活日”活动，每月固化活动日，切实推进党组织生活规范化、制度化。搭建党群“连心桥”，选派办公室主任担任农村“第一书记”，助力美丽农村建设，推进县重大工程项目建设，获“百村竞赛立功”县级优秀竞赛项目；帮扶结对的上李坑村，争取落实20万元的环境整治项目款项；积极参加“党群同心圆”活动，共参加服务373次，人均12.86次，位列全县第一，打造审计为民的靓丽形象。

强专业学习培训，迈素质提升步伐。通过专家辅导、参加省市审计局集中业务培训等形式的面授课堂培训，参加审计署视频培训和网络自学的网络课堂学习，组织业务骨干讲课、岗位学习等岗位课堂交流，提升业务知识技能，推动被审计单位信息、常见的舞弊形式和实践体会“全流通”。坚持“审计项目课题化、审计课题项目化”，把审计工作和调查研究相结合，把调查研究和成果转化相结合，调研课题市级立项6个。在第五届市青年审计论坛中有6篇论文获奖，并被评为优秀组织单位。

出入境检验检疫

【概况】 2016年，宁海检验检疫局共检验检疫出境货物4799批，货值1.01亿美元，同比分别下降2.6%和14.2%，不合格出境货物79批，同比增长102.6%，货值263.7万美元，同期减少22.1%。检验检疫入境货物456批，货值2977.9万美元，不合格入境货物24批，货值827.3万美元。签发各类原产地证书16282份，货值金额7.18亿美元，同比分别增长14.3%和28.7%。

【强化宏观管理】 加强质量联动，2016年先后与宁海县商务局、农林局共签《合作备忘录》，合力服务外贸发展；全力创建出口文具示范区，促成“地方政府主导”创建格局形成，推介35家企业申请入区，实现政检企多方联动，示范区企业提质升级。宁海出口文具质量安全示范区通过省级考核。2016年全县文具产业逆势上扬，44家规上企业产值116.2亿元、销售114亿元、出口23.8亿元，同比分别增长23.4%、24.1%、0.1%。推进质量提升，树立标杆企业，带动产业转型提升，得力集团成为G20杭州峰会官方唯一指定办公用品品牌，其“得力”品牌被评为“2016年宁波品牌百强”。加强质量治理。推进质量强县建设，建立重点行业质量调查工作机制，联合市场监督共同开展文具企业质量监督执法，抽查生产企业33家、文具样品62批，涉检项目26个，推动“三同”落地。健全质量评价指标，加强质量统计监测，定期出台2期质量状态深度分析报告，为地方党委政府提供决策参考。共采集信用信息138条，其中检验检疫不合格原因，采集104条；企业未按规定进行申报检验而使用进口产品，采集2条；申报差错原因，采集29条；退货调查中涉及环保等问题，采集3条。加强诚信企业培育，新评中国进出口质量诚信企业1家，新增信用AA级企业1家，信用A级企业8家。加强质量服务。在“质量月”期间，重点开展普法“六进”活动，制作宣传展板12块，海报33份，积极宣传文具、家具、食品接触制品科普知识、行政处罚典型案例等信息，宣传教育受众达3000人次；参与质检总局标法中心组织的《重要技术性贸易措施国别报告（2016）》编写工作；征集WTO/技术性贸易壁垒（TBT）特别关注信息2则、报送应对案例2起、完成《WTO与经贸参阅》约稿4篇；创新技贸服务举措，与宁海8718长期合作，成立家电灯具、文具玩具和农食产品等技贸应对小组；加强技贸应对、精准服务，合作举办技贸培训、贸服座谈12次，受益企业280余家；推动“互联网+技贸服务”，共建技贸措施短信推送、网络交流和技贸服务微信公众号等3个交流平台。发放技贸应对资料600余份，推送技贸信息15151条次，网页浏览量突破15179次，微信浏览量突破973次。帮扶指导宁海卡依之食品顺利通过了美国食品药品监督管理局（FDA）官方检查，成为2016年宁波首家通过食品药品监督管理局（FDA）检查的企业。东方日升获评宁波市出口质量奖，另有两家宁海出口企业受到表彰。

【严守安全底线】 严把食品风险防控关，完善风险防控手段，开展风险预警通报和风险处置，报送食品安全风险预警信息167条，被质检总局《风险预警日报》录用33条，占宁波检验检疫局录用条数的57.9%；同时承担宁波检验检疫局进出口食品安全舆情信息工作，审核“观点和评论”版块进出口食品安全舆情信息2080条。严把质量安全追溯调查关，目录外商品抽样检测31批，不合格率16.1%，不合格均为家电、灯具产品中邻苯二甲酸二乙酯（DEHP）项目超标，宁海检验检疫局第一时间向辖区相关出口企业发布警示通报，提醒关注零部件采购，并向当地政府进行专题通报。完成退运工业品追溯调查104批同比下降2.8%；货值312.2万美元，同比增长8.2%。退运产品以消费品机电产品为主，均为非法检货物；其中质量原因退货占比87.3%，上报宁波检验检疫局经典案例5个，通过地方媒体发布预警信息5条。完成欧盟通报3起，通报产品灯具、报警器，其中质量原因2起。做到查清原因、帮助企业分析风险建立风险管控工作机制，提升风险防范意识。严把执法后续监管关，率先在中国强制性产品认证（3C）免办业务试点“双随机”后续监管模式，降低一线执法人员自由裁量权，有效防范廉政风险，建立监督检查机制，确保新模式有效运行并持续改进。严把国门生物安全关。开展外来有害生物监测工作及国门生物安全教育系列活动，健全国门生物安全业务监测预警体系，科学制订《宁海检验检疫局2016年外来有害生物监测工作实施方案》，精心布置20个检疫性实蝇监测点、3个杂草监测区域；共诱捕到实蝇113头，其中具条实蝇64头、南瓜实蝇49头。严把进口汽车后续监管关，进行2次“三包”监督抽查、4次缺陷召回汽车后续监管活动，并多途径宣传进口汽车后续监管政策，拓宽市民的质量问题投诉渠道。

【服务转型升级】 坚持改革当先，提升服务水平。积极开展出口企业质量问题精准帮扶活动，筛选10家企业开展“缺陷消除”精准帮扶，赴现场调研质量安全管理问题，并通过监督抽查以验证产品质量提升成效。支持新型业态循环经济发展，帮助指导宁波比取电子科技有限公司入境旧墨盒再制造项目通过环评及能力评估考核，成为宁波地区特殊监管区外首家获取入境维修再制造业务资质企业。加快试点推进，提高通关效率。完善检验检疫一体化制度体系，作为宁波检验检疫系统e-CIQ主干系统首个试点分支局，率先开启“互联网+质检”模式和质量大数据时代；上线以来，共向宁波检验检疫局反馈各类问题和建议24条，为上线推广夯实基础和积累经验；至年底已累计受理报检1140批次，完成通关1120批，签发证书155份；同时，同步推进宁波电子口岸“单一窗口”建设工作，举办“单一窗口”申报培训，动员企业开通账号，鼓励企业使用“单一窗口”申报，目前“单一窗口”日均申报率达65%。创新服务措施，促进外贸增长。作为当地唯一的口岸涉外单位，宁海检验检疫局主动作为，邀请宁波舟山港集团以及船代货代，联合市贸服中心和县外贸企业，举办“促进贸易便利化”主题论坛，解读口岸监管政策，推介港口物流服务，推动检港企多方合作，努力打通服务外贸的“最后一公里”，东方日升等外贸大户已与港口“门对门”物流服务开展实质性对接。重点做好国家自贸区战略等政策的宣贯，对“一带一路”关联企业做好点对点服务，拓宽政策受众面。新增原产地证备案企业60家，完成签证调查125次，调查结果均实现全国联网；其中签发区域优惠原产地证5689份，贸易总值2.04亿美元，同比分别增长103.1%和46.8%，企业实现关税减免超1000万美元。围绕“绿色富县、绿色富农”，走访特色农产品乡镇，重点做好生态原产地保护推介工作，选定黄坛镇“双峰”香榧，开展生态原产地产品保护，组织专家实地考察和咨询辅导，如期通过质检总局组织的现场评定，并已在质检总局外网公告，有望成为宁波市首个生态原产地保护的获证产品。

【夯实发展基础】 深入推进依法行政工作，梳理“两个清单”，明确行政权力22项、行政处罚子项84项，并率先在宁波检验检疫局系统内以“二维码”实施政务公开。探索打假维权新路，初步形成“打假情报海外搜、国内市场联合打、出境口岸全力堵”的新思路，拟定宁海、义乌两检验检疫局联合执法打假工作方案，力争在联合知名企业打假维权上有实质进展。加强行政把关力度，行政处罚立案25起、结案24起，涉案总额69.8万美元。积极推进公共检测服务平台建设，2016年新增试验仓、超低温冰箱等5套（台），设备价值43万元，截至2016年10月底，技术分中心已拥有仪器设备163套（台），总值1100余万元。在家具、文具、儿童用品以及食品接触制品等领域，具备了较为齐全的检测能力，2016年新认可木制品/家具领域能力25个产品对象，177个项目参数，总的认可范围包含47个产品对象，459个项目参数；接受电商平台、出口企业、食安委等各类委托业务2996批，同比增长34.2%；对外举办培训2期，组织45家企业代表走进实验室。深入推进“两学一做”学习教育，在“学”上用真功、在“做”上见真章。推进“创优争先”行动，定期编辑“两学一做”手机报，开展“四有四铁”专题研讨、组织领导干部讲专题党课等；党支部荣获宁波检验检疫局“两学一做”学习教育知识竞赛二等奖、获党建征文1个二等奖和3个三等奖，另有一名党员荣获“宁海县优秀共产党员”称号。持续开展“五型”支部建设，围绕2016年党建工作，党组经反复研讨，提出建立学习型、服务型、创新型、责任型、和谐型“五型”基层党组织的创建目标，党组书记梁铭明还给宁海检验检疫局党员干部上了“用实干精神推进‘五型’党组织建设”的专题党课，要求每位党员干部更加担当实干，坚持争先进位，努力做到头顶有戒、身上有责、心中有数、手头有招、脚下有根，同时适时启动全国文明单位及省级卫生先进单位创建工作。加强廉政教育，以案警纪，筑牢纪律防线集体观看廉政警示教育片、旁听贪污渎职案件庭审、送上廉政慰问信等，进一步增强廉洁意识。加强干部队伍建设，配合做好1名处级非领导及1名正科级领导职务提任工作。加强财务风险底线意识，实时分析预算指标，抓好进度执行，较好地完成办公用房、公车改革，节能减排等各项工作。加强重要时间节点的安全自查，特别是G20期间重点做好维稳工作。

【“同线同标同质”工程】 7月15日至8月5日，宁海检验检疫局联合县市场监管局，对全县33家文具企业的产品开展联合执法抽查包括写字板、长尾夹、记号笔等16种文具产品，现场共同抽取62批样品，统一采用的国家标准或国际先进标准，共同实施现场抽检，并送双方共同指定的实验室实施产品质量安全检测，合力推进“同线同标同质”工程在宁海落地，最终产品整体质量情况较好，合格率为100%。

【中国电子检验检疫（e-CIQ）主干系统运行】 9月19日，按照宁波检验检疫局统一部署，中国电子检验检疫（e-CIQ）主干系统在宁海检验检疫局率先上线试运行。作为宁波检验检疫系统e-CIQ主干系统首个试点分支局，率先开启“互联网+质检”模式和质量大数据时代。当天，宁波海静食品有限公司通过单一窗口报检的一批出口日本的18000公斤、价值15000美元的橘子罐头，经审单受理、施检、签证放行等业务环节，成为e-CIQ主干系统甬城上线后全市首批办理并成功放行的货物。

【成功创建全国首个出口文具质量安全示范区】 2016年，成立由分管县领导挂帅、检验检疫指导、各职能部门齐抓共管的创建领导小组，并制订发布示范区实施方案、管理办法等文件，建立“政府主导、部门联动、行业推动、企业行动”的示范区创建格局，明确了相关职能部门在示范区建设中的具体工作任务。8月2日，召开宁海县出口文具质量安全示范区建设推进会，宁海县副县长王辅橡和宁波检验检疫局副局长孙志参加会议，示范区建设领导小组成员、文具协会代表、各出口文具企业代表、全县乡镇街道分管工业负责人出席会议。8月30日，举办出口文具企业质量提升培训班，来自辖区35家文具示范企业代表参加培训。9月下旬，示范区内33家文具企业集体亮相上海文博会，使得“宁海文具”更加靓丽。12月12日，宁海出口文具省级质量安全示范区通过宁波检验检疫局专家组现场考核验收，成为全国首个出口文具质量安全示范区。至年底，示范区已有35家出口文具示范企业，均已建立完善的质量管理体系并运行良好，产品获得相关国家认证，质量稳定；树立示范区标杆企业，带动产业转型提升，得力集团成为G20杭州峰会官方唯一指定办公用品品牌。

【首个生态原产地保护的食品落户宁海】 围绕“绿色强县、绿色富民”走访特色农产品乡镇，重点做好生态原产地保护推介工作，选定黄坛镇“双峰”香榧，与黄坛镇政府加强合作共同推进生态原产地产品保护工作，“双峰香榧”顺利通过国家质检总局组织的生态原产地产品保护现场评定，并获质检总局公示，有望成为宁波市首个生态原产地保护的获证食品。

【海外维权纳入总局首批试点】 针对“得力”自主品牌出口文具屡遭海外侵权，宁海检验检疫局联合企业利用企业海外机构摸清假货在国内的相关信息，执法人员抽查出口文具时，企业人员随同并现场初步判断真伪，多次与义乌局开展联合执法维权，探索形成“打假情报海外搜、国内市场联合打、出境口岸全力堵”的新思路，且得力品牌已被纳入2017年质检总局示范区企业品牌海外维权首批试点企业。

【实验室建设】 积极推进家具实验室能力建设，加强特色能力建设。2016年宁海分中心新增试验仓、超低温冰箱等5套（台），设备价值43万元，仪器设备总计161套（台），总值1100余万元。实验室技术用房投入使用，总面积800余平方米，设施环境得到明显提升。宁海分中心重点推进家具实验室建设，至年底已具备儿童家具、木家具、地板等25类产品检测项目能力，并在10月通过CNAS和CMA评审，新增认可的家具、木制品类检测项目177项。积极拓展委托业务，积极发挥公共平台作用。2016年，宁海分中心全年完成各类委托检测2996批，同比增长34.2%，连续两年检测批次增长超过25%。宁海分中心先后承接宁波检验检疫局、宁海检验检疫局、宁海县市场监督管理局、宁海县出口文具质量示范区建设领导小组办公室委托的各类产品抽检，累计共252批次；此外，还承接天猫、京东、苏宁等电商平台的抽检业务，利用自身的业务特色发挥检测把关作用。举办各类活动服务当地经济。宁海分中心2016年举办“实验室开放日活动”活动2期、开展“3·15”免费为市民提供甲醛测试活动、举办各类技术法规培训班4期，参加文具博览会2期，积极发挥实验室在国外标准法规、技贸措施研究上面的优势，为当地企业提供技术支持。

【原产地签证突破7亿美元】 2016年，宁海检验检疫局共签发各类原产地证书16282份，签证金额7.18亿美元，同比分别增长14.3%和28.7%，创历史新高。其中签发中国—东盟、中韩、中澳等11类区域性优惠原产地证书共计5689份，签证金额2.04亿美元，同比分别增长103.1%和46.8%，可为出口企业减免进口国关税超1000万美元。

（林晓丹）

城乡建设和管理

城乡规划

【概况】 2016年，按照五大发展理念的指向和要求，以服务经济调整转型，加大创业创新为目的，团结奋斗、科学规划、创新管理、提升效能，全面发挥规划先导龙头作用和服务保障功能。

【规划编制】 有序推进县域总规修编及“三规融合”工作。成立“三规融合”办公室，初步完成“四线”划定，初步建立信息联动平台。开展《宁海县中心城区总体城市设计》《老城区“一心四片”区域更新改造规划方案研究》，开展《宁海县地下综合管廊专项规划》和《宁海县海绵城市专项规划》的编制。完成《宁海县中心城区环卫设施（公厕、垃圾中转站）布点规划》《宁海县公共体育设施布局规划》等编制项目。开展《宁海至奉化城际轨道（宁海段）规划控制研究》。扎实抓好控制性详细规划编制工作。已开展14个控规编制单元编制。完成《宁海县梅林核心区块改造（一期）地块控制性详细规划》《宁海县老城区控制性详细规划局部调整（原红枫市场地块）》等6个地块控规调整工作。完成《宁海县天河国际旅游度假区（滴水湾地块）控制性详细规划》《宁波市三门湾现代渔业园区东海水产研究所宁海试验基地控制性详细规划》等编制工作。全面落实历史文化名村及传统村落保护工作。依法完成许家山村、龙宫村国家级历史文化名村保护规划编制工作；力洋村、清潭村、东岙村省级历史文化名村保护规划已通过市级评审；完成西岙村、梅枝田村中国传统村落保护规划的评审工作。基本完成“三普”627处文物普查以及新增14处不可移动文物普查和数据入库工作。开展浙江通志·名城名镇名村卷编写工作。配合开展涉农资金整合工作，2016年共争取到上级专项资金1740万元，完成前童古镇、力洋镇力洋村、一市箬岙村、桑洲镇麻岙村等共计14处历史建筑修缮。235个行政村，编制率已达91%。2016年共开展城中村旧村改造规划编制19个。参与总浦塘、下畈村等村庄规划方案的审查。积极开展小城镇环境综合整治工作。

【规划管理】 优化服务，积极探索行政审批制度改革。完善公共服务清单，实行建设工程规划许可告知承诺制，推行项目联办制度，推行联合审图、模拟审批制度，推行“三测合一”制度。落实降低企业用地成本政策，放宽工业地块内的容积率、建筑密度上限，绿地率不再设定下限指标限制。依法核发“两书三证”。全年共核发建设项目选址意见书81本，建设用地规划许可证168本，建设工程规划许可证230本，乡村建设规划许可证462本，建设工程规划核实确认书163本。全年完成县老年公寓、竹口三村改造、新城市中心区赵家南地块等23个项目的建筑设计方案评审。对新城市中心区总部大楼、旅游集散中心、燕山温泉度假村等重大项目，谋划城市建设经营，推进土地招拍挂。全年出具红枫建材市场地块、湖西商业街地块、兴海路后张地块等经营性用地规划条件21件，用地面积合计约48886.67公顷。依法发放临时改变房屋用途决定书，推进中心城区“退二进三”项目实施。全年完成临时改变房屋用途项目审批15件；积极配合做好全县房屋征收与棚户区改造工作和土地农转用、永久性基本农田核减工作。积极做好市政项目的相关审批工作。全年完成桃源街道16-1地块景观绿化工程、客运北站、桃源南路提升改造工程等35个市政项目的建设项目选址意见书发放工作；完成中石化甬台温成品油长输管道工程（宁海县段）、宁海抽水蓄能电站的选址申报工作和出具桃源街道14—17地块的规划设计条件。完成民生路二期、正学东路提升改造工程、桃源中路（人民大道—外环路）改造提升工程等37个项目的方案审批工作。完成110千伏冠庄变电站、110千伏冠庄输电线路工程、110千伏柴溪输电线路工程等项目的建设工程规划许可证发放工作。完成CNG加气母站、220千伏霞客变电站工程等建设工程规划核实确认书的发放工作。

【规划监察】 加强规划监察力度，维护资源公平利用。2016年对所有在建项目检查3353起，巡查4965人次，竣工验收48家，共发放责令立即（限期）改正违法行为通知书16件，责令停止违法行为通知书18件。严格执行《宁海县城乡规划公示办法》，为该县的“无违建县”创建工作群策群力。2016年共接待群众来访98人次，受理各类来信23件。2016年共举办听证会1次，行政复议3件，行政诉讼3件。该中心成立普法依法治理工作领导小组，制订法治宣传教育的第七个五年规划。开展十余次城乡规划法律法规等知识方面的宣传。利用“法制宣传日”等特定时节，结合“规划宣传日”“全国法制宣传日”等主题活动日，发放《宁海县地图》《宁波市交通地图》《宁波市城乡规划条例》等宣传资料1500余份。

【基础测绘】 基础测绘工作得到进一步加强。完成基础测绘“十三五”规划的编制与发布，地下管线综合管理信息系统开发完成并已通过专家评审验收，除通讯类管线外，其他管线全部完成普查工作。完成全县域1：2000地形图生产工作，为多规融合等提供“一张图”底图。继续做好规划测量的服务保障工作。地理国情普查工作取得重要成果，完成省情普查的“一区两率”工作，并通过省质检站的质检。完成市情普查的全部5项内容，并通过市普查办组织的验收。完成航摄影像数据处理工作，并通过省质检站的验收。启动地理国情动态监测工作，确保普查数据实现动态更新。数据共享协同开发工作有序推进。在天地图数据融合、影像数据更新等方面对基础数据进行了更新升级，进一步丰富全县的自然资源数据库，并且该县的“天地图．宁海”节点被省测绘与地理信息局评定为“五星”。在应用推广方面，配合县体育发展中心和县城投公司完成“登山步道导航系统”和“城投资产管理信息系统”的开发。将政务版地理信息共享服务平台迁移至县数据中心，平台的服务能力进一步加强。政务地理信息资源采集顺利推进。如期完成了宁海作为试点县市的信息采集与填报工作，共完成4652条数据的采集填报工作。

【队伍建设】 研究制订中心党风廉政建设年度工作计划，落实《党风廉政建设和反腐败工作组织领导和责任分工》《领导干部党风廉政建设领导责任范围》。制定《宁海县规划管理中心党组决策重大事项议事规则》，及时通报决策党内重要事项。重点围绕党内重大事项票决项目、百村立功竞赛项目、“五水共治”、“三改一拆”、“三个年”活动等，组织开展“找短板、补短板”工作。组织开展“两学一做”学习教育。深化“阳光规划”，进一步规范“公众参与、专家论证、集体决策”的议事决策制度。加强政府信息公开工作，完善审批信息发布、审查制度，落实“三公”经费公开。严格落实作风建设有关规定。积极开展“双联双带”工作。组织党员干部下乡镇进农村。党组共举办10次中心组理论学习会。制订《宁海县规划管理中心机关学习会方案》，已举办业务知识培训3期。配合县委组织部、县委党校，组织全县相关部门和乡镇街道干部进行“规划综合知识”培训和研修，收到良好的效果。

城镇建设

【概况】 紧紧围绕美丽县城建设这一主线，深入开展“三个年”活动，完成固定资产投资79.62亿元，其中重点实事工程完成投资31.78亿元，建成区面积扩大到37.4平方公里，较好地完成年度各项目标任务，促进城市建设事业的较大发展。

【重点项目建设】 完成平安大道等6条市政道路及桥梁新改建，开工建设学勉北路等5条市政道路及桥梁。完成环城北路、影都地块等一批停车场位建设，新增专用停车位3761个。建成徐霞客大道西延伸段绿化景观工程等一批城市绿化工程，新增城市公共绿地17.57公顷，绿地率、覆盖率和人均公绿分别达到37.7%、40.61%、13.38平方米。建成科技园区21号地块等保障性住房1326套，建成西子国际、香港城等商业综合体，城市形象大幅提升。

【房地产业和住房保障事业】 商品房累计成交60.84万平方米，同比增长30%；完成房地产投资60亿元；商品住房去化周期由年初的21个月进一步下降为7.35个月，库存逐步得到缓解。出台城镇房屋解危指导意见，启动“住房保险+

服务”工作，全面实施房屋安全网格化巡查；修订完善公租房管理实施细则，启动公租房常态化受理机制；出台物业服务综合考评办法，逐步完善物业管理考核奖励机制；积极推进老小区改造工作，投入300万元改造兴宁小区等4个老小区。

【建筑业稳步增长】　实现建筑业总产值175.11亿元，同比增长17.17%，其中省外产值48.54亿元，同比增长22.08%；建筑业税收总额4.9亿元，同比增长29.97%，占地方税收比例达到18.45%。扎实推进新型建筑工业化项目，老客运总站地块项目完成主体施工，智能汽车小镇特色商业街项目开工建设。建筑市场和质量安全监管逐步规范。进一步加强建设工程招投标管理，完善政府投资工程预选承包商管理办法；深入开展安全生产大排查大整治专项行动，有效遏制重特大质量安全事故；进一步加强建设用砂和新墙材管理，及时返退墙改资金3195万元。

【城乡统筹】　加强美丽县城建设牵头落实，督促美丽县城建设项目，完成投资64.42亿元，征集确定“人意山光、自在宁海”城市形象主题口号。加强棚户区改造牵头落实，完成改造面积22.42万平方米，货币化安置及新开工安置房2966套（户），城中村改造完成改造7.82万平方米。加强美丽宜居示范村创建牵头落实，新增下畈等5个美丽宜居示范村，省级美丽宜居示范村已达16个，四年来累计补助资金2400万元。牵头启动小城镇环境综合整治，委托专业设计团队进驻宁海各乡镇（街道），助力各乡镇（街道）打响小城镇环境综合整治行动。

1月18日，新华社浙江分社、光明日报社宁波记者站、宁波日报社等16家媒体对宁海县棚户区改造工作进行集中报道（拍摄人：杨谋幸）

房屋征收

【概况】　2016年，全年开展征迁项目25项，完成签约2831户，征迁面积43.4万平方米，比2015年增加36%，拆除房屋面积22余万平方米，完成投资30.7亿元，其中棚户区改造完成2776户，征迁面积35.8万平方米。

【政策制度】　5月17日，《宁海县征收集体所有土地房屋拆迁实施办法》文件正式印发，明确了县征收集体所有土地房屋拆迁的新政策。征收集体所有土地房屋拆迁工作由所在乡镇（街道）实施“属地负责制”，县房屋征收办负责政策把关、业务指导、拆迁考核等工作职责。

【征收拆迁】　2016年，全年作出征收决定30个，实施25个。具体情况如下：城区改造方面，主要完成化肥厂（二期）地块、老影都地块、红枫市场周边地块和山河岭6-2地块征收工作，并全面拆除；城隍庙周边地块签约1061户，签约率99%，腾空房屋已基本拆除完毕；基本完成西门1#—6#地块、水角凌1#、2#地块、东郊路地块和人民路改造地块签约；有效推进水角凌3#—7#地块、环南中路周边地块、徐霞客广场北地块、西大街南地块、西门7#地块和水角凌8#、9#地块的签约工作。城中村改造方面，全面启动并有效推进杨家、下洋吴两村的改造拆迁项目，签约率分别达到80%和95%，完成签约532户，征收面积6.9万平方米；完成桥下潘村滞留户司法裁决报送，待法院走程序；完成华山村已签滞留户的房屋拆除扫尾工作，确保安置小区顺利施工。重大项目配合方面，完成重点工程配合项目签约18户，主要为人民路改造地块、宁海化工制品提炼厂、跃龙路周边A地块、嘉隆车料公司地块、和兴房产地块、老年公寓地块、重啤大梁山集团地块和宁化麦芽公司地块等地块，有效推进山河岭周边地块、人民路改造项目、象西线桥头胡至深圳段公路改造工程、西店新城陆域1#地块、体育馆东侧地块等顺利施工。

【拆迁安置】 2016年，全年从宁海县城投集团有限公司调入套间632套、商铺73间，完成安置258套套房、商铺72间，安置总面积32337平方米，主要完成学南家园、郁金花园、西子国际等安置点的安置工作。

【年度特色工作】 继续推进“竞争性拆迁”、货币化安置，推动该县房屋征收工作的顺利开展，国有土地上房屋征收工作获2016年度市级先进；棚户区改造的创新做法，再获领导批示肯定，其中《棚改“宁海模式”巧破“人、房、钱”三大要素制约跑出加速度的主要做法》一篇专报于10月28日得到副省长熊建平批示肯定，《宁海县探索“竞争性拆迁”加快推进老城区危旧房拆迁改造成效明显》一篇专报于2月17日得到副市长王仁洲批示肯定，并要求学习借鉴；与宁海广播电视台共同举办“自在宁海·家园记忆”摄像摄影大赛，纪录片《留住——守望老城区的光影》获第十一届“中国纪录片国际选片会”创优评析人文类二等节目。继续推进阳光征收工作，贯彻落实征收信息“五公开”，即政策法规、补偿安置标准、调查及评估结果、分户补偿情况和过渡安置情况等公开。通过部门联席会议、县常务会议、方案论证、公众意见征集、组织听证会，由被征收人协商选定评估机构等方式，确保流程公正、合法，通过宁波市房屋征收信息公开系统、政府信息公开网、电视台、报纸等媒介加大信息公开力度。同时设立现场公开平台、电子触摸屏查询设备、短信群发系统等业务，接受群众和社会的全程监督。

12月22—23日，宁波市城中村改造工作推进会在宁海举行（拍摄人：储健源）

公共建设管理

【概况】 宁海县公共建设管理中心为县政府直属正科（局）级事业单位，受县政府委托，承担除城建、交通、水利等项目外的投资规模在500万元以上的非经营性政府投资项目建设管理工作，以及对500万元以下的非经营性政府投资项目进行监督指导工作。中心内设4个职能科室：办公室、投资科、前期科、建设科。

【项目管理】 加强安全生产管理。集中组织安全生产检查4次，共检查在建项目39个次，发现隐患350个，签发整改通知单293份，整改完成率100%。组织在建工程的项目经理、工地负责人、安全员、监理单位有关人员、各专业分包单位现场负责人，对他们进行安全生产事故警示教育、建设工程安全生产业务知识培训、安全生产知识竞赛和安全生产月等活动，并发放《中华人民共和国安全生产法》110本和安全生产宣传册237份。

把好质量控制工作。在选优、监管、验收等环节抓好建设工程质量，督促监理单位认真履行职责，严把工程质量控制关，督促监理单位积极查找项目中存在的问题，有效提高整个监理工作的水平；将如何预防质量通病作为2016年建设过程质量控制的重点，针对渗水问题这个历年来的质量通病，组织建设科全体人员共同分析易渗水部位、渗水原因，总结在施工阶段如何从设计方、材料选择方、施工控制方等多个方面预防和减少渗水通病的出现；本着认真负责、实事求是的态度，精心组织对项目的各项验收，中医医院迁建工程、中科院上海药物所宁波生物产业创新中心二期工程、档案馆迁建工程获得市结构优质奖。

统筹安排施工进度。根据年初各项目的年度目标，要求施工单位编制月度进度计划，每月具体落实项目实际进展情况，提前谋划建设阶段中与前期科、投资科的配合工作，尽量减少因相关配套服务工作滞后和图纸变更延期等问题影响工期的情况；及时协调处理各分包项目及总承包之间的配合问题，加强与县有关主管部门沟通联系，及时解决工程建设过程中的计价、定价问题，确保工程顺利进行。

【投资控制】 办证审批加速推进。根据新开工项目进度，完成大湖小学迁建工程及中科院上海药物所二期工程的证件办理，确保两个项目农历年后开工建设；完成中医医院迁建项目、第一医院住院楼扩建工程、县委党校迁建工程在重大设计变更后的各项内容重新办证工作，党校的各项调整圆满完成并顺利竣工；着力解决4个项目办证难点，并完成客运中心钢棚的办理；抓紧跟进职工之家、老年公寓、宁西中心粮库、规划展示厅和临床前研究中心5个前期项目的办证工作，为下一步的各项工作开展打下基础。

政府采购无缝跟进。根据在建项目的进度安排，逐一做好这些项目的设备采购计划，包括10个项目共36批次的设备采购，涉及20多种设备类别。在编制招标文件时牢牢把握专业性、实用性、及时性，紧密结合项目的不同需求和定位，逐一征求设计单位、项目联系人、使用单位等各方面的意见，最后提交县采购办审核实施。截至12月，投资科共计开展20批次的采购，总采购预算安排5697万元，完成采购金额5046万元，节约资金651万元，资金节约率为11%。

合同管理规范严谨。对设计、监理、施工、采购、咨询等方面的合同基本上采用规范合同文本，并推广到无规范文本的合同上，使签订双方减少合同纠纷，有利于明确权利义务。合同签订工作落实专人负责，严谨拟定、层层把关，同时完成合同备案、履约自查和款项支付工作，确保合同管理“零失误”。2016年共签订16个项目的284件合同，签订金额达到1.13亿元，签约率100%。2016年还完成合同管理全面数字化，依托这两年逐步推广的合同管理软件，对历年来所有项目的合同资料进行录入，共计37个项目2073个合同，极大改善了合同查询及管理工作，为合同款项的收付和履约保证金、质保金的管理提供强有力的技术支持。

“两算”控制细化落实。通过对以往承接的项目做大量的统计和测算，密切关注主要材料的市场行情，依据不同类型项目的分类情况和统计数据来确定接手项目的概算，然后进行各块内容的资金分解。与此同时，继续实行“双预算”制度，真正做到两家预算单位背靠背干活、面对面核算；加强图纸内审环节，从方案阶段开始就邀请建设科项目联系人和投资科人员参与图纸讨论，实现“提早介入、提前细化”，使预算更精细更有效。2016年度，前期科累计完成概、预算21个，其中预算金额约完成4.8亿元，招投标完成9个，其中施工招投标6个、监理招投标3个。

【队伍建设】 “两学一做”全面开展。加强党员干部的思想道德教育，通过4次关于“四有四铁”的专题讨论，充分提升自我认知和理论素养，引导党员干部树立正确的世界观、人生观和价值观，进一步坚定理想信念，使“为人民服务”成为每个公建人的服务宗旨；组织开展《条例》《准则》学习，吃透牢记党员相关纪律制度，以党性的要求来自我约束，时刻牢记工程管理的红线；举办预防职务犯罪讲座，邀请检察院专家授课，从单位职能和人员职责等方面出发，详细分析职务犯罪的特征，为全体人员敲响警钟。

业务培训形式多样。于年初举行安全生产警示教育培训会，组织全体在建项目的施工及监理人员进行针对性培训和警示，并于4月举办安全生产培训讲座，邀请住建局专家详解新安全生产法、分析具体建设施工中的真实案例，通过理论联系实际的方法加深项目管理人员对安全生产各个环节的理解；组织5次夜学活动，就建设管理工作、单位内部制度等方面的内容进行集中学习和深入交流，此外还在各工程部间组织一场安全生产知识竞赛，通过抢答的模式深化现场管理人员对安全生产知识的记忆，达到寓赛于用的目的。

廉政文化继续加强。始终落实项目联系人廉洁自律承诺，每新开工一个项目，各项目联系人都必须签署《项目联系人廉洁自律承诺书》，并将承诺书和联系人职责定制版块在工地现场上墙公示，在项目现场设立廉政举报箱；积极配合县纪委巡查组做好各项纪检监察工作，邀请组长陈家庆为中心开展廉政文化讲学活动；制定并逐步施行《宁海县公共建设管理中心工程管理小微权力规范运行办法（试行）》，对列入小微权力清单的各个事项逐一开展小微权力讨论，并予以公示，真正做到“让权力在阳光下运行”。

城市管理

12 月 26 日，宁海县综合行政执法局举行授牌仪式

【概况】 2016 年 12 月 23 日，宁海县人民政府办公室颁布《关于印发宁海县综合行政执法局主要职责内设机构和人员编制规定的通知》（宁政办发〔2016〕102 号），宁海县综合行政执法局内设 7 个职能科室（即办公室、组织人事科、法制科、督查科、生态秩序科、市政公用科、行政审批科），设 3 个派出执法中队（一中队、二中队、机动中队）和派驻乡镇（街道）中队。下属事业单位：县智慧城管中心、县园林管理局、县环境卫生管理处、县市政管理中心。

【做好机构改革，加快推进综合执法】 体制改革迈出新步伐。3 月，关于深化行政执法体制改革全面推进综合行政执法的实施方案被市编办批复，宁海县纳入综合执法行政处罚事项合计 21 项领域 613 项。为推进综合执法工作，还建立综合执法工作联合会议制度。出台“三定”方案。2016 年年底，县综合行政执法局正式挂牌成立。职能延伸进入新阶段。第一是向街道延伸。将原 8 个市容、“两违”管理中队整合成 4 个街道中队，其中梅林街道、桥头胡街道综合执法中队分别于 2015 年 12 月初、2016 年 5 月底挂牌成立；第二是向乡镇延伸。逐步完善综合行政执法体制框架，把综合执法职能延伸进乡镇。岔路、长街乡镇综合执法中队分别于 2016 年 11 月、12 月挂牌成立，标志着县局职能延伸进入新阶段。成立公安保障中队。公安保障中队已成立，由治安大队副大队长负责，并派 2 名民警常驻县局协助执法。

5 月 27 日，县综合行政执法局桥头胡中队挂牌成立

【做好“三改一拆”，全力创建无违建县】 “三改一拆”行动走在前列。2016 年，宁海县累计进行旧住宅区、城中村、旧厂区改造建筑面积 384.26 万平方米（其中，旧住宅区改造建筑面积 35.69 万平方米；旧厂区改造建筑面积 71.37 万平方米；城中村改造建筑面积 277.20 万平方米），在宁波市排名第 3 位。共处置违法建筑面积 225.35 万平方米，在宁波市中按拆违总量排第 3 位，按拆违百分比排名第 4 位。无违建创建工作持续深化。已成功通过“无违建先进县”创建。创建工作取得明显成效，胡陈乡成功创建为“无违建乡镇（街道）”；越溪乡、茶院乡、力洋镇、一市镇、桑洲镇、大佳何镇成功创建“基本无违建先进乡镇（街道）”；长街镇、前童镇等 11 个乡镇成功创建为“无违建创建先进乡镇（街道）”单位。专项整治工作顺利完成。积极开展“两路两侧”和“四边三化”工作，盛宁线宁海段被评为第一批浙江省“四边三

化”行动精品示范道路。

【开展环境整治，全面提升城市环境】 开展示范路创建活动。2016年成功创建3条市级示范路，其中徐霞客大道已成功创建为省级示范路。开展“四周边两部位”整治活动。开展城区各主要道路、车站、广场、学校周边的市容环境综合整治工作，加大对西门松竹新村、车河路、淮河路的集中整治。全年联合开展大型整治行动27次，拆除各类违规广告400余处，劝导跨门经营近2万次。开展户外广告整治活动。完成《城区户外广告设置专线规划》初步评审工作。全面升级兴宁南路店面招牌。加大违规设置户外广告行为的打击力度，共拆除破损广告灯箱、路灯杆广告、条幅625条，并拆除下洋葛违规设置的大型户外广告。巩固放心早餐工程。对城区早餐占路设摊行为进行全面清理，规范设置第三、四期放心早餐便民摊点，共有放心早餐摊41家。做好非机动车停放工作。委托宁海县汉陆物业管理有限责任公司进行宁海城区共5条主要道路人行道“三车”（自行车、电瓶车、摩托车）有序停放管理工作。开展渣土整治工作。做好建筑垃圾运输企业回访、新增3家建筑垃圾运输企业审核工作。规范建立洗车平台35个，下发工地整改通知书41份；立案处罚21件，处罚金额近16万元；收取建筑垃圾处置费约370万元。加强建筑垃圾消纳场各项管理，进一步推进岭脚村湖苔坑建筑垃圾消纳场征地工作，强化屠岙胡建筑垃圾临时消纳场管理，确保建筑垃圾填埋场安全运作。继续开展垃圾分类工作。全县71家机关企事业单位、55个试点村、1个小区、25所餐饮企业、医院、学校实行垃圾分类管理工作，餐厨垃圾实行统一收运，集中处理。同时，辛岭、梅林、桥头胡、桃源垃圾中转站配置的5台餐厨垃圾生化处理机运行良好，餐厨垃圾年处理量约为2800吨，经过生化处理后减量80%，有效地实现餐厨垃圾资源再利用。

2月15—16日，县综合执法局召开春季集训暨工作部署会议，图为部分先进个人颁奖现场

【开展美丽县城创建，全面做好市政管理】 推进美丽街景建设。在总体规划下，分步实施、突出重点，做好城区主要道路立面整治和亮化工程，治理环境卫生，完善绿地系统，改造市政设施。完成中山路、人民路、五街汇立面改造、灯光亮化前期工作。创建“节水型城市”。按照省级节水型小区标准2016年成功完成节水型小区试点创建工作，红枫公寓小区被列为宁海县首家省级节水示范小区。抓好园林绿化建设及景观升级改造。抓好重点工程建设，完成桃源北路机非隔离带绿化工程和兴海路绿化景观改造工程。积极开展城区插绿补绿零星工程，绿化面积6万余平方米，做好工程项目预算绩效管理，确保顺利通过绩效评估考核。拓展城市立体绿化空间，共建设及整治立体绿化6000多平方米。移植苗木1825株，完成兴海北路苗圃基地建设。该县园林绿化品质提升，园林局荣获市园林绿化先进单位荣誉。加强市政设施维护工作。出台《宁海县城市道路挖掘修复管理办法》，完成西门城楼、怡惠路等砼路面修复约27000平方米，徐霞客大道、中山路等人行道修整及改造约28000平方米，改造及新建窨井588余座等。协助解决怡惠社区、车河社区等8起老小区化粪池问题、50余座隐患窨井问题，改建面积4800平方米。出台《宁海县城市排水和再生水利用管理办法》，完成16处积水点改造工程；中心城区管网清淤28公里，占年度工作任务的280%；该县供水水质历次检测指标合格率100%。开展燃气安全检查工作，共查处4起跨区域经营行为，暂扣62个钢瓶，取消11家存在一定安全隐患的液化气供应点燃气经营许可，完成260个安全隐患整改，确保全县燃气生

产工作安全有序开展，圆满完成护航 G20 任务。市政工作成效明显，2016 年被评为宁波市“道路照明质量优胜奖”“安全管理工作优胜奖”“污水处理污染物减排工作优胜奖”获奖单位和水质管理先进单位。加大环卫保洁力度。完成新一轮道路保洁服务、河道保洁和养护服务、“三乱”清除作业服务、装潢垃圾及建筑垃圾清运服务项目招投标工作及相关保洁任务监督考核。重点实事工程进展顺利，完成城区怡惠、宁昌、银河等 6 座垃圾中转站提升改造、物流园区中转站项目设备安装工作，跟进各乡镇垃圾中转站提升改造设备安装工作。完成 11 座公厕改建项目，完成率 100%。逐步加强收集、运输、处置垃圾“三网”提升工作，无害化处理率为 100%。2016 年跃龙山公厕评为宁波市级五星级公厕，环卫处被评为宁波市市容环境卫生先进集体。做好垃圾项目深化和填埋场改造工作。引进生活垃圾填埋场填埋气体综合利用技术，实现垃圾渗滤液处理技术改造项目从应急工程转为 EPC 项目运行阶段。白峤岭生活垃圾填埋场通过绿化改造，变身生态公园样本，该项目也是宁波市唯一一个垃圾填埋场改建公园的项目。

5 月 3 日，位于宁海县生活垃圾填埋场下游的垃圾渗滤液处理站建成并投入试运行

【创新监督管理，全面提升管理水平】 推进智慧城管建设。做好智慧城管项目的升级和改造工作，完成一期智慧城管平台建设，完成了新老城区、科技园区、物流园区共 16.25 平方公里责任区域的地理测绘，通过 10 块高清电子屏实现与 91 部高清摄像头的现场动态实时查看，实现了指挥中心可视化远程指挥。建立智慧城管协同网络单位 49 家，通过理顺街道、职能部门管辖边界，明确处置责任单位。2016 年全年接听及反馈群众投诉 3000 余起，及时办理率 100%。构建全民参与城市管理良好局面。积极招募城管义工，启动城管义工长效服务岗。开展学雷锋志愿服务广场文化节、城管义工助力高考、党群同心圆、城管义工体验一线执法、智慧城管信息采集工作等一系列活动。开展美丽商铺常态化评选。通过评选活动，广泛宣传城市管理法律法规，增强市民遵章守纪的自觉性，提高市民的文明素质，形成人人参与城市管理、自觉维护城市环境的良好氛围。探索创新长效管理手段。建立路段长竞聘制、分管领导包干制、巡查推进制等一系列制度，形成及时有效的创建工作信息共享机制。建立健全网格化综合考核管理机制，精细管理方式，激发工作热情。

【开展队伍建设，有效促进执法规范】 加强党风廉政建设。按照“集体领导与个人分工负责相结合”的原则，实施“一岗双责”，专门制定《党风廉政建设和反腐败工作组织领导与责任分工》表格，制定 10 大项、48 小项党风廉政建设责任制，局系统 450 余名干部职工全部签订正风肃纪承诺书。并制定完善首问责任制、绩效考核机制等多项规章制度，有效推进机关效能作风建设。加强效能和政务督查。专门成立效能督查工作小组，对全局所有干部职工，全方位开展内部效能督查。2016 年已刊出《督查通报》15 期。加强绩效考核力度，实行“有奖有罚”管理，加大反腐倡廉重点项目管理。加强宣传力度。设置微信公众号为宣传新阵地，2016 年被市城管局网站、市级及以上公众媒体新闻录用 30 余篇，宁海县电视台、报纸等各类媒体和县委、县政府信息录用超过 300 篇，超额完成各项考核任务。抓好规范化中队建设。积极开展执法中队规范化中队建设，完善工作制度，规范执法行为，强化执法保障，提高执法效能，努力实现队伍建设正规化、执法工作法治化、区域管理精细化、队务管理制度化、基础设施标准化的要求。2016 年，桃源中队、梅林中队、桥头胡中队被评为市综合行政执法文明中队。涌现出了一大批先进个人，省级、市级、县级荣誉获得者分别有 3 人、21 人、3 人。

【全县“三改一拆”行动暨“无违建”创建工作会议】 3月31日，全县“三改一拆”行动暨“无违建”创建工作会议在县委县政府大会议室召开。县委常委、常务副县长应亥宗出席会议并讲话。县环境综合整治办副主任娄辛胡主持会议。县“三改一拆”办副主任、县综合行政执法局局长卢华强，全县18个乡镇街道政府主要负责人、“三改一拆”工作分管领导，县政府法制办、县农办、县国土资源局等相关部门“三改一拆”工作分管领导，县“三改一拆”办全体成员参加此次会议。

10月25日，举办环卫工人表彰大会暨“最美环卫人”慰问演出

会上，县国土资源局、县房屋征收办、力洋镇、一市镇、西店镇、梅林街道等6家单位作了工作交流。县“三改一拆”办副主任、县综合行政执法局局长卢华强传达省、市“三改一拆”行动（扩大）会议精神，并总结2015年度“三改一拆”工作，对2016年度“三改一拆”重点工作进行具体部署。一要以缓拆违法建筑专项整治为抓手，推进重点难点问题的突破。以存量违建中严重影响消防和使用安全隐患的建筑及旧住宅区、旧厂区、城中村为重点排查整治对象，开展隐患排查治理，继续深化涉及消防安全隐患违建专项整治行动，集中整治一批存在重大火灾安全隐患的违建。二要着力推进“三改”工作。以重点区块、重点工程建设的城中村为改造重点，结合“五水共治”、低效用地再开发、城市有机更新等工作统筹推进。深入开展老旧小区和旧厂区（房）改造，认真实施“退二进三”、工业用地二次开发、企业技术改造、淘汰落后产能等优惠政策，鼓励企业积极改造旧厂区（房）。三要深入推进“无违建县（市、区）”创建。深入开展调查摸底，全面掌握合法和违法建筑物底数，已创成和年内计划创成“无违建村（社区）、街道”的，要按照农村“一户一档”、城镇“一幢一档”的要求建立档案。注重创建质量。坚持高标准、严要求，加大违法建筑拆除力度，做到应拆尽拆。四要全力推进“两路两侧”专项整治。按照“范围只大不小，数量只增不减，时间只前不后，标准只高不低”的要求，重点对精品视线范围区域违建和沿线环境进行整治，摸清问题集中区域，全力以赴，攻坚克难，落实整改措施，切实提升城乡环境质量，力争把“两路两侧”打造成美丽宁海的新窗口。五要以舆论监督和行政监督为抓手，进一步营造浓厚氛围。继续开展专项督查，突出督查重点，加大对两路两侧、缓拆违法建筑处置、新闻媒体曝光、群众反映强烈、党员干部等违建类型的督查力度。完善监督举报机制，加大核查督办力度。

县委常委、常务副县长应亥宗

作重要讲话，对2016年继续深入贯彻落实省、市、县工作决策部署，全力打好“三改一拆”和“无违建”创建攻坚战提出明确要求。一是深化认识，振奋精神，开启“三改一拆”和“无违建”创建新征程。树立“担当”意识。下定决心，拿出勇气，以不计个人得失的担责担当，把违法建筑的“硬骨头”一块一块地啃掉，取信于民，拆出公平正义。树立“争先”意识。要有时不我待的紧迫感，早创建早落实，快马加鞭行动起来，力争2018年创成“无违建县”，提前2年完成任务。树立“法治”意识。把“三改一拆”“无违建乡镇（街道）”创建与法治宁海建设紧密结合起来，注重运用法治思维和法治方式推进工作，进一步提高科学化、法治化水平。二是再接再厉，乘胜追击，打造“三改一拆”和“无违建”创建升级版。找短板，列出问题清单。抓重点，彰显工作实效。做好“一核两翼”这篇文章。要对照《浙江省无违建创建标准》的要求，倒排工作计划，全面查漏补缺，通过清单化精准发力，项目化补好短板，流程化申报验收，体现拆违工作的含金量，确保经得起检验。同时结合“环境整治巩固年”活动，继续推进“两路两侧”整治和“三改”工作。攻难点，打破固化格局。找准“三改一拆”和“无违建创建”工作中的突破口，实行定向施策，精准发力，以难点问题的突破带动其他工作。要充分发挥基层网格作用，构建立体式、全覆盖的违建防控治理体系，对新增违法建筑做到“露头就打、即查即拆”。三是主动作为，综合施策，深化“三改一拆”和“无违建”创建长效管控。要做好打持久战的准备，切实担负起创建实施主体的责任，党政一把手要亲自抓、亲自部署。认真贯彻县政府刚刚通过的《宁海县“三改一拆”行动拆除违法建筑查处流程、分工指南》，进一步完善事前防控、事中查处和事后监管机制。要强化督查考核，增加暗查暗访和随机检查的频次，对于检查中发现的问题，要明确责任单位和责任人，限期整改到位。

水务管理

【概况】 2016年水务集团注册资本6000万元，在编员工265人，供水设计能力21万吨/日，污水处理能力11.5万吨/日。内设办公室、人力资源部、计划财务部、项目建设部、监察审计部、科技与信息化等6个职能部门，下辖宁海县供水有限公司、宁海县排水有限公司、宁海县兴海水务建设工程有限公司等3个子公司，原各自来水公司、供水分公司全部并入供水公司，各污水处理公司、污水处理厂全部并入排水公司，另根据地域和管理特点，在供水公司下设相关分公司、在排水公司下设相关分厂。集团全年供水量达5902万吨，日均16.4万吨，较上年同期增长10.75%，售水量4349万吨，较上年同期增长8.16%；综合漏损率22.3%；自来水总销售额约1.2亿元，较上年同期增长14%。加强水质监测和管网冲洗工作，各大水厂出水综合合格率均在99%以上，污水处理厂出水合格率100%。全年累计抢修管网744处，抢修及时率、修复率达100%。共处理污水3187万吨，日均8.7万吨；COD累计消减5329吨，其中，城北污水处理厂已完成年度目标值的130%；累计处理污泥（含水率80%）18400吨，日均处理50.4吨，沼气产量30.9万立方米；污水处理费收入3934万元，较上同期基本持平。

【基础设施建设】 2016年，集团主要承担城镇（乡）污水处理、供水设施和主城区雨污分流改造工程的建设任务，计划总投资约3.3亿元，全年实际完成投资约3.38亿元。治污水方面，全年铺设完成镇（乡）污水处理管网88.7公里。主要是推进西店镇污水管网工程、宁东新城东港路（金海东路-创新东路）污水管网工程、科技园区污水管网配套工程、宁东污水厂尾水排放管工程、长洋至深甽镇污水管道等工程及各乡镇街道纳管工程。雨污分流改造工程已完成跃龙路、气象北路（外环路至银河路）、云海路、正学路、桥下潘南侧道路、人民路、兴海北路、学勉北路、桃源中路、正学小学东侧道路、下陈至城南污水厂、前童至下陈（蜈蚣桥至柘湖杨）、南门大桥至跃龙大桥、兴海南路穿越洋溪倒虹管等污水工程；福泉路、黄坛至南门大桥污水主管、兴城路、怡惠路等工程正在施工中。保供水方面，完成一户一表新建及改造8126户，累计完成DN25以上供水管网152.8公里；加快长街区域供水管网建设，长街镇西片区给水主管工程沿海南线段DN600主管已铺设完成；完成城市供水管道渗漏改造工程7公里。

国土资源管理

【概况】 2016年，宁海县国土资源局紧紧围绕宁海经济社会发展和省、市国土系统“三个年”活动等中心工作，按照年初确定的总体工作思路，积极主动服务，严格规范管理，切实维护群众权益，更加有效地统筹发展保障与资源保护，确保全局各项工作得以顺利推进。至2016年年底，宁海县国土资源局共有干部职工132名，其中：行政干部83人，事业人员69人。

3月17日，召开全县国土资源工作会议

【规划管控】 认真做好土地利用总体规划调整完善工作。坚持保护优先、节约集约、突出重点、保障近期的原则，依据省、市相关要求以及第二次土地调查和规划中期评估成果，结合宁海县"多规融合"试点，统筹划定城市开发边界、永久基本农田和生态保护红线，为该县新战略和新定位落地提供基础支撑。《胡陈乡等8个乡镇土地利用总体规划（2006—2020年）》（2014调整完善版）于2016年2月18日获得市政府批准，至此，县级、乡级土地利用总体规划调整完善工作已全部完成。

落实土地利用总体规划新增建设用地指标。按照"保障重点、统筹兼顾"的原则，对全县城乡建设用地扩展边界内当年度新增建设用地需求情况进行摸底调查，落实扩展边界内193.33公顷规划新增建设用地的项目安排工作。同时，对符合使用县级预留指标使用的项目，及时做好土地规划落实方案工作；中心城区落实方案已完成2个批次报省政府，并均已获得省政府批准，涉及景澜·雁苍山舍项目、甬台温天然气输气管道工程宁海分输站、宁海县老年公寓（残疾人托养中心）工程、跃龙街道一职高校址段市政道路工程、徐霞客大道西延段等35个基础设施项目，涉及项目总面积53公顷。

积极完成永久基本农田核减工作。根据国土资源部《全国土地利用总体规划纲要（2006—2020年）调整方案》和省国土资源厅视频会议精神，于9月底召开全县乡镇街道和相关部门分管领导参加的业务培训会，部署相关工作，并在10月10—14日集中汇总上图，按照省厅要求10月28日上报省厅，于11月7日顺利通过省厅质检。本次全县共核减1346.67公顷，其中永农任务核减693.33公顷，储备库核减653.33公顷，为县"十三五"期间的农民建房、县级道路、通用航空机场、"五水共治"等项目预留发展空间。

提前谋划保障全年用地指标到位。主动走访各镇乡街道、园区、县房屋征收办等相关单位，了解各地用地需求情况，特别是对县重点（实事）工程的用地情况进行调查摸底，提前谋划2016年度用地指标的争取和安排使用方案。已上报事关县当前和长远发展的基础设施、社会民生、重大产业、战略性新兴产业等领域急需建设的19个重点项目合计184.47公顷申请市统筹指标。其中基础设施和社会公建11项104.53公顷，产业项目8项79.93公顷，涉及物流综合商业中心、甬台温成品油管道及配套油库工程、盛宁线71省道力洋至胡陈段等重点工程项目。2016年市级共下达宁海县计划新增建设用地指标160.07公顷，已使用新增建设用地指标159.87公顷，涉及8个城市分批次和3个单独选址项目，执行率达99.9%，排名全市第一，所有建设用地报批批次均已上报省国土资源厅审查，其中计划第一批次、第二批次已获省政府批准。

及时开展建设项目用地出让及土地划拨工作。共招拍挂及协议出让土地68宗，用地面积104.67公顷，成交价款16.87亿元，其中住宅用地6宗，土地面积26.27公顷，成交价款10.60亿元，商服用地25宗，土地面积25公顷，成交价款4.38亿元，工业用地31宗，52.6公顷，成交价款1.78亿元；划拨土地25宗228.67公顷，划拨款46064万元；使用集体12宗5.07公顷，拨用款229万元。近五年平均供地率86.39%。此外，该县遵循"市场配置、完善政策、优化扶持"的原则，充分发挥市场作用，盘活包括原红枫建材市场-1及-2地块在内的存量土地16.87公顷进一步完善土地资源配置。

【耕地保护】 完成永久基本农田划定内业工作和社会稳定风险评估。根据省人民政府办公厅《关于进一步做好永久基本农田划定和保护工作的通知》要求，宁海县在完成土地利用总体规划调整完善基础上，结合实际，对各乡镇街道的永久基本农田划定数据库进行处理，划定方案和成果均已通过省、市国土部门审查。同时，根据市局《关于做好永久基本农田划定社会稳定风险评估工作的通知》精神，第一时间组织开展专题培训会，对工作做总体布置，并于3月走访力洋、长街等基本农田重点区域开展调研。成果已报县政法委备案，相关材料也已送至市局。

4月26日，国家土地督察上海局韩海青局长一行到宁海县听取县土地例行督察情况汇报

落实建设占用耕地占补平衡。2016年全县完成开发垦造新增耕地面积68.07公顷，全部通过省厅审核并完成报备入库；完成农村建设用地复垦耕地面积9.73公顷；完成粮食功能区项目认定高标准基本农田面积681.2公顷；完成表土剥离面积55.33余公顷，消化再利用储存表土量15600立方米；完成2016年度计划指标第1~8批次和甬台温天然气输气管道工程建设项目落实补充耕地占补平衡指标81.87公顷，其中补充旱地40.13公顷、水田41.73公顷。此外，为宁海县岔路镇16-1地块、宁东区块15-A-1等8个建设项目以及全县农村宅基地农民建房用地等43个地块共置换标准农田面积48.53公顷，并已报请市国土、农业部门批准。

加快实施“旱改水”工程。为了加快推进下洋涂“旱地改造水田”工作，充实水田库存指标，满足县建设占用水田项目的补充和保障项目报批，积极主动做好与县经济开发区管委会的工作衔接，明确下洋涂“旱改水”项目的规划设计单位、监理单位由国土部门确定，施工单位由县经济开发区管委会确定的工作思路，计划对下洋涂实施“旱改水”面积1509.2公顷，已完成对下洋涂围涂造地项目的供水主干渠道工程与“旱改水”项目工程的规划设计招标工作，已进入规划设计实施阶级，第一期实施“旱地改水田”面积533.33公顷。此外，根据2016年县建设用地报批的补充耕地（水田）占补平衡指标需求，已通过“补改结合”方式为县盛宁线（71省道）力洋至胡陈段公路工程建设占用水田项目落实完成补充水田指标12.27公顷。

抓紧编制“十三五”土地整治规划。为了有效落实县土地整治规划的编制工作，规范有序地推进土地整治项目实施，保障县域经济平稳快速发展，根据省、市工作部署，组织编制该县《土地整治规划（2016—2020年）》工作。已完成对18个乡镇街道开展高标准基本农田建设潜力、标准农田补建潜力、耕地质量提升潜力、旱改水提升潜力、农用地整理潜力、建设用地垦造为农用地潜力、宜耕后备土地资源开发潜力等7个方面的调查和相关部门的各项资料与数据的调取收集等工作，并完成县土地整治规划文本、图件、数据库等的编制工作。该项工作在宁波市范围内实施进度最快。

【执法监察】 扎实应对卫片执法检查工作。从2015年底开始，国土资源部分3批次下发宁海县土地变更调查与遥感监测图斑617个，监测面积437.31公顷，其中耕地面积207.07公顷；矿产疑似违法图斑共5个。经内、外业核查比对，实际占用的新增建设用地458.31公顷，其中耕地209.97公顷。新增建设用地中违法用地131宗，面积25.12公顷，其中耕地11.88公顷，初始违法耕占比为5.66%；扣除“一户一宅”、省级以上重点项目、拆除复耕到位、五水共治、农村公益性公墓和历史违法的违法占用的4.05公顷耕地，耕占比为3.84%。年底，2015年度卫片执法检查工作已经通过省级验收。

全面深化巡查立案工作。致力于从源头防控违法用地，把事先防范和事后查处相结合，落实网格化管理，确保巡查工作做到无缝隙、全覆盖，并进一步规范巡查计划和台账制度，做到巡查前有计划，巡查过程有记录，巡查结束有小结。2016年共开展执法动态巡查共8250人次，巡查里程103895公里，监察大队监督、指导巡查工作人428次，共发现各类违法用地280宗，面积32.91公顷，其中耕地面积19.31公顷，基本农田3.88公顷。

积极开展违法线索处理工作。认真落实《宁波市国土资源局违法线索处理工作规程》，将违法举报从信访中剥离，畅通国土资源违法线索举报渠道。2016年，共办理国土资源违法线索75件，其中上级国土部门交办51件、县人大交办1件，举报人直接提出23件。同时还将违法举报电话编入公安“110”指挥中心，进一步畅通违法举报渠道。信访方面总体平稳，无集体访、闹访现象发生，共接收群众来信、来访、来电及各级转办信访375件，以息访方式结案10件，并提前完成信访积案化解工作，由市局第一批次上报省厅结案。

推进存量违法行为“清零”。根据省厅“亮剑行动”和市局“绿剑行动”的工作要求，通过“清理一批、纠正一批、查处一批、拆除一批、曝光一批”，全面开展各类违法违规用地和未依法处置问题的情况排查，强化对新增违法行为“零容忍”，促进国土资源管理秩序持续向好。共排查出违法用地未依法处置问题1249宗，均已分类制定后续措施，通过申请强制执行、移交、拆除和立案查处等方式落实整改；发现2016年以来占用耕地违法违规用地106宗，面积53.75公顷，现已立案查处28宗、有效阻止10宗、拆除复耕5宗、补办设施农用地4宗，后续处置工作正在跟进。

10月8日，全省滩涂资源垦造耕地调研工作座谈会在宁海召开

【矿政管理】 完成新一轮矿产资源规划编制。以优化矿点选址、合理资源布局为核心，以稳控矿山数量、提升矿山规模为抓手，以两路两侧废弃矿山的生态恢复综合治理和绿化美化为亮点，认真抓好规划编制，全面促进矿业开发转型升级。建立规划执行监管制度，强化规划的科学性和约束力，提高依法依规管矿的能力和水平。同时，《宁海县地质灾害防治与地质环境保护“十三五”规划》编制工作，也在有条不紊地进行当中。

做好矿产资源保障服务工作。加快采矿权审批，探索捆绑招标模式解决余料出路。全年完成宁海县白溪治理（石舌章—马婆园）防洪工程与跃龙街道元峰村（马婆园）门前山建筑用石料矿采矿权捆绑招标出让、跃龙街道元峰村下大山建筑用石料挂牌出让和毛屿港综合治理一期工程建筑石料采矿权协议出让，合计收取采矿权出让金6872.89万元，创历史新高。同时，为道路交通工程项目、水利工程、城市垃圾处理等重点与实事工程办理短期、临时开采手续20余宗，较好地解决石料需求，并做到有序开采。

推进矿山生态环境治理行动。上半年，全县两次召开专题工作会议，对2016—2017年12处重点治理废弃矿山治理任务一一进行分解和落实，并对全部任务点进行统一的招标设计，统一治理标准。矿山复绿工程设计方案已全部完成，2016年年底前全部完成发包。同时，扎实开展矿山粉尘防治工作，制订出台工作方案并下发给各矿山企业，通过落实矿山粉尘浓度测定制度和实地成效跟踪检查，切实做好台账记录工作，确保各项指标达标运行。

切实做好汛期地质灾害防治。严格执行地质灾害治理工程招投标制度，规范勘查勘探、设计、施工、监理等工作环节，切实保证地质灾害治理工程质量，并修订完善宁海县国土资源局台风暴雨期间地质灾害应急预案。开展多途径、多渠道的立体宣教，进一步普及群众地质灾害防治常识，增强防灾意识，提高自救、互救能力，努力构建政府防范与群众防范相结合的防灾新格局。同时，针对2016年多强降雨的不良天气，同气象等部门通力合作，并邀请省市专家，切实履行巡查、排险、治理职责。

6月30日，举行“不动产权证书”首发仪式。县委常委、副县长金勇现场颁发宁海县第一本“不动产权证书”

【中心工作】 重点做好上海督察局例行督察迎察工作。4月，国家土地督察上海局对宁海县土地利用和管理情况进行例行督察。在收到上海局的《督察通知书》后，该局高度重视，立即行动，把整改工作作为2016年全县国土工作的重点，针对所有问题分门别类进行梳理，按照先易后难的原则，逐项逐宗开展整改。根据上海督察局督导核查意见，切实做好后续整改，至年底已通过验收。

继续做好不动产统一登记后续工作。自2015年县不动产登记服务中心成立以后，随着不断的磨合，各项工作有序开展。顺利完成了职责机构整合、人员划转、数据整合、资料移交、平台建设等工作，并在宁波市操作指南等的基础上，结合该县实际制定《宁海县不动产登记操作指南（试行）》与《便民手册（试行）》等规范性操作方法。6月30日举行宁海县首发仪式。全年共颁发不动产权证书19910本，出具登记证明10321份。此外，宁海在全大市中率先招标开展房地数据整合建库工作。

打造廉政风险点防控手册升级版。为适应新时期国土资源系统反腐倡廉的新要求，进一步加强对权力的监督与制约，2016年在2014年度制定的廉政与失渎职风险防控手册的基础上，结合权力下放、整合运行情况和近两年来巡视监察、审计监督、例行督察等反馈的涉土问题，进一步理顺、理清工作职能和岗位职责，特别是新增设的不动产机构风险排查和防控，做到以虚促实，规范各项工作，完成廉政与失渎职防控的更新换代。8月，全市国土资源系统廉政风险点排查防控工作经验交流会在宁海召开，并被省厅推荐作为全省国土系统唯一一家单位参评全省纪检监察系统先进集体。

依托信息建设做好数据文章。根据国办及省厅检查要求，对局门户网站进行整体的改版升级，重点整合一些重复类的栏目，并对主页栏目进行相应的调整，使网站更加清晰、简洁。同时新增“官方微博”和“宁海平台浙江政府服务网”两个链接，更好地增强与网民的互动性。此外，该局还对网站的后台管理进行相应的调整，使网站管理更为便捷。同时，积极开展国土资源业务管理数据清理建库工作，对该局报批、供地、利用、规划等各类约3万余项数据进行核对，完善和整合。2015年度土地变更调查工作也于2016年2月全面完成并上报省厅。

【夯实基础】 严格实行“一个池子蓄水”。立足调控，逐步实现“入库量”与“供应量”双向调节。积极落实上级要求，与国有建设用地供应计划同步编制，坚持经营性建设用地统一进入储备库，统一调控。同时，立足“降成本”，做好存量债务置换。积极争取到财政发行的2016年第一批地方债专项资金，累计已置换土地储备存量债务7.7亿元，有效降低融资成本。积极促进“多计融合”，逐步实行土地储备计划与土地利用、旧城区改建、县重点项目、棚户区改造等计划同步调整，同步实施，科学制定储备计划。全年共收储土地124宗307.23公顷，土地储备整体工作较 2015 年有较大提升，全市排名进步明显。

谨慎做好涉拆相关工作。2016 年组织召开宁海县桃源街道下洋吴村和杨家村两个旧村改造征收集体所有土地房屋拆迁安置实施方案的听证会，通过听证会，拆迁人将根据被拆迁人的合理建议，优化拆迁安置实施方案，切实保障被拆迁人员利益。征地拆迁裁决和土地权属纠纷调处方面，2016 年共受理土地权属纠纷案件 1 件，调处 1 件；受理征收农民集体所有土地房屋拆迁裁决案件 11 件，依法裁决 6 件、调解成功 1 件。

认真应对各类行政复议、诉讼。2016 年行政复议诉讼案件接连不断，案件量较往年有较大幅度上升。共办理行政复议案件 73 件、行政诉讼案件 53 件、民事诉讼 6 件。与往年相比，上诉案件明显增多，当事人提起上诉已经成为普遍现象。此外，根据法院要求，该局集中开展国土非诉执行积案清理工作，对 2014 年以前申请法院强制执行的土地行政处罚案件进行全面清理。至年底，已将 549 件 2014 年以前申请执行被退回或未裁案件重新申请法院强制执行。

积极开展网络舆情和档案查阅工作。2016 年，“宁海国土”微博共发布了原创微博 863 篇，在“百姓事马上办”平台上发布各类公告 457 则，受理回复“百姓事马上办”网民咨询投诉 69 件、政务服务网咨询类 71 件，应对各大论坛网络舆情 12 次，较好地宣传国土资源管理工作“正能量”，并及时回应网民关切的各类热点难点问题，有效树立该局在网络上务实为民的形象。档案查阅方面，接待人次、调卷数量、出具证明等方面均比 2015 年有所增加。其中，为县土地房屋征收办公室旧城改造、区块拆迁调查审核、人民法院经济纠纷案件、土地例行督察、房地产纠纷案件等提供利用共计 14782 卷（2886 人次）。

环保·旅游

环境保护

【概况】 2016年，宁海县生态环保工作紧紧围绕五水共治、污染减排、生态文明创建等中心工作，贯彻落实建设生态文明和建设美丽宁海的重大举措，进一步深化环境保护工作，积极推进环境基础设施建设，深入实施水环境综合整治和大气污染防治，不断加大环境执法力度，不断强化环保能力建设，各项环境保护工作取得明显进展。全年生态环境质量保持稳定，全县环境空气质量优良天数达到329天，优良率达89.9%，全县8个市控以上断面水质优良率和达标率达到100%和75%，区域环境噪声良好。

【生态文明建设】 坚持生态立县，不断推进生态文明建设。年初该县被环保部正式授予“国家生态县”称号，在成功创建国家生态县的基础上，深入推进生态文明建设。大力开展基层绿色创建。2016年获得市级绿色学校3家、市级绿色企业1家、市级绿色饭店1家的命名，申报省级环保绿色单位创建2家，1家市级生态文明教育示范基地通过验收。谋划国家生态文明建设示范县创建工作。完成《宁海县生态文明建设规划（2015—2020）》编制，该规划已通过县人大常委会审议并报省厅备案。创新乡镇街道生态报表考核制度，将其纳入县目标管理考核，与“五水共治”一并单列，考核附加分各5分。开展《宁海县领导干部生态环境损害责任追究实施办法》编制。不断加大农村环境保护。开展传统村落中央农村环境整治项目建设和农村环境综合整治工作，积极推进生态公厕建设。争取4100余万元中央节能减排资金用于26个村的农村生活污水治理项目建设。全面提升治水、生态满意度。结合“五水共治”工作，通过广播、报纸、电视等媒介，借助党群同心圆、城市网、沿街广告等平台，大力开展生态环境保护宣传。2016年在改革治水满意度调查和市级生态满意度预调查中，宁海县均位列宁波市第一。加强环境规划编制与管理。根据《关于加快推进生态保护红线划定工作的通知》要求，在已经划定的自然生态红线区基础上，明确一类管控区和二类管控区范围，完善环境功能区划编制。完成《宁海县环境保护“十三五”规划

7月21日，县环保局走进“百姓事马上办·民生热线”

（征求意见稿）》和《宁海县声环境功能区划分方案（征求意见稿）》编制。

【“五水共治”行动】 坚持统筹推进，不断加大治水力度。成功创建省清三河达标县。以“五水共治”为抓手，紧紧围绕创建省清三河达标县这一目标，深入开展截、治、清等污染源头防治工程，积极推进排污口标识专项行动，累计完成治水投资21.6亿元；铺设污水配套主管网88.7公里，开工建设89个村（社区）农村生活污水治理项目，提前3个月完成全年河库清淤、截污纳管工作任务。全县城区生活污水处理率达到86.69%，镇级污水处理平均负荷率达到72.6%，比2015年提高15.6个百分点，全县市控以上断面水质全部达到Ⅲ类以上。强化源头控制。坚持以“预防为主，源头控制”为精髓的环境准入体制，从严控制各类涉水建设项目，对不符合准入条件要求的项目一律不予审批，2016年共否定建设项目47个。大力推进污染整治。根据《宁波市电镀行业环境污染深度治理方案》要求，启动电镀行业整治；出台《宁海县金属表面酸洗磷化企业污染整治提升指导方案》，要求全县88家企业至2017年年底前完成整治提升工作，已关停3家，完成整治提升改造7家；开展前童豆制品和年糕加工行业整治，将高浓度废水转运至兴海污水处理厂处理；推进西店铝氧化行业整治，6家企业均完成原地提升改造；进一步提升畜禽养殖行业的污染防治工作，出台《宁海县畜禽养殖污染整治专项行动方案》和《宁海县畜禽养殖场（户）扩面治理实施方案》，关停畜禽养殖场300余家，完成67家水禽和17家生猪散养户的扩面治理；开展工业集聚区（临港开发区）整治，整治方案已委托专业单位进行编制，出台污水收集主管网建设方案，各村污水收集支管网完成招标工作，长街镇工业园区开展雨污分流改造工程方案可行性评审会。加强饮用水源保护。联合水利等部门对白溪水库和西溪水库饮用水源保护区内排污口、污染隐患等情况重点进行检查，确保饮用水源水质安全。重点打击涉水违法行为。在全县范围内开展机制砂企业执法行动，出动人员90余次，对46家机制砂企业进行拉网式环保执法检查，关停11家，立案查处3家，共罚款28.5万元。会同农林局对畜禽养殖场是否存在偷排、漏排隐患，是否存在超养、新养、复养等行为，治污设施是否正常运行等情况进行全面排查，立案查处18家。

【污染减排】 坚持铁腕治污，不断改善区域环境质量。推进重点减排工程建设。推进污水处理厂及配套管网建设，建成城南污水处理厂，并于12月调试运行。推进国华宁海电厂机组烟气清洁化改造，完成1号、2号、6号3台机组改造，累计投入改造资金2.67亿元。开展大气污染防治工作。共淘汰禁燃区外高污染燃料锅炉92台；推进禁燃区外10蒸吨以上燃煤锅炉提标改造，北新建材淘汰1台42蒸吨燃煤锅炉采用国华电厂集中供热项目基本建成。完成宁海海螺水泥废气清洁排放技术改造。进一步推进长洋铝灰行业整治，完成试点企业废气治理设施整改提升。推进挥发性有机废气治理，编制《宁海县工业企业挥发性有机废气治理方案（2016—2018年）》，投资2500万元，完成涂装、橡胶塑料等重点行业废气治理企业20家。大力推进黄标车淘汰工作，共淘汰黄标车98辆，完成年度任务的106%；全年检测机动车48630辆，发放机动环保标志54620份。联合公安交警部门开展机动车道路环保违法执法行动。科学划分畜禽养殖区域。根据县域总体规划和生态功能区规划，进一步完善和补充禁养区、限养区的划定，《宁海县畜禽养殖区域调整方案》经县政府批准并组织实施。严控区域排污总量。开展排污许可证发放、换证及年检；实施排污权有偿使用及交易，8家企业补缴上年度排污权有偿使用费28.94万元，征收42家企业本年度排污权有偿使用费162.45万元，5家企业交易排污权指标并缴纳5年有偿使用费64.24万元；开展排污权租赁试点工作，爱文易成文具向舒而佳文具租赁电镀废水排污指标10000吨；开展临时排污权拍卖工作，将政府储备的电镀废水排污权9.9万吨全部拍出，共计7.05万元。

【维护公共权益】 坚持重拳出击，全力保障区域环境安全。开展畜禽养殖整治督查、混凝土及机制砂执法、百日环保执法、绿色护考等环保专项行动，进一步加大环境执法力度，严厉打击各种环境违法行为。全年共办结行政处罚案件104件，罚款人民币640.31万元，关闭企业43家，限产、停产企业1家，移送公安机关涉嫌行政拘留案件3件，行政拘留3人，移送公安机关涉嫌环境违法犯罪案件1件，刑事拘留2人；57家企业开征排污费共计577.56万元。开展G20峰会环境质量保障行动。制订《杭州峰会宁海县环境质量保障工作方案》；科学建立工业源排放企业管控清单，加强对大气污染排放源的监管力度；对禁燃区内已淘汰使用高污染燃料的企业进行复查，杜绝恢复使用高污染燃料；全面落实企业停产限产措施和施工工地停工措施；加大巡查，消除垃圾焚烧、秸秆焚烧等现象。加强环境信访处置。县专门成立督查小组，开展媒体曝光环境问题“回头看”专项行动，对2015年以来被新闻媒体曝光涉及环境问题的整改落实情况进行督查，涉及环境问题已全部整改到位。制定《宁海县环境信访办理流程及规定》，进一步规范环境信访处理流程和提升处理效率。对议提案、网络舆情等领导和群众高度关注的环境信访问题，由专人负责，加强与投诉人的联系与沟通，及时答复进展情况。全年共受理各类信访件1390件，办结率100%；共办理人大建议和政协提案25件，其中主办件11件。完善行政处罚制度。制定《宁海县环境行政处罚办理流程及规定》，明确监察大队、法制科和各环保所职责，从发现违法线索到送达决定书，各个环节各科室之间案卷的移交、审查和送达都进行了规定，明确每个程序的时间节点，进一步规范行政处罚程序。全面清理违法违规建设项目。根据2015年排查情况，对全县3849家违法违规建设项目全部完成清理，其中未批先建项目3283家，未验先投项目566家。加强固废管理。根据《危险废物规范化管理指标体系》，对危废产生单位及危废经营单位加强日常监管和业务指导，确保危险废物在贮存、转移、处置等各个环节安全可控。根据《宁波市汽修行业危险废物规范化整治工作方案》要求，联合交通部门对全县52家汽修服务企业开展危险废物规范化整治，对整治不力的企业开展专项执法，已基本完成整治工作。加强辐射环境监管。开展辐射单位安全检查和监督性监测工作，完善辐射事故应急预案，5月组织有关部门开展废旧金属熔炼企业辐射事故应急演练。

7月8日，召开金属表面酸洗磷化企业污染整治提升动员大会

【环保能力建设】 坚持开拓创新，不断提升能力建设。加强队伍能力建设。出台该县《关于推进全县网格化环境监管工作的实施意见》，建立乡镇（街道）环保办和村级环境监管网格。出台《县环保局中层干部选聘工作实施方案》，完成中层干部留任、转任和提任选聘工作。提升基础能力建设。城区新建1座大气自动站，已经完成设备安装并调试完毕；开展监测站实验室建设，完成建设方案编制并召开专家评审会，正在环评编制阶段；开展第二批19家企业刷卡排污系统建设，18家企业已完成设备安装。强化服务本位。采取提前介入、开辟绿色审批通道、实时跟踪服务等办法助推重点实事工程开工建设。2016年，县局审批县重点实事工程26个，对符合要求的32个建设项目，积极开展模拟审批。进一步规范企业环保治理设施管理人员和操作员工的持证上岗工作。出台《宁海县污染物治理设施培训合格证管理办法》，免费为100多家企业开展环境污染防治法及环保设施运行管理培训，并颁发技术人员培训等级证书。推动环境治理市场主体培育。支持环境污染第三方治理及运行维护，扶持并指导从事第三方治理单位6家，新增4家污染企业开展污染物处理设施第三方治理。加强党风廉政教育。一把手与领导班子成员、班子成员与分管科室负责人层层签订党风廉政建设责任书，强化党风廉政意识。制定《2016年宁海县环保局党风廉政建设和反腐败工作要点》和《2016年党风廉政建设和反腐败工作组织领导与责任分工》，明确党风廉政建设工作要点和主体责任。建立作风效能督查通报制度，督查小组不定期地进行内部督查。联合检察院出台《关于基层检察室与辖区环保所配合监督工作的实施意见》，助推基层环保工作。

旅　游

【概况】 2016 年，宁海县以“国家全域旅游示范区”创建为着力点，抢抓机遇、补齐短板，各项工作强势推进，获评浙江省旅游发展十佳县。全年共接待游客 1188.2 万人次，同比增长 11.7%，其中入境旅游人数 7.8 万人次，同比增长 10.5%；旅游经济总收入 131.1 亿元，同比增长 12.1%。

【全域旅游构筑新格局】 发展合力不断凝聚。成立以县委书记、县长任双组长的创建工作领导小组，出台《宁海县旅游业发展三年行动计划（2016—2018）》《宁海县创建“国家全域旅游示范区”实施方案》及“6+X”旅游联合执法机制改革等 6 个专项工作方案。同时，成立县委全域旅游规划建设督导组，全程督查示范区创建工作。综合改革深入推进。建立乡村旅游联席会议制度，协调解决乡村旅游发展中的规划选址、项目审批、资金扶持、消防安全等重大问题。建立“1+3+N”旅游综合执法机制，联合公安、法庭、市场监管等职能部门，成立联合执法办公室、旅游警察、旅游巡回法庭，逐步实现从景点景区“民团式”执法管理向社会综合协调管理转变。产业政策持续加码。出台《宁海县旅游业发展扶持政策》《关于加快推进乡村旅游发展的若干意见》《关于进一步促进农家乐（民宿）规范发展的指导意见》等政策办法，有效激发了旅游经济发展潜力。大幅增加政府投入，全县新增旅游发展专项资金 2500 万元，单列示范区创建专项经费 1070 万元。

【项目开发实现新突破】 规划引领优化布局。编制出台《宁海县旅游业发展“十三五”规划》《宁海县乡村旅游提升规划》，启动编制《宁海县全域旅游发展总体规划》。建立县多规融合联席会议制度，县旅游委作为 12 个常设部门之一，参与相关规划编制的指导和评审。项目建设加速推进。2016 年，全县新建续建重大旅游项目共 25 个，涉及总投资 205 亿元，全年完成实际投资 19.7 亿元。兰博基尼度假中心一期、前童写生基地、温泉文化艺术村 3 个项目主体建成，东方艺术博物馆建成。招商引资成效显著。成功签约大庄山谷温泉乡根小镇、兰博基尼度假中心、蓝湾自在小镇、许家山房车露营公园等 12 个项目，总投资 46 亿元；成功引进浙江省旅游集团、宁波市旅游投资发展有限公司、安麓安岚等知名投资商和品牌运营商。

【乡村旅游取得新发展】 乡村旅游产品不断丰富。建成桑洲南与舍、南山居、前童上木堂、前童轶事等 20 余家特色民宿客栈，加速推进许家山帐篷酒店、胡陈粮仓主题酒店、心宿无尘、一市村在慢生活度假区等项目，成功打造益陆山庄、归云山庄猕猴桃园、金港蓝莓基地等 15 个休闲观光园。据统计，全年共接待乡村旅游游客 840 余万人次，旅游综合收入 6.81 亿元，其中农家乐民宿营业额达 3.5 亿元，新增民宿床位 1000 余张。点块集聚效应逐渐显现。推动胡陈、前童、桑洲等 5 个乡村旅游集聚区建设，胡陈乡成功创建浙江省休闲农业与乡村旅游示范乡、首批市级乡村全域旅游示范区。特色小镇培育彰显魅力。森林温泉小镇、智能汽车小镇等省级特色小镇创建进程不断加快，十里红妆爱都小镇、雁山享寿小镇、南山花语小镇等一批市、县级特色小镇培育成效明显。

【宣传营销迈出新步伐】 节事活动有声有色。成功策划举办中国旅游日大讲堂——全域旅游战略的逻辑与落实、“为中国加分”浙江省文明旅游公益行动启动仪式、开游节旅行商大会暨霞客游线节点城市精品线路发布、惠民旅游等开游节系列旅游活动。分层营销成效明显。围绕“静城 · 宁海”旅游形象，策划推出“宁海静是美”旅游口号和“静养温泉、静品古镇、静美乡村、静享滨海”4 条特色旅游线路。创新霞客节点城市合作模式，联手省内 5 县市成立霞客节点城市推广联盟，策划推出 6 条特色路线。惠民活动深得民心。在开游节期间，推出“钜惠游宁海”系列产品，让利高达 70 万元，活动期间全县引客 26.4 万人次，收费景区接待 2.3 万人次。专题策划旅游公益惠民活动进宁波、杭州、上海，逐步形成常态性的惠民机制。开通爱心旅游直通车，组织道德模范、优秀外来务工人员、十佳优秀志愿组织成员、越战老兵、低保户、“五保户”等群体代表免费游宁海。

【行业素质跨入新台阶】 企业转型日益加快。传统景区改造提升效果明显，森林温泉成功钻探大庄温泉井（Z3），建成全县首个景区大气负氧离子监测站。住宿餐饮业创新活力不断增强，高星级酒店通过竞标政府公务活动、多渠道引进商旅和疗休养团队等方式，平均客房入住率同比增长 10%。旅行社转型步伐不断加快，通过探索“旅行社+”模式、连锁加盟、发挥本地政策优势等途径，进一步提升行业竞争力。行业品质稳步提升。东山桃园成功创建国家AAA级景区；全年新增五叶级客栈1家，四叶级客栈1家，三叶级客栈2家。深入实施文明旅游行动，积极开展“为中国加分”文明旅游活动、文明旅游“三进”活动。不断加强市场规范管理，深入开展市场联合执法行动，探索推行旅游合同团队档案规范化管理，全面落实“1510”旅游投诉机制，全年持续保持全县无安全责任事故和人员伤亡事故发生。基础要素持续优化。不断增强县域旅游集散功能，完成县旅游集散中心土地征用和扩初方案设计；火车站前广场旅游集散中心已完成施工图方案设计和项目招标。创新服务统计监测平台，启动大数据中心项目建设，构建集行业监管、游客服务、营销决策功能为一体的科学动态监测平台；启动旅游统计改革，积极探索建立适应全域旅游发展主线，涵盖旅游及涉旅的各个行业，科学准确反映旅游对国民经济发展贡献的统计新模式。持续推进景区周边环境整治，新建旅游厕所15座、景区停车场10座，游客满意度显著提高。

【名胜古迹】 宁海南溪温泉

位于宁海县深甽镇南溪村，是国家AAAA级景区。全国三大优质温泉之一，周达群峰环绕，峡谷幽长，风光秀美，有三潭九瀑十八溪七十二峰，近万亩阔叶乔木，遮天蔽日，形成天然的超级“大氧谷”。一代国画大师潘天寿和文坛泰斗郭沫若都曾留下过墨宝真迹。温泉已成为一个集休闲、度假、理疗、娱乐、观光于一体的旅游度假胜地，被誉为“华东第一森林温泉”。温泉所在地是国家级森林公园天明山卧龙谷景区，空气清新，景色优美旖旎。温泉的水取自地下150多米，水温49.5℃，四季恒温，无色、无味、清澈透明、略有滑腻感，富含氡、锂、氟等20多种对人体有益的矿物质和微量元素。其水质名列全国温泉之前茅，堪称华东之最，浙江一绝。

前童古镇

位于宁海县前童镇镇中心，是国家AAAA级景区。是一座不凡的江南明清时期的民居原版，一幅古韵浓重的乡村画，一段美轮美奂的江南丝竹调。始建于宋末，盛于明清，至今仍保存有1300多间各式古建民居。童姓先祖按照八卦原理，将溪水引入村庄，构成“水八卦”。“家家有雕梁，户户有活水”，流水哗哗，碧水幽幽，构建出一幅小桥流水人家的景致，是陈逸飞大师力作《理发师》主场景拍摄地，也是欣赏浙东民俗文化的好去处，前童古镇旅游区面积68平方千米。为中国历史文化名镇、浙江省生态旅游名镇、浙江省历史文化保护区、宁波市鼓亭之乡。每年农历正月十四夜举行元宵行会。

伍山石窟

位于宁海县长街镇内，是国家AAAA级景区、国家矿山公园。距宁波市区1小时车程，地处三门湾畔，东邻岳井洋与象山县隔海相望。由于这里的采石历史，不同于其他采石遗景，为国内罕见。人工开凿的残山剩水、采石遗迹和鸟兽携种生成的花树藤萝相映成趣，再加上海洋风情，以“大自然与古代工匠共同创造的神奇壮美的艺术世界”为特色，是中国沿海遗迹丰富、工艺典型和景观美丽的古代采石洞窟。景区由伍山石窟主景区、道士岩分区和石兰山分区组成，其中已经开发的伍山石窟主景区包括不周神山与聪明山水2个景区。窟外景色各异，窟内别有洞天。

梁皇山

位于宁海县前童镇境内，是国家AAA级景区。古称“桐柏山”，《徐霞客游记》开篇首宿地，因南北朝时期梁宣帝为避侯景之乱曾至此隐居而得名。梁皇山海拔768米，山势险峻、峰奇石异、谷深涧幽、飞瀑流泉，满目扑绿，风景旖旎，美不胜收。古今众多文人墨客曾在此留下诗篇和足迹，自宋代起即为江南名山之一。明代大旅行家徐霞客曾盛赞梁皇山景色为“峰萦水映，木秀石奇”。梁皇山旅游区内有中涧景区、南涧景区、外辽休闲区，兼有《徐霞客游记》中开篇首宿地和徐霞客上马石，南宋名士洪皓隐居地和拱台书院、亮岩、双门洞、仙人塔、隐字石、虎跳峡、一线天、九天飞瀑、彩石滩、三峡谷六深潭十八飞瀑等丰富的人文和独特的自然景观，世人称之为“江南第一奇山”。

浙东大峡谷

位于宁海县岔路镇白溪村，原名天河生态风景区，首批国家水利风景区。规划总面积约160平方公里，核心景区30多平方公里；距宁波114公里，宁海县城29公里；距沿海大通道甬台温高速公路岔路出口9公里，交通十分便捷。浙东大峡谷全长20多公里，拥有6曲溪、18雄峰、26水洞、72瀑布，以“峰险、谷幽、水绝、石奇、根玄、雾幻”著称。峡谷包括峡谷观光区、天姥峰游览区和峡谷探险区三大功能区，两岸奇峰怪石林立，飞瀑急流跌宕多姿，是一处沉睡千年的生态绿谷，一处原始野性的处女地，被誉为“浙东第一大峡谷”。

许家山村

位于宁海县茶院乡西部，为中国历史文化名村。距县城13.5公里，平均海拔约200米。全村有277户。许家山最大的特点是原始、荒野之美，房屋很少用钢筋水泥等现代材料。全村绝大部分都是石屋，石屋的墙体材料用黑色玄武岩（当地人称“铜板石”）堆垒而成。许家山是宁波市内现有建筑群规模最大、保存最完整的石屋古村，也是浙东沿海山地石屋建筑群落的典范，堪称石头王国。该村不仅保存着完整的石屋、石院、石墙、石巷、石桥、石路、石凳等组合资源，同时还延续着传统的生活方式，比如牛耕田、制番薯粉、做番薯烧酒、捣年糕、做竹编等。

柔石故居（柔石纪念馆）

柔石（1902—1931）原名赵平复，化名少雄，宁海人。1928年到上海从事革命文学运动，曾任《语丝》编辑，并与鲁迅同办“朝花社”。1930年年初，自由运动大同盟筹建，柔石为发起人之一。3月，中国左翼作家联盟成立，任执行委员、编辑部主任。同年5月，加入中国共产党，并以左联代表资格，参加全国苏维埃区域代表大会。1931年1月在上海被捕，同年2月7日与殷夫、欧阳立安等23位同志被国民党反动派秘密杀害。牺牲后，鲁迅曾写《为了忘却的纪念》一文，追悼他和其他死难同志。遗著有《柔石选集》。

柔石故居（柔石纪念馆）位于浙江省宁海县跃龙街道西大街柔石路1号。故居为旧式木结构三合院建筑，坐北朝南，门楣上悬挂着鲁迅夫人许广平手书的“柔石故居”的匾额。1962年故居被列为县级文保单位；1989年被列为省级文保单位；1995被公布为宁波市爱国主义教育基地。2002年县政府再次对故居进行整修，并批准建立柔石纪念馆。柔石故居（纪念馆）于2004年被公布为浙江省爱国主义教育基地，2013年被公布为浙江省党史教育基地。

潘天寿故居

位于宁海县桃源街道建设村。它是一座晚清时期浙东传统的民居四合院楼房。坐北向南，分为门楼、倒座、正厅、两厢及附属屋。1897年3月4日，潘天寿就出生在正厅“东大房”里。自1915年潘天寿考入浙一师读书前的少年时期都在这度过。1918年寒假回乡，在此结婚。1923年离家去上海。1962年，潘天寿以全国人大代表的身份到宁海考察，曾一度于此与乡亲叙旧，他那对家乡的深情和关爱在故乡人民心中留下深刻的印象。故居内至今还保存着他早年亲手制作和使用过的部分实物。

1985年，宁海县人民政府为了纪念这位饮誉满中外的艺术大师，对故居进行修缮。1986年9月5日正式开放，供人瞻仰、参观。县人民政府于1996年再次拨款，搬迁了住户，进行全面修复，使故居恢复原貌。为方便人们瞻仰，还专门修筑一条笔直宽阔的柏油路，直通冠庄。

1993年故居被公布为县级文物保护单位，1998年被公布为省级爱国主义教育基地。

科学·教育·文化·体育·卫生

科学技术

【概况】 2016年，县科技局坚持实施创新驱动战略，深入开展科技服务活动，以加快科技成果转化为主线，以深化体制机制改革为动力，以推进协同创新为抓手，积极搭建创新创业平台，集聚各类创新要素，优化创新创业环境，充分发挥科技创新引领作用。区域技术创新能力不断提高，拥有高新技术企业100家、市级创新型初创企业647家，市级以上企业工程技术中心95家、市级以上企业研究院6家、市级以上众创空间5家。强化知识产权创造和运用，全年累计获得授权专利3198件，其中发明专利授权216件。高新技术产业增加值占规模以上工业增加值比例达到33.7%。全县规模以上企业科技活动经费支出总额达到12.3亿元。全社会研发投入占地区生产总值的比重达到2.6%，为全县经济社会发展提供有力的科技支撑。

【优化科技创新环境】 推广应用创新券初显成效。出台《宁海县科技创新券推广应用实施办法（试行）》，面向全县创新型初创企业、众创空间、创客团队发放电子创新券，鼓励企业积极利用创新券到各类创新载体寻求科技服务，累计发放创新券414.73万元，使用创新券69.17万元。创新科技金融服务机制。积极发挥政策导向和协调作用，开展科技型中小微企业与金融机构的对接活动，初步形成企业融资需求对接服务的常态化工作机制和服务体系，为科技企业提供高效、便捷的金融服务，助推“智本”与“资本”融合对接，着力提升区域创新能力，加快经济转型升级。县级科技贷款风险池基金运作良好，累计为19家企业发放贷款3150万元；同时积极探索创新政银企合作模式，将原来的1家合作银行拓展到4家。市科技信贷子风险池启用运行；“宁海天使创业投资基金”累计投资项目资金1500万元。积极推进创客空间培育。县科创中心2016年9月晋级国家级众创空间。重点引进生命健康、新材料、节能环保等战略性新兴产业的相关企业和项目入驻孵化，新入驻创新创业（团队）22家，至年底拥有创业导师10余人，累计进驻企业56家，已成功孵化16家科技型企业。全县共有国家级众创空间1家，省级众创空间3家，市级众创空间1家，县级众创空间6家，数量质量位居宁波全市前列，初步形成全县“1+4+X”众创空间发展布局。

【强化创新主体培育】 培育优化高新技术企业。积极推进创新型初创企业、科技型企业和高新技术企业梯队培育工程。全年新增市级创新型初创企业备案193家，创新型

9月，县科创中心晋级国家级“众创空间”

初创企业总数达647家；新增县级科技型企业22家，总数164家；申报国家高新技术企业25家，重新认定11家，总数达99家；高新技术产业增加值为54.46亿元，同比增长10.4%，占规模以上工业增加值的33.7%。加快推进企业研发机构建设。发挥企业创新主体的作用，把研发机构建设作为增强创新能力的主要途径，鼓励龙头企业建立企业建设企业研究院，规模以上企业普遍建立研发中心。全年新增省级企业研究院1家、新增市级企业研究院1家，共有省级企业研究院4家、市级6家；新增县级工程技术中心14家、市级11家、省级4家，共有县级工程技术中心187家、市级72家、省级26家、国家级1家。企业创新能力不断增强，全县规模以上企业科技活动经费支出总额达到12.3亿元，全社会研发投入占地区生产总值的比重达到2.6%。全年有5个项目获得市级科技进步奖，2个项目获得省级科学技术奖。

【加速推进科技成果转化】 深化技术创新开放合作机制，建立双层双向对接合作机制，鼓励以企业为主体组建产学研实体和技术创新联盟。当好科技“店小二”，围绕全县主导产业和特色产业，积极搭建有针对性的合作交流模式，助推高校和企业的产业技术创新战略联盟。至年底，已与上海交大、哈工大、郑州大学、浙江工业大学等60余家高等院校和科研机构建立科技合作关系。深化共建创新载体建设。宁海浙工大海洋研究院工作有序推进，已与双林集团股份有限公司、宁波凯特机械有限公司等企业达成合作；2016年联合申报市工业重大专项、自然科学基金项目等共3项。2016年与吉林大学合作创建的宁海县协同智能制造创新中心（吉林大学机械学院宁波技术转移中心）初显成效，吉林大学与宁波金达汽车部件有限公司年产10万套油气分离器成功签约。技术合作对接平台更加完善。积极组织企业参加宁波—上海科技合作洽谈活动、技术成果拍卖、中国创业创新大赛等科技合作活动10余次。2015年初新引进的乌克兰专家装甲钛项目，已经顺利生产5架安—158型飞机用钛合金材料，后期将分量生产200架飞机用材料。2016年，浙江省网上技术市场宁海分市场已发布企业技术难题47条，拟提供资金达1391万元，累计上网企业680家，技术合同项目登记28项，成交技术金额1867.67万元。宁波产学研创新服务平台上网企业数为702家，新增注册企业36家，发布技术难题数43条，已有10家企业通过产学研平台对接成功，技术合同项目登记11项，成交技术金额达360万元。

【深化知识产权强县战略】 抓好专利质量提升工程。2016年，共申请专利4414件，同比增长14.4%，专利授权量3187件，其中发明专利授权216件，同比增长9.1%。在宁波市第十二届发明创新大赛中，组织申报85项（年度指标：30项），参赛项目数位居全市前列，荣获发明奖优秀奖6项，设计奖优秀奖10项。围绕提升企业知识产权创造、运用、保护和管理能力，大力推进各级知识产权示范（试点）企业创建和专利技术产业化示范工程。新增国家知识产权示范、优势企业3家，专利示范企业省级2家，全县共有国家级知识产权示范、优势企业3家，省级专利示范企业20家，市级专利示范企业31家。全年共有15家企业通过国家知识产权贯标认证。知识产权执法保护不断加强。积极推进知识产权行政执法能力建设，完善多部门协同的知识产权保护机制，建立宁海县知识产权联席会议制度。与县双打办组成检查组，对华润万家、杭州联华华商宁海金昌店、小小食品超市有限公司和欧德隆食品超市等单位进行现场检查。通过对专利侵权案件的及时查处，规范专利市场秩序，收到较好的效果。

【加快科技兴农步伐】 以科技创新支撑现代农业发展和新农村建设。立足省农科院、浙江农林大学等省内重点涉农科研院校科技合作平台着力解决制约农业发展的技术瓶颈。2016年浙江农林大学与宁波林丰种业科技有限公司合作承担的“红叶紫薇新品种创制及产业化快繁关键技术集成与示范”等6个项目被列入市级科技富民惠民计划。加快农业创新载体培育。引导农业产业基地加快建立技术核心区，辐射带动周边产业，推动产业基地生产技术水平提升。推荐申报浙江农林大学与宁波七超竹业有限公司合作承担的“高稳定性竹木复合板关键技术研究与示范”项目为市级农业重大专项。培育发展农业科技创新主体，特别是农业科技创新企业，进一步发挥科技创新对现代农业的支撑引领作用，促进农业产业转型升级。推动科技特派员工作。以农业现代化科技需求为切入点，促使科技人员深入农村一线，致力于产业关键共性问题的解决和成果示范推广。宁波市农科院高级农艺师安学君指导的“景观水稻新品种引进与示范”等6个项目被列入市级科技特派员项目。通过实施科技项目培训计划，采取多种有效形式，对广大技术人员和农民群众开展技术培训，累计培训农民达2000余人次。

教育

【概况】 2016年，宁海县共有普通中学25所、小学52所（含外来民工子弟学校2所，培智学校1所）、职业中学4所、教师进修学校1所、电大学院1所、成人中等文化技术学校18所、各类幼儿园121所。全县在编教职工5298人，中小学生85216人，在园幼儿25579人。2016年是宁海创建省教育现代化县加速推进之年。全县教育系统紧紧围绕“基本实现省教育现代化县”这一中心任务，以找补“短板”为抓手，以促进教育优质均衡发展为重点，上下共同努力，圆满而出色地完成各项工作任务，使教育现代化内涵发展迈上新台阶。

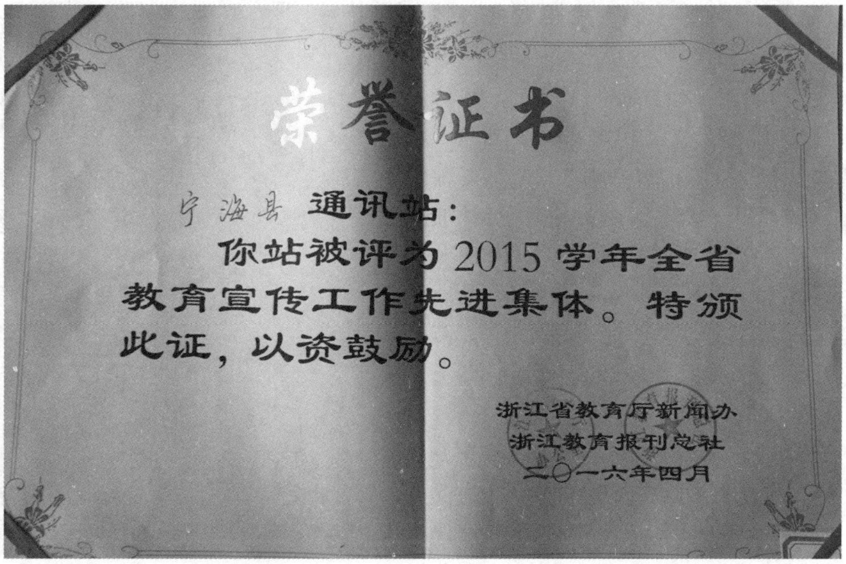

2016年4月，宁海通讯站被评为2015学年全省教育宣传工作先进集体

以创建工程为核心，教育现代化工作进一步推进。创建工程强力推进。“基本实现教育现代化”创建准备工作已安排就绪，即将迎来评估。2所学校通过省义务教育标准化学校验收，标准化学校比例达98.57%。教育布局优化调整。望海学校、回浦小学已投入使用，正学小学基本完成建设，大湖小学主体工程结顶。全面完成《宁海县教育发展“十三五”规划》的制订，拟定《“十三五”期间城区教育布局规划及建设思路》，为县教育现代化事业描绘美好发展蓝图。

以公平普惠为宗旨，教育教学改革进一步加快。民生实事工程加快落实。完成义务教育薄弱学校基本办学条件改善工程12个，完成新建、改造中小学校塑胶跑道23个，改造热水淋浴工程项目20个。将幼儿园纳入“阳光厨房”建设范围，建成阳光厨房107家，占比50.23%，食堂A、B等级达93.9%。特殊教育保障体系进一步完善，特殊儿童就学率达97%以上。城乡均衡教育稳步发展。进一步推动政策均衡，完善义务教育段城区学校、重点中学招生方案，全面实现“阳光招生”；进一步推动评价均衡，在全市率先成立县教育督导研究会；进一步推动师资均衡，交流城乡教师占比达10%以上；进一步深化城乡学校共同体建设，网络教研联盟、托管办学成效显著，启动共同发展学区试点。教育教学成果再创新高。高考再收硕果，第一批上线人数连续4年突破600人，上线率达25.02%。在市级以上学科竞赛中，136人次获奖；“创客”教育大力推进，9人次省级获奖；体育竞赛成果喜人，9校获市团体项目前三。成功举办市中学生田径运动会、县首届小学生诗词大赛，组织3万多名学生参加社会实践活动。

以找补短板为抓手，教育现代化底部进一步拉抬。学前教育普惠发展全面促进。积极推进4所新建园建设，重点盘活西店、城东、长街等幼儿园资源，8所幼儿园通过一、二等级的抽查、复核与新评，修订《普惠性民办幼儿园管理办法》。至年底，学前三年入园率达99.49%，省等级幼儿园招生覆盖面达95.1%，普惠性幼儿园达75.9%。普高教育特色发展加快推动。普高教育改革纵深发展，宁海中学、正学中学通过省一级、二级特色示范学校正式评估；普高教学改革成效突出，学考选考取得优异成绩；学科建设不断加强，建成“学科教室”11个、“市创新实验室”3个、市级“学科基地”1个；创新人才培养机制初步形成，制订《宁海中学创新素养实验班招生方案》。职业教育服务能力大力提升。积极开展职业教育现代学徒制试点，建成2家校企合作优秀企业基地，改造升级10个专业实习实训室。积极创新中职学校与高职院校深度合作机制，成立宁海县职业技术联合学院，实现高技能蓝领本土化培养。

以优化服务为目标，教育保障水平进一步提升。教师水平全面提高。以“两学一做”专题教育为契机，狠抓师德师风，张翎飞老师事迹被中央电视台等媒体关注，并获得“浙江好人”和“最美宁波人”荣誉称号；加强名师培育，实施“常青树”计划，开办第二期名师学堂；加强见习教师管理，出台全市首个《宁海县见习教师管理规定》。在各类教师业务评比中，市级以上获奖共900项，位居宁波市前列，5个成教课题获全国一等奖。校园安全全面保障。全力完善全方位、立体化的治安防控体系，确保校园平安。建立“平安宁海”创建联系人制度，186所学校（幼儿园）通过市级等级平安校园考评验收，占比达85.3%；建立中小学校法律顾问制度，市内首先实现公办学校全覆盖；设立专职宣传员，加强校园安全培训，9所学校被评为县卫生先进单位；开展校园及周边安全隐患排查整治行动，并逐一落实整改。

2016年9月，宁海教育局被评为2011—2015年宁波市法治宣传教育先进单位

【持续深化职业教育课程改革】 2月11日，宁海县开展普职融通试点工作的第一批9位学生由县职教中心转入普通高中就读。2016年，持续深化职业教育课程改革，至2016年6月，共开发各类选修课程177门，开发校本教材34门（本），泥金彩漆等3个专业教学团队为宁波市优秀教学团队。积极开展现代学徒制试点工作，现代学徒制改革试点列入2016年县政府重点改革项目，6月1日，宁波双林集团被列入省现代学徒制试点项目建设。

【成功承办2016年宁波市中学生田径运动会】 4月1日，2016年宁波市中学生田径运动会在县技工学校开幕，4月3日顺利闭幕。本次比赛由宁海县成功承办。宁海县组织4支队伍参加市中学生田径运动会，并取得历史最佳成绩，高中组获总分第二名，其中宁海中学列普高组第三名，职教中心列职高组第三名；初中组获总分第四名。

【广泛深入开展“小手拉大手，安全共相守”主题活动】 4月29日，宁海县“小手拉大手，安全共相守”主题活动启动仪式在金阳小学举行。本次活动从4月开始，至12月结束，贯穿全年。5月27日，在山水小学召开“珍爱生命、预防溺水”安全宣教活动现场会。全县教育系统充分发挥“小手拉大手”和各类媒体宣传作用，大力营造全社会关注安全的良好氛围，各学校认真组织、精心安排，集中开展“五个一”活动，取得明显成效。据统计，该活动共有11万名学生参加，组织活动1900多场次，上交主题征文2000多篇，发放宣传资料近8万份，发送宣传短信约100万条。

【县幼儿体育囊括全省前四】 5月15日，在省幼儿特色体育表演大会上，实验幼儿园的小篮球、长街幼儿园的小太极、大佳何幼儿园的冰上飞龙及岔路幼儿园的小自行车囊括6个团体一等奖的前四名。在省第四届幼儿足球大赛中，跃龙中心幼儿园与强蛟幼儿园分别获团体一、二等奖。5月20日，在省第三届幼儿篮球表演大赛中，实验幼儿园满载而归，并于年底受湖南卫视邀请录制节目。

【创新加强新聘教师见习期管理工作】 6月21日，县教育局出台全市首个《宁海县见习教师管理规定》，从见习任务和要求、管理主体与职责、总结和考评等方面对间隙教师管理作了详细规定，进一步规范和加强新聘教师的见习期管理工作，促进新入职教师健康快速成长，迈好职业生涯第一步。

【教育教学成果再获丰收】 6月22日，浙江省高考成绩揭晓，宁海高考再收硕果，普高录取率达96.37%，比宁波市平均录取率高出

3个百分点，第一批上线人数连续4年超600人，上线率为25.02%；中职学生参加高职单招单考，900人升入高职院校，上线率高于全省平均水平。2016年，在全国职业院校技能大赛中，该县职教学生组成的数控车、工业产品设计等5个项目代表对参加全国职业院校技能大赛获2金2银1铜的优异成绩；在省中职学生职业技能、创新创业、职业素养等省级比赛中获一等奖3项、二等奖9项、三等奖3项；《农村成校服务综合体建设的实践研究》《飞针走线织成璀璨人生》等5个成教课题成果获评2016年全国农村职业教育与成人教育优秀成果一等奖。

7月5日，在电大宁海学院举行“宁海职业技术联合学院”成立仪式

【全面完成《宁海县教育发展“十三五”规划》编制工作】 《宁海县教育发展“十三五”规划》（以下简称《规划》）编制工作全面完成，经县政府审定并同意，6月28日县教育局与县发改局就《规划》联合正式发文。规划编制工作自2015年4月启动，经过前期调研、资料收集、初稿撰写、内容修正、征求意见、专家论证评审等环节，历时一年完成。《规划》提出“十三五”时期宁海教育发展的总体目标和主要指标，明确不同学段的重点任务，为全县教育现代化事业描绘美好发展蓝图。

【宁海县成立职业技术联合学院】

7月5日，在电大宁海学院举行“宁海职业技术联合学院”成立仪式，县委书记褚银良、县长杨勇等领导出席，市教育局、有关合作高校、行业协会及企业代表受邀参加，褚银良作重要讲话。10月10日在得力分院举行开学仪式，共招收首届4个专业、160名学生。学院实行“1+4N”联合办学模式，采用现代学徒制教学，创新“大国工匠”培养模式，将为该县社会发展和经济建设培养一批用得上、留得住、接地气的“金蓝领”人才。

【基础教育课程改革全面积极推进】

8月29日，印发《宁海县全面深化义务教育课程改革的实施意见》，在全县中小学全面推进义务教育课程改革。至年底，小学拓展性课程课时占比达15%以上，初中拓展性课程课时占比达20%以上；职教中心、一职、双林等3所学校确定为市职教课程改革试点学校；普通高中有2门省精品选修课程，4门省网络课程，13门市精品选修课程，宁海中学选修课“精品工程”获得《浙江教育报》刊文肯定，并建成“学科教室”11个、市级“创新实验室”3个、市级“学科基地”1个。跃龙中学、实验小学等2所学校入选国家级校园足球特色学校；西店中学、一职高等7所学校入选省级校园足球特色学校。

【望海学校等一批现代化学校建成投用】 9月1日，望海学校、回浦小学等一批现代化新校园投入使用，县教育布局得到进一步优化。望海学校占地73.35亩，建筑面积14980平方米，建设规模为24班，总投资达8356.24万元；回浦小学占地62.5亩，建筑面积25014平方米，建设规模为48班，总投资达13400万元。正学小学新建工程基本完成，大湖小学迁建工程完成主体结顶，职教中心改扩建工程前期准备工作顺利启动。针对城区教育发展现状，还制定《“十三五”期间城区教育布局规划及建设思路》，并广泛征求相关意见建议。

【宁海中学举办建校九十周年校庆活动】 10月22日，浙江省宁海中学建校90周年庆典仪式在宁海中学体育馆举行。关心和支持宁海中学发展的各界同仁、海内外校友欢聚一堂，铭史志、话成就、叙情谊、谋发展。县委书记褚银良，县委副书记、县长杨勇等四套班子领导出席，副县长娄黛敏主持。宁海中学创建于1926年，90年来，学校薪火相传，不断发展，1981年被列为省重点中学，1996年被评定为省一级重点中学。此次校庆以“传承文化，展示成果”为活动目标，以“绿色·本色·特色”为活动主题，以“校史·校友·校貌”三条主线和“庆典、学术、宣传、出版、项目”五个系列为主要活动内容，得到了社会各界和广大校友的热情参与。

宁海县山水小学以其独特的“竹文化”特色打造被评为“浙江省美丽校园”（王小飞 摄）

【教育交流步伐全面加快】 10月24日，潘天寿中学、跃龙中学、风华书院初中分别与新西兰怀科法中学、奥克兰北十字星中学、庞森比中学结成友好姐妹学校，全县国际教育交流迈上新台阶。完成《宁海县人民政府关于进一步鼓励和支持民间资本进入教育领域的实施意见》起草工作，进一步加大民间资本投入教育领域吸引力。

【全面推进“美丽校园”创建工程】 11月9日，浙江省公布“浙江省中小学美丽校园”名单，其中该县山水小学上榜。县教育局紧紧围绕“美丽县城建设三年行动计划”总目标，整体推进全县中小学、幼儿园“美丽校园”建设，整体构建学校精神、物质、制度、行为等文化体系，全面建设美丽、和谐、文明、富有特色的校园，不断提升中小学、幼儿园的办学形象和水平。2016年有8所学校通过验收，全县60%的公办中小学、幼儿园创建成为“美丽校园”。

【全面实行中小学校法律顾问制度】 11月10日，全县128所学校全部建立中小学校法律顾问制度，宁波市内首先实现公办学校全覆盖。全县各类学校采用“法律顾问团”“一校一聘”“多校联聘”等多种模式，选聘具有资质的执业律师或其他法律服务工作者担任法律顾问，进一步推进学校章程建设，加大依法治教、依法治校工作力度，提升学校决策科学化、内部治理法治化水平。

【大力推进教育民生实事工程】 12月19日，银河小学、育才小学通过省标准化学校验收评估，全县义务教育省标准化学校比例达98.57%。宁海县大力推进民生实事工程，教育保障水平得到进一步提升。2016年共竣工标准化学校建设30个项目。完成新建中小学校塑胶跑道4个，改造塑胶跑道工程项目19个，改造热水淋浴工程项目20个，全面推进中小学校LED灯具改造工程。努力拓宽“阳光厨房”覆盖范围，至年底建成阳光厨房107家，占中小学幼儿园食堂总数的50.23%，学校食堂A、B等级达93.9%。

【宁海中学、正学中学创建省特色示范高中】 11月，宁海中学、正学中学申报省一级、二级特色示范学校正式评估。12月14日、22日，两校分别接受省教育厅公示，于2017年1月19日，正式创建成为省特色示范高中。这两所学校在坚持学生为本、深化课程改革、完善课程体系、规范办学行为等方面有着突出表现，形成有利于促进学生发展的教育教学环境和学校特色，在普通高中特色化、多样化办学中发挥示范作用。至年底全县共有省一级特色示范学校1所、二级特色示范学校2所。

【海上“摆渡人”张翎飞老师先进事迹感动社会】 12月12日，为了一句承诺，十五载义务护送海岛学生乘坐渡轮回家的小学教师张翎飞被中央电视台等媒体关注报道，反响很大，好评如潮。张翎飞老师15年义务护送隔洋塘学子上下学的感人事迹感动社会，被评为2016年度“最美宁波人”，并获得“浙江好人”荣誉称号。全县教育系统深入学习张翎飞老师先进事迹。学习他忠于职守的敬业精神、扎根基层的奉献情怀、爱生如子的高尚师德、诚实守信的可贵品质。

【打造成人教育品牌服务地方经济发展】 12月16日，宁海县“桑洲月嫂”“黄坛香榧”两个培训项目获评浙江省成人教育品牌培训项目。坚持打造“一镇一品”“一镇多品”的宁海成教特色，服务地方经济发展。10月23日，宁海教育局被中国成教协会评为“全国2015年度全民终身学习活动周优秀组织奖”，连续第二年获得此荣誉。

【教育宣传平台进一步拓宽】 12月21日，微信公众号“宁海教育”开通运营，作为县教育局官方信息发布平台，“宁海教育”微信公众号围绕全局中心工作，紧扣重大主题、重大活动系列，及时权威地发布全县教育工作的各类重要新闻、信息资讯和政策解读等。10月9日《宁海教育》成功复刊，7月26日宁海教育网新版网站正式运行。至此，县教育宣传平台得到进一步拓展，大力打造立体化的教育宣传主阵地。

【学前教育公益普惠发展全面提升】 12月30日，玉和幼儿园、新星幼儿园等5所幼儿园通过普惠性民办园评定。积极推进新建园工程，多渠道盘活公办园资源，进一步提升优质园比例，8所幼儿园通过省、市一、二级的抽查、复核与新评。修订《普惠性民办幼儿园管理办法》。至年底，全县学前三年入园率达99.49%，省等级幼儿园招生覆盖率达95.1%，普惠性幼儿园招生覆盖面达75.9%。

（方安夫、王家法）

文　　化

【概况】 2016年是宁海县文化实现跨越发展的关键年。宁海县文化广电新闻出版局贯彻落实中共十八届四中全会和中央文艺工作座谈会精神，围绕市文广新闻出版局的总体部署和考核目标，以及宁海县委、县政府中心工作，以创新的发展思路和务实的工作举措，努力推动文化建设再上新台阶。

文化工作亮点纷呈。一市镇箬岙村入选中国传统村落。宁海县已拥有1个中国历史文化名镇、2个中国历史文化名村和8个中国传统村落，总数位居宁波市首位。宁海获评全国首个“中国古村落文化遗产研究基地”。古村落文化保护也逐渐呈现出基础扎实、风格丰实、内涵厚实等特点。宁海县巧打“保护开发传承”组合拳创成全国首个古村落文化遗产研究基地，宁海荣获“中国诗词文化之乡”称号。诗词进农村、进社区、进学校、进企业、进机关、进景区等“六进”活动蔚然成风。同时，诗词作者队伍不断壮大，诗词创作日益繁荣。宁海文化综合体PPP项目成功入选国家财政部“第三批政府和社会资本合作示范项目”。为加快推进宁海城市化建设，2016年2月启动，经过市场多轮考察、筛选、竞标，于2016年9月由浙江大丰集团竞标成功。年底，文化综合体子项目潘天寿艺术中心已着手“三通一平”工作。120册大型文献《宁海丛书》出版。《光明日报》《浙江日报》《宁波日报》等多家媒体报道《宁海丛书》首发式暨出版座谈会相关新闻。

图为张翎飞老师护送学子上下学

多措并举，财政保障，建立健全体制机制。大力推进农村文化礼堂建设。2016年出台《宁海县农村文化礼堂“十三五”规划》，并召开工作推进会，实施均衡化布点、区域化推进、品牌化打造、普惠化管用等“四化”专项行动。2016年新创立30家农村文化礼堂，累计已创建118家。并成立农村精品文化礼堂指导员队伍，择优选取10家精品文化礼堂，完成结对指导工作，打造文化礼堂运行模板。认真谋划古建筑维护修缮政策。出台《宁海县古建筑维修申报指南》《宁海县古建筑维修保护补助专项经费管理办法》，进一步规范保护资金的合理有效使用。财政投入明显增长。2016年县财政继续加大对文化建设投入，其中用于“万场电影千场戏剧”进农村、“天天演”文化惠民演出、百姓大舞台、基层文化阵地提升等文化惠民实事工程700万元，繁荣群众文化奖励500万元，文化产业发展补助1000万元，文物、收藏和古建筑保护专项经费480万元。深化体制机制建设。建立健全文化人才队伍建设机制。深化宁海民间文化人才“百人计划”工程建设，逐步建立完善民间特色文化人才选拔、培养、合理使用机制。在地毯式普查的基础上精选确定百人计划名单，共选出民俗文化人才7人，民间文艺创作表演人才45人，“非遗”人才32人，群众文化带头人19人，共计103人；组建宁海县文化志愿者队伍，已涵盖各艺术门类包括非遗传承达600人以上。针对文化人才，开展2期培训，提升人才素养。平调艺术传承中心薛巧萍入选宁波市“六个一批人才”。推进基层公共文化管理机制纵深发展。继续深化推进下属文化事业单位法人治理结构建设。在原有组建理事会的基础上，召开理事座谈会、议事会，做到各方协调、有效补充，充分发挥理事会能动性。开展基层公共文化管理三级管理、“两员”制度“回头看”检查工作，基层文化站长、文化员、村级文化管理工作人员人到位、钱到位、管到位，保障基层文化阵地良性运转。开展种文化项目创新活动。2016年，宁海县在持续开展原有种文化项目“宁海之夏”戏曲纳凉晚会的同时，开拓思路，创新形式，打造“百姓大舞台”种文化项目，充分调动群众的创演能力，提升基层文艺骨干的表、导、演等文艺才能。精心筹备开展宁海首届“五王大赛”，成为种文化成果展示平台，受到基层群众的热烈欢迎。响应市局号召，积极开辟宁海县“一人一艺”培训平台，培训人数达2000人以上。完善广播电视安全生产机制。在成立县安全播出工作领导小组的基础上，多次协调召开全县广播电视安全播出协调领导小组成员会议，制定完善《安全播出应急预案》《突发事件应急响应处理流程》等多项规章制度，布置落实《宁海县广播电视安全播出重点保障工作方案》，落实广播电视安全播出制度，加强安全检查和安全播出防插播应急演练，扎实做好广播电视安全播出的各项工作，严格执行零报告制度，确保播出安全。

夯实基层文化建设，推进文化事业稳步向前。公共文化服务再上台阶。完成第六次全省乡镇综合文化站定级工作；跃龙街道成功入选宁波市公共文化示范区建设。继续推进公共文化阵地建设，投资2.3亿元的十里红妆博物馆新馆工程竣工；文化馆完成搬迁，投资130多万元进行装修，面积从之前的2000平方米扩大到现在的3500平方米，极大地满足群众文化的需要；平调艺术传承中心投资150多万元进行全面修缮。采用基层公共文化阵地管理先进评选等方式，着力做好文化站、图书分馆、文化宫、农家书屋等基层文化阵地的开放、管理、运行工作。完成中心镇西店镇多厅数字影院建设，流动图书室站8家。群众文化活动欣欣向荣。成功举办“宁海之春”春节联欢晚会、县“道德模范——我身边最可敬的人”颁奖典礼、第十四届中国徐霞客开游节开游大典和“5·19”文化惠民系列活动、群众文化艺术节、宁海戏剧节、农家书屋“书香飘农家”读书节、“舞动宁波”暨宁海县第三届广场舞大赛、“与党同心·与纪同行”——宁海县庆祝建党95周年文艺会演、县首届“五王”才艺大赛等大中型专题文艺晚会30多场次。协助乡镇、街道做好桃花节、油菜花节、桂花节、深甽十月半等节庆文化活动以及各类基层文艺展演。2016年宁波市“天然舞台”、县“千场戏剧进农村”演出127场，“天天演”文化惠民演出105场，“百姓大舞台”演出60余场，“宁海之夏”文化纳凉戏曲晚会演出2000余场次，观众到达数十万人次。“万场电影进农村”3605场，做好《五水共治》、《反邪教宣传片》、公安经侦、反邪教、G20普法、三十六条、廉政文化等各类电影宣传片1800余场次；重点开展应急宣传教育月“防灾电影进农村”活动，共计放映136场次，放映庆中国共产党建党95周年、长征80周年、“七一”、“八一”抗战系列片300余场次。赴慈溪、北仑、镇海、天台、仙居、上海等地进行文化交流演出活动。举办排舞、声乐、书画等公益艺术培训70期，学员3000余人次；开辟宁海县“一人一艺”网络培训平台，培训人数达到2000余人；“正学讲堂”共举办讲座23期，听众14000余人次；群文讲堂举办5期，听众300余人次；图书馆、文化馆、文物办、“非遗”中心共举办各类展览29次，观众超过8万人次。文艺精品创作源源不断。完成大型话剧《青青河边草》剧本初稿创作和长篇走书《宁海好人》创作，完成《宁海组歌》完成10首歌曲创作。排舞《欧洲挪威》参加省第十届文化礼堂排舞大赛、排舞《蓝色大树》参加浙江省第十届排舞大赛、歌曲《飞驰在绿色大道上》参加浙江省第十三届新人新作大赛、歌曲《长街山歌》参加浙江省原生态歌曲大赛、新故事《红梅劝婆》参加浙江省第十届新故事比赛；书法作品参加浙江省“五水共治”群星书法大赛、美术作品参加浙江省建党95周年群星中国画展、摄影作品参加省特色小镇优秀摄影作品征集活动、剪纸作品参加浙江省2016剪纸艺术展。新编平调传统剧目《白雀寺》参加省第十三届戏剧节；平调传承班10个精品折子戏进行精心排练，并成功赴浙江省政协礼堂举行汇报演出。

重视遗产保护，弘扬传统优秀文化。加强文物保护利用。文物办一普工作完成所有文物的数据修改和审核工作并上报。完成市不可移动文物数据库潘天寿故居数据填报工作。完成全国重点文保单位宁海古戏台和省保南宋三桥维修项目招标工作，做好古戏台维修设计方案编制和火灾探测报警器、监控设备的安装工作。完成黄坛三堂修缮工程竣工验收工作。协助做好传统古村落维修指导工作。向省文物局报送城隍庙区块开发改造工程，做好城隍庙文化景观设计陈列方案。举办杨象宪花鸟画精品展览、一普成果展览。深化“非遗”传承发展。完成浙江省第五批非物质文化遗产项目名录申报工作，戏台巢井营造技术入选省级“非遗”项目。完成2016年度“国遗”项目资金申报（宁海平调）及非物质文化遗产保护利用设施建设储备项目资金（泥金彩漆）的申报工作。组织宁海十里红妆婚俗、箍桶技艺、棕叶编织技艺等6个项目参加“东亚文化之都”“非遗”博览会。组织泥金彩漆项目参加义乌文博会“百工坊”展览。组织泥金彩漆、十里红妆婚俗项目参加省第八届“非遗”博览会。组织参加“非遗薪传”省传统戏剧展演活动。参加宁波市市民文化节开幕式“非遗夜市活动”等各类交流活动。组织开展第十一个文化遗产日活动。做好各地传统节日民俗活动，开展毛兔灯扎制、传统刺绣、乱弹表演培训工作。做好央视科教频道《探索与发现》栏目宁海传统戏台建造技艺拍摄宣传工作等。《宁海平调口述史》正式出版。加快博物馆建设步伐。完成宁波市第二批非国有博物馆星级创建工作和专项扶持资金申报工作，完成资金下发工作；做好2016年涉农资金古建筑维修项目资金的申报、落实、评审和上报工作；完成2016年市政府民生实事项目博物馆“双百”文化惠民活动计划。完成宁海县博物馆陈列大纲编制及展示设计项目招标工作。许家山石文化博物馆于6月正式开馆。

搭建产业平台，大力发展文化服务业。推进重点文化项目建设。县重点文化项目宁海“非遗”文化产业园（东方艺术造像博物馆新馆）已全部建成，建筑面积35亩，总投资9100万元，于12月22日开馆。文化综合体项目PPP模式完成前期招标工作，签约仪式参加2016中国文体产业高峰论坛，省文化厅厅长金兴盛出席会议并讲话，该项目已成功入选财政部“第三批政府和社会资本合作示范项目”、宁波市重点项目；宁海森林温泉小镇入选省级特色小镇培育名单、市级特色小镇创建名单，小镇文化建设被评为省级示范点；宁海大观园入选宁波市级文创产业园区名录、宁海温泉文化艺术村入选宁波市级培育文创产业园区名录；以十里红妆传统婚庆文化为核心的综合性文化旅游小镇——十里红妆特色小镇，已列入宁波市特色小镇培育项目。开展文化产业发展服务工作。组织参加第十届义乌文交会、东亚文化之都、第九届海峡两岸（厦门）文博会参展等国内外著名文化会展，引导宁海县经典文化产品走向全国。做好国内著名动画影视制作企业北京熊小米公司入驻宁海县的相关服务工作。继续推进县文化产业基金设立工作，完成该基金委托管理机构宁海龙德文投公司的注册工作，拟定宁海县文化产业基金总体组建方案。加强产业政策扶持。修编完善文化产业扶持政策，新政策已基本定稿。完成县文化产业专项资金发放落实工作。注重文化产业管理人员素质培训，不断提升企业管理水平。开展文化企业管理人员知识创新服务，组织相关文化企业负责人参加文化部举办的文化产业投融资实务（上市融资）研修班。有效掌握文化产业态势。宁海县文化产业以文具、灯具等文化用品制造业为龙头，其他涵盖工艺美术品、文化休闲、演艺娱乐、印刷出版等产业，增加值占GDP比重位于全市前列。宁海县严格执行国家统计法，认真做好月度、季度统计工作，全面排摸文化经营单位的经营收入情况，动态管理文化规上、限上企业的新增和退出，时刻掌握文化产业经济运行情况，为下一步决策提供依据。2016年文化产业回升势头明显，89家文化产业规上企业，130多家文化创意产业限上企业，1—11月文创产业增加值达25亿元以上。

加大文化市场审管力度，打造平安美丽宁海。文化审批精简效率。截至11月，共计办结行政审批事项38件，年度核验352件，总办件390件。38件行政审批事项中，新设24件（其中网吧4件、演出团体1件、电影放映1件、包装装潢印刷及其他印刷8件、出版物零售5件、娱乐场所（卡拉OK）1件、广播电视节目制作2件、打字复印2件），变更14件（其中网吧变更3件、娱乐场所变更2件、电影放映变更1件、打字复印变更1件、包装装潢印刷及其他印刷变更7件）。1—10月份承诺提速率

94.11%，实际提速率是 100%，群众满意率为 100%。季度考核三次指标均位列行政审批中心各窗口第一位。市场监管持续有力。坚持监管主线，打造平安文化市场。市场监管扎实有效。围绕“平安护航”这一中心，结合 2016“清网”“护苗”“打违”3 项专项保障行动，配合春节、国庆等重大节庆、“两会”“徐霞客开游节”等重要活动以及宁海文明城市创建、平安综治测评迎检等重点工作，组织专项检查。2016 年，全县共组织文化市场检查 485 次，出动执法人员 1905 人次，检查各类文化经营单位 2396 家次，实现对全县文化市场监管主体全纳入、区域全覆盖监管，市场秩序稳步提升，市场良好率达 96.79%。打违治违成效显著。按照“先打后保”的要求，持续加大对违法经营行为的打击力度。2016 年，共查获违规经营单位 73 家次，责令改正 45 家次，立案调查 28 件，办结案件 28 件，其中一般程序 22 件、简易程序 6 件；案件领域拓展到文化、广电、新闻出版 3 大领域，实现 3 大类全覆盖。共警告经营单位 19 家次，罚款 25 家次，没收违法物品 1 家次；罚款总额人民币 12.8 万元。取缔 39 家次，其中黑网吧 3 家次、无证书报摊 4 家次、无证音像点 19 家次、无证歌舞娱乐场所 8 家次、无证电子厅 2 家次、无证地卫 1 家次、大篷演出 2 家次。没收违法物品 8003 件，含非法书刊 3744 册、非法音像制品 4235 件、电脑设备等其他违法物品 24 件。受理举报、联动 99 件，主要为宁波市市长电话举报及宁海县双联中心应急联动，均落实处置及反馈，处置率、反馈率和满意度实现 3 个百分百。

1 月 12 日，县文化产业发展基金成立

【宁海县设立全省首支县级文化产业发展基金】 1 月 12 日，宁海县与北京龙德文创投资基金管理有限公司联合成立县文化产业发展基金，成为全省首个设立文化产业发展基金的县（市）区。该基金规模为 10 亿元，由财政、龙德文创投资基金管理有限公司各出资 5000 万元作为产业引导基金入股，其余 9 亿元由宁海文投公司和龙德文投基金管理公司通过金融机构、专业投资机构向社会募集，首募资金 3 亿元。该基金作为文化产业发展投融资机制创新成果，将用于文化创业投资和文化产业投资，可有效缓解宁海县近 1000 家中小文化企业普遍面临的融资难、融资贵问题。

【《泥金彩漆传承 小葫芦大天地》入选省“非遗”传承教学基地优秀案例】 1 月 20 日，据省文化厅公布的消息，宁海县第一职业中学徐为琴老师撰写的《泥金彩漆传承 小葫芦大天地》入选浙江省非物质文化遗产传承教学基地优秀案例。此次评选活动中，宁波市仅有 3 个“非遗”传承教学基地的教学案例入选。宁海县第一职业中学是浙江省级非遗传承教学基地。学校开展有龙舞、狮舞、泥金彩漆、清刀木雕、根雕、泥塑等多项非遗项目的传承教学工作，发挥着非遗传承教学基地在非物质文化遗产教育和传承中的积极作用，成效显著。该校徐为琴老师撰写的《泥金彩漆传承 小葫芦大天地》，从“养在深闺人未识”“忽如一夜春风来”“天工人巧日争新”“为有源头活水来”“飞入寻常百姓家”等方面介绍宁海第一职业中学在国家级非物质文化遗产泥金彩漆项目传承教学中的

2 月 21 日，前童镇举行行会游艺等民间闹元宵活动

探索和实践，为县“非遗”进校园，进行有效传承保护提供了很好的经验借鉴。

【宁海县推出“民间好讲师”活态传承“非遗”项目】 1月25日，宁海县从县域各地、各部门、各层面海选包括“非遗”艺术传承人在内的民间文化“土”专家，义务担任“民间好讲师”，通过“非遗”文化下乡方式，将课堂放到文化礼堂、祠堂、民居宅院、聊天长廊等场地，讲课时间灵活机动择选周末或者晚上，讲课内容结合当地风土人情、历史渊源的“非遗”艺术文化特色，打破“非遗”项目传承的时空局限。自2015年推出以来，已选拔“民间好讲师”150余名，开展宣讲活动100余场，涉及“非遗”项目60余个，惠民上万人。

【宁海县力洋镇海头村创建浙江省文化示范村】 2月2日，浙江省文化厅公布浙江省公共文化服务体系示范创建结果项目名单，宁海县力洋镇海头村成功入选浙江省文化示范村。力洋镇海头村具有悠久的历史文化底蕴，整合各类建筑资源，形成“二堂三室六廊”与中心湖、休闲广场一起构成海头村的文化活动中心，其中室内建筑面积1512平方米、室外活动面积4040平方米。积极举办各类文艺演出，充分调动群众参与的积极性，不仅丰富村民的业余文化生活，也增进村民的相互交流和团结，孕育浓厚的文化氛围。

【宁海县“十四夜”传统元宵节活动圆满结束】 2月22日（元宵节）前后，宁海县一市、前童等地提前制订预案、全天落实安保力量、实时发布信息引导群众出行，县文化市场行政执法大队联合乡镇文化站进行全程监管，“吃百家馏”、行会游艺等民间闹元宵活动圆满结束。据悉，“十四夜”当天，一市镇共接待游客6.5万人，过境车辆达1.2万辆，创历史新高；前童游客数达到9万人，是2015年两天活动人数总和，活动情况还得到人民网、中新网等国家级媒体网站的报道。

4月19日，第一届宁海湾（强蛟）湾区旅游文化节在强蛟拉开帷幕

【宁海县获评全省文化市场综合执法先进单位】 2月25日，宁海县被授予全省文化市场综合执法先进单位，海曙区、江东区同批上榜。2015年，县文广新闻出版局围绕保障国家文化安全和规范市场秩序等核心任务，加强文化市场综合执法工作力度，全年共组织文化市场检查456次，专项检查20余次，查获违规经营单位91家次，取缔43家，没收违法物品19177件，办结案件25件，市场良好率高达95.63%。

【第一届宁海湾（强蛟）湾区旅游文化节开幕】 4月19日，第一届宁海湾（强蛟）湾区旅游文化节在强蛟拉开帷幕，本次活动以“自在宁海湾”为主题，为期两个月，活动内容可谓精彩纷呈，包括开幕式暨航拍摄影大赛启动仪式、宁海湾旅游项目招商推介月活动、“渔家嫂”文艺大赛、渔文化青少年传承系列活动、古渔村探寻活动、宁海湾青年护海联盟活动、“四月鰆鳍鲜”——民间海鲜烹饪达人大赛。通过组织开展一系列内容丰富，形式多样的群众性参与性活动，充分提现全旅游推广的宗旨，串联半岛特色景点和湾区优势资源，塑造宁海湾生态旅游品牌新形象，建立强蛟休闲旅游养生新体系。

【宁海古戏台保护规划通过国家文物局审批】 4月26日，宁海县《宁海古戏台保护规划》通过国家文物局审批，并获得中央财政资金补助145万元，其中40万元用来做规划，105万元用于维修设计。这是继2006年，国务院将宁海县十处古戏台列入第六批全国文物保护单位以来再次获得国家认可。宁海县有120余座古戏台散布在全县各村落，崇兴庙古戏台、岙胡胡氏宗祠古戏台等10处古戏台为全国文物重点保护单位，13座古戏台列入县级文保单位和文物保护点。下一步宁海县在规划的基础上紧抓落实，在确保10座国保古戏台安全的同时，逐步扩大保护范围，保护和利用并举，让古代艺术“活”起来。

5月16日，首届葛洪文化节在岔路湖头村文化广场拉开帷幕

【宁海县许家山入选《最美古村落》】 5月15日，第六届全国生态旅游文化产业发展高峰论坛召开，论坛上发布《最美古村落》公益榜单，此次在全国范围内选出100个最美古村落，其中浙江有12个入选，宁海许家山是宁波地区唯一上榜的。

【首届葛洪文化节开幕】 5月16日，首届葛洪文化节于上午在岔路湖头村文化广场拉开帷幕，此次葛洪文化节作为第十四届徐霞客开游节的一个重要组成部分，由万人重走葛洪养生古道、首届葛洪文化节开幕式、葛洪文化纪念馆开馆仪式、纪念葛洪1733周年诞辰大典、中国葛洪文化国际学术研讨会五个部分组成。据了解，以宁海为中心的宁波各地，散布着丰富多彩的葛洪文化遗存，聚居着葛氏宗谱明确记载的葛洪后裔近4万人。此次“葛洪文化节”的举办以及葛洪文化纪念馆的设立将有利于中国优秀传统文化的传承和弘扬以及对葛洪文化的开发利用和保护。

【宁海县第十二届未成年人读书节开幕】 5月16日，浙江省第十二届未成年人读书节宁海站开幕式在实验教育集团城西校区举行。据悉，浙江省未成年人读书节从2005年开始启动，以倡导未成年人“多读书，读好书”为宗旨，目的在于正确引导未成年人进行阅读，培养未成年人的“图书馆意识”，并在全社会营造出一种浓厚的读书氛围。本届读书节以“戏曲之旅从阅读开始”为主题，活动时间为5月初至6月底，将开展“五个一”系列活动，包括观看一场戏曲动漫、听一次戏曲讲座、看一次戏曲图片展览、分享一批戏曲名著、举行一场“戏曲阅读经典”比赛等活动。期间，图书馆展播《四郎探母》《智取威虎山》等戏曲动漫，举行戏曲相关的图片展览，分享戏曲相关书籍，组织学生欣赏、了解戏曲行当等活动，引导学生增进对戏曲文化的了解，培养广大少年儿童对戏曲艺术的兴趣和爱好。

6月8日，许家山石头博物馆正式开馆

【许家山石头博物馆正式开馆】 6月8日，许家山石头博物馆正式开馆。许家山石头博物馆是一家民营博物馆，由民间收藏家王万忠先生创办，以展示奇石藏品和介绍石文化知识为主的博物馆，它也是许家山村引进的首家专题博物馆。许家山石头博物馆展厅由奇石、矿石、藏石文化、石材制品4个部分组成，陈列又分室内和户外两大区块，总面积达800平方米，是公众认识石文化的一个窗口，它是许家山村当地玄武岩石头文化展示的一

个平台。许家山石头博物馆的建成为许家山历史文化名村这一绚丽多彩的石头王国添加了厚重的一笔。

【宁海县3个中国传统村落喜获中央财政900万元支持】 6月14日，根据住房和城乡建设部等七部门联合下发关于公布2016年列入中央财政支持范围的中国传统村落名单的通知，宁海县3个中国传统村落成功获得中央财政支持，力洋镇力洋村、一市镇东岙村、越溪乡梅枝田村等3个村每村可获专项资金300万元。在全国750个入选村落中，宁波市5个入选，其中宁海县3个、鄞州2个。

【宁海县启动“天天演”文化惠民演出】 6月24日，宁海县2016年“天天演”文化惠民演出于在梅林街道梅北村广场进行首演仪式，由此宁海县2016年“天天演”文化惠民巡演活动正式拉开序幕。2016“天天演”文化惠民活动创新探索政府和市场联动推进的公共文化服务新方式，由县十里红妆演艺公司和各乡镇（街道）综合文化站联合承办。本次演出活动以“共圆中国梦”为主题，排演每一台高质量的歌舞综艺晚会，切实把群众喜闻乐见的优秀文艺节目送到百姓家门口。活动走进全县农村、企业、学校，为广大群众送去文艺演出105场。

【宁海县举行庆祝建党95周年文艺会演】 6月30日，宁海县庆祝中国共产党成立95周年大会暨“与党同心 与纪同行”文艺会演在百姓大舞台举行。此次演出由中共宁海县委主办，中共宁海县纪委、中共宁海县委组织部、中共宁海县委宣传部、宁海县文化广电新闻出版局、宁海县文学艺术界联合会联合承办，宁海县文化馆执行承办。节目总时长90分钟，以宁海县村党组织第一书记的合唱《永远跟你走》拉开演出序幕，分为“旗帜如炬”“纪律如铁”“信念如磐”3个篇章。整场演出巧妙地融合了歌舞、朗诵、小品、杂技、表演等多种艺术形式深情回顾党的奋斗历程，热情讴歌党的光辉业绩，激励广大党员干部和群众坚定理想信念，继承和发扬党的光荣传统和优良作风。

【宁海海洋生物博物馆成功入选“中国十大最美湿地场馆”】 7月20日，“中国湿地场馆”评选活动结果公布，位于强蛟镇的宁海海洋生物博物馆成功入选“中国十大最美湿地场馆”。宁海海洋生物博物馆是收集、展示、宣教、科普、研究于一体的华东地区第一民间海洋生物博物馆，收藏着3000余件海洋生物化石及标本，分珊瑚、贝壳、鱼类、甲壳4大类3个展示区，其中珊瑚标本就达150余件，种类和数量均占全国同类博物馆之首。同时，作为宁波优秀基层科普场馆，除展示和科普教育功能外，目前正打造成为国内海洋生物研究重要基地，对促进宁海湾地区的旅游开发和海洋经济的发展具有积极的意义。

【宁海举办2016“宁海之夏”戏曲纳凉晚会启动仪式】 7月24日，2016“宁海之夏”戏曲纳凉晚会启动仪式在宁海县平调艺术中心百花剧场举办。本次活动由中共宁海县委宣传部、宁海县文化广电新闻出版局联合主办。宁海县文化馆、宁海平调艺术传承中心联合承办。晚会上来自全县的18支戏曲纳凉团队的演员代表们为大家演绎精彩的戏曲联唱《梨花斗艳》，乱弹清唱《闻太师回朝》，京歌演唱《家住安源》，越剧清唱《望海茶恋》等节目。

【宁海县第五届戏剧节隆重上演】 8月12—17日，宁海县第五届戏剧节在宁海百姓大舞台举行。本次活动由宁海县委宣传部、宁海县文化广电新闻出版局主办，宁海县文化馆承办，将由宁海县明港越剧

11月8日，住建部网站公示拟列入第四批中国传统村落名录名单，宁海县一市镇箬岙村入选

团、宁海县小旦红越剧团、宁海县百飞越剧团、宁海县常青越剧团、宁海县蕾蕾越剧团、宁海县繁艺平调越剧团分别带来《真假夫人》《玉蜻蜓》《天道正义》《何文秀》《双枪陆文龙》《狸猫换太子》6部越剧大戏。

【宁海“文化执法二维码”上岗】 9月19日，县文广新局组织执法人员在全县文化市场经营单位张贴“文化执法二维码”，这标志着文化经营单位二维码“电子身份证”在宁海正式上岗。该二维码依托智能手机“扫一扫”功能，即通过手机扫描“文化执法二维码”就能清楚掌握该场所的基本情况、建档许可等相关信息；结合浙江省文化市场移动执法系统，执法人员更可以直接查询场所行政处罚、执法检查等历史信息，并一扫实时完成检查情况同步录入。

【宁海县成全国首个“中国古村落文化遗产研究基地”】 10月13日，宁海县顺利通过中国民间文艺家协会验收，成为全国首个“中国古村落文化遗产研究基地”。专家组认为，龙宫村、前童村、许家山村和力洋村等古村落地理肌理保存完整，原住民生活轨迹得到很好的延续，古戏台、元宵行会、手工艺等古村落文化传承特色鲜明，具有浓郁的地域文化特色。宁海在探索古村落文化保护中，将“实”作为古村落文化的最大特色，将“保”作为古村落文化最强的初心，将“活”作为古村落文化最高的追求，并以重大节庆为抓手、以非物质文化遗产为依托，以“两山”理论为指导，以民间文学为载体，做好古村落文化的展示、传承、富民和记忆文章，实现古村落活态保护、活态传承、活态发展，古村落文化保护也逐渐呈现出基础扎实、风格丰实、内涵厚实等特点。

【宁海县文化综合体项目入选财政部PPP示范项目】 10月13日，财政部第三批PPP示范项目公布，宁海县文化综合体榜上有名，成为浙江省唯一入选的文化类项目。该项目计划投资7.7亿元，由政府方代表和社会投资人按1∶9比例出资，合作启动项目建设及建成后项目运营，旨在打造集公共文化服务、大型文化活动、高档艺术交流和现代商业配套模式于一体的新城市文化休闲娱乐中心。这是PPP模式在宁海县公共服务领域的首次尝试和运用，对深入推广运用PPP模式并发挥其积极作用具有重要的参考和借鉴意义。

【一市镇箬岙村入选第四批中国传统村落】 11月8日，住建部网站公示拟列入第四批中国传统村落名录名单，宁海县一市镇箬岙村入选，成为宁波市此次4个拟入选传统村落之一。箬岙村是具有600年深厚文化底蕴的耕读渔村，海滩资源丰富，水陆交通两宜，民居多属清代建筑，为典型江南古民居。该村于2015年12月被列入市级历史文化名村，此次被推荐为中国传统村落，经专家委员会评审后成功入选。截至2016年年底，宁海县已有8个村落入选中国传统村落名录，数量居全市首位。

【第十三届“宁海之秋”群众文化艺术节开幕】 11月21日至12月1日，宁海县第十三届“宁海之秋”群众文化艺术节。本届艺术节在力洋镇田交朱村文化礼堂开幕，内容以“百姓大舞台”优秀节目会演为主，以乡镇（街道）为单位，各乡镇街道选送3个不同形式的节目参加展演，划分东片、西片、北片三个场次。同时本届艺术节还有民间艺术展演、广场舞比赛、“五王”才艺大赛决赛、农民书画展览等活动。

【《宁海平调口述史》出版】 12月1日，由宁海籍作家、浙江省社会科学院研究员、杭州市作家协会副主席赵福莲所著的《宁海平调口述史》由时代出版传媒和北京时代华文书局联合出版。这是继《宁海泥金彩漆口述史》之后，第二部宁海国家级“非遗”项目的口述史书籍。该书还被浙江省历史文化研究中心评为重点课题，又被浙江省哲学社会科学重点研究基地评为立项课题的重点课题。

【宁海县首部大型乡邦文献丛书《宁海丛书》在京首发】 12月18日，《宁海丛书》首发式暨出版座谈会在全国政协礼堂举行。首发式上，县领导杨勇向中国国家图书馆、中国科学院文献情报中心、北京大学图书馆、清华大学图书馆捐赠《宁海丛书》。2012年，宁海县委、县政府特批财政专款340万元，启动编撰文献《宁海丛书》这一重大文化工程。经过4年的不懈努力，120册的《宁海文献丛书》于2016年12月编纂完成。《宁海丛书》分宋元卷、明清卷、民国卷3辑，各辑大致依经、史、子、集为序分类编排，各书则以时代先后为序排列。全书120册，收录邑人及邑外人所著宁海文献350种，大抵网罗了目前所知存世的全部宁海文献。其中稿本约210种，钞本约30种，印本110余种，其中不少是孤本、珍本，书目种类繁多，内容丰富多彩，规模在全国县一级中首屈一指，弥补了宁海没有集大成地方文献丛书的缺憾。

表 14　　宁海县文化广电新闻出版局直属单位一览表

单位名称	地址	邮编	核定编制数（人）
县文化市场行政执法大队	宁海县跃龙街道塔山路 8 号	315600	12
县文化馆	宁海县桃源南路 218 号	315600	22
县图书馆	宁海县桃源北路 9 号	315600	14
县平调艺术传承中心	宁海县跃龙街道天寿东路 165 号	315600	31
县文物事业管理委员会办公室	宁海县跃龙街道潘天寿广场西区二楼	315600	6

体　育

【概况】　2016 年，县体育中心贯彻落实国发〔2014〕46 号文件精神，充分利用全民健身上升到国家战略的有利时机，根据县“十三五”体育事业规划，以乐动宁海，活力宁海为目标，构建特色突出、优势明显、布局合理、功能完善的城市体育体系，结合运动休闲与城市发展，在原有布局与规划的基础上，以“国家体育产业基地”和“省级体育特色小镇”建设为抓手，将“运动休闲业”提档升级；用经营城市的思路打造运动休闲之城，大力发展“步道经济”，重点培育“骑游经济”，积极布局“航空经济”，积极推进运动休闲产业智慧化、品牌化发展。

【立足谋篇布局】　编制体育产业“十三五”规划。委托上海体育学院编制全县体育产业“十三五”规划，建立特色突出、优势明显、布局合理、功能完善的城市体育体系；努力推动运动休闲产业智慧化、品牌化发展；不断拓展体育产业空间，初步形成深甽镇、“西溪水库—浙东大峡谷”、“胡陈港—三门湾”、“胡陈乡—车岙港水库”、宁海湾五大体育产业组团；围绕“乐动宁海，活力宁海”的主题定位，力争将宁海打造成为中国户外运动休闲名城和长三角体育旅游目的地。编制全民健身计划（2016—2020）。进一步完善全民健身公共服务体系，保障群众体育健身的合法权益，促进全民健身与竞技体育协调发展，丰富群众精神文化生活。至年底已完成初稿，等待审核通过。编制《宁海县城区体育设施布点规划》。委托县规划设计院立足“一个中心、三个支点、三级体系”规划要求，对县域范围内各级公共体育设施的合理设置和布局进行引导控制。

7 月 25 日，邓亚萍、洪泰创新空间创始合伙人 CEO 王胜江率其团队一行到宁海，考察体育产业发展情况

【构建服务体系】　编制《宁海县体育公共服务体系建设三年行动计划》。按照“设施提升，社团提档，服务提质，创建提速”的要求，力争到 2018 年年底，基本实现“两有三覆盖”，即镇（乡、街道）有全民健身中心，中心村（社）有全民健身广场（体育休闲公园），基本体育设施全覆盖，体育社团组织全覆盖，健身指导服务全覆盖。初步建成“设施标准化、组织网络化、活动品牌化、供给多元化、服务普惠化”的体育公共服务体系。实施登山步道提升工程。委托武汉大学开发智慧登山系统，已投入试

运行。平台以移动互联网为核心，包含移动客户端、微信公众号、门户网站、管理平台等多个体系，像登山者的贴身智慧登山管家，能提供全方位多角度的智慧登山服务。扩大体育设施利用范围。会同县教育局继续推进中小学校体育场地设施向社会开放，开放率达 80% 以上。举办系列赛事活动。成功举办第 9 届全民运动会、宁海越野挑战赛、启动 2016—2017 年千里走宁海活动、举办环中国自行车业余赛、公布环宁海十大骑游线路、开展“一战成王”全国钓鱼巡回赛（宁海站）比赛。开展“最美体育人”评选。

11 月 30 日，中华全国体育总会副主席、中国奥委会副主席冯建中，中国体育报业总社副社长王平调研宁海体育产业，实地走访了中国运动杖之乡深甽镇（王静雅　摄）

【发展竞技体育】　2016 年竞技体育获得大丰收。运动员陈懿在第十五届里约残奥会上不负众望，相继获得 4×50 米自由泳接力金牌、女子 S10 级 100 米蝶泳银牌、女子 50 米自由泳和 4×100 米自由泳接力铜牌，取得历史性突破。参加市级比赛成绩显著。2016 年宁海县承办宁波市中学生田径运动会，共 1200 名运动员参加，宁海县获高中组团体第二名、初中组团体第四名；承办并参加市摔跤和柔道比赛，宁海获摔跤团体第一，柔道团体第二；组队参加市青少年举重比赛，获团体第二名；组队参加省校园足球比赛，获男、女二等奖；组队参加市青少年足球比赛、甬超足球联赛、跆拳道、射击比赛，获射击团体第五名，女子足球第二名。承办全国青年男子拳击锦标赛。6 月 18—23 日在宁海中学体育馆举办的锦标赛由体育总局拳击跆拳道运动管理中心主办，实行社会化运作，全国共有 33 支队伍 372 名运动员参加。“一校一品”业训模式初步形成。围绕重竞技等优势项目，通过教体结合，全力打造“一校一品”模式。华山小学的摔跤、跃龙中学的拳击、桃源小学的柔道、金阳小学的武术、桥头胡小学的射击、实验小学的男子足球、强蛟小学的女子足球、西店小学的举重、长街小学的排球、城中小学的跆拳道等优势项目已形成“一校一品”的体育特色。同时，深化体教结合，积极探索社团代训模式。促成体育社团、俱乐部与学校资源共享。

（3 月 23 日，为期两天的 2016 年全国体育宣传工作会议在宁海县举行　王静雅　摄）

【加快项目引进】　引进体育产业项目。初步谈成由宁波齐心科技股份有限公司规划并投资建设，打造环西溪水库双峰森林公园自行车道；由县旅游集团引进许家山房车露营基地；引进并规划建设大佳何镇井栏村养生休闲产权式度假村项目。

【2016全国体育宣传工作会议】 3月23日，为期两天的2016年全国体育宣传工作会议在宁海县举行。国家体育总局副局长冯建中出席会议并作重要讲话，体育总局宣传司司长涂晓东作工作报告，体育总局机关、各省（区、市）体育局相关负责人及有关单位代表参加本次会议。会议由体育总局宣传司巡视员、副司长温文主持，中共宁海县委褚银良书记致欢迎辞。国家体育总局副局长冯建中对2015年全国体育宣传工作及“十二五”时期体育宣传工作的整体推进作了深入细致的总体评述，明确了2016年体育宣传、体育文化方面各项重要工作。

（4月8日，宁海县第九届运动会动员会议召开 王静雅 摄）

【宁海县第九届运动会】 4月8日，宁海县第九届运动会动员会议召开，县各系统代表队牵头单位、各乡镇（街道）分管领导和联络员、县直省、市属各单位分管领导参加会议。9月28日晚上，四年一届的宁海县第九届运动会在县体育中心隆重开幕，宁波市体育局局长陈瑜，宁海县委书记褚银良，县委副书记、县长杨勇，县政协主席尤玲娟，县人大常委会副主任赵秀萍，副县长娄黛敏，县老年人体育协会主席、县人大常委会原副主任张文蛟等出席了开幕式并为最美宁海体育人进行了颁奖。

（11月6日，2016中国运动休闲大会最后一项大赛“一战成王”全国钓鱼巡回赛（宁海站）在胡陈乡梅花山庄举行 王静雅 摄）

【“一战成王”全国钓鱼巡回赛】 11月6日，2016中国运动休闲大会最后一项大赛“一战成王”全国钓鱼巡回赛（宁海站）在胡陈乡梅花山庄国家级垂钓基地鸣枪开战，来自全国166名垂钓运动员及裁判参加比赛。

【中国运动休闲大会2016年度峰会】 11月29—30日，由中国体育报业总社、中国青年创业就业基金会、全国城区体育工作研讨会、浙江省体育局、宁波市人民政府主办，国家体育总局体育器材装备中心支持，宁波市体育局、宁海县人民政府、宁海县体育局、中体联（北京）投资有限公司、兴体强国（北京）投资管理有限公司承办的中国运动休闲大会2016年度峰会暨“创青春”2016中国体育产业创新创业大赛决赛在宁海隆重举行。来自全国体育界、学术界、企业界、创投界有关单位、机构200多位专业人士参会并观摩“双创”决赛路演活动。

卫生计生

【概况】 2016年，全县卫生计生系统紧紧围绕县委、县政府中心任务，抓改革、补短板、增优势、促发展，实现“十三五”良好开局，发展呈现出面貌新、活力足、环境好、前景美的良好态势。一年来，咬定项目推进不动摇，狠抓内涵建设不松劲，深化改革破题不停步，聚焦全民健康不懈怠，突出服务管理不弱化，坚持宣传引导不缺位，深入开展“两学一做”学习教育，深化推进“互联网+”党建工作平台，进一步增强基层党组织的凝聚力和战斗力。不断健全完善医疗卫生人才引进、培养、评价、管理等一系列制度，全年新增中高级专业技术岗位198个、卫技人才133名，206人取得中级以上专业技术职称。切实加强安全生产、维稳安保等各项措施，圆满完成G20峰会保障任务。启动贫困罕见病儿童救助项目，应急救护培训、博爱送万家等红十字会特色工作扎实推进。

【抓项目建设，推进服务体系健全】 全面启动推进优医工程八大项目，坚持大投入、强督查、加速度，全年累计投入2.5余亿元，涉及医疗卫生的县重大实事项目取得突破性进展。县第一医院新住院楼除一楼急诊区还未完工外，其他区域的功能设施基本安装到位，进入投用倒计时状态。在进一步优化功能布局的基础上，县中医医院新院区已完成建设进度的80%，县公共卫生中心项目正在进行设备安装。长街中心卫生院改扩建工程一期（公共卫生大楼）已投用，二期项目前期工作进入实质性操作阶段。作为2016年县重大实事工程，胡陈乡、大佳何镇等乡镇卫生院改造工程均已开工建设。与此同时，他们还在县妇保院、城关医院等10余家医院实施改造升级项目，着力打造“一院一景、一院一品”的“美丽医院”样本。

【抓内涵建设，推进服务能力提升】 扎实推进“医疗质量提升年”活动，以赛促练、以训促学，全年承办了各类市级以上学术研讨交流活动10场次，组织护理操作、病历书写等技能竞赛3次，先后有20余人次在市级以上技能比赛中获得前三的好成绩。持续推进“双下沉两提升”纵深发展，县第一医院心脏介入手术量跃居宁波市前列，县中医医院与上海市中医院的合作进入实质性阶段，县妇保院迎来第四批省妇保院下沉专家团队。一年来3家县级医院开展54项新技术新项目，填补多项县内空白。启动全县医学重点学科第二周期建设，遴选出急诊科、小儿科等10个县医学重点学科以及中医骨伤科、产前筛查科等7个县医学扶持学科进行培育。

加快推进中医药事业发展，建成岔路中心卫生院、桥头胡中心卫生院等特色国医馆5个，县中医医院治未病、中医护理等特色优势进一步提升，县妇保院创成全国妇幼保健中医药工作示范单位，全县中医门诊、住院量分别同比上升3%、17.7%。新创建基层全科门诊、中医门诊、健康管理中心21个，实现等级乡镇卫生院创建全覆盖。

【抓机制建设，推进医改不断深化】 县级公立医院综合改革持续推进，全面叫停门诊抗生素输液，不断强化控制医药费用的不合理增长。县乡医疗机构服务量普遍增长，且多数单位的门急诊量增幅在15%以上。推进省级分级诊疗试点从妇科疾病为主转向高血压、糖尿病等慢性病为主，进一步增强发挥桥头胡等区域医联体示范效应，建成运行县乡双向转诊平台，促进县级医疗资源下沉乡镇卫生院。全面启动新型契约式家庭医生服务工作，全年新增签约重点人群4.9万人，重点人群签约服务覆盖率达32.2%。

大力开展“社会办医推进年”活动，桃源口腔医院、同瑞康复医

3月25日，县中医医院与上海市中医医院正式签订两院合作框架协议

院先后投入运行，投资2500万元的县医学检验中心成功签约并启动建设，同时，宁波国宾健康管理中心、宁海眼科医院等项目进入实质性建设阶段。据统计，2016年全县民营医院新增2家、床位占比达到16.5%。卫生信息化水平不断提升，建成3个县级远程会诊中心，新一代自助服务机投入使用，省内领先的区域卫生信息一体化云平台系统启动建设，实现乡镇卫生院云诊室全覆盖，群众就医体验不断改善。

12月2日，副县长娄黛敏在县府办副主任葛华文、卫计局局长章武科的陪同下来到胡陈乡督查县实事工程卫生院迁建工程项目

【抓公共服务，推进健康水平再提升】 切实强化重大传染病和突发公共卫生事件防控能力建设，组织全县卫生应急与疾病控制技术大练兵活动，成功处置H7N9禽流感疫情等6起突发卫生应急事件。公共卫生服务项目人群覆盖和服务质量不断提升，启动全市精神卫生综合管理示范市试点工作。巩固和提升国家级慢性病综合防治示范县成果，新增茶院乡为县级慢病综合防治示范乡镇，该县经验做法获得国家调研组充分肯定。

不断加大卫生综合监督执法力度，县乡两级院前急救能力进一步提升，率先在省内开启县级空中急救时代，连续六届获得“浙江省无偿献血先进县”称号。进一步强化爱国卫生工作，卫生乡镇创建开启加速度，2016年新创建3个省级乡镇、5个市级卫生乡镇，各类卫生单位（村）达到156个。

【抓服务管理，推进计划生育工作转型】 扎实稳妥实施全面两孩政策，始终坚持计划生育“四个不变”。全面实行生育服务登记制度，推行委托代办等一站式服务，全年生育登记5648件，再生育审批301件。计划生育奖励与扶助政策进一步落实，计划生育协会生力军作用得到有效发挥。

扎实推进“计划生育服务年”活动，建立覆盖全生命周期的妇幼健康服务模式，创成国家级妇幼健康优质服务示范县。强化高危孕产妇服务管理，综合防治出生缺陷，积极应对生育高峰冲击。保持出生人口性别比综合治理高压态势，从严查处“两非”案件。将1235起移送法院强制执行的案件全部纳入信用“黑名单”，全年共“一票否决”8名个人、40家单位。实现出生性别比“六连降”，负责任、有计划地按政策生育的社会氛围逐渐形成。

6月17日下午，由县委宣传部、县卫计局、县新闻中心、县广播电视台联合举办的“宁海人闯天下·名医名录”大型采访活动在县卫计局五楼会议室正式启动

【抓宣传教育，推进行业形象再提振】 切实强化媒体宣传，在《今日宁海》开设“生命健康”专版，“健康宁海”微信公众号居全县政务公众号、全市医疗健康类微信号排行榜前三甲，创新开展《宁海人闯天下·名医名录》大型采访活动。大力开展卫生典型培树和宣传工作，深入挖掘平凡人物的感人故事，多家省、市媒体刊登“省最美天使”王晓英等多位党员医生的先进事迹，涌现出“雪中送药”袁巍巍、“最美造口师”曹亚平等一批先进典型，理解、支持卫生计生工

作的社会氛围进一步形成。

【抓基层党建，推进主体责任落实】 深入开展“两学一做”学习教育，深化推进“互联网+”党建工作平台，受到省、市组织部以及县委领导充分肯定。严格落实全面从严治党责任制，扎实推进“四专”建设，全面签订党风廉洁建设责任书，率先在医疗卫生单位实行廉政建设述职报告制，对17名新提拔或转任重要岗位的医疗卫生单位负责人进行任前廉政教育和廉政谈话。率先在西店镇卫生院开展巡察工作，对县中医医院进行负责人任期经济责任审计，取得较好成效。认真贯彻落实中央“八项规定”，持之以恒推进行风建设，开展效能建设情况督查活动30余次，率先在西店镇卫生院、力洋中心卫生院试行“医检结合”预防职务犯罪新模式，扎实开展正风肃纪专项检查，着力打造风清气正的行业环境。

表 15　　2016 年宁海县卫生系统基本情况一览表

名　称	数量	与上年比增长	增长率（%）
医疗机构（个）	458	-5	-1.08
医院（个）	31	2	6.9
床位（张）	2259	35	1.57
平均每千人口医院床位（张）	3.59	0.05	1.41

名　称	数量	与上年比增长	增长率（%）
卫生人员（人）	4770	30	0.63
在册卫生技术人员（人）	2870	-21	-0.73
在册工勤技能人员（人）	48	14	41.18
乡村医生（人）	263	63	31.5
社会从业人员（人）	1589	-26	-1.61
平均每千人口卫生技术人员（人）	7.50	0	0

人口医疗服务	总数（万人）	62.9987
	出生率（‰）	9.91
	死亡率（‰）	6.22
	自然增长率（‰）	3.69
	诊疗总人次	4226113
	出院总人数	55522
	实际占用床总日数	516786

卫生费用	卫生经费（万元）	39966.96
	其中：卫生事业费（万元）	39966.96
	卫生事业费比上年增长数	4393.28
	增长率	12.35%
	卫生经费占财政支出百分比	5.90%
	其中：卫生事业费占财政支出百分率	5.90%
	卫生系统固定资产（万元）	77973.67
	卫生系统基建投资（万元）	8475.22
	平均每一门诊人次医疗费用（元）	161.71
	平均每一出院病人每床日医疗费用（元）	857.37

新闻传媒·档案

《今日宁海》

【概况】 2016年，紧紧围绕县委、县政府中心工作，牢固树立政治意识、大局意识、责任意识，坚持正确的舆论导向，唱响主旋律，打好主动仗，加强主题宣传、言论引导、关注民生等方面策划，为建设“两美宁海”营造浓厚的舆论氛围。2016年，中心在“宁波银行杯”短新闻竞赛中有4件作品获一等奖等奖项。2016年县新闻中心被评为第十三届中国徐霞客开游节先进集体和2011—2015年宁海县法制宣传教育先进单位。

【新闻宣传】 县新闻中心紧紧围绕年初召开的县委十三届九次全会提出的“牢固树立和自觉践行五大发展理念，不断开拓‘两美’宁海建设新境界”的要求，《今日宁海》一版开设“建设两美宁海　实现跨越发展”“贯彻全会精神　加快跨越发展”“回眸十二五·变化”“大干开局年　拼搏开门红”“积聚新优势　开创新业绩”“扎实推进‘三个年’　加快跨越新发展”“践行五大发展理念、打造全省最美县城”“践行五大发展理念　打造四感城市”等重大主题栏目25个，刊发各类稿件800余篇，从经济、社会、生态等各个方面全方位进行报道。

随着县委、县政府中心工作的不断推进，县新闻中心又相继开设“聚焦特色小镇”“补短板　拉长板”“重大项目进行时”“聚焦‘三个年’亮绩论英雄”“展望十三五　奋战开局年”“护航G20　平安夺金鼎”“消灭脏乱差现象　改善小城镇环境”“深入学习贯彻六中全会精神”等专栏，为“两美”宁海建设营造良好的舆论氛围。《最美公路串起秀山丽水》《我县农村生活污水治理走出“宁海特色”》《我县集中发力补齐“短板”惠民生》《宁海政府职能实现“华丽转身”》等重点报道在广大市民中引起强烈反响，得到县领导的充分肯定。二版开设的“今日曝光”“今日回音”栏目，每周定期对五水共治、环境整治、城市化建设等方面存在的问题进行及时曝光，并对后续整改情况进行跟踪报道，共刊发相关报道70余篇，有力地发挥新闻舆论监督的良好成效。同时，县新闻中心还浓墨重彩做好第十四届徐霞客开游节报道，以多种体裁、多个专版全力报道好开游节活动。

为了让报纸更贴近生活、贴近基层、贴近百姓，在二版开设“关注”等民生栏目，三版的品牌栏目“百姓事马上办”，在刊发日常性稿件的同时，继续办好“夏令民生热

11月8日记者节，县委书记褚银良到县新闻中心慰问新闻工作者

线”，切实为群众解决一大批难题。“寻找感动”“记者帮你问”“记者调查”“网友播报”“教你一招”等栏目注重贴近性、互动性和服务性，深受广大读者喜爱。“寻找感动”栏目刊发的《五面锦旗背后的故事》，讲述桥头胡中心卫生院医护人员七年如一日，把病人当亲人，无微不至照顾胡阿婆一家的感人事迹，既讲好了宁海的百姓故事，又传递了社会正能量。诸如此类的报道，俯拾皆是，在读者中引起了广泛共鸣。春节伊始，民生新闻版面及时关注农民工欠薪、春运和农作物防御寒潮及抗击雨雪冰冻天气的报道，每个时段根据季节特点和阶段性任务，关注平安宁海建设、“三车”整治、安全生产、食品安全、中高考等工作，及时引导社会舆论。坚持新闻“三贴近”原则，转作风改文风，上接天线，下接地气，开办“宁波模具园杯好新闻大赛”“五水共治”杯现场新闻竞赛和“宁波县市报短新闻竞赛”，拓宽报道题材与形式，既出了一批好新闻，又活跃了版面。

10 月 14 日，宁海广播电视台被授予全省新闻出版广播影视系统 G20 峰会维稳安保工作先进集体的荣誉称号

【报业经营】 2016 年在报业广告经营受市场冲击走下坡路的形势下，新闻中心开源节流、拓宽经营渠道，广告经营稳步发展。全年报纸广告额突破 1000 万元，新闻网广告额达 270 万元。县新闻中心通过整合资源、部门联办、设置专栏等，与科技局、县农办、县卫计局、农商行等部门单位联合推出专刊、专栏，与县工商联合办《商汇宁海》杂志等，实现互赢，联合有关部门成功举办金融普惠节，新闻网广告经营业务相比 2015 年同期增长 18%。微信广告经营呈现较好的增长势头。2017 年《今日宁海》赠阅名单重新确定，报纸发行量近 3 万份，受到广大读者的欢迎和肯定。

12 月 5 日，县委书记杨勇到县新闻中心考察“百姓事马上办”平台运行情况

【队伍建设】 县新闻中心紧密结合新闻宣传工作实际，不断深化新闻服务基层、服务群众理念，不断加强作风建设、加强新闻队伍建设和通讯员队伍建设。大力实施《乡镇（街道）、部门报道组宣传工作要点每月报题制》，促进新闻进一步服务基层能力。严格执行《新闻中心员工下基层制度》，对中心干部职工下基层次数进行严格规定，切实满足基层新闻宣传需求，传达百姓呼声。

为深入践行“两学一做”学习教育，县新闻中心策划实施“‘两学一做’见行动 深入基层走转改—总编带头走基层”，由中心领导班子成员分批带领一线党员骨干采编，结合县委、县政府中心工作，赴各乡镇（街道）、重点部门走访、调研、采风，深入了解舆论宣传需求及在新闻宣传方面存在的短板，提出意见建议，帮助解决存在的问题；了解各乡镇（街道）和部门的亮点工作，重点关注各地各部门在社会经济发展、“特色小镇”建设、“美丽县城”建设、“美丽乡村”建设以及其他县委、县政府中心工作的进展情况；安排党员骨干记者、编辑深入基层一线，挖掘亮点工作，传播来自一线的声音。

12月27日，对县第十四次党代会开幕式进行现场直播，并首次实现移动端的直播

广播电视

【概况】 2016年，县广播电视台依托广播、电视、杂志、广电网、微信五大媒体平台，以加快数字化改造为基础，以加强新闻宣传为先导，全面加快转型升级新步伐，提高舆论引导能力、安全播出能力和公共服务能力，顺利完成年度工作目标任务，各项工作取得新的突破。

【主题宣传】 宁海县广播电视台在主题宣传报道上，把握好“新闻点”，策划推出23个新闻专栏，播发各类新闻稿件7000余条。进一步加大民生新闻宣传报道力度，开辟“最美一直在身边”“劳动最光荣”等10多个民生新闻子栏目，引起较大反响。各类活动精彩纷呈，2016“自在宁海·家园记忆”摄像、摄影大赛；“向最美森林出发”大型公益绿跑活动；“小学生诗词大会”；“我是小主播 广播新能量”少儿主持人大赛等10余项活动赛事进一步扩大的该台的影响力。此外，外宣和创优有了新突破。2016年，宁海县广播电视台电视、广播上送稿在市级台录用量排名第二，总录用篇数创历史新高，其中电视新闻在宁波新闻综合频道播出量排名第一。年初有11件作品荣获2015年度宁波政府奖、4件作品荣获2015年度宁波新闻奖，其中《宁海新闻》荣获宁波政府奖新闻播音一等奖；年中创作的“画里画外——岩头古村”在宁波市第十二届电视专题片大赛中荣获最佳作品奖和最佳摄影奖；年末，“留住——守望老城区的光影”一片又荣获第十一届中国纪录片人文类二等奖。

【事业投入建设】 宁海县广播电视台全力推进“有线电视停模转数”“中央广播电视节目无线数字化覆盖工程”“摄录设备高清数字化升级改造”以及保障县重点项目网络改造工程等，投资总额2000余万元。8月，投资310余万元，新购置18台高清摄像机；10月，在8个广电站共同努力下，仅用5天时间就顺利完成双峰片停模转数工作，至此，宁海县县全面完成有线电视停模转数工程，实现有线数字电视覆盖率100%；12月，中央广播电视节目无线数字化覆盖第一阶段工程顺利通过上级专家组验收，第二阶段茶山林场、岔路镇王爱山、深圳镇望海岗3个补点建设相关设备采购已完成，进入施工阶段；2016年，及时配合10余项县重点工程完成杆线迁移和新建工程。

【经营收入】 2016年，宁海县广播电视台不断培育新的创收增长点，进一步稳定、开发用户资源，在经营创收上攻坚克难、挖潜增效，全年实现产业收益7921万元。广告经营稳步转型，在市场经济整体不景气、全市基层广电广告收入普降20%的大环境下，全年广告总收入1364万元，与上一年度基本持平，其中广播广告突破300万元大关。在实行有线电视基本维护视听新价格体系后，截至12月底基本视听费收缴3360万元，同比增长500余万元，占全年预期80%。

另外，有线电视配套费 671 万元，同比增长 16.5%。同时，宁海县广播电视台还加强成本核算，增强效益观念，严格有效控制非生产性和消费性开支。特别是实行废旧电缆分类别回收利用，仅这一项措施全年节约相关费用近 140 余万元。同时办公消耗同比减少 5%，超标完成县节能减排要求。

【安全保障】　在抓内部管理方面，对单位历年来制定的各项规章制度以及制度执行情况进行梳理。围绕预防职务犯罪，重新完善内控体系，着重在网络业务洽谈、设备器材采购、网络施工工程招标、耗材管理、广告经营等易腐领域的每一个环节、每一个岗位、每一个责任人上查找廉政风险点，且逐一制定防控措施。接下来，将在进一步加强合同管理、内部审计上多下些功夫，确保每一位干部的岗位安全。在抓好安全防范方面，落实好日常性安全检查、巡查、督查和值班制度的基础上，每逢重大活动、节日前后都进行系列安全大排查工作，严格落实相应制度，做好应急预防。特别是在 2016 年护航“G20”安全播出期间，宁海县广播电视台上下同心，连续作战，荣获全省新闻出版广播影视 G20 安保工作先进集体（全市基层广电仅此一家）、宁海县护航 G20 安全播出先进集体。

【队伍建设】　2016 年，宁海县广播电视台开展各项丰富多彩的活动，志愿者开展数字电视整转服务、“3·5”广场服务、台综合频道改版宣传、“平安达人徒步挑战赛”等，全台妇女同志“三八”节在蛇蟠岛举行活动、“五四”青年节台团委举办《我为青春谱新篇》演讲比赛等。此外，宁海县广播电视台还组织参加市记协举办的运动会，代表宁海县宣传口参加体操比赛，都获得较好的名次，在活动中进一步培育新广电精神和团队协作精神，提升凝聚力。10 月，顺利完成新一轮中层干部竞聘上岗，按照公开、公平、择优的原则，经过层层遴选，一批业务能力强、综合素质高、群众基础好的干部脱颖而出，走上中层岗位，取得“上者服众、下者服气”的良好效果。接下来，宁海县广播电视台将启动台总支、各支部及工青妇等群团组织的换届选举工作。在编外员工招录管理上，该台严格实施“凡进必考”的原则，通过笔试、面试等形式公开招聘客服、主持播音、记者、外线、窗口等人员 21 人，并形成一套新的考录管理办法。同时，全面推行岗位分层分类培训。分批次派记者、编辑等到市、省台全程驻地跟班轮训；组织宣传线、技术线、后勤线的主任到省内先进台考察取经，学理念、学敬业、学管理、学经营；明确要求每一位一线工程岗位人员都必须先期上岗培训，并持证上岗。

8 月 17 日，县广播电视台联合多个部门，开展广播电视防插播应急演练

档案工作

【概况】　2016 年，宁海县档案工作抢抓机遇，乘势而上，制订出台《宁海县档案事业发展十三五规划》，推进档案安全保障能力建设、档案信息化建设、档案基础业务建设、档案文化建设、档案依法监管能力建设、档案干部队伍建设，实现宁海档案事业新一轮大发展的良好开局。

【档案安全保障】　积极主动配合县公建中心，狠抓县档案馆迁建项目，牵头完成县档案馆新馆主展厅展览方案筹划、档案密集架招标采购、内部装修的监督等相关工作。县档案馆新馆项目的主体建设工程已通过竣工验收。

完成 62 家单位的档案登记备份工作，新增备份数据 417GB（其中业务数据 287GB），新增光盘 86 张。截至年底，县电子文件管理和数字档案备份中心共有登记备份数据 6.99TB。

贯彻落实全省档案安全体系建设推进会精神，完善档案安全应急预案，开展护航 G20 档案安全大检查，制订出台《宁海县档案局关于做好平安浙江档案安全考核的实施方案》，做好档案信息网站安全运行，加强对档案数字化全过程的监管，最大限度地确保档案信息的绝对安全。

【档案信息化建】　县馆藏档案数字化扫描工作有序推进。在 2012—2015 年 4 期共完成的 621 万页扫描量的基础上，2016 年第五期数字化共完成 209 万页的扫描量，著录条目 45 万条。历年来，县馆藏档案数字化扫描约为 4.3 万卷，占馆藏应数字化档案总量的 74%，照片档案数字化 15939 张，视频音像档案共 2751 条（其中宁海新闻 2435 条），档案信息化成果明显。

启动创建国家规范化数字档案馆项目，已列入宁海国民经济和社会发展第十三个五年规划，列入宁海档案事业发展“十三五”规划实施的七个重点项目之一，2016 年又列入宁海民生事实工程人大代表票决项目之中。该项目规划分 3 期完成，现阶段目标是力争在 2018 年建成国家示范化数字档案馆。启动新馆智能化建设，公开招标采购智能馆库系统融合平台。

【档案基础业务建设】　根据《中华人民共和国档案法》《宁海县档案馆接收档案范围和标准的规定》等有关规定，深入调研，对县委办公室等 40 家单位于 2005 年以前形成的保管期限为永久、长期的 56970 卷应进馆档案进行检查验收，并研究制订详细的预接收细则与接收计划，出台《关于对第一批档案进馆单位验收工作的通知》（宁档〔2016〕2 号），确保新馆搬迁后档案接收工作的科学有序开展。做好农村股份制改革档案接收进馆工作，接收长街镇、一市镇等 27 个全宗档案共计 20602 卷又 4171 件，其中 15 个乡镇街道的农村股份制改革档案共计 1080 卷。做好全县出生档案的接收工作。2016 年，共接收县妇幼保健院、县第一人民医院等 9 个全宗的出生证明档案 985 卷及县民政局离婚登记档案 18324 卷。

【档案文化建设】　结合宁海实际，创新省千村档案建设工作，开展古村落微视档建设，共完成 14 个古村落的微视档拍摄制作工作。以“变迁中的宁海记忆”为主题，开展“美丽宁海”照片征集活动，收集到航拍的行政村照片 478 张，基本实现全县 363 个行政村，村村建立 360 度全景式航拍档案，这既极大地丰富了“美丽宁海”影像档案全覆盖项目库的照片形式和内容，又为今后直观展示“美丽宁海”建设提供了很好的素材。“五水共治”口述档案成果在省委宣传部与省档案局联合举办的档案见证“两美”浙江展览中展出，工作经验在全省得以推广。结合档案馆新馆建设，开展展厅展览方案策划设计，完成宁海县生态印记数字档案体验馆、珍贵档案展厅和临时展厅的方案设计和布展招标，共投资 1080 万元。建成后的宁海县生态印记数字档案体验馆将成为全省首个利用全数字档案的展厅，让参观者切身体验档案数字化成果。另外，还征集到《冠庄潘氏宗谱》、清朝户部执照等珍贵档案资料 41 册（件）。

【档案依法监管能力】　加强对县财政局的招标档案、地税局的纳税评估档案、房屋征收办等部门的业务档案监督指导。协助县人社局、保安公司等单位完成档案搬迁、移交工作。指导和协助 18 个乡镇（街道）完成股改档案建档和档案实体的移交工作。加强对国有、民营企业档案业务的培训指导，帮助宁波得力集团有限公司、宁波市美亚达汽车零部件有限公司等开展技术改造档案规范化建设。开展档案实用操作培训和上岗培训，一年来，累计参训人员达 300 余人次。

开展行政权力梳理、明晰权力事项，共梳理出 13 项档案局行政权力事项，制订出台《宁海县档案局行政执法随机抽查实施方案》。继续对进馆单位开展档案“审计式”年检工作，发出整改通知书 20 份。加强档案目标管理认定工作，2016 年，共有 17 家单位通过省级目标管理认定，创建示范化、规范化数字档案室 10 家。

【档案干部队伍建设】　组织召开学习教育党课暨专题部署会、制订出台局“两学一做”学习教育实施方案，通过领导干部讲党课、观看先进事迹视频《榜样》、到柔石故居等地接受革命传统教育等，多渠道地强化干部宗旨意识、法治意识和廉政意识，提高机关干部遵纪守法、拒腐防变能力。根据《中国共产党章程》和有关规定，召开党员大会，选举产生新一届支部班子，不断提升机关党建工作水平。开展档案继续教育，邀请省档案局专家为 200 余名机关、企事业单位档案工作人员作档案法治讲座，切实提高档案工作人员的法治意识。根据县委组织部《关于开展新一轮中层干部选拔聘任工作的通知》文件精神，严格按照组织程序，开展中层干部选拔聘任。组织开展档案系统趣味运动会，全县 190 余名档案从业人员参加活动，提升全县档案系统的凝聚力。

社会事务

人事与社会保障

【概况】 2016 年，宁海县人力社保局始终坚持“民生为本、人才优先”的工作主线，以“惠民生、调结构、深改革、促和谐、强基础”为主题，以深入开展“两学一做”学习教育为契机，进一步提高标杆、提振激情，提升全系统的工作效率和服务效能，全局各项工作有序推进。根据职责，县人力资源和社会保障局共设 11 个职能科室、8 个下属事业单位，行政编制 23 名。

【就业工作】 就业创业扎实有效。重点对社会保险补贴、创业贷款等项目进行调整完善，突出高校毕业生、就业困难人员等重点群体就业扶持，鼓励企业吸纳就业，出台 4 个大类、23 个小类的人才新政。截至 12 月，全县城镇新增就业 15791 人；城镇失业人员实现再就业 5152 人，就业困难人员实现再就业完成 1063 人，扶持农村电商创业人数 216 人，农村电商创业带动就业人数 1620 人，新增创业实体 7021 个，累计开发（保持）公益性岗位 800 个，公益性岗位进村达标率 92.58%；城镇登记失业率 1.91%；合计办理小额贷款 233 人、金额 4655 万元，贴息 208 人、金额 317.8 万元。农村电商积极作为。结合 2016 年新政策出台专门扶持农村电商创业就业工作的优惠政策细则，进一步激发创业者积极性。举办宁海首届促进农村电商专场招聘会，106 家中小型企业进场招聘，提供千余个岗位，近百人与用工企业初步达成就业意向。积极开展全县农村电商从业人员调查工作，形成《宁海县农村电商从业人员调查分析报告》，同时逐步探索建立各部门信息共享机制。基层服务强力提升。投入 43.8 万元为每个乡镇（街道）配备一台人力社保自助服务一体机，一体机覆盖人社各类业务的社会保险、就业创业、人事人才劳动关系、政策法规、社保卡五大模块，能基本满足办事群众的人社自助服务需求。职技培训特色鲜明。职技培训以实施农村劳动力和外来务工人员培训为基础，全年共开办各类培训班 250 个，培训农村劳动力 8515 人，外来务工人员 2485 人；高技能人才培训完成 3807 人，其中高级技师 285 人，技师 371 人；创业培训完成 1270 人，企业培训师完成培训 660 人。积极推进技能人才自主评价，2016 年自主评价企业已达 486 家；其中示范企业数完成 20 家，职业技能鉴定达到 6315 人。积极承办技能比武活动，承办第六届宁波茶艺大赛和第三届浙江省茶艺师职业技能竞赛，进一步增强各地茶文化的交流。另外，该县承接开发轴承套圈车削专项能力考核规范通过省级定审，是宁波市唯一一个被省级专项职业能力考核规范开发项目。

【人才工作】 全力推进人才队伍建设。2016 年年底，全县人才总量达到 14.7 万人，其中，专业技术人员 6.4 万人，研究生及以上学历 1700 人，高技能人才 3.4 万人，“国千”8 人，“省千”4 人，3315 团队带头人 8 个人，海外工程师 76 人。建立院士工作站 5 家、博士后工作站 6 家，入选市级以上创新团队 28 家，大学生实践基地 81 家，创建省市县技能大师工作室 28 家。

精准引进高层次人才项目。组团赴美日招才引智，成功签约引进纳米磁珠和胶乳颗粒的研发生产等项目。充分发挥引才大使、引才机构的作用，广开引才渠道，全年成功自主申报国家“千人计划”1 名、市“3315 计划”人才团队 2 个，从外地引进国家“千人计划”1 名、市“3315 计划”人才团队 1 个。借助承办中国（宁波）大学生创业大赛的契机，成功引进并落地背包客、玖颐养老、VR 眼镜等优质项目。着力推进宁波“千人计划”生命健康宁海产业园建设。与杭州银行共建总额 1 亿元信贷的“科技银行”，已为 10 余家科技企业发放贷款1450万元；与杭州奉天股权投资管理有限公司共同发起“天使投资基金”，注册资金1亿元，主要面向种子期的新兴产业项目。大力推动企业人才自主培养。宁波中加低碳新技术研究院有限公司引进国家“百千万”工程专家王正博士，宁波华成阀门有限公司王朝阳成功入选浙江省151人才工程第一层次，乌中远景的乌克兰籍专家获西湖奖，6人入选宁波市“港城工匠”，新增院士工作站1家，市级创新团队2家。探索开展“三位一体、四方联动”新型校企合作模式试点，通过校企合作模式培养技能型人才5141名，新增市级大学生实践基地4家。不断提升人才工作服务水平。组建宁海县高层次人才联谊会，建立高层次人才微信群，开通宁海优才E家微信公众号，为在宁海创新创业的高层次人才搭建沟通交流平台。出台《“宁海优才卡”实施办法》，从出入境、落户、配偶就业、子女入学等人才普遍关心的热点、难点问题入手，提供9大类32小项的优惠服务。全年完成人才公寓申购167套，至年底已发放大学生购房补贴548万元，发放各类人才奖励补助共计673万元，帮助62位人才解决人才公租房、子女入学等事宜。

【社保工作】 社保扩面持续推进。按照“全覆盖、保基本、有弹性、可持续”的方针，持续推进社会保障体系建设，从制度“全覆盖”向人群“全覆盖”推进，社保扩面成效显著。截至2016年12月，本地户籍人员参加养老保障总数432220人，参保率达到87.8%；工伤保险206223人；生育保险112566人；职工医保198136人；居民医保43931人；失业保险120797人；新农合40.86万人，参保率99.41%；累计发放社保卡59.37万张。基金运行平稳有力。全年共收缴养老保险费总额205067.27万元，拨付总额155879.74万元，结余总额550488.67万元，基金结余抗风险能力为39.22个月。收缴工伤保险费7905.99万元，支出6815.6万元，累计结余4135.36万元。收缴生育保险费2066.16万元，支出1811.36万元，累计结余1489.41万元。城乡居民社会养老保险基金收入27799.46万元，支出总额26061.58万元，滚存结余5234.38万元。被征地人员保障基金统筹总收入18796.63万元，支出19119.38万元，累计结余5901.06万元。城镇职工医疗保险基金收入67999万元，支出48892万元，累计结余108528万元。城乡居民基本医疗保险基金收入18671.06万元，支出2915.47万元，累计结余19119.88万元。失业保险基金收入6477.55万元，发放失业保险金2891.08万元，累计结余2.81亿元。

做好险种转移接续。制定出台《关于贯彻实施宁波市城乡居民基本医疗保险办法的意见》，共41.4万人参加2017年新城乡居民医保制度，参保率达95%。调整全县外来务工人员社会保险政策，取消外来务工险，并轨人数共有11587人。全面完成对所有老农保人员的清理并轨工作，其中3947人办理老农保退保，4.8万人并入城乡居保养老体系，月待遇提高到227元以上。通过政银合作为被征地人员养老保障与基本养老保险衔接提供信贷支持，至年底已有3万名被征地农民衔接到基本养老保，转基本衔接率已由2014年年底的10%上升到70%，待遇水平从原有平均不到500元提高到1500元以上。

社保水平全面提升。企业退休人员连续12年增资，全县企业退休人数64156人，平均月退休工资2065元；14130名被征地人员养老保障人员人均待遇474元；75648名城乡居民养老保障人员人均待遇275元。在春节前落实发放全县

52221名退休（职）人员一次性补贴经费共计1.05亿。6—9月对全县企业退休人员每月发放130元高温补贴费，共计发放3130万元。全年城镇职工享受待遇135671人次，城镇居民享受待遇28133人次，“新农合”享受待遇2518054人次；工伤职工待遇享受人数3611人；生育职工享受人数1867人；累计办理失业登记2923人，其中农民2174人。此外，2016年还积极贯彻国务院降低社保费率有关精神，扎实有效地开展减负工作。从2016年5月1日至2018年12月31日，该局对失业保险费单位缴费实行临时性下调，费率由1.5%降为1%，惠及全县6000余家参保单位，全年可为这些单位减轻负担约1865万元。继续执行较低的医疗、生育保险费率，宁波市区范围内，职工基本医疗保险用人单位缴费比例从11%降低到9%，全县继续执行9%的较低费率，同时积极调整医疗保险政策，扩大个人历年账户使用范围，建立家庭共济网，并开展医保综合减负工作，共涉及减负对象4436人，减负金额1174万元；生育保险宁波市区费率为0.7%，全县继续执行0.5%的费率。下调工伤保险费率，对不同工伤风险类别的行业执行不同的工伤保险行业基准费率，降低部分企业的工伤保险费约600万元。对143家新上规模小微企业减征企业基本养老保险费137余万元，基本医疗保险费78万元，共计减征费金215万元。

【劳动关系】 强化劳动维稳维权，做好峰会护航。积极开展“保驾护航G20维护劳动者权益”活动，采取全面监管和重点监控相结合的管理方式，对建筑施工、租赁个私企业和曾发生过拖欠行为及经营困难企业进行“地毯式”排查，确保欠薪案件和劳动纠纷控制在企业、化解在乡镇（街道）、处置在县域内，没有发生一起上访事件。强化劳动保障监察，维护基层和谐。全年共受理投诉举报案件317件，职工人数1253人，涉及工资金额约2053万余元，结案率96%以上。强化劳动争议调解，保障合法权益。实施“一案四调”工作机制，畅通劳动仲裁“绿色通道”，2016年共受理劳动报酬案件427件，其中处置群体性10人以上劳动报酬案件30件，涉案人员926人。强化信访案件处理，着力化解难题。全年信访总量为112件，相比2015年149件，数量下降较为明显。没有发生一件对信访工作的投诉，对信访工作的满意度达100%；没有发生被上级单位退回、撤销或变更的信访件的事件；没有发生一起去市、赴省、进京上访案例。

【自身建设】 “两学一做”扎实开展。坚持把抓好学习讨论、专题党课、问题查改“三个关键环节”和将主体责任、人人参与、监督指导、工作结合、舆论宣传“五个贯穿”始终作为有力抓手，窗口服务不断优化。推进规范化管理，制定《宁海县行政服务中心县人力资源和社会保障分中心管理制度实施细则》。对服务窗口功能进行有效整合，每个区域实行排队叫号系统，服务更有秩序更加规范。此外，行政审批窗口创新审批模式，实现“留置后补、容缺受理”受到广泛好评。阳光政务继续领跑。2016年该局阳光政务网上办事大厅推陈出新，集成整合城镇基本医疗保险管理、宁波市就业与失业保险管理系统，全年完成办件量达到1万多件，位居宁波市人社系统和全县各部门前列。咨询热线再上台阶。2016年以来，“12333”热线已经累计受理市民来电咨询126045个，与2015年同期相比增长41.3%，电话接通率达到97.2%，满意率达98.9%，成为广受市民信赖和依赖的咨询平台。

民　　政

【概况】 2016年，民政局的内设机构包括5个职能科室：办公室（行政审批科）、计划财务科、优抚安置科、救灾救济科、基层政权和社区建设科；县老龄工作委员会办公室设在民政局。行政编制共15个。下属事业单位共有12家，分别为民间组织管理办公室、婚姻登记处、地名委员会办公室、养老服务指导中心（县转体单位退休干部管理办公室）、水库移民管理办公室、军队离休退休干部休养所、救助管理站（居民家庭经济状况核对中心）、福利企业管理办公室、殡葬管理所、殡仪馆、社会综合福利院、城乡社区服务中心。民政局共有党总支1个，党支部13个。县老龄办党总支下设5个党支部：老龄办综合党支部、工业、二轻、商业、物资退休干部党支部；其他8个党支部分别为：局机关、军干所、福利院、殡管所、殡仪馆、离退休老干部、机关联合党支部和城乡社区服务中心党支部。

2016年，县民政局始终坚持“以民为本、为民解困、为民服务”的民政工作宗旨，认真履行“维护民利、解决民生、落实民权”的职责，扎实推进民政各项工作，取得较好成效。

【基层政权建设】 农村基层民主建设工作扎实推进。进一步推广《村级权力清单36条》基层治理经验，加快中国（宁海）基层治理培训学院建设，积极向民政部申报社区治理创新经验，《村级权力清单36条》荣获“2015年度中国社区治理十大创新经验”成果之一；切实规范和完善村级民主管理，会同县纪委等单位，开展4次“三务公开”检查活动，并强化各行政村的党组织、村委会合作社和村监会等干部的业务培训，为加强农村基层民主建设打下扎实基础；社区服务管理进一步减负增效，全面梳理社区工作事项清单，明确社区职责，提升社区服务功能；完成31名社区专职工作者公开招聘工作。

6月24日，县委书记褚银良在全国社区治理十大创新成果发布会上作“36条”经验交流

【民间组织管理】 规范开展审批登记管理工作，全县共登记社会组织587个，其中社会团体202个、民办非企业单位385个；严格执行年检制度，应检社会组织520个，社会组织年检率达95%以上；依法开展监督执法和对非法组织查处工作，共注销社会组织21个；全年共有100余个社会组织报备重大活动；完成36个社会组织的评估工作，完成编制2016年度全市社会组织承接政府转移职能和购买服务推荐性目录；通过社会组织“一会、一中心”搭建社会组织服务活动平台，顺利举办3期有800余人参加的社会组织相关业务知识培训班；大力推进公益创投项目，全年有10个社会组织公益服务项目获得30万元县福利彩票公益金的资助。

【双拥优抚安置】 春节和“八一”期间由县领导带队慰问驻宁海各部队，进一步促进军民军地关系。清明节期间烈士园接待社会各界扫墓1.5万人次。及时发放义务兵家庭优待金，全年共发放义务兵家庭优待金645户，共1500余万元；及时调整、足额发放重点优抚对象定期抚恤补助，全年共为1100余名重点优抚对象发放定期抚恤补助1618万元，妥善安置2015年冬季退役士兵，共接受258人，完成2016年春季专业士官3人的安置工作；重视做好涉军群体的疏导稳控工作，防止不稳定因素的发生。

【殡葬管理】 全面落实惠民殡葬政策，健全完善城乡公益性公墓建设和管理机制。2016年共投入资金170多万元，全县新建村级公益性墓地27处，升级改造扩建10处，墓地道路建设6处；强化殡葬执法，及时处置殡葬违规案件和信访涉坟案件；加强全县乡镇公墓价格监管，有效落实清明节有关方案，进一步加强移风易俗宣传工作。

【婚姻、收养登记】 2016年结婚登记4699对，离婚登记2133对，补发婚姻登记证2756本，出具无婚姻登记记录证明2件，收养登记26件，证件准确率及登记合格均达到100%。

【社会救助】 启动低保扩面工作，现有城乡低保9732户12301人，其中3255人以残疾单人户形式纳入低保，全年共发放低保金5700余万元；医疗救助不断加强，全年共救助1.59万人次，发放医疗救助金额1045万元。加大临时救助力度，全年实施临时救助1813户次3998人次，县本级支出临时救助资金313.2万元；落实孤儿和困境儿童基本生活保障制度，全年共发放孤儿和困境儿童生活费350万元；修订完善《宁海县自然灾害灾民救助应急预案》，通过公开招标，聘请房屋安全评估机构对全县239个避灾场所进行全面的房屋质量安全鉴定；积极推进基层防灾减灾能力建设，县跃龙街道松竹社区、长街镇连浦村被命名为2016年度全国综合减灾示范社区，深甽镇大里村被命名为2016年度浙江省综合减灾示范社区。全年救助流浪乞讨人员及流浪未成年人等1565余人次。其中，异地护送96人返乡，医治精神病人40人次。

【地名管理】 强化基层平安边界建设，有效预防和妥善处置边界矛盾。清理整治不规范地名工作，全年完成30件地名命名实地踏勘和审批，制作更新安装门牌、幢牌和路牌22180块；第二次全国地名普查工作顺利完成并通过市级验收，全县共收录11大类111子类的地名信息10476条，实现地名属性和空间库100%关联；积极开展宁海县前童镇、梁皇村、湖头村千年古镇、古村的申报工作，出台该县第一批历史文化保护名录60条。

【福利企业】 全面落实福利企业地方性优惠政策，大力支持福利企业的发展。2016年度全县福利企业共享受到县政府财政补贴与奖励资金499万元，减免土地使用税、水利建设资金130万元。全县27家福利企业在职职工总数近2605人，其中安置残疾职工863人。残疾职工月平均工资为2502元，残疾职工月人均投保额966元，比2015年增加2%。积极开展慰问残疾职工活动，全年慰问金及慰问品总值达40万元。进一步完善“福利企业考勤监管制度”“维权公示制度”等监督机制，推进福利企业规范化管理。

【移民安置】 钦寸水库移民安置工作稳步推进。顺利完成宁波市市政府下达的钦寸水库移民141户344人，并顺利通过省政府的验收，以移民安置工作“安的下，稳得住，逐步能致富”的目标，大力开展移民帮扶，及时化解矛盾，有效确保安置地社会和谐稳定。

【福利彩票销售工作】 全年福利彩票销量达1.54亿元，较上年增加652.17万元，增幅达4.4%，共为国家筹集福利彩票公益金约4300余万元，有力地支持该县社会公益和福利事业的发展；相继开展福彩走进第四届宁海县志愿服务广场文化节活动、宁海福彩走进民工子女学校、宁海35名贫困大学新生领到福彩助学金等活动；开展福彩从业人员的销售培训，进一步提升福彩销售队伍的业务水平。圆满完成福彩代销点的年检年审工作，投注站抽查合格率达到100%，全县91家福彩投注站也顺利完成签订新版《代销合同》。

【社会综合福利院】 坚持“以人为本、安全服务、发展创新”的工作方针，紧紧围绕敬老爱老及社会弃婴收养工作重心，不断加强干部职工队伍建设，努力提高服务管理水平，2016年荣获得第二届宁波市“敬老文明号”荣誉称号。全年共接收入院休养老人102人，办理出院老人57人，现居住老人320人，入院率100%，预约登记要求入院老人400余人次；共办理家庭寄养弃婴22件，送养社会弃婴13件，接待社会各界的敬老、爱幼慰问活82批次。

【老龄工作】 养老服务设施建设有力推进，全县已有养老机构20家，新增床位1118家，养老床位总数已达4882张，每百名老人拥有床位数达4.1张。全县已建成366个社区（居委会）居家养老服务站，实现社区全覆盖，行政村覆盖率达到91%。积极实施高龄老人生活津贴制度和养老服务补贴制度，高龄津贴标准居全市前列，配合宁波市老龄工作委员会及宁海县人民政府圆满举办宁波市庆祝全国第四个老年节暨长寿文化活动。杜鹃山养老养生度假中心、宁波爱晚中心等民办养老服务机构建设进一步推进。

【城乡社区服务】 县城乡社区服务中心（“81890”宁海分中心）2016年累计受理各类市民求助事项达4.17万件，求助事项办结率100%，服务回访满意率99.8%。累计加盟企业总数达1319家。网上点击数达1607万人次。发放老年“一键通”电话机1732部，累计受理老年服务事项1.69万余件，回复率达100%。

【宁波市养老养生产业高端论坛】 10月9日，宁波市养老养生产业高端论坛在宁海县举行，会议探讨人口老龄化带来的机遇及应对的战略。中国社会福利与养老服务协会会长、全国社会福利标准化技术委员会副主任委员冯晓丽，宁波市民政局局长杨雄跃，宁海县委副书记林坚，副县长范建军，宁波市老龄委副主任、市民政局副局长俞曹平等出席会议。

杨雄跃在致辞中代表宁波市老龄委、宁波市民政局对本次论坛的举行表示热烈的祝贺，对参加论坛的领导、专家、嘉宾等表示热烈的欢迎和衷心的感谢。他表示，人口老龄化是世界性的问题，具体应对老龄化已经成为国家战略。宁波作为人口老龄化程度较高的城市，养老服务需求空间巨大，而发展养老养生产业是积极应对人口老龄化，切实提升老年人福祉的必然要求，也是践行共享发展理念，全面建成高水平小康社会的应有之义。宁波市养老服务体系建设起步早，“十二五”期间，发展水平有了很大提升，发展养老养生产业宁波有基

10月9日，宁波市养老养生产业高端论坛在宁海县举行

础、有资源、有市场、有热情，更有前景。举办宁波市养老养生产业高端论坛，宣传提升全民养老养生的健康意识，标准养老发展的服务理念，了解新技术新信息，必将对该市养老养生产业的发展起到推动和促进作用。同时，杨雄跃还充分肯定宁海在养老养生产业发展过程中所做的努力和成绩。

会上，范建军围绕宁海养老养生产业发展与投资环境，以“养老养生大健康，绿水青山新产业”为主题作了汇报。他表示，宁海在发展、谋划、服务和投资养老养生产业上，已具备明显的综合优势，并正在形成多维切入的融合态势，长久以来，宁海更是主动把握改革创新的发展趋势，更在衷心期待“1+1>2”的合作胜势。

交流中，冯晓丽就加快建立养老服务与管理技术研发推广机制促进养老服务业健康科学发展，从我国养老服务业面临的形势和机遇、养老服务业建设功能的定位、加快建立养老服务与管理技术的基础研究推广机制、发展方向等方面进行详细的讲解。此外，上海人寿堂国药有限公司董事长冯强和宁波柏庭投资有限公司总经理洪哲民分别以现代养老服务产业投资与管理、如何做好一家高端养老院为题作了演讲交流。同时，宁海县发改局介绍该县养老养生产业规划情况和西店镇、岔路镇、胡陈乡等养老养生产业招商情况。

10月9日，县金中康乐养老中心正式开业

【县金中康乐养老中心开业】 10月9日，该县金中康乐养老中心正式开业。副县长、县老龄工作委员会主任范建军出席开业庆典。

金中康乐养老中心是县目前最大的民办养老机构，该中心2012年开工建设，历时3年10个月，总投资1.5亿元，建筑面积达4万多平方米。该养老中心设施完善，集养老院、康复医院、食堂、老年活动室等于一体，能同时容纳1300余人居住。养老中心现有服务人员120余人，可为老人们提供普通护理、特殊护理以及全封闭护理3种贴心服务。

【宁波市庆祝全国第四个老年节暨长寿文化活动周在宁海县启动】 宁波市庆祝全国第四个老年节暨长寿文化活动周启动仪式在宁海县举行。中国社会福利与养老服务协会会长冯晓丽，副市长林静国，县委书记褚银良分别致辞，县领导林坚、王能迭、范建军、潘红月参加启动仪式。

褚银良、冯晓丽、林静国分别向各位老干部、老同志为宁海经济社会发展做出的贡献表示最真挚的感谢，并致以最崇高的敬意。仪式上，还举行《“生态宁海长寿人家”宁海县寿星风采散记》书籍赠送仪式、宁波市首届养老服务“双十佳”单位授牌仪式、宁波市第二届“敬老文明号”授牌仪式。随后，县老年大学学员进行汇报演出。此外，在潘天寿广场、潘天寿艺术中心分别举办宁波市首届“十大长寿村”风采展、宁海县寿星风采展。

住房公积金管理

【概况】 宁波市住房公积金管理中心宁海分中心与宁海县住房委员会办公室一套班子、两块牌子、合署办公，为监管类正科（局）级事业单位。内设机构为综合科、公积金管理科、公积金信贷科，人员编制11人，实有在编职工10人。经费形式为全额拨款事业单位，参照公务员法管理。主要职能是负责全县住房公积金缴存、使用和管理。宁海县住房委员会是宁海县城镇住房制度改革的决策机构，由常务副县长担任主任，下设的宁海县住房委员会办公室其为长期议事机构，承担房改具体职能，其前身是成立于1988年的县房改领导小组办公室。

2016年，宁波市住房公积金管理中心宁海分中心进一步深化改革创新，强化规范管理，提升服务效能，实现管理制度、运行模式、服务方式和技术支撑平台的提升和跨越。当年实现扩面和增量的双突破。全年县住房公积金缴存单位837家，活跃人数37632人，净增4249人，完成市下达指标的142%，同比增长92%。7月对公积金缴交基数进行调整，使月增缴存金额达1018万元，月缴存额突破5700万元，较上一年增加27%，全县平均缴存基数提高18%。当年归集住房公积金65586万元，完成市下达指标的115%，同比增长27.5%。获得住房公积金扩面工作年度先进单位，2016年度工作目标考评名次位列宁波市第三。

【住房公积金贷款发放与提取】 随着“去库存”系列政策的推出，以及城市棚户区改造项目的进行，县房产交易量价齐升、热度不减，中心以此为契机，积极开展住房公积金各项贷款与提取，为改善宁海县职工住房条件和城市化进程做出努力。2016年共发放贷款1212户（其中纯公积金贷款507户、公转商705户），贷款金额49598万元（其中纯公积金22313万元、公转商27285万元），分别同比增长23.7%、23%，完成年度计划的137.8%；贷款余额158969万元（其中公积金贷款余额132666万元，同比增长3.4%，个贷比率89.9%）。宁海县信贷管理工作处于良好运行状态，成为全市唯一一家连续五年信贷年末逾期率为零的中心。

在认真做好“应贷尽贷”的同时，积极做好“应提尽提”工作。2016年取消公积金贷款须保留一年缴存余额、开展组合贷款商业部分委托提取等措施，促进职工住房消费。2016年共提取住房公积金46785万元，同比增长19.9%。

【新系统上线】 10月20日，县住房公积金综合管理信息系统平台成功接入市级系统并对外服务运行，成为继北仑试点后第一个并网运行的单位，系统运行质量得到宁波市住房公积金管理中心的充分肯定。新系统上线实施过程，中心引入企业质量管理体系和项目运作经验，按照PDCA的方法夯实数据基础，完成新老系统数据核对，补充完善档案资料，做好中心差异需求和交互需求的提交和确认工作。同时加强业务培训，有针对性地组织业务操作人员、技术人员分批次赴市里进行专项学习，并与其他县、区沟通交流，熟练掌握新系统操作流程。

【政策调整】 为配合住房公积金综合管理系统并入市级系统，2016年该县适时调整公积金提取、贷款相关政策。出台《关于规范我县现行住房公积金有关政策的通知》（宁住房中心〔2016〕8号）、《关于完善我县住房公积金委托提取政策的通知》（宁住房中心〔2016〕10号），进一步规范宁海县住房公积金制度。

【调研】 2016年分中心为了持续深化落实城镇住房制度改革以及保障住房公积金缴交者合法权益，组织力量，深入相关部门调研，精心排摸各类对象，形成《2016年—2020年我县住房分配货币化工作计划》《全县机关事业单位干部职工住房公积金缴存基数调整方案》，分别在县第60次、69次常务会议上审议通过。

关心下一代工作

【概况】 2016年，县关心下一代工作委员会（以下简称“县关工委”）围绕中心、抓出特色、形成品牌，在育人理念、组织结构、载体平台中呈现各级领导重视、载体平台丰富、“五老”事迹感人、专干队伍优秀的良好态势，同心同向、务实有为，扎实推动工作再创佳绩。

12月1日，中央关工委领导到宁海县考察普法教育（田敏　摄）

【学用结合】　以精神引领抓推进。县关工委深入学习领会习近平总书记的系列讲话，引导青少年树立和践行核心价值观，坚定不移听党话、跟党走。以学促做抓落实。引导青少年学法、尊法、守法和用法，提高预防违法犯罪的意识和能力，为青少年成长成才营造良好氛围。以宣讲教育抓成效。县宣讲团开展爱国主义、卫生知识、理想信念和科普知识的暑期远程教育课程，组织青少年收看学习。据统计，听课站点54个，累计听课人数9166人次，其中青少年6351人次，“小候鸟”1445人次，参与“五老”727人次。

【思想道德教育】　丰富载体，主题教育活动联办。县关工委联合有关单位开展以“老少同心，筑梦同行”为主题的系列活动，以中国共产党建党95周年和纪念红军长征胜利80周年为契机，开展“向国旗敬礼”“学雷锋，我们在行动”“缅怀先烈颂党恩，继承精神跟党走”“助力G20”等各类活动，挖掘和利用本土红色资源，开设“三爱两史”教育课堂。据统计，约1000余名“五老”参与活动，受教育青少年人数5.23万余名。狠抓落实，德育教育工作联做。县关工委联合有关单位围绕“立德树人”的任务，把德育工作摆在青少年思想道德建设的首位，多渠道、多形式让工作接地气、有底气。整合资源，普法教育工作联创。普法工作开展中以青少年需求为导向，以宪法学习为主要内容，以“互联网+”法治宣传为主要形式，以互动参与为主要特点，以学点点（APP）等新媒体为主要平台，依托村、社、校、企开展“法在心中”各类法治主题教育活动，参与青少年3.16万人。

7月19日，县宣讲团开展暑期远程教育活动（田敏　摄）

【基层关工委品牌建设】　持续巩固抓实基层“双创建”活动。2016年，1个街道、20个村（社）和2家民营企业获市级“五好”基层关工委称号；29个村（社）、18所学校申报创建县级“五好”基层关工委。9月联合民营经济关工委对23家企业进行实地走访，11月联合教育局关工委开展示范学校创建活动，城西小学、实验小学和桥头胡小学获“市教育系统关心下一代工作品牌单位”称号。持续推动抓好“假日学校”创办活动。暑期，整合利用团委实践成长平台组织大学生到假日学校进行支教；利用党群同心圆招募党员志愿者把“两学一做”的实践延伸到各假日学校；结合家长学校、春泥计划不断拓宽教育资源。全年创办假日学校 76 所，筹集经费 63.71 万元，受益青少年 8536 人，志愿者 1886 人。合力攻坚抓牢普法“双创”活动。为探索普法宣传教育工作新模式，在 10 所中小学中开展“全国青少年普法教育先进单位”和“全国青少年普法教育示范区”创建活动。12 月 1 日，中央关工委常务副主任武韬一行莅临宁海县调研，听取县关工委、强蛟镇、职教中心和西店中学 4 家关工委汇报，对普法工作中思想认识到位、组织建设到位、目标要求到位、教育措施到位、工作扎实深入和活动丰富有效，给予高度肯定。

12 月 29 日，县关爱工作团进看守所帮教未成年服刑人员（陈素霞摄）

【参与社会治理】 做好法治预防帮教服务工作。县关工委从预防、帮教、维权等方面建立关爱帮教机制，充实关爱团成员，调查摸底需关爱帮扶对象 443 人，不定时深入法院、检察院、看守所 3 个点开展走访慰问活动，及时更新特殊青少年信息库进行精准帮教。做好特殊青少年群体帮扶帮困工作。2016 年，茶院乡关工委“向日葵成长计划”和强蛟镇关工委“播撒爱心阳光，情系留守儿童”的关爱农村留守儿童品牌工作受到省、市关工委调研组一致肯定；西店镇、黄坛镇双峰片区、长街镇连浦村等关工委 2016 年新筹集基金 35 万余元，发放奖学助学金 28.41 万元；桃源街道关工委以“解其所难，三管齐下”的形式对在校困难大学生发放助学金 16.1 万元。做好净化社会环境工作。联合县文广局召开培训会议，调整 120 名“五老”网吧监督员，坚持“堵疏结合，标本兼治”的工作方针开展巡检活动，为未成年人的健康成长保驾护航。

【自身建设】 挖掘人员新动力，实现工作新格局。2016 年，9 个乡镇（街道）调整常务副主任，加强核心层队伍建设；通过组织发动、“五老”带动、表彰促动等方法，新吸收一批热爱关工委工作、有一技之长的社会各界人士充实宣讲团、关爱团和网吧义务监督员队伍，强化骨干层队伍建设；吸收法院、检察院、农林、新闻中心等各部门在职同志，不断巩固参与层队

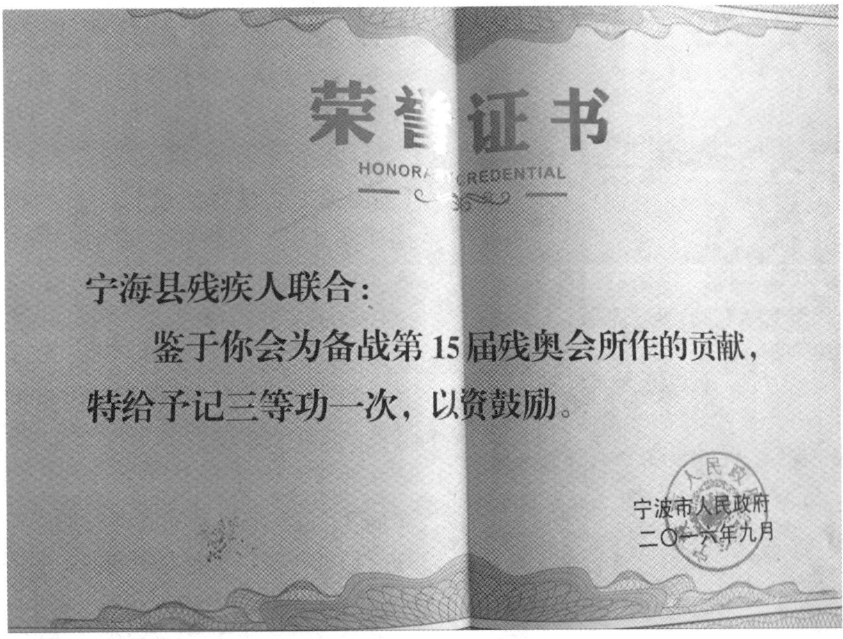
荣誉证书

宁海县残疾人联合：

鉴于你会为备战第 15 届残奥会所作的贡献，特给予记三等功一次，以资鼓励。

宁波市人民政府
二〇一六年九月

2016 年宁海残联获市政府授予的“三等功”荣誉证书

伍建设。工作队伍的壮大，推动关心下一代工作的网格化新局面。挖掘先进新典型，实现工作新标杆。力洋镇关工委获省级先进集体，县关工委、民营经济关工委、西店镇关工委评为市级先进集体，推选县级先进集体48个、先进工作者60名和优秀“五老”50名，另4名同志被市文广局评为优秀义务监督员。这批新亮点、新典型和新经验将引领关心下一代工作实现新跨越。挖掘宣传新亮点，实现工作新活力。联合有关单位开设《宁海家长帮》微信公众号，实现“互联网+”新模式。据统计，全县各级关工委在主流媒体刊登信息259篇，其中《一年一百万　三年助学情》在《中国火炬》杂志、《关爱员工如兄弟，员工爱企如爱家——记宁波市高格卫浴产品有限公司关工委》在《浙江民营经济》杂志刊登，《为了孩子　为了明天——县关工委打造假日学校新引擎》分别在《今日宁海》《宁波市人民政府公报》上刊登。2016年该县关工委第16次被中央关工委评为宣传工作先进标兵单位，并受邀赴北京参加2016年《中国火炬》通联评刊座谈会。

9月30日，县委书记褚银良、副县长娄黛敏会见奥运冠军陈懿（葛佳丽摄）

残疾人工作

【概况】　2016年，宁海县残疾人工作整体工作有序推进，特色工作成效明显，重点工作成绩突出。全县已发放困难残疾人生活补贴6830人、重度残疾人护理补贴14人，合计已发放金额3779余万元，全县新增残疾人单人户低保3255名，享受家庭或单人户低保的残疾人累计达5771名，纳入低保的残疾人人数增幅达53%；实施医保补助政策，鼓励残疾人参与城乡统筹居民医疗保险，除一、二级和低保残疾人个人缴费由财政保障外，三、四级持证残疾人个人缴费每人给予250元的补助；实施“安居工程”，为58户贫困残疾人新建或修建房屋提供补助金63万元；给贫困残疾人家庭发放临时救助金、慰问金100余万元。实施阳光维权保障工程、无障碍环境建设项目、推进残疾人社会化助残、开展安居工程、推动组织建设等工作都圆满完成任务。

2016年，天普公司资助的孤儿大学生合影

【康复服务】　将康复服务项目精

细拆分成 61 项，以更好地满足残疾人多层次、个性化的服务需求。提高残疾儿童抢救性康复训练补助，补助标准从 1500～2000 元/月提高到 2000～3000 元/月；积极开展“四助”活动，全年为 1218 名残疾人配置辅助器具 1381 件(套)；为精神残疾人提供医疗救助 1011 人次，同时提高残疾儿童抢救性康复训练补助，并为 27 名残疾儿童提供补助。全年康复服务人数达 5000 人次左右。实现残疾人城乡居民基本医保补助全覆盖，契约式家庭医生服务比例达到 30%以上。

9 月 5 日，中华慈善日广场活动志愿者向市民解读《慈善法》

【就业教育】 全年实现集中就业 997 名，实现按比例就业 940 名，辅助性就业 240 名，卫计局招录 1 名听力残疾大学生；为 138 名创业就业者提供资金帮扶 41 余万元；19 家残疾人扶贫基地共安置残疾人 72 人，辐射残疾人 220 户，完成残疾人技能培训 328 人；为 664 名残疾学生及残疾人家庭子女提供教育补助 150 余万元，全县残疾儿童少年入学率达到 97.75%。

【新政出台】 出台《宁海县人民政府关于加快推进残疾人全面小康进程的实施意见》《宁海县人民政府关于进一步完善困难残疾人生活补贴和重度残疾人护理补贴制度的实施意见》《关于印发宁海县困难残疾人生活补贴实施办法和宁海县重度残疾人护理补贴实施办法的通知》和《宁海县残疾人生活自理能力评估办法》4 个文件，根据文件，将惠及 60%以上持证残疾人，合计 1.8 万余人次，使两项补贴政策落地有声。

【证件管理】 出台《关于进一步规范残疾人证管理的办法》，进一步规范了县残疾人办理程序、复核和责任追究等内容，同时还专门成立残疾评定委员会，设立残疾评定专家组、复核小组，以保证残疾人证评定和复核程序的公平性和权威性，有效地规范残疾人证的管理，夯实残疾人工作基础。

【残疾人基本服务动态更新调查】 残疾人基本服务动态更新调查工作从 2016 年 7 月 11 日正式开始，历时 1 个多月，发动全县 18 个乡镇街道 100 名残疾人骨干调查员及 413 名残疾人专职委员对全县 17374 个持证残疾人进行调查，入户调查率高达 99.29%。9 月 30 日，经市残联审核通过，圆满完成工作任务。

【文体事业】 2016 年，县残疾人运动员获得大丰收。在宁波市第二届聋人田径、乒乓球、羽毛球比赛上，宁海县残疾运动员荣获 4 金、3 银、3 铜；在市“迎奥运青少年游泳锦标赛”上，宁海县残疾运动员获得 5 金、3 银、3 铜；在里约残奥会上，宁海县 15 岁残疾人运动员陈懿取得 1 金、1 银、2 铜，实现宁海县残奥会金牌和奖牌零的突破。陈懿因此获“宁波市青年五四奖章”、“浙江省青年五四奖章”和“浙江省劳动模范”荣誉称号，记 1 等功 1 次，县残联被记集体三等功 1 次。在文学方面，县残疾诗人阿门的诗作《无用者》《内疚者》与《厌倦者》《枕边者》，分别入编刚出版的《2015 诗探索年度诗选》和《浙江诗人地理——群岛 2016 诗年卷》。

慈善工作

【概况】 2016 年，县慈善总会和各分会的共同努力，认真学习宣传贯彻《中华人民共和国慈善法》，慈善募集、慈善救助、慈善宣传、慈善义工、村慈善工作站建设以及各项慈善管理组织工作均取得良好的成效，工作亮点纷呈。募集与救助规模不断扩大，慈善组织公信力不断提高，全年共募集善款 3400 万元，救助支出 2700 万元，救助困难群体1.8万余人次，历年累计募集善款3.08亿元，累计救助2.3亿元，累计救助14.2万余人次。充分发挥慈善在社会保障体系中的重要作用，为宁海经济社会发展做出积极贡献。其中，助医906.2万元，助学361万元，助困825.6万元，助老389.4万元，赈灾3.6万元，公益项目219.3万元等。在与红十字会合作开展救助器官移植项目的同时，又推出特困尿毒症救助项目、特困双重病家庭救助项目和儿童罕见病救助项目等菜单化救助项目，以项目吸引捐款，推动精准救助。根据《中华人民共和国慈善法》和民政部有关文件精神，及时提交慈善组织认定及公开募捐资格申请，经县民政局审核，被认定为该县首家具有公开募捐资格的慈善组织。

"如意环卫基金"设立仪式

【慈善一日捐】 由县委、县政府两办发文，并召开动员会专题部署"慈善一日捐"工作，县四套班子领导带头捐款，县级机关企事业单位纷纷献爱心，形成全社会捐款行善的良好氛围，收到单位组织的个人捐款14472人，214.4万元，78家单位捐款155.6万元，总计370万元，其中，捐款额较大的单位有县烟草专卖局37万元，县财政局捐款15万元，科技园区15万元，县国土局、县建设局、县交通局、经济开发区、宁东新城开发投资公司各10万元，水利局、国资局、县供电公司、宁海中学各5万元。2016年，共新建冠名基金15家，新增规模1600万元；续签、扩签11家，总基金规模累计3.35亿元。值得一提的是如意公司再捐款236万元充实吉旺助医基金和如意基金，两个基金分别达1300万元和1164万元，同时12月再捐款100万元，设立"如意环卫基金"专项用于奖励宁海县优秀环卫工人；得力集团也再次捐款100万元；天普公司在"天普慈善基金"基础上再捐50万元设立"天普慈善关爱基金"，捐款本金已达434万元；宁海农商行设立的3000万元留本捐息冠名基金，2016年又捐款150万元。同时，在网站上每月公示的基础上，再次在《今日宁海》专版公示全年捐款信息和救助信息，接受社会对慈善工作的监督，提高慈善工作透明度。

【中华人民共和国《慈善法》宣传】 2016年，《中华人民共和国慈善法》（以下简称《慈善法》）正式实施，迎来了第一个中华慈善日，根据民政部关于《学习宣传贯彻中华人民共的和国慈善法》的通知精神，与县民政局一起积极部署《慈善法》系列宣传活动，县慈善总会发出《关于做好慈善法实施和首个"中华慈善日"专题宣传工作的通知》，与民政局草拟《关于学习贯彻慈善法的方案》报县政府审批。认真组织全县各级慈善组织和慈善工作者学习领会法律精髓和要求，切实做到熟练掌握，准确运用；各慈善分会结合普法教育，深入开展《慈善法》社会宣传，提升全民慈善法治意识，采用电子屏播放、在主要道路拉横幅等方式积极宣传《慈善法》。岔路镇成立普法小组、黄坛镇举行普法座谈会、梅林街道进行《慈善法》知识竞赛、前童镇组织全镇村干部学习、桑洲镇举办主题活动进村、进敬老院；县政府组织县民政局、县慈善总会、红十字会、教育基金会等机构联合举办大型慈善日广场宣传活动，在宣传慈善法的同时向全社会展示慈善16年发展成果；县新闻中心开辟"慈善法问答30问"专栏，刊登宁海县慈善工作16年成果专栏；"宁海发布"等公众微信微博客户端重点推送慈善事业信息专题。县司法局利用互联网站、微信公众号、法制报等制作和宣传慈善事业信息专题；购买慈善法单行本2000册、慈善法问答小册6000册、将印有"慈善法9月1日实施""9月5日为慈善日"宣传内容的盒装餐巾纸、环保袋等向社会公众等发放，多层次的宣传活动推动慈善法治文化进机关、进企业、进学校、进社区、进乡村，营造家喻户晓、人人参与的慈善氛围。积极通过《今日宁海》和《慈善》《中国社会报》《浙江慈善》《慈善公益报》《宁波日报》《大爱杂志》、宁海电视台和宁海《平安视频》等媒体宣传爱心事迹，及时对爱心企业家和爱心人士的感人事例作专题报道。

【先进典型示范】 为发挥先进典型的示范引领作用，积极做好各级慈善先进评选工作，推荐申报储吉旺为中华慈善博物馆慈善人物；在推荐第五届“浙江慈善奖”评选表彰活动中，宁波如意股份有限公司和宁海农商行获机构捐赠奖；在推荐申报第四届宁波市“双十大”评选表彰活动中，宁波如意股份有限公司、得力集团有限公司获宁波市十大“最具爱心企业奖”，尤建义获“最具爱心个人”称号。

【基层基础管理】 继续以乡镇（街道）慈善分会目标管理为抓手，加强基层基础管理工作。根据上一年的目标管理考核的实际情况，适时修改《2016 年乡镇（街道）目标管理考核实施意见》，为基层慈善组织规范运作建立激励机制。加强自律，提高自治水平。总会遵照《慈善法》中提出的切实加强慈善组织自我管理的要求，同时对乡镇街道分会开展财务检查和指导，增强自我约束、自我管理、自我监督的能力，确保人员、财产、慈善活动按照组织章程规范有序运作。

西子国际节约开业典礼费用，向县慈善总会捐赠 50 万元

乡镇街道

长 街 镇

【概况】 长街镇位于宁波市南部、三门湾北岸、宁海县东部，东临岳井洋与象山县隔洋相望，南濒三门湾，西界胡陈港，北邻胡陈乡。镇域内人口、耕地、水产、旅游资源丰富，是宁海县的工业强镇、农业大镇、商贸重镇、中心城镇。辖区总面积272.2平方公里，辖42个行政村和1个居委会，总人口7万余人，拥有耕地7333.33余公顷，海岸线长28公里。

2016年，全镇工农业产值达到40.5亿元，同比增长4%；固定资产投资突破6亿元，同比增长29%；财政收入超过1.5亿元，同比增长8%。

【经济建设】 2016年，实现规模以上工业总产值达26亿元，机械制造、数控雕刻、文具票夹三大主导产业培育壮大。不断完善数控机械产业园建设，入驻企业增至30家，产值占全镇工业总产值70%以上，集聚效应进一步增强。大力实施招商引资，完成合同利用外资1373万美元、浙商回归内资10999万元，引进梦想未来小村等项目21个，“追风逐浪”小镇已列入市级特色小镇培育名单，并收到15家央企进驻意向。始终重视企业帮扶，推动企业上市融资，奇精公司成为宁海县首家在上交所主板上市的企业，海运希铁隆公司即将上市。农业生产稳步发展，2016年实现农业总产值7亿元，比2011年增长8%。持续改善农业基础设施，累计投入3亿元完成农田水利项目80个，其中湘岙沿山渠道建设等千万级以上10个。着力夯实规模经营基础，土地流转、粮食功能区、高标准农田、种（养）殖基地等规模均居全县首位、全省前列。注重打造现代农业亮点，长街蛏子成为全市首个农业部认证地理标志水产品，成功创建国家省市级示范社6个，农村电商销量、农村金融普惠程度、农业循环利用率均列全县第一。现代服务业亮点纷呈，连年举办特色节庆，蛏子节、西岙抬龙成为市级群众文化品牌。有效提升景点档次，伍山石窟成为全市首个国家级矿山公园、国家AAAA级景区，欢乐佳田农场获评全国休闲农业与乡村旅游示范点，西岙古村入选第二批中国传统村落名录。

【村镇建设】 2016年，城乡规划体系进一步健全，成为宁波市首个完成“多规融合”的乡镇，村庄规划覆盖率超90%。持续改善城乡基础设施，沿海高速复线建设加快推进，新增农村公路150公里，建成供电1319线塔基32座，完成全县首个乡镇街区综合管线下地工程，建成镇第一个环境优美、设施齐全的高层居住小区。扎实推进美丽乡村建设，成功创建全面小康村9个、中心村3个、特色村3个，文明村、生态村、森林村庄覆盖率逐年提升，精品村、美丽宜居示范村建设加快推进，市场化推进平原绿化模式获上级领导肯定。全县美丽庭院创建工作现场会在该镇举办，进一步掀起美丽长街建设热潮。狠抓以“三改一拆”为载体、“八线八区”为重点的治违行动，拆、改完成率均居全县前列，“两路两侧”“四边三化”专项整治全面铺开。强力推进“垃圾革命”，垃圾分类处理、集中收运处理等生态工程加快建设，垃圾中转站开工建设。疏堵结合规范市场秩序，新增停车场5个1.5万平方米，成立综合执法局长街中队，有效发挥管理作用，镇区乱设摊、乱停车、占道经营等情况明显改善。全力攻坚“六治三清”，累计投入2.5亿元治水资金，推进畜禽养殖场关停112家、生态化治理66家，改造供水主管30公里，投资1.5亿元实现农村生活污水处理全覆盖。大力提升城镇形象，投资4500万元高规格建设滨海休闲公园，集中打造沿海南线沿线、胡陈港大桥、伍山石窟等重要景观节点20个。纵深推进镇区环境综合整治工程，投资3000万元全面提升东兴中路等6条镇区主要道路。全面加强环境整治长效管理，“河长”“路长”等机制有效落实，全镇主要河道实现社会化保洁。

【社会事业】 2016年，社会事业不断增进，不断扩大社会保障覆盖面。有效推进就业培训和创业服务，成功创建全国职工教育培训优秀示范点、全国先进农村成人学校、浙江省农民工文化家园、全县首个农民创业园等。不断扩大社会保障覆盖面，城乡居民养老保险、医疗保险参保率分别达86%、95%，“丰收养老贷”试点成功。稳步推进慈善、救济等社会救助事业，成立红十字协会和15个服务站。不断优化教育医疗卫生养老资源配置，成功创建省一级幼儿园、省体育示范幼儿园、19个省市县级卫生村，连续三年获省幼儿体育大会一等奖。累计投资4亿元推进中心卫生院改建以及大湖小学、青珠小学等10个学校建设工程。积极丰富群众精神生活，选举产生镇文联第一届委员会，建成全县首家市级图书分馆，实现村落文化宫、农家书屋等全覆盖，打造文化礼堂10个，创建“浙江孝贤”“全国孝亲敬老之星”典范。成功创建省级规范化五星级司法所、省级放心市场、市级AAAAA级平安校园，荣获市级农产品质量安全建设先进集体、安全生产工作先进集体、钦寸水库移民安置工作先进集体，落实836万元实施移民“饮水思源”帮扶项目29个，完成沿海高速公路复线政策处理工作，田湾山事件、元昌小区等历史遗留问题得到妥善处置，G20峰会、世界互联网大会维稳安保工作圆满完成。建立健全“老何说和”“流动综治日”“网格化管理、组团式服务”等制度，建成社会治理综合指挥室。

【一方名人】 汪永琪，长街镇大湖村人，宁波市奇精机械有限公司董事长兼总经理。公司自1998年开始连续被评为县“实力型企业”。2016年公司职工近2100人，不但解决了一大批本地居民的就业问题，同时也吸引了众多的外来人才。由于公司规模不断扩大，还同时带动县内长街、梅林、黄坛等地近10家下游配套企业的发展。

冯全宏，长街镇连浦村人，浙江围海控股集团有限公司董事长。曾获得“全国优秀施工企业家”“全国优秀水利企业家”“浙江省劳动模范”“浙江省优秀共产党员”“建国60周年60位为宁波建设做出突出贡献的先进模范人物”“2010杰出甬商奖”等荣誉称号。

胡陈乡

【概况】 胡陈地处宁海东部山区，南连长街镇，西与力洋镇接壤，东北与象山县毗邻，境内环境优美、风光秀丽、物产丰富。区域面积96.93平方公里，其中山林7000公顷，耕地1200公顷。胡陈是唐吏部尚书叶温裕和南宋右丞相叶梦鼎故里，故有“唐代尚书第，宋朝丞相家”之称。2016年年末，辖1个居委会（双溪居委会），18个行政村（沙地下、国叶、张韩、岙里王、大赖、岔路、永和、长山主、中堡溪、西翁、胡东、胡陈、腾达、东丰、长平、联胜、梅山、车家）。户籍人口2.3万人，常住人口1.8万人。

2016年，实现地区生产总值15.8亿元，同比增长13%；实现财政总收入5850万元，同比增长13%；农民人均纯收入12225元，同比增长12%。2016年荣膺中国最美村镇特色奖、中国生态魅力乡、省级首批美丽乡村示范乡镇、市级首批乡村全域旅游示范区。

胡陈乡全景图

【农业经济】 全乡实现农业总产值12907万元。实施266.67公顷市级水蜜桃特色产业示范区建设，推进533.33公顷高标准农田建设。中堡溪三期虎溪胡陈穿村段工程完成支流段治理，长山主小流域治理完工。县二轮土地承包确权颁证试点全面完成外业测绘工作，进入公示确认阶段；第三次农业普查扎实开展。万亩级有机抹茶产业加工基地建成并开始试生产，胡陈麻糍、乌米饭、杨梅酒、土豆、柑橘等特色农产品突显品牌优势。农业组织抱团发展，建成农民经济合作组织联合会，吸收91家农民合作经济组织、涉农企业单位，完善生产、供销、信用“三位一体”服务功能。

长山主小流域治理完工图

【工业经济】 全乡完成规模以上工业增加值6768万元，同比增长20.1%，拥有规模以上企业2家，其中国家级高新技术企业1家。完成固定资产投资1.91亿元，其中技改投资6020万元。完成浙商回归2000万元，市外内资0.69亿元，县外内资0.69亿元，实现合同利用外资1000万美元。润禾科技位于宁波南部滨海新区的新厂房开业投产，上市工作完成首次公开募股（IPO）辅导阶段。

【旅游文化】 成功举办桃花节、户外运动节等系列活动，“2+3+N”节庆活动布局趋于完善。不断提升“8”字形美丽乡村精品游线品质，东山桃园成功创建国家AAA级景区，获评“浙江省果蔬采摘示范基地”，国家级垂钓基地、露营公园、滑翔基地等逐步走向市场化运营，桃文化广场、兰博基尼度假中心、“心宿·无尘”山水人文度假空间等项目有序推进，天益山庄、甬家乐、人民公社大食堂等一批农家乐规范运转，桃乡农居、“林下歇”民宿各具特色。

胡陈乡国家级垂钓基地

胡陈乡露营基地

胡陈乡滑翔基地

【村镇建设】 开展多规融合，累计完成村庄规划编制17个。乡域集聚更加明显，风情商业街一期改造完工，乡卫生院动工建设。完成西张至尖岭头公路大中修8.8公里，盛宁线力洋至胡陈段改道工程开工建设。村庄面貌明显改善，中堡溪村获评省“美丽乡村特色精品村”，梅山村建成“美丽庭院”示范村，获评宁波市第二批“最洁美村庄”。“三改一拆”成效明显，成功创建全县首个市级“无违建乡镇”。举办全县“双治”工作现场会，农村生活污水治理完成16个村、在建1个村；加快乡垃圾中转站和厨余垃圾处理中心建设，开展10个村（社区）垃圾分类试点，实现生活垃圾源头分类行政村达55%。完善乡村环境长效保洁机制，深化实施“以奖代补”制度，在全县乡镇（街道）环境卫生综合整治检查考核中名列前茅。深入落实河长制，动态管理溪流82条120公里。

【社会事业】 高度重视教育事业，乡中心幼儿园投入使用，梦鼎中小学户外教育实践基地正式对外开放。大力发展卫生事业，积极创建省级卫生乡镇，新型农村合作医疗参保率达98%，完成契约式家庭医生制签约825人，完成计划的118%，创建成县级卫生应急示范乡镇。全面推进体育事业，有序开展省级体育特色乡创建。乡村文明蔚然成风，新建成胡陈村和胡东村文化礼堂，基本完成“桃花源里”市级美丽乡村文明示范线建设。广泛开展“挂牌亮家训”活动，建设梅山村、中堡溪村家规祖训馆。深入建设“平安胡陈”，全面提升网格化管理水平，完成50个重要节点高清摄像头安装，社会治安防控体系更加完善。推进社会矛盾大排查大调处，创新信访接待、人民调解、司法调解“三位一体”的大调解模式，实现重要时间节点、重大活动期间社会持续和谐稳定。强化基层应急管理，开展胡陈村、东丰村地质灾害点治理，胡陈村成功创建全市首个市级基层应急管理规范化试点村。

宁海县梦鼎中小学户外教育实践基地

胡东村文化礼堂

胡陈村成功创建宁波市首个市级基层应急管理规范化试点村

【一方名人】 胡芳芳，女，1996年出生，2009年被选送到宁波第二少体校学习柔道，后进入内蒙古省队进行集训，曾多次获得省、市柔道比赛的良好名次。在2016年香港亚柔联青少年柔道锦标赛上，年仅20岁的胡芳芳不负所望，力挫群雄，勇夺女子48公斤级组冠军。成为宁海县首次取得的亚洲级专业柔道赛事奖项的运动员。

鲍明沛，男，1958年出生，1974年起拜宁海长街人屈定春为师学习箍桶手艺，现任宁海县得心坊艺术馆馆长。凭着出色的手艺，年轻时的鲍明沛挑着近50公斤的工具担，足迹遍及宁波、台州等地。随着塑料制品的普及，木桶的市场竞争力直线而下，箍桶匠们纷纷转行。只有鲍明沛等少数工匠坚持用纯手工为泥金彩漆提供木桶底胚，他们的作品仅受到周边百姓的喜爱，更是漂洋过海，在日本、美国等国家受到青睐。2016年鲍明沛被授予宁波市非物质文化遗产代表性传承人、工艺美术大师等荣誉称号。

【胡陈乡获评2016中国生态魅力乡】 12月25日，2016中国生态年会暨城乡魅力生态成果发布会在北京举行，胡陈乡成功获评“中国生态魅力乡”。近年来，胡陈乡加快建设以“美丽乡村、美丽产业、美丽经济”为核心的全域乡村公园，全力打造“中国农乡”可持续发展先行示范区，实现全乡森林覆盖率达75%以上，全境水资源质量在Ⅱ类以上，负氧离子浓度在二级以上。此次评选活动全大市仅两个乡镇成功获评，为胡陈乡及奉化大堰镇。

【胡陈乡获评2016中国最美村镇特色奖】 11月26日，2016中国最美村镇颁奖典礼暨“县市长论坛”在广东江门举行，胡陈乡荣获2016中国最美村镇特色奖。近年来，胡陈乡积极挖掘地区自然环境、文化底蕴，推进打造“自然美、人文美、生态美”，契合2016年中国最美村镇评选活动“回归村镇美，弘扬中国创”主题。胡陈乡已是继获“2015中国最美村镇”产业富裕奖后第二次获评。

【胡陈东山桃园成功创建为国家AAA级景区】 宁海县胡陈乡东山桃园景区顺利通过国家AAA级旅游景区创建验收，成为宁海县第3个AAA级景区。这对胡陈乡带动周边产业发展，大力推进水蜜桃、桃浆等农副产品的项目开发，建立便民致富的完整产业链具有重要意义。东山桃园景区自2009年开放以来，累计投入达1亿元，带动周边休闲旅游相关从业人员1000余人。其中2016年投入1590万元，新建桃文化广场、秋千广场、露天茶吧、桃园风车、土特产购物中心等，全年景区接待游客超过45万人次。

【胡陈乡建成宁波市首个标准化滑翔基地】 基地总投资100余万元，建有600平方米起飞场、1.33公顷降落场，并配备停车场、厕所等基础设施。基地将实行社会化运营，除用于专业运动员训练外，还将长期向游客提供滑翔伞体验服务，真正实现该县户外运动体验由“水陆两栖”向“水陆空”立体式全方位覆盖的转变。该基地周边气流稳定，热气流旺盛，场地开阔，有着全国一流的滑翔条件，多年来吸引了全国各地多家滑翔俱乐部和滑翔爱好者来举办活动，也正受到越来越多滑翔运动员和爱好者的关注和青睐。

【胡陈乡入选宁波市首批“乡村全域旅游示范区”】 胡陈乡成功入选首批“宁波市乡村全域旅游示范区”。近年来，胡陈乡打造全域乡村公园，创建梅山、中堡溪、西翁三大特色乡村聚集区，完善以东山桃园、禾融户外运动基地为核心的乡村全域旅游“路线图”，推出乡风文明精品“风景线”，并策划组织各类农事节庆活动，带动农产品销售，2016年全年接待游客45万余人次，带动村民收入近450万元，仅桃花节期间就接待游客31万余人次。

【胡陈乡获评“浙江省休闲农业与乡村旅游示范乡镇”】 胡陈乡成功入选“2016年浙江省休闲农业与乡村旅游示范示范乡镇”，也是宁波市唯一入选的乡镇。2016年，胡陈乡以“美丽村庄、美丽产业、美丽经济”为主要抓手，加快推进运动健康小镇和全域乡村公园版图建设，成功创建包括东山桃园AAA级景区在内的休闲农业与乡村旅游景点数5个，实现年接待游客58.8万人次，从业人员中农民就业比例达到96%，带动农家乐、特色民宿经营户年收入户均超20万元，休闲农业与乡村旅游主要经济指标在宁波市处于“领头羊”水平。建成乡村特色公交停靠站29座，新建改建旅游厕所14座，共吸引各类投资7000余万元，乡村旅游公共服务能力全面改善。

【顺利完成县二轮土地承包确权颁证试点外业测绘工作】 为解决土地承包地块面积不准、四至不清等问题，5月，宁海县在胡陈乡启动土地经营权确权试点工作，按照“权属合法、确权精准、登记完整、权证适用、信息管理”要求，实行县、乡、村“三级联动”，积极开展实地调研和测绘。截至年底，完成全乡18个行政村和56个自然村的土地测绘指界工作，共计测绘承包地块896.55公顷，涉及二轮土地承包方5508户。

表16　　2016年胡陈乡基本情况一览表

指　标　名　称	计量单位	数　量
一、基本情况	—	—
行政区域面积	公顷	9690
居民委员会（社区）个数	个	1
村民委员会个数	个	18
二、人口	—	—
户籍户数（派出所户籍统计数）	户	8040
户籍人口（派出所户籍统计数）	户	22584
全家外出户数	户	2591
全家外出人口	人	5131
常住户数	户	5527
常住人口	人	17419
其中：外来人口	人	100
三、经济	—	—
公共财政收入	万元	2308
公共财政支出	万元	8485
资产总额	万元	1117
债务总额	万元	3900
企业个数	个	101

续表16

指　标　名　称	计量单位	数　量
企业从业人员	人	1538
企业实交税金	万元	5816
工业企业单位数	个	40
其中：规模以上工业	个	2
工业总产值	万元	44500
其中：规模以上工业	万元	24428
建筑业企业单位数	个	2
建筑业总产值	万元	15324
住宿餐饮业企业个数	个	6
住宿餐饮业企业营业总收入	万元	17
四、贸易、市场	—	—
社会消费品零售总额	万元	7388
其中：限上社会消费品零售总额	万元	0
商品交易市场个数	个	3
商品交易市场交易额	万元	435
其中：以粮油、蔬菜、水果为主的专业市场个数	个	0
以粮油、蔬菜、水果为主的专业市场年交易额	万元	0
以畜禽为主的专业市场个数	个	0
以畜禽为主的专业市场年交易额	万元	0
以水产为主的专业市场个数	个	0
以水产为主的专业市场年交易额	万元	0
营业面积50平方米以上的综合商店或超市个数	个	18
五、教育、文化、卫生	—	—
幼儿园、托儿所个数	个	2
小学校数	所	2
小学专任教师数	人	54
小学在校学生数	人	722
图书馆、文化站个数	个	0
剧场、影剧院个数	个	0
体育场馆个数	个	0
医疗卫生机构个数	所	1
医疗卫生机构床位数	床	4
执业（助理）医师数	人	8

续表16

指　标　名　称	计量单位	数　量
六、生活保障	—	—
各种社会福利收养性单位数	个	0
其中：本级政府创办的敬老院个数	个	0
各种社会福利收养性单位床位数	床	0
各种社会福利收养性单位收养人数	人	0
城乡居民基本养老保险参保人数	人	6087
城乡居民基本医疗保险参保人数	人	18712
城乡居民最低生活保障人数	人	752
七、公用事业	—	—
自来水用水户数	户	5467
管道燃气用气户数	户	0
金融机构网点数	个	2
公园及休闲健身广场个数	个	43
生活垃圾月均处理量	吨/月	750
1. 卫生填埋	吨/月	0
2. 集中焚烧	吨/月	0
3. 转运至垃圾处理厂	吨/月	750

表17　　2016年胡陈乡主要经济指标一览表

	单位	本月止累计	上年同期累计	比上年同期累计±%
2家规模以上企业工业生产总值	千元	244283	225800	8.19
规模以上工业出口交货值	千元	0	0	0
规模以上工业新产品产值	千元	162050	162380	-0.2
规模以上主营业务收入	千元	220187	202632	8.66
主营业务成本	千元	135776	128621	5.56
主营业务税金及附加	千元	1877	1292	45.28
应交增值税	千元	10751	12785	-15.91
应付职工薪酬	千元	18325	15481	13.37
本年折旧	千元	3377	2957	14.2
工业资产总计	千元	352412	281459	25.21
利润总额	千元	34275	30629	11.9

力 洋 镇

【概况】　力洋镇地处东海之滨，东与胡陈乡、长街镇毗邻，东南临胡陈港，与长街镇隔港相望，南向三门湾，西与茶院乡、桥头胡街道相接，北越茶山与大佳何镇临界，距县城20余千米，面积160.31平方公里。地势北高南低。北部有茶山盘亘，山峦起伏叠嶂。东与胡陈乡、长街镇毗邻，东南临胡陈港，与长街镇隔港相望，南向三门湾，西与茶院乡、桥头胡街道相接。地势北高南低。北部有茶山盘亘，山峦起伏叠嶂。力洋镇山环水绕，独特的地理环境和湿润性季风气候条件孕育了力洋丰富的水资源。力洋溪、西仓溪穿镇而过，另有毛屿港、胡陈港两大河港东西依偎，全镇有大小水库69个。辖区东西最大距离7千米，南北最大距离26.69千米，总面积160.31平方公里，现辖18个行政村53个自然村、1个居委会、1个社区。2016年力洋镇全面推进城乡环境大整治，迎难而上促转型，克难攻坚抓项目，千方百计惠民生，总体呈现经济运行平稳向好、重点工作有效突破的发展态势。

【经济建设】　2016年实现生产总值12.8亿元，年均增长14.7%；财政公共预算收入达到9200万元，年均增长20.8%；农村居民人均可支配收入26800元，年均增长14.9%，主要经济指标基本实现翻番。工业强镇战略深入实施，主动服务企业取得实效，工业总产值从12.2亿元跃升至24亿元。招商引资成绩突出，累计实际利用外资3307万美元，完成浙商回归3.4亿元、市外内资3.9亿元、县外内资9.2亿元，引进15个千万元以上投资项目，连续五年荣获县招商引资铜奖。现代农业稳步发展，1000公顷高标准农田加快建设，466.67公顷农业综合开发项目基本完成，533.33公顷小型农田水利工程顺利完工，69座山塘水库全部完成除险加固，增效抗险能力进一步提升。农业品牌建设扎实推进，培育36个农民专业合作社，建成13个规模化生产基地，葡萄、猕猴桃、火龙果等设施农业加快发展，红美人、由良新品种柑橘有效推广，特色产业发展格局基本形成。服务业发展势头良好，商业街区日趋繁荣，力洋村古宅乡愁游、海头村菊花田园游、力洋孔村文化体验游等农旅结合经营模式逐步兴起，乡村旅游富民效应初步显现。

【村镇建设】　积极开展重大项目会战攻坚，毛屿港综合治理、三门湾大桥及连接线、盛宁线改建工程等26个重大项目政策处理工作顺利完成，土地征收面积达366.67公顷，清除非法抢种苗木面积100公顷，连续四年获得县级“重大项目政策处理突破奖”。城镇化建设有效推进，编制镇域总体规划、镇区控制性详规和力洋村历史文化名村保护规划，县道以上公路绿化工程、环城东路拆建、前门山森林公园等一批城建项目顺利实施，12处重点古宅修缮工作有效推进，新城建设和旧城改造实现同频共振。“三改一拆”成效显著，共拆除违法建筑面积27.3万平方米，初步通过“无违建乡镇”市级考核验收。新农村建设扎实推进，累计完成22个市县级各类示范村、特色村和精品村，成为全县新农村建设先进镇。“两美”建设扎实开展，东部美丽乡村风景线基本建成，“两路两侧”和美丽庭院建设成效显著，成为全省第一批美丽乡村示范乡镇。农村环境大整治深入开展，加大资金投入，因地制宜创新机制扮靓家园，“党员干部网格化责任包干”长效保洁机制获得上级肯定，并在全县推广，成功创建全县首个省级卫生镇。生态建设水平有效提升，“五水共治”高效推进，全镇河道实现全面整治，农村生活污水处理工程稳步推进，畜禽养殖整治强势推进，成为全县首批“清三河”达标乡镇。

【社会事业和民生改善工作】　立足学有所教，加大投入力度，前横幼儿园一期建成投用，改造提升力洋小学、力洋初中等教育基础设施，有效推进教育均衡发展。立足病有所医，新建古渡、平岩等5个村级卫生室，实现18个行政村公共卫生服务全覆盖。立足老有所养，全面推广被征地人员“丰收养老贷”，探索推进农保转社保工作，敬老院建设有效推进，弱势群体保障力度加大，社会保障体系更加完善。立足劳有所得，加大就业培训，搭建就业平台，促进农村劳动力由“一产”向“二产”、“三产”转移，年收入6000元以下贫困现象全面消除。文体计生等社会事业成绩斐然，5个文化礼堂和18个聊天长廊建成投用，山后张武术列入市级非遗名录，组建成立镇文联，成功举办古村落文化节、菊花文化节、杨梅节等特色节庆活动，基本实现月月有活动、节节有亮点。体育事业成果丰硕，荣获县第九届全运会乡镇团体总分第一名。全面落实“二孩”新政，计生服务无缝对接，人口全面均衡发展。征兵工作成效显著，连年获得县级先进。平安力洋建设扎实推进，健全矛盾纠纷“大调解”机制，完善重大事项维稳风险评估制度，妥善处理群众信访问题，顺利调解各类矛盾纠纷368件，连续五年未发生重大安全事故，先后荣获省、市级综治工作先进集体、省级示范综治中心，全力保障人民群众安居乐业。

【政府效能建设】 切实提升政府服务发展能力，积极应对经济新常态下企业发展难题，持续开展服务企业系列活动，确保企业能引得进、留得下、做得大。扎实推进高效廉洁的法治政府建设，坚决落实中央“八项规定”，自觉践行“三严三实”，扎实开展“两学一做”，作风建设更加制度化、规范化、常态化。大力开展服务群众“十个一”工作法，切实转变干部作风，有效提升干部服务群众能力。深化“四位一体”基层治理体系，探索推进小微权力运行规范化建设，建立“民生e站”网络服务平台，搭建一站式民生通道。应急工作成效显著，网络舆情快速反应机制不断完善，政府应急处置能力全面提升。强化政务公开透明和规范化运作，努力打造阳光型政府。完善政府议事、民主决策等制度，自觉接受人大依法监督，全面落实镇实事工程项目人大代表票决制，认真办好人大代表建议。

茶 院 乡

【概况】 茶院乡位于宁海县东部，东连力洋镇，西接越溪乡，南濒白峤港（港外即为蛇蟠洋），北靠茶山与桥头胡镇相邻，总面积78.41平方公里，西北部为山地，东南部属平原，茶院溪纵贯全乡，清水长年不断。茶院乡特产丰富，有大梁山啤酒、鹿茸、鹿茸酒、柑橘、杨梅、蜜梨、馨文名茶、宁友牌番薯面及虾、蟹、蛏、蚶、鱼等各类海鲜。2016年，该乡辖茶院、杜岙、毛屿、庙岭4片14个行政村，8795户2.6万余人，乡人民政府所在地下王村距县城22公里。

【农业经济】 加快现代农业特色发展。持续加大农业基础设施建设的投入力度，完成2个屋顶山塘水库除险加固工程、6个责任状建设项目，投资150万元完成东南溪村自来水改造，投资1700万元的小流域治理工程启动实施。农业生产保持良好态势，全面完成粮食播种面积333.33公顷，完成粮食功能区地力提升53.33公顷。积极引导农业新组织、新业态健康发展，提高农业规模化程度，涌现出农民专业合作社、家庭农场165家。大力培育扶持优势农产品，茶院本地的茶叶、杨梅、柑橘、油茶等主导产业发展势头良好。进一步加大植树造林和平原绿化工作力度，有效保护森林资源。

【工业经济】 加快工业经济转型发展。切实强化企业服务工作，着力为企业解决一批制约发展的实际问题。全乡工业经济稳步增长，完成规模以上工业总产值6.03亿元，同比增长1.64%，完成出口交货值3088万元，同比增长4.57%。加大企业技改投入力度，完成工业投资8008万元，同比增长33.5%，申报市级新产品14个。坚持“走出去、引进来”，不断强化招商引资工作。全乡合同外资到位480万美元，宁波甬宁建设有限公司实到外资800万美元。全乡完成浙商回归1.53亿元，市外内资2.79亿元，县外内资3.85亿元，其中，宁波明大置业有限公司实际投资2.79亿元（市外），宁波模具产业园完成投资1.05亿元（县外）。

【新农村建设】 大力推进新农村建设。切实加强社会主义新农村建设，实现全乡所有行政村村庄规划编制全覆盖。道士桥村被评为市级村庄环境提升十佳村。完成东南溪村中心村项目及茶院、下徐等7个村面上巩固村项目，实施许民村精品村项目及毛屿村中心村项目，其中许民村被评为2016年度浙江省美丽乡村特色精品村、浙江省美丽宜居示范村。完成毛屿、升龙2个村世行污水项目，推进庙岭、东腾等12个村的农村生活污水处理工程。

着力推进小城镇环境整治。小城镇环境综合整治工作扎实推进，综合整治三年规划已在着手编制。在8个村开展农村生活垃圾分类减量化工作，发放宣传资料3000余份，绘制广告宣传展板面积630平方米，配备分类垃圾桶3500个，预建造管理房6个，面积共计460平方米，配备处理终端设备6台。乡垃圾中转站已进入场地平整阶段。制定出台《关于建立茶院乡环境卫生管理长效机制的实施意见》，每月定期对各村环境卫生进行检查，对环境整治工作开展落后的村进行约谈，推动农村环境卫生整治工作规范化、精细化、常态化。全年完成村沟渠清理292处，庭院整理278个，房屋外墙面小广告清理656处，入户开展环境卫生宣传280余次。制作并印发乡《环境整治简报》9期。

【旅游经济】 特色小镇建设。积极谋划推进“石头记”小镇建设。坚持规划为先，已完成《许家山特色小镇旅游总体开发策划》《许家山特色小镇旅游开发产业规划和概念性规划》，规划投入 120 万元。全力推进精品民宿建设，兰博基尼休闲度假中心一期主体工程基本建成，二期已完成警署屋面安装，基本完成景墙、儿童活动中心建设；三期公示准备施工招标工作。那山那水度假酒店已经破土动工，完成基础施工的 1/3。率先探索“垃圾银行”新模式，依托休假大学生、环保志愿者，通过“游览前免费发放文明垃圾袋、游览中宣传倡导自用或装捡沿途垃圾、游览后可按垃圾数量在景区兑换点领取奖品”的措施，实现景区人文、生态环境双赢。

许家山石头村文化节

【重大项目建设】 毛屿港综合治理工程：全年完成“双溪”土地清表 148 公顷，形成全长 8.2 公里的作业台面。完成后坑李创新路土地 24.53 公顷的征用工作。严厉打击抢栽抢种行为，7 月 1 日依法对茶院村地块的 16 户抢栽抢种户进行集中清表，有效遏制苗木抢栽现象。

西林水库扩容加固工程：1—9 月已完成投资 7552 万元，占年度投资计划的 75.5%，累计完成投资 22943 万元。土地征用涉村部分已全部兑现，林地征用已完成 31.53 公顷，茶院乡净水厂已建设完成并投入试运行，晶泉水厂征收已出台初步征收补偿方案。

模具产业园二期工程：已完成二期共 21 公顷的土地征用工作。塘厂村已完成地上附着物的评估和复评，正在落实附着物兑现工作。

吉利新大洋城市微行纯电动汽车二期工程：已完成东腾村 7.04 公顷、东南溪村 1.78 公顷、庙岭村 29.33 公顷、塘厂村 10.33 公顷共计 48.48 公顷的土地征用工作。下步将加快完成毛屿、升龙、塘厂 3 个全失土村的村庄规划。

许家山旅游综合开发二期项目：许家山自驾车房车综合营地项目完成 85%户土地征用。中央广场已进入土地和地面附着物的兑现阶段；自行车步道已完成招投标。

【社会事业】 基层基础建设情况。扎实开展“两学一做”活动，积极开展微型党课比赛，“我身边的共产党员”摄影比赛，“我与党章的故事”征文活动，“两学一做”学习教育知识竞赛，成功举办“千名党员”喜迎中国共产党建党 95 周年广场庆祝活动。深入开展“党群同心圆”志愿服务活动，共举办党群同心圆活动 28 次，发布微心愿 7 次，组织党员参加志愿服务活动 375 人次。全面开展“找短板”工作，共找出短板 1816 条。初步创建完成许民、张家“民情茶馆”，并拍摄党建小视频《馆长日志》。着力打造“连心走廊”党建精品线和“红石谷”、“红色家园”党建示范片，相继召开两个党建示范片的建言献策会及全乡基层党员联合讲堂，增强连片村庄凝聚力。

社会管理成效显著。努力构建平安茶院，组建乡综治小分队，在全县率先开展“天网”工程，实现全乡所有行政村主要路口、道口监控视频系统全覆盖。建成乡综合指挥室，集合宁波市基层社会服务管理综合信息系统、“三防”办视频会议系统、全乡视频监控系统、视联网系统和视频电话会议系统等功能。2016 年获得 G20 杭州峰会维稳工作市级先进单位称号。加强安全生产监管，连续四年获县安全生产先进单位，成功创建市级食品、药品达标乡镇和示范乡镇。健全完善矛盾纠纷预警、排查、调处化解机制，落实领导包案制，加强源头防范与处理，“老何说和”专职人民调解室调解纠纷矛盾效果明显。

表 18 2016 年茶院乡基本情况一览表

项　目	计量单位	数　量
全乡总面积	平方千米	78.41
种植面积	公顷	26741
村民委员会	个	14
常住人口	人	17075

续表18

项　目	计量单位	数　量
地区生产总值	万元	148711
第一产业产值	万元	14011
第二产业产值	万元	108200
第三产业产值	万元	26500
固定资产投入	万元	16673
村集体净资产	万元	6155

一 市 镇

【概况】 2016 年全镇实现地区生产总值 16.4 亿元，同比增长 10%；财政一般预算收入 4077 万元，同比增长 8%；农民人均收入 15696 元，同比增长 23%。

【经济建设】 第三产业发展势头良好。商业街区日趋繁荣，箬岙村古宅乡愁游、状元峰古道徒步游、卧龙山庄民宿休闲体验游等农旅结合经营模式逐步兴起，乡村旅游富民效应初步显现。

工业经济突破发展。主动服务企业取得实效，2016 年实现规模以上企业工业总产值 4.2 亿元。招商引资成绩突出，累计完成实到利用外资 5951 万美元，引进内资 3.5 亿余元，引进 10 个千万元以上工业投资项目，2011 年、2012 年、2015 年分别荣获县招商引资金奖、银奖和铜奖。

现代农业稳步发展。2016 年，全镇可实现农业总产值 7.4 亿元，引进农业企业 9 家。投资 6500 万元全面完成市、县两级水利建设项目，农业基础设施建设进一步夯实，47 座山塘水库全部完成除险加固，增效抗险能力进一步提升。农业品牌建设扎实推进，培育 62 家农民专业合作社、家庭农场，建成 8 个规模化生产基地，白枇杷、杨梅、柑橘等设施农业加快发展，青蟹、“六个小海鲜”等特色农业效益持续向好，特色产业发展格局基本形成。

【镇村建设】 区域发展布局逐步优化，编制镇域土地利用总体规划和镇区城市概念性设计规划和控制性详规，村庄建设规划实现全覆盖，枫槎岭隧道、两高连接线（一期、二期）及接线工程等骨干道路建设项目顺利实施，新增联网公路 4 条 3.14 公里，6 处重点古宅修缮工作有效推进，新城建设和旧居改造实现同频共振。“三改一拆”成效显著，累计实现“三改”面积 16.76 万平方米，“一拆”面积 19.9305 万平方米，初步通过“基本无违建乡镇”市级考核验收。新农村建设扎实推进，新增市级小康村 2 个、市级文明村 1 个，小康示范村、养殖特色村、渔悦文化精品村建设稳步推进，中国传统村落东岙村、箬岙村分别被评为省、市级历史文化名村。农村环境大整治深入开展，加大资金投入，因地制宜创新机制扮靓家园，农村生活垃圾分类减量化工作实现行政村全覆盖。生态建设水平有效提升，“五水共治”高效推进，全镇河道实现全面整治，农村生活污水处理工程实现项目全覆盖，畜禽养殖整治强势推进，成为全县首批“清三河”达标乡镇。重点工程保障有力，确保蛇蟠涂、双盘三山涂、两高连接线工程、中广核风电场等项目建设无障碍施工。

【社会事业】 民生保障不断完善。新型农村合作医疗工作五年来一直位居全县前列，参保率最高达 99.2%。着力维护职工权益，督促企业与职工签订劳动合同，集体合同签订率最高达 100%。五年来共发放各种惠农补贴资金 1471 万元，完成 75 户低收入农户生产型项目扶持。建立镇慈善义工大队，累计发放各类救助资金 2014.37 万元，累计募集慈善捐款 200 万元。加大就业培训，搭建就业平台，促进农村劳动力由“一产”向“二产”、“三产”转移，年收入 6000 元以下贫困现象全面消除。各项事业彰显生机。坚持教育优先，设立华鼎奖教助学基金，教育事业相继投入超过 3000 万元，完成一市中小学改扩建、镇中心幼儿园和东岙小学改造提升等工程。着力强化卫生医疗保障，推进家庭医生签约式服务，农民电子健康档案建档率 80% 以上，新建白岐、箬岙等 5 个村级卫生室，实现 21 个行政村公共卫生服务全覆盖。拓宽繁荣文化事业，成立镇文联，建成文化礼堂 6 家，

“聊天长廊”实现行政村全覆盖，群众文化丰富多彩，“八鲜六味”美食文化特色彰显，一市馏入选县级“非遗”名录。提升计生工作水平，强化计划生育基层基础，全面落实“二孩”新政，计生服务无缝对接，人口全面均衡发展。体育事业成果丰硕，荣获省级体育强镇。社会管理成效显著。健全矛盾纠纷“大调解”机制，落实领导班子轮流信访接待制，妥善处理群众信访问题。努力构建平安一市，组建镇综治小分队，连续五年被评为“平安乡镇”，2016 年获得 G20 杭州峰会维稳工作市级先进单位称号。加强生产、交通、消防、食品药品、宗教和民间信仰等领域的安全监管，削减民间信仰点 28 处，连续五年未发生重大安全事故，先后荣获国家级无邪教示范点、县级综治工作先进集体、安全生产先进集体，全力保障人民群众安居乐业。

【一方名村】　白岐村位于一市镇最东面，南邻蛇盘涂，东靠双盘涂，与越溪乡接壤。白岐村现有白岐、后岙、下山头、塘厂、大井、双盘等 6 个自然村，户数 364 户，人口 1086 人，耕地面积 65.67 公顷，海涂面积 134.47 公顷，山林面积 46.87 公顷。村两委会成员 7 人，党员 19 人，村民代表共 51 人。村民经济收入以海水养殖为主，村集体收入主要来源为海塘承包款，2013 年已建成蛇盘涂返回土地养殖塘约 15.33 公顷。

一市镇古树

一市镇古井

一市镇养殖业

表 19　　2016 年已建成一市镇基本情况一览表

项　　目	计量单位	数　　量
全镇区域总面积	平方千米	106.88
海水养殖面积	平方千米	8.6
耕地种植面积	公顷	12.7
山林面积	公顷	37.5
户籍总人口	人	22853
村民委员会	个	21
居民委员会	个	1
村民小组	个	211
地区生产总值	万元	174267
第一产业产值	万元	74460
第二产业产值	万元	99807
镇财政收入	万元	4077

续表19

项　　目	计量单位	数　量
农民人均收入	元	15696
村集体净资产	万元	9356.7
村集体可用资金	万元	675

表20　　2016年一市镇规模以上企业基本情况一览表

单位：万元

企　业　名　称	产值	营业收入	利润	税收
宁海县人和纺织有限公司	3848	3705	26	122
宁海县赛跃金属制品有限公司	3173	2056	17	220
宁波卫信生物药业有限公司	9770	5114	-1689	204
宁海第二棉纺织厂	2503	2388	-34	95
宁波通冠市政设施科技有限公司	3485	3215	47	249
中广核（浙江宁海）风力发电有限公司	5865	5048	1635	3
宁波晟昌电器有限公司	6890	3445	194	311
宁波林和电器有限公司	3826	2561	180	118

越　溪　乡

【概况】　越溪乡位于宁海县东部城郊，处于三门湾区域，是全国环境优美乡镇和省养殖大乡。区域总面积90平方公里，下辖15个行政村（38个自然村），约19.9万人，养殖面积3000公顷，耕地1400公顷，山林2933.33公顷。人文底蕴深厚，巡检司城遗址、崔溥漂流事迹碑等见证中韩两国人民的深厚友谊，抗倭名将戚继光曾在越溪大败倭寇，医学女科学家夏海英博士、国家重点学科带头人杨肖娥教授、全国劳动模范应四官等都出生在山明水秀的越溪。境内还有王干山、油盐寺等风景名胜，并自2008年起连续9年成功举办三门湾（越溪）跳鱼节，2016年6月又成功举办第一届沧海桑田节，知名度和美誉度与日俱增。

2016年实现地区生产总值12亿元，同比增长14%；公共财政预算收入6600万元，同比增长69.2%；农村居民人均可支配收入11200元，同比增长10.2%。

【经济发展】　现代农业优化升级。特色农业提质增效，坚持走规模化经营道路，以发展小水果为特色，重点推进绿色城堡、展玮果业、锡安山水果、越丰猕猴桃等农业园区的建设。稳定粮食生产安全，推动土地流转和规模化种植，建成七市洋畈和梅枝洋畈粮食功能区，提升可省水稻基地产能，全乡水稻种植面积达466.67公顷，年产量达4550吨，年均增速超5%。海水养殖发展迅猛，养殖业占农业经济总量超过85%，引进新荣腾、海茂普瑞莫和粤海3个国内知名海产品品牌，组织海水养殖新技术培训4场约800余人次，成功举办第九届宁海（越溪）跳鱼节，极大提升越溪乡海产品的知名度和美誉度。农业设施不断完善，完成水利责任状项目5个，完成交租田、流水岩、山丘等4座山塘整治和3公里河港清淤，新建和修缮资源型机耕路7公里，完成绿赢蔬菜大棚、市补连栋大棚、九亿果业等特色农业基地77.33公顷，共计投入资金3470万元。

工业经济稳中有进。2016年，完成规模以上工业总产值2.3亿元，基本与2015年持平；固定资产投资2.9亿元，完成全年任务量105%；受国际经济形势恶化的影响，完成进出口总额1690万美元，同比下降5%。招商引资成效显著，成功引进规上企业1家，全年完成浙商回归、市外内资、县外内资均为1140万元。企业自主创新能力不断加强，共投入技改资金1140万元，企业市场竞争力、品牌影响力和盈利能力显著提高。

旅游经济持续升温。发展定位逐步清晰，编制完成《宁海县王干山旅游开发总体方案》，成功确立以王干山旅游开发为核心的乡村旅游全域化发展战略，全力培育信干山—兴农—田岙—双盘—下田—梅枝田乡村旅游精品线。旅游开发取得突破，成功包装总投资10亿元的王干山旅游项目，并顺利与宁波市旅游投资开发有限公司签约，其中总投资5亿元的一期工程已经实质性启动，第一个项目——王干山老村改造完成政策处理，土地等相关材料已经上报省政府待批，预计春节前后挂牌。名声名气渐成气候，成功举办以“历经沧海桑田、见证海丝之路”为主题的首届宁波（越溪）沧海桑田节，活动共吸引新华社、中央人民广播电视台等省级以上媒体10余家，游客突破10余万人次，获得良好社会反响。

【村镇建设】 重大项目建设取得突破。集中攻坚，破解历史遗留难题。建立领导包抓责任制，完善建设、安保方案，迎难而上、日夜攻坚、一抓到底，亭港工业小区二期于12月破土动工，年底完成填方10万立方米，实现1家企业进场施工；白峤港整治工程合同纠纷案顺利结案，进入重新招投标阶段；农房“两改”安置小区住房分配问题方案初定，老旧房相关评估工作全面完成，准备入户签订拆迁协议。团队作战，破解征地瓶颈难题。建立专项工作小组，集中精力、不分昼夜，将思想工作做到群众心里，越溪塘水闸改建工程全面完成，王干山旅游开发老村征迁项目基本完成征迁工作，三山涂围涂、白峤港整治工程政策处理工作分别完成90%、95%，越溪市场南地块政策处理工作正在进行方案制定。盘活土地，破解后续发展难题。启动G228连接线项目前期工作，进一步拉近越溪塘、群英塘等沿海腹地与宁海城区、宁波南部滨海新区的时空距离；通过农村土地综合整治、内聚外迁、低山缓坡开发等项目，进一步盘活农村闲置土地，目前，大林村、盘屿村等共计盘活土地3.2公顷。

特色小镇创建方兴未艾。千方百计招商引资，与宁海县交通集团有限公司签订战略投资协议，加快宁海驾驶培训园区、职教体验中心等项目落地建设；推动成立由全国最大职业教育集团——深圳国泰安教育集团、双林集团和越溪乡三方组成的职教集团，共同开发建设运营职教小镇，预计每年从中西部学校输入0.5万名学生进行实习实训。千方百计招才引智，与吉林教育集团签订战略合作框架协议，与先期洽谈的吉林电子信息职业技术学院达成共同合作办学意向，每年为宁海县引入吉林籍学生200人。千方百计借力借智，成立越溪乡经济社会发展顾问团，召开中国教育科学研究院职教博士团座谈会，为特色小镇建设王干山旅游开发出谋划策。

农村基础设施日趋完善。以“两美”越溪建设为目标，相继完成8个行政村大水网改造，实现行政村污水治理全覆盖，初步通过市级环境卫生乡镇验收，完成振兴路道路两旁绿化，完成越白线拓宽工程，累计建成通村公路47公里，全年完成河道改造3公里，平原绿化13.33公顷、山地造林20公顷、绿色通道2公里。加强违法用地查处，全年共计查处违建425处，拆除425处，其中治理畜禽养殖污染处所22处，拆除养殖棚屋面积1.4万平方米，重点做好农贸市场东侧道路拆违工作，做到“拆一处、清一处”，“三改一拆”提前超额完成三年任务。此外，全面推进示范创建，2016年，新增县级全面小康村1个，创建中心村1个，精品村1个，基础设施不断完善，促发展、稳增长、惠民生作用日益凸显。

【社会事业】 精神文明建设卓有成效。加大公共文化阵地建设力度，完成越溪县级文化大礼堂和下湾省级文明村创建工作，梅枝田村被市文明办、市妇联联合评为“好家风、好家训”十大名村。鼓励发展农村文化队伍，成立越溪乡文学艺术界联合会、知识分子联谊会等文艺团体，组建舞狮队、舞龙队等队伍20余支，全年开展百姓大舞台、天天演等活动6场次。加大文化体育设施的投入，组织队伍积极参加县九运会，进一步落实对全乡体育健身路径的安全隐患排查，群众性精神文明建设水平持续提高。越溪籍运动员陈懿获得里约残奥会游泳冠军，成为宁海体育史上第一枚奥运金牌，受到国家和省、市、县表彰。

社会各项事业均衡发展。立足学有所教，投资1500余万元的乡中心幼儿园开工建设，发放教育奖励资金超过60万元，有效推进教育均衡发展。立足病有所医，新建下田等2个一体化村级卫生室，创建七市等3个红十字分站，完成家庭医生签约911人，签约率达

130%，名列全县前茅。立足困有所养，全面推广被征地人员“丰收养老贷”，加快推进敬老院建设，发放救助资金250万元，救助困难群众2000余人次。立足劳有所得，全年新增就业105人，登记失业率控制在5%以内，开展劳动技能和青年创业培训305人次。全面落实“二孩”新政，人口与计划生育符合率控制在96%以上，人口全面均衡发展。

平安越溪建设扎实推进。受G20杭州峰会、乌镇世界互联网大会等重大活动影响，维护和谐稳定成为2016年工作重中之重，加大矛盾纠纷排查力度，完善重大事项维稳风险评估制度，全年共计组织不稳定因素排查14次，排查出问题115起，及时调处化解112起，调解成功率达97.4%，未发生因调处不当导致上访、民转刑或自杀、非正常死亡的案件。全年受理办结信访案件97件，信访量与2015年相比上升13%。强化治安防控体系建设，设有主要路段电子摄像头36个，招募义务巡逻员20名、治安信息员15名、和谐促进员15人，全年抓获违法犯罪嫌疑人76人。全面落实安全生产、消防、交通、市场监管责任制，开展隐患排查166次，全年无重特大安全事故发生，持续保持社会大局和谐稳定。

法治政府建设。坚决落实“八项规定”，自觉践行“三严三实”，扎实开展“两学一做”，有效实施机关干部效能督查、每月中层汇报会结果反馈、重大项目督查通报等制度，作风建设更加制度化、规范化、常态化。全面构筑“四位一体”基层治理体系，深入开展“百姓事马上办”乡镇（街道）一站通建设，加快建立防灾防险、网络舆情等应急处置快速反应机制，群众各种诉求得到有效解决和回应。不断完善政府议事、民主决策等制度，顺利完成县、乡两级人大代表换届，研究制定《越溪乡工作制度汇编》，自觉接受人大依法监督，全面落实实事工程项目人大代表票决制，认真办好人大代表建议。从严落实党风廉政建设主体责任，制定“两个”责任清单，强化监督检查，各类违法违纪行为得到严肃查处。

【首届宁波（越溪）“沧海桑田”节】 5月28日至6月4日举办首届宁波（越溪）“沧海桑田”节，活动以“历经沧海桑田，见证海丝之路”为主题，同时组织“历经沧海桑田，见证海丝之路”寻访之旅、休闲露营大会等一系列活动。

首届宁波（越溪）“沧海桑田”节将开启跨国界的“文化握手”，拉开寻找海上丝绸之路文明的帷幕，从而不断推进宁海乡村旅游发展和文化名片的打造。活动发起寻找海上丝绸之路标志地倡议书，并串联崔溥漂流纪念碑、戚家军抗倭烽火台，开展“历经沧海桑田，见证海丝之路”寻访之旅，深度挖掘韩国大臣崔溥漂流事迹、海上丝绸之路标志地的文化内涵。共有中韩两国学者8人发表论文8篇，累计吸引韩国游客130余人。

该节还开展农旅休闲系列活动，基于最大景观式滩涂与海水养殖基地——中国·越溪（王干山）“沧海桑田”旅游平台，于越溪乡双盘村王干山举行“夜望满天星斗、晨看东方日出”休闲露营大会，还在蔬菜基地举行“一米田园”生态农庄科普亲子活动。此外，还举办“水墨越溪”书画笔会，展示“日出王干山、静心山海间”书画写生作品。

【宁海（越溪）第九届跳鱼节】 10月29日，宁海（越溪）第九届跳鱼节在越溪乡双盘村坎头王自然村开幕。开幕式上，文艺演出节目多姿多彩，由宁海技工学校学生演出的开场舞《鱼跃青春》、越溪小学学生带来的舞蹈《幸福的越溪阿婆》、越溪中心幼儿园教师表演的爵士舞等当地群众自编自演的节目先后上演，让四面八方赶来的村民们眼前一亮。而其中的《越溪山水美，跳鱼天下鲜》集体开荤仪式，让现场观众期待不已。现场9名5个月大的宝宝，在家人的呵护下，集体品尝人生的第一口荤菜——跳鱼。随后，越溪走出的里约残奥会冠军陈懿为开幕式前举行的亲子趣味运动会进行颁奖。同时，陈懿还被越溪乡聘请为该乡旅游宣传大使。

宁海（越溪）第九届跳鱼节于10月28日持续到11月4日。本届跳鱼节活动以“日出·休闲·美食”为主题，活动内容丰富多样，主要有“观东海日出·看沧海桑田”——中华传统武术表演交流、“海上丝绸之路”研讨会、“原汁、原味、原生态”——越溪“四盆八”农家美食推介活动、“沧海桑田”书画展、王干山旅游形象标识征集等7项，充分展示越溪当地的美景、美食、文化等特色。

桑　洲　镇

【概况】　2016年，坚持“以工强镇、以茶富民、生态立镇、和谐桑洲”的战略思想，主抓经济建设、基础设施建设、社会稳定、民生等重点工作，突出发展主题，紧紧依靠全镇人民，解放思想、抢抓机遇、开拓创新、扎实工作，较好地完成镇第十六届人代会确定的各项主要任务。2016年全镇工农业生产总值5亿元；其中农业总产值1.3亿元、工业总产值3.7亿元；税收收入4015万元。

【经济平稳增长】　农业产业化规模逐年扩增。以发展茶叶产业和特色产业为切入点，全力促进农民增收。深化以茶富民战略，初步形成茶叶产业化发展格局。建成千亩生态休闲观光标准化茶园，加大涉农资金整合力度，完善茶叶示范园区开发、加工厂建设、市场拓展、品牌建设等扶持政策，建成桑洲茶场、上堂茶场、紫云山茶场等一批具有特色的产业基地，全镇茶叶种植面积增加到520公顷，茶叶总产值达4000余万元，成功申报创建省级茶叶特色农业强镇。举办5届品茶节，宣传打造“桑洲早茶”“双尖白茶”等桑洲品牌，切实提升桑洲茶叶知名度。发展山区特色农业，产业竞争力显著提升。不断培育壮大农业龙头企业、专业合作组织等新型市场主体，发展红阳湾等家庭农场57家、农民专业合作社70家，建起“桑洲六宝”“红心猕猴桃”“有机胭脂米”等桑洲农产品品牌，通过专业合作社向宁波、台州等地输送农产品，特色农业发展态势良好。探索新型农业产销模式，农民收入稳步提高。整合桑洲特色农产品，充分运用“互联网+”思维，发展农村电商，建成农产品电商综合服务平台，试点“电商农产品安全责任保险”区域化投保模式，培育农村淘宝合伙人34人，成功建立农村淘宝服务站1家、特约服务站1家，有效拓宽销售渠道。

工业经济综合实力不断增强。牢牢抓住招商引资“生命线”，开展亲情招商、特色产业招商，着力发展飞地工业，不断引进内外资企业，五年来招商引资取得一定成绩，引进外资5400万美元，内资1.95亿元。新增规模以上工业企业3家，限上商贸企业2家，培育科技型企业1家，规模以上企业产值累计完成2.45亿元。外贸经济逆势飘红，自营进出口总额达2030万美元。强化一站式服务和政策宣传力度，引导企业加快转型升级。加大落后产能淘汰力度，报废燃煤锅炉3台，关停无资质重污染企业3家。

生态旅游优势加速凸显。全方位整合旅游资源，加速推进农旅结合。加大旅游基础设施投入，拓宽景区交通道路，建成滴水岩景区、黄金谷观景台、南山文化广场、谷神广场等一系列旅游配套设施，建成大红树格桑花风景园、塘山牡丹生态园等观赏基地，景区内涵进一步提升。大力开发特色民宿，建成“南山驿”和“南山居”2个特色民宿示范点，加大高端精品民宿招商引资力度，新引进在建民宿4家。探索“四季花海”旅游经济模式，逐步做强节庆产业，通过举办5届宁波市油菜花节、1届宁海桑洲麦饼文化节和1届宁波桑洲山顶音乐节，打响桑洲旅游“金名片”。五年来，累计接待游客超100万人次，合计开办民宿、农家乐17家，间接经济效益达2000余万元，旅游经济初具规模。

10月29日，在桑洲南山音乐广场举行山顶音乐节

【新农村建设】　扎实推进基础设施建设。纵深推进“五水共治”长效机制，对接天台泳溪、三门沙柳联动治水。清溪流域治理完成一期、二期工程建设，启动三期工程建设。建成14个和启动9个行政村的农村生活污水处理工程，推进12个行政村的垃圾分类工作；完成清溪一号桥危桥改造，“十二五”期间累计投入2800万元建成7条农村公路，实现镇内18条、总里程约30公里的道路防护栏改建和增设，城镇交通道路框架更趋完善。

不断优化区域人居环境。全面推进新农村建设，打造美丽乡村新格局，扎实开展村庄环境整治提升工程，共创建精品村1个、精品线1条、省级美丽宜居示范村2个、全面小康村7个，麻岙村评为宁波市第三批历史文化名村。打好“三改一拆”和危旧房改造“组合拳”，“零容忍”整治违建、违法用地，五年来共完成拆除违法建筑面积16.46万平方米。实行镇域保洁外包制，配套镇、村、企、户垃圾清运机制，并行考核奖罚制度，形成环卫清洁长效机制。

6月9号，首届桑洲麦饼文化节在桑洲镇大红树格桑花基地举行

【社会各项事业】　公共服务体系不断完善。完成提升菜篮子工程——桑洲菜市场扩建和标准化配备。开展“百姓事马上办”一站通服务，为民办事累计代理300件。加强创业就业培训指导工作，密集开展茶叶种植加工、桑洲月嫂、育婴师、山地养殖等专业技能培训，累计举办培训班70期，培训3500人次，进一步加强社区服务中心和便民服务中心建设，实现23个行政村社区服务中心全覆盖。民生保障工作切实推进。完善社会救助和社会保障体系，实施低保动态管理，五年来共发放低保金1993万元，残疾人补助资金发放320万元，硅肺病补助发放1025万元。深化新型农村合作医疗制度，参保率达到96%以上，失土转资本养老保险惠及620人。完成桑洲镇敬老院工程（一期）建设，占地0.67公顷，提供床位106张，有效保证全镇“五保”老人的供养及残疾人与年老体弱的参养服务。文化教育卫生事业加快发展。坚持教育事业优先优质发展，加大教育资金投入。重视教育基础设施建设，新中心幼儿园已建成并即将投入使用，重视提高教师素质，提升教学质量，五年来成绩稳步提高，考入宁海中学40名，知恩中学38名。积极推进体育民生工程建设，成功创建省级体育强镇。深入贯彻落实全面二孩政策，整合计生力量，多方配合开展民进送医、计生惠民活动，实现二孩政策宣传范围全覆盖。实施村“一把手”负责制、联村干部责任制和计生联络员专职的“三位一体”工作机制。

“美丽庭院”建设

【创新社会治理】　以“平安桑洲”为目标，把创新社会治理放在重要位置，深化“三县八镇”边界协作机制，联合做好油菜花节、品茶节和G20峰会等重大节庆、敏感节日的安保工作。加强对特殊人群和外来人口的服务和管理，全面完成23个行政村村规民约制定修订工作，培育和谐友善的民风村风。扎实开展普法教育和依法治理工作，提高干部群众的法制意识，营造法治社会建设氛围。严格落实安全责任制，开展安全生产大排查等专项行动，保证无发生重特大安全事故，切实做好消防安全工作，强化宣传注重预防，进一步树立消防工作责任意识，稳固消防安全形势。筹建义务夜防巡逻队伍，完善镇域范围的防恐安全体系。切实抓好信访工作和社会稳定风险评估，持续开展社会不稳定因素排查防范和矛盾纠纷的化解工作，着力解决信访积案化解等突出问题，五年来成功调处各类纠纷558起，妥善化解各类重大不稳定因素42起。

【提升执政能力】　着力提高政府工作科学化、规范化、民主化水平，完善政府工作规则，规范行政决策程序。自觉接受人大依法监督，认真做好人大代表议案、书面意见办理工作，答复率100%。认真贯彻执行中央“八项规定”，认真查摆、切实整改“四风”问题，五年来落实整改措施1421条，处置问题线索52条，受理信访举报43件，办结率达100%，查办违纪案件22起，解决一批群众反映强烈的突出问题。拓宽信息公开渠道，确保权力公开透明运行。主动公开政府信息912件，做到政务公开常态化、规范化。严格落实党风廉政建设责任制，严格执行“三公”经费支出规定，切实开展办公用房专项清理，努力做到为民、务实、清廉。同时，工青妇、武装、居委会、老干部等各项工作都取得可喜成绩。派出所、信用社、邮政所、供电所、电信所、卫生院等部门单位也配合镇政府做了大量工作，发挥了积极作用。

桑洲首家精品民宿开张

岔　路　镇

【概况】　岔路镇位于宁海县西南，距县城14公里。东北连前童镇，西北接黄坛镇，东南连桑洲镇，西南与天台县相连，辖区面积108.04平方公里，人口2.8万人。境内地势西北高，东南低。北端之大短柱山，海拔917.9米，为宁海第四高

峰，也是镇境内最高峰。大红山，海拔806米，柴界山，海拔665米。大松山，海拔655米，西部望海尖，海拔868米。源于天台华顶山学堂岗北麓，于庙下坑进入境内的白溪自西北向东横贯全境，溪上建有白溪水库，为宁波市境内最大的水利工程。境内主要支流有混水溪、大松溪、干坑溪。岔路镇为宁波市1小时经济区范围，沈海高速同三线、省道甬临线穿越南北，并在高坦工业园区西侧设有互通立交口。镇道有岔路—白溪—沙田公路，岔路—桑洲岭—王爱—上李坑公路。现辖区内有"浙东山洋革命根据地纪念园" "梅花村会议" "上金建党纪念碑等" 3处市、县级革命传统教育基地。

2016年，岔路镇荣获市级先进党组织，五水共治"它山堰杯"，平安护航G20杭州峰会先进集体，宁波市十佳农村文化礼堂。全镇工农业总产值实现17.52亿元，同比增长2.4%；财政总收入1.04亿元；农民人均纯收入达9701元，同比增长2.2%。工贸经济提质增效，全年工业总产值实现16.4亿元，实到外资1463万美元，完成浙商回归约2.19亿元。

【农业经济】 岔路镇山林面积7642公顷，其中毛竹882.07公顷，茶叶152.53公顷。不断完善土地要素配置，五年新增流转土地200公顷，顺利完成大岩村退宅还耕综合整治项目以及柴家村柴界山、湖头村吴家塘、高塘村夏孔3个废茶园改造项目。持续加强农业基础设施建设，完成吕家、上屋基、高塘等5座山塘水库除险加固工程，完成上李坑、前后娄、干坑等6处水利责任状项目，完成上李坑、冠峰等5个村自来水改造工程，完成7公里白溪河道治理，累计投入资金2600万元。绿源保护继续加强，累计完成绿化造林80公顷，清理松材线虫病死木175万公斤。加大品牌建设力度，成功举办四届王爱金桃节，王爱金桃、赤岩峰茶叶等农产品品牌化和规模化经营成效愈加明显。加快健全农业服务体系，新增35家专业合作组织，完成21个村经济合作社股份合作制改革，累计发放农业补贴8400万元。积极拓宽农民增收渠道，筹划举办农村淘宝、民宿经营、麦饼制作等各类农民培训班，挖掘培育民宿业主51名、"宁海麦饼嫂" 110名，农业生产安全形势整体良好。

【工业经济】 工贸经济提质增效，2016年全镇工业总产值预计实现17.2亿元；进出口总额可实现9500万美元，较2011年分别增长66.7%和51.5%，其中5家企业荣获县级百强进出口企业。深入推进"个转企、小升规"工作，五年累计完成"个转企" 14家、"小升规" 17家，其中列入市级创新型企业8家，华英伦科技、前风振业照明连续多年跻身全县工业企业五十强。加快企业自主创新，五年累计投入技改经费3.7亿元，改造项目25个，开发新产品56个。品牌效应日益突显，成功创建市星级品牌指导站，前风振业照明的"SNZ"、赤岩峰"元音"等品牌获评省级知名商标。招商引资成果显著，五年来，引进企业18家，内外资项目10个，累计实到外资2545万美元，浙商回归4.9亿元。大力实施服务企业活动，筹建岔路商会互助资金会，协助解决企业融资倒贷等难题。园区建设不断提效，完成高坦园区自来水改造，全镇规模以上企业万元产值能耗年均降低5.8%。

以服务企业为着力点，努力促进实体经济平稳向好发展。大力推进"工业强镇"战略，工业经济稳中有升。全镇17家规模以上企业实现总产值10.35亿元，同比增长6.3%。深入推进"个转企、小升规"等工作，新增规模以上企业2家，美韬塑料科技新列入县级优质成长型企业培育对象。创新驱动转型升级。鼓励企业加大科技研发投入，完成工业技改投入1.05亿元，同比增长19.3%。完成技改项目5个，开发市级以上新产品试产数24个，华英伦科技一项发明专利被评为市级科技进步奖。前风振业照明的"SNZ"品牌、赤岩峰茶业的"元音"品牌被评为省级著名商标。招商引资态势平稳。全年协议利用外资3716.09万美元，实到外资112.5万美元，完成浙商回归资金5967.75万元，预计实现外贸进出口9100万美元，其中5家企业荣获县级百强进出口企业。

【村镇建设】 "化繁为简"全面铺开农村垃圾分类工作。在汲取2015年垃圾分类试点经验基础上，2016年该镇垃圾分类工作由6个村扩大到21个行政村32个自然村，实现垃圾分类行政村全覆盖。同时在原先垃圾分类操作方式上大胆改革，将"四分"模式改为"二分"模式，为农村每户家庭配备一只有两个内胆的垃圾筒，用于分装"会烂"和"不会烂"两类垃圾，从而减轻农民源头分类压力，扫清在各村大规模推广的障碍。2016年，岔路镇作为农村垃圾分类省级试点单位，成为全县乃至全市农村生活垃圾分类的示范样板。

“疏堵结合”集中开展市级卫生镇创建工作。工作被纳入岔路镇2016年度政府实事工程项目，并进行重点落实。自创卫工作开展以来，岔路镇在上级有关部门的细心指导下，认真实施《浙江省爱国卫生促进条例》，深入开展爱国卫生运动。同时以“治乱”为抓手，紧密结合“三改一拆”“五水共治”“蓝色屋面”等专项行动，镇村环境卫生面貌得到极大改善。2016年“三改”和蓝色屋面（立面）整改完成比例均居全县乡镇前列。“五水共治”工作成效显著，先后获评省“五水共治”工作先进集体、市第四届水利“大禹杯”先进乡镇三等奖、市“五水共治”先进乡镇，并被授予“它山堰杯”。

“镇村合作”推进农村慢性病管理。依托“镇卫生院+村卫生室”二级管理体系，由镇卫生院慢性病管理科负责，利用门诊、体检及时筛查出高血压、糖尿病患者等重点慢性病人群，并将建档更新后的慢性病患者按比例安排至各村卫生室进行一线管理，提高患者血压、血糖控制率。同时，根据管辖村偏远程度、实际承担工作数量、工作完成质量，确定医务人员绩效奖金。目前，血压、血糖控制率等管理指标均达到省、市基本公共卫生服务要求。岔路卫生院获评国家2015—2016年度群众满意的乡镇卫生院称号。

【重大项目】 2016年，岔路镇依托境内区位优势、平台优势、生态优势和文化优势，以打造“葛洪养生小镇”为目标，谋划布局“四大板块”，积极发展健康旅游休闲产业，兼顾培育传统工艺、特色食品、民俗文化等经典产业，为建设宜居宜业宜商宜游的中心镇打下坚实的基础。

以重大项目为支撑，谋划布局“核心板块”。葛洪养生小镇的“核心板块”以天河国际旅游度假区为蓝本，西起白溪水库大坝下，东至九顷塘，沿白溪流域带状分布，该区域是申报市、县两级特色小镇的主阵地。通过招商引资，目前已引进多个重大养老养生项目，其中，宁海滴水湾度假综合体项目规划总投资8亿元，涵盖养老养生旅游度假公寓、演艺文化剧场、水上美食街等配套项目设施。天河旅游度假区旅游集散中心项目规划总投资0.55亿元。已完成项目设计方案评审。宴清都项目总投资2.2亿元，项目集高端休闲度假精品酒店和别墅区于一体。公司已与上海玉尚集团就打造医养结合的候鸟式养老基地达成初步合作意向。上金国际财富文化旅游区项目规划总投资约55.8亿元，已完成投资约6.5亿元。九亲堂养生养老项目已经注册公司，正在实施项目落地前的准备工作。

以民宿经营为重点，谋划布局“生态板块”。葛洪养生小镇的“生态板块”主要指浙东大峡谷及周边地区。在加快促成浙东大峡谷旅游开发体制转接事宜基础上，依托浙东大峡谷旅游资源，大力发展民宿经济。通过出台《岔路镇发展民宿经济补助奖励暂行办法》，拓宽精品民宿招商渠道，创新民宿“协会制”和“公司制”管理模式，短短两年时间，天河村就从原先的3家民宿累计创办到2016年的49家，床位数达800张，成功创建为市级“农家客栈（民宿）集聚村”；山洋村首家红色精品民宿示范点已对外营业。全镇已形成湖头片区、天河片区、山洋片区、干坑片区、王爱片区的乡村民宿多点发展态势，总床位达1000余张。与此同时，整合岔路地产食材，创新烹饪技艺，营造特色餐饮氛围，把民宿经济和葛洪文化、饮食文化有机结合，推出具有养生保健功能的“葛洪养生宴”，以借助特色餐饮促进餐饮经济发展，丰富旅游三产业态，推动民宿经济更好地发展。

以节庆活动为平台，谋划布局“文化板块”。依托深厚的葛洪文化底蕴，以湖头、下畈等村为核心，以“5·19”中国旅游日为契机，成功举办首届葛洪文化节，做好西洋葛氏宗祠、学士坪、葛洪庙、明清道地、古道茶堂等葛洪遗迹挖掘和保护，扩建葛洪文化纪念馆，创建葛洪文化民俗村。同时整合霞客文化、红色文化和慈孝文化，成功举办首届慈孝文化节、第二届宁海麦饼技能大赛等节庆活动，探索“文化+节日”“文化+特产”“文化+创业”，实现以文促旅，以文兴商，以文致富。

以串点成线为思路，谋划布局“联动板块”。以“串点成线”思路整合王爱山自然景观、古村风貌、霞客遗迹、农业园区等资源，将塘孔、锦绣桃园、高塘、筋竹庵、冠峰农庄等串联起来，建设“王爱国家山地公园”，力争早日创建AAA级景区。同时以创建省级农业特色镇为目标，积极探索农业规模化、合作化和产业化发展模式，已建成油茶、竹笋、金桃、淡水养殖、美国核桃、铁皮枫斗等六大基地，成功打造养生黑茶、王爱金桃、山茶油、有机竹笋、高山茶叶等高效益农产品品牌。并整合王爱、大岩等山谷资源，深入打造节庆农业、观光农业和主题农业，着力把农村变景区、田园变公园、产品变礼品。2016年，王爱踏春节、王爱金桃节、宁海麦饼技能大赛等观光节庆农业活动成功吸引游客近

2万人次，笋干、黑茶、生姜等本地农产品日均销售上涨约300%，周边49家民宿入住率达50%以上。

【社会事业】 民生保障事业持续改善。2016年累计新建农村居家养老服务中心5家。投资近600万元，完成岔路敬老院改扩建项目主体工程建设，将新增床位80余个，有效缓解养老压力。社会保障不断加强，成立全市首家巾帼互助守望中心，全面推行城乡居民医疗保险制度。社会救助持续推进，全年累计实施助医、助学、助困等救助59人次，发放各类救助金超50万元、各类低保金约500万元。

文教体育工作健康发展。积极开展乡风文明创建工作，先后成立“阳光公益服务社”“红岩谷公益服务社”和“王乘红道德模范工作室”，在全镇形成健康向上、助人为乐的文明氛围。村级文艺队伍、文化阵地建设不断夯实，全镇累计建成文化礼堂6个、聊天长廊21个、基层文化宫21个。坚持教育优先发展战略，不断加大教育投入，2016年发放葛洪奖教奖学金及节日慰问金共计45.38万元；教育教学成果喜人，岔路成校申报的《葛洪慈孝文化传承的实验》被列为县级社区教育实验项目；岔路中学中考平均分连续三年蝉联全县农村中学第一位；岔路小学成功创建“2015年度宁波市4A级平安校园”；镇学前教育中心顺利通过浙江省二级幼儿园等级复评，在本学年的幼儿园发展性考核结果中排名全县农村幼儿园第二位，获优秀等级。全民健身蔚然成风，体育公共设施日益完善，健身队、门球队等群众队伍发展迅速，成功举办第二届届“天河杯”国际山地马拉松赛，圆满通过省体育强镇复评验收。

民主法制建设继续加强。深入开展平安宣传，建成全县首个乡镇“平安”主题公园，连续十一年荣获“平安乡镇”称号；深入开展“网格化管理，组团式服务”，进一步落实社区矫正人员和归正人员帮教措施。坚持人民调解、行政调解、司法调解相结合，全年来共化解矛盾纠纷80件，调解成功率达100%。有力推进治安巡逻防控，圆满完成“护航G20”等各项重大安保任务。加强安全生产工作，深化企业安全生产督查和“打非治违”专项行动。

表21 2016年岔路镇基本情况一览表

指标名称	计量单位	数量
一、基本情况	—	—
行政区域面积	公顷	10800
居民委员会	个	1
村民委员会	个	21
其中：通公共交通的村	个	21
通宽带的村	个	21
通有线电视的村	个	21
通自来水的村	个	21
垃圾集中处理的村	个	21
污水集中处理的村	个	19
二、人口与就业	—	—
常住户数	户	7661
常住人口	人	20425
户籍人口	人	28955
其中：农业户籍人口	人	28136
第一产业从业人员	人	4318

前 童 镇

【概况】 前童镇位于宁海县西南部，全镇区域总面积68.8平方公里，下辖17个行政村，1个居委会，总人口为2.6万人。镇区内旅游资源丰富，是国家AAAA级旅游景区。2016年，全镇实现工农业总产值18.74亿元，同比增长20.4%；财政收入7996万元，同比增长3%；全社会固定资产投入3.74亿元，同比增长14.7%；第三产业增加值1.35亿元，同比增长14.4%。

【工业经济】 2016年，全镇实现工业总产值17.73亿元，同比增长10%，其中规模以上工业产值12.4亿元，同比增长9.93%。坚持不懈抓好“四换三名”工程，加强工业投资和技改力度，引导传统产业改造升级，鼓励有条件的企业建立研发机构，工业投入达0.68亿元。持之以恒开展招商引资活动，统筹推进内外资引进和浙商回归、返乡创业，内资招商3.49亿元、协议利用外资1862万美元、实际利用外资507.46美元。

表22 2016年前童镇基本情况一览表

项 目	计量单位	数 量
总面积	平方公里	68.57
耕地面积	公顷	766.13
村民委员会	个	17
居民委员会	个	1
常住人口	万人	1.9
外来人口	万人	0.2
第一产业产值	万元	13500
第二产业产值	亿元	17.73
第三产业产值	万元	13500
工业利润	万元	5463
外贸出口交货值	万元	24943
村级集体净资产	万元	7306.54
村可用资金	万元	1165.11

【现代农业】 狠抓农村经济发展这一主线。着力做好农业基础设施建设，投资1300万元完成白溪治理第三标段主体工程95%的工程量和第四标段红线放样、招投标测算价等前期准备工作，投资400万元推进11座山塘水库修建工程，为农业增产、增收提供有力保证。加快发展休闲观光农业，做大做强“四千”精品基地，进一步提高上溪葡萄园、杨家山百果园等休闲采摘基地的发展水平。尽力做好扶贫工作，累计投入1250万元，完成环境提升村3个、机耕路4条、“一事一议”项目3个、生产型帮扶项目1个。

【旅游产业】 抓住机遇全面启动“乡愁小镇”建设，培育精品民宿5家，标准民宿3家。注重强化元宵文化节等特色节庆品牌，古镇知名度持续提升，成为《七把枪》《绝不放开你的手》等影视剧的主景地，一年接待游客129万余人次。前童镇被评为市级名镇名村保护先进集体，并获得全国“双优古镇”称号。

【村镇建设】 城乡基础设施更加完善。加快完善镇村规划体系，启动官地严家、板岭陈等10个村的村庄规划编制工作，实现村庄规划编制覆盖率达95%。扎实推进交通路网建设，完成多条乡道、公路、桥梁的加固、修复及安保工程；逐步完善城镇功能，行政村生活污水处理实现全覆盖。

重大项目建设全面推进。稳步推进白溪治理工程。第一、二标段全面完工，第三标段完成工程量的80%，第四标段正在开展政策处理。完成总投资1.4亿元的双桥农房两改一期工程。

古镇旅游开发提档升级。持续加大古镇保护与旅游开发力度，2016年完成投资5295万元。完成9处重点宅院的保护性修缮工作。启动前童历史文化街区项目和前童粮仓写生基地项目，其中历史文化街区项目一期A地块主体工程基本完工并完成招商，二期C地块正在进行基础浇筑，三期政策处理基本完成；粮仓写生基地已经完成主体工程，并引进宁波古城鹿山文化创意有限公司进行装饰、运营；积极打造入口步行街，一期工程已完成招投标。精心培育个性化精品民宿，成功培育4家精品民宿。认真做好前童职工文化活动中心建设，已进场施工。积极谋划明清风情街和白溪“十里乡愁”长廊项目。引入《七把枪》《井佟》《绝不放开你的手》等影视剧到前童开拍。

“两美”前童建设成效明显。狠抓以“三改一拆”为载体的治违行动，累计拆除违法建筑66处共66544平方米，完成县里下达任务的166.4%，改造完成185690平方米，成功创建市级无违建先进乡镇。狠抓以长效管理为目标的脏乱差治理行动，全力开展城乡环境大整治、“五水共治”，积极开展垃圾分类，动态消除垃圾河、黑臭河。狠抓以精、特、美为标准的新农村建设，深化推进“两美”行动，成功创建市级森林城镇，共创建成美丽乡村合格村2个。

【社会事业】 教育现代化水平不断提升，教育投入逐年加大，中考成绩在全县农村中学中名列前茅。卫计事业有序发展，乡村医疗一体化得到有效实施，建成小汀、妙宏、双桥、大郑4个红十字服务站。文化惠民工程大力实施，建成板岭陈农村文化礼堂，打造前童宗祠区域性文化礼堂，文化站正在申报创建省特级文化站。

社会保障稳步提高。社会救助体系逐步完善，扶老、助残、救孤等为重点的社会福利事业得到长足发展，“慈善一日捐”筹集善款96.82万元，累计发放低保、慈善、助困、助学等资金662.8万元，惠及9147人次；发放高龄补贴120.83万元，惠及752人次。各类社会保险参保人数大幅增长，失土农民养老保险新增131人。

社会管理常抓不懈。积极开展社会管理创新工作，全面实施“四位一体”基层治理体系，切实做好“两网”融合。认真抓好信访维稳工作，严格落实“三定一包”工作责任制，着力抓好矛盾“大排查、大化解”和初信初访，2016年累计调解各类纠纷115件，调处成功110件，调处成功率达96%。全力做好护航G20等重点时段的稳控工作，全年未出现一例越级上访和群体访事件。公共安全机制进一步健全，安全监管网络实现全覆盖，全镇无重大安全事故发生。

表23　　2016年度前童规模以上企业基本情况一览表

单位：万元

企业名称	工业总产值	销售收入	利税总额
宁海欣丞工艺品有限公司	1823	1631	239
宁波为富工艺品有限公司	6405	5880	912
宁波蓓蕾文具制造有限公司	3616	3527	196
宁海县远铭文具有限公司	4253	3453	535
宁海绿源液化天然气有限公司	27220	27220	486
宁波高度纸业有限公司	8839	8116	393
宁波顶和电子有限公司	3733	3555	225

续表23

企　业　名　称	工业总产值	销售收入	利税总额
宁海太升电器有限公司	3379	2779	31
宁波双德金属管业有限公司	4438	4128	53
宁海县景翔压铸厂	4479	4497	238
浙江蓝宝石仪表科技有限公司	18368	16878	2266
宁海县先平文具压铸有限公司	3613	2795	173
宁波新成鞋业有限公司	8541	7383	636
宁波新成包装有限公司	16481	14299	731
宁海县海裕铝业有限公司	2138	1811	4
宁海县三禾服饰有限公司	3184	3063	359
宁海县顺康压铸有限公司	3619	3285	264

黄　坛　镇

【概况】　黄坛镇位于宁海城区以西，是宁海西部重镇，距离县城仅6.7公里，全镇地域总面积188平方公里，下辖30个行政村，2016年有常住人口近2.8万人。黄坛区位优势明显，东连宁海城区，西接宁海西部桑洲、岔路、前童3个镇乡，省道甬临线贯穿黄坛镇区，甬台温高速飞越黄坛境内。特别是甬临线拓宽、洋溪综合治理等重点工程的完工，进一步改善了区位优势。境内环境秀美，山水资源丰富，山林面积14000公顷，占全县山林总面积的1/8，宁海两大水缸西溪水库和黄坛水库、美丽的野鹤湫风景区和双峰国家森林公园均坐落于境内。

2016年，工农业生产总值、财政一般预算收入将分别达到111.84亿元和4.2亿元，农民人均纯收入年均增长9%。先后荣获农业部“一村一品”示范村镇、省级生态镇、省级森林城镇、省级体育强镇、市级学习教育示范镇、市级森林消防先进单位等多项嘉奖荣誉。

【工业经济】　2016年，工业产业升级转型步伐更加厚实。龙头企业的支柱作用更加明显，规模以上企业总产值将突破100亿元，得力集团2016年将成为宁海县第一家百亿企业，黄坛镇将成为全县唯一的“双百亿”乡镇。企业自主创新意识更加明显，成功创建6家国家高新技术企业，全国文教用品行业首家国家级工程技术中心落户得力，华成阀门成为两个国家标准的参与编制单位，齐心电子、太中塑业等一批中小企业成为科技型企业。招商引资成效更加明显，累计引进内资3.38亿元，合同外资4300万美元，实到外资1445万美元，完成浙商回归1.25亿元，旗滨、得力2个总部经济项目和同瑞康复医院项目顺利落地。

【农业经济】　2016年，农业产业结构得到有效调整，形成香榧、毛竹、茶叶为主导的发展模式，双峰地区万亩香榧基地已完成规模化建设，百亩以上香榧基地达到18个，“双峰”香榧获得国家生态原产地保护认证，开设淘宝“双峰乡村馆”，有力促进山区农民创收增收。同时，农业增效抗险能力进一步提升，累计投入1500万元完成14个山塘水库除险加固和18条机耕路建设。扎实推进土地承包确权登记颁证、农业普查工作，全面完成农村股份制改革。

积极推动现代农业与休闲旅游融合发展，努力筹建香榧特色小镇，加快打造“香榧世界　森林王国”，大力发展山谷经济和民宿经济，投入110万元完成“西溪—双峰”环线自行车步道和120公里国家登山步道建设，通过“以节会友”“以赛会友”的方式，连续举办“双峰”香榧文化节，连续两年承办国家级自行车赛，2016年又协办100公里山地越野挑战赛。双峰林区被评为“浙江最美森林”，乡村农旅富民效应初步显现，实现旅游综合收入翻番增长。

【城乡发展】 2016年，完成黄坛镇域总体规划编制和第二轮土地利用规划调整，各行政村村庄规划基本实现全覆盖，农村个人建房审批得到进一步规范。城镇化建设有效推进，强化镇区核心区块、节点区块规划控制，完成洋溪综合商务楼和联溪溪边小区的设计。以城镇化“十个一”工程为载体，持续四年投入3.9亿元开展项目建设年活动，洋溪综合治理、下盈坑移民安置小区、甬台温输油气管道等一批重点工程顺利推进，积极做好甬台温成品油管道宁海增压泵站、盛宁线改建、沿海南线拓宽等上级重点项目的政策处理工作。投资500万元完成各类道路交通工程，群众出行安全得到有效保障。

新农村建设扎实推进，累计完成9个市县级全面小康村、特色村创建，里天河村列入县级精品村创建。投入3000余万元实施榧坑、中央山等7个村的环境整治提升工程。“两美”黄坛建设扎实开展，开启“以绿治脏”模式，投入580万元完成甬临线和城松线美化亮化工程，新建2个临时停车场，新增停车位320个。强势推进“三改一拆”，共拆除违章建筑28万平方。有效结合“五水共治”工作，持续数年开展城乡环境大整治活动，建立镇区保洁外包机制，完善村级卫生保洁长效机制，循序渐进推进农村生活污水处理、畜禽养殖整治和垃圾分类处理工作。

【民生事业】 社会保险覆盖面不断扩大，新型农村合作医疗参保率达99%以上，五年累计慰问困难群众3000余人次1000余万元，全面消除年人均收入低于6000元的农户。坚持教育为先，强化质效并重，投资1200万元完成黄坛小学教学楼扩建工程，初升高人数年年创新高。群众医疗条件得到大幅改善，黄坛医院成功创建省二级医院。计划生育政策得到良好实施，年均计生率达93%以上，人口出生性别比逐年下降。乡风文明建设有效推进，大力倡导移风易俗，规范和整治民间信仰活动场所49处，村企文化日益丰富，相继建成6个文化礼堂、3个聊天长廊精品示范点、30个农家书屋及村落文化宫，得力集团成功创建“国家级职工书屋”。深入推进平安黄坛建设，建立健全“一网四级”网格化社会管理体系，完善重大事项维稳风险评估制度，强化排查和信访积案化解，顺利解决各类矛盾纠纷200余件，切实提高应急防范能力，积极稳妥地做好G20和重大节假日的社会维稳工作，连续五年未发生重大安全事故。

深入开展党的群众路线、“三严三实”和“两学一做”等主题教育实践活动，推动作风建设常态化，有效提升为民服务能力，投入45万元新建便民服务大厅。深化“四位一体”基层治理体系，探索推进小微权力运行规范化建设，完成民情电子档案数据库创建，搭建一站式民生通道。全面推进党风廉政主体责任建设，坚决落实“八项规定”，认真履行“一岗双责”，严格执行“三重一大”决策机制。努力打造阳光政府和法治政府，规范运行阳光政务网，自觉接受人大依法监督和全面落实镇人大票决制实事工程，认真办好人大代表建议。此外，武装、工会、团委、妇联、科协、残联、慈善、“三老”等工作也得到长足进步。

大佳何镇

【概况】 大佳何镇位于象山港畔，南依宁海茶山景区，东临象山县，西南与桥头胡街道接壤，西北濒黄墩港，与强蛟镇隔海相望，距宁海县城19公里，是宁海县的东北大门。背山依海，镇区内群山层峦叠嶂，历史文化底蕴浓厚，生态旅游资源丰富。全镇地域总面积75.62平方公里，全镇辖9个行政村、1个居委会。2016年实现工业总产值19.8亿元。实现税收总额6453万元。

【工业发展】 以标准化工业园区为平台大力推进“个转企”、“小升规”，五年来累计投入2500余万元完善园区基础设施建设，新吸引入驻企业达20余家，规模以上企业总数达12家，轴承、五金、汽配、机械制造等产业占到全镇工业总产值半数以上。始终把招商引资作为“一号工程”来抓，创新平台招商、产业链招商、以商招商等招商方式，五年内招引内外资分别达5.2亿元和1200万美元。创新带动效应持续提升。大力实施“四换三名”工程，五年来打造市级以上知名商标和名牌产品2个，获得各类发明专利达25个，创新驱动支撑作用进一步显现。加快产业发展“腾笼换鸟”，盘活低效用地和闲置厂房20余公顷，引进腾宇建设、金山行、德昂纳、佳和物流、金海湾游艇等一批附加值大、产业配套带动能力强、社会效益高的企业。固定资产投资持续增长。

表 24　　2016 年大佳何镇基本情况一览表

项　　目	计量单位	数　　量
总面积	平方公里	75.62
居民委员会	个	1
常住人口	人	19111
外来人口	人	12560
工农业生产总值	亿元	19.8
其中：规上企业产值	亿元	5.56
规上企业销售收入	万元	51306
规上企业税利	万元	2328.2
第三产业增加值	万元	2000
财税收入	亿元	0.8
工业技术改造投入	亿元	1.39
外贸出口交货值	亿元	6.9
农村人均收入	元	25698

【招商引资】 全面推进二、三产业项目招商，实现定向招商 2 家科技型企业，在谈千万美元项目 3 个，实到外资 159 万美元，合同利用外资 1600 万美元，实到浙商回归资金 5309 万元，市外内资 6357 万元，县外内资 1.56 亿元。

【项目投资】 按照“优前期、强保障、快推进”的要求，实施重大项目“清零拔钉”百日攻坚行动，优化领导“包保”和“块抓条保”两大机制，进一步发挥攻坚组作用。投资 80 亿元的宁海抽水蓄能电站建设自获准省级“路条”以来，前期工作进展迅速，政策处理工作进展顺利，抢种苗木现象打击有力，移民调查和移民大纲已基本确定，配套基础设施工程于 9 月 13 日顺利举行开工仪式，施工便道已动工建设。突出城镇功能改造，拉升功能区块布局和打开城镇建设框架，加速推进象西线绿化、石门溪下游“三化”、双港路精品“一条街”、卫生院迁建等项目。至年底，投资 1800 万元的象西线绿化提升工程完成 60%；投资 1000 万元的精品一条街改造已准备年初启动招投标；投资 2000 万元的工业园区基础配套设施工程快速推进，园区实现持续提级提速提规模，企业集聚效应进一步显现。

9 月 13 日，举行抽水蓄能电站配套基础设施工程开工仪式

【农业发展】 2016 年完成农业总产值 3.4 亿元，年均增长 8.2%。五年来共投入 1200 余万元扶持农业产业化经营，2016 年产业化经营组织达到 94 家，农业产业化规模进一步扩大。投资 800 万元完成 120 公顷高湖塘市级农业标准化园区建设，带动全镇海水养殖产值达到 3.06 亿元。佳远系列海产品、涨坑茶叶、石门岙冬笋等获得绿色无公害认证，“绿色生态”牌打响市场知名度。投资 2500 余万元完成 3.3 公里石门溪小流域治理，投资 2900 余万元完成 37 座山塘水库整治，投资 500 余万元完成 30 公里机耕路建设，农业基础设施建设进一步完善。服务业持续繁荣。依托山海风光、正学故里和美丽乡村等资源，大力发展文化产业、滨海旅游、乡村体验和登山健身等，游客数量年均增长 20%以上，实现旅游综合收入突破 2000 万元。成功举办首届“桂语小镇”桂花文化节，带动民宿、农家乐、餐饮等收入 260 余万元，投资 1000 余万元，建设方孝孺主题文化公园，弘扬正学精神，“正学故里、山海风情”旅游品牌进一步打响。

【村镇建设】 集约资源要素，举全镇之力打好环境整治攻坚战。集中开展系列专项整治行动，村庄“五无”目标实现全覆盖，“整治+长效”的农村环卫管理一体化体系基本建立，垃圾分类工作在民主、溪下王等3个行政村纵深推进，覆盖率达56.6%。

坚持党建统领，抓精品，强基础，整镇推进成效初显。按照“点线建精、整片建强、整镇推进”的工作思路，严格落实镇党委“指挥部”和村组织“桥头堡”主体，打造“两片一线”（石门片、镇中心片和滨海线）党建精品线，串点成面实现基层党建全面进步，“3+1”村企共建党建精品线初步建成。同时，以“一村一品”党建品牌培育为重点，以“红色党建”“青春党建”“百村立功竞赛”等为抓手，不断深化“党建+”行动，全镇所有行政村均建立各具特色的党建活动品牌。如葛家村以“党建+美丽乡村”为特色，党员带头开民宿，发展农家乐，党群共建“桂语小镇”，实现全村环境优美、党群团结、经济发展的“共赢”。溪下王村以“党建+文化”为特色，发扬传承方孝孺传统文化，实现党建与文化双提升。涨坑村以“党建+重大项目建设”为特色，引导全体党员合力推进宁海抽水蓄能电站项目，确保党建工作与重点项目建设深度融合、同频共振。“两学一做”学习教育扎实开展，强学习，找短板，抓整改，促发展，全镇党员干部精神面貌明显改善，形成心齐、气顺、劲足的良好工作氛围。

12月3日，大佳何镇溪下王村百姓大舞台活动

【生态旅游】 分层分类实施美丽乡村建设，统筹推进“移步换景”式滨海风情线。利用已建成的方孝孺主题公园一期，联合举办宁海县方孝孺读书节。启动溪下王—林家山“正学故里、山海风情”精品线建设。深入推进溪下王文化特色村、民主全面小康村、葛家中心村、冯家省级民居示范村创建工作，美丽乡村建设得到进一步巩固。以“当一天乡村游客、品一天渔家海鲜、享一天生态山水”为主题，加大火龙果、葡萄、猕猴桃等八大小水果采摘基地的宣传力度，培育一批富有特色的农家乐产业。

葛家赏桂花

【保障社会】 加大对贫困弱势群体帮扶力度，财政投入各类救济救助款450余万元，与2015年基本持平。进一步扩大医保普享面，城镇居民和新型农村合作医疗保险的参保率分别达100%和99.8%，全面启动“失土”转“基本”养老保险工作，其中全镇650名失地农民参保“丰收养老贷”，参保额达5000万元。完善低保动态管理，全镇203户低保对象享受最低生活保障，“五保”老人集中供养率达95%以上。投入250万元启动扩建镇属敬老院，养老服务体系逐步健全。

坚持教育资源优先配置，镇中学中考成绩连续四年保持全县农村前三，镇中心幼儿园获省二级和宁波市现代化达纲幼儿园等荣誉称号，成功创建市级学前教育示范乡镇。优化教育卫生均衡布局，启动石门片中心幼儿园分园、卫生工作站建设。

稳步开展镇党委换届选举工作。自9月初着手准备，镇党委换届各项工作有条不紊地开展。至9月30日，顺利选举出53名镇党代表，其中45周岁以下代表27名，占51%；高中（中专）以上学历24名，占45.3%；镇、村、经济组织、社会组织的党员干部代表26名，占49%；妇女党员代表12名，占23%。党代表的年龄结构、知识结构得到进一步改善，一线代表、女性代表的比例进一步增加。10月19日，召开各代表团召集人会议，准确传达组织意图。53名党代表均已签订承诺书，换届选举纪律贯彻落实到人、牢记在心。10月27日将举行镇党代会，各项工作顺利完成。

10月27日，镇第十四次党代会成员合影

【宁海县首届桂花文化节】 9月25日，宁海县首届桂花文化节开幕式暨首届“桂花仙子”颁奖典礼在大佳何镇葛家村桂园九宫广场举行。县委常委、宣传部部长叶秀高，县人大常委会副主任、县总工会主席林志来，县政协副主席杨象轮出席开幕式。随着大佳何村民间文化俱乐部的开场鼓《桂语花香迎客来》，宁海县首届桂花文化节拉开序幕。在随后的文艺演出中，女子十二乐坊、桂花仙子等演职人员载歌载舞，为现场的近千名群众献

上一场精彩的歌舞表演。首届桂花节以“相约大佳何·醉美桂花香”为主题，由“桂之风”开幕式、“桂之雅”游园赏桂随手拍活动、“桂之颂”金桂香氛露营嘉年华、“桂之缘”桂花仙子评选、“桂之品”特色美食大食堂、“桂之乐”亲子采摘等活动组成，将为市民带去视觉、味觉与听觉的盛宴。同时，大力推进“桂语小镇”打造，丰富群众的文化生活，为发展乡村旅游营造良好的氛围。

表 25　　2016 年大佳何镇规模以上企业基本情况一览表

单位：万元

企业名称	工业总产值	销售产值	税金总额
宝德轮业有限公司	11750.5	10851	704.5
宁海县弗莱克斯电气有限公司	9890.4	8613.8	366.8
宁波海马电子有限公司	6997.1	5991.4	445.2
宁波金海湾游艇制造有限公司	6923.5	6247.6	221.2
宁波科强电池有限公司	5751.3	5634.7	133
宁波佳和物流设备有限公司	3315.3	3305.3	147.2
宁波虹旺五金制品有限公司	3061.1	2698.3	20.5
宁波德昂纳机械有限公司	2856.3	2897.1	3.5
宁海县橡胶制品六厂	2464.7	2459.4	165.7
宁波市锦联服饰有限公司	2333.1	2329.7	104.3
宁波大成胜利船舶修造有限公司	286.6	277.7	16.3

强　蛟　镇

【概况】　强蛟镇地处象山港畔，三面环海，东隔黄墩港，与大佳何镇和象山县相望，南接桥头胡街道，西与铁江和西店镇相邻，北与奉化海域相连。距县城 27.8 公里。总面积 63.52 平方公里、其中陆地面积 28.94 平方公里、海域面积 34.58 平方公里。辖 21 个自然村，2006 年，合并为 8 个行政村、1 个社区，分别为薛上岙、下渔、临港、上蒲、下蒲、胜龙、加爵科、王石岙、峡山（社区），总人口 1.7 万人。

镇政府驻地峡山，以长礁码头为谐音取名强蛟。自宋代起至民国为朱开乡、久安乡。1951 年设峡山、薛岙、下浦乡。1956 年三乡合并为薛岙乡。1958 年属黄墩人民公社。1961 年设峡山公社、薛岙公社。1983 年改名峡山乡、薛岙乡。1985 年置峡山镇。1992 年与薛岙乡合并后更名强蛟镇。2003 年强蛟镇设立临港开发区，薛岙、上蒲、下洋、王石岙、胜龙等村大部分土地被征用，耕地面积从 586.47 公顷减少到 445.47 公顷，2005 年改称为宁海湾循环经济开发区，实行区镇合一管理体制。2015 年，县委县政府作出战略调整部署，明确区镇管理体制分离，原宁海湾循环经济开发区职能划归县科技园区管理。

近年来，强蛟镇以发展循环经济产业为主导，民营企业发展蓬勃，综合经济实力强劲，人均收入及财政收入等各项指标均居宁海前列。先后荣获宁波市生态镇、宁波市循环经济示范区、浙江省生态镇、浙江省循环经济试点区、浙江省“十大春意小镇”等荣誉。

强蛟半岛拥有丰富的海洋渔业资源和海洋文化资源，享有“东方普吉岛”“海上千岛湖”的美誉。作为宁海县首个提出湾区经济发展先行镇概念的乡镇，该镇主攻工业发展，积极争创“自在宁海湾”，将旅游观光作为未来发展的重要产业，立足海岛旅游资源，依托传统渔俗文化优势，结合新时代节庆活动，探索“节庆+文化+旅游”深度融合，不断丰富海洋旅游文化内涵，在“两美浙江”建设道路实践上逐渐凸显本地特色。

2016年全镇实现全镇实现生产总值55.38亿元，同比增长6.5%；完成财政一般预算收入1.31亿元，同比增长6.2%；农民人均可支配收入达到18800元，同比增长9%；全社会固定资产投资同比增长20%，达到10.5亿元。

强蛟镇全景

【农业经济】　农业基础设施不断完善，产业化进程不断加快，2016年实现农业总产值1.455亿元，现有农民专业合作社27个，家庭农场7个。至2016年，全镇全面关停畜禽养殖场，并完成拆除和清运，在全县率先实现畜禽养殖零污染。已建成海上网箱养殖基地7家，大力实施海洋经济升级增效，稳定海水养殖面积800公顷，积极引进新品种新技术，引领种养结构调整优化。

海水养殖

【工业经济】　2016年实现工业总产值46.56亿元，年均增长分别为7.1%；其中规模以上企业总产值36.67亿元，年均增长7.2%。海螺水泥、北新建材、浙能催化剂等国有企业稳健发展，产值占全镇47%。九隆五金、美丁模塑、安提西炊具、兴宝华刷业、禾采医疗等代表性民营规上企业，通过设备改造、研发创新实现产销持续上升。博州照明、比力机械、驰翔汽车部件、东辉砂石等10多家小升规企业发展势头良好。重点引进新型建材、节能环保和资源综合利用类项目，引进浙商回归资金12.5亿元，市外内资22.6亿元，县外内资27.8亿元，合同外资6000万美元，实到外资1200万美元。一批创新型、功能型重大项目顺利落户园区，普利凯建筑PC构件、嘉瀚环保混凝土板材、北欧森林、芬畅香精香料、常力机械、铭洲文具、杭热集中供热等项目建成投产，煜源环保科技陶粒项目已完成土地挂牌，得力预制构件项目进入土地挂牌前期工作，有序推进催化剂二期等项目。

海螺水泥厂

【海岛旅游】　围绕海岛景观特色，率先规划，按市场运作、保护开发、改革创新的原则，持续加大旅游基础设施项目建设力度。优化振兴路东段码头区域停车场建设，建成游客集散中心大楼，完成海洋博物馆扩建工程，推进环半岛登山旅游健身步道建设，完成四顾坪宋代道观重建工程，积极推进游艇俱乐部项目招商，旅游环境实现品质提升。整合旅游资源，实施海岛保护和整治。横山岛景区基本完成修建即将对外营业，投入近亿元，持续完善20余项景点配套工程，有效盘活岛上闲置农房，引入人工沙滩，试推人工浴场、水上摩托等新式海上旅游项目。支持渔家乐餐饮业发展，规范休闲渔船管理机制，完善海岛观光、海上捕捞等特色旅游项目。积极提升宁海湾旅游品牌形象和海洋旅游产业的发展动能，探索“节庆+文化+旅游”深度融合，借助现有3个海洋主题博物馆，融入峡山銮驾、船灯等民俗文化，举办宁海湾2016’湾区旅游文化节，包括启动航拍摄影大赛、四月鲳鲳鲜民间烹饪大赛、环象山港青年护海、渔家嫂文艺会演、摩托艇拉力赛、渔家古村欢乐跑等系列活动。累计接待游客10万人，实现旅游经济综合收入将超过5000万元，相关渔家乐营业收入同比增长超过20%。

2016 宁海湾湾区旅游文化节

【镇村建设】　全面推进小城镇环境综合整治行动，发挥规划引领作用，完成镇域土地利用总体规划。完善城镇交通道路框架，互动融合开发区建设发展，滨湖西路、北湖西路、纬二路、望岗路建设顺利完工。完成团结塘区域综合改造，建成陈西岙防洪渠，推进临港公路污水管铺设工程。注重美丽乡村设计，全面完成各村村庄规划编制方案，其中钟家、骆家坑等7个自然村已通过评审。陈桥线王石岙段路面修复工程，陈桥线下蒲段路面、桥电线至薛岙码头大修工程正式投用，成功创建骆家坑森林村庄。强化“三改一拆”拆改建同步，共拆除各类违法建筑31.5万平方米。严格落实河长制，重点河道沿线村居截污全面实施，新建污水主干管网48公里，实施8个行政村农村生活污水处理设施建设。深入开展“一打三整治”行动，严格落实捕捞渔具长效管控机制，清理违禁渔具1500余顶。持续开展农村环境综合整治，推进各村垃圾分类工作，完善村干部、保洁员绩效考核制度，开展周自查、月抽查、季督查行动，进一步健全环卫保洁治理长效机制，实现全天候常态化保洁。“四边三化”“两路两侧”扎实推进，处置率位居乡镇前列。积极创建森林城镇，新增绿化造林13.33余公顷。关停并拆除畜禽养殖场90家，提前实现全面禁养目标，淘汰高污染燃煤锅炉14台，顺利通过市级卫生镇初验检查。

加爵科村风光

【各项事业发展】 科技：实施重点技改项目3个，重点技改到位资金2亿元，同比增长15%。获评国家高新技术企业1家，市级科技型企业1家，获得市级企业技术创新团队1家，县长质量奖1家，市级工业新产品试产项目获得23个。

教育：基础教育和学生素质得到全面发展，强蛟中学中考成绩全县乡镇靠前，镇成校获评“全国职工教育培训示范点”。2016年年末，全镇共有中小学3所，其中小学2所、初中1所。在校学生总数880人，小学生624人、初中生254人、外来务工子女453人。幼儿园4所，其中民办3所，在园幼儿457人。学前三年幼儿入园率99%；小学入学率、巩固率和小升初比例达到100%；初升高比例100%；“三残”儿童入学率达60%。在职在编教职工77人，离退休教师36人。

卫生：顺利推进医疗卫生体制改革，推进实施农村家庭医生签约制，建立健全城乡统筹的医疗网，建成社区卫生15分钟服务圈，实现乡村卫生服务一体化。2016年，全镇共有医疗机构8家，每千人执业医师数0.67人，每千人在岗护士数0.56人，每千人床位数0.64张，医疗机构门急诊人次8万人次，婴儿死亡率0‰。五岁以下儿童死亡率0‰，孕妇住院分娩率100%。

体育：中小学分别被评为省校园足球特色学校，小学女子足球队获得多项省级荣誉。2016年分别组织1次乒乓球比赛，1次羽毛球比赛，1次足球比赛。积极参与第九届全县运动会14个单项比赛。获得第九届全运会团体第七名，足球第三名。全镇经常参加体育锻炼人数已占全镇总人口数的50%，国民体质检测合格率达到85%。

文化：不断丰富群众精神文化，成立镇文联并实现有效运行，逐步实现村落文化宫、农家书屋、健身广场等文化设施的全覆盖，撤并5处民间信仰点，建成5个村级文化礼堂，上蒲村创建县级精品文化礼堂，创建4处聊天长廊精品点。下渔、王石岙村创评春泥计划市级示范村，峡山女子舞龙队获评市级优秀文艺队伍。海洋生物博物馆相继荣膺市级科普基地、市爱国主义教育基地、全国十大湿地博物馆。

社会保障：全面提升社会救助水平，积极发展慈善事业，加大残疾人等弱势群体救助，农村医疗保险覆盖率超过95%。大力推进劳动合同制度实施，53家已建工会组织的企业集体合同签订率达到100%，调解各类工伤劳资纠纷15起，解决纠纷金额近600万元。有效提高职业素养，农村劳动力、职工技能等各类培训累计超过1350人次。

强蛟镇中小学生爱心志愿活动

表26　　2016年强蛟镇基本情况一览表

指　标　名　称	计量单位	数　量
一、乡镇基本情况	—	—
乡镇政府到本县政府距离	公里	27.8
居民委员会个数	个	9

续表26

指　标　名　称	计量单位	数　量
社区居委会个数	个	1
乡镇行政区域面积	平方公里	63. 52
年末常用耕地面积	公顷	445. 47
1. 水田	公顷	—
2. 旱地	公顷	—
年末有效灌溉面积	公顷	—
农业机械总动力	千瓦	—
乡镇用电量	万千瓦时	—
二、人口与就业	—	—
乡镇户籍住户数	户	6831
乡镇户籍人口数	人	17438
乡镇常住住户数	户	5865
乡镇常住人口数	人	15230
其中：外来人口	人	2615
乡镇从业人员数	人	10090
其中：外来从业人员	人	1992
第一产业	人	1176
第二产业	人	4648
第三产业	人	794
三、乡镇经济情况	—	—
农业经济总收入	万元	—
其中：出售产品收入	万元	—
农民人均所得	元	18800
固定资产投资完成额	万元	95159
其中：农业投资	万元	17000
四、企业情况	—	—
企业个数	个	287
其中：工业企业	个	287

续表26

指　标　名　称	计量单位	数　量
企业从业人员	人	4648
其中：工业企业	人	3854
企业实交税金总额	万元	11633
五、乡镇机构	—	—
财政供给人数	人	60
1. 公务员	人	25
2. 事业编制	人	26
3. 其他人员	人	9
财政供给人员全年工资总额	万元	415
六、财政与金融	—	—
财政总收入	万元	15438
一般预算内收入	万元	15438
预算外资金收入	万元	—
基金预算收入	万元	—
上级财政补助收入	万元	3809
财政总支出	万元	5008
其中：农　业	万元	300
科学技术	万元	—
教　育	万元	1581
年末资产总额	万元	1894
年末债务总额	万元	3578
其中：当年负债	万元	1972
年末居民储蓄存款余额	万元	—
七、乡镇社区环境	—	—
储蓄所	个	2
本乡镇公路里程	公里	17. 15
公园个数	个	4
市场个数	个	2

续表26

指　标　名　称	计量单位	数　量
八、科技、文教、卫生	—	—
农技推广服务机构	个	1
农技推广服务从业人员	人	3
农业专业合作经济组织个数	个	27
农业专业合作经济组织成员	户	180
小学学校总数	个	2
小学在校学生总数	人	624
小学教师总数	人	40
中学学校总数	个	1
中学在校学生总数	人	254
中学教师总数	人	20
幼儿园、托儿所	个	4
图书馆、文化站	个	9
影剧院	个	—
体育场馆	个	1
卫生机构数	个	8
其中：医院、卫生院	个	1
卫生技术人员数	人	39
其中：医生数	人	21
病床数	床	10
九、生活、社会福利	—	—
刑事案件立案数	件	46
敬老院、福利院个数	个	—
敬老院、福利院现收养人数	人	—
参加农村新型合作医疗人数	人	9116
参加农村社会养老保险人数	人	8
享受居民最低生活保障人数	人	391
十、建制镇镇区情况	—	—

续表26

指　标　名　称	计量单位	数　量
镇区总户数	户	6587
镇区总人数	人	17019
镇区占地面积	平方公里	28.94
镇区公共绿化面积	公顷	1600

西　店　镇

【概况】　西店地处宁海北大门，东濒象山港，北与奉化相邻，西达疗养胜地宁波天明山温泉，枕山面海、依山傍水、资源丰富。陆地面积 102.3 平方公里，海域面积 26.64 平方公里。区位优势明显，距宁波机场 45 公里，离宁海县城 20 公里，34 省道、沈海高速（G15）、甬台温铁路贯穿全境。2016 年年末，辖 1 个居委会（镇中居委会），22 个行政村，户籍人口 4.6 万人，常住人口逾 10 万人。

2016 年，完成生产总值 54 亿元；社会固定资产投资总额 25 亿元；财政总收入 8.5 亿元，其中地方财政收入 4.2 亿元；社会消费品零售总额 16 亿元；城镇居民人均可支配收入 41850 元，农民人均纯收入 30705 元。并获批成为省小城市培育试点镇，入选全国千强镇前三百名，城市发展迎来重大机遇，综合实力大幅提升。

西店镇全景图

【工业经济】　2016 年完成规模以上工业增加值 18 亿元，工业增加值占 GDP 比重达 66.2%。着力提高龙头企业带动效应，规模以上企业数量增加到 2016 年的 94 家，其中县前 50 强企业产值占西店企业总产值的 30%。宁波永成双海汽车部件股份有限公司在“新三板”正式挂牌，成为县首家“新三板”挂牌企业。深入实施科技创新提升工程，五年来共实施 500 万元以上工业技改项目 265 个，累计完成投资额 70.43 亿元；科技经费支出达 1.7 亿元；获得国家授权专利 3500 件，总量位居全县第一。不断加强西店品牌建设，省级名牌产品达到 4 个，省著名商标 6 个，国家级驰名商标 1 个。

万事达商业中心效果图

【农业经济】　全镇农林牧渔业总产值达 5.2 亿元，香山杨梅、凫溪香鱼、西店牡蛎等实现规模化生产。畜禽禁养工作成效显著，关停养殖场 356 家，实现全镇域禁养。“一打三整治”高效推进，累计拆解“三无”船舶 163 艘，拆解速度和数量均居全县第一。村社股份合作制改革顺利推行，完成 21 个行政村股改工作，村集体经济发展活力大大增强。水利基础设施建设逐步加强，共完成 6 个水库除险加固和 10 个山塘整治工程，治理溪流河道 9.8 公里，新建堤防 17.1 公里。“三防”工作扎实有效，预警预报和应急救援体系进一步健全，抗灾救灾能力明显提高。

西店镇开展水库除险加固后成果

【三产经济】　2016 年完成第三产业增加值 12.7 亿元，第三产业占比达 22.3%。新增限上服务业企业 2 家，批发零售业营业收入突破 10 亿元。银行、保险等金融机构上升至 8 家，人民币贷款余额升至 28.98 亿元。电子商务实现跨越式发展，全镇电子商务经营户达到 71 家。物流服务平台初步搭建，百事供应链项目“双 11”期间快递日处理超 2 万件。铁江美食码头建成开业，西店小海鲜餐饮品牌效应进一步扩大；弘基广场投入使用，成为西店首个集文化、休闲、娱乐一体化的城市综合体。

西店小海鲜餐饮

【村镇建设】 按照“全国一流、全球有名”的目标，紧紧抓住“人的城市化”这一核心，以基础设施、城市开发等为着力点，建设功能齐全、设施完善、环境优美、特色鲜明的现代化新城区。全面开展新城围填海区域海域出让评估，争取尽快取得海域使用权证；拟投资3亿元，推进海堤建设；全力启动填海区域吹沙工程；加快推进新城规划展览馆建设。

科学衔接城市总体规划与土地利用总体规划，统筹安排城市基础设施建设。通过实施美化、亮化、洁化工程，着力推进镇区市政设施更新改造，计划完成污水管网铺设8公里，管线下地2公里，不断优化城市形象。拉开城市道路框架，形成布局合理、交通便捷的城市交通网络，全面完成甬临线白改黑工程，加快建设G228宁海西店至桃源段公路工程，新建五市溪路至张家庄高速涵洞等4条道路，续建学前路、望海学校周边道路等4条道路，着力构建城乡交通网络，打造“十分钟交通圈”。

按照国家级项目流程，高标准、高要求启动国家级“中德国际健康养老特色小镇”立项申请准备。加快培育发展“三色经济”，以西店银色经济为核心，带动周边乡镇绿色和蓝色经济协同发展。积极与德国RSBK公司协商对接，全力打造“中德合作示范基地”。全面加强与德国ASK医疗集团合作，配合中国建筑设计研究院出台特色小镇概念性规划，努力实现中德国际老年病医院、医学护理中心、康复医院的前期项目开展。

【社会事业】 社会保障。全面实施统一的城乡居民养老保险制度，抓好城乡养老保险制度衔接及被征地农民养老保险完善等政策落实。加强最低生活保障救助，对符合条件的困难群众实行应保尽保；强化社会保障和保险救助，积极落实家庭经济困难学生助学政策，计划完成助残助困资金发放1500万元，扎实做好老龄、慈善等工作，健全就业和创业服务体系，加大职业技能培训力度，多批次举办现场招聘会和技能培训班。积极鼓励自主创业、自谋职业，促进以创业带动就业。拓宽城乡居民增收渠道，创造条件让群众拥有更多的经营性收入、财产性收入和转移性收入，城镇居民和农民人均可支配收入分别达到46000元和33300元。

各项事业。进一步提高教学硬件水平。完成观澜幼儿园新建工程和望海学校初中部项目前期工作。进一步提高医疗服务水平。持续推行家庭医生签约服务制，深化与宁波第一医院协作办医。加快推进西店卫生院扩容提升。进一步提高文体创作水平。精心办好西店第三届金秋文化节，加强农村文化阵地和群众文艺队伍建设，全面繁荣群众文化。争创1个中心村体育健身广场，完善更新农村健身器材，全面提高群众身体素质。

社会治理。建立“三级管理制度”，设立43个网格，成功调处730起矛盾纠纷。增设视频监控，完成9个行政村744路监控安装。实行网格化管理模式，全面完成甬临线绿化整治、五市溪一期绿化景观工程，改造提升望海公园并提前对外开放，香联村、吴山村等8个村成功创建为“森林村庄”，新增绿化面积133320平方米，全镇森林覆盖率达到55%。深入推进美丽庭院、美丽阳台建设，建成市、县各级全面小康村9个，中心村1个，特色村2个，开展垃圾分类减量化处置，累计投入1500余万元，设立建筑垃圾临时堆放点17个、垃圾分类试点村11个、垃圾填埋场2个。扎实推进“两路两侧”“四边三化”“八线八区”等专项治理，重点整治铁路、高速公路沿线村庄和城乡接合部环境卫生。

举办宁海西店第二届金秋文化节第五届江南銮驾婚庆节

西店镇首届“牡蛎”春晚

举办西店镇第五期星城论坛

【中国 西店—中德国际健康养老特色小镇项目】 8月6日，国经咨询有限公司、德国RSBK公司与西店镇、强蛟镇、深甽镇五方签订《关于中国 西店—中德国际健康养老特色小镇项目德国资源导入和协调德国政府关系的合作框架协议》。8月18日，德国阿斯克雷皮友思医疗集团访问西店。

表27　　**2016年西店镇主要经济指标一览表**

	单　位	当年累计	上年同期累计	比上年同期累计±%
一、94家规模以上工业总产值	万元	846126	808222	4.7
规模以上工业新产品产值	万元	286562	224407	27.7
规模以上工业销售产值	万元	785559	751577	4.5
规模以上工业出口交货值	万元	305555	308116	-0.8
规模以上工业增加值（生产法）	万元	176433	—	5.4
规模以上工业增加值（收入法）	万元	184167	—	-3.0
二、在地固定资产投资	万元	262945	215563	22.0
其中：工业投资	万元	115660	110916	4.3
其中：第三产业投资	万元	147285	101731	44.8
其中：房地产开发投资	万元	16645	13762	20.9
三、属地固定资产投资	万元	253978	192497	31.9
其中：工业投资	万元	115660	101072	14.4
四、卫星镇财政总收入	万元	86098	76566	12.4
其中：中央级财政收入	万元	42212	43578	-3.1
一般预算公共收入	万元	43886	32988	33.0
五、乡镇街道财政总收入	万元	—	—	—
其中：一般预算公共收入	万元	—	—	—
六、金融系统人民币存款余额（季度）	万元	—	246303	23.3
金融系统人民币贷款余额（季度）	万元	—	289846	5.4
七、全社会用电量（季度）	万千瓦时	39001	34624	12.6
其中：工业用电量（季度）	万千瓦时	30512	27356	11.6
八、限上社会消费品零售总额	万元	11439	13809	-17.2
其中：限上企业社会消费品零售总额	万元	9405	11964	-21.4
九、利用外资新签项目数（招商项目）	个	—	—	—
合同利用外资（季度）	万美元	3000	—	完成125%

续表27

	单　位	当年累计	上年同期累计	比上年同期累计±%
实际利用外资（季度）	万美元	2779	—	完成168.4%
十、浙商回归（省外方投资额）	万元	39485	—	完成299.1%
市外内资（市外方投资额）	万元	41864	—	完成126.9%
县外内资（县外方投资额）	万元	55790	—	完成105.26%
十、9家综合实力50强企业总产值	万元	243524	230621	5.6
十一、进出口总额	万美元	51892	53961	-3.8
其中：出口总额	万美元	50465	52067	-3.1
十二、规模以上工业主营业务收入	万元	735204	698610	5.3
主营业务成本	万元	590041	564290	5.6
主营业务税金及附加	万元	4861	4866	-0.11
十三、规模以上工业利税总额	万元	75561	90224	-16.3
其中：利润总额	万元	44333	60138	-26.3
十四、规模以上工业资产总计	万元	992786	966792	2.7
十五、规模以上工业负债总计	万元	592959	589925	0.5
十六、规模以上工业应交增值税	万元	26367	25220	4.5
十七、规模以上工业应付职工薪酬	万元	89752	82949	8.2
十八、规模以上工业本年折旧	万元	18854	16735	12.7
十九、地区生产总值（季度）	万元	550802	—	8.1

深　甽　镇

【概况】　深甽镇位于宁海西北部，东与梅林街道接壤，南与黄坛镇毗邻，西与新昌县交界，北与奉化区相连，镇政府驻地深甽村，距县城25公里，宁波市区72公里，34省道贯穿全镇。全镇地域面积174.6平方公里，下辖22个行政村、1个居委会，总人口34783人。先后获得中国运动杖之乡、国家级生态镇、全国重点镇、省文明镇、省体育强镇等称号。秉承“绿水青山就是金山银山”理念，该镇经济与生态实现融合发展，森林温泉景区成功创建省级旅游度假区和省级生态旅游区。

深甽拥有独一无二的弱碱性偏硅酸氡氟温泉，日出水量达5000方；小镇被13333.33公顷生态公益林拥抱，森林覆盖率达90%；拥有5公里迷你型、42公里全马型等丰富多样的登山健身步道；清澈见底的凫溪、长洋溪、南溪3条溪流贯穿全镇。温泉产业，裸心泉、大众温泉顺利推进，投资20亿元的乡根小镇落地小镇并完成方案设计，引进安麓、安岚、南苑等顶级品牌；又有运动产业，年产运动杖共计1500万根以上，全力打造中国著名的山地运动之乡；还有乡愁产业，茶叶、竹笋和高山蔬菜三大主导产业持续引领，拥有望海茶等著名品牌，开发红茶、白茶、黄茶等产品，加大竹制品等农产品加工。

深甽拥有1个中国历史文化名村（龙宫），2个中国传统村落（龙宫、清潭），2个市级历史文化名村（清潭、马岙），4处古戏台被列为国家级重点文物保护单位。连续举办9届“十月半”民俗文化节，全面打造一条30公里长融诗说乡愁、宜业乡愁等为一体的中国（宁海）乡愁文化体验带；投资10亿元，大力推进温泉文化艺术村等项目，建设文化创意产业园区。2016年12月小镇被公布为首批特色文化建设示范点。组建宁海南溪温泉投资开发有限公司投融资平台，承担小镇公共基础设施建设，2016年完成投资11亿元。大力度推出《民宿经济追加式补助政策》，每年安排500万元进行奖励，制定出台《古建筑修缮资金补助管理办法》，发挥政策引领产业发展作用。

【特色小镇建设】 坚持规划引领，编制完成《宁海森林温泉省级旅游度假区总体规划》和城镇总体规划，形成“一核、一带、两街、三线、多环、多点”的规划思路。组建宁海南溪温泉投资开发有限公司，搭建投融资平台。扎实推进裸心泉温泉度假中心、大众温泉度假酒店、温泉风情小镇综合开发等一批重点工程项目，基本建成温泉文化艺术村一期工程。城镇基础设施日趋完善，实现全镇农村联网公路全硬化，基本完成象西线改建工程政策处理等工作。“五水共治”成效明显，各行各业踊跃支持，筹措捐款达640万元；投资5600万元对凫溪和长洋溪的镇区段7.8公里河道进行整治，长洋溪已达到省级验收标准Ⅱ类水质。投资1100万元对21座山塘水库进行整治维修；投资5150万元用于农村生活污水治理，深甽污水处理厂投入运营；投资530万元完成镇区大管网供水工程；建设4公里滨溪景观长廊，有效提升镇区河道两岸的风景风情；全面完成畜禽养殖整治工作，关停畜禽养殖户152家。“三改一拆”工作有序推进，拆除违法建筑面积达36万平方米。制定出台《古建筑修缮资金补助管理办法》和《民宿经济追加式补助政策》，发挥政策在旅游产业发展中的引领作用。

【经济转型升级】 工业企业综合实力不断增强，规模以上企业达到36家，产销超亿企业3家。2016年实现工业总产值28.5亿元，保持每年增长势头。招商引资工作成效显著，分别引进省外投资、市外投资、县外投资6.63亿元、6.73亿元、7.61亿元。固定资产投资持续加大，累计完成23.38亿元。工业产业结构不断优化，化工、氧化和废铝加工等重污染企业，得到淘汰整治和提升；汽车配件、户外用品、五金机械等优势行业企业占比持续提升；完成金海雅宝化工企业搬迁，长洋铝灰行业整治取得重要突破，整治后的8家企业全部取得环评批复和营业执照；成功通过“中国运动杖之乡”复评，制定运动杖联盟标准。创新能力提升明显，4家企业通过国家高新技术企业认定，新创市、县级工程技术中心7家，培育县科技型企业4家。全面落实企业减负各项政策措施，帮助567家经营主体申请稳增促调专项资金补助。成立深甽户外用品行业协会和商会，协调建立企业资金互助会，累计发放263笔互助贷款，为会员企业输送2.4亿元应急资金。

【美丽乡村建设】 坚持生态立镇、环境优先发展战略，成立美丽乡村建设工作指导小组，统筹推进以温养南溪、千年龙宫等6个特色村为基础的中国（宁海）乡愁文化体验带建设。农业基础建设投入不断加大，产业优势提升明显。土林地流转步伐加快，累计新增流转面积333.33公顷，建成资源型机耕路90公里，建立市级竹产业园。茶叶、竹笋和高山蔬菜三大主导产业持续引领，种植面积达到4040公顷，3家茶场获得中国有机产品认证证书，6家茶场通过茶叶SC认证，“裕竺”牌茶叶、“圣猴”牌猕猴桃荣获宁波市知名商标称号，农业产业标准化及品牌化建设初见成效。完成村经济合作社股份制改革工作，开展农村土地承包经营权确权登记颁证和第三次全国农业普查工作。因地制宜推进精品村庄建设，完成白岩村梳理式改造、乌糯坑整体式改造、南溪村品质提升工程，打造望海岗全国“一村一品”示范基地，加快龙宫村开发保护进度。龙宫村还获评第六批“中国历史文化名村”，中央电视台百集大型纪录片《记住乡愁》之《走进龙宫村》在中文国际频道播出，龙宫村、清潭村同时入选中国传统村落。全面完成14个村环境整治提升村项目，成功创建市级环境生态村11个，市级和县级全面小康示范村各3个，市级中心村和市级特色村各1个，县级特色村2个，市级森林村庄7个，县级森林村庄9个，镇容村貌进一步改善。

【社会事业发展】 大力发展教育、卫生、文化、体育等事业，完成8条国家级登山健身步道改造提升，多环户外运动格局基本形成，成功举办五届“十月半”民俗文化节、三届山地马拉松赛，纪录片《留忆深甽》传播量突破200万。设立“胡三省奖教奖学基金”，累计发放奖教奖学资金579万元，1600人次受益。中考和小学毕业考成绩连续五年名列县农村学校前茅。加快民生实事工程建设，镇社会服务管理中心、双湖小学改建、大里小学教学楼等工程项目相继完成，镇中心幼儿园迁建、敬老院改造提升等工程项目有序推进，全镇生态公墓实现全覆盖。高度重视社会保障工作，累计发放低保金1200万元、残疾人基本生活保障金980万元，基本实现应保尽保。累计投入5000余万元，统筹抓好全镇环境综合治理，积极创建省级卫生镇，新建垃圾中转站，并在12个村开展垃圾分类工作。加强和创新社会治理，开展宁波市基层社会服务管理综合信息系统建设试点工作，建立社会治理综合指挥室，强化网格建设，妥善应对处置各类突发性事件。全面构建和落实安全生产责任体系，开展食品安全“三大一严”专项行动，落实消防安全系列专项治理工作，全镇安全生产管理、食品安全管理和农村消防管理基础更加扎实，未发生重大安全事故。切实加强对武装工作的领导，高度重视民兵预备役队伍建设，武装民兵事业取得了新的成绩。

【政府自身建设】 深入开展“创先争优”“两学一做”学习教育，坚决落实中央“八项规定”，自觉践行“三严三实”，身体力行“为民服务八项机制”。制定出台《“三重一大”决策制度》，建立重大项目清单、工作清单和特色清单3份清单，搭建实干微信群、实干论坛等4个平台，打造实干型干部队伍，推选出12名“实干之星”，促进全镇干部实干创业、比学赶超。自觉接受镇人大主席团的依法监督和人民群众的舆论监督，加大人大相关建议意见的办理力度，五年来，办理建议意见141件，办复率100%。严格执行党风廉政建设责任制，进一步完善干部请销假、会议考勤、公务接待及公务用车等有关制度，“三公”经费支出逐年下降，切实做到为民、务实、清廉。

表28　　2016年深甽镇基本情况一览表

项　　目	计量单位	数　　量
总面积	平方公里	174.6
居民委员会	个	1
行政村	个	22
常住人口	人	34783
外来人口	人	4821
规模以上企业产值	亿元	18.75
规模以上企业销售收入	亿元	17.64
规模以上企业税利	亿元	1.98
第三产业增加值	万元	9588
财税收入	亿元	1.68
工业技术改造投入	亿元	1.27
外贸出口交货值	亿元	5.6

跃龙街道

【概况】 跃龙街道地处宁海县境的中心，东耸杜鹃山，出白峤岭隧道与越溪乡毗邻，南出枫槎岭隧道与一市镇相接。西有崇寺山，逶迤起伏。南门外杨溪与白溪交汇坦坦荡荡流向三门湾，北面是一马平川良田千顷与桃源街道联袂。总面积105平方公里，西高东低略有起伏。

唐永昌元年（689年）设县治于此，距今已1300多年。邑治古称广度里，筑城于明代，万历年间称缑城，民国24年（1935年）置缑城镇，中华人民共和国成立前两个月宁海解放，故在1949年8月改置城关镇，宁海民间习惯都称“城里”。2003年改置为跃龙街道。2016年，街道下辖27个行政村、15个社区。2016年党员总人数5873人。

2016年，跃龙街道紧紧围绕美丽县城建设和“三个年”活动，以打造“生态型宜居宜业的中心城区”为目标，以重大项目攻坚、城乡环境巩固、基层基础提质为核心，齐心协力、克坚攻难、开拓创新，经济社会各项事业保持又好又快发展。全年，实现财政收入9.6亿元；完成工业总产值181亿元，同比增长10.9%；完成服务业营业收入175亿元，同比增长13.5%；实现三产增加值48.5亿元，同比增长15.5%。

6月29日，跃龙街道举行庆“七一”党员志愿广场大型活动

【经济运行】 工业经济提质增效。2016年，街道完成实缴税金4.64亿元，同比增长13.5%，其中规模以上企业完成2.62亿元，同比增长7.5%；实现主营业收入150.68亿元，同比增长7.9%，其中规模以上企业实现43.05亿元，同比增长1.5%；实现利润9.54亿元，同比增长25.3%，其中规模以上企业实现利润为2.60亿元，同比增长19.7%；实施技改项目27个，申报市级新产品试产项目58个，累计完成技改投入6.1亿元；浙商回归3.96亿元，市外内资6.43亿元，县外内资7.80亿元，实到外资703.8美元。

服务业经济转型发展。2016年全街道实现营业收入175亿元，增幅13.5%；实现服务业增加值48.5亿元，同比增长15.47%；固定资产投资完成18.2亿元。全年限上服务业营业收入累计完成34.63亿元，限上服务业增加值完成7.13亿元，限上商品销售总额累计完成39.76亿元，限上社会消费品零售额累计完成25.66亿元。成功设置4家村级服务站，招募40名“农村淘宝”合伙人。

农村工作稳健推进。2016年，农作物播种面积合计1341.27公顷；完成省级森林城镇创建工作，城区绿化改造面积14万平方米；杨溪治理工程（跃龙大桥至杨溪出口段）已完成工程量90%；水车防洪堤Ⅱ标工程已完成金家山劈山段的公墓建造和275座坟墓的迁移工作，下园和金家山征用款已基本兑现到户；老年公寓渠道修复工程已完成招投标工作，准备进场施工。

【重点工作】 重大项目攻坚突破。按照《2016年宁海县重点实事工程年度工作计划》要求，跃龙街道2016年需要推进的重大项目共有57项，其中本年度计划新开工重点实事工程有农村生活污水处理、农民饮用水工程和山塘整治工程3项，年度计划投资额351万元，实际完成投资额364万元；2016年续建重点实事工程有白溪流域工程跃龙段、杨溪流域工程跃龙段两个重大水利工程，完成杨溪跃龙大桥至杨溪出口段95%的工程量；协助完成县计划新开工重点实事工程共征收土地20.07公顷，兑现地上附着物22余公顷，顺利推进县老年公寓政策处理项目、甬临线梅林至山河岭段改道工程等一批县领导高度关注的重点实事工程。

城乡环境全面整治。以城乡环境巩固年为契机，以“创优雅跃龙，建和美家园”为主题，积极开展城乡环境大整治活动和环境集中整治月活动，全面发动党员干部及群众对村内道路、河塘沟渠、房前屋后及乱搭乱建等情况进行集中整治；并结合全国卫生县城复评迎检工作，对社区、城中村、城乡接合部进行突击整治清理。2016年，全面完成2个市级卫生村（岭头、项家）、2个县级卫生村（罗家、白龙潭洋村）、9个卫生村和6个市级卫生单位的复查工作；组织各村（社）、社区积极开展爱国卫生整治活动，共开展宣传活动35次，整治活动58次，清除垃圾122余吨，治理脏乱道路1.5万平方米；创建格水、白龙潭洋健康步道2条、凌塘健康公园1处；积极做好市二星级卫生街道创建工作。

“三改一拆”强势推进。通过强化责任意识、整合村社力量、注重点面结合、实施常态监管等措施，并畅通反映和检举渠道，从源头上防止违建行为。全年共计拆违321526平方米，完成年度任务的160.76%；城中村改造41500平方米，旧住宅区改造341256平方米，完成年度任务的482%；拆后土地利用233189平方米，利用率92.46%。结合“四边三化”和城乡环境大整治行动，全力清理公路、铁路两侧的违建和堆积物，截至12月底共处置高速公路、铁路两侧的违章建（构）筑20余处2000多平方米；整理两路两侧沿线垃圾和堆积物60余处8000多平方米。

【社会事业】 深化社会保障。高度重视计生工作，通过加强计生宣传、加大处罚力度、狠抓孕环检率、夯实计生队伍，全力控制违法生育和性别比偏高问题。2016年，全街道共出生1196人，计划外34人，计划生育率97.16%；在全县首推“5+1”计生服务，开辟周六计生便民服务绿色通道；全年办理生育服务登记1316例，发放生育登记服务卡1316本，再生育审批51对，完成国家免费孕前优生监测971人；兴圃社区荣获2011—2015年度全国计划生育协会工作先进单位称号。

维护社会稳定。以全力护航G20、夺取平安金鼎为综治工作的中心目标，进一步落实岗位责任制，全面开展创建“平安”系列活动，扎实做好信访维稳工作，加强矛盾纠纷排查调处，竭力维护社会政治稳定。全年度街道共受理化解矛盾纠纷818件，涉及调解纠纷有

1300余人，因意外死亡而产生的重大调解案件8起，通过协议赔偿金额共计400余万元；共接待群众来信、来访31件，已办结29件，共接待来访人27批，97人次，共受理市长信箱、市长电话、县长电话、县（市）长信箱143件，报结率达到100%。

强化社区服务。结合“两学一做”学习教育活动和固定组织生活日组织社区党员开展专题学习讨论、党章抄写、集体承诺等系列纪念活动。组织在职党员开展环境整治、周二社工、扶贫帮困等各项志愿服务活动1165次，其中涉及环境整治的专项行动300余次，共发动党员志愿者4000余人次，清理卫生死角、牛皮癣、楼道堆积物2782处，垃圾600余吨。引入智慧社区建设，确定13个智慧社区服务驿站和15个智慧社区信息亭的建设。在兴圃社区推行居务助理试点工作，聘任12名社区居务助理员，以工作机制创新提升社区服务能力。2016年全面完成丰泽园、西城国际、霞景水岸等8个小区的业委会换届选举工作。

10月19日，跃龙街道园丁社区创建全能社工启动仪式

【夯实基层基础】 注重多渠道学习，全面增强党员干部队伍素质。创新建立“三微一体”学习体系，通过打造主动式微平台、开设交互式微课堂、开展体验式微行动，丰富干部学习方式、内容，提高学习效率。至年底，已发布组工微博16条，推送“移动E管家”短信38条，制作“跃龙新话”公众号微播报30期，宣传先进党组织带头人、身边好党员10人。开展微信、QQ群在线交流100余次，开设“党章微学堂”8次。全年共发布志愿服务项目1135次，街道干部共参与志愿服务1008次，人均7.88次。

注重多层面联动，统筹推进基层党建全域提升。深入实施基层党建提升“三年行动计划”，通过整体谋划布局，点线面联动，统筹推进基层党建“双整”工作全域提升，深入推进党建品牌建设，结合美丽乡村精品线规划，着力创建城西、溪南、辛岭三大片“整片建强”精品示范区，争创“整街推进”示范街道。完成车河社区的开放式组织生活基地及兴圃、怡惠社区的“党建+社区事务协调会”社团组织建设，前洋、白龙潭等10个村党建精品点和示范点建设，以及世贸中心的楼宇党建、百佳农批市场党员经营户亮牌经营、志清实业“五心党建”等特色党建品牌建设。

注重多举措并用，着力彰显为民服务工作实效。立足“分、活、全”三字精准“找补短板”，着力提升干部为民服务工作实效。领导班子带头深入各村（社）、社区、企业及重大项目等领域，开展“找短板、补短板”调研座谈，梳理环境整治、项目发展等10余个重点领域短板60余条。全年举办村（社）主职干部研修班2批140余人、新农村建设培训150余人次。推选出县党代表30名，县人大代表51名。开展“两美”宁海建设、重大项目推进等专项监督检查28次，问责15人，约谈干部45余人次。

桃源街道

【概况】 桃源街道地处宁海县境中部，县城北部，距县政府驻地7公里。东西两侧是山体，南北狭长，总面积58平方公里。街道下辖15个行政村，43个撤村建居经济合作社（有集体经济，属于行政村和社区过渡阶段，合作社领导由村支部书记和村主任兼任），10个社区，常住人口10.4万人，外来人口6.22万人。2016年全街道实现财政收入6.16亿元，同比增长23.3%；工业总产值94.2亿元，同比增长7.2%。

桃源街道全貌

【重点工程】 2016年，桃源街道承接各类重大项目50项，为强化“重大项目推进年”工作力度，积极开展“亮绩论英雄”“清零拔钉”等系列活动，配强精干力量，确保责任落实。甬临线梅林至山河岭段西改线、得力电商园一期、物流中心一期综合商业中心、如意股份年产2万台智能仓储物流搬运设备及军工产品生产线项目、职工之家、高新汽配园、公共交通提升工程等26个项目的政策处理均已顺利完成。溪旁徐、庙前丁、堤树、杨柳峰等4个村（社）创新采取城中村棚改竞争性模拟征拆模式，现已完成前期工作。竹口三村改造已完成拆迁签约户数1221户，签约率达到97.8%，拆迁房屋占地面积19.69万平方米，建筑面积26.33万平方米。

【经济发展】 2016年，全街道实现财政收入6.2亿元，同比增长23.2%；实现工业总产值94.1亿元，同比增长7.2%；实现利润总额5.6亿元，同比增长21.6%；完成三产增加值2.83亿元，同比增长31.41%。全年共完成固定资产投资额13.1亿元，同比增长6.1%。招商引资成效显著，全年完成合同利用外资3208万美元，同比增长27.8%。实到浙商回归资金37859万元，同比增长10.5%。项目储备丰厚，产业归属桃源的宁海创客城、如意军工产品、富艺长泓文化、启源养老、长青藤汽车用品、精超蚀刻、奥特莱斯、国际幼儿园等，均已落实用地，为街道经济增长奠定了坚实的基础。现代农业有序转型，通过依靠科技提高复种指数和产出效益，培育发展大棚蔬菜及草莓基地33.33公顷，稳定粮食生产66.67公顷。挖掘“山林资源”，形成2666.67公顷毛竹山基地，133.33公顷茶叶基地和66.67公顷猕猴桃基地。

如意公司

【改善街道环境】 积极落实好“两路两侧”“三改一拆”“四边三化”“五水共治”等专项行动，全年共拆除违章建筑270余宗33.02万平方米，拆后土地利用面积22.33万平方米；查处各类污水排放20余处并及时整改；开展上金、翻身、石家岙、钱岙、新西岙、火炉山6个村（社）的农村生活污水治理工程建设；完成雅致岙、西洋、堂墙等9个村（社）村留地美化。成功创建下桥村“谢豹月光街”，为城中村的脏乱差整治树立典范，得到副省长熊建平的批示肯定，并被宁波市委宣传部选取为《2017我们的村晚》主办地。提炼桃源街道“帽峰山下、天明湖畔、寿者故里、宁海客厅”的城市形象口号，以钱岙、新西岙两村的环境优势为支撑，创建“艺苑淘香”特色小镇，签约“富艺长泓文化养老养生基地”及“玉文化传承中心”两大前期项目，小镇概念性规划编制及申报方案编制已完成。

【民生工程】 突出“为民惠民、共建共享”的民生工程服务理念，进一步完善居民养老保险、被征地农民基本生活保障等制度，全年完成基本医疗保险参保3.76万人，参保率达91.9%。加强弱势群体帮扶救困力度，累计发放各类救济款37万元，救助困难家庭374户。深化节庆文化品牌打造，在整治后的“谢豹月光街”成功举办桃源首个啤酒音乐节，取得强烈的社会反响。辖区内9个社区以“一社一品”为引领，开展以围绕特色党建、环境整治、民生服务等为主题的系列活动，有效助推农村社区向城市社区转变。

【一方名村——下桥村】 宁海县桃源街道下桥村位于兴宁北路东侧，时代大道北侧，村所在位置靠近城区，交通便捷，环境宜人，民风淳朴。村民共208户，530人，另有外来务工、务农人员6000余人。村班子总人数7人，其中：村党组织4人，村委会成员3人，经济合作社管委会成员3人。村庄辖区约25万平方米。下桥村集体经济实力雄厚，2016年集体经济收入达750万元，村民人均收入6万余元。

近年来，下桥村以创建“基层党建精品村”为抓手，加大力度开展新农村建设，充分利用地理优势发展村级经济，建成村综合大楼、桃源菜市场等惠民工程。2016年，下桥村斥资1100万元开展村主要道路环境提升工程，在河道整治、道路改扩建的基础上，建成以“谢豹十九廊”为标志的450米仿古特色步行街“谢豹月光街”，并在原本较为成熟的商业基础上，重点发展特色夜市经济，于2016年年底以网络得票数第一的成绩被宁波市发展月光经济工作领导小组办公室授予“市级特色夜市街区”称号。同时，该村探索“以民督民”“以外管外”“以资引资”的村内综合环境自治新模式，有效补齐城郊村“人财物”不足而带来的“脏乱差”短板。

近五年来，下桥村还先后获评“巾帼示范村”、宁海县百村立功竞赛二等奖、桃源街道“干事创业好班子”、宁海县先进基层党组织等；2014年，下桥村因“村级权力清单36条”工作成果成效显著，受到中央电视台基层社会治理专题报道。

下桥村“谢豹月光街”

【一方名人——潘天寿】 潘天寿（1897—1971），字大颐，号寿者，又号雷婆头峰寿者。浙江宁海人。浙江省立第一师范学校毕业。曾任上海美专、新华艺专教授。1928年到国立艺术院任国画主任教授。1945年任国立艺专校长。1959年任浙江美术学院院长。他对继承和发展民族绘画充满信心与毅力。为捍卫传统绘画的独立性竭尽全力，奋斗一生，并且形成一整套中国画教学的体系，影响全国。他的艺术博采众长，在石涛、八大、吴昌硕诸家中用宏取精，形成个人独特风格。不仅笔墨苍古、凝练老辣，而且大气磅礴，雄浑奇崛，具有摄人心魄的力量感和现代结构美。他曾任中国美术协会副主席、全国人大代表、苏联艺术科学院名誉院士。著述有《中国绘画史》、《听天阁画谈随笔》。他是一代艺术大师和美术教育家。

潘天寿绘画题材包括鹰、荷、松、四君子、山水、人物等，每作必有奇局，结构险中求平衡，形能精简而意远，勾石方长起菱角，墨韵浓、重、焦、淡相渗叠，线条中显出用笔凝练和沉健。

他精于写意花鸟和山水，偶作人物。尤善画鹰、八哥、蔬果及松、梅等。落笔大胆，点染细心。墨彩纵横交错，构图清新苍秀，气势磅礴，趣韵无穷。画面灵动，引人入胜。

潘天寿的指画也可谓别具一格，成就极为突出。这类作品，数量大，气魄大，如指墨花卉《晴霞》《朱荷》《新放》等，画的均为“映日荷花”，以泼墨指染，以掌抹作荷叶，以指尖勾线，生动之气韵，非笔力所能达。潘天寿作画时，每画一笔，都要精心推敲，一丝不苟。他在“有常必有变”的思想指导下，取诸家之长，成自家之体，他的画材为平凡题材，但经他入手的画，却能产生出不平凡的艺术感染力。他的《小龙湫一角》把画面主体小龙湫压到边角的构图，含蓄地让观者先看灵岩的磅礴山势，烂漫的山花，然后再去欣赏那支龙湫水。这种方法，正与那些使画面“一览无余”形成对照，不仅显示画家出奇制胜的构图才能，也表述画家对平凡事物的内在感情。

潘天寿艺术的可贵之处，主要在于他具有大胆的创新精神。他常说，“荒山乱石，幽草闲花，虽无特殊平凡之同，慧心妙手者得之尽成极品。”他的书法功力也很深，早年学钟、颜，后又撷取魏、晋碑中精华以及古篆汉隶，还能诗、善治印。平时作画，对诗文、题跋、用印方面，非常认真、讲究，绝不马虎。他对画史、画理也研究有素，著有《中国绘画史》《顾恺之》《听天阁诗存》《治印丝谈》，并缉有《听天阁画谈随笔》等。

表 29　　2016 年桃源街道基本情况一览表

项　目	计量单位	数　量
总面积	公顷	5800
耕地面积	公顷	312
村民委员会	个	15
社区	个	10
常住人口	人	104127
外来人口	人	62258
第一产业产值	万元	13500
第二产业产值	万元	941852
第三产业产增加	万元	28300
工业销售收入	万元	891589
工业利税	万元	98665
工业技术改造投入	万元	44200
固定资产投资	万元	133000
财政收入	万元	61600
外贸出口交货值	万元	235661

表 30　　2016 年桃源街道骨干企业基本情况一览表

单位：万元

序号	单位名称	产值	销售收入	利润	税金
1	宁波如意股份有限公司	85255.9	81478.8	11620.6	6543.2
2	宁波康尔针织制衣有限公司	71778.0	71778.0	2662.7	2735.0
3	宁波方正汽车模具有限公司	49576.0	40718.6	5177.0	3039.6
4	宁波得力商品混凝土有限公司	25268.3	25268.3	2593.0	863.3
5	山中合金（宁波）有限公司	19837.0	17738.6	3229.0	1358.3
6	宁波杰明电子有限公司	12543.9	11681.8	309.2	826.3
7	宁波市煌家铝业有限公司	12175.6	12122.7	172.6	225.1
8	伟成金属制品有限公司	10681.5	10343.5	1057.9	893.9
9	宁波绵绵制衣有限公司	10085.1	10085.1	34.2	234.6
10	宁海县天阳电子有限公司	9184.0	7918.3	-1.3	222.2
11	宁波鼎华实业有限公司	8964.0	8567.9	76.1	627.6
12	宁海县金凌海裕汽车部件有限公司	8361.4	7386.2	2149.7	680.7
13	宁波伊东包装彩印有限公司	8328.9	7601.2	46.0	384.2
14	宁波长青藤日用品有限公司	8027.3	7793.5	811.1	784.6
15	宁波富信模胚有限公司	7758.0	7192.1	59.2	373.1
16	宁海金辉模塑有限公司	7553.0	7328.6	915.6	90.4
17	宁波祥路汽车部件股份有限公司	7528.0	7132.6	735.6	404.5
18	宁海久业包装材料有限公司	7424.4	6791.9	5.0	366.2
19	宁波千汇汽车饰件有限公司	7401.1	7058.3	588.1	426.3
20	宁海县现代模具有限公司	7350.0	7273.0	854.1	380.7
21	宁波世嘉嘉辰机械有限公司	7118.0	6640.0	462.3	147.4
22	宁海县新门坎砂石加工厂（普通合伙）	6631.3	6631.3	1445.2	245.5
23	宁波华力医用包装有限公司	6551.0	6239.1	189.3	332.0

梅林街道

【概况】 地处宁海城北，东与桥头胡街道，南接桃源街道，西与深田川镇接壤，北与西店镇毗邻。区域面积 97 平方公里，下辖 23 个行政村、2 个社区，耕地面积 586 公顷。2016 年，按照建设“四感”城市的要求，深入开展“三个年”活动，加快实施“五个二”举措，较好地完成年初确定的目标任务。

【产业结构升级】 大力开展“进企业、强服务、破难题”专项行动，坚持要素、服务、配套“三个优先”保障，全年累计解决涉企难题 100 余个，49 家规模以上企业完成工业总产值 121.5 亿元，同比增长 17.7%；完成固定资产投资 13 亿元，其中工业投资 11.8 亿元。实现销售 124.2 亿元，同比增长 20.4%；出口交货值 27.1 亿元，同比增长 32.5%；利润 12.1 亿元，同比增长 29.2%；应缴税金（不含所得税）4.8 亿元，下降 1.4%。完成出口交货值 3.9 亿美元，同比增长 19.9%。

狠抓招商引资，主动对接宁波世辰、宁波朗乐等知名企业，落成亚洲最大的奔驰 4S 店，全年实到外资 1429 万美元，合同外资 2838 万美元，分别完成年度任务的 106.6%和 118.2%。省外内资 5.9 亿元、市外内资 5 亿元、县外内资 5.9 亿元，分别完成年度任务的 311%、144%和 106%。

加快调整产业结构，推动企业转型发展，东方日升下属宁海新电电力公司成功获批光伏发电项目 EPC 工程总承包资质，具备设计、施工等全过程自主承包能力，填补县内独立承建光伏发电项目的行业空白，预计拉动三产产值超过 40 亿元。推动企业节能技改，加强减排项目管理，建成宁海首家橡塑废气处理装置，淘汰落后产能、实施清洁生产，全年减排有害气体量 70%以上。

【重大项目】 高效率打通交通节点。推行工程会审会商制度，个性化制订“作战”方案，抽调精干力量组建“黑夜冲锋队”，白天下村攻坚，晚上研究项目，50 天时间打通象西线梅林段全部关键节点，西改线全线无障碍施工。有机更新镇区道路，30 天时间完成梅深路修复工程，解决了困扰市民多年的出行难题。

高标准启动城市建设。抢抓棚户区改造政策机遇，完成核心区块改造（一期）工程 30 余公顷土地征地清表，600 余户安置房动工建设，九顷区块整体搬迁工程完成设计招标，获得农发行银团贷款 15 亿元。改造完成后，梅林中心区域 1800 余幢低矮平房将被整齐划一的楼群取代，城市面貌和宜居品质大幅提升。推动园区整合、提升、扩容，合理引导企业入园“安家”，完成仕西工业园 8.67 余公顷土地征用，整体安置项目动工建设。

高要求保障基建供地。推进供地项目精细化管理，清单化落实，500 千伏宁海变梅林段工程进场施工，完成中欧创业基地、中瑞汽配创业园、奥迪汽车 4S 店等基建供地 33.33 余公顷，二职高改建、梅林村邻里中心等预备类项目顺利完成政策处理及方案设计工作。

【改善城乡面貌】 全力攻坚“六治三清”，关停 26 家畜禽养殖场，完成 10 余个村庄生活污水治理，启动 12 个村庄垃圾分类工作，创建百余户美丽庭院。同时，善用战略战术，创新方式方法，也积累了宝贵的梅林经验。创新改旧方式。集中发力违章建筑，狠抓集中拆违和“无违建”创建，破茧化蝶旧厂区、旧住宅，全年完成拆改面积超过 36 万平方米，老旧厂房变成农家乐，猪棚变成竹房亭，废旧住宅变成精品民宿。创新村庄治理。推进仇家“三居”试点，引入社会资本参与村庄“建管运”，3 个月时间成功打造宜居宜游的杏乡小镇（一期）工程。扩面延伸“杏乡模式”，推广应用“整村社会化开发、政企共推环卫治理”方式，成功破解多数村庄基层管理空心化、环卫运维反复化等“老大难”问题。创新治污模式。活水清淤省市挂牌督办的黑臭河，2 个月时间修通上大溪至槐路河、梅林溪的引水渠道，总投资近 600 万元，日均引水量达 2 万立方米，实现“一阵风”“运动式”治理向常态长效化管控的转变。创新集镇整治。充分整合城管、环卫等多方力量，集中破解镇区“五乱”问题，1 个月时间完成梅桥路整街监控系统布点，取缔无证摊贩 30 余家，清理垃圾死角百余处，规划 2 余公顷商贩集中经营区，新增停车位 150 余个，乱停车、乱摆摊等现象得到有效遏制，街景街貌持续改善。治“五乱”做法得到省委书记夏宝龙批示肯定。

【乡村旅游】 挖掘放大特色资源，围绕“宁海城区后花园”的定位，加快打造雁山享“寿”小镇。加强旅游配套建设。依托雁山凫水梅湖，因村制宜谋划美丽经济，建成雁苍山登山健身步道，签约市旅投集团高山精品民宿项目，一期投资 6000 万元。梅温精品线加速推进，凫溪亮化美化全线完工，环杨梅岭水库、凫溪的慢行系统实质性启动。做精做特长寿文化，成功举办首届宁海（梅林）长寿文化节，3 天吸引游客超过 5 万人次，国庆期间成为全县乡村旅游最热门去处。形成强村富民效应。以为民惠民为根本，以品质化、品牌化为方向，推进村级低效建筑再开发、再利用，融合农家乐、民宿等乡旅业态，拓展村集体经济发展空间，成功打造集商贸、办公、旅游、文化为一体的河洪百寿堂。加快发展休闲观光农业，探索规模化种植、精细化管理、品牌化营销路径，提升改造梅大樱桃园，年销售额突破百万，新增仇家百亩特色农业基地，农民收入实现翻番增长。激发民间资本活力。充分发挥市场主体作用，引导撬动更多社会资本参与新农村建设，成功牵手铁汉生态、恒久电池等一批企业，达成雁苍山景区、高端民宿等 10 余个涉村项目，意向投资超过 5 亿元。

【首届宁海（梅林）长寿文化节】 10 月 7 日，首届宁海（梅林）长寿文化节在被誉为宁波第一长寿村的梅林街道河洪村开幕。同时，首批《中华孝道（二）》邮票及《雁山享“寿”小镇》个性化邮票首发，街道微信公众号评选出的“十大慈孝家庭”颁奖。

梅林街道经过“十二五”时期的负重前行、争先进位，已经成为宁海县发展最好最快的城镇之一，是县内首个规模以上产值超百亿元的乡镇。如今的梅林，不仅橡塑汽配、新能源两大支柱产业“双核并进”，而且民宿经济、文化创意、休闲旅游等特色产业也在加速崛起。此次，梅林街道以节为媒，邀请各方游客齐聚长寿村，共赏长寿文化节开幕，共睹河洪百岁馆开馆，共谋长寿文化传承发扬大计，目的是要转化绿水青山，发展美丽经济，提升梅林的综合竞争力。

梅林街道将以此为起点，以雁山凫水梅湖为依托，以河洪长寿村为核心，高起点规划、高品质设计、高标准建设，打造集人文传承、生态观光、休闲旅游于一体的雁山享“寿”小镇，传递健康养生的生活理念，倡导简单自然的慢生活。

桥头胡街道

【概况】 桥头胡街道下辖18个行政村、1个居委会，区域面积为59平方公里，位于象山港南岸西端、黄墩港口、沈海高速接口东侧，是宁海中心城区唯一的滨海区域，处于主城区与宁海湾循环经济区的联结地带。2016年，紧紧围绕建设“两美”桥头胡奋斗目标，大力实施“重大项目推进年”“环境整治巩固年”“基层基础提质年”活动，进一步深化改革创新、强化法治保障，主动适应新常态，增创发展新优势，全力推动桥头胡经济社会实现新的跨越发展。全年实现社会生产总值50.1亿元，同比增长18.1%；固定资产投资5.57亿元，同比增长1.1%；实现公共财政预算收入1.12亿元，同比增长13%；农民人均收入达到15582元，同比增长15%。

【经济发展】 工业经济平稳健康发展。全年完成工业产值40.1亿元，同比增长8.8%；完成销售36.9亿元以上，同比增长7.6%。其中23家规模以上企业完成产值22.9亿元，同比增长12.1%，工业销售产值21.6亿元，增速达10.34%。大力开展招商引资百日攻坚活动，引进合同利用外资2000万美元，实到外资131万美元，实到浙商回归内资1200万元，县、市外内资6500万元。强化农旅结合，加强农业项目开发建设，着力培育果蔬及特色农产品基地，发展特色农业休闲观光基地，实现乡村旅游和休闲农业的双赢，2016年，共接待游客30万人次，实现旅游收入2000万元。

【城乡建设】 以“两美”建设为核心，加快城乡发展。抢抓棚改机遇，成功完成项目融资，并完成桥头胡村拆迁地块集体土地征收、安置地块农转用报批共21.07公顷，以及陆家村各项前期工作；强势推进“三改一拆”和“无违建街道”创建，落实“网格化”巡查管控制度，建立“存量违建信息库”，全年累计完成旧住宅区、城中村、旧厂区改造23.41万平方米，拆除违法建筑22.1万平方米，完成率排名全县前列，并及时跟进拆后利用、复耕覆绿；积极开展“四边三化”“两路两侧”整治行动，执行对账销号，完成“蓝色屋面”整治近10万平方米；落实小城镇综合整治，加速完成桥头胡菜市场的改造提升，街区秩序得到有效改善，基本实现“道路平整通畅、环境整洁美化、经营文明有序”的常态化管理格局。

【生态建设】 强化“治”“建”同步，实现全域治理、全面提升，打造“宋茶禅韵”特色小镇。做好“治”的文章。以“六治三清”为重点，狠抓五水共治落实，共清理河道垃圾100余吨，清淤17万立方米；关停畜禽养殖场57家，拆除栏舍面积达4万余平方米，支付补偿款600余万元；完成3个村（西吕、铜岭祝、储家）的农村生活污水治理工程。突出“建”的目标。以“两美”建设为引领，狠抓环境整治落实，深入实施网格化管理体系，探索多元化保洁措施，促使自主保洁与外包保洁相互竞争，形成保洁工作常态化、长效化；积极推进双林、丁家等9个村的垃圾分类试点工作，投入资金200余万元，完成建设垃圾分类处理中心4个，派发垃圾桶6300余个，实现农村“减量化、分类化、生态化”处理；实施槐路河等重点河道整治工程，投资110万元，对沿河农村生活污水进行截污纳管及河底改造；开展美丽乡村创建工作，成功创建新龙储、岙马村全面小康村、双林精品村，以及东吕村美丽庭院整村打造，投资约1500余万元进行黄墩港周边环境整治，已完成整个地块的清杂覆土，休闲生态走廊初具规模，同时引资200万元开展眠牛山公园美化提升工程，种植3399株樱花，打造“旭东山森”樱花园。

【民生服务】 以“强管理、重服务、促就业”为抓手，全力响应打造“四感”（成就感、幸福感、安全感、自豪感）城市号召，人民生活水平得到有效提升。完善各类社会保障和救助，新增低保户13人，共计发放低保金336万元，创建“一千万方斗慈善冠名资金”，发动社会各层面募捐金额96.5万元，依托党员同心圆微心愿等开展多途径慈善救助活动，共助医、助困321人次100余万元；社会保险全面铺开，新型农村合作医疗保险率达96%，全面完成城镇居民基本医疗保险工作；重视外来务工人员的就业及失业帮扶，全年办理失业金业务66人，总计发放失业金达36万余元；繁荣群众文化工作进一步加强，创新移风易俗简化版丧葬仪式工作，丁家村成功创建“省级文明村”“三美乡村”，新建及提升一批文化礼堂与聊天长廊，双林村林爱娥被评为省“最美妇女主任”，东吕村“杜鹃花展”得到群众的高度赞扬；社会治理高度健全，创新实施“综治工作市场化”道路，不断完善社会治安防控体系，圆满完成G20峰会等重大维稳安保任务，被评为宁海县平安护航G20杭州峰会先进集体，切实推进平安桥头胡建设。

7月6日，省委宣传部副部长、省文明办主任黄明辉一行来到桥头胡街道双林村调研农村乡风文明建设工作（胡一宁　摄）

【基层党建】 从严从实推进基层党建工作，为打造“两美桥头胡”提供根本保证。坚持将抓基层打基础作为长远之计和固本之策，打造“勇立潮头、勇挑重担、勇争一流”的基层干部队伍，林光成被评为省优秀党务工作者，祝多旭被评为省优秀共产党员，另有4名基层党员干部被市县表彰，3名优秀后备干部担任村主要负责人；全面实施“固定组织生活日+”，扎实开展“两学一做”学习教育，开办10期“党章学堂”对近千名基层党员进行“集体充电”，并着力构筑以双林为核心的“一线四点”的汶溪翠谷党建旅游精品线，推动乡村旅游提质增效，整条建龙线打造成为“两学一做”学习教育精品线；完善农村“四位一体”的基层治理体系，探索推进“百姓事马上办”村级一站通建设，累计为群众解决问题214件，办结率和群众满意率分别达到100%和97.6%；进一步加强两新组织党建工作，新建精品点和示范点各1个，成功构建平安大道两侧“10分钟非公企业党建示范圈”，探索建立党建公积金制度，满足两新组织、党员、职工群众等多方需求；深化“党群同心圆”志愿服务扩面提质行动，组建党员义工队伍开展“网格化管理、组团式服务”，持续引导党员在助力环境整治、重大项目建设，真正成为推动中心工作的主力军、先锋队。

表31　　2016年桥头湖街道基本情况一览表

项　　目	计量单位	合　　计
街道总面积	平方公里	59
种植面积	公顷	726.47
村民委员会	个	18
居民委员会	个	1
户籍人口	个	21877
外来人口	个	1895
地区生产总值	万元	501000
第一产业产值	万元	19477
第二产业产值	万元	401198

续表31

项　　目	计量单位	合　计
第三产业增加值	万元	5857
工业销售收入	万元	369102
工业利税	万元	23134
工业技术改造投入	万元	15886
固定资产投资	万元	49409
财税收入	万元	11177
农民人均收入	元	13739

表32　　2016年桥头湖街道骨干企业基本情况一览表

单位：万元

序号	企　业　名　称	产值总额	销售收入	利税总额
1	宁波卡倍亿电气技术有限公司	71053	65877	6046
2	宁波纽硕电气技术有限公司	35450	31237	460
3	宁波永和电子有限公司	20316	18070	2751
4	宁波彬彬文具有限公司	14447	14288	729
5	宁波步来特电器有限公司	9402	8110	777
6	宁波新升泰灯饰有限公司	7712	7523	808
7	宁波西尖电子有限公司	7173	5503	441
8	宁海县城关振远仪表厂	6059	5748	814
9	宁海久泽文具有限公司	5812	6368	300
10	宁波春叶金属制品有限公司	5509	5488	504
11	宁波新硕绝缘材料有限公司	5109	4178	100
12	宁海金川混凝土有限公司	4511	4400	20
13	宁波金晟模塑有限公司	4076	2786	506
14	宁波能亮光电科技有限公司	3994	3419	430
15	宁海县震洋文教用品有限公司	3976	3293	336
16	宁海县瑞贝特橡塑有限公司	3687	3446	215
17	宁波新升泰照明科技有限公司	3680	3580	321
18	宁波高品文具有限公司	3625	3714	300
19	宁波云腾电气有限公司	2860	2841	202
20	宁海县必强机械工具有限公司	2783	2550	246
21	宁海县电镀厂	2702	2442	477
22	宁海县金凌模塑有限公司	2664	2409	527
23	宁波九峰电子工具有限公司	2535	2392	420

附 录

企业名录

【2016年度宁海县工业纳税十强企业】 浙江国华浙能发电有限公司、得力集团有限公司、东方日升新能源股份有限公司、建新赵氏集团有限公司、奇精机械股份有限公司、宁波如意股份有限公司、双林集团股份有限公司、宁波华成阀门有限公司、宁波新大梁山啤酒有限公司、宁波方正汽车模具有限公司。

【2016年度工业产值百亿级强企】 得力集团有限公司

【2016年度宁海县县长质量企业】 奇精机械股份有限公司、宁波卡倍亿电气技术股份有限公司。

【2016年度宁海县进出口五强企业】 东方日升新能源股份有限公司、宁波华成阀门有限公司、宁波得力进出口有限公司、宁波如意股份有限公司、宁波峰亚进出口有限公司。

【2016年度宁海县“服务业明星企业”奖企业】 东方日升（宁波）电力开发有限公司、宁波得力电子商务有限公司、宁波双林汽车部件投资有限公司、宁波太平洋百货集团有限公司、宁海家之窗现代家居有限公司、宁海县跃龙综合市场有限公司、宁海金海开元名都大酒店有限公司、宁海世贸中心大酒店有限公司、宁海鼎盛物流有限公司、宁海县宁信行小额贷款股份有限公司。

【2016年度县级农业龙头企业奖企业】 宁波国盛食品有限公司、宁波海静食品有限公司、宁波市振宁牧业有限公司、宁海卡依之食品有限公司、宁波源彬蜂业发展有限公司、宁波乡亲浓食品有限公司、宁波草湖食品有限公司、宁海县望府茶业有限公司、宁波望海茶业发展有限公司、宁海县大和水产养殖有限公司、宁海天河食品有限公司、宁波赤岩峰茶业有限公司、宁波绿港水产牧业有限公司、宁海县金龙浦农业开发有限公司、宁波七超竹业有限公司、宁海县甬联热压制品厂、宁海县绿丰生态有机肥有限公司、宁波市海联畜牧有限公司、宁波市绿生牧业有限公司、宁波佳田农业科技有限公司、宁海盛宁水产有限公司、宁海县乾坤冷冻厂、宁波山里向农业科技发展有限公司、宁海县长街兴海水产加工厂、宁波美栖饮品有限公司、宁海县海业盛茂水产养殖有限公司、宁海县新世纪水产养殖有限公司、宁波建维饲料有限公司、宁波跃龙水产食品有限公司、浙江玉麟兴兴农业开发有限公司、宁海县蔬菜果品市场有限公司、宁海县食品有限公司、浙江跃龙园林建设有限公司、宁波永丰园林绿化建设有限公司、宁海辈辈红食品有限公司、宁海县黄坛野鹤高山蔬菜加工厂、宁海七彩农业开发有限公司、宁海县双峰山外山农业发展有限公司、宁海金蔬农产品配售有限公司、宁海县斌渊水产养殖有限公司、宁海县晨曦水产科技开发有限公司、宁海金渔丰水产养殖有限公司、宁波奇天和农业科技有限公司、宁海县恒聚水产养殖有限公司。

重要文件目录

表 33　　2016 年中共宁海县委文件一览表

序号	文号	文 件 标 题
1	宁党〔2016〕1 号	关于落实发展新理念加快发展现代农业打造美丽乡村升级版的若干意见
2	宁党发〔2016〕3 号	关于制定宁海县国民经济和社会发展第十三个五年规划的建议
3	宁党发〔2016〕7 号	关于印发《深化供销合作和农业生产经营管理体制改革构建“三位一体”农民合作经济组织体系实施方案》的通知
4	宁党发〔2016〕8 号	关于印发《2016 年“环境整治巩固年”活动实施方案》的通知
5	宁党发〔2016〕24 号	关于拉高标杆补齐短板推动经济社会发展持续追赶跨越的实施意见
6	宁党发〔2016〕37 号	关于转发《宁海县普法教育领导小组 关于在全县公民中开展法治宣传教育的第七个五年规划（2016—2020 年）》的通知

表 34　　2016 年宁海县人民政府部分文件

序号	文号	文 件 标 题
1	宁政发〔2016〕12 号	关于进一步降低企业成本减轻企业负担推进实体经济稳增促调的若干意见
2	宁政发〔2016〕16 号	关于加强新时期爱国卫生工作的实施意见
3	宁政发〔2016〕20 号	关于调整宁海县职工基本医疗保险有关政策的通知
4	宁政发〔2016〕21 号	关于贯彻实施宁波市城乡居民基本医疗保险办法的实施意见
5	宁政发〔2016〕22 号	关于印发宁海县县长质量奖评审管理办法的通知
6	宁政发〔2016〕24 号	关于印发宁海县征收集体所有土地房屋拆迁实施办法的通知
7	宁政发〔2016〕27 号	关于废止部分行政规范性文件和政策性文件的决定
8	宁政发〔2016〕34 号	关于印发二十国集团领导人第十一次峰会宁海县环境质量保障方案的通知
9	宁政发〔2016〕47 号	关于公布宁海县征收集体所有土地房屋拆迁重置价格结合成新再增加比例的通知
10	宁政发〔2016〕48 号	关于加快推进残疾人全面小康进程的实施意见
11	宁政发〔2016〕49 号	关于进一步完善困难残疾人生活补贴和重度残疾人护理补贴制度的实施意见
12	宁政发〔2016〕50 号	关于印发宁海县户籍制度改革工作方案的通知
13	宁政通〔2016〕1 号	关于发布陆生野生动物禁猎区、禁猎期和禁猎工具、方法的通告
14	宁政发〔2016〕57 号	关于印发宁海县综合行政执法工作实施方案的通知

表 35　　2016 年中共宁海县委办公室部分文件一览表

序号	文号	文 件 标 题
1	宁党办〔2016〕9 号	关于进一步落实和规范干部职工带薪休年休假制度有关问题的通知
2	宁党办〔2016〕11 号	印发《关于繁荣群众文化发展的若干奖励意见》的通知
3	宁党办〔2016〕14 号	关于转发《2016 年宁海县关心下一代工作意见》的通知
4	宁党办〔2016〕16 号	关于印发《宁海县旅游业发展三年行动计划（2016—2018 年）》的通知
5	宁党办〔2016〕18 号	关于印发《2015 年全县调查研究工作指导意见》的通知
6	宁党办〔2016〕25 号	关于印发《宁海 2016“重大项目推进年”活动实施》的通知
7	宁党办〔2016〕32 号	关于印发《党内规范性文件备案工作规程（试行）》的通知
8	宁党办〔2016〕36 号	关于印发《贯彻落实省委全会精神深化“找短板、补短板”工作方案》的通知
9	宁党办〔2016〕37 号	关于印发《宁海县党政机关安全生产工作联责规定》的通知
10	宁党办〔2016〕41 号	印发《关于在全县党员中开展“学党章党规、学系列讲话、做合格党员”学习教育的实施方案》的通知
11	宁党办〔2016〕44 号	关于印发《宁海县“十三五”人才发展规划》的通知
12	宁党办〔2016〕45 号	印发《关于实施基层党建“整乡推进、整县提升”三年行动计划的意见》的通知
13	宁党办〔2016〕48 号	印发《关于开展“五治理一提升”专项行动的实施方案》的通知
14	宁党办〔2016〕50 号	关于印发《宁海县创建省科普示范县实施方案》的通知
15	宁党办〔2016〕51 号	关于开展宁海县农村土地承包经营权确权登记颁证工作的实施意见
16	宁党办〔2016〕54 号	印发《关于建立农村环境卫生管理长效机制的实施意见》的通知
17	宁党办〔2016〕55 号	关于印发《宁海县美丽乡村建设三年行动计划》的通知
18	宁党办〔2016〕56 号	关于加快提升重点扶持区域全面小康社会发展水平的若干意见
19	宁党办〔2016〕71 号	关于建立涉村社区工作事项清单制度的通知
20	宁党办〔2016〕73 号	关于印发《宁海县创建国家全域旅游示范区实施方案）》的通知
21	宁党办〔2016〕74 号	关于印发《宁海县公务用车制度改革实施方案》的通知
22	宁党办〔2016〕84 号	关于印发《宁海县文化发展“十三五“规划》的通知
23	宁党办〔2016〕105 号	关于印发《宁海县海洋捕捞渔民减船转产工作实施方案》的通知

表 36　　2016 年宁海县人民政府办公室部分文件一览表

序号	文号	文 件 标 题
1	宁政办发〔2016〕18 号	印发关于加快推进乡村旅游发展若干意见的通知
2	宁政办发〔2016〕19 号	关于印发宁海县农村产权流转交易管理办法（试行）的通知
3	宁政办发〔2016〕32 号	关于印发宁海县城市道路挖掘修复管理暂行办法的通知
4	宁政办发〔2016〕33 号	关于印发宁海县城镇排水和污水处理办法（试行）的通知

续表36

序号	文号	文 件 标 题
5	宁政办发〔2016〕46号	农村生活污水运行维护管理办法
6	宁政办发〔2016〕68号	关于印发宁海县省级食品安全县创建工作方案的通知
7	宁政办发〔2016〕71号	关于印发发展众创空间推进大众创新创业实施意见的通知
8	宁政办发〔2016〕73号	关于印发宁海县农药废弃包装物回收和集中处置实施方案的通知
9	宁政办发〔2016〕96号	关于推进政府职能向社会组织转移的实施意见
10	宁政办发〔2016〕98号	关于印发宁海县食品安全责任保险工作实施方案的通知
11	宁政办发〔2016〕101号	关于全面推进城镇危旧住宅房屋治理改造工作的通知
12	宁政办发〔2016〕102号	关于印发宁海县综合行政执法局主要职责内设机构和人员编制规定的通知

索　引

说明：

1. 本索引主要采用自然语言的关键词索引法，按关键词第一字的数字顺序、字母顺序或音序排列。
2. 本索引关键词取自类目、分目和条目。
3. 对比较复杂的标目，进行多次截取，获得多个关键词，以适应不同读者的取词习惯，提高查询速度与成功率。
4. “（）”内的数字为页码。

数字　字母

2016宁海国际投资洽谈会（55，114，158，243）
“369”特色小镇（1，4，14，64，160，275）
4S集聚区（171，230）
FDA检查（55，91）

B

“百家机关村村帮”（118，154，178，179，293）
百亿强镇（1，5，9，64，71）
包裹快递业务（250）
报业经营（340）
编外用工管理（119，292）
标本兼治（11，16，60，136，139，145，146，164，265，284，352）
不动产权证书（57，155，311）

C

财政总收入（1，4，9，12，22，40，51，58，64，67，135，228，256，274，358，374，387，389，391）
“菜篮子”保障（238）
残疾人护理补贴制度（147，354，405）
“沧海桑田”节（55，371）
产城融合发展（229）
产业招商（227，349，372）
陈懿（11，45，58，60，99，100，136，334，353，354，370，371）
城东科创大走廊（4，14）
城投资产证券化（10）
城乡社区服务（346，348）
城乡统筹（6，22，133，149，300，353，385）
“船证不符”整治（212）
慈善一日捐（355，378）
村级权力清单36条（3，9，25，56，136，346，347，397）

D

党群同心圆（3，33，50，52，53，72，73，81，95，114，117，118，154，155，172，195，239，278，293，294，305，313，352，366，402）
党史二卷编写（123）
档案基础业务（342，343）
低小散行业整治提升工程（282）
地理标志证书（58）
第八届方孝孺读书节（60）
第九届跳鱼节（61，371）
第五届戏剧节（58，331）
第五届中华许家山石头文化节（62）
第一届物流运动会（61）
“第一书记”驻村（2，65，106）
电商产业园（9，14，43，172，231，278）
“电子环”跟踪管理（184）
电子商务产业园（53，231，237）
电子商务集聚发展（237）

F

发票免扫描认证（52，259）
法治政府建设（11，148，179，192，365，371）
飞凤山隧道（14，57）
非遗文化产业园（11，44，74，107，136，327）
“丰收养老贷”（2，11，46，64，261，358，364，371，382）
妇女儿童维权（173）

G

干部教育培训（7，117，120，121，185）
革命遗址保护（125）
工匠精神（4，17，168，169，253）
工商行政管理（58，278，279）
工业综合实力50强企业（221，223）
公务员考试（345）
供电服务（225）
《故事里的龙宫》（176）

规范性文件管理(179)
规划管理(48，115，131，140，149，298，299)
规上工业产值(19，377)
桂花文化节(59，381，382)
国家登山健身步道(11，21，61，104)
国家非物质文化遗产(2，65)
国家级妇幼健康优质服务示范县(11，45，136，337)
国家级摔跤比赛(59，98)
国家级众创空间(9，44，135，319)
国家可持续发展实验区(3，9，21，33)
国家水土保持生态文明县(10，62，106，135)
国家循环经济示范县创建单位(11)
国有资产经营(242)
国有资产证券化(2，64，286)

H

海上“摆渡人”(324)
海洋生物博物馆(56，97，331，385)
红色文化(125，375)
胡陈户外运动节(61)
户籍制度改革(14，59，145，155，182，405)
护航 G20 峰会(164，189，193，211，281)
“华鼎杯”全国青年男子拳击锦标赛(56)
华东养生基地(5)

J

基层关工委品牌建设(351)
基础测绘(299)
巾帼建功活动(172)
经济财政运行监督(132)
精准管理服务(228)
军地融合(202)
军歌嘹亮宁海人(204)

K

康复服务(353，354)
客运枢纽(2，28，64，244)
客运西站(247)

L

拉高标杆补齐短板(67，73，405)
冷链物流(14，231，247)
“粮安工程”建设(238)
“两学一做”(2，11，56，65，68，69，72，73，117，120，122，123，136，154，160，162，165，168，179，185，191，195，202，204，226，228，241，246，252，255，257，258，263，266，268，269，272，273，278，279，287，290，291，293，296，299，302，322，336，338，340，343，344，346，352，365，366，371，380，382，394，396，402)
流动人口管理监督(156)
六大特色行业(42，221)
“六位一体”住房保障体系(2，64)
銮驾婚庆节(60，390)

M

马鞍岭(10)
美丽县城试点(2，10，64)
《美丽乡村建设三年行动计划》(209)
梦鼎中小学户外教育实践基地(359)
“妙雲”牌绿茶(60)
民间组织管理(243，346，347)
民主法治示范村(198，199)

N

宁波模具产业园(10，33，55，56，86，136，227，365)
宁海财政总收入(63，256)
宁海抽水蓄能电站(58，59，61，100，274，298，381，382)
《宁海丛书》(11，45，63，74，112，113，136，325，332)
宁海精神(2，6，8，13，65)
《宁海平调口述史》(124，327，332)
宁海首个“浙江制造”标准(62)
《宁海湾区经济发展战略》(274)
《宁海县河道保洁实施方案》(216)
《宁海县文化发展“十三五”规划》(59，145)
宁海县志(63，124，348)
宁海中学建校 90 周年(61，323)
宁西生态产业园(5)
农村环境整治(21，79，210，313)
农村生活污水治理(10，15，42，46，70，86，133，136，142，209－211，313，314，339，359，393，397，401)
农村特岗教师津贴(11)
农村土地承包经营权(207)
农村土地承包经营权确权登记(142，207，393，406)
农村文化礼堂(6，51，63，73，75，174，325，378)
农合联组建(239)
农机购置补贴专项资金(218)
农民合作经济组织联合会(57，58)
农药废弃包装物回收(41，207，239，407)
农业龙头企业(41，52，206，372，404)
农业普查(287，288，358，379，393)

P

《品牌宁海》(114)
平安农机建设(218，219)
平安县(2，16，53，65，177)
“平安县”称号(53)
平安渔业示范县(211，212)

Q

汽车零部件产业园(10)
前童历史文化街区(13，378)
青年满意度(172)

青少年向心力(171)
“清零拔钉”(10，42，136，140，141，148，193，225，275，381，396)
区域联合审批(151)
全国强县第一方阵(1，3-6，8，12，16，33，65，66，113，214)
全国首个县级“政务云”(2，11，57，64，136，223，252)
全国休闲农业与乡村旅游示范县(9，72)
全国一村一品示范村镇(59)
全国职工教育培训示范点(50，168，385)
全国重点镇(10，136，392)
全国综合实力千强镇(277)
全户内智能变电站(61，106)
全省第二方阵(1，9，64)
全市首个国家生态县(3，9)
全域旅游(5，10，13，19，22，43，55，58-61，71，72，86-88，92，99，112，132，135，144，173，279，286，316，317，358，361，406)

R

人民调解(83，133，167，173，181，191，192，196，197，201，359，366，376)

S

“三车”综合整治(181)
三级网络审批平台(151)
三门湾大桥及接线工程(15，62，78，145，248，249)
三门湾现代农业园区(41，206)
三山涂区域农业围垦(60，103，213，219)
“三有四好”干部(73)
桑洲首家精品民宿(373)
社保工作(345，364)
社会救助(15，46，161，347，358，373，376，378，385)
社会治安综合治理(180，189)
社区卫生软件易统系统(52)
社区物业电力服务微信群(59)
涉农资金整合(2，3，9，14，25，41，53，63，64，74，78，135，207，209，212，218，257，292，298，372)
深甽第九届“十月半”民俗文化节(61)
审计整改责任(292)
审批服务“最后一米”(152)
生态名城(3，4，8，12，13，16，65，66)
生态原产地保护(296，297，379)
省科普示范县(175，406)
省无邪教示范县(177)
“十大百亿”工程(19，67)
十佳农村文化礼堂(52，374)
十里红妆小镇(6)
“十三五”土地整治规划(309)
“十四夜”传统元宵节(329)
食品药品监督管理(55，233，279，295)
史志宣传(124)
市级现代服务业产业基地(232)
首个县级“政务云”(95)
首届环宁海骑游大会(61，181)
首届宁海（梅林）长寿文化节(60，400)
首届枇杷花节(61)
首届桑洲麦饼文化节(373)
首批国家全域旅游示范区(2，9，13，52，64)
首问负责制(7)
首支县级文化产业发展基金(328)
“枢纽型公共服务平台”(167)
“刷卡式”信息录入(184)
双核联动(4，5，12，17，226)
“双警一体”机制(186)
税费优惠政策(257)
税务稽查(112，258)
司法惠民(193)
司法监督(16，192)
“四位一体”基层治理体系(2，6，11，16，17，65，73，365，371，378，380)
四叶级客栈(53，317)
“四张清单一张网”(2，11，16，55，64，136，146，257)
诉讼监督(189)

T

“桃花源里”(114，359)
特色小镇建设(54，57，58，98，160，226，227，243，366，370，393)
特殊人群管理(178，196)
提案办理监督(161)
天明湖(10，136，397)
通用航空产业(14，226，274，276)
童衍方艺术馆(55，88，89)
统计服务(286)

W

外宣用稿统计(75)
湾区旅游文化节(54，85，329，384)
文化综合体(33，44，61，101，104，112，135，154，243，257，325，327，332)
文具产业博览会(43，62，157，174)
污染减排(313，314)
污水零直排区(5，15)
“五优并进”(3，4，6，12，65，113)
“五证合一”办税(59，259)

X

西子国际购物中心(60，122)
《戏台藻井》(74，93)
下访约访(150)
下洋涂围垦工程(10)
县第九届运动会(60，269，335)
县法学会(63，177)
县工商联（商会）第十一次会员代表大会(166)
县金中康乐养老中心(349)

县科协第十次代表大会(174)
现代农业(1，5，9，14，20，31，59，64，138，206－208，212，218，281，320，357，364，365，367，369，377，379，397，405)
乡村旅游(2，9，13，19，21，43，52，53，55，57，63，64，71－73，122，138，161，240，243，316，357，361，364，367，370，371，383，400-402，406)
向日葵服务队(61)
象西线全国首条风景道(10，136)
“谢豹月光街”(397)
新老市民融合建设(157)
徐霞客游线标志地(55，86－90，157，158，162)
许家山石头博物馆(330，331)

Y

亚洲级专业柔道赛(59，360)
盐业运销(246)
洋溪滨水广场(14)
“一打三整治”(10，55，58，189，211，385，389)
“一横一纵＋X”精品线(10，16，136，209)
移民安置(58，142，209，348，358，380)
银行业金融机构(44，261，262，267)
应急管理(212，262，283，284，359)
永久基本农田核减(308)
优才卡(14，73，135，140，345)
邮掌柜(250)
友好城市(156)
运动杖产品联盟(59)

Z

招投标规范性文件(153)
浙江省文明旅游公益行动启动仪式(43，55，316)
“浙江制造”试点县(9，55)
浙商回归(2，10，13，19，62，64，86，114，136，143，168，226，229，231，242，244，277，278，357，358，364，365，370，374，377，379，381，384，392，395，397，401)
征收拆迁(140，300)
政府实事工程人大代表票决制(9)
政治监督(164)
知识产权强县战略(320)
直升机起降点(109，144，274)
职业技术联合学院(11，57，73，136，142，321，323)
职业教育课程改革(322)
智慧产业高地(228)
智慧城市(6，15，57，59，63，143，222，227，244，245，252，254)
智能公交调度系统(247，283)
智能汽车小镇(1，10，19，33，42，51，53，56，63，64，78－80，91，97，101，108，120，136，153，189，226，227，243，244，252，257，275，300，316)
智能制造(14，54，62，222，320)
中国传统村落(45，62，298，325，331，332，357，367，392，393)
中国葛洪文化宁海县纪念馆(55，89)
中国共产党宁海县第十四次代表大会(1，65，68，69)
中国历史文化名村(2，10，33，64，70，317，325，392，393)
“中国旅游日”(21，33)
中国十佳运动休闲城市(11，33)
“中国实木家具工匠之乡”(57，115，116，167，222)
“中国运动杖之乡”(62，393)
中华诗词之乡(11，61，74，89，113，118，124，135，176)
种植业总产值(206)
住房公积金贷款(350)
专题协商(160，161)
专业合作社(29-31，40，52，58，59，102，162，163，206，211，217-219，240，241，261，364，365，367，372，384)
资产整合重组(242)
总部经济集聚区(14，276)
综合客运枢纽(10，15，26－28，59，108，122，136)
“最洁美村庄”(51，62，77，78，114，359)